ALIMENTOS
QUE
CURAN
ALIMENTOS
QUE
DAÑAN

"...la salud de todo el cuerpo se fragua en la oficina del estómago."

Miguel de Cervantes Saavedra, en

***El ingenioso hidalgo
don Quijote de la Mancha***

READER'S DIGEST

ALIMENTOS QUE CURAN ALIMENTOS QUE DAÑAN

BUENOS AIRES · MADRID · MÉXICO · MIAMI · SANTIAGO DE CHILE

READER'S DIGEST

DIVISIÓN DE LIBROS EN LENGUA CASTELLANA

Director: Gonzalo Ang

Editores: Beatriz E. Ávalos, Irene Fenoglio, Esthela González, Irene Paiz,
Arturo Ramos Pluma, Myriam Rudoy, Iván Vázquez

Asistente: Ma. Teresa Cava

Título original de la obra: *Foods that Harm, Foods that Heal* © 1996 The Reader's Digest
Association Limited, Londres, Inglaterra.

Nota: En esta obra se hace mención de las marcas registradas Coca Cola, Pepsi Cola, salsa Tabasco
y Mc Donald's únicamente con fines informativos.

Reader's Digest México agradece la revisión especializada de toda la obra a la médica cirujana María del
Consuelo Velázquez Alva, maestra en ciencias con especialidad en nutrición y alimentos, y catedrática de
la Universidad Autónoma Metropolitana, y a la licenciada en dietética y nutrición Socorro Guadalupe
Fernández Pumar, especialista en nutrición clínica y consultora en nutrición.

COLABORADORES:

Diseñador y supervisor de arte: Víctor Hugo Díaz Hirata
Traductores: Alfredo Boyd, María de la Luz Broissin e Ivonne Vinay
Adaptadores de esta edición especial para Estados Unidos y Puerto Rico:
Guadalupe Morgan y Ulises Martínez
Indexador: Víctor Fichtl Becerra
Ilustrador (páginas 189, 229, 278, 279,
280, 288, 299 y 378): Sergio Osorio Sánchez

Los editores de la versión original
de esta obra contaron con la asesoría y la ayuda
de las siguientes personas:

Alasdair McWhirter, Liz Clasen, Gay Burdett, Sue Mims, Tom Sanders, Dra. Ann F. Walker, Dr. Alan
Lakin, Dra. Margaret Ashwell, Anita Bean, Dr. Jonathan Brostoff, Kristen McNutt, Dra. Sheena
Meredith, Dr. Michèle Sadler, Christine Steward, Michael A. van Straten, Dr. Martin Toynbee,
Marianne Vennegoor, Moya de Wet, Dra. Ursula Arens, Dra. Alison Hinds, Susie Orbach, Rose Sheperd,
Helen Spence, Emma Gilbert, Tracey Schmidt, Alistair McDermott, Gisèle Edwards, Emily Pedder,
Maria Pufulete, Celia Coyne, Caroline Johnson, Amanda Rickaby, Peter Schirmer, Paul Todd,
Debbie Voller y Rachel Warren Chadd.

Fotógrafos: Karl Adamson, Andrew Cowie/Colorsport, Gus Filgate, Vernon Morgan,
Carol Sharp y Jon Stewart.

Fotografía de la portada: Vernon Morgan.

Ilustradores: Julia Bigg, Dick Bonson, Glynn Boyd Harte, Hannah Firmin, Clare Melinsky,
Francis Scappatricci, Lesli Sternberg, Sam Thompson y Charlotte Wess.

D.R. © 1997 Reader's Digest México, S.A. de C.V.
Av. Lomas de Sotelo 1102
Col. Loma Hermosa, Delegación Miguel Hidalgo
C.P. 11200 México, D.F.

ISBN 968-28-0242-3

Editado en México por Reader's Digest México, S.A. de C.V.

Impreso en México
Printed in Mexico

1E0397PR

Salud y alimentación

Pequeños cambios en los hábitos alimentarios pueden significar grandes cambios en la salud: *Alimentos que curan, alimentos que dañan* le dice cómo lograrlos. Lo que usted come no solamente afecta su salud sino que ayuda a determinar la calidad de vida y la longevidad. En medio de la confusión causada por hallazgos, temores y afirmaciones contradictorias sobre los alimentos, esta obra le brinda información objetiva; en ella se analizan las principales controversias y se presentan los hechos, apoyados en pruebas científicas. Basado en la sabiduría de más de 300 especialistas en nutrición, así como en medicina ortodoxa y naturista, *Alimentos que curan, alimentos que dañan* es una sencilla pero autorizada guía de alimentos y enfermedades, en orden alfabético, que le proporciona prácticos consejos para mejorar y conservar la salud. Va desde los aditivos y las alergias hasta el yogur y las zanahorias, y le explica cómo lograr una dieta balanceada.

Aunque la nutrición es una ciencia joven, está demostrado que son pocos los padecimientos que la alimentación no puede ayudar a prevenir, curar o, por lo menos, hacer más tolerables. Además de desempeñar un papel importante en la lucha contra las enfermedades cardiacas, el cáncer y la artritis, la dieta puede ayudar también a vencer el estrés, el insomnio, la esterilidad y los niveles bajos de

energía. Este libro considera tanto las curas tradicionales como los remedios naturales, y revisa afirmaciones sobre la comida tales como "una manzana al día del doctor te libraría" y "comer a cada rato es para el cuerpo maltrato", y en ocasiones demuestra que muchas de ellas son más mito que realidad.

CÓMO USAR ESTE LIBRO

En esta obra, muchos alimentos se describen como "excelente", "rica", "buena" y "útil" o "apreciable" fuente de ciertos nutrimentos. Estos términos señalan el valor nutricio de los alimentos en relación con los requerimientos diarios recomendados por las autoridades de salud —raciones dietéticas recomendadas (RDA)—. "Excelente" significa que el alimento cubre el 100% de las RDA; "rica", tres cuartas partes de las RDA; "buena" , la mitad; y "útil" o "apreciable", una cuarta parte. Cuando se dice que un alimento contiene cierto nutrimento es porque proporciona al menos un 10% de los requerimientos diarios. Las referencias cruzadas a otras entradas del libro están escritas en VERSALITAS, y entre paréntesis aparecen los números de página que remiten a recuadros especiales. Al final del libro encontrará un útil glosario donde se explican términos especializados o poco comunes, y un índice alfabético.

ABORTO ESPONTÁNEO

Para minimizar el riesgo de aborto:

AUMENTE

- *Carbohidratos complejos, ricos en fibra, como pan integral*
- *Frutas y verduras frescas, que suministren vitamina C y folatos*
- *Leche y productos lácteos*
- *Carne, pescado, leguminosas, nueces y semillas*
- *Pescados y aceite de semillas, para obtener ácidos grasos esenciales y poliinsaturados*

EVITE

- *Quesos blandos y productos lácteos no pasteurizados*
- *Hígado y derivados, como por ejemplo el paté*
- *Alcohol y cigarros*
- *Cualquier tipo de medicamento o hierbas medicinales, a menos que haya sido prescrito por el médico*

La definición médica de "aborto" es la expulsión del feto antes de la semana 24 de embarazo (vea pág. 156). El aborto es mucho más común de lo que la gente cree; con frecuencia, ocurre tan tempranamente que la mujer ni siquiera llega a saber que estaba embarazada y el aborto parece ser un periodo menstrual más abundante o adelantado. Si no se toma en cuenta este tipo de aborto, se estima que en alrededor del 15% de todas las concepciones ocurre un aborto espontáneo.

LA ALIMENTACIÓN ANTES DE CONCEBIR

Los futuros padres deben tratar de ponerse en forma antes de la concepción. Los bebés más sanos son hijos de padres sanos a quienes no les falta ni les sobra peso.

Ambos padres deben llevar una dieta nutritiva y balanceada, y esforzarse por dejar de fumar y tomar alcohol (vea pág. 26). También es importante hacer ejercicio de manera regular. Se dice que estos cambios en el estilo de vida de la pareja deben llevarse a cabo por lo menos tres meses —de preferencia seis— antes de concebir.

ALCOHOL Y TABAQUISMO

Para aumentar las probabilidades de tener un bebé sano, es mejor evitar todas las sustancias tóxicas. En las mujeres, el alcohol es más peligroso en las primeras etapas del embarazo, cuando las células fetales se están dividiendo con mucha rapidez. Desafortunadamente, en este periodo la mujer está menos consciente de su embarazo. Por lo tanto, es mejor que la mujer evite las bebidas alcohólicas desde el momento en que planee concebir.

Las mujeres que fuman tienen mayor riesgo de sufrir un aborto y de que su bebé tenga bajo peso e incluso de que presente algún defecto al nacer. Pero si es una fumadora adicta, su médico podría recomendar sólo reducir la cantidad de cigarros, ya que el estrés provocado por los intentos por dejar de fumar podría ser más nocivo para ella y para su hijo que el propio hábito de fumar. En estos casos, la mujer embarazada puede recurrir a alguna asociación que ayude a las personas a dejar de fumar.

LA ALIMENTACIÓN DURANTE EL EMBARAZO

Se dice que una alimentación deficiente durante el embarazo puede aumentar el riesgo de aborto. Durante los primeros tres meses de embarazo, cuando las células embrionarias comienzan a formar órganos rudimentarios, la calidad —más que la cantidad— de la alimentación de la madre es muy importante. Y como en esta etapa el embrión en desarrollo es muy pequeño, no requiere gran cantidad de energía (calorías).

Lo que se necesita es una buena alimentación: si al embrión le faltan los nutrimentos básicos, es posible que no se desarrolle apropiadamente y que se presente un aborto espontáneo. Una dieta balanceada debe incluir alimentos que contengan carbohidratos complejos, como pan integral, y verduras verdes, que proveen energía, fibra, hierro y cinc. La leche suministra calcio, vitaminas y proteínas, mientras que la carne magra, el pescado, los huevos, las leguminosas, las nueces y las semillas aportan proteínas, ácidos grasos, hierro, vitaminas del complejo B y cinc. Los pescados y los aceites de origen vegetal son buena fuente de ácidos grasos, y las frutas y las verduras frescas suministran fibra, vitamina C y folatos.

Prefiera los alimentos frescos y naturales, y reduzca la cantidad de carbohidratos refinados, los cuales pueden contener grandes cantidades de azúcar y grasa saturada.

ALIMENTOS QUE DEBE EVITAR

La listeriosis es una infección rara pero grave, causada por la bacteria *Listeria monocytogenes,* que crece en los alimentos. Si una mujer es infectada durante el embarazo, puede sufrir un aborto, o dar a luz un producto muerto o enfermo. Los alimentos de alto riesgo son los quesos blandos (como los tipo Brie y Camembert) y el paté, que es preferible evitar durante el embarazo. Asegúrese de que las carnes, las aves y los huevos estén bien cocidos, para eliminar las bacterias. Las mujeres embarazadas y las que planean concebir deben disminuir su consumo de hígado, pues, aunque es rico en hierro, también contiene cantidades excesivas de vitamina A que pueden causar defectos en el bebé.

Algunos estudios sugieren evitar la cafeína (presente en el café, el té negro y el chocolate), pero muchos médicos dicen que en cantidades moderadas no causa problemas.

COMPLEMENTOS

Como más de la mitad de los embarazos ocurren sin planear, el Servicio de Salud Pública (*Public Health Service*) recomienda que todas las mujeres en edad de procrear consuman 0,4 miligramo de ácido fólico por día procedente de fuentes alimentarias y complementos. La relación entre la falta de ácido fólico y los defectos del tubo neural (como la espina bífida) está bien establecida; los productos que desarrollan tales defectos tienen más probabilidades de ser abortados. Muchos médicos recomiendan complementos de hierro y ácido fólico en la última etapa del embarazo para evitar la anemia. La mayoría de los medicamentos y las hierbas medicinales deben evitarse durante el embarazo.

ACEITES

VENTAJAS
- *Son fuente de ácidos grasos esenciales*
- *Son ricos en vitamina E*
- *Contienen vitaminas liposolubles A, D, E y K*

ACEITES SALUDABLES *La mayoría de los aceites vegetales son ricos en ácidos grasos esenciales, que ayudan a disminuir los niveles de colesterol en la sangre. Úselos en cantidades pequeñas y a altas temperaturas.*

DESVENTAJA
- *Aumento de peso al ingerirse en exceso*

De acuerdo con los expertos, los aceites pueden ser de provecho siempre y cuando se utilicen con moderación y se prefieran aquellos con los niveles más bajos de grasas saturadas (vea pág. 204). Como cada cucharada de aceite contiene 120 calorías, la adición de una pequeña cantidad de aceite a la comida aumenta su valor calórico de manera significativa.

Los aceites vegetales se elaboran de nueces, semillas y legumbres. Los más comunes son los extraídos de soya, cacahuate, maíz, colza (canola), girasol, cártamo y aceituna (oliva). Los aceites mixtos generalmente son una mezcla de los más económicos, a menudo soya y colza. Estos aceites son líquidos a la temperatura del ambiente (22°C) y bajos en ácidos grasos saturados.

Los aceites vegetales poseen una proporción diferente de ácidos grasos monoinsaturados y poliinsaturados. El aceite de oliva es muy saludable porque es rico en ácidos grasos monoinsaturados. Estos ácidos no aumentan el colesterol en la sangre y según estudios recientes ayudan a reducir sus niveles como parte de una dieta sana. Las grasas poliinsaturadas son necesarias debido a que el cuerpo no puede sintetizarlas. Estas grasas se requieren para el crecimiento y el desarrollo, y la vitamina K para llevar a cabo funciones específicas relacionadas con la coagulación sanguínea.

Existen dos tipos de ácidos grasos esenciales. Los omega-6 derivan del ácido linoleico presente en aceites como el de cártamo y el de girasol, entre otros. El segundo tipo es el de los omega-3, que derivan del ácido linolénico presente en el aceite de soya y de colza, y en PESCADOS como las sardinas, el arenque, la macarela, la trucha y el salmón.

El aceite de girasol y el aceite de germen de trigo son ricos en vitamina E, que tiene propiedades antioxidantes y, según se piensa, protege las membranas celulares. Es muy importante asegurarse de almacenar los aceites vegetales en un lugar fresco y oscuro, en vista de que pierden la vitamina E cuando son expuestos a la luz solar.

En la actualidad existe en el mercado una gran variedad de aceites, como los elaborados con nuez, avellana, ajonjolí y almendra. Todos son buena fuente de ácidos grasos esenciales. Se utilizan principalmente para preparar ensaladas y dar sabor a las comidas. Estos aceites se obtienen "exprimiendo" las semillas en frío y no mediante la extracción por calor. Se dice que los aceites que se obtienen de esta manera retienen más vitamina E; sin embargo, se descomponen con más rapidez que los aceites refinados.

A diferencia de otros aceites vegetales, el aceite de palma y el aceite de coco son ricos en ácidos grasos saturados. El aceite de palma contiene 50% de grasas saturadas, mientras que el aceite de coco tiene más de 85%.

COCINAR CON ACEITE

Los aceites vegetales retienen gran parte de su valor nutricional cuando se usan para freír los alimentos, aunque el aceite de oliva puro no es bueno para freír, debido a que modifica su sabor al calentarse. El aceite para cocinar no debe ser reutilizado, ya que el constante recalentamiento desencadena una reacción química que puede producir RADICALES LIBRES.

Es más saludable freír los alimentos en poca cantidad de aceite poliinsaturado (de girasol o de maíz) o de aceite monoinsaturado (de colza, de cacahuate o de oliva refinado) que hacerlo con manteca, mantequilla o manteca vegetal. Estudios médicos recientes relacionan el consumo de grasas saturadas con un alto riesgo de padecer enfermedades cardiovasculares.

Si la carne se cocina con aceite, ocurre un intercambio de grasa entre la carne y el aceite, lo que puede disminuir el contenido de grasas saturadas de la carne. Ésta no absorbe la grasa rápidamente, pero si se fríe empanizada, absorberá grandes cantidades.

Fría los alimentos a altas temperaturas (180°C) cuando sea posible para "sellar" los alimentos y minimizar la absorción de grasa. Espere a que el aceite esté bien caliente antes de agregar los alimentos. La cantidad de grasa que se consuma depende de la superficie del alimento y de la cantidad de grasa que absorba. Los pedazos grandes absorben proporcionalmente menos grasa que los pequeños. Puede usar toallas o servilletas de papel para quitar el exceso de grasa.

El salteado —una técnica oriental para cocer los alimentos— sólo requiere pequeñas cantidades de aceite y, según el método tradicional, también un poco de agua. Esto da como resultado que los alimentos absorban sólo pequeñas cantidades de grasa.

ACEITUNAS

VENTAJAS
- *Buena fuente de vitamina E*
- *Contienen antioxidantes naturales*

DESVENTAJA
- *Ricas en sal*

Muchas personas piensan que las aceitunas son un fruto alto en energía (calorías) debido al aceite que contienen. Pero, en realidad, las variedades verde y negra contienen relativamente poca energía: una porción de 10 aceitunas contiene entre 30 y 40 calorías. Aunque las aceitunas son una buena fuente de vitamina E, no se consume un número suficiente de ellas para proveer cantidades útiles a la dieta. También suministran ANTIOXIDANTES naturales. El aceite que se extrae de ellas es rico en ácidos grasos monoinsaturados, que, a diferencia de las grasas saturadas, no afectan de manera adversa los niveles sanguíneos de colesterol e, incluso, pueden contribuir a reducirlos ligeramente.

Las aceitunas crudas tienen un sabor tan amargo y desagradable que deben prepararse en salmuera o saladas y después marinarse en aceite de oliva para que puedan comerse.

Como las aceitunas son ricas en sodio, deben consumirse con moderación por quienes padecen de hipertensión arterial o insuficiencia renal.

ANTIGUO Y SAGRADO

El olivo ha sido cultivado, por lo menos, durante 5.000 años. En la Antigua Grecia, era el emblema de la diosa Atenea. Una rama de olivo es, por tradición, un símbolo de paz y fertilidad; una corona hecha de hojas de olivo representa un tributo a los vencedores.

ACNÉ

AUMENTE
- *Mariscos, aves y carne magra, para obtener cinc*
- *Fruta y verdura fresca, para obtener vitamina C*

REDUZCA
- *Chocolate y dulces*
- *Alimentos muy salados*
- *Azúcar y grasas*

Continúa en la página 16

ADITIVOS: ¿BENÉFICOS O DAÑINOS?

Por siglos se ha preservado, coloreado y añadido sabor a los alimentos. Algunos aditivos evitan la contaminación bacteriana; otros mejoran el sabor. ¿Representan algunos riesgos para la salud?

Sin aditivos (sustancias que han sido añadidas a los alimentos), el pan y los alimentos grasosos se volverían rancios rápidamente, y las frutas y verduras enlatadas perderían su firmeza y color. Pocos alimentos llegan hoy en día a los supermercados libres de aditivos. Éstos incluyen los conservadores para prevenir que los alimentos se echen a perder; las vitaminas y los minerales (nutrimentos inorgánicos), ya sea para reemplazar los nutrimentos perdidos durante el procesamiento o para aumentar su contenido nutricional; el azúcar, la sal y otros saborizantes para mejorar el sabor, y los colorantes para hacer que los alimentos, desde las naranjas hasta las salchichas, resulten más atractivos para la vista.

Actualmente se utilizan alrededor de 3.000 aditivos en la industria de los alimentos, de los cuales 2.157 son regulados por la Food and Drug Administration (FDA). Aunque muchas personas cuestionan la seguridad de estos aditivos, hay pocas pruebas que demuestren que constituyen un riesgo mayor para la salud de la mayor parte de la gente. De hecho, gracias a algunos de estos aditivos, los es-

ADITIVOS OCULTOS
Los alimentos pueden cambiar por factores externos: la trucha puede acentuar su color por las sustancias que come; el color de la mantequilla varía debido a los beta carotenos del pasto y los forrajes.

VENTAJAS
- *Evitan que los alimentos se echen a perder*
- *Mejoran la apariencia y el sabor de la comida*
- *Algunos aumentan los valores nutritivos*

DESVENTAJAS
- *Algunos aditivos pueden exacerbar algunas enfermedades*
- *Algunas personas susceptibles pueden tener reacciones alérgicas o adversas*

---

tadounidenses gozan hoy de la más extensa y segura variedad de alimentos en la historia.

Para poder añadir un nuevo aditivo a los alimentos, el fabricante debe primero solicitar la aprobación de la FDA y demostrar que el aditivo es seguro para el uso que se le pretende dar. Con base en los mejores estudios científicos, la FDA a su vez considera la composición y propiedades de la sustancia, las cantidades probables que se consumirían, sus posibles efectos a largo plazo y su inocuidad. Si el aditivo es aprobado, la FDA puede emitir reglamentaciones sobre el tipo de alimentos en que se utilizará, las cantidades máximas y cómo deberá identificarse en la etiqueta.

No todos los aditivos son producto de la tecnología moderna. Nuestros antepasados usaban la sal para conservar carnes y pescado, agregaban hierbas y especias para me-

Conozca los colorantes y los conservadores comunes

El uso de la mayoría de los aditivos está regulado por la ley. En Estados Unidos, corresponde esta regulación a la Food and Drug Administration (FDA). Siempre se debe probar que los aditivos son seguros, eficaces y necesarios antes de poder utilizarlos. En Estados Unidos, las etiquetas de productos que tengan aditivos deben incluirlos en la lista de ingredientes; deben también indicar con leyendas las medidas precautorias pertinentes.

ADITIVOS	PRESENTES EN	ACCIÓN
CONSERVADORES		
Antimicrobianos Nitritos y nitratos	Carnes procesadas, como salchichas, tocino y jamón. Pescado ahumado.	Protegen los alimentos de hongos y bacterias y alargan su vida media. Los nitritos y el dióxido de azufre también actúan como colorantes en carnes y frutas secas.
Ácido benzoico y benzoatos	Refrescos, cerveza, productos de fruta, margarinas.	
Dióxido de azufre y sulfitos	Fruta seca, coco seco, rellenos de pasteles de fruta, condimentos.	
Antioxidantes Ácido ascórbico y ascorbatos	Jugos de fruta, mermeladas de fruta, frutas enlatadas.	El ácido ascórbico evita que los jugos de fruta se tornen oscuros y que los alimentos grasos se vuelvan rancios. También se utiliza para mejorar la calidad del trigo horneado.
BHA y BTH	Alimentos en los que es necesario evitar que las grasas se vuelvan rancias, como las botanas, las galletas y los pasteles de fruta.	
Vitamina E	Aceites y grasas.	Evita que los aceites se hagan rancios.
COLORANTES		
Betabel deshidratado Caramelo FD&C azul Nos. 1,2; amarillo Nos. 5, 6; rojo Nos. 3, 40; verde No. 3.	Muchos alimentos procesados, especialmente los caramelos para niños, las bebidas de fruta y otros refrescos, mermeladas, margarina, galletas y pasteles. También se usan para dar color a las naranjas y a otros frutos.	Hacen que los alimentos se vean más apetitosos y respondan a las expectativas que la gente tiene acerca de la apariencia de ciertos alimentos.
ACENTUADORES DE SABOR		
Glutamato monosódico Inosinato disódico	Comida china, polvos para hacer salsas, alimentos concentrados en cubos, sopas de paquete y carnes enlatadas y procesadas.	Mejoran el sabor de muchos alimentos enlatados o procesados. El glutamato monosódico realza el sabor de los alimentos.
EMULSIVOS, ESTABILIZADORES Y ESPESANTES		
Guar Goma arábiga Pectinas Celulosa Lecitina Glicerina	Salsas, sopas, panes, galletas y pasteles, postres congelados, helados, queso crema con bajo contenido en grasas, condimentos, mermeladas, chocolate, postres rápidos y leches malteadas.	Mejoran la textura y la consistencia, aumentando la suavidad y la cremosidad. Evitan que el aceite y el agua se separen en capas. Estos aditivos pueden hacer que los alimentos se vean más sustanciosos de lo que en realidad son.

jorar el sabor de los alimentos, y conservaban las frutas con azúcar. Estos aditivos tradicionales se siguen usando porque a lo largo del tiempo han demostrado ser seguros.

Los aditivos más comunes son los edulcorantes y la sal; se usan para aumentar el sabor y para retardar el deterioro de los alimentos. Muchos otros aditivos ofrecen sus propios beneficios para la salud, entre los que se encuentran el calcio, el ácido ascórbico (vitamina C), la vitamina E, beta carotenos y otros ANTIOXIDANTES que evitan que las grasas se vuelvan rancias y que también pueden proteger contra el cáncer, los padecimientos cardiacos y otras enfermedades.

La mayoría de los aditivos para alimentos son sin duda seguros, pero hay algunas excepciones y, de vez en cuando, uno es eliminado del mercado.

Hace unos años, por ejemplo, se prohibió el uso del colorante artificial FD&C rojo No. 2, pues existen sospechas de que pueda causar cáncer. Por otro lado, en algunos casos ciertas medidas controvertidas han desatado preocupaciones acerca de grupos completos de aditivos. Los edulcorantes artificiales son uno de esos ejemplos. En 1951 la FDA aprobó el uso de ciclamatos como edulcorante artificial. Posteriormente, en 1969, un grupo de investigadores reportó que había un incremento aparente en la incidencia de cáncer en ratas que habían sido alimentadas con grandes cantidades de ciclamatos, lo que llevó a la FDA a prohibir su uso. Desde entonces, docenas de estudios no han comprobado la relación entre el cáncer y los ciclamatos, los que se usan sin problemas aparentes en Canadá y por lo menos otros 40 países.

A pesar de numerosas peticiones, la FDA no ha retirado la prohibición sobre los ciclamatos; sin embargo, cuando la sacarina, otro popular edulcorante artificial, tuvo problemas similares a

Glutamato monosódico

El glutamato monosódico (GMS), utilizado como acentuador del sabor, es un ingrediente común de la cocina oriental. Si bien el GMS tiene un sabor salado y un poco amargo, en realidad no cambia el sabor de la comida. En cambio, tiene un efecto que realza los sabores naturales de los alimentos, haciéndolos más agradables.

El GMS aparece naturalmente en las algas secas, pero por lo general se hace con el gluten del trigo y el maíz, o con el líquido de desecho del refinamiento del betabel. En personas susceptibles, el GMS puede causar dolores de cabeza, reacciones alérgicas o exacerbar los síntomas de la enfermedad celiaca.

principios del decenio de 1970, el apoyo de los consumidores disuadió a la FDA y al congreso de prohibirla. Y el aspartame, otro edulcorante artificial, se aprobó a pesar de la preocupación acerca de posibles efectos para las personas que padecen un raro padecimiento metabólico hereditario, la fenilcetonuria. Algunos estudios también sugieren que empeora los ataques epilépticos, pero millones de personas lo utilizan sin mayores problemas.

ADITIVOS POR ACCIDENTE
Alrededor de 10.000 sustancias de una u otra manera se introducen en los alimentos, ya sea durante el cultivo, el procesamiento y el empacado. Algunos de los aditivos que llegan a los alimentos de manera accidental representan una amenaza mayor para la salud que los conservadores u otros aditivos añadidos durante su procesamiento. Algunos alimentos, por ejemplo, contienen cantidades minúsculas de pesticidas que se rocían a las plantas o se

aplican al suelo. Los contaminantes ambientales en los alimentos, como los PCB, el mercurio y el plomo son dañinos si se ingieren en cantidades grandes.

A veces, las reacciones alérgicas se atribuyen a los alimentos o a los aditivos añadidos a los alimentos, pero en realidad es un aditivo accidental el causante. Por ejemplo, una persona que nunca ha tenido una alergia alimentaria puede presentar urticaria después de beber leche. En algunos casos, los especialistas en alergias han encontrado que los síntomas se deben a la penicilina en lugar de la leche. ¿Cómo llega este antibiótico a la leche? La mastitis, una enfermedad común en las vacas, se trata con penicilina inyectada directamente en la ubre. Las cantidades pequeñas de antibiótico que pasan a la leche por lo general no son dañinas para la mayoría de las personas, sólo para las que son alérgicas al medicamento.

PROCEDER CON PRUDENCIA
Si bien los beneficios de la mayoría de los aditivos de alimentos sobrepasan los riesgos potenciales, se debe actuar con prudencia y moderación en su uso, y algunos pueden evitarse por completo. Una persona preocupada por los colorantes artificiales (especialmente el amarillo No. 5, o tartrazina, que puede causar urticaria o ataques de asma), generalmente puede comprar productos naturales, tales como las naranjas sin teñir, que suelen tener manchas pardas y un color amarillo pálido o verdoso. La fruta natural no se verá tan atractiva como las que se han tratado con colorantes, pero sabrán tan buenas, o incluso mejor, ya que se les ha dejado en el árbol más tiempo para que maduren.

Algunos aditivos presentan problemas para las personas con ciertos trastornos médicos. Quienes tienen hipertensión arterial o cualquier padecimiento que requiera un consumo bajo de sal en la dieta deben leer las etiquetas de todos los productos procesados para saber si el sodio está incluido entre los ingredientes. Asimismo, las personas que tratan de reducir su consumo de azúcar deben verificar si se ha añadido, entre otros, lactosa, sacarosa, glucosa, maltosa, fructosa o miel, pues todos son una forma de azúcar.

Quienes hayan heredado la tendencia a retener hierro de manera excesiva, padecimiento llamado hemocromatosis, deben evitar los alimentos enriquecidos con hierro, como los panes, los cereales y otros productos. Los sulfitos, usados para conservar el color de las frutas secas y para prevenir el crecimiento de microorganismos en alimentos fermentados, como el vino, son seguros para la mayoría de la población. Sin embargo, algunas personas susceptibles han presentando insuficiencia respiratoria o ataques de asma severos después de que han estado expuestas a los sulfitos. En 1986, la FDA prohibió el uso de estas sustancias en frutas y verduras frescas (con excepción de las papas).

En algunos casos los aditivos se han añadido en exceso, principalmente en los cereales altamente enriquecidos. No es realista esperar que un plato de cereal proporcione el 100% de la ración diaria recomendada (Recommended Dietary Allowance-RDA) para una docena o más de vitaminas y minerales; un cereal con contenido alto de fibra de grano integral es tan saludable como los enriquecidos, pero es posible que cueste menos. El calcio se agrega ahora al jugo de naranja, los cereales, el pan y otros muchos alimentos. Estos productos pueden hacer bien a una persona que quiera evitar la leche y otros alimentos con un alto contenido natural de calcio, pero en realidad pueden ser dañinos para otros.

Los alimentos procesados y conservados tienen más aditivos que sus contrapartes frescos. La carne, las aves y el pescado frescos no contienen nitratos u otros conservadores que se encuentran normalmente en las carnes procesadas.

Vea la diferencia

Muchos alimentos procesados serían muy diferentes si no tuvieran aditivos. A los alimentos en la mesa de arriba se les han agregado todos sus aditivos; en la mesa de abajo están como se verían sin aditivos.

AHORA LOS VE *Aquí, los aditivos dan color a los alimentos; también mejoran su textura y retrasan el deterioro.*

La gelatina requiere un estabilizador de acción rápida.

El caramelo y otros colorantes les dan su color característico a los refrescos de cola.

Los nitratos y el ácido benzoico ayudan a proteger las sopas deshidratadas de las bacterias y prolongan su vida media. El color mejora su apariencia.

Las papas fritas se mantienen crujientes gracias a la sal y a los estabilizadores que evitan que la grasa se enrancie.

La espuma de la cerveza se debe a un "estabilizador de espuma".

La tartrazina intensifica el color de la naranjada.

AHORA NO LOS VE *Los alimentos frescos necesitan si acaso pocos aditivos. Pero, sin ellos, muchos alimentos procesados carecerían de sabor y de atractivo.*

Sin colorantes ni emulsivos, la margarina sería una mezcla grisácea de líquido y grasa. Sin colorantes ni estabilizadores, la gelatina no cuajaría y tendría la apariencia de un líquido claro.

La naranjada se vería pálida sin colorantes.

El refresco de cola se vería como agua, sin colorantes.

Sin colorantes, los dulces son blancos y translúcidos.

Un caso real

Roberto, un joven de 15 años, muy extravertido, comenzó a aislarse de los demás debido a la desagradable apariencia que le había producido el acné. Se sentía feo y pensaba que nunca tendría novia debido a los barros. Su recámara parecía farmacia, pues Roberto había probado ya casi todas las cremas del mercado. Incluso había dejado de comer chocolates con la esperanza de mejorar el aspecto de su piel. Un amigo le dijo que una dieta alta en cinc podría ayudarlo. Roberto se sentía muy pesimista, pero siguió la dieta cuidadosamente. Para su sorpresa, el acné comenzó a desaparecer. Por fin había encontrado el remedio adecuado y cuando su aspecto mejoró, también recobró la confianza en sí mismo.

Aunque el acné —barros y espinillas— puede presentarse a cualquier edad, es mucho más común entre los adolescentes; el 85% de ellos sufre de acné en diversos grados. Hasta hace poco se pensaba (aunque no se ha probado) que los alimentos ricos en azúcares y grasas —papas fritas, hamburguesas, chocolates y refrescos, por ejemplo— eran los causantes del acné.

Aunque todavía se piensa que los alimentos chatarra están relacionados con el problema, es más probable que el acné se deba a las sustancias químicas que contienen cloro. Estos productos, por lo general, se añaden a la sal que se utiliza en botanas y comidas chatarra. Además, el mal aspecto de la piel está más relacionado con lo que no se come que con lo que sí se ingiere. Y una dieta basada en dulces, comida rápida, botanas y alcohol carece de algunas vitaminas y minerales que son importantes.

De todas formas, los jóvenes que padecen de acné deben reducir el consumo de carbohidratos refinados, que se hallan en los alimentos azucarados y grasosos, como las hamburguesas y las papas fritas, los alimentos muy salados, los refrescos y los dulces; y deben consumir más cereales integrales, fruta y verdura frescas, carne magra y llevar un consumo moderado de grasas poliinsaturadas.

El acné se presenta cuando las glándulas sebáceas aumentan la producción de grasa o sebo, el cual es secretado por los poros. El sebo contiene células muertas; su sobreproducción bloquea los poros con una masa de grasa pegajosa y células muertas. Cuando esto sucede, las bacterias que se encuentran normalmente en la piel modifican esta masa en compuestos que irritan y rompen pequeñas glándulas, provocando inflamación y pústulas de apariencia desagradable.

Algunas personas están predispuestas genéticamente a padecer de acné, pero las causas más comunes son el estrés emocional y el aumento en la actividad de las hormonas sexuales o andrógenos. Estas hormonas estimulan las glándulas sebáceas, que por lo general se encuentran en la cara, los hombros, la espalda y el pecho, y son muy activas durante la pubertad. Los varones están más propensos al acné que las mujeres, ya que tienen niveles más altos de andrógenos. A pesar de esto, muchas chicas padecen de acné, generalmente en la semana previa a la menstruación.

Las investigaciones reportan que a muchas víctimas del acné les falta cinc. Las hamburguesas y las croquetas de pollo (*nuggets*) tienen grandes cantidades de este mineral; sin embargo, existen otras fuentes mucho más saludables como los mariscos, las nueces, la carne magra y las aves sin piel. El yogur y la leche descremada también contienen cinc aunque en proporciones menores.

La vitamina A, que ayuda a mantener una piel sana, abunda en el hígado y los huevos, mientras que los beta carotenos, que son convertidos por el organismo en vitamina A, se encuentran en las verduras anaranjadas y en las de color verde oscuro, como las espinacas y las zanahorias, y en frutas anaranjadas, como el chabacano y el mango.

Las personas que padecen de acné deben asegurarse de que su dieta contenga suficiente grasa poliinsaturada, la cual se dice que contrarresta el acné. Se considera que algunas vitaminas del complejo B evitan la aparición de puntos negros y hacen que la piel sea menos grasosa; por otra parte, se sabe que la falta de vitamina C aumenta la vulnerabilidad a las infecciones.

La vitamina E, que está presente en el germen de trigo, los huevos y los aceites vegetales obtenidos con el método de exprimir en frío, ayuda a sanar la piel.

ADEREZOS PARA ENSALADAS

VENTAJAS
• *Los aceites vegetales usados en los aderezos son bajos en grasas saturadas y son una buena fuente de vitamina E*

DESVENTAJA
• *Son altos en energía (calorías)*

Una salsa vinagreta clásica o un aderezo francés mejora el sabor de cualquier ensalada a un alto precio en cuanto a grasas y a calorías. Pero los aceites vegetales utilizados para hacer los aderezos para ensaladas contienen más grasas (vea pág. 204) monoinsaturadas y poliinsaturadas —que son más saludables— que grasas saturadas, cuyo exceso puede provocar padecimientos cardiovasculares. El ser humano necesita cantidades relativamente pequeñas de grasas para estar sano y para que su organismo funcione en forma adecuada. El consumo de calorías proporcionadas por las grasas no debe exceder el 30% del consumo total de calorías (de lo cual menos del 10% debe ser de grasas saturadas, es decir, un tercio del consumo total de grasas). Por tanto, es mejor utilizar con moderación los aderezos muy grasosos.

Cuando prepare una salsa vinagreta, seleccione un aceite de los que se extraen en frío, libre de colesterol, como el aceite de oliva puro. Los aceites para ensalada, por lo general, tienen un alto contenido de vitamina E. Los aceites de oliva, de cacahuate y de colza poseen una elevada proporción de grasas monoinsaturadas, mientras que los aceites de soya, de maíz, de girasol, de nuez y de cártamo son ricos en grasas poliinsaturadas.

Las vinagretas preparadas y otros aderezos que existen en el mercado generalmente contienen aditivos y derivados del huevo o de la soya que pueden causar alergia en algunas personas.

Aderezos caseros saludables

Los aderezos caseros pueden resultar muy saludables si usted tiene un completo control sobre sus ingredientes. Haga la prueba con la siguiente combinación de ingredientes y úsela para aderezar una ensalada verde: 150 mililitros de crema, 1 cucharada de vinagre blanco, 1 cucharada de jugo de limón, 3/4 de cucharadita de mostaza de Dijon y una pizca de pimienta.

Otra opción es pelar o machacar un diente de ajo y mezclarlo con 3 cucharadas de aceite de oliva y 1 cucharada de vinagre. Sazone al gusto. Para hacer un aderezo para una ensalada de atún y chícharos mezcle el jugo de medio limón con 3 cucharadas de aceite de oliva virgen y sazone al gusto.

Verifique la etiqueta si es que tiene alguna duda. También hay aderezos bajos en calorías, los cuales representan una útil alternativa si usted está tratando de controlar el consumo de calorías, pero no son del gusto de todos.

Aunque el Mil Islas y el aderezo para la ensalada César se preparan añadiendo huevo crudo a la receta básica, los fabricantes siempre emplean yema de huevo pasteurizada para evitar infecciones por salmonella. Cuando prepare su propio aderezo, use huevos de un proveedor confiable.

Los aderezos elaborados con queso Roquefort y otros son cada vez más populares, pero aunque la cantidad de queso utilizada sea mínima, el contenido de energía (calorías) y de grasas saturadas es muy elevado.

ADITIVOS

Vea pág. 12

AGRESIVIDAD Y DELINCUENCIA

AUMENTE
• *Cereales integrales, fruta y verdura*

REDUZCA
• *Pan blanco, pasteles, galletas y azúcar*
• *Té negro y café*

EVITE
• *Alcohol*

Los estudios científicos realizados en los últimos 20 años han relacionado varios elementos presentes en los alimentos o una falta de nutrimentos clave con el comportamiento antisocial. Las dietas ricas en azúcares, alimentos refinados, aditivos y colorantes han sido identificadas como posibles desencadenantes de agresión, hiperactividad y hasta delincuencia.

Una serie de estudios llevados a cabo en algunos centros de detención de Estados Unidos, a principios de la década de 1980, informaron acerca de reducciones significativas del comportamiento antisocial en prisioneros jóvenes alimentados con dietas experimentales bajas en azúcares refinados. En un estudio más amplio, en el que participaron 3.000 delincuentes jóvenes, además se excluyeron alimentos refinados y botanas.

Una teoría dice que una dieta alta en alimentos refinados es baja en cromo. Durante el refinamiento del azúcar, las pequeñas cantidades de cromo que están presentes normalmente en ella se pierden. El cromo es necesario para metabolizar el azúcar; sin él la insulina del cuerpo actúa con menor efectividad en el control de los niveles sanguíneos de glucosa. Puede haber accesos de hipoglucemia que desencadenan el comportamiento agresivo, ya que el cerebro recibe menos glucosa que la acostumbrada.

Un caso real

*A*drián, *un gerente exitoso en el campo de la mercadotecnia, era famoso por sus exposiciones amenas. Sin embargo, sus compañeros se quedaron perplejos una tarde, después de una importante conferencia, cuando Adrián de pronto se tornó muy agresivo. Durante las siguientes semanas el problema empeoró, y cuando finalmente agredió a uno de sus compañeros y le rompió la nariz, él comprendió que había llegado el momento de buscar ayuda médica. El doctor pensó que el alcohol suprimía las inhibiciones de Adrián y que podía cambiar en forma radical su carácter. Cuando Adrián se enteró de que incluso una pequeña cantidad de alcohol lo tornaba agresivo, comprendió el efecto que la bebida estaba causando en su trabajo. Con voluntad ejemplar, dejó de beber y su carrera va en ascenso.*

Por otro lado, se dice que el aumento en el consumo de glucosa puede tener un efecto calmante e inducir el sueño en algunas personas. No obstante, una dieta rica en azúcar y alimentos refinados puede carecer de nutrimentos importantes. Los estudios demostraron, por ejemplo, que las personas con un consumo bajo de tiamina, como resultado de una dieta no balanceada, eran muy agresivas, impulsivas y sensibles a las críticas. Y en una serie de estudios experimentales controlados que se realizaron con niños hospitalizados, el comportamiento desviado estaba relacionado íntimamente con la ausencia de comida balanceada. El té negro, el café y el alcohol en exceso también pueden desencadenar la agresividad.

AGUA

Vea pág. 20

AGUACATES

VENTAJA
• *Fuente de vitamina E y de potasio*

DESVENTAJA
• *Ricos en energía (calorías)*

Es sabido que la pulpa de un aguacate maduro es tan buena como agradable es su sabor. Es una rica fuente de vitamina E y potasio. Tiene cantidades apreciables de vitamina B_6 y también contiene vitamina C, riboflavina y manganeso. Las vitaminas E y C son ANTIOXIDANTES y ayudan a prevenir el daño de los radi-

¿Sabía usted que...?

• El aguacate tiene más proteínas que cualquier otra fruta. En algunas variedades californianas, el 85% de las calorías proviene de las grasas.

• Aunque los españoles supieron de la existencia de los aguacates desde 1519, éstos no fueron apreciados sino hasta el siglo XX debido a su débil sabor.

• Los aguacates pueden ser redondos o tener forma de pera; el tamaño varía, desde no ser más grandes que un huevo hasta pesar casi lo mismo que un melón. Además pueden ser de color verde oscuro, carmesí, amarillos o casi negros.

• A diferencia de otras frutas, los aguacates comienzan a madurar después de ser cortados. Si compra un aguacate que aún no esté maduro, guárdelo a temperatura ambiente por un par de días.

cales libres, que pueden causar ciertos tipos de cáncer. El potasio ayuda a controlar la presión sanguínea y a mantener un ritmo cardiaco regular y un sistema nervioso sano. La vitamina B_6 es importante para el funcionamiento normal del sistema nervioso. Los bajos niveles de ella pueden asociarse con las náuseas del embarazo.

Al igual que el aceite de oliva, los aguacates tienen un alto contenido de ácidos grasos monoinsaturados, de los cuales se piensa que reducen los niveles sanguíneos de colesterol. Quienes tienen problemas para controlar su peso deben tener cuidado, ya que cada aguacate tiene, en promedio, 300 calorías aproximadamente.

AJO

VENTAJAS
• *Se dice que tomado diariamente puede ayudar a reducir la presión arterial y las concentraciones sanguíneas de colesterol*
• *Actúa como descongestionante nasal*
• *Tiene propiedades antibacterianas y antivirales*

DESVENTAJAS
• *Produce mal aliento*
• *Puede provocar migrañas*
• *Ocasionalmente causa dermatitis por contacto*

Los herbolarios y los naturistas dicen que el ajo es una especie de alimento milagroso y lo usan como remedio para docenas de enfermedades, desde el asma hasta la artritis. La reputación del ajo tiene bases reales y las propiedades curativas del bulbo —como antiviral y antibacteriano— están respaldadas por pruebas científicas.

El ajo puede consumirse crudo para reducir la congestión nasal y para aliviar los síntomas de la gripe.

Las propiedades médicas que se le atribuyen al ajo se deben a los compuestos de azufre que contiene, incluyendo los que son responsables del fuerte olor

liberado cuando se machaca un bulbo. Hay controversia en cuanto a si el ajo ofrece los mismos beneficios si está crudo o cocido, ya que la cocción hace que se pierdan algunos de sus componentes volátiles.

Los científicos han demostrado en algunos estudios que los compuestos del ajo son buenos para el corazón, pues disminuyen la presión arterial, se dice que suprimen la producción de colesterol por parte del hígado, reducen el colesterol dañino y en cambio aumentan los niveles de las benéficas lipoproteínas de alta densidad en la sangre. En Alemania, por ejemplo, el ajo se procesa para obtener un medicamento que reduce los niveles sanguíneos de colesterol. La dosis diaria recomendada de ajo fresco es de 4 gramos, lo que equivale a uno o dos dientes pequeños.

Se cree que el ajo también puede inhibir la coagulación de la sangre y aumentar la velocidad a la que se rompen los coágulos sanguíneos, pero posiblemente deban consumirse grandes cantidades —10 o más dientes por día— antes de que se noten los efectos. Las preparaciones de ajo seco tienen un ligero efecto en la reducción de la presión arterial y de los niveles de colesterol sanguíneo.

Los estudios realizados con animales han demostrado que una sustancia presente en el ajo, llamada disulfuro de alilo, puede ayudar a prevenir el crecimiento de tumores malignos. Un estudio realizado en Shandong, una zona de China con alta incidencia de cáncer gástrico, sugiere que el consumo regular de ajo quizá brinde protección contra este padecimiento. Sin embargo, no existen pruebas de que la gente que come mucho ajo sea menos susceptible al cáncer.

La principal desventaja del ajo es que produce mal aliento. En personas susceptibles causa alergia, migraña y dermatitis por contacto.

ALCACHOFAS

VENTAJAS
• *Buena fuente de folatos y potasio*
• *Puede ayudar a controlar el colesterol*
• *Puede mejorar la función hepática*

La alcachofa, caliente o fría, con hojas o sin ellas, es una delicia y una buena fuente de folatos y potasio.

Muchos herbolarios también creen que este vegetal tiene poderes curativos. Los investigadores han hecho estudios con el extracto de la alcachofa y, en particular, con una sustancia llamada cinarina, que se encuentra en las hojas. Los resultados sugieren que la cinarina y los compuestos relacionados pueden ayudar a controlar los niveles de colesterol, mejorar la función vesicular y producir un efecto benéfico y duradero sobre la litiasis hepática.

Un estudio, realizado en la Freiburg University de Alemania en 1979, apoya la idea de que la cinarina puede reducir los niveles de colesterol, aunque parece no haber otra prueba científica importante. Sin embargo, muchas tiendas naturistas venden pastillas de alcachofas. Se dice que tienen propiedades médicas, incluyendo la estimulación de un hígado "perezoso".

ALCOHOL

Vea pág. 26

ALGAS

VENTAJAS
• *La mayor parte de las algas son una excelente fuente de yodo y de minerales*
• *Tienen cantidades variables de vitaminas del complejo B y beta carotenos*

DESVENTAJA
• *Algunas algas son ricas en sodio*

Continúa en la página 24

El agua: esencial para la vida

Aunque el agua no es un nutrimento, no habría vida sin ella. El ser humano puede sobrevivir varias semanas sin comida, pero sólo unos cuantos días sin agua.

Cerca del 60% del peso corporal de un adulto es agua. Ésta debe ser reemplazada continuamente debido a que perdemos casi un tercio de litro de agua por día, sólo a través de la respiración. Se estima que una persona bebe alrededor de 40.000 litros de agua durante toda su vida.

El agua es necesaria para el proceso digestivo y para la eliminación de los productos de desecho. Actúa como lubricante para las articulaciones y para los ojos, y es esencial para regular la temperatura corporal. Las comidas y las bebidas proporcionan agua. La aportación total de las bebidas —incluyendo té, café y jugos—, junto con los 300 mililitros de agua que se obtienen como producto del metabolismo, es de 2 litros al día, mientras que los alimentos —especialmente frutas y verduras— proporcionan 1 litro. Esto suma un total de 3 litros de agua diariamente para un adulto promedio.

Cuando se haga cualquier tipo de ejercicio intenso o cuando haga mucho calor, hay que tomar más líquidos de lo normal, para compensar la pérdida de agua adicional que se produce a través de la respiración agitada y el sudor. Tomando mucha agua puede asegurarse de que el calcio de la orina se diluya, ya que en altas concentraciones el

Fuentes de agua

Muchas personas no beben suficiente agua. Sin embargo, aunque los nutriólogos han sugerido requerimientos mínimos diarios de una gran variedad de nutrimentos, la cantidad de agua mínima necesaria depende del clima en que la persona viva y de sus actividades. Una tercera parte del consumo de líquidos de un adulto es suministrada por lo que se come más que por lo que se bebe; las frutas y las verduras proporcionan la mayor parte de este líquido adicional y otras pequeñas cantidades provienen del pan y de los productos lácteos.

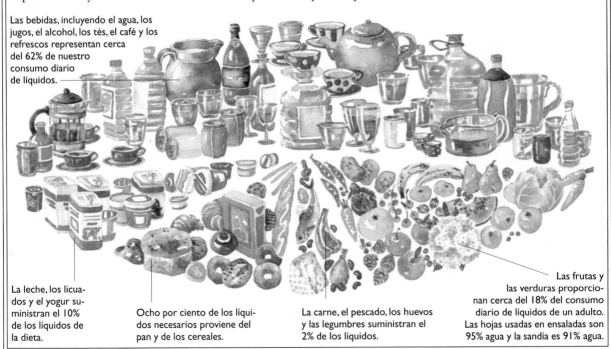

Las bebidas, incluyendo el agua, los jugos, el alcohol, los tés, el café y los refrescos representan cerca del 62% de nuestro consumo diario de líquidos.

La leche, los licuados y el yogur suministran el 10% de los líquidos de la dieta.

Ocho por ciento de los líquidos necesarios proviene del pan y de los cereales.

La carne, el pescado, los huevos y las legumbres suministran el 2% de los líquidos.

Las frutas y las verduras proporcionan cerca del 18% del consumo diario de líquidos de un adulto. Las hojas usadas en ensaladas son 95% agua y la sandía es 91% agua.

calcio se cristaliza y forma cálculos renales. El agua ayuda a eliminar las infecciones del riñón y de la vesícula y mejora el cutis, eliminando los productos de desecho.

Quienes beben poca agua pueden sufrir de dolores de cabeza y falta de concentración. Pero sorprendentemente, es posible —aunque difícil— beber agua en exceso. Si se toma mucha agua en poco tiempo, puede haber síntomas, de corta duración, parecidos a los de una borrachera.

PREOCUPACIONES

Recientemente, ha aumentado la venta de agua embotellada y de filtros de agua, lo que refleja la preocupación sobre la calidad del agua de la llave.

Esta preocupación por lo general es injustificada, pues Estados Unidos cuenta con uno de los abastecimientos de agua más confiables en el mundo. Sin embargo, no está libre de problemas. Para que la calidad del agua de los sistemas públicos de abastecimiento sea adecuada para beber, la Agencia para la Protección del Medio Ambiente (Environmental Protection Agency) cuenta con normas nacionales rigurosas, sobre todo por lo que respecta al contenido de microorganismos. Dicha agencia está encargada de establecer límites máximos seguros a muchas sustancias potencialmente dañinas, y las compañías de abastecimiento de agua deben encargarse de vigilarlos. A pesar de que se agregan sustancias químicas para remover los contaminantes y de que periódicamente se llevan a cabo pruebas para comprobar la calidad del agua, es posible que algunos contaminantes sigan presentes, en cantidades pequeñas.

ALUMINIO

El sulfato de aluminio se añade al agua, por lo general, durante el tratamiento al que se la somete para eliminar la materia suspendida. La mayor parte se elimina a través de la filtración, pero aun así pequeñas cantidades de aluminio permanecen en el líquido. La ley en vigencia establece que la concentración máxima de aluminio permitida es de 0,2 miligramo por litro. Un artículo publicado en la revista médica *The Lancet,* en 1989, menciona que donde los niveles de aluminio en el agua potable exceden el 0,11 miligramo por litro existe mayor riesgo de padecer la enfermedad de Alzheimer que donde las concentraciones son menores de 0,01 miligramo por litro. A pesar de esto, la relación entre el consumo de aluminio y la enfermedad de Alzheimer todavía es tema de controversia.

HORMONAS SEXUALES

Algunas sustancias químicas que simulan la acción de los estrógenos, como las que se utilizan en las pastillas anticonceptivas, han sido detectadas en ríos y lagos que abastecen de agua a ciertas poblaciones. Estos compuestos químicos han sido relacionados con una disminución de la fertilidad en determinados peces y reptiles y algunos científicos y organizaciones ambientales se preocupan cada vez más por la posibilidad de que puedan tener efectos nocivos sobre la fertilidad humana.

TUBERÍAS DE PLOMO

En 1986 se prohibió en Estados Unidos el uso de materiales con contenido de plomo para las tuberías de agua. Sin embargo, aún hay algunas poblaciones y ciudades que distribuyen el agua a través de tuberías de ese metal. Se estima que el 20% de la exposición al plomo proviene del agua potable. Los riesgos son mayores en las zonas de aguas blandas, ya que el plomo se disuelve con facilidad en este tipo de agua. También se disuelve más fácilmente en agua caliente.

La preocupación principal acerca de la exposición prolongada al plomo es su potencial efecto nocivo sobre los niños. Se sabe que la intoxicación por

plomo puede causar cambios en el comportamiento, lento aprendizaje y poca coordinación. También puede detener el crecimiento de los niños y dañar en forma permanente el sistema nervioso. A pesar de que los adultos absorben menos plomo que los niños, también pueden presentar síntomas de intoxicación y sufrir daño de riñones y órganos reproductores.

Si las tuberías de su casa son de plomo, para minimizar el riesgo de absorberlo, abra cada mañana la llave del agua fría y deje salir el agua durante un par de minutos.

FLUORUROS

Los fluoruros han ayudado a mejorar la salud dental en todas partes del mundo, endureciendo el esmalte de los dientes y haciéndolos más resistentes al desgaste. En algunas áreas se añade flúor al agua. En caso de que usted desee saber si en donde vive se le añade flúor al agua, comuníquese con su compañía de abastecimiento de agua.

El agua que hay en los alimentos

Por sorprendente que parezca, una tercera parte del agua que consumimos la obtenemos de alimentos "sólidos", como carne, pescado y productos lácteos, aunque las frutas y las verduras proporcionan la mayor parte.

ALIMENTO	CANTIDAD DE AGUA
PAN Y PRODUCTOS HORNEADOS	La mayoría de los panes contiene alrededor de 35% de agua. Las donas contienen 21%, y los pasteles de 20 a 35%. Las galletas tienen entre 3 y 7%. El pay de queso contiene 35% de agua.
PRODUCTOS LÁCTEOS	Los quesos blandos tienen alrededor de 60% de agua, los quesos duros, entre 35 y 40% y los de cubierta blanda, 50%. La mantequilla y las margarinas contienen 16% de agua, los aderezos bajos en calorías, cerca de 50%, la leche 90% y la crema tiene entre 48 y 80%.
PESCADOS Y MARISCOS	El contenido de agua de los diferentes pescados es parecido. El bacalao, el abadejo, la platija y la trucha tienen 75% de agua. Los mariscos contienen aún más agua, hasta 85%.
FRUTA	Las partes comestibles de la mayoría de las frutas tienen alrededor de 80% de agua. Los melones poseen aún más: cerca de 90%. Los albaricoques secos tienen 30%.
MERMELADAS	La miel posee 18% de agua, mientras que la mermelada y las jaleas, de 20 a 30%. La mermelada con poco azúcar tiene más agua: cerca de 65%. El jarabe de arce tiene 32%.
AVES, CARNES Y HUEVOS	La mayoría de las carnes está constituida por 50% de agua; las aves generalmente tienen más: 65-70%; el salami, 28%, el tocino, 13-67% y las salchichas, 55%. Los huevos tienen 74%.
VERDURAS	Las verduras contienen los porcentajes más grandes de agua: el pepino y el apio, 95% y los tomates, 93%; las zanahorias, 80%; el brócoli y la col, 90 a 92%.

Muchas pastas de dientes contienen flúor, y debe estar mencionado entre los ingredientes. Sin embargo, en casos raros, sobre todo en áreas donde el agua tiene concentraciones naturales altas de flúor, los niños pueden desarrollar una enfermedad que se conoce como fluorosis, en la cual se presentan manchas blancas en los dientes debido a la sobredosis de fluoruros. El flúor también ha sido relacionado con una alta incidencia de fracturas de cadera; se considera que esto se debe a que provoca que los huesos sean más densos y menos flexibles. Las investigaciones continúan para conocer los efectos a largo plazo del flúor.

NITRATOS

Muchas personas se preocupan acerca del contenido de nitratos en el agua potable. Los niveles se controlan estrictamente y no se permite que excedan los 10 miligramos por litro. Esta cifra se basa en el riesgo de que los bebés menores de 6 meses alimentados con biberón —cuyo alimento se prepara con agua potable— desarrollen una rara y fatal forma de anemia conocida como "síndrome del bebé azul". A medida que el nitrato se fermenta en el estómago del bebé, se convierte en nitrito, el cual reacciona con la hemoglobina, lo que limita su capacidad para transportar oxígeno.

Los nitratos, que se emplean mucho como fertilizantes, se filtran hacia los pozos y corrientes subterráneas desde las tierras de cultivo. Cuando se ingieren, las bacterias del intestino los convierten en nitritos, los cuales entran en la sangre y se eliminan a través de la saliva. Cuando los nitritos entran en el estómago, son capaces de reaccionar con las aminas de los alimentos para formar nitrosaminas: sustancias cancerígenas que pueden estar relacionadas con algunos tipos de cáncer gástrico.

Pero es importante mantener un sentido de proporción. En Estados

Unidos, la concentración de nitratos permitida en el agua potable es mucho menor que la que se encuentra en casi todos los alimentos y no representa un gran riesgo. Los nitratos se hallan naturalmente en las verduras, pero su concentración puede aumentar debido al uso de fertilizantes nitrogenados. Los nitratos y los nitritos también se añaden a las carnes curadas para prevenir el botulismo y realzar su característico color rosado.

DÓNDE OBTENER INFORMES

Si usted está preocupado acerca del agua que bebe, llame a su compañía de abastecimiento de agua. Las reglamentaciones federales y estatales requieren que las compañías de agua lleven a cabo regularmente una serie de pruebas para conocer los niveles de contaminantes y asegurar que el agua sea segura para beber. Los resultados de las pruebas son información pública y están a disposición de los usuarios.

FILTROS DE AGUA

Aunque el agua de la llave es segura para beber, muchas personas utilizan filtros de agua con el fin de eliminar residuos de sustancias químicas metálicas, entre otras. Cualquiera que sea el sistema que usted prefiera, deberá reemplazar el filtro regularmente, de acuerdo con las instrucciones del fabricante.

Existen tres tipos principales de filtros. Los filtros de carbón activado, en los que se vierte agua a través de un filtro colocado en la parte superior de una jarra, eliminan cloro, plaguicidas y otras sustancias, con excepción de los fluoruros y los nitratos. Las unidades de destilación eliminan la mayoría de las impurezas a través de la vaporización y posterior condensación. Sin embargo, a mucha gente le desagrada el sabor del agua destilada; además, las unidades de destilación consumen mucha electricidad. Los sistemas de ósmosis invertida hacen que el agua filtrada pase a través de una membrana; eliminan virtualmente todas las sustancias químicas y los minerales, pero también el calcio y el magnesio, los cuales benefician la salud y mejoran el sabor del agua. Cuando el agua se ha filtrado de esta manera, debe ser utilizada de inmediato o refrigerada y usada dentro de las siguientes 24 horas. No la deje a temperatura ambiente, ya que las bacterias pueden reproducirse en ausencia del cloro.

AGUAS BLANDAS Y DURAS

La dureza del agua depende, en parte, de la concentración de algunos minerales, como calcio y magnesio. Si vive en una zona de agua dura y decide instalar un ablandador de agua, deje una llave de agua dura para cocinar y beber. Esto no sólo asegura que obtenga los beneficios del calcio, sino que también evitará que consuma sodio, el cual se produce en cantidades altas durante el proceso de ablandamiento.

Tal parece que el agua dura es más saludable: una encuesta realizada en el Reino Unido mostró que las personas que viven en poblados donde el agua es muy blanda tienen 10% más de probabilidades de morir de enfermedades cardiovasculares que las que viven en áreas de agua dura.

¿QUÉ HAY EN LA BOTELLA?

Muchas personas piensan que las aguas embotelladas son más puras y saludables que el agua de la llave. En realidad, aunque regidas por diferentes organismos, en ambas se siguen los mismos controles de calidad. La principal justificación para beber agua embotellada es el sabor. También puede representar una buena medida de precaución cuando se viaja al extranjero. Los siguientes son los tipos más comunes de agua:

Agua de manantial. Se toma de un manantial natural; puede ser simple o contener burbujas de gases, ya sean naturales o porque ha sido carbonatada. El contenido mineral por lo general es natural.

Agua destilada. Es la purificada por medio de evaporación, lo que elimina sus minerales; los vapores se recondensan y se convierten en su forma líquida.

Agua efervescente. Contiene dióxido de carbono disuelto para hacerla burbujeante. El agua efervescente natural proviene de un manantial o de otra fuente; de lo contrario, ha sido carbonatada.

Agua mineral. Contiene por lo menos 500 miligramos de minerales por litro. A los productos vendidos como agua natural no se les ha agregado o disminuido los minerales. En otros, el proveedor puede haber ajustado el contenido mineral.

Agua potable. Se vende en una gran variedad de medidas y marcas. Puede provenir de cualquier fuente aprobada: de las tuberías municipales, manantiales, ríos, depósitos o pozos. Los fabricantes luego la filtran, desinfectan y ajustan el contenido mineral.

CUIDADO CON LAS MANCHAS AZULES

Las manchas azules que aparecen en el fregadero pueden ser señal de que el agua contiene mucho cobre. El cobre es un mineral valioso, pero resulta tóxico si se absorbe en exceso. Se cree que el consumo exagerado de cobre causa cirrosis hepática, aunque los niveles requeridos para que esto suceda deben ser mucho mayores que los del agua potable.

Los japoneses han cultivado algas durante siglos. Las consumen en cantidades suficientes para beneficiarse con los minerales que contienen en gran cantidad. Casi la cuarta parte de su dieta incluye alguna variedad de alga, que se usa para mejorar el sabor de ensaladas, sopas y otros platillos.

Las algas marinas son un ingrediente importante en la dieta macrobiótica. Algunas algas, como la ova, se venden en tiendas especializadas o en supermercados. Antes de comprarlas, asegúrese de que no provengan de un área contaminada.

Muchas algas son una fuente excelente de yodo, un mineral vital para el funcionamiento de la glándula tiroides. La tiroides produce hormonas que regulan el metabolismo del cuerpo, y por tanto, su crecimiento y desarrollo. Un signo característico de deficiencia de yodo es el bocio o inflamación de la tiroides.

Otros minerales que se encuentran por lo general en las algas son: cobre y hierro, que ayudan a tener una sangre sana; magnesio, para el funcionamiento adecuado de músculos y nervios; calcio para unos huesos sanos; potasio, para el mantenimiento de las células y el equilibrio de líquidos; y cinc, para el sistema inmunológico. La mayoría de las algas contienen algunas vitaminas del complejo B y beta carotenos (la forma esencial de la vitamina A), pero la cantidad varía según el tipo de alga y la forma en que se sirve. Los beta carotenos son antioxidantes y pueden ayudar a prevenir enfermedades degenerativas, como ciertos tipos de cáncer.

Las algas también contienen vitamina B_{12}, algo muy raro en una planta. Sin embargo, existe la duda de que esta vitamina sea "biológicamente activa": en otras palabras, que pueda ser utilizada por el organismo.

Aparentemente, las algas sólo tienen una desventaja: su alto contenido de sodio, lo que las hace poco recomendables para alguien que esté llevando una dieta baja en sal.

En la llamada medicina tradicional, las algas se usaron por mucho tiempo para tratar una gran variedad de enfermedades, como el estreñimiento, los resfriados, la artritis y el reumatismo.

COMPLEMENTOS DE ALGAS

Las tabletas de polvo de algas son una manera cómoda de incluir este alimento en la dieta. Debido a su alto contenido de yodo, algunos herbolarios las recetan para tratar trastornos leves de la tiroides.

Algunos tipos de complementos de espirulina y clorela —algas de agua dulce— son cada vez más populares. Pueden contener nutrimentos que se esperaría encontrar en las verduras verdes, incluyendo beta carotenos, vitamina C, calcio y hierro. También contienen proteínas y vitamina B_{12}. Se dice que la espirulina es una buena fuente de ácido gama linoleico (AGL), que es un ácido graso esencial; pero la creencia de que estas algas pueden estimular el sistema inmunológico, desintoxicar el organismo, suministrar energía y aumentar la longevidad no se ha comprobado científicamente.

Las algas se extraen de los lagos o se cultivan en estanques artificiales, luego se cosechan, se ponen a secar y se venden en polvo o en tabletas.

ALERGIAS

Vea pág. 32

ALIMENTOS AHUMADOS Y CONSERVADOS

Durante miles de años, los alimentos han sido ahumados, encurtidos y curados para su conservación. El desarrollo de la tecnología hizo que los métodos tradicionales de conservación hayan caído en desuso, pero algunos sobreviven debido a que la gente prefiere los sabores fuertes que éstos confieren.

AHUMADO

El sabor característico de los alimentos ahumados proviene de las sustancias químicas presentes en el humo, en combinación con los efectos de la cocción lenta y a muy baja temperatura y el secado. Muchos alimentos se ahúman, como el pescado, las carnes y el queso. El sabor que confiere este proceso es tan popular que en ocasiones se añade artificialmente a las frituras.

El humo está formado por cientos de sustancias; sus características particulares dependen de las sustancias que se quemen y del tiempo que dure la combustión. El humo contiene aldehídos, cetonas, ácidos carboxílicos y fenoles. Algunos de estos compuestos son tóxicos para las bacterias, otros reducen la oxidación de las grasas y evitan la rancidez, mientras que otros le dan sabor al alimento. Las diferentes maderas —nogal, mezquite, manzano, roble— producen, al quemarse, sabores característicos.

Se sabe que algunas de las sustancias presentes en el humo son peligrosas. A menudo se encuentran agentes cancerígenos, que incluyen alquitranes de un grupo de moléculas complejas conocidas como hidrocarburos aromáticos policíclicos (HAP). Sin embargo, a menos que se consuman con regularidad grandes cantidades de estas sustancias, los riesgos asociados con el consumo de alimentos ahumados son mucho menores que los riesgos de la exposición al humo del tabaco.

CURADO

El proceso de ahumado, por lo general, se combina con el proceso de curado con sal —otra forma efectiva de conservar los alimentos—, pero la mayoría de los alimentos curados son ricos en sodio. El tocino es un ejemplo típico: 100 gramos de tocino contienen 2 gramos de sodio (equivalen a 5 gramos o una cucharadita de sal). Los especialistas concuerdan en señalar que una dieta alta en sal es perjudicial para la salud, por lo que es mejor no comer tocino ni alimentos curados y ahumados todos los días.

Las sales usadas para curar son cloruro de sodio (sal de mesa) —que destruye bacterias por deshidratación— y nitratos y nitritos. Los nitratos y los nitritos reaccionan con el pigmento presente en las carnes para producir un atractivo color rosa cuando se cuece la carne. También reducen el riesgo de intoxicación alimentaria inhibiendo el crecimiento de *Clostridium botulinum,* la bacteria responsable del botulismo, que en ocasiones resulta fatal. A pesar de que las toxinas producidas por estas bacterias pueden destruirse durante la cocción, existe un riesgo mayor si se desarrollan en carnes cocidas que se consumen sin ser recalentadas, por ejemplo el jamón. Por tanto, la adición de nitritos y nitratos puede ser de vital importancia.

Existen regulaciones gubernamentales muy estrictas para controlar los niveles de nitratos y nitritos que se añaden a los alimentos. Esto es necesario debido a que los nitritos pueden reaccionar con los alimentos formando sustancias conocidas como nitrosaminas, las cuales —se ha demostrado en estudios de laboratorio con animales— tienen propiedades cancerígenas. Sin embargo, no existe prueba que sugiera que, en los niveles permitidos en los alimentos, los nitritos sean peligrosos para el hombre.

LOS EFECTOS DEL TEÑIDO

Muchos derivados del pescado son teñidos antes de ahumarlos, por ejemplo, la hueva del bacalao (se tiñe de rosado), los filetes de bacalao, el abadejo y la merluza (de amarillo) y el arenque (de color café). Algunos de los tintes usados en este proceso, como tartrazina y el amarillo ocaso, pueden provocar una respuesta alérgica en determinadas personas; asimismo, se cree que pueden provocar hiperactividad en algunos niños.

La adición de tintes está también controlada por ley. La cantidad máxima de tartrazina y amarillo ocaso que puede utilizarse es de 100 miligramos por kilogramo de pescado; sin embargo, es suficiente para desencadenar una crisis asmática en personas susceptibles.

Es mejor comprar pescado ahumado sin teñir. El abadejo ahumado natural es de color dorado cremoso y no de color amarillo brillante, mientras que el arenque es de color beige cremoso antes de ser teñido.

ENCURTIDO

El proceso de encurtido surgió como una forma de conservar frutas y verduras durante el invierno. Los alimentos que van a ser encurtidos se colocan en contenedores esterilizados y se sumergen en vinagre frío o caliente; después se sella el recipiente.

El vinagre inhibe el crecimiento de microbios y produce un sabor agrio en los alimentos. Los encurtidos (vea PEPINILLOS) mejoran con el tiempo y se pueden almacenar durante varios años, siempre y cuando se mantenga sellado el recipiente.

Una gran cantidad de nutrimentos se pierden durante el proceso de encurtido, aunque se retiene un poco de vitamina C. Los alimentos encurtidos más comunes en la dieta diaria son: los chiles, la coliflor, las cebollas, los pepinillos y el betabel. Las personas sensibles a los hongos y las levaduras deben evitar consumir alimentos encurtidos.

ALIMENTOS CONGELADOS

VENTAJAS
- *Retienen muchos nutrimentos*
- *La mayoría de los alimentos conservan color, textura y sabor naturales*

DESVENTAJAS
- *Las verduras pierden algunas vitaminas durante el proceso de blanqueado*
- *Los alimentos con alto contenido de agua pueden perder su firmeza una vez descongelados*

Los congeladores de los supermercados ofrecen una gran variedad de productos congelados, comida rápida y alimentos precocidos. Los alimentos congelados a una temperatura constante de 18°C por lo general son seguros. La calidad, sin embargo, se deteriora después de periodos prolongados de congelamiento.

El congelamiento retrasa el deterioro de los alimentos porque inhibe la actividad enzimática que los metaboliza. También impide la utilización del agua presente en los alimentos, lo que a su vez impide el crecimiento de bacterias, las cuales necesitan un ambiente húmedo para poder multiplicarse.

El blanqueado, o sea la exposición de frutas y verduras a altas temperaturas —ya sea con agua hirviente, vapor o microondas—, se utiliza para inactivar ciertas enzimas y levaduras que de otra manera seguirían metabolizando células incluso después del congelamiento. El blanqueado provoca la pérdida de vitamina C y de otras vitaminas sensibles al calor, como la tiamina y el ácido fólico. A pesar de estas pérdidas, las verduras y las frutas congeladas son, a menudo, más nutritivas que sus contrapartes "frescas", que comienzan a perder vitamina C desde que son cortadas, pero la industria alimentaria tiene la capacidad de congelar los productos inmediatamente después del corte.

Continúa en la página 30

ALCOHOL: EL ÉXITO ESTÁ EN LA MODERACIÓN

Los pocos beneficios a la salud que brinda el beber moderadamente son menores que el riesgo de enfermedad que pueden provocar aun los pequeños pero frecuentes excesos.

Las personas han usado el alcohol de una u otra forma desde tiempos prehistóricos. Si bien se bebe alcohol por sus efectos en el estado de ánimo, en el pasado se utilizó como anestésico, tónico y desinfectante. Aun en la actualidad el alcohol constituye un ingrediente de muchos medicamentos que se venden sin receta médica.

El alcohol etílico (etanol), el principal ingrediente activo de las bebidas alcohólicas, es producto de la fermentación de las levaduras sobre el almidón o el azúcar. Otras sustancias formadas en este proceso dan a las bebidas sus sabores y aromas particulares. Son estas sustancias, conocidas como congéneres, las responsables de muchos de los síntomas de la resaca ("cruda"). Por ejemplo, los polifenoles presentes en los vinos tintos —y no en el alcohol— son los causantes de la migraña en algunas personas. No obstante, el principal peligro para la salud que contienen la cerveza y otras bebidas alcohólicas es el propio alcohol. Las afirmaciones en el sentido de que los vinos orgánicos son mejores, por lo general, no tienen fundamento científico.

Algunos estudios han mostrado que beber cantidades pequeñas de alcohol, en especial el vino tinto, reduce el riesgo de un ataque cardiaco, al parecer porque disminuye los efectos nocivos de los niveles elevados del colesterol en la sangre y previene la formación de coágulos. El mecanismo no es claro, pero algunos investigadores afirman que el vino tinto contiene bioflavinoides (el vino blanco también los contiene pero en menores cantidades), sustancias antioxidantes que protegen a las células del daño que ocurre normalmente cuando el organismo consume oxígeno.

En otros estudios se ha comprobado que cantidades moderadas de alcohol (una o dos bebidas al día) pueden incrementar los niveles de las lipoproteínas de alta densidad (LAD). Sin embargo, los médicos hacen notar que incluso estas cantidades de alcohol pueden elevar el riesgo de padecer hipertensión arterial, apoplejía, enfermedades hepáticas y ciertos tipos de cáncer. Por lo tanto, recomiendan ingerir fuentes alternativas, como las

VENTAJAS
- *El consumo moderado se asocia a una disminución del riesgo de insuficiencia coronaria en adultos*
- *Produce un estado de ánimo agradable*

DESVENTAJAS
- *Puede empeorar un estado de ánimo depresivo y llevar a la agresión*
- *Es peligroso durante el embarazo*
- *Es peligroso si se mezcla con ciertos medicamentos*
- *Puede causar resaca*
- *El consumo excesivo está relacionado con ciertos tipos de cáncer*
- *Las borracheras pueden llegar a precipitar ataques de gota, pancreatitis e infarto del miocardio*
- *El abuso persistente del alcohol puede causar daño hepático permanente*

Qué contiene una bebida

El alcohol tiene 7 calorías por gramo, en comparación con 4 calorías por gramo de proteína o carbohidratos, y 9 calorías por gramo de grasa. Algunos vinos proporcionan cantidades pequeñas de hierro y potasio, y la cerveza contiene niacina, vitamina B_6, cromo y fósforo. Para que una persona pueda beneficiarse de los nutrimentos de estas bebidas, tendría que consumir mucho más que el límite diario recomendado.

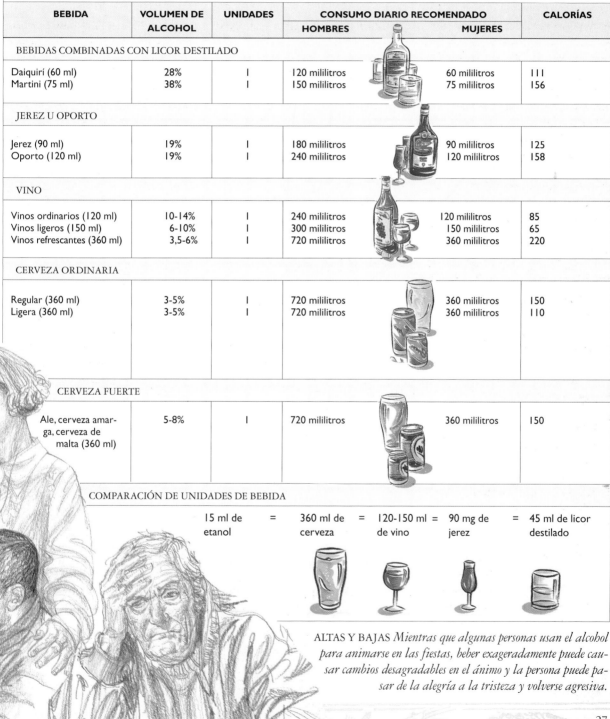

BEBIDA	VOLUMEN DE ALCOHOL	UNIDADES	CONSUMO DIARIO RECOMENDADO		CALORÍAS
			HOMBRES	MUJERES	
BEBIDAS COMBINADAS CON LICOR DESTILADO					
Daiquirí (60 ml)	28%	1	120 mililitros	60 mililitros	111
Martini (75 ml)	38%	1	150 mililitros	75 mililitros	156
JEREZ U OPORTO					
Jerez (90 ml)	19%	1	180 mililitros	90 mililitros	125
Oporto (120 ml)	19%	1	240 mililitros	120 mililitros	158
VINO					
Vinos ordinarios (120 ml)	10-14%	1	240 mililitros	120 mililitros	85
Vinos ligeros (150 ml)	6-10%	1	300 mililitros	150 mililitros	65
Vinos refrescantes (360 ml)	3,5-6%	1	720 mililitros	360 mililitros	220
CERVEZA ORDINARIA					
Regular (360 ml)	3-5%	1	720 mililitros	360 mililitros	150
Ligera (360 ml)	3-5%	1	720 mililitros	360 mililitros	110
CERVEZA FUERTE					
Ale, cerveza amarga, cerveza de malta (360 ml)	5-8%	1	720 mililitros	360 mililitros	150

COMPARACIÓN DE UNIDADES DE BEBIDA

15 ml de etanol = 360 ml de cerveza = 120-150 ml de vino = 90 mg de jerez = 45 ml de licor destilado

ALTAS Y BAJAS *Mientras que algunas personas usan el alcohol para animarse en las fiestas, beber exageradamente puede causar cambios desagradables en el ánimo y la persona puede pasar de la alegría a la tristeza y volverse agresiva.*

uvas, las cuales proporcionan más bio-flavinoides que el vino, o la aspirina que es más eficaz en la prevención de la formación de coágulos.

El alcohol es principalmente una fuente de calorías "vacías", aunque algunas bebidas suministran pequeñas cantidades de micronutrimentos, particularmente el vino y algunas cervezas, que contienen minerales (nutrimentos inorgánicos) y vitaminas del complejo B. Sin embargo, como un alto consumo de alcohol hace que la persona se sienta llena, existe el riesgo de que desplace a otros alimentos más nutritivos de la dieta. Por tanto, las personas que beben mucho y con frecuencia, corren el riesgo de padecer deficiencias nutricias. Entre los nutrimentos de los que carecen los bebedores se encuentran: tiamina, vitamina B_{12}, riboflavina, folato, niacina, calcio, magnesio y cinc, aunque mucho depende de la dieta de la persona y de otros factores como la predisposición genética. El alcohol también ataca al hígado y afecta su capacidad de almacenar vitaminas liposolubles y de metabolizar proteínas. Todas las formas de alcohol pueden contribuir a la obesidad, en especial la cerveza. En realidad, la cerveza contiene menos calorías que el vino y que otras bebidas alcohólicas —un litro de cerveza tiene la mitad de lo que posee el volumen equivalente de vino—, pero como, en general, la cerveza se consume en grandes cantidades, contribuye más al consumo total de calorías.

Si distribuye el consumo de alcohol durante la semana afectará menos a su hígado. Sin embargo, incluso para bebedores moderados, es recomendable evitar el alcohol una o dos veces cada semana, para dejar que el cuerpo se desintoxique por sí solo. Las "borracheras", aunque no sean frecuentes, pueden provocar ataques de gota o pancreatitis. Peor aún, pueden causar anormalidades en el ritmo cardiaco, lo que provoca —días o semanas después— una cardiopatía congestiva inducida por el alcohol.

CUÁNDO UNA ES DEMASIADO

Las mujeres metabolizan el alcohol más lentamente que los hombres, debido a que su hígado es más pequeño y a que poseen más grasa. Hay también diferencias raciales respecto a la velocidad con la que las enzimas metabolizan el alcohol; por ejemplo, los orientales generalmente son menos tolerantes que los caucásicos.

Para cualquier persona, en ocasiones, una o dos copas son demasiado, por ejemplo, si se está operando maquinaria, tomando ciertos medicamentos o si está embarazada.

El consumo excesivo de alcohol todos los días durante el embarazo puede dañar al feto, provocar defectos en el producto y producir el síndrome de alcoholismo fetal, en el cual el bebé tiene bajo peso al nacer, cara achatada y paladar hendido, y muestra lento aprendizaje. Si bien no se ha establecido un límite seguro de alcohol durante el embarazo, los expertos recomiendan que las mujeres que planeen embarazarse o estén embarazadas deben abstenerse de beber alcohol.

CAUSA Y EFECTO

A diferencia de la mayoría de los alimentos, el alcohol no se digiere sino que es absorbido al torrente sanguíneo desde el estómago y el intestino delgado aproximadamente una hora después de haberlo ingerido. Si se bebe con el estómago vacío, el alcohol se absorbe y se difunde más rápidamente a los tejidos del cuerpo; en cambio, si se bebe con el estómago lleno la absorción será más lenta. Las bebidas que contienen 20-30% de alcohol por volumen se absorben más rápidamente; las concentraciones mayores de alcohol pueden irritar el estómago y retrasar la absorción. Pero todas las bebidas alcohólicas se absorben más rápidamente al combinarse con bebidas gaseosas, como el agua mineral. Estas bebidas "revuelven" las moléculas de alcohol y permiten el contacto de muchas de ellas con las células gástricas. Esto pasa en cocteles hechos con limonada o con agua mineral.

Después de que el alcohol se disuelve en la sangre, parte de él se libera al aire de los pulmones. Sin embargo, muy poca cantidad de alcohol se elimina de esta manera. El 95% se metaboliza en el hígado.

En promedio, el hígado tarda entre 3 y 5 horas en metabolizar completamente dos unidades de alcohol. Si toma tres litros de cerveza o dos botellas de vino y duerme ocho horas, a la mañana siguiente todavía puede tener tanto alcohol en su organismo que estará por encima de los límites permitidos para manejar.

Las reacciones de los individuos al alcohol varían, pero por lo general, después de una o dos copas, el ritmo cardiaco se acelera y la secreción de jugos gástricos aumenta. Los procesos intelectuales permanecen normales, pero las reacciones que necesitan decisiones rápidas se ven afectadas.

Cuando se bebe en exceso, la coordinación se afecta y se inhibe la secreción de varias hormonas, lo que lleva a deshidratación, habla confusa, movimientos torpes y disminución de la sensibilidad al dolor. La mejor solución contra la resaca es beber mucha agua antes de irse a dormir.

Además de los molestos efectos de la resaca, el consumo excesivo de alcohol produce serios efectos en la salud. El alcohol reduce el flujo de sangre al cerebro y también es tóxico para las células cerebrales. El consumo prolongado puede resultar en pérdida de la memoria, daño a los nervios, e incluso demencia. Como el hígado metaboliza el alcohol, este órgano es vulnerable a sus efectos dañinos, y las consecuencias del abuso pueden incluir que el hígado se vuelva grasoso, se desarrolle hepatitis alcohólica y, con el tiempo, cirrosis. El corazón también resulta afectado. Hasta cantidades pequeñas de alcohol pueden causar arritmias, y un consumo prolongado aumenta el riesgo de sufrir hipertensión y enfermedades cardiacas, en especial, la miocardiopatía, caracterizada por agrandamiento y debilidad del músculo cardiaco. El alcohol también afecta al sistema digestivo elevando la producción del ácido hidroclórico del estómago, lo que hace empeorar las úlceras. Asimismo, puede elevar el riesgo de cáncer de boca, garganta, esófago, estómago y colon.

ALCOHOLISMO

El alcoholismo se define como una forma de beber crónica que afecta la vida personal, familiar o profesional del bebedor. Se piensa que los factores que contribuyen al alcoholismo incluyen una predisposición genética, patrones de conducta aprendidos y el maltrato durante la niñez. El alcoholismo progresa de distintas maneras según el individuo. Para algunos, esta enfermedad se desarrolla en cuanto empiezan a beber; para la mayoría, avanza lentamente.

El consumo excesivo de alcohol reduce la sensibilidad cerebral al efecto de éste, lo que provoca que aumente su consumo para obtener el efecto que antes se lograba con menor cantidad.

REDUZCA RIESGOS Comer muchas frutas, verduras, mariscos y pan integral, como parte de una dieta balanceada, ayuda a protegerse contra la cirrosis. Consuma, por ejemplo, lentejas, ejotes, fresas, carne magra, kiwi, melón, naranjas, ostras, huevos, cangrejo y trucha.

También puede producir cambios destructivos en la personalidad. El alcohólico y el que bebe en exceso tienden a olvidar los requerimientos alimentarios de su organismo. Una dieta pobre exacerba los problemas causados por el alcohol. Los niveles bajos de vitamina B_{12} y de tiamina, entre otros micronutrimentos, causan daños al sistema nervioso, en tanto que la deficiencia grave de tiamina provoca desorientación, pérdida de la memoria y confabulación (inventar los episodios olvidados).

El alcoholismo en promedio acorta la esperanza de vida del bebedor, ya que incrementa el riesgo de enfermedades que ponen en peligro la vida, entre las que se cuentan la cirrosis, el cáncer de páncreas, hígado y esófago.

Asimismo, el alcoholismo puede causar desnutrición, no sólo porque los bebedores crónicos tienden a llevar una dieta deficiente, sino porque también el alcohol altera la digestión y el metabolismo de la mayoría de los nutrimentos. El deterioro de la función del hígado y del páncreas puede resultar en una digestión deficiente de la grasa. Al estimular la producción de insulina, el alcohol hace que el metabolismo de la gluco-

sa se acelere y los niveles de azúcar en la sangre disminuyan. Además, muchos alcohólicos tienen sobrepeso debido al alto contenido calórico del alcohol.

Si un alcohólico deja de beber, los problemas nutricionales se pueden atacar uno por uno. Se pueden recetar complementos para remediar las deficiencias. Asimismo, se puede planear una dieta para revertir las deficiencias y perder peso. Si el hígado se ha dañado, se debe vigilar el consumo de proteínas para prevenir un daño mayor a ese órgano.

La abstinencia es el único tratamiento verdadero del alcoholismo, pero es difícil de conseguir y mantener. Es posible que al principio se necesite ayuda profesional para controlar los síntomas de la abstinencia, e incluso hospitalización. Después, los grupos de apoyo son muy importantes. Tales grupos, como Alcohólicos Anónimos, por lo general se encuentran en los directorios telefónicos.

Casi no hay pérdida de nutrimentos en pescados, carnes o aves, debido a que las proteínas y las vitaminas A y D no resultan afectadas por el proceso de congelamiento.

SU CONGELADOR

A menos que posea un congelador que se descongele automáticamente, será necesario que descongele su aparato con regularidad. Una vez vacío, lave el congelador con agua tibia y bicarbonato, que limpia con eficiencia sin dejar olores. Deje que la temperatura del congelador llegue a los −18°C antes de volver a llenarlo. Coloque los paquetes de alimentos congelados tan cerca como pueda unos de otros: es una forma más eficiente y económica. Los alimentos que han sido descongelados no deben ser congelados nuevamente.

ALIMENTOS ENLATADOS

VENTAJAS
- *Son duraderos*
- *Retienen muchos nutrimentos, incluyendo proteínas y vitaminas A, D y riboflavina*
- *Están esterilizados y son seguros*

DESVENTAJAS
- *Muchos alimentos enlatados son ricos en sal*
- *El color, la textura y el sabor de los alimentos están alterados*
- *Se pierden algunos nutrimentos*

El proceso de enlatado conserva los alimentos sellándolos al vacío en un recipiente y cociéndolos a una temperatura lo suficientemente alta para asegurar su esterilización. Como se exterminan los microorganismos que se encuentran dentro del recipiente y se extrae el aire, los alimentos enlatados se conservan por mucho tiempo sin deteriorarse.

El proceso de enlatado no tiene ningún efecto sobre las proteínas, los carbohidratos, las grasas, ni sobre las vitaminas A, D y riboflavina que el producto pueda contener. Pero las altas temperaturas que se emplean en el proceso destruyen la tiamina (vitamina B_1) y la vitamina C presentes en las verduras y otros alimentos. Las frutas y los jugos de fruta enlatados, sin embargo, retienen la mayor parte de sus vitaminas. La extensión de la pérdida de vitaminas depende en buena medida de la acidez del producto. La mayor parte de los alimentos ácidos retienen su contenido de vitamina C.

Al igual que sucede con otras formas de cocción, el proceso de enlatado provoca cambios en el color, la textura y el sabor de los alimentos. Además, los alimentos enlatados contienen a menudo niveles de sodio relativamente altos, por lo que siempre vale la pena leer la etiqueta.

Si usted abre una lata y sólo usa una parte del producto, no almacene el resto en la misma lata, ya que el metal mancha el alimento una vez expuesto al aire. Es mejor pasar las sobras a otro recipiente tapado, guardarlas en el refrigerador y usarlas en el transcurso de dos días.

EVITE LAS LATAS DAÑADAS

Las latas no deben usarse si están abolladas u oxidadas, en especial alrededor de la tapa. Si la lata se ve deteriorada o si está abombada, significa que contiene microorganismos productores de gas. Tírela sin abrirla, ya que contiene bacterias tóxicas.

Antes había preocupación generalizada acerca de los riesgos de padecer INTOXICACIÓN ALIMENTARIA, provocada por botulismo. Este mal es causado por la bacteria *Clostridium botulinum*, cuyas esporas son muy resistentes al calor y pueden sobrevivir si se hace una inadecuada esterilización por calor. La tecnología ha avanzado tanto que

esta forma de botulismo es rara en nuestros días.

Cuando compre alimentos enlatados, tenga en mente las siguientes precauciones:
- No compre latas con abolladuras o rebabas en los puntos de unión o en los bordes, ya que pueden convertirse en agujeros.
- Asegúrese de que las latas no estén abombadas o con fugas. Si al abrir una lata el contenido forma espuma o chorrea, tírela inmediatamente; si se ingiere en esas condiciones, puede tener consecuencias fatales.
- Siga siempre las indicaciones de conservación impresas en la etiqueta.

ALIMENTOS IRRADIADOS

Tanto fabricantes de alimentos como productores y distribuidores están buscando constantemente nuevas maneras de mantener la calidad de su producto y de extender su vida útil. La irradiación —la exposición de alimentos frescos a dosis bajas de radiación— parece ser uno de esos métodos. Hasta ahora, el calor y el uso de sustancias químicas han sido los principales métodos de esterilización, pero ambos tienen sus desventajas. Por lo tanto, la aplicación de radiaciones parecería ser el medio ideal de esterilizar los alimentos, pero ha tenido poca aceptación entre el público. Algunos grupos de consumidores y conservacionistas están preocupados por la posibilidad de que los alimentos se vuelvan radiactivos o puedan promover el desarrollo de mutaciones peligrosas. El gobierno dispone que sólo ciertas formas de radiación se apliquen a los alimentos para asegurar que no retengan el material radiactivo. Por lo regular, se aplican dosis de bajas a moderadas para reducir los parásitos o para inhibir la maduración y el deterioro natural, sin producir ninguna cantidad considerable de radiactividad en alimentos tratados.

Los alimentos se esterilizan con dosis más altas de radiación. En Estados Unidos se ha utilizado este método para preparar dietas especiales para los astronautas y, en los hospitales, para pacientes inmunodeprimidos. Las dosis altas también se usan para eliminar las bacterias contaminantes de las hierbas y las especias deshidratadas, siguiendo el esquema apropiado para la sustancia usada con este propósito. La exposición de los alimentos a dosis mayores de las permitidas podría afectar el sabor del producto y reducirlo a papilla.

También existe preocupación por la posibilidad de que la radiación provoque la pérdida de algunos nutrimentos. Las dosis bajas a moderadas de radiación no afectan el contenido mineral ni el valor biológico de las proteínas, los carbohidratos ni las grasas de los alimentos. La pérdida de vitaminas es insignificante cuando se aplican dosis bajas, pero las dosis de radiación altas pueden provocar la pérdida de la mitad del contenido de vitaminas A, E, K y tiamina. El contenido de niacina, riboflavina y vitamina D parece permanecer estable. En el caso de la vitamina C, las pruebas son contradictorias; algunas investigaciones muestran grandes pérdidas y otros no.

Algunos alimentos no pueden ser irradiados debido a que el proceso produce cambios desagradables en la apariencia, el sabor y el olor de ciertos productos. La radiación puede oscurecer las carnes y cambiar su sabor, oxidar las grasas insaturadas y otorgarles un sabor rancio; en dosis altas, oscurece los mariscos.

CÓMO SABER

En muchos casos, los alimentos irradiados son imposibles de distinguir, en apariencia y sabor, de los alimentos no procesados. Esto ha llevado a creer que los alimentos tratados pueden llegar a ser vendidos como alimentos frescos; algunas frutas, como las fresas, parecen recién cortadas después de varias semanas de irradiadas. El indicador más certero es el hecho de que el producto siga viéndose fresco mucho tiempo después de lo esperado.

En Estados Unidos, la Administración de Alimentos y Drogas (Food and Drug Administration) requiere que los alimentos irradiados se etiqueten con el símbolo internacional para la radiación y con la expresión "Tratado con radiación". Sin embargo, como no hay un método para detectar si un alimento ha sido expuesto a radiaciones, se teme que pueda haber problemas para hacer cumplir el requerimiento de etiquetar los alimentos.

ALIMENTOS MODIFICADOS GENÉTICAMENTE

VENTAJAS
- *Aumenta la vida media de los productos frescos*
- *Son alimentos que contienen más proteínas y otros nutrimentos*
- *Crecen en casi todos los climas y suelos y son resistentes a las plagas*
- *Mayores beneficios a menor costo*

DESVENTAJA
- *Riesgo de que se transfiera la resistencia a los antibióticos a los humanos y al ganado*

Cada día hay más demanda de alimentos en todo el mundo. Para satisfacer estas necesidades básicas, los científicos han estado trabajando para mejorar los métodos de producción de alimentos y alargar la vida media del producto. La modificación genética, mejor conocida como ingeniería genética, es una manera de hacerlo. La técnica consiste en alterar el ADN de los genes de una célula, que determinan las características hereditarias. Puede utilizarse para acelerar el proceso de reproducción selectiva, a fin de que los científicos no tengan que esperar generaciones completas para

Continúa en la página 36

Los efectos de la radiación

La siguiente tabla indica los niveles de radiación que se aplican a diferentes tipos de alimentos, para extender su vida media.

ALIMENTOS	DOSIS	BENEFICIO
Papas, cebollas, ajo	Baja	Inhibe la germinación
Algunas frutas tropicales	Baja	Retrasa la maduración
Cerdo	Baja	Reduce los niveles de parásitos
Granos, arroz, algunas frutas y verduras	Baja	Controla los insectos
Fresas	Baja	Retrasa el deterioro
Carnes, aves y mariscos	Moderada	Limita los organismos patógenos
Hierbas y especias	Alta	Esteriliza

Alergias e intolerancia alimentaria

Las alergias a alimentos, al polvo y al polen pueden producir desde estornudos hasta migraña, e incluso la muerte. Las alergias son cada vez más comunes; sin embargo, aún no se sabe mucho de ellas.

Los alergenos —sustancias que provocan alergias— son pequeñas partículas de materia que se hallan en el ambiente o en los alimentos, las cuales son identificadas como extrañas por el organismo y pueden ser muy peligrosas. El organismo responde a los alergenos con anticuerpos, que son liberados al torrente sanguíneo y a los tejidos.

Las reacciones individuales a este proceso varían en intensidad, desde escurrimiento nasal y estornudos, presentes en la fiebre del heno, hasta respuestas que ponen en peligro la vida de la persona, como en el caso de las reacciones de quienes son alérgicos a los cacahuates. Diferentes alergenos pueden causar síntomas parecidos; por tanto, la fiebre del heno puede ser causada por polen, polvo, plumas y pieles de animales. Del mismo modo, el mismo alergeno puede causar diversos síntomas en diferentes individuos. El asunto se complica cuando se confunden las alergias con intolerancia alimentaria.

¿Alergia o intolerancia?

Las reacciones alérgicas a los alimentos pueden afectar casi cualquier parte del organismo y provocar eccema, asma, urticaria y otros problemas de salud. Cualquiera que sea alérgico a los cacahuates, por ejemplo, puede sufrir de inflamación de la lengua y garganta o un ataque grave de asma. En la mayoría de los casos agudos, comer un solo cacahuate o una galleta que contenga aceite de cacahuate puede ser fatal. Las víctimas de estas alergias exageradas o anafilaxis tienen una reacción extrema a un antígeno en particular. Esto puede ser contrarrestado con la aplicación de una inyección de adrenalina. La única forma de prevenir la situación es evitando el alimento causante.

Cuando existe una reacción adversa hacia algún alimento y las pruebas de laboratorio niegan la presencia de una alergia, se utiliza el término "intolerancia alimentaria" para describir la enfermedad. Aunque el sistema inmunológico tiene que ver con el problema, no es el factor principal que causa los síntomas de las reacciones a determinados alimentos.

La intolerancia alimentaria es objeto de controversia. En muchos casos, no es posible determinar la causa de una intolerancia a algún alimento, aunque se sabe que los anticuerpos de las alergias no son los responsables. En ocasiones, es el resultado de un problema identificable. Por ejemplo, las personas que padecen de intolerancia a la lactosa no producen una enzima llamada lactasa, la cual es necesaria para digerir la leche apropiadamente; y las personas con intolerancia al gluten (vea ENFERMEDAD CELIACA) no pueden absorber bien el trigo por el daño que provoca el gluten sobre la membrana del intestino delgado.

¿Cuántas personas las padecen?

Más de 60 millones de estadounidenses sufren de alergias, es decir, aproximadamente uno de cada cuatro. Solamente un pequeño porcentaje son alérgicos a los alimentos. Se estima que alrededor del 2% de los adultos y entre el 5 y el 8% de los niños presentan reacciones alérgicas a uno o más alimentos.

Los alimentos pueden desencadenar eccema, migraña, asma y fiebre del heno.

Las alergias pueden presentarse a cualquier edad. A medida que la gen-

Un caso real

Clara, de 27 años, sufría una serie de irritaciones que achacaba a la gripe. Ocasionalmente, los labios y la lengua se le adormecían mientras comía y después se inflamaban, provocaban dolor y se hacían sensibles al tacto. Una vez, durante el verano, el problema se agravó y el médico de Clara empezó a indagar sobre su dieta. Supo entonces que el padre de Clara cultivaba tomates y que ella los consumía en casi todas las comidas. Clara, por recomendación de su médico, eliminó los tomates de su dieta y actualmente ya no tiene problemas.

te envejece, se presentan cambios en su susceptibilidad y en la respuesta a ciertos alergenos, especialmente si éstos se encuentran en la comida. Las alergias pueden desaparecer sin necesidad de hacer cambios en la dieta; por otro lado, cuando se ha identificado el alergeno y se elimina de la dieta, es posible que surjan otras alergias —meses o años después— y causen síntomas nuevos o parecidos. Si se sospecha de alguna alergia en particular, es posible diagnosticarla con una prueba cutánea o excluyendo de la dieta los alimentos sospechosos. Ambos métodos son sencillos y certeros. Sin embargo, cuando no existen pistas, la identificación del alergeno puede ser una tarea tan frustrante como buscar una aguja en un pajar.

Histaminas hiperactivas

La piel, al igual que las membranas mucosas —como las que recubren la boca, la nariz, los intestinos y otras partes del cuerpo—, produce una sustancia llamada histamina. Una de las funciones de la histamina es estimular la producción de jugos gástricos después de las comidas. También agranda los capilares (pequeños vasos sanguíneos) para aumentar el flujo de sangre. Cuando los alergenos de los alimentos penetran en el organismo o entran en contacto con la piel, el cuerpo reacciona liberando grandes cantidades de histamina y otras sustancias. Esta "explosión de histamina" es la que produce la mayoría de los síntomas de una reacción alérgica, que por lo general son: lagrimeo, estornudos, sibilancias, salpullido y diarrea.

En casos leves, puede haber un hormigueo en la lengua y en la boca después de comer manzanas, tomates o alguna fruta. Esta alergia se presenta en las personas que desarrollan fiebre del heno, la cual se desencadena cuando los árboles comienzan a florecer.

Los responsables más frecuentes y sus síntomas

Casi cualquier alimento puede causar una reacción alérgica o intolerancia alimentaria. En esta tabla se muestran los alimentos que con mayor frecuencia causan estos problemas.

ALIMENTOS	ALIMENTOS PROBLEMÁTICOS	SÍNTOMAS
Leche y productos derivados	Productos lácteos como leche, mantequilla, crema, helado, quesos y yogur.	Los más comunes son estreñimiento, diarrea y vómito; menos frecuentes, erupciones cutáneas, urticaria y problemas respiratorios.
Gluten	Harina de trigo, cereales, pasteles, pastas, pan, galletas, sopas secas instantáneas, cerveza, productos que contengan harina.	Migraña, eccema, enfermedad celiaca (caracterizada por diarrea y pérdida de peso).
Huevos	Generalmente, clara de huevo. Pasteles, postres, merengues, mayonesa, mousses, helado y ensalada César.	Salpullidos, inflamación y molestias estomacales. Puede causar asma y eccema.
Pescados	Pescado ahumado: el salmón, el arenque, la caballa y el abadejo. Pescado fresco, como el bacalao y el lenguado.	Salpullido; a veces, irritación de los ojos y secreciones nasales. Puede desencadenar un ataque de asma, diarrea y choque anafiláctico.
Mariscos	Crustáceos (langostas, langostinos, camarones y cangrejos) y moluscos (ostiones, almejas, mejillones y veneras).	Molestias estomacales prolongadas, migraña y náuseas, erupciones cutáneas, inflamación y, a veces, choque anafiláctico.
Frutos secos	Cacahuate, nuez de la India, nuez de Castilla y pacana. Panes, galletas, helado y aceites de nuez.	Molestias intestinales y problemas respiratorios. En casos graves, choque anafiláctico mortal.
Soya	Salsa de soya, harina de soya, leche de soya, tofú, aceite de soya, pasteles y mezclas para pasteles, sopa condensada de lata.	Dolor de cabeza, indigestión.
Aditivos	Alimentos y bebidas que contengan sulfitos, glutamato monosódico o tartrazina (amarillo No. 5).	Urticaria, dolor de cabeza, insuficiencia respiratoria y ataques de asma.

SÍNTOMAS RÁPIDOS Y LENTOS

Los alergenos pueden producir reacciones en cualquier parte del organismo: nariz, pulmones, piel y cerebro. Cuando una reacción alérgica aparece rápidamente después de que se ha comido cierto alimento, la causa más probable es una alergia verdadera al alimento en cuestión. Sin embargo, en algunos casos de asma y rinitis crónica (caracterizada por congestión nasal constante), es posible que pasen algunas horas, incluso días antes de la aparición de los síntomas. Una persona puede consumir diariamente un alimento sin darse cuenta de que le está produciendo una alergia leve. Los síntomas desaparecen después de evitar el alimento unas dos o tres semanas. Si el alimento causante se vuelve a incluir en la dieta, todos los problemas originales aparecerán de nuevo.

DESENCADENANTES DE MIGRAÑA

Existen varios alimentos que desencadenan los ataques de migraña. Los más comunes son el queso, el café, el chocolate y los cítricos. Otros son el alcohol, especialmente el vino tinto; los extractos de carne; los nitratos, presentes en alimentos procesados; y otros que van desde la leche hasta las leguminosas.

CANSANCIO EXCESIVO

En ocasiones, la somnolencia puede deberse a una intolerancia alimentaria. Mientras que es natural sentir un poco de sueño después de comer, ya que el descanso asegura que haya un buen suministro de sangre a los intestinos, algunas personas sienten una letargia casi constante. En gran parte de los casos, son sensibles a los cereales, especialmente el trigo. El proceso de digestión del trigo puede liberar sustancias que inducen el sueño. La exclusión del trigo puede mejorar el estado general de salud y aumentar los niveles de energía.

POR QUÉ LA LECHE CAUSA PROBLEMAS

Alrededor del 75% de los adultos, en todo el mundo, carecen o no producen suficiente lactasa, una enzima intestinal que metaboliza la lactosa (el azúcar presente en la leche y en muchos productos lácteos). Esta enzima se encuentra presente en cantidades considerables mientras los bebés son amamantados y disminuye después de la ablactación, cuando la leche deja de ser el alimento principal. La deficiencia de lactasa puede provocar intolerancia a la lactosa. Sin embargo, la mayoría de los caucásicos de América del Norte y de Europa septentrional cuyas dietas incluyen leche, queso y otros productos lácteos han retenido la enzima y tienen pocos problemas.

REACCIONES EN NIÑOS

La intolerancia a la lactosa, generalmente, aparece cuando a los bebés se les quita la leche materna y se les proporciona otro tipo de fórmula láctea. En Occidente, la intolerancia alimentaria más común es a la leche de vaca. La leche y los huevos ocasionan con frecuencia eccema infantil (eccema atópico). En algunos casos, los niños reaccionan casi en seguida, lloran inconsolablemente o presentan cólicos, diarrea o eccema. En otros, la reacción se presenta horas o un día después. Los síntomas desaparecen, por lo general, cuando se elimina el alimento.

Algunos bebés reaccionan a la leche de la madre cuando aquélla contiene pequeñas cantidades de sustancias presentes en los alimentos consumidos por ésta, pero estos casos son raros. Una proteína protectora presente en la leche materna ayuda al bebé a ajustarse a los nuevos alimentos que, de otra manera, provocarían una reacción alérgica.

DIETAS DE ELIMINACIÓN

Muchos médicos aceptan que las intolerancias alimentarias pueden, en ocasiones, ser la raíz de algunas enfermedades crónicas, como la artritis, la enfermedad de Crohn, el síndrome del colon irritable y la hiperactividad. Éstas son sólo algunas de las enfermedades que responden a las dietas de eliminación. Tales dietas están basadas en un método sistemático para descubrir si un determinado alimento está causando reacciones: simplemente se elimina dicho alimento de la dieta para observar lo que sucede. Es un proceso muy tedioso y en ocasiones los resultados no son muy claros, pero es el procedimiento diagnóstico más confiable con el que se cuenta.

Como una gran variedad de síntomas pueden responder a la eliminación de determinados alimentos de la dieta, los pacientes que se sienten bien después de iniciado este tipo de dieta pueden aumentar sin razón la lista de alimentos excluidos. Pero la eliminación de las vitaminas y los minerales necesarios puede ser peligrosa. Es recomendable consultar a su médico o a un nutriólogo calificado antes de eliminar cualquier alimento de la dieta.

CÓMO AYUDA LA DIETA

Uno de los trastornos intestinales más frecuentes es el síndrome del colon irritable, cuyos síntomas son hábitos intestinales irregulares (estreñimiento o diarrea) y distensión abdominal. Por lo menos, la mitad de las víctimas de esta enfermedad sufren de intolerancia al trigo. Para muchos es benéfico hacer cambios en la dieta. Llevar una dieta cuidadosa casi siempre puede aliviar los síntomas.

Tres de cada diez víctimas de artritis reumatoide también pueden beneficiarse con la dieta, al igual que los que sufren migraña crónica. La salud de más de la mitad de quienes padecen de enfermedad de Crohn mejora con una dieta de eliminación. Por otro lado, ciertos estudios hechos en algunos países a niños con tendencias delictivas sugieren que los cambios en la dieta también pueden cambiar el comportamiento.

LOS EFECTOS DE LOS MEDICAMENTOS

Algunos medicamentos y ciertos fármacos predisponen a padecer intolerancia alimentaria. Los adolescentes pueden desarrollar problemas digestivos después del uso prolongado de tetraciclina, usada para tratar el acné; algunos individuos desarrollan síndrome del colon irritable después del tratamiento con antibióticos, y otros experimentan reacciones alérgicas después de tomar anticonceptivos orales o esteroides. Diferentes medicamentos pueden producir los mismos síntomas, lo que dificulta todavía más el diagnóstico.

Cómo funcionan las dietas de eliminación

Cualquier dieta restringida pone en riesgo la salud, por lo que la eliminación de los principales alimentos durante un periodo debe llevarse a cabo solamente bajo la supervisión de un profesional.

Identificar el alimento responsable del problema es un objetivo difícil, pues pocas personas son sensibles a un solo alergeno. Eliminar un solo alimento de la dieta casi nunca da resultado, por lo que todos los alimentos sospechosos deben ser suspendidos al mismo tiempo, por lo menos durante 14 días. Probar los efectos de cada uno de los alimentos incorporándolos de nuevo gradualmente es inútil, a menos que todos los síntomas hayan desaparecido.

No debe consumir los siguientes alimentos durante las primeras dos semanas de la dieta de exclusión: carnes conservadas (saladas, encurtidas, enlatadas), tocino, salchichas, pescado ahumado, mariscos, cítricos, trigo, avena, centeno, cebada, maíz, papas, cebollas, huevos, vinagre, aceite de maíz y la mayoría de los aceites vegetales, frutos secos, queso, productos lácteos, la mayoría de las margarinas, té negro, café, alcohol, jugos de fruta (especialmente los jugos frescos de cítricos), levadura, chocolate y ningún alimento que contenga conservadores químicos.

Después de 14 días consuma los alimentos en el siguiente orden: papa, leche de vaca, levadura, té negro, centeno, mantequilla, cebolla, huevos, avena, café, chocolate, cebada, cítricos, maíz, queso, vino blanco, mariscos, yogur, vinagre, trigo y frutos secos.

Incorpore un solo alimento cada dos días, y si hay reacción, espere al menos un mes antes de intentarlo de nuevo. Siga añadiendo nuevos alimentos cuando los síntomas hayan desaparecido.

Lleve un registro de los alimentos que vaya incorporando a la dieta para hacer una lista de aquellos que su organismo tolera y de los que deben ser eliminados. Inicialmente, a consecuencia de la abstinencia, el paciente a menudo se siente peor; pero después de seis o siete días hay mejoría y los síntomas desaparecen.

ALIMENTOS SIN RIESGO *De acuerdo con los expertos, algunos alimentos rara vez producen reacciones adversas. Entre éstos se encuentran frutas como las peras, los duraznos y las manzanas; carnes como la de cordero; verduras como las alcachofas, la lechuga y las zanahorias; y cereales como el arroz integral, el silvestre o el* blanco.

obtener resultados, que era lo que sucedía con los métodos tradicionales de reproducción.

LA NATURALEZA, MEJORADA

La ingeniería genética permite añadir una sola característica hereditaria; un ejemplo sería la capacidad de producir una sustancia de sabor desagradable para los insectos que evita que las plagas acaben con las cosechas. Otra modificación genética puede hacer que las plantas sean resistentes a ciertos herbicidas. Esto permite a los agricultores rociar el campo con los herbicidas y matar las malas hierbas sin afectar la cosecha.

También se pueden eliminar algunas características hereditarias. En California, por ejemplo, se desarrolló un tomate que contiene un gen que retrasa el ablandamiento, lo que permite que los tomates maduren en la planta y permanezcan lo suficientemente firmes para soportar el transporte de la granja a la tienda.

La ingeniería genética se usa en la actualidad para desarrollar plantas que puedan cultivarse en condiciones adversas, como desiertos, zonas frías o lugares donde el agua de mar hace que el suelo sea muy salado para la agricultura. Lo anterior puede dar un gran impulso a la alimentación a nivel mundial.

Las modificaciones genéticas también pueden producir cosechas de gran valor nutritivo. Un gen, por ejemplo, puede hacer que los granos sinteticen más proteína; otro logra que las plantas que producen aceite, como el cártamo, sinteticen más ácidos grasos insaturados. El resultado es la obtención de alimentos "más saludables".

Las versiones vegetarianas de los quesos tradicionales, como el Cheddar, no serían posibles sin la ingeniería genética. Los fabricantes de quesos tradicionales utilizan una enzima o cuajo, que se obtiene del estómago de los terneros, para cortar la leche. En la ac-

tualidad, sin embargo, los microorganismos modificados genéticamente se utilizan para producir una enzima idéntica de origen no animal.

RESISTENCIA A LOS ANTIBIÓTICOS

A pesar de todos los beneficios que puedan tener las modificaciones genéticas, algunas personas todavía piensan que la manipulación genética de las plantas puede hacer que las bacterias peligrosas presentes en el tubo digestivo de humanos y ganado se vuelvan resistentes a los antibióticos.

Este temor radica en el hecho de que los científicos, a menudo, incorporan un gen resistente a los antibióticos en el material genético que va a introducirse en la planta, para probar el éxito de la modificación: si las células modificadas sobreviven al tratamiento con antibióticos, significa que se han vuelto resistentes a éstos y que, además, han tomado otras características del material genético recién incorporado. Hasta el momento, sólo existen pruebas limitadas que sugieren que los genes resistentes a los antibióticos pueden ser transferidos a microorganismos patógenos.

CRUCE DE BARRERAS NATURALES

El advenimiento de alimentos modificados genéticamente está causando mucha controversia. Las modificaciones benéficas pueden producir animales más delgados, pero más resistentes a las enfermedades, o peces con una mayor cantidad de ácidos grasos poliinsaturados (benéficos para la salud). Sin embargo, la ingeniería genética puede tener efectos nocivos sobre los animales. En los cerdos, la incorporación de hormonas de crecimiento provoca problemas óseos y articulares, lo que da como resultado pérdida de coordinación y alteración de la vista. Las ovejas que han sido inyectadas con hor-

monas modificadas genéticamente para obtener más lana son vulnerables a los efectos del calor.

Han surgido cuestiones éticas como respuesta a los científicos que experimentan con material genético humano a fin de modificar genéticamente a las vacas lecheras para hacerlas producir leche con la composición de la leche humana. En forma parecida, se llevan a cabo estudios para modificar un tomate con el material genético de peces. El pescado se congela sin problemas, mas no así el tomate, por lo que los científicos están buscando la manera de introducir material celular de los peces para crear una nueva generación de tomates.

PROBLEMAS MORALES

En Estados Unidos, sólo en circunstancias especiales se requiere que se indique en la etiqueta si un producto tiene modificaciones genéticas.

No hay duda de que los alimentos modificados genéticamente pueden ofrecer muchos beneficios en el futuro, pero las cuestiones éticas, como el poder de los científicos para "jugar a ser Dios", tienen que ser consideradas junto con el avance tecnológico.

ALIMENTOS, PREPARACIÓN, COCCIÓN Y ALMACENAMIENTO

Vea pág. 40

ALIMENTOS PROCESADOS

Es común pensar que el procesamiento de alimentos —enlatado, congelado, encurtido o ahumado, por ejemplo— afecta el valor nutritivo de éstos; sin embargo, estos procesos tienen su beneficio. Sin estos métodos de conservación, muchos alimentos se deteriorarían y la intoxicación alimentaria sería más común. Muchos alimentos comienzan a deteriorarse desde el mismo momento de su recolección. Los productos de alta calidad, que se procesan rápidamente en el lugar de origen, frecuentemente poseen un valor nutricional mayor que los alimentos "frescos" que se han mantenido en exhibición durante varios días.

TRATAMIENTO CON CALOR
Este procesamiento conserva los alimentos y extiende su vida útil deteniendo el deterioro y eliminando los microorganismos nocivos. También facilita la digestión de proteínas y almidones.

Inevitablemente, se pierden algunas vitaminas durante el proceso. Las vitaminas hidrosolubles, en especial tiamina (B_1), riboflavina (B_2) y vitamina C, se pierden durante el lavado y el escaldado (un proceso en el que se exponen por un instante los alimentos a agua hirviendo, vapor o aire caliente).

El ultratratamiento con calor o ultrapasteurización, usado para esterilizar líquidos (como la leche) antes de ser empacados en envases de cartón, ayuda a evitar la pérdida de vitaminas mientras que se destruyen las bacterias. La pasteurización se hace a temperaturas menores, pero la pérdida de vitaminas es parecida. Sin embargo, como la pasteurización deja algunos microorganismos vivos, estos productos se conservan por menos tiempo.

SECADO
El secado de frutas por métodos tradicionales comprende varias técnicas de evaporación, lo que causa la pérdida de hasta la mitad del contenido de vitamina C y de hasta una quinta parte del contenido de beta carotenos. También concentra los niveles de azúcar y fibra. Los métodos modernos de secado ofrecen mejor retención de nutrimentos debido a que los métodos

con calor son menos severos. El secado por congelación minimiza la pérdida de vitamina C.

CONGELAMIENTO
El valor nutritivo de los ALIMENTOS CONGELADOS es muy cercano al del producto fresco. Las pérdidas principales son de vitaminas hidrosolubles en verduras y frutas, las cuales se pierden durante el escaldado previo al congelamiento. Los alimentos congelados no pueden almacenarse tanto tiempo como los alimentos enlatados, ya que algunas vitaminas y algunos ácidos grasos insaturados tienden a oxidarse si se exponen al aire, incluso a temperaturas bajo cero.

ALIMENTOS FERMENTADOS
La fermentación se utiliza para hacer muchos alimentos, como quesos madurados, pan, yogur, salsa de soya y vinos. Esto se logra estimulando la proliferación de microorganismos presentes de manera natural en los alimentos o agregándolos. Estos microorganismos se inyectan o se rocían sobre los quesos, por ejemplo, para estimular el crecimiento de moho y crear quesos con venas azules, que poseen diferentes sabores y texturas. La fermentación da como resultado pérdidas mínimas de nutrimentos; de hecho se ganan algunos, especialmente vitaminas del grupo B. En la mayoría de los casos la fermentación extiende el tiempo de conservación de los alimentos.

CEREALES PASADOS POR EL MOLINO
Los cereales que se pasan por el molino, como el arroz y el trigo, para obtener arroz y harina blancos, pierden cantidades importantes de nutrimentos y fibra. Esto se debe a que la mayoría de las vitaminas y la fibra se encuentran en las capas externas de los cereales, las cuales se eliminan en el molino. Para compensar estas pérdidas

y suministrar otros micronutrimentos, muchos cereales se enriquecen o fortifican artificialmente.

AHUMADOS, SALADOS O ENCURTIDOS
Los alimentos ahumados, curados y encurtidos se procesan porque a la gente le gusta el sabor. Aunque siguen siendo productos saludables, en general estos alimentos son ricos en SODIO. Algunas carnes, como el jamón, se conservan con nitritos y nitratos. Los nitritos pueden reaccionar con los constituyentes de las proteínas para formar nitrosaminas, las cuales se piensa que son cancerígenas. Debido a que el humo puede contener sustancias cancerígenas, algunos especialistas dicen que el consumo de grandes cantidades de alimentos ahumados puede aumentar el riesgo de cáncer.

ALZHEIMER, ENFERMEDAD DE

AUMENTE
• *Papas, espinacas, vísceras, frijol de soya y verduras de hoja verde*

REDUZCA
• *Tabletas antiácidas*

EVITE
• *La cocción de alimentos ácidos, como algunas frutas, en sartenes de aluminio*
• *El fosfato sódico de aluminio*
• *Demasiado alcohol*

La enfermedad de Alzheimer es el tipo de demencia más común entre los estadounidenses; afecta a alrededor de 5 a 10% de las personas mayores de 65 años de edad. No hay pruebas específicas de diagnóstico para esta enfermedad; sin embargo, antes de llegar a un diagnóstico, es necesario efectuar numerosos análisis y exámenes para descartar la posibilidad de un ataque apoplético, un tumor cerebral, deficiencias nutricionales, trastornos de la tiroides, sífilis y otras causas de demencia.

En las primeras etapas, se caracteriza por confusión, pérdida de memoria, apatía y depresión profunda. Lo que comienza como una afectación leve de las funciones mentales, especialmente de la memoria reciente, empeora hasta que el individuo se vuelve incapaz de cuidarse a sí mismo. Esta persona no reconoce amigos, familiares o el lugar donde vive, y además puede olvidar los acontecimientos recientes y recordar los distantes.

CONSEJO ÚTIL
Para los responsables del cuidado de una persona con Alzheimer, puede resultar una enfermedad muy cruel y frustrante que efectivamente les roba al ser querido. Por lo general, el objetivo es tratar de mantener una buena calidad de vida. A medida que la enfermedad progresa, los pacientes pueden olvidarse de tomar sus alimentos o limitar sus dietas a caramelos u otros alimentos favoritos, por lo que es importante persuadirlos de llevar una dieta equilibrada. Algunas víctimas presentan dificultades para alimentarse ellos mismos, por lo que tal vez será necesario llevarles los alimentos a la boca. Es recomendable también proporcionarles un complemento multivitamínico. Algunos estudios sugieren que las dosis altas de cinc pueden retardar la pérdida de la memoria y otros síntomas de la enfermedad.

Se ha tenido cierto grado de éxito al administrar a los pacientes con la enfermedad de Alzheimer complementos de coenzima Q_{10}, la cual ha demostrado ser muy benéfica para los ancianos. Por ello es importante incluir alimentos como vísceras, espinacas, alfalfa, papas y frijoles de soya en la alimentación, ya que son ricos en este compuesto. Recuerde además que a medida que avanza la enfermedad, al paciente le puede

Alimentos para combatir la enfermedad de Alzheimer

Col: ofrece silicio, que interfiere en la absorción del aluminio.

Cerveza: es otra fuente de silicio; una botella de vez en cuando puede ser benéfica.

Frijol de soya: es rico en coenzima Q_{10}; además contiene fibra, proteína y carbohidratos.

Papas: son otra fuente de coenzima Q_{10}, y de carbohidratos.

resultar difícil manejar los cubiertos. Cuando le sea posible, planee comidas que requieran un mínimo de coordinación y de esfuerzo físico.

CAUSAS POSIBLES
Las causas de la enfermedad de Alzheimer no se conocen a ciencia cierta. Algunos investigadores consideran que este padecimiento puede deberse, en parte, a factores genéticos y cromosómicos. El aumento de la incidencia de la enfermedad de Alzheimer entre las personas que padecen síndrome de Down parece apoyar esta teoría. Los investigadores han descubierto un elemento genético, un tipo de lipoproteína, que puede identificar a las personas con probabilidades de desarrollar este padecimiento. Por otro lado, se encuentran en estudio los factores hormonales. La enfermedad de Alzheimer afec-

ta más a las mujeres que a los hombres; algunos estudios recientes indican que las terapias de reemplazo de estrógeno pueden proteger contra la enfermedad. También, los trastornos de la tiroides se han vinculado a un riesgo mayor de padecerla.

Durante años, los científicos han culpado al aluminio, el que han asociado con la demencia. Aunque no se ha demostrado este vínculo de manera concluyente, se ha encontrado aluminio en las zonas de células dañadas en el cerebro de los enfermos de Alzheimer. Por esta razón, parece razonable evitar tanto alimentos como métodos de cocción que propicien el consumo de altos niveles de este mineral.

El silicio, en forma de ácido silícico, evita que el cuerpo absorba aluminio. La col, la lechuga, la cebolla, las verduras de hoja verde, la piel de pollo, los cereales integrales y la leche son fuentes de silicio.

ADITIVOS Y ANTIÁCIDOS
Lea las etiquetas de las cajas de pasteles y galletas industrializadas. Evite el fosfato sódico de aluminio. Estos remedios pueden ofrecer un alivio temporal, pero la cura del problema se obtiene cambiando los hábitos alimentarios.

AMARANTO

VENTAJAS
- *Buena fuente de proteínas, calcio, fósforo y magnesio*
- *Posee un alto valor energético*

Existen más de 50 géneros y un millar de especies. Llamado *huautli* por los indígenas mexicanos, su consumo se remonta a la época prehispánica. Durante la Colonia, se prohibió por considerarlo "cosa del demonio", ya que existía un empleo ceremonial de la semilla, con la cual, molida, se hacían figuras que representaban al dios

Huitzilopochtli y, en un rito en su honor, se repartían fragmentos de ellas a los concurrentes para que los comieran en forma que recordaba la comunión católica a los españoles. En la alimentación cotidiana, se consumía tierno como verdura o, utilizando las semillas maduras, en atoles, pinoles, tamales y tortillas. En México se celebra una Feria de la Alegría (otra denominación del amaranto).

Es rico en proteínas. Un régimen en el que se combinen maíz, frijol y amaranto produce la cantidad de aminoácidos suficientes para el ser humano. En la dieta del astronauta mexicano Rodolfo Neri se incluyó amaranto con la aprobación de los nutriólogos de la NASA. Sus proteínas se consideran mejores que las de la soya, pues no producen gases como ésta y carecen prácticamente de toxinas.

Contiene 63% de carbohidratos, 15,8% de proteínas, 7,12% de grasas así como niveles importantes de calcio, fósforo y magnesio. Se dice que ayuda a conservar el equilibrio de estos minerales, esenciales para el buen funcionamiento del sistema nervioso central, la coagulación de la sangre y la contracción y relajación musculares. El calcio y el magnesio intervienen también en diversas reacciones necesarias para la síntesis de las proteínas.

Con las semillas maduras se elaboran dos tipos de panes rectangulares o redondos conocidos como alegrías: el fino y el corriente. El primero se prepara actualmente con miel de abeja y se adorna con pasas, nueces, piñones y cacahuates. En la época prehispánica se hacía con miel de hormiga. El corriente, más barato, se elabora con miel de piloncillo.

Se consume también como cereal, solo o acompañado con leche. Con la harina de esta semilla —como único ingrediente o combinada con harina de trigo— se preparan panes, pastas y galletas. Las hojas del amaranto también son comestibles y se preparan como las acelgas, las espinacas o las verdolagas.

Aunque el mercado de amaranto es aún pequeño en Estados Unidos, los productos se venden en tiendas naturistas. Se cultivan unas 3.000 hectáreas, principalmente en el estado de Nebraska.

ANEMIA

AUMENTE
- *Carnes, aves, hígado*
- *Cereales para el desayuno adicionados con nutrimentos*
- *Verduras verdes frescas*

EVITE
- *Beber té negro con las comidas*

Anemia es el nombre común para varios trastornos que se caracterizan por una deficiencia de hemoglobina, un pigmento compuesto de hierro y proteína, o una anormalidad de los glóbulos rojos que la transportan. Cuando el nivel de hemoglobina —la proteína vital que transporta el oxígeno en la sangre— disminuye o la cantidad de glóbulos rojos cae por debajo de lo normal, el suministro de oxígeno a los tejidos se reduce. La anemia resultante puede ser leve (cansancio y debilidad general) o grave (cuando los síntomas de letargia son marcados y se acompañan de palidez, PALPITACIONES, dificultad para respirar, vértigo, inflamación de pies y dolor en las piernas).

LA IMPORTANCIA DE LA DIETA
La deficiencia de hierro es la causa más común de anemia, especialmente entre las adolescentes y las mujeres en edad de poder tener hijos. Los niños menores de dos años pueden padecerla si su dieta carece del hierro suficiente para cubrir las demandas de un crecimiento rápido.

Una dieta con cantidad insuficiente de carnes rojas y vísceras, aves, pescado o verduras verdes provoca anemia. El hígado es la mejor fuente de hierro, pero no debe consumirse durante el embarazo porque existe el riesgo de un exceso de vitamina A, lo que puede causar defectos en el producto. Como el hierro no se absorbe fácilmente, puede haber deficiencia incluso aunque haya un buen consumo de este nutrimento inorgánico. La absorción de hierro puede ser inhibida por los taninos, presentes en el té negro; por consiguiente, evite beber té con las comidas. El ácido fítico que se encuentra presente tanto en la cascarilla de trigo como en el arroz integral también puede inhibir la absorción de hierro.

El organismo toma el hierro con más facilidad de las fuentes animales —carne y pescado, por ejemplo— que de las vegetales (hojas, cereales y legumbres, etc.). La absorción del hierro proveniente de estas fuentes puede mejorarse acompañando las comidas con una fuente de vitamina C; por ejemplo, una ensalada de tomate o un jugo de naranja. Los cereales para el desayuno que son enriquecidos con nutrimentos constituyen una fuente apreciable de hierro.

CUATRO TIPOS DE ANEMIA
La anemia puede presentarse por diferentes razones. Una dieta deficiente y un sangrado —una menstruación intensa o una hemorragia interna por una úlcera o un cáncer— pueden provocar anemia por deficiencia de hierro. También se presenta anemia cuando los glóbulos rojos mueren más rápidamente de lo que son reemplazados; este mal se conoce como anemia falsiforme o hemolítica. La anemia también puede aparecer debido a enfermedades como la leucemia, donde hay una mala producción de glóbulos rojos. La anemia perniciosa se presenta por la incapacidad de absorber vitamina B_{12}.

Continúa en la página 44

Preparación, cocción y almacenamiento de los alimentos

La forma como manejamos la comida antes, durante y después de cocinarla puede tener un efecto importante en su valor nutritivo. Saber al respecto sirve para que la comida ayude a curar enfermedades.

La prioridad en cualquier cocina es la HIGIENE, que es vital para prevenir la contaminación bacteriana y la INTOXICACIÓN POR ALIMENTOS. La manera como preparamos, cocinamos y almacenamos la comida determina la medida en la que ésta conserva sus valiosos nutrimentos.

PREPARACIÓN

Para evitar transmitir a otros alimentos las bacterias que están presentes naturalmente en la carne cruda y en el pescado, lave los cuchillos, las tablas para picar y las manos inmediatamente después de haber terminado de preparar cada tipo de comida. Cuando guarde los alimentos en el refrigerador, coloque la carne cruda y el pescado en platos separados y tapados, y manténgalos en la parrilla más baja, para que no goteen sobre otros alimentos. Las bacterias dañinas se inhiben a temperaturas bajas, por lo que debe asegurarse de que la temperatura de su refrigerador permanezca a 0°-5°C.

Para disminuir la pérdida de vitamina C de la fruta fresca y de las verduras, lávelas, pélelas, córtelas o rállelas antes de cocinarlas o comerlas. Utilice siempre cuchillos filosos para pelar y picar las verduras, ya que los utensilios sin filo tenderán a magullar los alimentos, lo que ocasiona una mayor pérdida de nutrimentos.

COCIMIENTO

Cualquier forma de cocimiento inevitablemente da como resultado la pérdida de algunos nutrimentos. Las vitaminas solubles en agua, como la vitamina C, se pierden con facilidad en el agua utilizada para cocinar. Estas pérdidas pueden disminuirse al mínimo cociendo al vapor, cocinando en el horno de microondas o asegurándose de que la comida no se cueza demasiado.

La cocción es efectiva para destruir las bacterias dañinas, especialmente en la carne. Por ejemplo, la bacteria responsable de la forma más común de intoxicación por alimentos, la salmonella, muere después de una hora a 55°C y luego de 20 minutos a 60°C. La cocción destruye también las sustancias tóxicas que están presentes naturalmente en algunas plantas, como las alubias, y hace digerible el almidón que contienen el arroz y las papas.

Algunos métodos para cocinar se consideran más saludables que otros, porque mantienen bajo el contenido de grasa en la comida o porque ayudan a que la pérdida de vitaminas y minerales sea menor.

Asar en asador. Esto es útil para todo tipo de pescados y cortes suaves de carne, así como para las carnes grasosas, como el tocino, las hamburguesas y las salchichas. Asar es una alternativa saludable de freír, porque gran parte de la grasa de la carne gotea sobre la bandeja que se encuentra abajo, aunque asar las carnes con bajo contenido de grasa tiene poca ventaja sobre freírlas.

Asar a las brasas. Este método es similar al anterior, sólo que la fuente de calor está abajo de la carne. También es útil para librarse de la grasa. Sin embargo, la que gotea sobre el carbón que está abajo puede producir en el humo sustancias potencialmente cancerígenas. Para evitar esto, coloque el carbón a cada lado y deje una bandeja para el goteado directamente abajo de la carne. Cuando ésta se asa a las brasas, conserva la mayor parte de sus vitaminas.

Asar en el horno. Es una de las formas más fáciles de cocinar cortes grandes de carne y aves. Para evitar que la carne se seque, puede bañarla periódicamente. Asar las aves con la piel ayuda a retener la humedad, pero debe quitar dicha piel antes de comer la carne; esto reduce la grasa saturada en la porción de pollo hasta en un 60%.

En lugar de cocinar la carne en un charco de grasa, colóquela sobre una parrilla en la bandeja para asar, de modo que la grasa escurra. Se pierden algunas vitaminas en los jugos de la carne, pero puede utilizar éstos para preparar salsa. Las verduras asadas son más saludables si las cocina en su propio platón, en lugar de hacerlo en la grasa que gotea de la carne.

Freír. Por lo general se considera que freír en mucha grasa es uno de los métodos de cocinar menos saludables. Esto es cierto si el aceite no está suficientemente caliente, porque entonces la grasa penetrará mucho en la comida. Las hojuelas de papas fritas en aceite caliente absorben alrededor del 7% de grasa, pero si están congeladas y se añaden al aceite caliente, absorben hasta 20%. Cuando se fríe en forma adecuada, la parte exterior de los alimentos se sella, mientras que el interior se cuece en forma efectiva al vapor. La pérdida de vitaminas es muy baja con este método.

Sofreír. Este método de cocinar la carne, el pescado o las verduras necesita poca grasa. El *wok* (sartén china) alcanza temperaturas altas y cocina con mucha rapidez la carne y las verduras finamente picadas. Las verduras conservan gran parte de su textura y de sus nutrimentos, y no absorben mucho aceite.

Cocinar en horno de microondas. Es una manera excelente para descongelar o recalentar los platillos y para cocinar la mayor parte de las verduras y pescados (que retienen su humedad, color y gran parte de sus nutrimentos, más que en cualquier otra forma de cocinar). Retire la envoltura de plástico y no cubra la comida con envoltura autoadherente, ya que el plástico puede derretirse sobre la comida con las altas temperaturas.

Los hornos de microondas no son buenos para cocinar la carne, ya que su textura tiende a volverse correosa y no siempre tiene apariencia de estar "cocida". Se han desarrollado hornos combinados para mejorar la apariencia de la comida cocinada en microondas; la carne se cocina rápidamente con las microondas y se dora mediante un calentado convencional. Un horno de microondas no siempre cocina los alimentos en forma pareja. Para que la comida se cocine de manera adecuada, cambie su posición sobre la mesa giratoria a mitad de la cocción y asegúrese de observar el tiempo indicado. Algunos alimentos explotan en el horno de microondas, como los huevos enteros.

Cocinar al vapor. Para la retención de nutrimentos, cocinar al vapor es una segunda opción después del horno de microondas. Por ejemplo, el brócoli puede perder más del 60% de su vitamina C cuando se hierve y sólo el 20% si se cocina al vapor.

Hervir. Con este método para cocinar se desprenden muchas vitaminas solubles en agua, en particular las vitaminas B y C, y se desechan junto con el agua con la que se cocinó, aunque pue-

El refrigerador bien surtido

La vida útil de los alimentos frescos puede ampliarse almacenándolos a temperaturas menores de 5°C. Guarde siempre lo más pronto posible los alimentos en su refrigerador, después de comprarlos, pero asegúrese de no colocarlos demasiado juntos, ya que el aire frío no podría circular para mantener el contenido adecuadamente frío.

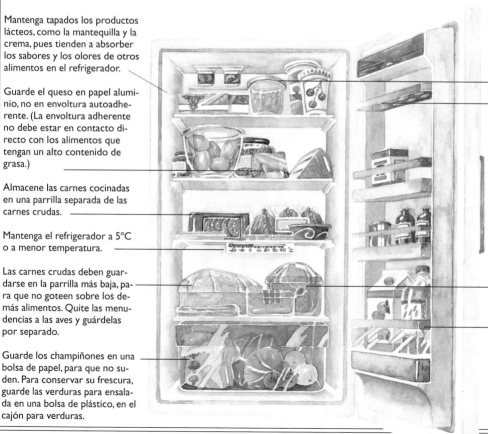

Mantenga tapados los productos lácteos, como la mantequilla y la crema, pues tienden a absorber los sabores y los olores de otros alimentos en el refrigerador.

Guarde el queso en papel aluminio, no en envoltura autoadherente. (La envoltura adherente no debe estar en contacto directo con los alimentos que tengan un alto contenido de grasa.)

Almacene las carnes cocinadas en una parrilla separada de las carnes crudas.

Mantenga el refrigerador a 5°C o a menor temperatura.

Las carnes crudas deben guardarse en la parrilla más baja, para que no goteen sobre los demás alimentos. Quite las menudencias a las aves y guárdelas por separado.

Guarde los champiñones en una bolsa de papel, para que no suden. Para conservar su frescura, guarde las verduras para ensalada en una bolsa de plástico, en el cajón para verduras.

Una vez que abra una lata de frijoles, vierta los que no vaya a usar inmediatamente en un recipiente hermético y guarde éste en la sección principal del refrigerador.

Muchos refrigeradores anticuados tienen bandejas para huevos en la puerta, pero éstos deben guardarse en la parte principal del refrigerador, donde pueden conservarse hasta por tres semanas.

Quite la bandeja de poliestireno de la carne comprada en un supermercado, pues conserva el calor. Escurra los líquidos y tápela flojamente.

Las puerta es la parte más caliente del refrigerador. Sólo guarde allí los alimentos que no es probable que se echen a perder (botellas de bebidas) o que utilizará pronto (leche y jugo de naranja).

de utilizar ésta como caldo en las sopas, las salsas y el *gravy*. Disminuya la pérdida de nutrimentos dejando hervir el agua antes de añadir las verduras a la cacerola, o hirviéndolas con la piel y pelándolas cuando ya estén cocidas.

Si se lavan escrupulosamente, muchas verduras pueden cocinarse y comerse con la piel. En realidad, algunas personas consideran que esto mejora su sabor. Sin embargo, debe estar consciente de que las cáscaras pueden contener residuos de plaguicidas, moho y toxinas.

Si añade bicarbonato de sodio, las verduras conservarán su apariencia brillante y fresca, pero se destruirá la vitamina C y aumentará el contenido de sodio.

ALMACENAMIENTO Y CONSERVACIÓN

Varios factores son el resultado de la descomposición de la comida: el desarrollo de microorganismos, la acción de las enzimas dentro de la comida, la oxidación (cuando el oxígeno del aire cambia la apariencia, la textura y el sabor de la comida), las plagas y las temperaturas extremosas. Para retrasar y disminuir dicha descomposición y alargar la vida de los alimentos se utilizan diferentes métodos de conservación y almacenamiento.

Deshidratación. Al retirar la humedad de los alimentos los hacemos inhospitalarios para los microorganismos y esto detiene muchas reacciones químicas y enzimas que causan su descomposición. La deshidratación se utiliza para el café y el té, así como para las frutas y las pastas.

Bajo condiciones normales, la deshidratación puede ocasionar pérdida de vitaminas, en especial de la vitamina C de la fruta y de las verduras. Esto no sucede durante la congelación-deshidratación, cuando la humedad se retira de los alimentos a bajas temperaturas, mientras están congelados. Este proceso es caro, pero muy efectivo para secar carnes, pescado y el café instantáneo de buena calidad.

Congelación. Al mantener los alimentos a -18°C o a una temperatura más baja, se disminuye de manera significativa su descomposición. Sin embargo, cada grupo de alimentos tiene un tiempo máximo de almacenamiento recomendado, después del cual su calidad empieza a deteriorarse. En general, los nutrimentos se retienen bien. En algunos casos, las verduras congeladas pueden tener un contenido mayor de nutrimentos que las frescas, porque se congelan casi en seguida de ser recolectadas.

Hay una pequeña reducción del contenido de vitaminas de las verduras cuando se pelan antes de congelarlas. Se las pela para detener la acción de las enzimas dentro de los alimentos. Algunos alimentos no se congelan bien, como la leche, la crema, las salsas, los champiñones y los pepinos. La congelación cambia la estructura de muchas frutas y por eso carecen de firmeza cuando se descongelan.

Irradiación. Este método de conservación de la comida es tema de gran controversia, pero los ALIMENTOS IRRADIADOS no son radiactivos. La irradiación puede utilizarse para esterilizar las especias, para ampliar la vida de los mariscos, las fresas y otras frutas suaves, para evitar que las papas echen retoños y para destruir los microorganismos peligrosos en las aves.

Enlatado. Los alimentos se calientan en su recipiente de metal a una temperatura alta durante determinado tiempo, dependiendo de la comida que se enlata. Después se sella. Cuando compre ALIMENTOS ENLATADOS, asegúrese de que la lata no esté abollada ni abombada. Cualquier lata que muestre señales de actividad bacteriana —burbujas, sellado incompleto, o escape de gas al abrirla— debe desecharse de inmediato.

Aditivos. Las numerosas sustancias químicas que se añaden a los alimentos pueden aumentar el tiempo que duren sin deteriorarse, de unos días a varios meses. Entre ellas están la sal, el vinagre y varios compuestos químicos que deben ser aprobados por las autoridades federales.

El motivo por el que se usan tales ADITIVOS es mantener la calidad de los alimentos o añadir sabor; algunos, como el ácido ascórbico (vitamina C), que se agrega a la fruta para evitar que se oxide, aumentan en realidad su valor nutritivo.

Un pequeño número de personas presentan reacciones alérgicas a algunos aditivos comúnmente usados.

Zonas peligrosas

- No vuelva a congelar los alimentos una vez que han sido descongelados.
- Tenga especial cuidado en que la carne, el pescado y los huevos estén bien cocidos.
- Guarde los alimentos en el refrigerador lo más pronto posible. Dejar que los alimentos se enfríen, por mucho tiempo, a temperaturas de entre 7°C y 60°C resulta una invitación a la proliferación de bacterias.
- Al recalentar los alimentos, asegúrese de que alcancen una temperatura de 75°C.
- Nunca recaliente un alimento más de una vez, pues el calentamiento y enfriamiento repetidos destruye las vitaminas y puede producir la proliferación de bacterias.

Cómo congelar y descongelar con seguridad los alimentos

ALIMENTO	PREPARACIÓN	EMPACADO	CONSEJOS	USE DENTRO DE (MESES)	DESCONGELACIÓN (hr/0,45 kg)	
					EN REFRIGERADOR	A TEMPERATURA AMBIENTE
Mantequilla	Congele dentro de su envoltura.	Envuélvala nueva-mente si está blanda.	La mantequilla sin sal se conserva más tiempo que la salada.	3-8	3	1-2
Pescado blanco ente-ro y pescado graso	Quite las escamas y corte en filetes.	Envuélvalo en polie-tileno, papel para congelador o papel aluminio.	El pescado sólo se almacena durante 3 meses.	2	8	4
Filetes de pescado	Separe las porcio-nes con papel pa-ra congelador.	Envuélvalos en papel para congelador o papel de aluminio.	Seque el pescado con toallas de papel antes de congelarlo.	2	8	4
Manzanas	Lave, pele, quite el corazón, rebane y blanquee.	Use recipientes de polietileno o bolsas para congelador.	Para empacarlas, ro-cíe azúcar entre las capas.	9	6	3-4
Duraznos y ciruelas	Lave, deshuese y pele los duraznos; corte por la mitad las ciruelas. Guár-delas en almíbar.	Use recipientes de polietileno o cajas enceradas.	Una cucharada de jugo de limón por cada medio litro de almíbar conserva el color.	9	6	3-4
Bayas	Quíteles los holle-jos y guárdelas con azúcar.	Use recipientes de polietileno o cajas enceradas.	Las fresas y las fram-buesas pueden con-gelarse sin azúcar.	9	6	2
Verduras verdes	Lave, corte, blan-quee, escurra.	Use bolsas de polie-tileno o cajas.	Oprima las bolsas para sacarles el aire.	12	6	3
Carne de res, carnero y cerdo para asar	Corte los filetes del tamaño reque-rido. Cubra los huesos salientes con aluminio. Des-huese si lo desea, enrolle y amarre.	Envuélvala apretada-mente en polietile-no o papel aluminio. Envuelva nuevamen-te los filetes gran-des, con capas extra para protección.	Si deshuesa los file-tes antes de conge-larlos, ahorra espa-cio valioso.	9-12	5	2
Chuletas de cerdo y de carnero	Sepárelas con ho-jas de papel para congelador.	Use bolsas de polie-tileno o recipientes de plástico.	Descongele las chu-letas de cerdo en el refrigerador.	6	3-5	2
Carne molida	Divídala en varias porciones.	Use bolsas para congelador selladas.	Sólo congele la car-ne de res molida que esté muy fresca.	4	6	1-2
Salchichas (compradas en tienda)	No es necesario que haya ninguna preparación.	Use bolsas de polie-tileno o para conge-lador. Envuelva bien y selle.	Las salchichas prepa-radas en casa pue-den almacenarse hasta por 6 meses.	1	3-5	1-2

Un caso real

Rubén, un bibliotecario jubilado, experimentaba un cansancio anormal. Después de varias semanas decidió consultar a su médico. El doctor lo examinó y pidió que se le hiciera una biometría hemática, que reveló bajos niveles de hemoglobina, lo que sugería una anemia por deficiencia de hierro. A Rubén se le recetaron cápsulas de hierro y sus niveles de hemoglobina volvieron a la normalidad en los siguientes dos o tres meses. El médico se dio cuenta de que Rubén llevaba una dieta compuesta por pan, mantequilla y té negro. Rubén le dijo a su médico que no le era posible preparar sus alimentos y que le preocupaba el costo de los mismos. El doctor habló con la trabajadora social, quien aconsejó a Rubén una mejor manera de administrar sus recursos. Actualmente, Rubén lleva una dieta variada, que contiene cantidades adecuadas de hierro, y ya no necesita tomar las cápsulas.

En algunos casos, la hemoglobina faltante puede reemplazarse con una dieta cuidadosa que ayude a elevar los niveles de glóbulos rojos. Sin embargo, una vez que la anemia se ha hecho presente, los complementos de hierro y vitaminas representan una forma más efectiva de tratamiento. La anemia perniciosa se trata con inyecciones de vitamina B_{12}.

MUJERES EN PELIGRO

La anemia producida por una deficiencia de folatos o vitamina B_{12} es menos común que la debida a deficiencia de hierro. Los vegetarianos corren el riesgo de sufrir una deficiencia de vitamina B_{12}, que no está presente en alimentos de origen vegetal. Las mujeres embarazadas también tienen riesgo de padecer deficiencia de folatos. Una vez que se haya identificado la anemia, se debe tomar un complemento —folato o hierro generalmente en forma de tabletas, o inyecciones de vitamina B_{12} en caso de anemia perniciosa— para combatir de manera efectiva la enfermedad. Una dieta balanceada evitará recaídas.

ANIMALES DE CAZA

VENTAJAS
- *Bajos en grasas y en energía (calorías) en comparación con los animales de granja*
- *Excelentes fuentes de proteína*
- *Ricos en vitaminas del complejo B*
- *Ricos en hierro*
- *Buena fuente de fósforo*

DESVENTAJA
- *Existe el peligro de tragarse accidentalmente el plomo de las balas con las que se cazaron*

Es casi imposible para los animales silvestres acumular grasa, como los animales domesticados, debido al ambiente en que viven. Por ello, apenas hay grasa que cortar en estos animales, como sucede con la carne de res, cerdo y cordero; pero después de hacer los cortes de la carne, el contenido de grasa y de energía (calorías) de estos animales se parece al de los domesticados. Como todas las carnes, la de los animales silvestres contiene grandes cantidades de proteínas, vitaminas del complejo B y hierro. Además, son buena fuente de potasio (necesario para el mantenimiento de las células) y fósforo (esencial para tener huesos y dientes sanos).

En países como Estados Unidos no se les permite a los cazadores vender sus presas. Con los animales silvestres, el riesgo de contaminación por antibióticos, hormonas de crecimiento artificiales y plaguicidas es mínimo. Pero cuando estos animales se crían en granjas, este riesgo aumenta.

CARNE VIEJA Y DURA

La carne de los animales silvestres tiende a ser más dura que la de los animales domesticados, debido a que aquéllos son más activos que éstos. Esto se debe a que el colágeno presente en sus músculos es más resistente a la cocción que el colágeno de la carne de los animales domesticados. Por lo tanto, es importante preparar y cocinar adecuadamente la carne de los animales silvestres.

Colgar al animal ayuda a suavizar la carne y a mejorar su sabor. Si usted no sabe cuánto tiempo debe dejar colgada la presa, pregúntele a su carnicero. La edad del animal y la temperatura de la habitación son factores importantes. Cuando hace frío, el faisán deberá permanecer colgado dos o tres semanas; pero cuando hace calor, uno o dos días serán suficientes. Las aves silvestres que han sido congeladas no deberán volver a congelarse después de haber sido descongeladas. La mejor manera de cocinar las aves silvestres jóvenes es asándolas en un horno para dejarlas doradas y crujientes, pero recuerde que no debe sobrecocerlas. El conejo se guisa mejor en estofado, mientras que la liebre, más dura, necesita una cocción lenta y prolongada.

Aunque el plomo es un veneno acumulativo, y por ello debe evitarse la ingestión de perdigones, no hay mayores problemas si se traga uno accidentalmente. Quite los perdigones de la presa mientras prepara la carne para la cocción y advierta a los comensales que existe la posibilidad de que todavía quede alguno en la carne.

ANOREXIA

La anorexia nerviosa afecta a uno de cada 100 estadounidenses, principalmente a mujeres adolescentes y adultas jóvenes (el 5% de los anoréxicos es un hombre joven). Este trastorno psiquiátrico complejo se manifiesta como una obsesión por limitar el consumo de alimentos y, por lo general, es desencadenado por una sensación de baja autoestima. Un anoréxico trata de vencer el apetito y los problemas diarios dejando de comer, al extremo de dejarse morir de hambre.

Las primeras señales de anorexia, como la preocupación anormal por el peso, el dejar mucha comida en el plato y la obsesión por el ejercicio, por lo general se presentan antes de que el trastorno se instale. Llevar una dieta balanceada durante la pubertad es muy importante. Esta dieta debe suministrar suficientes cantidades de proteínas, fruta, verdura y alimentos que contengan almidón: por ejemplo, papas y pan. La dieta, además, debe ser baja en azúcares refinados y grasas, y los bocadillos no deben reemplazar las comidas principales.

Los anoréxicos creen que estar flaco significa verse bello, y piensan que tienen sobrepeso cuando en realidad están gravemente desnutridos. Cuando un anoréxico come algo, a menudo se provoca el vómito en seguida o utiliza laxantes para eliminar la causa de su imaginaria fealdad.

A medida que las dietas para bajar de peso causan obsesión, el anoréxico consume cada vez menos alimentos ricos en vitaminas y minerales. La deficiencia de cinc es muy grave, ya que afecta el apetito y el sentido del gusto, lo que provoca una "espiral de hambre". El tratamiento, por lo general, consiste en una nutrición cuidadosa y psicoterapia.

Es necesario crear conciencia en el anoréxico del mecanismo del hambre y su saciedad, lo que la mayoría de nosotros damos por hecho. Éste es un proceso delicado, pero gratificante; sin embargo, es posible que pase mucho tiempo antes de volver a un patrón normal de alimentación. Un elemento de rebeldía, en ocasiones, puede alterar la mente del anoréxico y afectar el tratamiento.

Aunque es preferible que un anoréxico consuma alimentos nutritivos, a menudo se le estimula a consumir cualquier tipo de alimento. Aunque las hamburguesas, las papas fritas, los dulces y el chocolate no suministran una dieta balanceada, sí proveen energía.

ANSIEDAD

AUMENTE
- *Carne, huevo, queso, nueces y verduras verdes con hojas, que son buenas fuentes de vitaminas del complejo B*
- *Cítricos, por su vitamina C*
- *Bebidas lácteas dulces*

EVITE
- *Té, café y colas, que contienen cafeína*
- *Cocoa y chocolate*
- *Alcohol*

Todos experimentamos crisis de preocupación y temor de vez en cuando; no obstante, la ansiedad que se vuelve crónica se transforma en un problema médico y es necesaria la intervención de un doctor. Aunque es un estado psicológico, la ansiedad se manifiesta a través de síntomas físicos y muchos especialistas piensan que la dieta puede ayudar a aliviarlos e incluso a eliminarlos.

Entre los síntomas físicos de la ansiedad se encuentran: boca reseca, sudoración, dificultad para respirar, palpitaciones, mareos, dolor torácico, diarrea y fatiga. La ansiedad también puede disminuir la acción del sistema inmunológico.

La pérdida del apetito y el saltarse las comidas puede alterar el patrón normal de alimentación. Como resul-

La leche azucarada es calmante

Las bebidas lácteas azucaradas ayudan a combatir la ansiedad. Estas bebidas contienen un aminoácido llamado triptofano y carbohidratos simples. El triptofano estimula la producción de otra sustancia (llamada serotonina), que calma la mente y ayuda a inducir el sueño.

El azúcar interviene de manera indirecta en el proceso calmante. Cuando una persona come azúcar, se libera insulina, que se une a otros aminoácidos, lo que facilita que el triptofano tenga un acceso más fácil al cerebro. Esto ocasiona que se libere más serotonina, y así se promueve un estado mental más relajado.

tado, el bajo consumo de alimentos puede provocar pérdida de peso y, en casos extremos, hasta desnutrición. Las deficiencias consecuentes pueden agravarse. Se sabe que la carencia de magnesio y vitamina B_6 está asociada a la ansiedad y, cuando hay estrés, el cuerpo utiliza rápidamente sus reservas de vitamina C. Quienes sufren de ansiedad deberán aumentar el consumo de estos nutrimentos. Por todo lo anterior, es indispensable llevar una dieta balanceada y comer con regularidad. No comer produce, además del aumento de la ansiedad, aumento del riesgo de desarrollar otros problemas gastrointestinales.

La cafeína —presente en el café, el té negro, el chocolate y los refrescos de cola— es un estimulante. En pequeñas dosis estimula el desempeño físico y mental, pero en grandes cantidades produce agitación, especialmente en personas susceptibles.

Por lo general, las personas que sufren de ansiedad recurren al alcohol, pe-

RESERVA DE ANTIOXIDANTES *Los mariscos ofrecen selenio; los aceites, vitamina E y las frutas y verduras suministran beta carotenos. Una dieta rica en antioxidantes puede contener alimentos como tomates, chabacanos, nueces, almendras, mangos, bacalao y arenque, entre otros.*

ro esto las hace sentirse peor. Muchos piensan que el alcohol (vea pág. 26) los tranquiliza o que es un estimulante, pero en realidad es un depresivo. Durante el periodo de abstinencia, entre 6 y 12 horas después de haber bebido alcohol, cuando los niveles sanguíneos de glucosa se encuentran bajos, las personas son más susceptibles a experimentar ataques de ansiedad.

ANTIOXIDANTES

Sin antioxidantes, muchos de nosotros tendríamos numerosas infecciones e incluso podríamos enfermarnos de cáncer en pocos meses. Aunque nuestro organismo produce sus propios antioxidantes, también necesitamos aumentar nuestras defensas consumiendo alimentos que los contengan. La verdadera importancia de los antioxidantes es motivo de

controversia. A menudo se exageran los requerimientos de antioxidantes en la dieta, especialmente en cuanto a los complementos se refiere, pero estudios recientes sugieren que estas sustancias ofrecen protección contra algunos tipos de cáncer y contra los padecimientos cardiovasculares y que pueden ayudar a prevenir el envejecimiento prematuro.

Los antioxidantes nos protegen contra los RADICALES LIBRES, que son sustancias que el cuerpo forma como parte del metabolismo y como defensa contra las bacterias. Algunos factores, como la exposición excesiva a la contaminación ambiental o a la luz ultravioleta, las enfermedades y el tabaquismo, pueden provocar un aumento en la producción de radicales libres. Si no se les presta atención, estas sustancias inestables y potencialmente peligrosas pueden crear condiciones precipitantes del cáncer y padecimientos cardiovasculares.

Para manejar estos radicales libres, el organismo necesita más antioxidantes de los que puede producir, especialmente durante los periodos de enfermedad o durante la exposición a la contaminación.

Las vitaminas E y C y los beta carotenos, la forma primaria

de la vitamina A, ayudan a neutralizar los radicales libres, al igual que el selenio (presente en mariscos y aguacates), el cobre (en nueces, semillas y mariscos) y el cinc (en mariscos). Los bioflavinoides presentes en algunas frutas y verduras, incluyendo cítricos y uvas, también tienen propiedades antioxidantes. A la margarina y a los aceites se les añaden antioxidantes artificiales para evitar que se enrancien.

PREVENCIÓN DE ENFERMEDADES

Se necesitan más estudios para conocer mejor el papel de los antioxidantes en la prevención de enfermedades, pero se piensa que los radicales libres pueden desencadenar el daño que causan los depósitos de ácidos grasos en las arterias y ocasionar trastornos cardiacos o infarto del miocardio. Los niveles altos de vitaminas y minerales antioxidantes ayudan a evitar este proceso y a alterar el ADN (material genético de las células) que podría producir algunos tipos de cáncer.

Los COMPLEMENTOS de minerales y vitaminas antioxidantes deben tomarse en las dosis correctas, ya que en exceso podrían ser peligrosos. Para obtener el consumo adecuado de antioxidantes, es más seguro comer muchas frutas y verduras frescas. Los cítricos ofrecen vitamina C y las frutas y verduras de colores llamativos, beta carotenos. La vitamina E, presente en nueces, aguacates y aceites vegetales, protege contra enfermedades.

APETITO DESENFRENADO

AUMENTE
• *Alimentos bajos en grasa, ricos en carbohidratos complejos y fibra soluble, como arroz, papas y cereales integrales, a intervalos regulares*

COMA CON MODERACIÓN
• *Los alimentos que le gustan más*

EVITE
• *Estar con hambre*

Cuando el apetito por ciertos alimentos es muy fuerte e incontrolable, se le conoce como apetito desenfrenado. El simple hecho de tener preferencia marcada por un alimento no constituye un apetito desenfrenado, ni tampoco lo es el comprar algún bocadillo por impulso. El apetito desenfrenado es mucho más que esto: es un deseo insistente que lo llevará a hacer lo imposible por satisfacerlo.

El apetito desenfrenado por los alimentos dulces o los que tienen un contenido elevado de grasas puede causar grandes problemas a las personas que están tratando de controlar su peso corporal. Para combatir el apetito desenfrenado por este tipo de alimentos, tome algunas medidas preventivas; nunca espere a sentir hambre, ya que esto lo puede deprimir y llevar a comer compulsivamente. Consuma muchas frutas frescas, verduras y cereales, que son bajos en calorías y contienen fibra. No rechace el alimento que desea comer, pero solamente ingiera un poco de él.

UNA NECESIDAD NUTRICIONAL

Anteriormente se consideraba que el apetito desenfrenado por un alimento indicaba alguna carencia nutricia específica, y que el deseo intenso de comer se daba porque, al igual que los animales, sabíamos instintivamente lo que hacía falta en nuestra alimentación. En la actualidad, algunos especialistas siguen pensando que esto desempeña un papel importante en la existencia del apetito desenfrenado.

Sin embargo, como los alimentos por los que sentimos un apetito desenfrenado no suelen ser ni los más saludables ni los más nutritivos, hoy día

Pica: un fenómeno raro

Existen muchos casos en todo el mundo de gente que tiene apetito desenfrenado por productos que no son nutritivos, como la arcilla, la tierra, el gis, el almidón de lavandería y el carbón. Este fenómeno se conoce como pica (el término proviene de la palabra latina que significa urraca, debido a la naturaleza omnívora de esta ave). La pica puede afectar a ambos sexos, y se presenta con mayor frecuencia en los niños.

Este trastorno debe tratarse adecuadamente debido a que se pueden presentar problemas como desnutrición, envenenamientos y otros. El consumo de arcilla causa estreñimiento grave e impactación fecal. En las mujeres embarazadas, la pica, puede causar ANEMIA, intoxicación y un desarrollo fetal deficiente.

se piensa que la mente desempeña un papel más importante que el mismo organismo. La comida puede ser un apoyo emocional; muchas personas sienten un deseo intenso de comer algunos alimentos cuando están estresadas o deprimidas. En otros casos, el apetito desenfrenado es causado por el olor o la visión de un alimento en particular.

Los alimentos que con mayor frecuencia se ven involucrados en este tipo de situaciones son: el chocolate, los dulces y otros alimentos azucarados y altos en calorías. El apetito desenfrenado por alimentos saludables, como las frutas y las verduras, puede pasar inadvertido debido a que no se considera un problema.

El apetito desenfrenado se presenta con mayor frecuencia en las mujeres y en las personas que están a dieta. Algunas mujeres informan que el problema se acentúa en la semana previa a la menstruación o durante el embarazo, lo que sugiere que existe algún componente fisiológico, como el cambio en el equilibrio hormonal. Antes de la menstruación, el apetito aumenta y el gasto metabólico disminuye. Se piensa que el deseo intenso por comer que se presenta en este momento es el resultado de las grandes fluctuaciones de la glucosa causadas por los cambios hormonales.

Las personas mayores de 65 años tienen menos episodios de apetito desenfrenado que los jóvenes, posiblemente porque el sentido del olfato y del gusto se debilita con la edad y el apetito también disminuye.

Para los que hacen dieta, el apetito desenfrenado puede ser psicológico. Parece que el proceso de autorrechazo origina deseos poderosos y obsesivos.

Si usted come compulsivamente y padece de OBESIDAD o se encuentra atrapado en el círculo vicioso de la BULIMIA, es recomendable que consiga ayuda profesional.

APETITO, PÉRDIDA DEL

AUMENTE
• *Frutas y verduras frescas*
• *Ostiones, carne magra y aves*
• *Nueces, semillas y cereales integrales*

REDUZCA
• *Salvado, que inhibe la absorción de minerales*
• *Alcohol*
• *Sal*
• *Té y café, que pueden causar pérdida de potasio y de cinc*

La pérdida de un apetito saludable puede deberse a muchas razones, desde la enfermedad del viajero hasta el resfriado común, desde la depresión hasta el consumo de alimentos equivocados. Si la pérdida del apetito dura más de siete días, consulte a su médico.

Cuando la pérdida del apetito se asocia a un trastorno trivial, como una resaca o una indigestión, no hay motivo de preocupación: el apetito regresará cuando el trastorno haya desaparecido. Si usted come muchos bocadillos entre comidas, trate de comer un poco de fruta para abrir el apetito (en especial, plátanos).

El apetito está regulado por un área sensorial cerebral que libera hormonas que le indican al cuerpo la hora de comer. Cuando esta área no funciona bien, quizá debido a una dieta no balanceada, a un mal estado general de salud o a un desequilibrio hormonal, se transmiten mensajes equivocados al cuerpo, lo que da como resultado que una persona bien alimentada sienta hambre o que una persona mal nutrida no tenga apetito.

VITAMINAS Y MINERALES
Las deficiencias de minerales pueden inhibir el buen funcionamiento de la zona cerebral encargada de regular el hambre y reducir el deseo de comer. Las dietas con poco cinc, presente en los ostiones, el cangrejo, la langosta, la carne magra, las aves y las pepitas de calabaza, por ejemplo, pueden disminuir los sentidos del olfato y del gusto, y por tanto también el apetito. La absorción del cinc también es inhibida por un exceso de salvado (fibra), por consumir complementos de hierro o por tomar mucho alcohol. Las reservas de cinc disminuyen además por el ejercicio físico, el estrés y los periodos de rápido crecimiento en la pubertad.

Los ancianos y quienes siguen una terapia con diuréticos pueden tener una deficiencia de potasio, lo que disminuye el apetito. Las guayabas, los plátanos y las papas son ricos en potasio, pero también existen otras frutas y verduras que pueden compensar cualquier deficiencia, especialmente si se ha reducido el consumo de sal. La pérdida del apetito también puede ser causada por un exceso de vitamina D; sin embargo, es poco probable que esto ocurra a menos que se tome la vitamina en forma de tabletas (recetadas para combatir la osteoporosis y el raquitismo) o de complementos de aceite de pescado.

APIO

VENTAJAS
• *Se dice que ayuda a reducir los niveles de colesterol y la presión sanguínea*
• *Ayuda a aliviar dolores articulares*
• *Bajo en calorías*
• *Buena fuente de potasio*

DESVENTAJA
• *Puede ser rico en nitratos*

Las personas preocupadas por su peso comen mucho apio debido a que éste contiene muy pocas calorías. Una porción de 100 gramos —dos tallos— contiene sólo 7 calorías. El apio también es una buena fuente de potasio, el cual ayuda a mantener la presión sanguínea en niveles normales (siempre y cuando no se le añada sal). Este alimento también ayuda a mantener la función normal de los riñones y facilita la excreción de desechos.

El apio se utilizaba, en la medicina tradicional de Oriente, para tratar la hipertensión arterial. Estudios recientes efectuados en el Centro Médico de la Universidad de Chicago sugieren que, en realidad, esta planta puede ser de gran ayuda para tratar este padecimiento.

El apio contiene un agente antiinflamatorio que ayuda a aliviar los dolorosos síntomas de la gota, causada por la acumulación de cristales de ácido úrico en las articulaciones. De hecho, los herbolarios recomiendan a las personas que padecen de gota beber un té hecho con semillas de apio. Las semillas contienen un aceite que actúa también como un tranquilizante natural.

El apio pertenece a un grupo de plantas que pueden acumular grandes cantidades de nitrato. El problema de establecer niveles seguros de nitratos en plantas y verduras —especialmente en lechuga y espinacas— ha sido objeto de discusión en muchos países. El motivo de la preocupación es que se ha descubierto que el consumo elevado de nitratos es peligroso. Los nitratos se convierten en nitritos durante la digestión y reaccionan con las aminas presentes en el intestino para formar nitrosaminas, las cuales pueden ser cancerígenas. Sin embargo, otros constituyentes del apio pueden contrarrestar el efecto de las nitrosaminas, pero esto no se ha demostrado.

Las concentraciones de nitratos en las verduras varían debido a muchos factores, incluyendo las condiciones del suelo, la especie de la planta, la intensidad de la luz y el tipo de fertilizante utilizado. Se ha observado que las estimaciones del consumo promedio de nitratos se encuentran dentro de los límites de seguridad establecidos internacionalmente. Sin embargo, los vegetales como el apio, la lechuga y las espinacas no deben consumirse por largos periodos como parte principal de una dieta, por ejemplo. La cocción del apio con vapor o con agua hirviendo ayuda a reducir los niveles de nitratos.

ARROZ

VENTAJAS
- *Buena fuente de almidón*
- *No contiene gluten y es recomendable para personas con enfermedad celiaca*
- *Ayuda a mantener los niveles sanguíneos de glucosa*
- *El salvado de arroz ayuda a reducir el riesgo de cáncer de colon*

DESVENTAJAS
- *Una dieta rica en arroz blanco pueden ser deficiente en tiamina; si es rica en arroz integral, puede contribuir a una deficiencia de hierro y calcio*

El arroz es el principal alimento de más de la mitad de la población mundial, a la que provee de energía y proteínas. Como sucede con todos los cereales, cuanto más refinado sea el producto, menor es su contenido de vitaminas y minerales. El arroz no es la excepción a la regla. Muchos de sus nutrimentos están contenidos en el salvado y en el germen. En poblaciones que se alimentan de arroz blanco, es común la deficiencia de tiamina. Sin embargo, el salvado, presente en el arroz integral, también contiene factores antinutricios como el ácido fítico, que inhibe la absorción de hierro y calcio.

La eliminación del salvado hace que el arroz se cueza más rápidamente, y muchas de sus vitaminas pueden conservarse si antes se sancocha. El arroz blanco enriquecido tiene vitaminas y minerales que se añaden después de eliminar el salvado. Aunque el arroz blanco es bajo en fibra, parte de su almidón es resistente a la digestión y actúa como FIBRA.

El almidón presente en el arroz, especialmente en el arroz integral, se digiere y se absorbe con lentitud, lo que asegura una liberación constante de glucosa en la sangre; esto es de utilidad en el control de los niveles sanguíneos de glucosa, en las personas que

¿Sabía usted que...?

- Aunque Estados Unidos produce sólo el 1% del arroz que se cultiva en todo el mundo, es uno de los exportadores más grandes de este cereal.
- Según la leyenda, el arroz arribó a las Américas accidentalmente, cuando un barco azotado por una tormenta atracó en Charleston, Carolina del Sur y el capitán le dio unas semillas a un dueño de una plantación.

padecen de DIABETES. Como el arroz no contiene gluten, es útil para aquellas personas con intolerancia al trigo o que padecen de ENFERMEDAD CELIACA, y además es un buen alimento para la ablactación del bebé.

Las dietas macrobióticas a base de arroz integral se hicieron muy populares en el decenio de 1960. Cayeron en desuso cuando ocurrieron varias muertes debido a que sus seguidores trataron de vivir sólo de arroz integral. Al igual que otros carbohidratos, el arroz debe combinarse con una dieta balanceada para proporcionar una gama completa de nutrimentos.

BENEFICIOS MÉDICOS
El arroz se ha usado durante mucho tiempo en la medicina natural para tratar trastornos digestivos, desde indigestión hasta diverticulosis Además, los estudios sugieren que el salvado de arroz reduce el riesgo de cáncer de colon.

TIPOS DE ARROZ
El arroz se clasifica según el tamaño del grano. Existen variedades de grano largo y de grano corto; integral y de cocción rápida. El arroz blanco de grano largo es una de las variedades más populares. Tiene un sabor delicado y retiene la capa de salvado después de pasar por el molino. Esto quiere decir que el arroz color café contiene más vita-

minas y fibra que el blanco y por lo tanto es más nutritivo.

Arborio. De grano medio, absorbente, se convierte en masa durante la cocción. Se usa para preparar un platillo italiano llamado risotto.

Basmati. Arroz de grano largo aromático, originario de la India y Pakistán; también se cultiva en Estados Unidos. Se le llama el príncipe de los arroces.

Glutinoso. Es una variedad pegajosa popular en el Lejano Oriente, casi redondo y tiene un sabor ligeramente dulce.

Jasmine. Es una variedad olorosa, parecida al basmati, pero con diferente textura. Se usa en la comida china.

ARTICULACIONES, PROBLEMAS DE LAS

AUMENTE
- *Pescados y mariscos, por los ácidos grasos esenciales*
- *Frutas y verduras frescas, por los beta carotenos y la vitamina C*
- *Aguacate, nueces y semillas de girasol, por la vitamina E*
- *Cereales integrales y huevos, por el selenio*

EVITE
- *Obesidad*

Quienes padecen problemas de las articulaciones deben comer muchos pescados ricos en grasas. Algunas investigaciones han revelado que los aceites de pescado alivian los problemas articulares. Al parecer, los ácidos grasos que contienen reducen la potencia de los compuestos inflamatorios liberados por el organismo.

Los que sufren de GOTA deben tomar complementos de aceite de pes-

LARGOS Y CORTOS *Entre algunas variedades de arroz se encuentran: risotto, glutinosos, silvestre, basmati y budín.*

cado en lugar de ingerir el pescado fresco, lo que podría aumentar la acumulación de ácido úrico. Si la sangre contiene cantidades excesivas de ácido úrico, se forman cristales en las articulaciones de algunas personas.

DEFICIENCIAS PELIGROSAS
Existe prueba científica de que las dietas bajas en ANTIOXIDANTES (en especial el selenio y las vitaminas A, C y E) predisponen a las personas a padecer de problemas articulares.

Para aumentar el consumo de estos nutrimentos, las comidas deben incluir una porción semanal de hígado (pero no durante el embarazo) para obtener vitamina A, y zanahorias, mangos, chabacanos, camotes y melón, que son excelentes fuentes de beta carotenos, que el organismo convierte en vitamina A. El pimiento rojo y el amarillo, el kiwi, la naranja, las colecitas de Bruselas y la col son fuente de vitamina C; el aguacate, la nueces, las semillas de girasol y el aceite de oliva son ricos en vitamina E. El selenio se halla en el pescado, los mariscos, los cereales integrales, los huevos y la levadura de cerveza.

Una causa común de problemas articulares, sobre todo en caderas y rodillas, es el sobrepeso. Un estudio reveló que la pérdida de peso y la adopción de una dieta vegetariana alivian varios de los síntomas de la ARTRITIS. Los problemas articulares, así como los causados por la artritis y por la gota, pueden ser desencadenados por lesiones, exceso de ejercicio e infecciones.

PROBLEMAS ESPECÍFICOS
La bursitis es la inflamación de una bursa (bolsa llena de líquido situada en varias partes del organismo, como las articulaciones). Las áreas afectadas con más frecuencia son el codo y la rodilla.

Cuando la capa protectora de un tendón se inflama por esfuerzo excesivo, se presenta un trastorno conocido como tendosinovitis. Por lo general, esta reac-

ción dolorosa afecta los dedos de las manos y los tendones de la muñeca.

El codo de tenista es probablemente el mejor ejemplo conocido de inflamación en un punto donde los tendones y los ligamentos se unen a los huesos. Puede ser el resultado de jugar tenis, aunque con mayor frecuencia es causado por tareas manuales repetitivas, como pintar y decorar. El codo de golfista produce el mismo efecto doloroso, pero ocurre en la cara interna de la articulación del codo.

El hombro congelado es la rigidez crónica y dolorosa de la articulación del hombro. Puede deberse a una lesión o a problemas de los tejidos blandos. En su peor momento es extremadamente doloroso, y sólo permite cierto grado de movimiento de la articulación afectada.

Algunos trastornos articulares requieren cirugía o inyecciones locales de esteroides. Pero es posible tratar casi todos los problemas con masaje, fisioterapia, quiropráctica o acupuntura.

ARTICULACIONES Y TENSIÓN
Cuando los músculos unidos a una articulación dolorida sufren un espasmo, en ocasiones la articulación no regresa a la posición correcta. El estrés puede exacerbar el problema y congelar los músculos. El masaje puede aliviar la tensión; la corrección de la postura también ayuda.

ARTRITIS

AUMENTE
- *Cereales integrales, frutas y verduras frescas, para la osteoartritis*
- *Frijol de soya, tofu, sardinas y salmón, para la artritis reumatoide*

EVITE
- *Alimentos muy refinados, grasas saturadas, azúcar y sal, para la osteoartritis*

Un caso real

*P*edro, *un mecánico de 28 años de edad, notó que cada vez le era más difícil manejar sus herramientas. Sentía mucho dolor en las articulaciones. Su médico comenzó a sospechar de una alergia alimentaria al ver que el tratamiento tradicional no causaba ninguna mejoría. El galeno interrogó a Pedro acerca de su dieta y descubrió que consumía cerca de media hogaza de pan por día. Como se piensa que ciertas alergias o intolerancias alimentarias son un factor en el desarrollo de los síntomas artríticos de algunas personas, el médico le sugirió que excluyera todos los productos de trigo de su dieta. En unas semanas, el dolor articular de Pedro desapareció y la inflamación se redujo. Ahora trabaja normalmente y sigue una dieta sin trigo.*

Ejercicio y artritis

• El ejercicio regular puede ayudar a reducir el dolor articular. Nade o camine un poco diariamente por 5 o 10 minutos, y aumente poco a poco el tiempo de ejercicio.

• Haga ejercicios de estiramiento como los del yoga, para mejorar el movimiento y la postura.

• Use zapatos cómodos, diseñados para la actividad que realiza; las suelas acojinadas reducen la presión sobre las articulaciones.

• No se esfuerce demasiado. Mucho ejercicio —en especial en el que se usen rodilla, caderas y otras articulaciones— puede llevar directamente a la osteoartritis.

• Si siente más dolor, es posible que se esté exigiendo demasiado, así que deberá reducir la intensidad del ejercicio o cambiar a otra actividad menos demandante.

Uno de cada siete estadounidenses sufre de alguna forma de artritis. Existen más de 100 tipos de esta enfermedad; los más comunes son la osteoartritis y la artritis reumatoide. Los enfermos de osteoartritis deben mejorar su dieta reduciendo los alimentos muy refinados y procesados, las grasas animales saturadas, el azúcar y la sal, y consumiendo más cereales integrales y frutas y verduras frescas. Una dieta saludable estimula el sistema inmunológico y ofrece al enfermo más energía.

EL PESO

La obesidad aumenta el riesgo de desarrollar osteoartritis al incrementar la presión sobre las articulaciones: habrá menos molestias en las rodillas y las caderas, por ejemplo, si se carga menos peso. Realizar con regularidad un poco de ejercicio —natación, ciclismo o caminata— junto con una dieta baja en grasas (vea Dietas para adelgazar, pág. 142) ayudarán a prevenir la osteoartritis o a minimizar los síntomas si ya se padece la enfermedad.

Además, la práctica regular de ejercicio es un factor importante en la prevención y el tratamiento de todas las formas de artritis. De esta manera, se fortalecerán los músculos responsables

Alimentos útiles

El salmón y otros pescados son fuente de ácidos grasos omega-3. Cómalos tres veces a la semana o más.

Hojas verdes Fuente de beta carotenos, calcio, folatos, hierro y vitamina C. Cómalas crudas o ligeramente cocidas, con regularidad.

Plátanos Son buena fuente de potasio, fibra y vitamina C. Cómalos tres veces por semana o más.

Brócoli Fuente de beta carotenos, vitamina C, folatos, hierro y potasio. Cómalo crudo o ligeramente cocido, con regularidad.

Zanahorias Excelente fuente de beta carotenos. Cómalas crudas o cocidas, con la frecuencia que guste.

Jengibre Agente antiinflamatorio. Coma 5 g incorporados a la comida, dos veces por semana.

Apio Agente antiinflamatorio y fuente de potasio. Cómalo crudo tres veces a la semana.

de proteger las articulaciones y se evitará la rigidez. Sin embargo, es necesario respetar las limitaciones de su propio cuerpo para que el ejercicio resulte benéfico.

Alergias o intolerancias

Alrededor del 20% de las personas que sufren de artritis inflamatoria tienen alergias o intolerancias a ciertos alimentos que pueden provocar un ataque. La identificación del responsable puede ser difícil, pero los sospechosos más comunes son los mariscos, la soya, los cereales, el café y ciertos aditivos. Una de las mejores maneras de identificar el problema es seguir una dieta de exclusión, pero esto sólo debe hacerse bajo supervisión médica.

Aceites de pescado

Los científicos han demostrado que los aceites de pescado son útiles para personas que padecen de artritis reumatoide. El salmón, la trucha, el arenque, la macarela, las sardinas y el bacalao contienen grasas poliinsaturadas llamadas ácidos grasos omega-3, que tienen efectos antiinflamatorios sobre las articulaciones de algunos enfermos de artritis. La inflamación es la respuesta natural del cuerpo a las enfermedades artríticas y provoca dolor y enrojecimiento, además de una elevación de la temperatura en la zona afectada.

Las personas con artritis reumatoide deberían consumir pescado fresco dos o tres veces por semana, o bien, tomar aceite de pescado en cápsulas o en jarabe, manteniendo la dosis diaria recomendada. El pescado en lata (con excepción del atún) también contiene ácidos grasos benéficos, pero no en grandes cantidades. La mejoría se nota en unos dos o tres meses. Las personas que toman antiinflamatorios podrían reducir la dosis del medicamento (con autorización de su médico) si consumen aceite de pescado regularmente. Esto reduce el riesgo de que los fármacos puedan producir efectos secundarios desagradables.

Los vegetarianos pueden obtener ácidos grasos omega-3 si incluyen muchos frijoles de soya y tofu en su dieta. De hecho, ciertos estudios han revelado que una dieta vegetariana ayuda a aliviar algunos de los síntomas de la artritis reumatoide.

Causas y síntomas

Se cree que la osteoartritis es una enfermedad degenerativa que se desarrolla como resultado del uso y del desgaste de los cartílagos de las articulaciones. El cartílago ofrece una superficie suave para que los huesos se deslicen fácilmente sin causar dolor. Cuando el cartílago se gasta, los huesos friccionan unos con otros, lo que provoca dolor y rigidez, especialmente cuando hay humedad o a la mañana siguiente a un día de intensa actividad física.

La artritis reumatoide es una enfermedad inflamatoria en la que el sistema inmunológico ataca las articulaciones. Aunque este trastorno progresivo puede atacar a cualquier edad, es más común entre 25-55 años, e inicia en las articulaciones de dedos y pies. Afecta con mayor frecuencia a mujeres que a hombres. La artritis reumatoide dura muchos años, durante los cuales se alternan ataques y remisiones.

En 1994, ciertos informes acerca de la "cura de hueso de pollo" para la artritis reumatoide eran aún prematuros, pero prometedores. El objetivo es controlar el sistema inmunológico demasiado activo exponiéndolo a dosis altas de la sustancia que está atacando; en este caso, se trata del colágeno, extraído de huesos de pollo. En el estudio inicial, los participantes, que padecen artritis reumatoide severa, mejoraron después de unas semanas de que se les administró colágeno de hueso de pollo.

ASMA

AUMENTE
- *Alimentos ricos en vitaminas del complejo B, como verduras de hoja verde y legumbres (lentejas, frijoles, chícharos secos, etc.)*
- *Buenas fuentes de magnesio, como semillas de girasol e higos secos*

EVITE
- *Alimentos que desencadenan ataques (según su susceptibilidad)*
- *Alimentos que contienen sulfitos*
- *Vino y cerveza*
- *Alimentos que contienen levaduras o moho, como pan y quesos azules*
- *Alimentos y bebidas que contengan tartrazina*
- *Salicilatos, que se encuentran en la aspirina, el té, el vinagre y los aderezos*
- *Leche de vaca, cereales, huevo, pescado y frutos secos*

El asma es una enfermedad respiratoria crónica y potencialmente grave. Algunos especialistas dividen el asma en dos grupos: extrínseca e intrínseca. La mayor parte de los casos son extrínsecos. Esta forma de asma se presenta en familias, junto con otros trastornos alérgicos como eccema y fiebre del heno, y aparece durante la niñez. Los síntomas pueden ser producidos por una variedad de agentes, como ansiedad, estrés físico, infecciones, contaminación ambiental, polen, ácaros del polvo y pelos de animales. Las alergias alimentarias también pueden producir ataques o empeorarlos, especialmente entre niños que sufren de eccema. El asma intrínseca parece presentarse en edad adulta; no es causada por factores externos, pero éstos pueden desencadenar las crisis. Sin embargo, muchos profesionales de la salud están convencidos de que existe poca diferencia entre uno y otro tipos, y que todos los casos de asma son extrínsecos.

Un ataque de asma, que puede durar minutos o días, provoca dificultad para respirar y puede causar sibilancias, tos y opresión en el pecho debida a inflamación de los bronquios.

DESENCADENANTES POTENCIALES

Los médicos concuerdan en que el mejor tratamiento para el asma es identificar el elemento desencadenante y después eliminarlo. En algunos casos, éstos son obvios, por ejemplo, el humo del tabaco, el aire frío, el ejercicio o la alergia a un animal. Algunos alergenos pueden identificarse con análisis de sangre o pruebas cutáneas. En muchos asmáticos, las alergias alimentarias pueden desencadenar un ataque de asma. Sin embargo, como una alergia es una condición individual, no es posible dar una lista de alimentos "buenos" y "malos", e identificar al causante puede requerir un esfuerzo considerable. Quienes sospechan que los alimentos están desencadenando sus ataques de asma deben llevar un diario de alimentos y buscar ayuda médica especializada.

Entre los alimentos que con mayor frecuencia provocan crisis asmáticas en individuos susceptibles se encuentran: leche de vaca, trigo y otros cereales, levadura, carnes procesadas y alimentos con moho, como los quesos azules. Las nueces, los cacahuates, el pescado y el huevo pueden producir reacciones inmediatas y peligrosas.

Algunos aditivos también son desencadenantes en ciertas personas. Los sulfitos, conservadores antioxidanes que se agregan a muchos alimentos para retardar su descomposición y conservar el color y textura, son un ejemplo común. Se encuentran por lo general en las frutas secas, las sopas deshidratadas instantáneas, puré de papas instantáneo, vino, cerveza, bebidas carbonatadas con dióxido de azufre, entre otros. Las personas susceptibles a los sulfitos deben leer las etiquetas con cuidado para saber si estas sustancias se encuentran entre los ingredientes. Además de desencadenar ataques de asma, estas sustancias pueden provocar choque anafiláctico en personas muy sensibles. En 1986, Estados Unidos prohibió el uso de sulfitos en frutas y verduras frescas.

Los sulfitos añadidos a cervezas y vinos pueden ser peligrosos para los asmáticos, incluso con la pura inhalación del aroma de la bebida. Quizá debido a la actividad bacteriana que ocurre durante la producción, algunos vinos contienen niveles de histamina que pueden, en ocasiones, provocar ataques de asma en personas susceptibles.

El salicilato, ingrediente de la aspirina y componente de numerosas frutas, puede desencadenar asma. La tartrazina o amarillo No. 5 es similar al salicilato, aunque menos potente. Según la legislación estadounidense, se debe señalar en las etiquetas la presencia de estas sustancias.

ALIMENTOS ÚTILES

No hay alimentos específicos que prevengan el asma, pero algunos pueden atenuar sus complicaciones. Los alimentos que contienen vitaminas del complejo B, por ejemplo, verduras de hoja verde y legumbres, pueden ayudar a los asmáticos cuyos ataques son provocados por el estrés. Se sabe que los asmáticos tienden a tener deficiencia de niacina y vitaminas B_6 y C.

Los antioxidantes —entre los que se encuentran la vitamina A, presente en alimentos como el hígado; beta carotenos, presentes en frutas y verduras de colores llamativos, como chabacanos, zanahorias y pimientos rojos y amarillos, y en verduras de hoja verde como las espinacas; vitamina C, presente en frutas cítricas; y vitamina E, presente en frijoles de soya y aceite de oliva— aumentan las defensas de los pulmones eliminando los RADICALES LIBRES. Estas sustancias potencialmente peligrosas son generadas como parte de la respuesta inflamatoria del asmático para defenderse de la contaminación ambiental y otros alergenos.

El magnesio, presente en el pescado, las verduras verdes, las semillas de girasol y los higos secos, relaja las vías respiratorias. Una investigación británica realizada en la Universidad de Nottingham en 1994 sugiere que las personas con bajos niveles de magnesio son más susceptibles a los ataques de asma.

Las investigaciones actuales sugieren, además, que los pescados como el salmón, la macarela, el arenque, las sardinas y el bacalao brindan cierto grado de protección contra el asma. Estos alimentos son una buena fuente de ácidos grasos omega-3, los cuales se piensa que poseen un efecto antiinflamatorio.

Antes de que hubiera medicamentos contra el asma, los pacientes tomaban café para reducir la intensidad de los ataques. La cafeína es químicamente parecida a la teofilina, la cual se utiliza para dilatar los bronquios y mejorar la respiración. En casos de emergencia, dos tazas de café cargado deben de aliviar la situación en unas dos horas y el efecto dura unas seis horas. Sin embargo, las personas que estén tomando teofilina deben evitar el café, el té negro y los refrescos de cola con cafeína, ya que la combinación puede resultar tóxica. Tampoco es recomendable tomar mucho café si los ataques de asma son desencadenados por la ansiedad.

ATEROSCLEROSIS

AUMENTE
• *Frutas y verduras*
• *Pescados como arenque y sardinas*

REDUZCA
• *Grasas, especialmente las saturadas*
• *Alimentos ricos en colesterol*

EVITE
• *Obesidad*
• *Inactividad física*
• *Fumar*
• *Consumo excesivo de alcohol*

A medida que envejecemos, nuestras arterias se ocluyen y endurecen: un proceso llamado aterosclerosis. Este endurecimiento de las arterias se relaciona con un depósito graso que forma una placa llamada ateroma, presente en las paredes de las arterias. El ateroma se desarrolla lentamente durante muchos decenios, pero crece con mayor rapidez en personas fumadoras y en quienes tienen altos niveles de COLESTEROL. Al aproximarse a los 50 años de edad, la mayoría de los hombres de Occidente son afectados por la aterosclerosis. Las mujeres están relativamente libres de esto durante sus años reproductores, ya que al parecer los estrógenos mantienen bajos los niveles de colesterol. Sin embargo, después de la menopausia la aterosclerosis se desarrolla con bastante rapidez.

CAUSAS Y SÍNTOMAS
Como las arterias endurecidas son menos elásticas y no se distienden con facilidad, la presión sanguínea dentro de ellas aumenta y el flujo de sangre a los tejidos disminuye. Si las arterias coronarias están afectadas, pueden presentarse alteraciones cardiacas, angina de pecho e infartos.

Muchos de los ataques cardiacos que se presentan entre los ancianos son causados por la aterosclerosis. Esto es el resultado de la acumulación de lipoproteínas de baja densidad (LBD) —las proteínas que transportan el colesterol en la sangre— en células llamadas macrófagas, presentes en las paredes arteriales. Los macrófagos eliminan los desechos celulares. En condiciones normales, los macrófagos no absorben las LBD, pero si éstas son oxidadas, los macrófagos las atrapan y forman complejos grasos en la pared de la arteria.

La mayoría de estos complejos de grasa desaparece con el tiempo, pero algunos se convierten en placas fibrosas debido, a menudo, a la muerte de los macrófagos en los cinturones de grasa. Los macrófagos que mueren envían señales que traen como resultado la formación de cicatrices.

Mientras que los niveles elevados de LBD aceleran la formación de cinturones de grasa, los niveles altos de lipoproteínas de alta densidad (LAD) la retrasan. Las LAD ayudan a remover el colesterol de los cinturones de grasa y lo regresan al hígado.

ARTERIAS SALUDABLES
Las investigaciones concuerdan en que la dieta representa un papel muy importante tanto en la prevención como en el tratamiento de la aterosclerosis. El colesterol es el principal componente de la placa aterosclerótica. Según las investigaciones, al reducir la cantidad de colesterol en la sangre, en particular los niveles de LBD, se puede retrasar el avance de la aterosclerosis, e incluso se puede provocar la regresión.

Para prevenir y tratar la aterosclerosis, es recomendable limitar el consumo diario de grasas en un 20 a 30% de las calorías (y un máximo de 10% de grasas saturadas, que se encuentran principalmente en los productos animales y lácteos y en el aceite de palma y coco). Si bien el consumo de hígado, huevos y otros alimentos ricos en colesterol no se ha asociado a la aparición de la aterosclerosis de la misma manera que una dieta rica en grasas, el consumo alto de colesterol de la dieta puede elevar los lípidos en la sangre. Por tanto, los expertos generalmente recomiendan limitar el colesterol de la dieta a 300 miligramos al día. Estudios recientes indican que los antioxidantes naturales, en especial los beta carotenos y las vitaminas C y E, presentes en frutas y verduras, protegen contra este mal, debido a que evitan la oxidación de LBD. Aunque los medicamentos que reducen el colesterol tienen un efecto mayor, pueden causar efectos secundarios indeseables como depresión y, en casos muy raros, hasta posibles intentos de suicidio.

Otra teoría dice que el consumo de pescados como la macarela, el arenque, el salmón, la sardina, la trucha y el atún fresco es benéfico debido a que los ácidos grasos omega-3 que contienen disminuyen el nivel de los triglicéridos en la sangre, así como la tendencia a formar coágulos sanguíneos. Los alimentos que contienen fibra soluble ayudan a disminuir los niveles de colesterol, porque probablemente interfieren con la absorción intestinal del ácido biliar, lo que hace que el hígado use el colesterol en circulación para hacer más bilis.

La dieta no es el único factor que contribuye a desarrollar aterosclerosis. Es también importante mantener un peso ideal, dejar de fumar, aumentar el ejercicio, controlar el estrés y mantener los niveles de la presión arterial y el azúcar en la sangre dentro de los límites normales.

AUTISMO

AUMENTE

• *Alimentos que conformen una dieta balanceada, incluyendo frutas, verduras, aves, pescado, frijoles, legumbres y nueces*

Éste es un trastorno del desarrollo, que por lo general aparece durante los tres primeros años de vida. Se estima que 15 de cada 10.000 estadounidenses padece alguna forma de autismo. El autismo es una discapacidad mental compleja, y se cree que es causada por daño cerebral más que por traumatismo emocional; afecta el instinto natural del niño para comunicarse y relacionarse, lo que provoca, generalmente, que viva aislado del resto del mundo. También puede haber falta del habla o pérdida de ésta, si ya se ha desarrollado.

Aunque se ha descubierto que la mayoría de los niños con problemas de comportamiento no son afectados por la dieta, los padres pueden detectar que algunos alimentos hacen que el comportamiento de su hijo empeore. Una dieta normal contiene varios elementos que pueden afectar la química del cerebro. La cafeína, por ejemplo, afecta el comportamiento de muchos niños y empeora la irritabilidad y la inquietud.

Si usted sospecha que un alimento determinado afecta a su hijo (según la Autism Society of America, algunos enfermos de autismo presentan intolerancias y alergias a la levadura y a productos que contienen gluten, entre otros), lleve un diario de la dieta de su hijo. Anote si ha consumido algún alimento sospechoso, luego elimínelo de la dieta. Si después de un mes la dieta no ha surtido efecto, puede volver a darle el producto. Es importante, sin embargo, buscar consejo profesional antes de iniciar cambios en la dieta, ya que la restricción de ciertos alimentos también puede empeorar la situación.

La consideración nutricia más importante, en el caso de los niños autistas, es que deben llevar un consumo balanceado de diferentes alimentos (vea DIETA BALANCEADA).

EXPERIMENTOS NUTRICIOS

Experimentos recientes con terapia vitamínica han demostrado que las dosis altas de ciertas vitaminas —especialmente vitamina B_6— tienen un efecto benéfico sobre el comportamiento. Sin embargo, la terapia vitamínica debe llevarse a cabo siempre bajo supervisión médica y no debe iniciarse antes de haber efectuado varias pruebas clínicas.

AVES

VENTAJAS

• *Fuente excelente de proteínas*
• *Buena fuente de muchas vitaminas del complejo B*

DESVENTAJAS

• *La piel es rica en grasas*
• *Hay riesgo de intoxicación si no se cuece bien la carne*

El pollo, el pato de granja, el pavo y el ganso están clasificados como aves domésticas. Todos contienen proteínas, que forman y reparan los tejidos corporales; muchas vitaminas del complejo B, para un sistema nervioso saludable, y algo de cinc. El hígado de pollo y de pavo (vea VÍSCERAS) son excelentes fuentes de vitamina A, que es necesaria para mantener sana la piel y resistir las infecciones; y vitamina B_{12}, que es vital para la síntesis de ácidos nucleicos: ADN y ARN. La mayor parte de la grasa de las aves es insaturada y no eleva los niveles sanguíneos de colesterol. Mientras que el pato y el ganso son aves grasosas, el pollo y el pavo tienen poca grasa (y la mayor parte se halla en la piel, que

puede ser eliminada con facilidad). Las pechugas de pollo y de pavo, sin piel, contienen aproximadamente 5% de grasa y se recomiendan a personas que necesitan una dieta baja en calorías y en colesterol.

CRÍA DE AVES

La gran mayoría de los pollos y de los pavos se crían en granjas especiales. Muchos viven hacinados y se les da medicamentos para evitar las enfermedades. En determinados casos, las aves tienen acceso a zonas donde pueden correr libremente y buscar su alimento.

EL RIESGO DE LA SALMONELOSIS

Se cree que el pollo es uno de los alimentos que más comúnmente causan INTOXICACIÓN POR ALIMENTOS, ya que puede estar contaminado con una bacteria llamada salmonela. Este microorganismo sobrevive al congelamiento, pero se destruye durante la cocción.

AZÚCAR Y EDULCORANTES ARTIFICIALES

VENTAJAS

• *Mejoran el sabor de ciertos alimentos*
• *Los licores que hay en algunos dulces ayudan a prevenir la caries*
• *Algunos edulcorantes artificiales son bajos en calorías*

DESVENTAJAS

• *Demasiado azúcar daña los dientes*
• *Algunas personas no toleran la lactosa, azúcar presente en la leche*
• *Los dulces pueden desplazar de la dieta a alimentos más nutritivos*

Para la mayoría de las personas, el azúcar es solamente el azúcar de mesa (sacarosa). En realidad, existen muchos tipos de azúcares, los cuales tienen di-

Comparación de los valores nutritivos de las aves (100 g)

Las aves son una buena fuente de proteínas, vitaminas y minerales. A menos que usted lleve una dieta baja en grasas, no hay necesidad de que evite la grasa de ave debido a que tiene pocos ácidos grasos saturados (que elevan los niveles sanguíneos de colesterol). De todas maneras, el problema se resuelve quitándole la piel al ave.

CARNE ASADA	CALORÍAS	PROTEÍNAS (g)	GRASAS (g)	VITAMINAS	MINERALES
POLLO					
Carne y piel	216	23	14	Contiene todas las vitaminas del complejo B, especialmente niacina (cerca del 85% del consumo diario recomendado). Sin embargo, sólo contiene trazas de vitamina B_{12}.	La carne oscura contiene dos veces más hierro y cinc que la carne blanca. La carne oscura también tiene cantidades útiles de fósforo y potasio, pero la carne blanca es una fuente mejor.
Carne sola	148	25	5		
PAVO					
Carne y piel	171	28	7	Fuente excelente de vitamina B_{12} y fuente útil de otras vitaminas del complejo B, especialmente niacina (93% del consumo diario recomendado).	Buena fuente de potasio y fósforo. Contiene un tercio más de cinc que el pollo; 100 g de carne oscura asada contienen poco menos de la mitad de los requerimientos diarios normales de un individuo.
Carne sola	140	29	3		
PATO					
Carne y piel	339	20	29	Buena fuente de todas las vitaminas del complejo B. Una porción normal tiene dos veces más tiamina y riboflavina que el pollo.	Contiene tres veces más hierro que el pollo. El pato también es buena fuente de potasio y cinc.
Carne sola	189	25	10		
GANSO					
Carne sola	319	29	22	Una porción normal contiene tres veces más riboflavina y casi dos veces más vitamina B_6 que el pollo.	Buena fuente de potasio y fósforo; 100 g contienen un tercio de los requerimientos diarios de hierro para las mujeres y cerca de la mitad para los hombres.

versos grados de dulzura. La forma más dulce es la fructosa (presente en frutas y miel); después le siguen la sacarosa (principal componente del azúcar de caña y del azúcar de remolacha), la glucosa (presente en la miel, frutas y verduras), maltosa (en frutas y verduras) y lactosa (en la leche).

Los nutriólogos distinguen dos tipos de azúcares: complejos, que son los contenidos en las paredes celulares de las plantas; y simples, que no lo están. Los azúcares complejos se encuentran presentes en las frutas y en las verduras dulces, como la zanahoria y el betabel. Además de suministrar vitaminas y minerales, estos alimentos contienen fibra, la cual produce sensación de saciedad.

Entre los azúcares simples se encuentran el azúcar de mesa, la glucosa, la miel, el jarabe, la melaza y el azúcar de la leche. El azúcar presente en los jugos de fruta también es simple, ya que las células frutales se metabolizan en el proceso de extracción del jugo. Como los azúcares simples dañan los dientes, se recomienda que se consuman con moderación, y escasamente si las necesidades calóricas son bajas.

La melaza es rica en vitaminas B_1, B_2, B_6, B_5 y en ácido fólico. Generalmente se toma mezclada con jugo de frutas, leche o agua. Se dice que la melaza es un excelente complemento para las personas que sufren de ENFERMEDADES DE LA TIROIDES y que, aplicada en fricciones, sirve para aliviar las ÚLCERAS BUCALES y la inflamación de las encías (vea DIENTES Y ENCÍAS).

FUENTE DE ENERGÍA

Junto con los almidones, los azúcares representan los principales tipos de carbohidratos energéticos. Durante la digestión, los azúcares se transforman en glucosa, la cual pasa al torrente sanguíneo y es transportada a músculos, órganos y células.

Los niveles sanguíneos de glucosa se controlan con la hormona insulina (que mantiene los niveles de glucosa sanguínea) y glucagón (que la aumenta). Si el organismo no puede regular los niveles de GLUCOSA, como sucede en la DIABETES, puede haber hiperglucemia (cuando los niveles se elevan demasiado) o HIPOGLUCEMIA (cuando disminuyen mucho).

La mayor parte de los azúcares se digieren rápidamente y suministran energía casi de inmediato. Sin embargo, cuanto más rápidamente se elevan los niveles de glucosa en la sangre, más rápidamente disminuyen. El consumo regular de comidas poco abundantes y de muchos carbohidratos complejos facilita el control de los niveles sanguíneos de glucosa.

¿ES NOCIVO EL AZÚCAR?

Aunque se han hecho estudios para relacionar el consumo exagerado de azúcar y el aumento en el riesgo de padecer de trastornos cardiacos, diabetes e insuficiencia renal, no se ha podido comprobar nada científicamente. Incluso se duda que el azúcar *per se* cause obesidad, ya que las personas delgadas a veces consumen más azúcar que los obesos.

El azúcar no brinda vitaminas, minerales ni fibra, y aunque la miel y el azúcar moreno se consideran más saludables, sólo contienen muy pequeñas cantidades de vitaminas y minerales. Por tanto, es muy importante asegurarse de que los dulces y los refrescos no reemplacen otros alimentos más nutritivos.

El azúcar disminuye el apetito. Esto puede ser preocupante si los niños se llenan de "calorías vacías" de los refrescos, chocolates y caramelos antes de la comidas.

Además de la relación con el deterioro dental, no se cree que el azúcar sea peligroso. Si la dieta es balanceada, cantidades moderadas de azúcar son nutricionalmente aceptables.

El azúcar de la leche (o lactosa) representa un problema para quienes padecen de intolerancia a la lactosa. Estas personas son incapaces de digerir la leche —aunque el yogur y algunos quesos son bien tolerados—, debido a que tienen una deficiencia de la enzima lactasa. (Vea ALERGIAS E INTOLERANCIA ALIMENTARIA.)

AZÚCAR Y CARIES DENTAL

Los dulces y los refrescos son la principal causa de caries dental, aunque se sabe que todos los almidones contribuyen a las enfermedades dentales y gingivales debido a que las bacterias presentes en los dientes pueden metabolizarlos para formar un ácido que destruye el esmalte dental. Comer entre comidas y beber excesivamente refrescos y jugos es desfavorable para los dientes. A los bebés no se les debe dar juguetes para morder que contengan azúcar, ni demasiados jugos de fruta.

Edulcorantes artificiales

Los formadores de volumen son edulcorantes artificiales que tienen casi el mismo valor energético del azúcar y lo reemplazan en muchos alimentos procesados. Algunos ayudan a prevenir la caries dental y se usan en ciertos dulces y gomas de mascar. Sin embargo, pueden causar diarrea si se consumen en exceso: más de 25 g diarios.

El aspartame tiene un sabor similar al del azúcar y, a diferencia de la sacarina, no deja residuos amargos. Se ha descubierto que el aspartame causa reacciones adversas como dolor de cabeza, visión borrosa e hiperactividad, pero no se ha encontrado ninguna explicación científica. Los fabricantes señalan que la sacarina ha sido utilizada con seguridad durante más de 50 años. De igual manera, las afirmaciones de que los edulcorantes artificiales estimulan el apetito son rechazadas por la mayoría de los especialistas.

Los dulces chiclosos y la fruta seca tienen altas concentraciones de azúcar y se adhieren a los dientes, lo que da más tiempo para que el ácido se forme. La goma de mascar sin azúcar después de las comidas puede ayudar a evitar la caries, pues estimula la producción de saliva, la cual elimina gran parte del ácido.

LEA LAS ETIQUETAS

Como la sacarosa (azúcar de mesa) es un conservador y da volumen y sabor a ciertos alimentos, se usa mucho en el procesamiento de alimentos. Sin embargo, la industria alimentaria emplea varios tipos. Los más comunes son: sacarosa, glucosa, dextrosa, maltosa, melaza, lactosa, fructosa, miel, jarabe de maíz y jarabe invertido.

BAYAS

VENTAJAS

- *Su jugo puede ayudar a combatir infecciones de la vejiga, el riñón y las vías urinarias*
- *Pueden ayudar a combatir la cistitis*
- *Tienen propiedades antibacterianas*
- *Alivian las molestias digestivas*
- *Las grosellas son ricas en vitamina C, y algunas variedades son una apreciable fuente de fibra soluble y de potasio*
- *El casis es muy rico en vitamina C, alivia la irritación en la garganta y combate las infecciones intestinales*

DESVENTAJAS

- *Pueden provocar alergia*
- *El jugo de arándano comercial contiene mucho azúcar, por lo que no es recomendable para los diabéticos*

Entre las bayas más conocidas están el arándano y los blueberries. Ambas inhiben bacterias como la *E. Coli*, que pueden infectar las vías urinarias y la vejiga. Antes se pensaba que aumentaban la acidez de la orina y así se eliminaba a las bacterias responsables de la infección. Sin embargo, investigaciones hechas en Ohio, Estados Unidos, y en Israel, sugieren que tanto el arándano como los blueberries contienen una sustancia que evita que las bacterias se adhieran a la membrana de las vías urinarias y de la vejiga, lo que evita su reproducción.

Los blueberries, a diferencia de otras bayas que son demasiado ácidas y a las que se debe cocer con azúcar para que su sabor sea agradable, son dulces y pueden comerse crudos, que es la forma en que mantienen intacto su contenido de vitamina C. Aunque son buena fuente de vitamina, sería necesario comer 300 gramos de blueberries para cubrir los requerimientos normales de un adulto. Algunos estudios recientes sugieren que los blueberries también pueden mejorar la visión y que brindan protección contra el deterioro de la vista, el glaucoma, las cataratas y otros trastornos similares; sin embargo, se necesitan aún más estudios antes de que tales afirmaciones sean aceptadas o rechazadas.

El jugo de arándano, baya de color escarlata, ha sido usado durante mucho tiempo como remedio casero para tratar infecciones urinarias, y su efectividad ha sido comprobada por los estudios mencionados. Muchos urólogos y ginecólogos recomiendan a las personas que sufren de infecciones recurrentes o crónicas beber un par de vasos de jugo de arándano diariamente como medida preventiva. Si los síntomas persisten, busque ayuda médica, ya que puede ser necesario que tome algún medicamento.

En algunos lugares se dice que el arándano es una baya que "rebota", porque los que están en buen estado de maduración en realidad rebotan. La gente solía tirarlos por las escaleras para probarlos: los malos se quedaban en el lugar en que caían, en tanto que los buenos rebotaban.

El jugo de arándano comercial contiene mucho azúcar para enmascarar el sabor ácido de la bebida. Por ello, no es recomendable para determinadas personas, como los diabéticos.

Al igual que otras bayas, el arándano y los blueberries son también causa potencial de reacciones alérgicas, cuyos síntomas más comunes son la inflamación de labios y párpados, la comezón y el salpullido.

GROSELLAS

Hay muchas variedades de grosellas, pero las más conocidas son la grosella común, de color rojo, la grosella uva espina y el casis, de color negro. Todas estas bayas son ricas en vitamina C, en particular el casis, pero su contenido es muy variable.

Una porción de 100 gramos de grosellas rojas —crudas— contiene suficiente vitamina C para cubrir el requerimiento diario recomendado para un adulto, en tanto que la uva espina sólo proporciona la cuarta parte. Sin duda, el casis es el que más vitamina C proporciona: gramo por gramo, contiene cuatro veces más vitamina C que la naranja, y una cucharada de 15 gramos proporciona 30 miligramos de esta vitamina, tres cuartas partes del consumo diario recomendado. Los estudios demuestran que la vitamina C presente en el casis es muy estable y que el jarabe de casis sólo pierde el 15% de su contenido de vitamina C en un año. Esto lo hace muy recomendable para los vegetarianos, pues la vitamina C mejora la absorción de hierro.

La cáscara del casis contiene pigmentos llamados antocianinas, los que inhiben el crecimiento de bacterias como la *Escherichia coli*, una causa común de trastornos intestinales. En Escandinavia, las cáscaras secas y pulverizadas se usan para tratar la diarrea. Las antocianinas también son antiinflamatorias y es por ello que el casis alivia la irritación de la garganta. No obstante, es necesario hacer una advertencia. El extracto de casis debe ser bien diluido e incluso las bebidas de casis deben ser diluidas antes de tomarse, ya que pueden producir caries dental.

La grosella roja pertenece a la familia del casis, pero posee beneficios nutricios diferentes. Además de su alto contenido de vitamina C es fuente apreciable de fibra...

de estas grosellas de sabor agrio reduce parte de su contenido vitamínico, pero aun así siguen siendo una muy buena fuente de vitamina C y de potasio. También contienen hierro y fibra en cantidades apreciables.

La variedad de grosella conocida como uva espina *(gooseberries),* llamada así por tener espinas simples o divididas en la base de las hojas, fresca o cocida es una buena fuente de vitamina C y de fibra soluble. Es baja en calorías (una porción cocida con azúcar contiene 54 calorías); sin embargo, debido a que son un poco amargas, por lo general se sirven con crema, lo que las convierte en un postre de alto valor energético.

Algunas variedades de grosellas se cultivan especialmente para hacer postres, ya que son más dulces y más grandes que las utilizadas normalmente en la cocina. En el norte de Europa, las grosellas se utilizan para elaborar mermelada, vino, pasteles y vinagre.

LAS GROSELLAS, REMEDIO CASERO

Anteriormente se pensaba que el jugo de la uva espina "curaba todas las inflamaciones" y que era "de gran ayuda para aquellas personas afectadas por la fiebre".

En el libro titulado *A Modern Herbal,* publicado en 1931, se recomienda preparar una infusión con 25 gramos de hojas secas y 600 mililitros de agua, de la que se debería tomar una taza tres veces al día; también se dice que esta infusión era un tónico para "concebir niñas" si se tomaba antes de la menstruación.

BEBÉS Y SU ALIMENTACIÓN

Vea pág. 62

BEBIDAS NO ALCOHÓLICAS

VENTAJAS

- *Las bebidas isotónicas ayudan a reemplazar la pérdida de líquidos y energía rápidamente después de una actividad física intensa.*

DESVENTAJAS

- *Pueden contener mucha azúcar, lo cual contribuye al deterioro de los dientes*
- *Las bebidas ácidas pueden erosionar el esmalte dental*
- *Existe la posibilidad de excederse en el consumo de cafeína si se toma mucho refresco de cola, así como café*

La mayoría de las bebidas gaseosas endulzadas sólo contienen energía pero ningún otro nutrimento útil. Una lata de 340 mililitros de un refresco de cola normal contiene unas siete cucharaditas de azúcar. El consumo excesivo de bebidas dulces, por lo tanto, puede contribuir a problemas graves dentales y gingivales.

Sin embargo, cada vez hay más bebidas con bajo contenido energético y sin azúcar. Algunas de ellas dicen ser convenientes para quienes las consumen. Las bebidas isotónicas, que se elaboran específicamente para los deportistas, están diseñadas para dar energía y reemplazar electrólitos (sales minerales como sodio, potasio, magnesio y cloro) perdidos en el sudor. Las bebidas isotónicas, por lo general, contienen 5% de azúcar, lo que permite que el líquido se absorba mucho más rápidamente que el agua simple.

BEBIDAS RE-FRESCANTES
Prefiera agua o bebidas dietéticas por el bienestar de sus dientes.

BEBIDAS GASEOSAS

La bebida de cola original fue inventada en 1886, cuando John Styth Pemberton, un farmacólogo de Atlanta, Estados Unidos, preparó una mezcla de hojas de coca, nueces de cola y cafeína como una cura para el dolor de cabeza y la resaca. Actualmente, las bebidas de cola contienen sólo la tercera parte del contenido de cafeína que hay en una taza de café, y también hay versiones descafeinadas. El contenido de azúcar de los jugos diluidos va desde una cucharadita por vaso hasta cuatro o más en el caso de algunas bebidas de grosella, pero éstas también suministran cantidades apreciables de vitamina C. El azúcar presente en las bebidas gaseosas es metabolizado por las bacterias que crecen en los dientes, que así producen ácido. Si usted toma bebidas azucaradas durante mucho tiempo, aumentará el riesgo de caries dental, pues prolongará el tiempo que permanecen en la boca los ácidos que destruyen el esmalte. Los jugos de fruta ácidos también pueden erosionar los dientes. Trate de tomar las bebidas gaseosas junto con los alimentos y lávese los dientes regularmente.

Los consumidores deben leer las etiquetas con cuidado para determinar qué ingredientes contienen las bebidas gaseosas. Los refrescos de cola, por ejemplo, tienen grandes cantida-

Azúcar oculto en las bebidas

Por cada 200 ml	CALORÍAS	AZÚCAR (g) (5 g = 1 cucharadita)
Coca Cola	86	21
Diet Coke	0,9	Sin azúcar
Limonada	42	11
Bebida dietética de naranja	3	1
Bebida de limón	58	10
Jarabe de rosa	77	21
Agua quinada	50	11
Refresco de naranja	36	10

des de fósforo, el cual puede interferir con la absorción del calcio. Asimismo, se debe tener en cuenta que cuando un niño de 30 kilogramos de peso bebe un refresco de cola de 340 mililitros, que tiene 50 miligramos de cafeína, está ingiriendo el equivalente de cafeína que un hombre de 80 kilogramos ingeriría si tomara cuatro tazas de café. Un niño inquieto o que no puede dormir podría estar experimentando los efectos de un consumo excesivo de bebidas gaseosas. En los adultos, el exceso de cafeína puede elevar la presión arterial y causar arritmia.

BEBIDAS CON POCAS CALORÍAS

Las bebidas con pocas calorías, hechas con edulcorantes artificiales, son recomendables para todas las personas, incluso para los diabéticos. No contribuyen a la caries dental, ni a la obesidad. Se dice que algunas aguas minerales a las que se les agregan hierbas, minerales o ginseng, actúan como estimulantes naturales, pero son más caras. Generalmente están endulzadas con jugo de fruta.

ALERGIAS

El amarillo No. 5 o tartrazina, presente en algunas bebidas, puede causar en personas susceptibles salpullidos y molestias estomacales.

BERENJENA

VENTAJA
• *Baja en calorías*

DESVENTAJA
• *Absorbe mucha grasa durante su preparación y cocción*

La berenjena es un ingrediente importante en platillos de las cocinas india, griega y francesa. Cruda contiene sólo 15 calorías por cada 100 gramos, pero esta cantidad aumenta dramáticamente cuando se fríe: la misma porción cocida en aceite contiene más de 300 calorías debido a la gran cantidad de grasa que absorbe.

Las berenjenas más sabrosas son las más tiernas y firmes, de unos 5 a 8 centímetros de diámetro, con cáscara brillosa y lisa, y tallo verde. Las más grandes y maduras, por lo general, son fibrosas y amargas. También existe una variedad miniatura de colores blanco y malva.

Aunque las berenjenas tiernas no lo necesitan, muchas recetas de cocina requieren que se las sale antes de cocerlas para eliminar los jugos amargos y reducir su humedad. Esto hace que la pulpa sea más densa y que absorba menos grasa durante la cocción.

Cuando prepare un platillo con berenjenas, rebánelas o córtelas en cubos con un cuchillo de acero inoxidable (los cuchillos de acero al carbono oscurecen la pulpa) y luego añada un poco de sal. Déjelas reposar unos 30 minutos para que suelten los jugos. Enjuague con cuidado para eliminar la sal, seque las rebanadas con papel absorbente y cuézalas lo más

¿Sabía usted que...?

• El consumo de bebidas gaseosas ha ido en aumento en Estados Unidos. Por ejemplo, en 1994, los adolescentes bebieron 245 litros de bebidas gaseosas, tres veces más que en 1978.
• En 1789, Nicholas Paul de Ginebra, Suiza, desarrolló un método para elaborar bebidas carbonatadas en grandes cantidades.
• Para 1891, la propiedad exclusiva de la fórmula de Coca-Cola había sido adquirida por Asa Candler en tan sólo 2.300 dólares. Menos de 30 años después, la familia Candler vendió la compañía Coca-Cola al banquero Ernest Woodruff por 25 millones de dólares.
• En la actualidad, el efecto estimulante de la Coca-Cola proviene de la cafeína; ya no se usan las hojas de coca provenientes de América del Sur que antes se utilizaron. El que alguna vez fue el principal ingrediente de muchas bebidas gaseosas actualmente es más conocido como fuente de cocaína, una droga ilegal.
• La Pepsi-Cola fue creada por Caleb D. Bradham en 1898. La bebida salió al mercado como remedio para la dispepsia, de ahí su nombre.

pronto posible antes de que la pulpa se decolore.

PODERES DESCONOCIDOS

La berenjena era muy apreciada y temida cuando fue introducida en España por los comerciantes árabes en la Edad Media. Durante siglos fue muy valiosa sólo como adorno exótico en Europa, debido a que se pensaba que su consumo provocaba mal aliento, locura, lepra y cáncer.

En la medicina tradicional africana, sin embargo, la berenjena se usa para

Continúa en la página 66

LOS BEBÉS Y SU ALIMENTACIÓN

Una nutrición de calidad es el mejor inicio que los padres pueden darles a sus hijos. Los nutrimentos absorbidos durante los primeros meses de vida ayudan a un desarrollo sano y a un futuro bienestar.

La leche materna es el alimento natural de un recién nacido. Aunque luego se alimente con otro tipo de leche, la alimentación al seno materno durante los primeros días de vida y, si es posible, durante los primeros cuatro meses, tiene grandes ventajas. El calostro —la leche que se produce inmediatamente después del parto— es rica en anticuerpos que aumentan la inmunidad del bebé a las enfermedades. Después, las glándulas mamarias de la madre producen leche madura, más espesa, la cual cubre los requerimientos nutricios del bebé —hasta por seis meses— y aumenta la resistencia a las infecciones.

La leche materna está constituida por pequeños glóbulos digeribles y contiene todas las proteínas, las vitaminas y los minerales (nutrimentos inorgánicos) que el bebé necesita; también provee ácidos grasos poliinsaturados que son componentes importantes del cerebro y del sistema nervioso humanos.

Los sucedáneos de la leche materna pueden reproducir estos nutrimentos, pero la leche materna tiene un formato único. Cuando el bebé comienza a mamar, la leche es rica en agua y proteínas, pero después este equilibrio se altera: la cantidad de agua y proteínas disminuye y el contenido de grasas aumenta. Así, lo primero que hace el bebé es saciar su sed y después satisfacer su apetito.

Para quienes pueden y desean alimentar a su bebé al seno materno, es conveniente saber que la leche materna es gratis, portátil e higiénica. No hay necesidad de equipos especiales para mezclar y calentar la leche a media noche. La experiencia médica sugiere que aquellas mujeres que han alimentado al seno materno a sus bebés tienen un riesgo ligeramente menor de padecer cáncer de mama, especialmente si son menores de 30 años.

LA ALIMENTACIÓN DE LA MADRE

Una madre que amamanta debe seguir consumiendo los alimentos de calidad que consumía durante el embarazo (vea pág. 156) para establecer la lactancia y mantener un suministro adecuado de leche.

Una dieta deficiente no afecta la calidad de la leche, pero sí la cantidad que se produce, y además puede afectar la salud de la madre. Esto se debe a que el organismo utiliza las reservas de la madre para asegurar la apropiada composición de la leche si

VENTAJAS DEL AMAMANTAMIENTO

• Los bebés amamantados sufren menos enfermedades respiratorias y gastrointestinales que los alimentados con leche no materna.

• Los bebés alimentados al seno materno son menos propensos a alergias, asma, eccema y cólicos.

• La leche materna siempre tiene la temperatura adecuada.

• Según estudios recientes, las mujeres que amamantan tienen menor riesgo de desarrollar cáncer mamario premenopáusico.

la dieta de ella no proporciona los nutrimentos necesarios.

Por ejemplo, las mujeres que no están amamantando requieren 800 miligramos de calcio al día. Para asegurar que el bebé en desarrollo tenga huesos y dientes sanos, y para mantener su propio suministro de calcio, la madre requiere un consumo de 1.200 miligramos (equivalente a 1,2 litros de leche o 130 gramos de queso Cheddar).

Una dieta rica en fruta y verdura fresca, productos lácteos, pescado, carne magra, legumbres, frutos secos y granos integrales como el pan de trigo integral y el arroz integral, ofrece las vitaminas, los minerales, las proteínas y la energía adicionales requeridos.

Una mujer que amamanta produce cerca de 500 mililitros de leche diariamente durante los primeros meses y hasta 800 mililitros al final de la lactancia, por lo que necesita beber muchos líquidos (unos 2,3 litros), preferiblemente agua, leche y jugos de fruta diluidos.

SUCEDÁNEOS DE LA LECHE MATERNA

Las madres prefieren utilizar leches industrializadas en lugar de la propia por muchas razones. Quizá deban regresar pronto al trabajo después del parto o pueden estar tomando medicamentos peligrosos para el bebé. Para ambos padres, puede ser positivo darle un descanso a la madre y dejar que el padre interactúe con su hijo.

Las leches industrializadas o sucedáneos de la leche materna están diseñadas para suministrar todos los nutrimentos, vitaminas y minerales que el bebé necesita. Como la leche materna, debe tomarse por lo menos durante seis meses y, preferiblemente, durante todo el primer año de vida.

Para preparar la leche, siga las instrucciones del fabricante. No trate de tranquilizar a un bebé hambriento añadiendo una cucharada adicional de leche o de cereal para aumentar la concentración, ya que esto puede elevar el contenido de sodio, lo que aumentaría la sed del bebé y podría, en algunos casos, causar deshidratación; además de aportarle innecesariamente más energía que le puede provocar obesidad.

Esterilice meticulosamente las botellas y los chupones. Si usted hace la mezcla con anticipación, guárdela en el refrigerador, pero no por más de 24 horas. Revísela antes de dársela a su bebé; la leche tiene un olor agrio cuando se echa a perder, y si está rancia no se mezcla cuando se agita.

En caso de que él no se tome toda la botella, deseche el resto; esto es muy importante, ya que el aire que entra en la botella a través del chupón contiene bacterias que pueden contaminar la leche.

PRIMEROS BOCADOS *El bebé recién ablactado tiene la oportunidad de probar nuevos sabores y alimentos con nuevas texturas cuando la familia se sienta a la mesa a comer.*

DESTETE

Hoy día, muchos especialistas recomiendan que el destete se realice entre los 4 y los 6 meses de edad; para ello hay que introducir gradualmente —uno por uno— nuevos alimentos durante el siguiente año. Los bebés que son destetados demasiado pronto

ALIMENTOS PREPARADOS PARA BEBÉS

• No utilice ningún producto que se vea acuoso o que tenga mal olor. Después de haberlo abierto, vacíe cualquier producto enlatado en recipientes con tapa hermética antes de guardarlos.

• Nunca almacene el producto si ha alimentado al bebé directamente del envase, ya que la saliva estimula el crecimiento de bacterias en el sobrante.

pueden sufrir deficiencias nutricias y estar más propensos a padecer alergias. Inicialmente, el equilibrio nutrimental de los alimentos sólidos que el bebé empieza a consumir no es muy importante, ya que la leche, materna o no, suministra la mayor parte de los nutrimentos que el bebé requiere.

LOS PRIMEROS ALIMENTOS SÓLIDOS

Los primeros alimentos sólidos que se le den al bebé deben ser fáciles de digerir y poco alergénicos. Puede darle papilla de frutas y verduras (se deben evitar las espinacas, el nabo y el betabel, ya que contienen nitratos que, en casos raros, pueden causar una forma de anemia en los bebés muy pequeños).

También se pueden añadir a la dieta legumbres (como lentejas o frijoles) cocidas y coladas —no batidas, pues al batir en la licuadora no se elimina el hollejo, que podría ser perjudicial o indigesto—, así como papillas de pollo. No ponga sal a la comida del bebé: un exceso puede causar deshidratación.

Las yemas de huevo bien cocidas, los cereales, el pan, la tortilla, la carne, el hígado y el queso pueden dársele al bebé entre los 6 y los 9 meses para aumentar la variedad de alimentos en su dieta. Es mejor evitar los alimentos con-

dimentados, ya que pueden irritar el tubo digestivo y causar diarrea. Puede llevar un diario para registrar los alimentos que consume el bebé y estar atento a cualquier efecto adverso que pueda indicar intolerancia alimentaria. Por ejemplo, pueden aparecer molestias estomacales o resfriados después de que el bebé ha comido huevo o plátano. Entre los 10 y los 12 meses, ya se le puede dar clara de huevo bien cocida y pescado bien cocido y sin espinas.

No se recomienda que los bebés consuman leche de vaca antes del año de edad, ya que ésta es baja en hierro. Como alternativa a la leche materna es mejor usar una "fórmula de seguimiento". A los niños tampoco debe dárseles leche descremada o semidescremada, ya que éstas carecen de vitaminas A y D, y contienen pocas calorías. A los siete u ocho meses comienza la aparición de los dientes, la época en que se puede dar a los niños un *pretzel* sin sal o un pan tostado. Éstos están hechos de harina de trigo, la que puede provocar intolerancia alimentaria en los raros casos de los niños con intolerancia al gluten, y además contienen azúcar y sal. Masticar alimentos sólidos ayuda al proceso de dentición; algunos padres dan trocitos de manzana cruda o zanahorias peladas, por ejemplo. No deje al niño solo cuando esté comiendo y atiéndalo de inmediato en caso de ahogamiento.

Es importante no dar al niño bebidas azucaradas, que se convierten en un mal hábito, pues contienen pocos nutrimentos y pueden producir caries. El azúcar aparece en las etiquetas con varios nombres: glucosa, fructosa, miel, dextrosa o sacarosa. Evite las bebidas endulzadas artificialmente: no hay necesidad de restringir el consumo del bebé ni de formarle un hábito por el azúcar; su dieta debe estar restringida, en lo posible, de aditivos. La mejor bebida para calmar la sed del bebé es el agua sola, hervida o purificada.

Un caso real

Cuando Simón, de tres meses de edad, dejó la leche materna para tomar leche de vaca, presentó diarrea y dermatitis. El cambio a leche de soya pareció ayudar un poco. Sin embargo, a la edad de ocho meses, la leche de vaca fue reintroducida en la dieta del bebé y nuevamente éste presentó diarrea, por lo que sus padres pensaron que la leche era responsable del problema. Simón fue enviado con un pediatra, quien no estaba convencido de que se tratara de una alergia. Él recomendó que el bebé tomara leche de soya durante algunas semanas y que después se le diera una cucharadita de leche de vaca y que, si no había problemas, se aumentara la cantidad de manera gradual. Cuando cumplió el primer año de edad, Simón ya podía tomar leche de vaca sin problemas.

Ablactación: introducción de nuevos alimentos en el primer año

Los especialistas recomiendan que no se les den alimentos sólidos a los niños menores de 4 meses, y que se les proporcione una dieta mixta a la edad de 6 meses. Es muy importante supervisarlos cuando comen, debido al riesgo de ahogamiento o de caídas de la silla alta. Empiece con una cucharada de alimento semisólido sin ofrecer, al mismo tiempo, el biberón ni la taza entrenadora. A los 6 meses intente que el bebé coma una taza de alimentos.

LECHE Y DERIVADOS	ALMIDONES	VERDURAS Y FRUTAS	CARNE Y OTRAS OPCIONES	ALIMENTOS OCASIONALES
4 A 6 MESES				
Mínimo 600 ml de leche (materna o de otro tipo) diariamente Los derivados de leche de vaca, como el yogur, pueden usarse después de los cuatro meses.	**Ofrézcale después del cuarto mes** Cereales blandos mezclados con leche; use cereales con poca fibra, como el arroz. Papillas de verduras que contengan almidones.	**Ofrézcale después del cuarto mes** Papillas suaves de frutas y verduras cocidas. Los alimentos licuados, por lo general, contienen residuos no digeribles.	**Ofrézcale después del cuarto mes** Carne o legumbres suaves y cocidas. No añada sal ni azúcar durante ni después de la cocción.	Prefiera postres bajos en azúcar; evite alimentos ricos en sal y postres con colorantes o edulcorantes artificiales. Déle purés de frutas.
6 A 9 MESES				
500 a 600 ml de leche (materna o de otro tipo) diariamente Use también cualquier tipo de leche para mezclar los sólidos. Se pueden dar probaditas de quesos duros, como el manchego, que pueda tomar con los dedos.	**2 a 3 porciones diariamente** Introduzca pan y cereales integrales. Los alimentos pueden tener una textura más sólida. Déle probaditas de otros alimentos (pan tostado, por ejemplo) que pueda tomar con los dedos.	**Dos porciones diariamente** Probaditas de frutas y verduras crudas y blandas, como el melón, el plátano y el tomate. Las verduras y frutas cocidas pueden ser de una textura más fuerte.	**Una porción diariamente** Papilla de pollo, carne, legumbres cocidas. Puede dar probaditas de yema de huevo cocida.	Prefiera alimentos con mucho sabor y procure evitar los dulces. Los jugos de fruta no son necesarios; trate de limitarlos a la hora de la comida; puede diluirlos en cuatro partes de agua hervida, o simplemente déle agua sola.
9 A 12 MESES				
500 a 600 ml de leche (materna o de otro tipo) diariamente Use cualquier tipo de leche para mezclar sólidos, pero no dé leche de vaca como única leche a niños menores de 12 meses, ya que no estará ofreciendo suficiente hierro.	**3 a 4 porciones diariamente** Ofrezca productos integrales; evite alimentos azucarados, como bizcochos y pasteles. Los alimentos que contienen almidón, como la pasta, pueden estar a la textura normal para adultos.	**3 a 4 porciones diariamente** Ofrezca probaditas de alimentos crudos o ligeramente cocidos, de preferencia en trozos para ser tomados con los dedos. Ofrezca jugo de naranja diluido sin azúcar, junto con las comidas, especialmente si la dieta no contiene carne, para favorecer la absorción de hierro.	**Mínimo una porción diaria de origen animal o dos de origen vegetal** Introducir pescado y clara de huevo cocidos. En una dieta vegetariana, use una mezcla de legumbres con cereales, por ejemplo arroz con frijoles, tortilla con lentejas o pastas con garbanzos.	Puede untar cantidades moderadas de mantequilla (preferiblemente sin sal) y pequeñas cantidades de mermelada en el pan. Limite los alimentos salados y cualquier otro alimento o bebida que contenga muchos aditivos.

La berenjena: origen oriental

La berenjena es un producto originario de la India, pero también es un alimento muy común en China desde el año 600 a.C., cuando se conocía con el nombre de melón púrpura de Malasia. Las aristócratas chinas de aquella época usaban la cáscara de la berenjena para preparar un tinte negro con el que se pintaban los dientes y así resaltaban su belleza.

tratar la epilepsia y las convulsiones. En el sureste de Asia se usa contra el sarampión y el cáncer gástrico, aunque no existe prueba científica que fundamente su uso como anticancerígeno.

BERROS

VENTAJAS
• *Fuente excelente de vitamina C*
• *Fuente excelente de beta carotenos*

DESVENTAJA
• *Riesgos de contaminación bacteriana*

Los berros se encuentran entre los vegetales más saludables que existen. Son ricos en vitaminas y minerales (nutimentos orgánicos), y contienen sólo 22 calorías por cada 100 gramos.

CRUCÍFERA CONTRA EL CÁNCER
El berro es también un miembro de la familia de las crucíferas (que incluye también el brócoli, las colecitas de Bruselas, la col y la coliflor), que se usan para combatir el cáncer. Es fuente excelente de ANTIOXIDANTES (beta carotenos y vitamina C) que eliminan los RADICALES LIBRES y por tanto protegen contra el cáncer. Los berros también contienen vitamina E, que es otro antioxidante.

Hace algunos años, los médicos del Roswell Park Memorial Institute, en Nueva York, Estados Unidos, descubrieron que el consumo regular de crucíferas reduce significativamente el riesgo de desarrollar cáncer de colon. También descubrieron que, a medida que aumenta el consumo de estos vegetales, disminuye el riesgo de cáncer. Otros estudios revelaron que el consumo de crucíferas ayuda a reducir el riesgo de cáncer de recto y de vejiga.

PELIGROS POTENCIALES
Nunca consuma berros silvestres. Generalmente, los berros crecen en arroyos habitados por caracoles acuáticos, los cuales son portadores de parásitos hepáticos. Las gotas de agua o los pequeños caracoles que se adhieren a las hojas pueden transmitir el parásito. Los berros silvestres también pueden ser portadores de bacterias causantes de listerosis. Incluso los berros cultivados, que crecen en condiciones controladas, deben lavarse muy bien y desinfectarse antes de ser consumidos.

PROMESA DE ORIENTE *La morada y ovalada berenjena es muy utilizada en las cocinas de Asia, Medio Oriente y el Mediterráneo.*

PODERES RESTAURADORES

En la medicina tradicional, los berros han sido usados durante mucho tiempo para tratar problemas renales y hepáticos. En la obra *Culpeper's Herbal* (1653) se recomienda aplicar jugo de berro en la piel para quitar las manchas. Éste es un antibiótico natural y ha sido utilizado en la medicina complementaria para acelerar el proceso de desintoxicación del organismo. También se dice que alivia problemas estomacales y respiratorios, e infecciones de las vías urinarias.

BERROS FRESCOS *Los berros, que crecen en corrientes de agua, se encuentran en su mejor punto durante el verano. Es necesario lavarlos muy bien y desinfectarlos para eliminar todas las posibles bacterias.*

BETABEL

VENTAJAS

• *Buena fuente de folato*
• *Rica en potasio*
• *Contiene vitamina C*
• *Sus hojas son ricas en beta carotenos, calcio y hierro*

Aunque el betabel tiene la reputación de poseer poderes curativos para el dolor de cabeza y otros dolores, y aunque algunos naturistas lo recomiendan para estimular el sistema inmunológico y prevenir el cáncer, no hay pruebas científicas que demuestren que tiene beneficios medicinales especiales.

El betabel posee hojas comestibles en su parte superior, las cuales contienen beta carotenos, calcio y hierro; éstas pueden cocerse de igual manera que las espinacas. En las civilizaciones antiguas sólo se comían las hojas, y la raíz se usaba como medicamento para tratar dolores de cabeza y dolores de muelas.

En la actualidad, por lo general sólo se come la raíz del betabel: cruda, cocida, encurtida o enlatada. El betabel es uno de los vegetales con mayor contenido de azúcar y cada 100 gramos de betabel poseen el equivalente a una cucharadita de azúcar. El betabel es pariente de la remolacha azucarera (la que antes sólo se usaba para alimentar a los animales y ahora se cultiva para obtener sacarosa).

Lo curioso del betabel es que el producto procesado conserva casi la misma textura y sabor que el producto fresco. El vinagre confiere al betabel un sabor más fuerte. Sin embargo, el betabel encurtido contiene menos nutrimentos (vitaminas y minerales).

El betabel ligeramente hervido es una buena fuente de nutrimentos, si no es que mejor que el producto crudo. Contiene mayor cantidad de minerales, incluyendo potasio (el que regula el ritmo cardiaco y mantiene normales la presión arterial y el sistema nervioso). El nivel de la mayoría de las vitaminas se mantiene igual, incluyendo la vitamina C, y solamente hay una pequeña pérdida de folato. Algunas personas consumen el betabel crudo, rallado, en ensaladas, pero la mayoría prefiere cocerlo.

Si cuece el betabel sin pelarlo, evitará que escurra el pigmento rojo que contiene —llamado betacianina— y que se manchen los utensilios de cocina. La betacianina se extrae del betabel para crear un colorante llamado rojo de betabel. Se usa en la industria de procesamiento de alimentos para añadir color a cualquier cosa, desde una sopa hasta un helado o desde una hamburguesa hasta un licor.

¿ORINA COLOR DE ROSA?

No hay motivo de preocupación si, después de comer betabel, la orina o las heces adquieren una coloración rosa. Los padres que alimentan a sus hijos con papilla de betabel suelen preocuparse porque los pañales se manchan de rosa. Esto sólo indica que hay una incapacidad heredada genéticamente para metabolizar la betacianina. Este producto inofensivo, el pigmento rojo, simplemente pasa a través del sistema digestivo sin sufrir cambios.

VENTAJAS DEL BETABEL

Además de las propiedades anticancerosas que se cree que posee, el betabel es una buena fuente de folato: una vitamina esencial para mantener sanas las células (su deficiencia está relacionada con la anemia).

El jugo de betabel es tan buena fuente de vitaminas y minerales que tiene pocos rivales como tónico para personas convalecientes. A quienes no les gusta el sabor del betabel les parecerá buena idea diluirlo en jugo de zanahoria.

BOCADILLOS

Vea pág. 72

BRÓCOLI

VENTAJAS
• *Fuente excelente de vitamina C*
• *Fuente de beta carotenos*
• *Contiene folato, hierro y potasio*
• *Puede ayudar a proteger contra el cáncer*

Una porción de brócoli hervido (100 gramos) suministra un poco más de la mitad del requerimiento diario de vitamina C, cantidades apreciables de beta carotenos, que el organismo convierte en vitamina A, y un poco de folato, hierro y potasio. Cuanto más oscuras son las flores de la planta, mayor es el contenido de vitamina C y beta carotenos.

Al igual que la coliflor, las colecitas de Bruselas y la col, el brócoli es miembro de la familia de las crucíferas. Las plantas crucíferas contienen cierta cantidad de fitoquímicos benéficos (vea VERDURAS), incluidos los indoles. Éstos son compuestos de nitrógeno que ofrecen cierto grado de protección contra el cáncer; se dice que aceleran la eliminación del estrógeno y evitan que las sustancias cancerígenas dañen el ADN (sustancia que contiene el material genético). Los fitoquímicos conservan sus propiedades aun si la verdura está fresca, congelada o cocida. Como hervir el brócoli hace que se pierda la mitad de su contenido de vitamina C, es mejor cocerlo al vapor, en el horno de microondas o freírlo.

Se cree que el brócoli es originario del Mediterráneo; su nombre se deriva del latín *brachium,* que significa "rama". Desde el siglo XVI o XVII se cultiva una variedad muy popular en la región italiana de Calabria, que se conoce como "brócoli calabrés".

BRONQUITIS

AUMENTE
• *Frutas y verduras frescas*
• *Pescados, como la sardina y la macarela*
• *Carne magra y pepitas de calabaza*

REDUZCA
• *Alcohol y cafeína*

EVITE
• *Fumar, que es muy peligroso para personas con bronquitis*

Estudios confiables estiman que el 5% de la población estadounidense padece de bronquitis crónica, que, por lo general, es provocada por el hábito de fumar. Sin embargo, está comprobado que esta enfermedad se alivia si se deja de fumar y si se adopta una dieta adecuada.

INVASIÓN DE UN SISTEMA DÉBIL

La bronquitis aguda es casi siempre una infección secundaria. Las bacterias invaden cuando alguien se encuentra debilitado por un resfriado o una gripe. Los asmáticos y quienes tienen problemas pulmonares, los ancianos, los niños pequeños, los bebés y los fumadores son más propensos a padecer esta enfermedad. Los síntomas de la bronquitis aguda son la tos persistente, las sibilancias, la dificultad respiratoria y la presencia de flemas amarillas o verdes. Si no se trata, la bronquitis puede convertirse en neumonía.

La bronquitis crónica recurre año tras año y algunos de sus síntomas pueden presentarse casi diariamente. Las víctimas padecen de ataques repetidos de tos y producen grandes cantidades de flemas.

Una dieta saludable ayuda a fortalecer la resistencia natural del organismo. Se requiere un consumo adecuado de vitaminas A y C, así como de cinc, para el funcionamiento apropiado del sistema inmunológico. Las zanahorias, las espinacas, las cebollas, el

EL NUTRITIVO BRÓCOLI *Las "flores" del brócoli contienen más beta carotenos que los tallos, y cuanto más intenso sea el color, mayor será su valor nutritivo. La frescura del brócoli está indicada por la facilidad con que se pueden tronchar los tallos.*

poro y el melón contienen grandes cantidades de beta carotenos (la forma esencial de la vitamina A), que ayudan a controlar los padecimientos pulmonares. El hígado también es una buena fuente de vitamina A (pero no debe consumirse durante el embarazo). Las frutas y las verduras frescas contienen vitamina C. Los mariscos (especialmente los ostiones), las semillas de calabaza y la carne magra suministran cinc. Se cree que los aceites de pescado tienen un efecto antiinflamatorio sobre los pulmones.

Se debe evitar el consumo elevado de grasas y azúcares debido a que éstos tienden a desplazar alimentos más nutritivos que contienen los micronutrimentos necesarios para reforzar el sistema inmunológico. El exceso de alcohol y de cafeína también inhibe el sistema inmunológico debido a que, para eliminarlos de la sangre, el hígado tiene que echar mano de ciertos micronutrimentos, lo que reduce las reservas del organismo.

El sistema inmunológico puede ser afectado por la exposición a metales pesados como el plomo y el cadmio. Por lo tanto, es importante evitar alimentos provenientes de áreas afectadas por la contaminación vehicular. Entre los alimentos ricos en cadmio se encuentran los hongos cultivados, los riñones de animales adultos y los mariscos recolectados en aguas expuestas a la contaminación industrial.

PARA RESPIRAR CON FACILIDAD

Una alternativa a la gran cantidad de descongestionantes químicos que hay en el mercado es la aromoterapia, que ofrece sustancias naturales de utilidad como los aceites esenciales de eucalipto, hisopo y madera de sándalo.

Un caso real

*A*ndrés, trabajador de una fábrica, descubrió que padecía de bronquitis leve durante el examen médico que la empresa le ofreció antes de su jubilación. Había trabajado en la fábrica desde que terminó sus estudios y todavía recordaba todo el polvo y el humo que se producían en aquella época, aunque las condiciones laborales de la empresa habían mejorado notablemente desde entonces. Como además Andrés fumaba, el médico le advirtió que si no dejaba de hacerlo y mejoraba su alimentación, terminaría siendo un inválido con bronquitis crónica, como lo habían sido su padre y su abuelo. Se le recomendó que comiera más fruta y verdura frescas, y pescados como la macarela y la sardina, que ayudan a desinflamar los pulmones. Andrés siguió todas las indicaciones y ahora respira con más facilidad, y su bronquitis no parece haber empeorado.

El aceite de eucalipto ayuda a descongestionar y a aliviar la pesadez de la cabeza. El hisopo también descongestiona y el sándalo es un relajante que alivia la tensión, tanto muscular como nerviosa.

Para inhalar, ponga unas cuantas gotas de cada aceite en una servilleta de papel o añádalas a un tazón de agua caliente (que no esté hirviendo), utilizando las siguientes proporciones: 3 gotas de eucalipto a 2 de hisopo y 2 de sándalo.

Para masaje, aplique los aceites en proporción de 15 a 10 a 5. Otros aceites de gran utilidad son los de cedro, romero y pino.

BULIMIA

La alimentación desempeña un papel muy importante en el manejo de la bulimia. Las víctimas de este trastorno psiquiátrico están atrapadas en un círculo vicioso de hambre, comer compulsivamente y provocarse el vómito, y necesitan retomar el control sobre sus hábitos alimentarios. El tratamiento hospitalario o en una clínica se dirige al establecimiento de un régimen de tres comidas balanceadas al día, en el que se evitan los bocadillos entre alimentos y el consumo de alimentos ricos en grasas y azúcares, que generalmente es a los que se recurre durante las crisis de compulsión. Es necesario convencer a los bulímicos de que tener un apetito saludable es normal.

El vómito inducido y el uso excesivo de diuréticos y laxantes asociado a la bulimia alteran el nivel de electrólitos séricos (iones como el sodio y el potasio que circulan en la sangre) del organismo. Esto podría provocar una deshidratación seria y producir además una deficiencia de potasio que podría causar insuficiencia renal, debilidad muscular y arritmia cardiaca.

La primera etapa del tratamiento está dirigida normalmente a establecer una dieta que recupere el equilibrio normal. Esto se consigue, por lo general, consumiendo alimentos ricos en potasio, como las frutas y los frutos secos, las semillas, los aguacates y los plátanos.

Sin embargo, el objetivo es persuadir al bulímico de que adopte un patrón de alimentación saludable, que incluya una gran variedad de alimentos que contengan todos los nutrimentos esenciales en un equilibrio adecuado. Se debe evitar cualquier cosa que afecte el equilibrio o el estado mental del bulímico, como el exceso de café, té o alcohol. Es importante incluir una cantidad razonable de alimentos ricos en carbohidratos, como el pan integral, las pastas y el arroz, y limitar las grasas (vea pág.204) y el consumo de bocadillos, como las galletas, las frituras y los dulces.

El equilibrio de grasas, proteínas y carbohidratos, en una dieta para adelgazar que proporcione todos los nutrimentos que el cuerpo necesita, ayudará al bulímico a obtener y mantener un peso óptimo estable, que es esencial para el éxito de la recuperación.

Una dieta relativamente alta en fibra ayuda a movilizar los alimentos a través del tracto digestivo y corta la dependencia al consumo de laxantes. Sin embargo, este proceso de adaptación debe ser gradual para disminuir las molestias que a menudo experimentan los pacientes bulímicos, cuyo aparato digestivo, después de años de abuso, probablemente no esté acostumbrado al tránsito normal de los alimentos.

Causas y síntomas

La bulimia es un grave padecimiento alimentario que afecta, por lo menos, a 3 de cada 100 mujeres. Es difícil detectarlo, ya que los bulímicos son furtivos y, a diferencia de los que sufren de anorexia (otro trastorno relacionado con los alimentos), tienen un peso normal y no son muy delgados.

La mayoría de las víctimas son mujeres de 15 a 35 años. A menudo son personas perfeccionistas en su trabajo, pero también sufren de baja autoestima y centran sus dificultades emocionales en los intentos por controlar sus hábitos alimentarios. La raíz del problema puede ser una alteración emocional, pero el verdadero padecimiento se desata debido a que estas personas imaginan que la solución a sus problemas radica en la transformación de sus cuerpos. Los pacientes bulímicos tienen una obsesión por la esbeltez y con frecuencia poseen una imagen distorsionada de su propio cuerpo.

Aunque el número de bulímicos parece ir en aumento, pocos hombres sufren este padecimiento. Una revisión de la bibliografía especializada publicada entre 1966 y 1990 arroja que sólo 1 de cada 500 hombres (adolescentes y hombres jóvenes) padece de bulimia. Esto puede deberse a que el hombre tiene menos presiones sociales en cuanto a la obtención de una figura "ideal", y a que tiende a canalizar sus problemas emocionales de otras maneras que no están relacionadas con la comida y las dietas.

Por lo general, los bulímicos llegan a seguir dietas muy exageradas, que tienden a causar estragos en el apetito y en la digestión. Como resultado, los bulímicos terminan ingiriendo compulsivamente entre 3.000 y 6.000 calorías en una sola comida. Tales crisis de compulsión son seguidas de sentimientos de culpa y depresión (que pueden ser graves e incluso llevar al suicidio), y de inducción del vómito. Los pacientes bulímicos tienden a usar laxantes en exceso, pastillas para adelgazar y diuréticos en su obsesión por bajar de peso. A veces, también beben grandes cantidades de alcohol para tratar de olvidar los problemas.

Cómo se diagnostica la bulimia

- Episodios recurrentes de compulsión por la comida.
- Imposibilidad de controlar la compulsión.
- Autoinducción del vómito. Uso frecuente de laxantes, diuréticos.
- Seguimiento de dietas estrictas o ejercicio compulsivo para evitar la ganancia de peso.
- Un promedio de dos episodios de compulsión por la comida a la semana, durante por lo menos tres meses.
- Preocupación constante acerca de la figura y el peso.

Otros síntomas son la ausencia de menstruación o los periodos menstruales irregulares, la inflamación de ganglios, las fluctuaciones en el peso y el daño del esmalte dental causado por la acción del vómito ácido. El mal funcionamiento de los riñones puede provocar edema, inflamación de pies y de tobillos. También puede haber ritmo cardiaco irregular, debilidad muscular y convulsiones.

El tratamiento médico, que en ocasiones se prolonga hasta por tres años, puede requerir un periodo corto de hospitalización o estancia en centros especiales para trastornos relacionados con la comida (bulimia y anorexia), con el propósito de poder llevar un seguimiento cuidadoso de la alimentación, de los intentos del paciente de provocarse el vómito y del uso de laxantes. También pueden llegar a prescribirse antidepresivos.

Después de terminar la hospitalización, es indispensable continuar supervisando al paciente. La psicoterapia es parte importante del tratamiento y debe incluir a la familia del enfermo.

BOCADILLOS ENTRE COMIDAS

Aunque la mayoría de los bocadillos industrializados tienen mucha grasa, hay opciones saludables. Los bocadillos nutritivos pueden eliminar ese sentimiento de culpa por comer entre comidas.

Muchas personas echan mano de un bocadillo entre comidas y, con moderación, esto no debe causar ningún daño si se escoge el bocadillo adecuado. Desafortunadamente, la mayoría de las botanas industrializadas no ofrecen muchos nutrimentos. Aunque las barras de chocolate contienen calcio y proteína, y las papas fritas son una fuente excelente de potasio y vitamina C, ambas son ricas en grasas.

Sin embargo, como estos alimentos son nutritivos, tiene sus ventajas comerlos con frecuencia, pero en pocas cantidades. Algunas personas dicen que estos productos los hacen sentirse más fuertes.

Después de un largo periodo sin alimento, los niveles sanguíneos de azúcar disminuyen y esto hace que uno se sienta cansado y deprimido. Pequeñas cantidades de alimentos nutritivos pueden mantener el nivel de energía sin sobrecargar el aparato digestivo.

PARA APETITOS PEQUEÑOS

Debido al tamaño reducido de su estómago, los niños, por lo general, no pueden comer en una sola comida lo suficiente para obtener todos los nutrimentos que su cuerpo necesita. Por lo tanto, es recomendable dividir la comida en pequeñas porciones que el niño pueda ingerir a intervalos regulares a lo largo del día. Los niños en crecimiento tienen grandes demandas nutricias y si se les da "minicomidas" en lugar de forzarlos a comer una porción adulta, se asegurará que reciban todos los nutrimentos que su cuerpo necesita.

REVISE LAS ETIQUETAS

Es buena idea revisar la cantidad de calorías que contienen los bocadillos in-

BOCADILLOS NUTRITIVOS *Prepare sus propios bocadillos con frutas, nueces y galletas, con aderezos bajos en calorías.*

dustrializados. Por ejemplo, 50 gramos de nueces contienen 300 calorías, lo mismo que una comida pequeña. Lea las etiquetas para enterarse del contenido exacto de lo que compre. Los bocadillos ricos en calorías no son dañinos necesariamente, siempre y cuando considere que su ingestión calórica vaya de acuerdo con sus demandas energéticas.

Cuando revise el contenido de sal de un bocadillo, recuerde que algunos productos dicen "sal", otros "sodio", y que 1 gramo de sodio equivale a 2,5 gramos de sal. Prefiera los bocadillos hechos con aceite vegetal a los hechos con aceites vegetales hidrogenados. Esta información, al igual que el contenido de grasa, debe aparecer en la etiqueta. Una bolsa pequeña de papas proporciona 9 gramos de grasa, de la cual una tercera parte puede ser saturada. Las papas fritas pueden formar parte de una dieta balanceada si se comen con moderación.

LA TENTACIÓN FURTIVA DE LOS BOCADILLOS

La tendencia a comer entre comidas apunta hacia aspectos distintos al hambre, por ejemplo, el aburrimiento y el enojo. Constantemente somos bombardeados por anuncios publicitarios de dulces dirigidos a consentirnos demasiado. Los niños son los principales consumidores de bocadillos y los fabricantes llegan a ellos por medio de caricaturas, personajes de la televisión y envases ingeniosos.

Si usted decide abandonar el régimen tradicional de tres comidas al día para adoptar uno de "minicomidas", asegúrese de que éstas satisfagan sus requerimientos nutricios. Prepare sus propias botanas con anticipación, así no tendrá que comprar bocadillos industrializados, menos nutritivos.

OPCIONES SALUDABLES

En ocasiones, todos sentimos la necesidad urgente de comer entre comi-

das, pero este deseo se puede satisfacer de muchas maneras. Las frutas frescas, como las manzanas, los plátanos y las naranjas, son nutritivas y vienen en porciones convenientes. Un puñado de fruta seca o de nueces sin sal proporciona energía rápidamente; puede combinarse con un yogur y un poco de germen de trigo para obtener un tentempié altamente nutritivo.

Las verduras crudas, como las zanahorias, el apio, la jícama y los pepinos

¿Cuál es su aderezo favorito?

Guacamole Se prepara con aguacates, jugo de limón, tomates y sal. Este aderezo es una buena fuente de vitamina E; contiene ácido pantoténico y cantidades apreciables de vitamina C. No contiene colesterol y tiene 1,4 g proteínas, 12,7 g de grasa y 2,2 g de carbohidratos.

Humus Se hace con garbanzos, ajo, aceite de oliva, jugo de limón y pimienta. Este aderezo contiene hierro y tiamina. Los garbanzos suministran muchas proteínas (7,6 g) y el aderezo en conjunto contiene 12,6 g de grasa, 11,6 g de carbohidratos y nada de colesterol.

Taramasalata Este aderezo hecho con migajas de pan blanco, salmón ahumado, aceite de oliva, pimienta y jugo de limón es alto en grasa (46,4 g, de los cuales 22,6 g son de grasa monoinsaturada). Es una fuente excelente de vitamina B_{12}, pero contiene 37 mg de colesterol. Tiene además 3,2 g de proteína, 4,1 g de carbohidratos y 446 cal.

Queso tipo Roquefort Una mezcla de Stilton, crema agria y mayonesa produce un aderezo alto en grasas (34 g, 15 de los cuales corresponden a grasas saturadas) y energía. Para obtener una versión con menos grasa, sustituya la crema agria y la mayonesa con crema fresca.

Salsa roja Se hace con tomate, cebolla, jugo de limón, aceite de oliva, chiles, ajo y especias. Este aderezo contiene sólo 1 g de proteínas, 64 cal, 3,5 g de grasa y 7,2 g de carbohidratos.

ADEREZOS *De izquierda a derecha: queso tipo Roquefort, guacamole, salsa roja, humus, taramasalata.*

pueden comerse solas o acompañadas de un aderezo. En vez de comer panecillos dulces, consuma galletas de avena, pan tostado o pan de arroz con cubierta de queso cottage, queso bajo en grasa, mermelada de fruta baja en azúcar, extracto de levadura o crema de cacahuate. En ocasiones, es suficiente un plátano para calmar el hambre. Si planea cuidadosamente sus bocadillos, podrá elevar sus niveles de energía sin afectar su dieta.

CABELLO Y CUERO CABELLUDO

AUMENTE

- *Huevo e hígado, para obtener vitamina A*
- *Verduras de hoja verde, zanahorias y camotes, para obtener beta carotenos*
- *Aceites vegetales, frutos secos y pescados como la sardina y el salmón, para obtener ácidos grasos esenciales*
- *Mariscos, carne roja y semillas de calabaza, para obtener cinc*

El estado del cabello y del cuero cabelludo es un indicador del estado general de salud. Casi todas las enfermedades, e incluso el estrés emocional, pueden restar vida al cabello. Por tanto, el cabello puede ser una señal temprana de carencia de ciertas vitaminas y minerales o de algún otro nutrimento. Sin embargo, con frecuencia los problemas del cabello son causados por una sobreexposición a sustancias químicas (los tintes y los permanentes son los principales responsables), al calor de secadores y tenazas, y al uso excesivo de peines y cepillos.

CABELLO GRASOSO

El cabello sano debe su brillo a una delgada capa de sebo, una sustancia grasosa secretada por las glándulas sebáceas del cuero cabelludo localizadas en la raíz de los cabellos. Si las glándulas sebáceas aumentan su actividad

y producen demasiado sebo, el resultado es un cabello grasoso. En este caso, usted debe escoger el champú más suave posible y lavar su cabello con la frecuencia que sea necesaria. Por lo general, el lavado no afecta la secreción sebácea y no hará más grasoso el cabello grasoso ni más seco el cabello seco. Algunas terapias alternativas recomiendan reducir el consumo de alimentos azucarados para evitar un cuero cabelludo grasoso.

CUERO CABELLUDO SECO Y CASPA

Estos problemas pueden ser señal de una deficiencia de cinc y por tal razón es recomendable incluir en la dieta alimentos ricos en cinc, como los mariscos (especialmente ostiones), carne roja y semillas de calabaza. Los ácidos grasos esenciales también ayudan a evitar la resequedad de la piel y la descamación del cuero cabelludo. Los aceites vegetales, las nueces y los pescados grasos del tipo de las sardinas, el arenque, la macarela, la trucha y el salmón son buenas fuentes de ácidos grasos esenciales. Si la caspa y los problemas del cuero cabelludo no responden a los champús, deberá consultar a su médico, ya que puede existir un problema de salud subyacente de mayor gravedad.

CAÍDA DEL CABELLO

Cierto grado de caída del cabello es normal. Un cabello se cae debido a que un nuevo cabello se ha desarrollado y crece debajo de aquél. Un adulto sano pierde entre 50 y 100 cabellos diariamente.

Una pérdida excesiva de cabello se debe al patrón masculino de la calvicie, que desafortunadamente —y a pesar del nuevo concepto de "trasplante de cabello"— no tiene cura, ya que es causada por un factor genético.

Sin embargo, la caída del cabello puede deberse a una gran variedad de situaciones, como el embarazo, la

Un caso real

Jaime siempre había tenido piel reseca y escamosa, condición que sus padres trataban con cremas humectantes. Pero cuando sus padres se dieron cuenta de que el cabello se le estaba cayendo, lo llevaron con un dermatólogo. Éste pensó que el niño tenía algún tipo de ictiosis, que generalmente es incurable: todo lo que se puede hacer es tratar la descamación con algún ungüento. Después de muchas pruebas, se les dijo a los padres de Jaime que la ictiosis de su hijo se debía a una deficiencia del metabolismo de vitamina A. La descamación resultante bloqueaba el crecimiento del cabello. Esta rara enfermedad podía ser tratada oralmente con vitamina A en gotas y un ungüento para reducir la descamación, lo que permitiría que el cabello creciera nuevamente en forma sana.

Diagnóstico mediante pruebas de cabello: una técnica controversial

El análisis del cabello es usado por algunos especialistas para detectar deficiencias minerales en el organismo, e incluso en los países europeos ciertas compañías lo utilizan para saber si algunas de las personas que les solicitan trabajo emplean drogas ilegales. Los cabellos se cortan en pequeños segmentos que se lavan y se someten a "pruebas f" para confirmar la presencia o la ausencia de sustancias específicas.

Quienes están en favor del análisis de cabello afirman que los minerales del cabello se correlacionan con los del organismo. No obstante, muchos científicos dicen que esta técnica no es confiable y que es meramente lucrativa. En otros países hay compañías que cobran mucho dinero por analizar el cabello, para después vender complementos minerales que "restablecen" el equilibrio; hasta ahora, este tipo de análisis se usa muy poco en México.

Los científicos dudan del valor del análisis del cabello y dicen que los laboratorios arrojan resultados diferentes con muestras idénticas; no existe uniformidad en cuanto al rango "normal" de contenido mineral y además la contaminación atmosférica, los champús y los decolorantes también pueden alterar los resultados.

anemia, los problemas circulatorios, los problemas tiroideos y deficiencias proteica y de cinc. La alopecia areata es la presencia de zonas de calvicie que pueden volver a llenarse de cabello. Cuando desaparece una zona de calvicie, puede aparecer otra nueva. En casi la mitad de los casos, el estrés es el

principal factor desencadenante. Las personas que sufren de estrés tienen a menudo deficiencia de vitaminas del complejo B, que son esenciales para tener un cabello sano. Los cereales integrales, los pescados, el extracto de levadura, los chícharos, el yogur natural, los huevos y la leche son buenas fuentes de vitaminas del complejo B.

Una deficiencia de vitamina A también puede afectar de manera adversa la apariencia del cabello. Incremente el consumo de este nutrimento comiendo, por semana, dos o tres huevos y una porción de hígado (a menos que esté embarazada).

Asegúrese de que su dieta contenga zanahorias, verduras de hoja verde, camotes y chabacanos secos, todos los cuales contienen beta carotenos, que el organismo convierte en vitamina A.

CAFÉ

VENTAJAS
- *Laxante suave y diurético*
- *Estimula el estado de alerta*
- *Ayuda a permanecer despierto cuando es necesario*

DESVENTAJAS
- *El exceso ha sido asociado con un riesgo elevado de insuficiencia cardiaca*
- *Puede elevar los niveles sanguíneos de colesterol*
- *Puede causar migraña en individuos susceptibles*
- *En las mujeres, el exceso puede aumentar el riesgo de osteoporosis en la edad avanzada*

Además de ser una excelente fuente de CAFEÍNA, el café también contiene, por lo menos, otros 300 ingredientes activos; sin embargo, sólo uno de ellos tiene valor nutritivo: la niacina. La niacina es una vitamina que se produce durante el tostado del café, y una taza de éste contiene 1 miligramo de di-

¿Quién bebe más café?

Los escandinavos consumen más café que cualquier otra persona en el mundo; anualmente toman unas 612 tazas por persona, preparadas con 9 kilogramos de café en grano. Los estadounidenses han incrementado su consumo de café, y en 1993 bebieron en promedio 416 tazas por persona.

cha vitamina: sería necesario beber cerca de 15 tazas de café para cubrir los requerimientos diarios de un adulto. Cualquier otro valor nutritivo presente en el café se debe a la leche y al azúcar que se le agrega.

CAFÉ Y COLESTEROL
Algunos estudios han revelado que quienes beben mucho más de seis tazas de café diariamente tienen un riesgo elevado de padecer insuficiencia cardiaca (vea pág. 120). Sin embargo, este riesgo se asocia más con el método de preparar el café que con el contenido de cafeína.

Cuando el café se prepara con ayuda de una máquina cafetera percoladora (con filtro metálico), con el método expreso o añadiendo agua al café para dejar hervir la mezcla (método muy popular en los países escandinavos), se liberan dos sustancias que elevan los niveles sanguíneos de colesterol, y esto aumenta el riesgo de padecer insuficiencia cardiaca. Estas sustancias, llamadas *cafestol* y *kahweol*, están presentes de manera natural en el café. Sin embargo, se eliminan filtrando el café a través de un papel y durante la fabricación del café instantáneo.

CAFÉ E INSUFICIENCIA CARDIACA
Cuando usted bebe una taza de café, la frecuencia cardiaca aumenta, al igual

que la PRESIÓN ARTERIAL. Pero el consumo moderado de café no causa hipertensión y los hipertensos no tienen que dejar de tomar café. Hasta hace poco, se creía que aquellas personas que habían sufrido un ataque cardiaco debían evitar todo tipo de café, menos el descafeinado. Se decía que el café o la cafeína provocaban arritmias y aumentaban las probabilidades de tener otro ataque. Sin embargo, estudios realizados en el Reino Unido y en Estados Unidos demuestran que el consumo de café filtrado no provoca arritmias entre las víctimas de ataques cardiacos, por lo que no es necesario evitar el café si usted ha tenido un ataque al corazón.

EL CAFÉ COMO LAXANTE

La cafeína por sí misma no es un laxante. De hecho, el café descafeinado tiene un mayor poder laxante que los demás y los científicos todavía están tratando de descubrir cuál de las otras 300 sustancias que están presentes en el café es responsable de la estimulación de los movimientos intestinales. Sin embargo, la cafeína es un diurético natural.

POSIBLES RIESGOS

Anteriormente se creía que tomar café aumentaba el riesgo de padecer cáncer de páncreas y de otros órganos, pero en la actualidad se sabe que, de hecho, el consumo de café reduce el riesgo de cáncer del intestino grueso.

Sin embargo, las mujeres deben limitar su consumo de café, ya que estudios recientes indican que las mujeres que toman más de cuatro tazas de café al día corren un gran riesgo de padecer osteoporosis después de la menopausia y durante la ancianidad, ya que la cafeína interfiere con la absorción de calcio. El café se encuentra entre los alimentos que de manera más común se mencionan como responsables de causar MIGRAÑA, y a mucha gente les provoca insomnio si lo beben por la noche.

CEREZAS Y GRANOS *En algunos países de habla hispana, la cáscara del café se conoce como cereza, por el color rojo que adquiere cuando el grano madura.*

MÉTODOS DE DESCAFEINADO

Las personas que beben café descafeinado para evitar los efectos de la cafeína se exponen a otras sustancias. Las pruebas hechas a los solventes orgánicos usados para extraer la cafeína demuestran que por lo menos dos de ellos causan cáncer en los animales; uno de estos solventes ya no se usa. Un proceso más natural pero menos eficiente utiliza agua, puesto que la cafeína es soluble en el agua.

CAFEÍNA

VENTAJA

• *Es un estimulante suave que puede aumentar el estado de alerta*

DESVENTAJAS

• *Puede causar hábito y provocar síndrome de abstinencia*
• *Puede provocar insomnio*
• *Puede acelerar la desmineralización de los huesos*
• *Puede inducir migraña en personas susceptibles*
• *El exceso puede producir temblores y palpitaciones*

La cafeína se encuentra principalmente en el café, aunque también está presente en el té negro, el chocolate, en algunos refrescos de cola y en ciertos analgésicos.

La cafeína estimula el corazón y el sistema nervioso central, a la vez que contribuye a mejorar el estado de alerta. También estimula la producción de ácido gástrico, lo que puede facilitar la digestión, y dilata las vías respiratorias de los pulmones. Aunque la cafeína es relativamente inofensiva, puede causar adicción. Demasiado café o té negro (el que contiene 2/3 de la cantidad de cafeína del café) puede causar temblores, sudoración, palpitaciones, aumento de la frecuencia respiratoria, dificultad para conciliar el sueño y migraña. No obstante, se debe evitar la suspensión abrupta de la sustancia, ya que esto podría provocar dolores de cabeza más intensos, irritabilidad y letargia.

La cafeína, presente en la mayoría de los refrescos de cola y en el chocolate, puede causar insomnio en los niños. Incluso si solamente consumen dos vasos de refresco y media barra de chocolate amargo durante las últimas horas del día, esto puede ser razón suficiente para evitar que un niño concilie el sueño.

¿Cuál tiene más cafeína?

El café es la fuente más conocida de cafeína; sin embargo, el té negro, el chocolate, los refrescos de cola y algunos analgésicos también la contienen. Compare el contenido de cafeína de una taza de 150 mililitros y el de una barra de chocolate de 125 gramos.

Café de grano	115 mg
Café instantáneo	65 mg
Té negro	40 mg
Refresco de cola	18 mg
Cocoa	4 mg
Chocolate líquido	3 mg
Café descafeinado	3 mg
Té negro descafeinado	3 mg
Chocolate amargo	80 mg
Chocolate de leche	20 mg
Dos tabletas analgésicas	60 mg

No es necesario abstenerse de consumir cafeína después de un ataque al corazón, pero sí es recomendable beber café o té negro con moderación. Los médicos coinciden en que no deben tomarse más de seis tazas de té negro o café al día. Sin embargo, quienes sufren de hipertensión, problemas cardiacos o insuficiencia renal deben limitar su consumo de café, e incluso eliminarlo gradualmente de su dieta.

Las mujeres embarazadas y las que están amamantando deben limitar su consumo de café a una taza (de grano) o dos (de instantáneo) al día. Como el feto absorbe la cafeína y la elimina más lentamente que el adulto, los recién nacidos pueden sufrir de síndrome de abstinencia.

Algunos estudios indican que el consumo excesivo de cafeína puede convertirse en un factor que dificulte la concepción.

El café es un diurético y aumenta la tasa de excreción del calcio; además, interfiere con la absorción intestinal de calcio. El consumo elevado de cafeína está asociado con un elevado riesgo de OSTEOPOROSIS, una enfermedad que debilita los huesos y los vuelve quebradizos.

CALABACITAS

VENTAJAS

• *Bajo contenido energético*
• *Buena fuente de beta carotenos*
• *Fuente de vitamina C y folato*

Las calabacitas poseen una piel suave y comestible, donde se encuentra la mayor parte de sus nutrimentos. Una porción de 100 gramos de calabacitas ligeramente hervidas suministra una cuarta parte del requerimiento diario normal de vitamina C de un adulto y una cuarta parte del requerimiento de folato, y sólo contiene 19 calorías (la misma porción frita posee 63 calorías). Las calabacitas también suministran beta carotenos, que el organismo convierte en vitamina A.

Las flores de calabaza se pueden comer crudas en ensaladas o cocidas al vapor con otras verduras.

Una variedad más grande de calabacitas *(vegetable marrow)*, desarrollada en Inglaterra y que se cosecha en verano, posee muy pocos beta carotenos, fibra y otros nutrimentos. Sin embargo, como está compuesta en 95% por agua y su sabor es delicioso, esta verdura puede ser un componente de las dietas para bajar de peso, ya que una porción de 100 gramos tiene menos de 10 calorías.

Las pepitas de calabaza han sido utilizadas durante mucho tiempo en la medicina tradicional para combatir las lombrices y por sus efectos diuréticos.

CALABAZA

VENTAJAS
- *Fuente de beta carotenos*
- *Fuente de vitamina E*

Las calabazas son una buena fuente de beta carotenos, que el organismo convierte en vitamina A.

Las calabazas pueden ser parte importante en una dieta vegetariana, donde no hay productos animales que aporten vitamina A.

Los beta carotenos son también ANTIOXIDANTES y ayudan a prevenir el daño que causan los radicales libres, que pueden provocar ciertos tipos de cáncer. Otro antioxidante presente en las calabazas es la vitamina E.

Las calabazas se digieren fácilmente y en muy raras ocasiones causan alergia, lo que hace de ellas un alimento ideal para la ablactación. Sus pepitas son una fuente excelente de hierro y fósforo, y además son ricas en potasio, magnesio y cinc.

En la medicina naturista, las pepitas de calabaza se aprovechan para tratar las parasitosis intestinales y las LOMBRICES, combinadas con un laxante. También se usan para tratar problemas urinarios y prostáticos.

CALAMBRES

AUMENTE
- *Agua antes, durante y después del ejercicio, para evitar la deshidratación*
- *Alimentos ricos en calcio, como los productos lácteos y las sardinas*
- *Frutos secos y semillas, por el magnesio*
- *Alimentos ricos en riboflavina (vitamina B_2), como los cereales para el desayuno fortificados y el yogur*

LA DIFERENCIA ESTÁ EN EL COLOR
Las calabacitas amarillas y las verdes poseen la misma cantidad de nutrimentos.

Un calambre es una contractura muscular, prolongada, dolorosa e involuntaria. Cualquier músculo puede verse afectado, pero estos espasmos comúnmente se presentan en la pantorrilla y en el pie. Lo mejor para aliviar el problema es el masaje y los ejercicios de estiramiento; sin embargo, la alimentación es la mejor manera de evitar que sobrevengan los calambres.

CALAMBRES Y EJERCICIO
Cuando un calambre se presenta durante o inmediatamente después del ejercicio, es probable que se deba a la acumulación gradual de ácido láctico, que es un producto de desecho de la actividad muscular. Si el ejercicio ha sido de mediana intensidad y el clima es caluroso y húmedo, el calambre pudo haber sido provocado por una deshidratación debida a la sudoración. Una bebida isotónica ayuda a reemplazar los minerales y los líquidos perdidos lo más rápidamente posible.

Para evitar la deshidratación, beba mucha agua antes, durante y después del ejercicio (cerca de un litro por cada hora de actividad). Las cápsulas de sal son innecesarias, excepto en los trópicos. La vitamina B_2, presente en los cereales para el desayuno fortificados, el yogur y la carne magra, puede ser de utilidad para aliviar los calambres en los atletas, en las mujeres embarazadas y en los diabéticos.

Los calambres en las piernas pueden ser una señal de falta de calcio, el que es necesario para la contractura muscular. Los alimentos ricos en calcio son los productos lácteos, las pepitas de calabaza y las sardinas (incluyendo raspa y espinas). El magnesio también puede ser de utilidad, y una fuente excelente del mismo son las semillas y los frutos secos. El dolor de pantorrillas que se siente durante una caminata puede ser causado por el estrechamiento de las arterias.

CALAMBRES NOCTURNOS
Los alimentos ricos en vitamina E ayudan a corregir la mala circulación que puede estar provocando los calambres nocturnos. Este problema, cuando se presenta en los ancianos, puede tratarse con vitamina B_{12}, presente en el pescado, la carne, los huevos, el queso y la carne de cerdo.

CÁLCULOS BILIARES

AUMENTE
- *Alimentos que contienen cascarilla, como el pan y el arroz integrales*
- *Frutas y verduras frescas*
- *Avena y legumbres, por la fibra soluble*

EVITE
- *Alimentos fritos y grasosos*

Los cúmulos de colesterol, calcio y pigmentos biliares pueden convertirse en "piedras" o cálculos, ya sea en la vesícula o en el conducto biliar. Los cristales se unen a un fragmento de proteína y gradualmente se acumulan uno sobre otro.

Los cálculos biliares, a menudo, pasan inadvertidos hasta que comienzan a causar dolor. Los síntomas van desde una molestia leve en la porción superior del abdomen hasta un dolor intenso acompañado de vómito, en cuyo caso es necesaria una cirugía para extirpar las piedras o la vesícula biliar completa. Sin embargo, si los síntomas desaparecen poco después de manifestarse, una dieta baja en grasas y alta en fibra puede ser de utilidad para evitar que los cálculos aumenten de tamaño y que se formen otros nuevos.

Las dietas no deshacen los cálculos ya existentes, pero es posible eliminar los más pequeños a través del intestino. Las víctimas de esta enfermedad deben comer más alimentos con cascarilla, como el pan y el arroz, lo mismo que frutas y verduras frescas, por la fibra que contienen. Deben evitar comidas grasosas y los ayunos, ya que éstos pueden precipitar un ataque; también deberán reducir el consumo de alimentos refinados, grasas y carnes rojas. Un estudio en más de 700 mujeres mostró que las que consumían carne eran dos veces más susceptibles a los cálculos biliares que las vegetarianas. Se concluyó que la mayor incidencia de cálculos en estas mujeres se debía a que consumían más grasa y menos fibra que las vegetarianas.

Un nivel elevado de colesterol en la sangre y en la bilis puede contribuir a la formación de cálculos. Un consumo elevado de fibra soluble, que puede ayudar a reducir los niveles de colesterol, ayuda a prevenir su formación. La avena y las legumbres son buena fuente de fibra soluble. Las investigaciones sugieren que la cinarina, presente en las ALCACHOFAS, puede tener un efecto benéfico sobre el control de los cálculos. Curiosamente, se ha relacionado el consumo moderado de alcohol y cafeína con una baja incidencia de este padecimiento.

Quién está en riesgo

La obesidad y envejecer son de los factores más importantes que contribuyen al desarrollo de cálculos biliares. Aunque se presenta en ambos sexos, las mujeres de entre 20 y 60 años de edad tienen tres veces más probabilidades de desarrollar cálculos biliares que los hombres de la misma edad.

CAMBIOS DE ÁNIMO Y ALIMENTACIÓN

AUMENTE
- *Carbohidratos (azúcares y almidones), para un efecto calmante*
- *Alimentos ricos en vitaminas del complejo B*

REDUZCA
- *Cafeína, presente en el café, el té negro y los refrescos de cola*
- *Alcohol*

La hoja de coca, las flores del opio, algunos hongos, el alcohol e incluso la nuez moscada pueden producir sueño, alegría, alucinaciones y aliviar el dolor. Lo más sorprendente es que los alimentos que consumimos diariamente pueden afectar nuestro estado de ánimo de manera muy profunda. La relación entre el alimento y el ánimo es compleja; las reacciones adversas o alérgicas (vea pág. 32) y el nivel de glucosa en la sangre pueden afectar el estado mental de una persona.

Sustancias calmantes

El cerebro produce sustancias muy potentes llamadas neurotransmisores, que están formadas por los nutrimentos que contienen los alimentos. Como regla general, los neurotransmisores son producidos a partir de aminoácidos, los cuales son los ladrillos que forman las proteínas que se encuentran en nuestros alimentos.

Algunos estudios han demostrado que la síntesis y la liberación de los neurotransmisores pueden ser alteradas hasta cierto punto por algunos alimentos, lo que en teoría significa que la alimentación puede afectar nuestra forma de sentir y de comportarnos. Cualquier causa y efecto es difícil de definir, ya que la edad, el sexo y los medicamentos que tomamos también pueden afectar las reacciones químicas del cerebro.

Un aminoácido llamado triptofano, presente en los alimentos ricos en proteínas como la carne, la leche y los huevos, es un componente de un neurotransmisor inhibitorio llamado serotonina. Esta sustancia es necesaria para el sueño normal; algunos especialistas piensan que interviene en el control de algunos tipos de depresión.

Se ha dicho que las comidas ricas en carbohidratos (azúcares y almidones) aumentan los niveles de serotonina en el cerebro, lo que hace que las personas se sientan calmadas y somnolientas. En los lugares muy fríos, las personas que sufren de síndrome afectivo invernal tienen un deseo intenso y frecuente de comer dulces durante los meses de invierno. Se piensa que para compensar su irritabilidad y tristeza, las víctimas de este desorden pueden utilizar los carbohidratos para disfrutar de un pequeño rayo de luz dentro de la oscuridad de su tristeza.

Los encantos del chocolate

El chocolate parece actuar como un antidepresivo. El levantamiento del ánimo que se produce después de comer chocolate se debe en parte a una sustancia presente en el cacao llamada feniletilamina, la cual también se encuentra de manera natural en el cerebro y se libera cuando se presentan las emociones. El chocolate también contiene dos estimulantes, la teobromina y la cafeína, que aumentan el estado de alerta.

Vitaminas del complejo B

La deficiencia de una o varias vitaminas del complejo B también puede causar cambios de ánimo. Los vegetarianos son susceptibles a la deficiencia de vitamina B_{12}, mientras que los alcohólicos lo son, además, a la de tiamina. Las siguientes son muy buenas fuentes de vitaminas del complejo B: frijoles, arroz integral, yema de huevo, pescado, frutos secos, aves, frijol de soya, cereales integrales, productos lácteos y levadura de cerveza. Como la vitamina B_{12} se encuentra principalmente en productos animales, los vegetarianos podrían necesitar consumir alimentos que hayan sido fortificados con vitamina B_{12}, como leche de soya, extracto de levadura y cereales para el desayuno; también existe la opción de tomar complementos. La vitamina B_6 alivia los síntomas del síndrome premenstrual (SPM) en algunas mujeres. Esta vitamina participa en el metabolismo del estrógeno en el hígado y puede, por tanto, tener un efecto indirecto sobre el estado de ánimo; la deficiencia de vitamina B_6 puede causar ansiedad y tensión nerviosa. Por lo tanto, los complementos pueden ayudar a las mujeres que sufren de irritabilidad y tristeza, que se presentan como parte del SPM, aunque muchos doctores se muestran escépticos respecto a esta afirmación. La levadura de cerveza, el extracto de levadura, el germen de trigo, la avena, el hígado y los plátanos son una buena fuente de vitamina B_6.

GLUCOSA Y CAMBIOS DE ÁNIMO

Los patrones de alimentación irregulares son una causa común de cambios de ánimo. Si usted pasa mucho tiempo sin comer, el cerebro compensa los bajos niveles de glucosa en la sangre usando como combustible los "cuerpos cetónicos" (sustancias derivadas del metabolismo de las grasas). Esta reacción puede causar una sensación de exaltación y alerta, y es una de las razones por las que los ayunos han sido asociados con la práctica de la meditación.

Se dice que una comida rica en carbohidratos tiene un efecto calmante e induce al sueño. Algunas personas despiertan con mucha irritabilidad y esto se atribuye a un bajo nivel de glucosa en la sangre; se dice que el consumo de carbohidratos mejora el mal carácter en las mañanas. Algunas personas se vuelven irritables unas dos horas después de una comida rica en carbohidratos; se piensa que esta conducta se debe a que el nivel de glucosa en la sangre cae por debajo de los límites normales, reacción que a su vez es provocada por el exceso de insulina secretado por el organismo.

UNA PARA EL CAMINO ("LA CAMINERA")

Muchas personas beben para olvidar sus preocupaciones, perder sus inhibiciones y sentirse más confiadas en sí mismas. Contrariamente a lo que se cree, el alcohol no es un estimulante, sino un depresivo, y si usted bebe en exceso, disminuirá la función cerebral y disminuirá su poder de atención.

CAMOTE

VENTAJAS
- *Fuente excelente de beta carotenos*
- *Fuente de potasio y vitamina C*

A pesar de su dulzura, los camotes contienen almidón. Poseen el mismo contenido calórico que las papitas nuevas: 84 calorías por cada 100 gramos, comparado con las 77 de la papa blanca. Existen dos tipos de camote: una variedad de pulpa anaranjada y jugosa, y otra de pulpa cremosa y seca. Ambos tipos contienen potasio, vitamina C y fibra; pero la variedad anaranjada también es una fuente excelente de beta carotenos, que parecen ayudar a prevenir ciertos tipos de cáncer.

CÁNCER

Vea pág. 82

CANDIDIASIS

La candidiasis es una infección micótica causada por una levadura llamada *Candida albicans*. La candidiasis oral y la vaginal son las formas más comunes, seguidas por las infecciones cutáneas en áreas donde hay un daño provocado por una combinación de humedad y fricción; bajo los senos, por ejemplo. Los bebés pueden presentar candidiasis oral, y el hongo exa-

El yogur aminora la candidiasis

La forma más común de candidiasis es la vaginal, que provoca un flujo blancuzco, dolor e irritación alrededor y dentro de la vagina. Durante años, algunos médicos recomendaron introducir yogur natural en la vagina, para producir un ambiente más ácido y estimular el crecimiento de bacterias protectoras naturales que ayudarían a combatir la infección.

En una carta enviada a *The Lancet* por el Departamento de Microbiología de la Universidad del Oeste de Ontario, en Canadá, los investigadores describen el tratamiento de una paciente que utilizó una técnica más sofisticada. En 30 meses, una mujer de 33 años había sufrido de 20 episodios de infección vaginal, muchos de ellos provocados por candidiasis. Se le dio un pesario que contenía lactobacilos (parecidos a la flora bacteriana presente en el yogur natural) para que lo insertara en la vagina. En 2 días desaparecieron los síntomas por 7 semanas. En los 6 meses siguientes ella utilizó otros 2 pesarios y se aminoró su problema.

cerbar los problemas de las rozaduras de pañal.

Las candidiasis graves, por lo general, surgen cuando el sistema inmunológico está comprometido de algún modo. Por ejemplo, cuando el organismo está combatiendo otra enfermedad o infección, como una gripe. Cualquiera que esté tomando antibióticos, hormonas o esteroides (como los que se recetan contra el asma), o que sufra de estrés, también es susceptible.

INVASIÓN POCO AMISTOSA

Candida albicans es uno de los muchos microorganismos que viven en forma

Continúa en la página 86

Cáncer: cómo puede ayudar la alimentación

El cáncer sigue siendo una causa importante de muerte. Sin embargo, algunos tipos de cáncer son curables y los expertos creen que una nutrición adecuada puede evitar muchas formas de este mal.

El cáncer es la causa de casi una cuarta parte de todas las muertes en Estados Unidos. En este país, el cáncer de próstata es la más común de las formas de esta enfermedad en los hombres, y la segunda en lo que respecta a mortalidad. Entre las mujeres, el cáncer de mama es el más común, y ocupa el segundo lugar en el número de muertes debidas a esta enfermedad. El cáncer de pulmón es el que más muertes cobra en ambos sexos. Otra forma común es el cáncer de la piel, que pocas veces resulta fatal. En la actualidad, muchos tipos de cáncer pueden ser tratados con éxito.

Las investigaciones recientes han cambiado significativamente la forma de pensar respecto al papel que desempeña la dieta, tanto en la prevención como en el tratamiento del cáncer. Existen pruebas de que ciertos elementos en la dieta pueden promover el desarrollo y propagación de tumores malignos, mientras que otros retardan o impiden el crecimiento de tumores.

Además de la dieta, los médicos envían una señal de alerta contra el consumo excesivo de alcohol. Asimismo, el hábito de fumar incrementa el riesgo de cáncer; dejar de fumar es la medida más importante que un fumador puede tomar para evitar el cáncer.

Cómo se extiende el cáncer

Normalmente, las células del organismo crecen y se reproducen de manera ordenada, y cada una de ellas desempeña una función específica. En contraste, las células cancerosas proliferan rápidamente sin seguir ningún patrón establecido. El cáncer puede ser ocasionado por daño en el material genético de las células. Esta etapa, conocida como iniciación, puede ser desencadenada por factores externos; entre los más importantes están las radiaciones, las infecciones virales y algunas sustancias químicas. Las células cancerosas no desempeñan ninguna función normal y sólo invaden y destruyen el tejido adyacente de manera aleatoria a medida que se convierten en tumores. A menudo se diseminan a través de la sangre y los vasos linfáticos desde el sitio en que aparecen hasta partes distantes del organismo, donde pueden formar tumores secundarios o metástasis.

El daño de los radicales libres

Un desequilibrio de RADICALES LIBRES establece las condiciones idóneas para que se desarrollen algunos tipos de cáncer. Los radicales libres se forman durante los procesos químicos del organismo y son parte de su mecanismo natural de defensa. La exposición a las radiaciones, la contaminación y ciertos alimentos aumentan su producción. Cuando esto ocurre, los radicales libres dañan las células sanas, las cuales

---

Ajo: ¿posible defensor?

El ajo y las cebollas, cuyas propiedades medicinales se conocen desde hace mucho tiempo, podrían ser aliados en la lucha contra el cáncer. Estudios realizados en China sugieren que estos productos pueden reducir el riesgo de tumores. Un estudio en 16.000 chinos demostró que las personas con mayor consumo de ajo tenían menos riesgo de padecer cáncer de estómago.

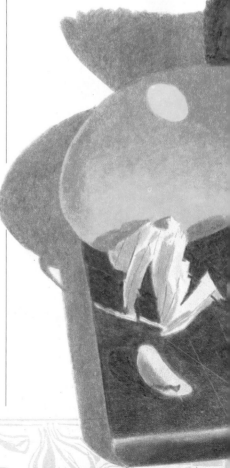

se pueden volver cancerosas. Algunas vitaminas y minerales, conocidos como ANTIOXIDANTES y destructores de radicales libres, contrarrestan el efecto de estas sustancias.

La alimentación puede desencadenar la iniciación del cáncer a través del suministro de cancerígenos, pero también puede ofrecer agentes que bloqueen los efectos de éstos. El sistema inmunológico debe reaccionar de inmediato contra las células mutantes y evitar que se desarrolle el cáncer; pero un sistema inmunológico que se encuentre afectado por una mala alimentación podría permitir que el cáncer se desarrollara. La alimentación también afecta la producción de hormonas, las que pueden intervenir negativamente en la rapidez con que se desarrolla el cáncer.

Aunque las grasas son una fuente importante de energía, su consumo excesivo ha sido relacionado con algunos tipos de cáncer. Asegúrese de que las grasas no aporten más del 30% del total de su consumo diario de calorías. Las grasas saturadas, la mayoría de las cuales se derivan de productos animales, son posibles responsables. El consumo elevado de grasa animal lleva al hígado a producir cantidades elevadas de bilis y, como las bacterias presentes en el intestino trabajan sobre ellas, se producen pequeñas cantidades de cancerígenos potenciales. Quitar la grasa de la carne reduce el riesgo, pero aun así, existen razones para abstenerse de comer cualquier producto animal, pues los vegetarianos radicales que no consumen carne ni productos lácteos tienen menos riesgo de contraer cáncer del intestino grueso que quienes comen carne y que otros vegetarianos.

Una dieta alta en grasas y baja en fibra puede causar sobrepeso, cambios en el funcionamiento intestinal y estreñimiento, todo lo cual aumenta el riesgo de cáncer. Por ejemplo, el cáncer de matriz, de la vesícula biliar y de mama son más comunes entre personas obesas. También se piensa que algunas técnicas de cocción estimulan el desarrollo del cáncer. El quemar los alimentos cuando se asan, se rostizan o se cuecen a la parrilla puede producir grandes cantidades de sustancias potencialmente carcinógenas. Por esta razón, es recomendable no comer las partes quemadas. Algunos tipos de moho también son cancerígenos, por lo que deberá evitar los alimentos que los contengan.

Consuma moderadamente los embutidos y carnes frías, y el tocino. Es-

ALIMENTOS ANTICANCEROSOS *Reduzca el riesgo de cáncer consumiendo muchas verduras y también frutas frescas, por los antioxidantes que poseen, además de alimentos ricos en fibra, como el pan integral.*

83

tos productos no sólo contienen grandes cantidades de sodio sino que además están conservados con nitritos y nitratos, los cuales reaccionan con ciertos constituyentes de los alimentos, llamados aminas, para formar nitrosaminas, sustancias que han sido relacionadas con el cáncer de estómago.

Muchas otras sustancias, como los plaguicidas, las hormonas de crecimiento, los antibióticos, los ablandadores, los saborizantes, los tintes, los conservadores y los estabilizadores, son añadidos a los alimentos durante el cultivo o procesamiento de éstos. No existen pruebas contundentes de que estas sustancias sean responsables del cáncer, pero aun así es posible que usted desee consumir alimentos que no contengan ninguna sustancia artificial. En la actualidad existe una gran variedad de alimentos orgánicos (vea pág. 228).

LA FUNCIÓN DE LAS VITAMINAS

Es importante que se asegure de que su dieta tenga el suministro adecuado de vitaminas A, C y E. Estas vitaminas antioxidantes eliminan los peligrosos radicales libres. Se dice que la vitamina A, además, tiene propiedades específicas antitumorales. Esta vitamina se halla en las vísceras y en el aceite de hígado de pescado. Pero tal vez para algunas personas sea más recomendable obtener los beta carotenos (que el organismo convierte en vitamina A) de frutas y verduras de colores llamativos. Algunos estudios recientes han relacionado las dietas que contienen estos vegetales con una reducción en la incidencia de cáncer pulmonar, vesical, mamario, de cuello de útero y uterino.

La vitamina C, presente en frutas y verduras frescas, es una especie de "barrendero" y un poderoso antioxidante. También actúa para evitar que se formen nitrosaminas en el estómago.

La vitamina E protege los tejidos grasos y las células, y ayuda a mantener un corazón sano. Los bioflavinoides, presentes en algunas frutas y verduras, incluyendo uvas y cítricos, también tienen propiedades antioxidantes. La riboflavina (B_2) parece tener un papel importante en la prevención de los tumores de esófago y, junto con la vitamina B_6, ayuda a metabolizar los cancerígenos potenciales. Se sabe que una deficiencia de folato aumenta el riesgo de cáncer de cuello de útero.

El selenio —un oligoelemento presente en huevos, vísceras, en muchos mariscos y en frutas y verduras cultivadas en suelos ricos en selenio— es un potente antioxidante que trabaja en conjunción con las vitaminas A, C y E. La deficiencia de selenio está asociada con un riesgo elevado de ciertos tipos de cáncer. Este riesgo aumenta si además hay un consumo bajo de vitamina E.

FUNCIÓN PROTECTORA DE LA FIBRA

Los alimentos ricos en fibra ofrecen protección contra el cáncer de colon y los llamados "cánceres occidentales" (rectal, prostático, uterino y mamario), asociados con dietas altas en grasa y bajas en fibra.

La fibra insoluble, presente en el salvado, por ejemplo, evita la acumulación de residuos de alimentos en el intestino y, por tanto, reduce el área del colon expuesta a cancerígenos potenciales, incluyendo aquéllos producidos por la acción bacteriana sobre los ácidos biliares. La fibra soluble, que está presente en frutas y verduras, también es importante; en el proceso de digestión y eliminación, acarrea toxinas y cancerígenos hacia el exterior del organismo.

UN POSIBLE ADELANTO

Una de las áreas más importantes de investigación es la búsqueda de la relación entre el cáncer de mama y unas sustancias vegetales llamadas indoles. Se piensa que los indoles, al reducir la potencia del estrógeno, disminuyen el riesgo del cáncer de mama. Estas sustancias se encuentran en las colecitas de Bruselas, el brócoli, la col y otras crucíferas. Algunos investigadores también estudian la posibilidad de que los frijoles de soya y los productos elaborados con este mismo cereal protejan contra el cáncer, especialmente contra el cáncer de mama, gracias a la hormona vegetal llamada fitoestrógeno que contienen.

Mientras que las propiedades protectoras de algunos alimentos (y el peligro potencial de otros) están siendo aceptadas gradualmente por los médicos, la importancia de la alimentación en el tratamiento del cáncer sigue siendo un punto de discusión. La etapa de la enfermedad, el tipo de tratamiento y la respuesta del paciente a éste son factores que deben tomarse en cuenta.

A pesar del progreso continuo en la batalla contra el cáncer, este mal aún cobra muchas vidas. Los pacientes con cáncer avanzado, que tienen pocas esperanzas de recuperación, deben comer cualquier alimento que se les antoje, sin importar si es "bueno" o "malo" para ellos.

Los peligros del bronceado

El cáncer de piel es muy común en Estados Unidos. La forma más peligrosa es el melanoma maligno, que tiene una de las tasas de crecimiento más rápidas de todos los tipos de cáncer. Si se diagnostica a tiempo, puede tratarse, pero anualmente causa unas 7.300 muertes. Los que tienen mayor riesgo de padecerlo son las personas de piel blanca, quienes tienen antecedentes familiares de esta enfermedad y las que se exponen al sol (vea pág. 334).

La red que liga la alimentación con el cáncer

Los avances médicos y el mayor conocimiento que se tiene del papel de las vitaminas en la cura y prevención de la enfermedad han traído nuevas esperanzas a las víctimas del cáncer. Se piensa que factores no alimentarios son responsables de dos terceras partes de todos los tipos de cáncer. Se cree que los factores nutrimentales están relacionados con el tercio restante, ya sea a través de la falta de nutrimentos esenciales o de un exceso de algunos tipos de alimento. El consumo reducido de beta carotenos, por ejemplo, puede estar relacionado con el desarrollo de cáncer vesical y podría aumentar el riesgo de cáncer de pulmón, laringe y esófago. Los niveles bajos de vitaminas del complejo B y de la vitamina C también han sido relacionados con el cáncer, al igual que el alcohol y el tabaquismo. Se dice que algunos aditivos causan cáncer y, otra vez, los riesgos se reducen aumentando el consumo de vitaminas. Siga las hojas rojas del cuadro siguiente para descubrir la red de conexiones entre la alimentación y el cáncer.

El cáncer cervical (del cuello del útero) ha sido relacionado con un bajo consumo de **vitamina C**. Se piensa que existe relación entre el **tabaquismo** y los bajos niveles de vitamina C.

Se acepta que el **tabaquismo** causa cáncer pulmonar. Sin embargo, también se relaciona con el cáncer de boca, garganta, esófago, páncreas, vejiga y del cuello del útero.

Los **nitratos** y los **nitritos**, utilizados para conservar carnes, reaccionan con los constituyentes de los alimentos para formar **nitrosaminas**, relacionadas con el cáncer de estómago.

Las mujeres con cáncer cervical pueden tener niveles bajos de **vitamina B_6**. El **tabaquismo** agota las reservas de vitaminas del complejo B.

Los niveles bajos de **vitamina C** han sido asociados con el cáncer de esófago y de laringe. El **tabaquismo** y el **alcoholismo** disminuyen las reservas orgánicas de vitamina C.

Un buen consumo de **vitamina C** puede inhibir la formación de las **nitrosaminas**.

Los **nitratos** y los **nitritos** se usan para preparar muchos alimentos ahumados y salados.

Se han encontrado niveles bajos de **folato** (una vitamina del complejo B) en pacientes con cáncer cervical. La proliferación de células precancerosas puede reducirse con complementos de folato. El **alcohol** puede destruir algunas vitaminas del complejo B, como la tiamina y el folato.

El consumo elevado de **alcohol** ha sido relacionado con un riesgo elevado de cáncer oral, esofágico, faríngeo, laríngeo y hepático.

En países donde la dieta es alta en alimentos ahumados, encurtidos y salados, existe una incidencia alta de cáncer gástrico. Tal dieta, por lo general, es baja en **vitamina C**.

El consumo elevado de frutas y verduras protege contra muchos tipos de cáncer.

El consumo reducido de **beta carotenos** ha sido asociado con elevados riesgos de algunos tipos de cáncer. El exceso de **alcohol** puede impedir su absorción.

Los cánceres de mama, útero y vesícula biliar son más comunes entre personas que sufren **sobrepeso** que entre personas delgadas.

Los vegetarianos tienen menor riesgo de contraer cáncer de colon que los que comen carne. La dieta de un vegetariano es, por lo general, alta en **fibra** y baja en grasas saturadas.

La **fibra** ayuda a proteger contra los cánceres "occidentales" (de colon, recto, próstata, útero y mama).

Una dieta alta en grasas es factor significativo en los cánceres de colon y recto. Las grasas contribuyen a la **obesidad**.

natural en la boca, el intestino y la piel. Estos microorganismos causan problemas sólo cuando se multiplican sin control y la levadura —benigna, por lo general— se transforma en un hongo invasor.

En condiciones normales, la *Candida albicans* es controlada por la flora bacteriana normal del organismo. Pero si las bacterias protectoras son destruidas o si el sistema inmunológico se encuentra afectado, por ejemplo, por acción de un antibiótico de amplio espectro, la *Candida* se multiplica y causa infecciones. Todos los bebés nacen sin protección inmunológica y reciben su primera dosis de flora bacteriana normal del canal de parto, la piel y la leche de la madre, lo que ayuda a sus intestinos a establecer la inmunidad contra todo tipo de infecciones. La leche de vaca y la leche en polvo sólo contienen el 20% de la flora bacteriana normal de la leche materna. Sin embargo, la madre también puede transmitir la *Candida albicans* a su bebé.

EL FACTOR DE LAS LEVADURAS

En algunas terapias alternativas se afirma que quienes sufren frecuentemente de candidiasis deben evitar todos los alimentos que contengan azúcar, que es el alimento de las levaduras, y todos los alimentos que contengan levadura, moho y hongos, como el pan, los champiñones, las uvas, el vino, los extractos de levadura y los quesos con moho. Se dice que si una persona ya es sensible a un tipo de levadura, debe evitar todas las formas de ella. A esta sensibilidad a las levaduras se le adjudican muchos problemas: fatiga, gases estomacales, depresión, ansiedad, dolores musculares y articulares, otras infecciones micóticas y erupciones cutáneas.

Los terapeutas alternativos dicen que, en su forma invasora, la *Candida albicans* puede penetrar finalmente la mucosa intestinal, lo que permite el paso de bacterias a la sangre para causar una infección generalizada.

No obstante, muchos médicos argumentan que existen pocas pruebas científicas que sustenten que una dieta de exclusión de levadura sea más beneficiosa que una dieta balanceada.

CARBOHIDRATOS

En decenios anteriores, se pensaba que los alimentos que contienen almidones, como el pan, las pastas, la papa y el arroz, engordaban, que eran indigestos y que carecían de importancia. El punto de vista moderno es, sin embargo, que son parte importante de una dieta balanceada y que debemos comer una mayor cantidad de ellos. Los nutriólogos afirman que un aumento de carbohidratos o hidratos de carbono debe ser acompañado por una disminución en la cantidad de grasa que consumimos, a fin de reducir el riesgo de padecimientos cardiovasculares.

Las recomendaciones dietéticas de los especialistas para que los estadounidenses se mantengan saludables sugieren que los carbohidratos constituyan aproximadamente el 55 a 60% del consumo de calorías, provenientes sobre todo de una amplia variedad de cereales y otros alimentos que contienen almidón, y frutas y verduras. Sólo el 10% de estas calorías debe proceder de azúcares procesados.

El organismo metaboliza los carbohidratos en glucosa y glucógeno (el equivalente animal del almidón de las plantas). En el ejercicio los músculos se alimentan de la glucosa de la sangre y del glucógeno del hígado y de los propios músculos. La glucosa y el glucógeno son interconvertibles; si el organismo tiene suficiente glucosa, los carbohidratos son convertidos en glucógeno, y si falta, el glucógeno se convierte en glucosa. La digestión de los carbohidratos ayuda a mantener el equilibrio entre el nivel de glucosa sanguínea y las reservas de glucógeno hepático.

Existen tres tipos principales de carbohidratos: los azúcares, los almidones y la fibra. Los almidones y la fibra son carbohidratos complejos. Los azúcares presentes en los alimentos y el azúcar de mesa son carbohidratos simples. Se digieren y se absorben rápidamente, aunque sólo la glucosa está disponible de inmediato para ser usada por el organismo. Otros azúcares simples, como la fructosa (de la sacarosa y la fruta) y la galactosa (del azúcar de la leche: lactosa), no pueden ser usados tan rápidamente porque antes deben ser convertidos en glucosa.

Los carbohidratos complejos, como el almidón del pan y las papas, se metabolizan más lentamente que los azúcares simples. Cuando son digeridos, por lo general, la necesidad de glucosa del organismo ya ha sido satisfecha por los azúcares simples de otros alimentos, por lo que tienden a ser convertidos en glucógeno, que será usado para satisfacer futuras necesidades de energía.

Una medida de la rapidez con la que la energía de un carbohidrato está lista para usarse es el índice glucémico. Por lo general, los alimentos con un alto índice glucémico se transforman rápidamente en glucosa y proveen energía en poco tiempo, mientas que aquellos con un bajo índice tardan más en modificarse y tienden a ser energía de reserva a largo plazo en lugar de satisfacer las necesidades inmediatas.

Normalmente, los músculos contienen el suficiente glucógeno para suministrar combustible al organismo durante 90-120 minutos de intensa actividad física. Las reservas de glucógeno pueden aumentar durante la preparación para periodos prolongados de ejercicio, como un fin de semana de alpinismo o deportes de resistencia como una carrera de larga distancia si se lleva una dieta rica en carbohidratos, o sea unos 600 gramos de carbohidratos al día (70% del consumo calórico diario) unos tres días antes del evento.

Después de hacer mucho ejercicio, cuando los niveles de glucógeno están reducidos, la captación muscular de glucosa aumenta tres o cuatro veces.

Una dieta rica en carbohidratos compuesta de azúcares y almidones reestablece y aumenta las reservas corporales de glucógeno, lo que mejora la capacidad para realizar actividad física intensa. Esto se logra comiendo más frutas y verduras y más carbohidratos complejos, presentes en arroz, pastas, pan, legumbres, cereales para el desayuno, tortillas, galletas y tubérculos como papas y camote.

Un aumento en el consumo de fibra, presente en frutas y verduras frescas —especialmente en las que pertenecen a la familia de la col—, ayuda a proteger al organismo contra varios tipos de cáncer, incluyendo el de colon. Algunos tipos de carbohidratos, como el almidón resistente, no son digeridos por el intestino delgado y pasan al intestino grueso o colon. Ahí, junto con otro tipo de fibra, aumentan el peso de las heces y aceleran el paso de los residuos alimentarios a través del tubo intestinal. Se piensa que esto contribuye a evitar el cáncer de colon.

Aunque actualmente se reconoce la importancia de la mayoría de los carbohidratos, el AZÚCAR sigue siendo subestimado, debido a que se cree que tiene pocos beneficios nutricios y contribuye al desgaste dental si se come muy frecuentemente. Muchos especialistas están convencidos de que el consumo de carbohidratos debe distribuirse a lo largo del día de la manera más equilibrada posible, para que no haya variaciones drásticas en el nivel de glucosa en la sangre. Esto es muy importante en los diabéticos. Los azúcares comunes (carbohidratos simples) y algunas de sus fuentes son:

Carbohidratos en la dieta diaria

Existen tres tipos principales de carbohidratos: azúcares (simples), almidones y fibra (complejos). Están presentes en cantidades variables en diferentes alimentos. Un plátano maduro contiene casi la misma cantidad de carbohidratos que una rebanada de pan, pero sobre todo en forma de azúcar. Sin embargo, el pan está elaborado principalmente de almidón.

Los carbohidratos deberían suministrar entre el 55 y el 60% del consumo total de la energía de una persona, de preferencia en forma de alimentos que contengan almidón, y frutas y verduras. La pirámide alimentaria (vea pág. 136), recomienda que una persona que necesita 1.600 calorías o más al día debe comer entre 6 y 11 raciones de alimentos que contienen almidón, 3 a 5 raciones de verduras, y 2 a 4 raciones de fruta.

A continuación se presentan cuatro sugerencias en las que se combinan distintos tipos de alimentos que satisfacen el requerimiento diario de carbohidratos en una dieta balanceada para una persona promedio.

1 tazón (60 g) de cereal
4 rebanadas de pan integral
175 g de papas hervidas
1 rebanada delgada de pastel de zanahoria (sin glaseado)
1 pera, 1 durazno y 1 porción de melón

2 rebanadas de pan tostado y un tazón de cereal
1 rebanada de pan integral
Ensalada de frijol, garbanzos y frijol bayo
1 porción de arroz (175 g)
1 panecillo
1 kiwi, 1 puñado de uvas y 2 mandarinas

2 rebanadas de pan
1 papa (175-225 g)
1 porción de pastas
1 galleta digestiva
1 plátano, 1 manzana y 1 naranja

Para alguien con intolerancia al gluten
1 tazón de hojuelas de maíz o arroz tostado
4 rebanadas de pan de harina de arroz (casero)
1 papa mediana
1 bolsa de botana
175 g de arroz cocido
2 plátanos
1 naranja

- Glucosa, presente en la miel, las frutas, las verduras y algunas bebidas gaseosas.
- Fructosa, presente en las frutas y también en la miel.
- Lactosa, en la leche y sus derivados.
- Maltosa, en los cereales germinados, el trigo, la cebada y el extracto de malta.
- Sacarosa, presente en el azúcar de mesa, las frutas, las verduras y muchos alimentos y bebidas que contienen azúcar.

CARNE DE RES

VENTAJA
- *Contiene una gran variedad de nutrimentos, incluyendo valiosos minerales como el hierro y el cinc*

DESVENTAJAS
- *Su consumo excesivo está relacionado con el cáncer de colon*
- *Demasiada grasa proveniente de la carne puede contribuir a que haya enfermedades cardiovasculares*

Si bien el consumo de carne de res ha disminuido en un 25 % desde 1976 en Estados Unidos, esta carne roja aún es muy popular. De hecho, el estadounidense promedio consume casi 30 kilogramos de carne de res al año. La carne de res, una de las carnes más versátiles, se puede preparar asada, al horno, a las brasas, en guisados y frita. Asimismo, esta carne, especialmente en forma de hamburguesas, es la que más se sirve en los restaurantes.

No hay duda acerca de los beneficios nutricios de la carne de res. Con excepción de la fibra, la carne de res contiene la mayoría de los nutrimentos que nuestro organismo necesita, aunque algunos de ellos, como el calcio, la vitamina C y el folato, sólo están presentes en pequeñas cantidades. La carne de res también es una fuente valio-

¿Sabía usted que...?

- Aunque usted no vea el azúcar en la lista de ingredientes de un alimento procesado, esto no significa que no lo contenga. Busque también sacarosa, lactosa, maltosa, fructosa, miel, melaza, glucosa, dextrosa, jarabe de maíz y jarabe invertido.
- La lactosa es el azúcar que sólo se encuentra en la leche.
- Los carbohidratos de liberación lenta son aquellos que se absorben en más tiempo y que liberan glucosa a la sangre paulatinamente. El más lento de todos es la fructosa.
- El grado de molido puede determinar la velocidad a la que el organismo extrae la glucosa de los cereales. Cuanto más grande sea el tamaño de la partícula, más difícil será digerirla y menor será la velocidad de liberación al torrente sanguíneo.
- El pan integral multigrano proveniente de molinos de piedra tiene partículas muy grandes, por lo que su índice glucémico es menor que el del pan integral regular.
- El pan blanco y el pan integral liberan la glucosa más o menos a la misma velocidad, ya que se fabrican con harina finamente molida.
- Los carbohidratos forman tres cuartas partes del mundo viviente. El más abundante es la celulosa, presente en las plantas y que no puede ser digerida por los humanos.
- Los carbohidratos constituyen cerca del 75% del consumo energético total de la población, a nivel mundial. Sin embargo, en el mundo desarrollado sólo constituyen el 45%.
- La fructosa (el azúcar de las frutas) es 1.5 veces más dulce que la sacarosa (azúcar de mesa), por lo que se requiere un consumo menor. La lactosa (el azúcar de la leche) es la mitad de dulce que la sacarosa.
- El algodón y el almidón están casi de manera completa constituidos por glucosa. No obstante, como las unidades de glucosa están unidas de distinta manera, solamente el almidón es digerible.
- El glucógeno es la reserva de carbohidratos en los animales, y como tiene una estructura parecida al almidón, a veces se le llama almidón animal.
- Un gramo de carbohidrato (azúcar o almidón) contiene 4 calorías, lo mismo que las proteínas pero menos que las grasas, que contienen 9 calorías por gramo, y que el alcohol puro, que posee 7 calorías por mililitro.

sa de minerales esenciales como el yodo, el manganeso, el cinc, el selenio, el cromo, el flúor y el silicio, aunque el contenido de cada uno de ellos puede variar dependiendo del tipo de suelo en que pastó el animal y los componentes de los alimentos procesados que consumió. Debido a las modernas técnicas de crianza y a la demanda popular, la carne de res tiene ahora 27% menos grasa que a principios de los años ochenta. Aun así, la desventaja mayor de la carne de res son las grandes cantidades de grasas saturadas de muchos cortes. También es una fuente importante de colesterol de la dieta. Los estudios muestran que existe una relación entre un consumo excesivo de carne de res y un mayor riesgo de padecer ataques cardiacos y ciertos tipos de cáncer. Incluso los cortes de carne magra a los que se ha quitado la grasa visible tienen grasa. No obstante, los nutriólogos señalan que la carne de

La "enfermedad de las vacas locas" en perspectiva

La encefalitis espongiforme bovina (EEB) o "enfermedad de las vacas locas", nombre inapropiado que los medios de comunicación han perpetuado en todo el mundo, es una enfermedad lenta, progresiva y mortal que afecta al ganado vacuno que tiene entre 3 y 5 años de edad. Se cree que la EEB, que fue identificada por primera vez en el Reino Unido en 1986, surgió por el hecho de alimentar al ganado con vísceras procesadas de ovejas que sufrían de una enfermedad parecida llamada *scrapie*.

Por fortuna, este mal no se ha detectado en ningún animal en Estados Unidos. Desde 1986, el Departamento de Agricultura ha efectuado miles de pruebas en cerebros de reses que presentaban algunos síntomas neurológicos, pero todas han resultado negativas. (El mal de Creutzfeldt-Jakob es un padecimiento similar que afecta el sistema nervioso central en el hombre; su incidencia es de aproximadamente un caso por un millón de personas en todo el mundo.)

Un informe del comisionado de la Unión Europea acerca de la EEB critica las prácticas modernas para criar ganado y procesar sus alimentos. Se encontró que el alimento del ganado no solamente provenía de los desechos del matadero, sino también de restos de ovejas enfermas de *scrapie*.

Sorprendentemente, antes de 1988 los restos del ganado muerto a causa de la EEB también se procesaban y se incorporaban nuevamente a la cadena alimentaria como alimento para las reses. Por fortuna, la incidencia de la enfermedad ha disminuido desde que esta práctica fue prohibida.

res puede integrarse a una dieta saludable, de bajas calorías, si se limita a porciones pequeñas de carne magra.

EL IMPACTO DE LA COCINA

La manera de preparar y de cocer la carne afecta sustancialmente el contenido de nutrimentos. Quitando la grasa visible de la carne, es posible reducir el contenido total de grasa del platillo que prepare, lo que es muy importante en los estofados y en los guisados.

Cuelgue las articulaciones del animal en un gancho para que la grasa gotee en la sartén y para que pueda eliminarla antes de usar los jugos residuales en alguna salsa. También puede cocer los bistecs y las chuletas de la misma manera: áselos o cuézalos en una sartén con fondo ondulado. Tenga cuidado cuando cueza la carne a la parrilla, pues la sobrecocción de la carne por lo general quema algunos pedacitos, lo que produce sustancias que causan mutaciones en bacterias y pueden estimular la producción de sustancias carcinógenas. Esto es cierto especialmente en productos que contienen más grasa que carne, como las longanizas y las hamburguesas.

HAMBURGUESAS Y BACTERIAS

Se ha encontrado que la carne contaminada de res es la causa de brotes recientes de infección provocada por una cepa peligrosa de *Escherichia coli*. Existen muchas cepas de esta bacteria, incluidas algunas que habitan en el intestino del hombre sin causar daño. Sin embargo, en 1982, los científicos descubrieron una cepa diferente, a la que se llamó tiempo después 0157:H7, en los intestinos de las reses. Esta cepa de *Escherichia coli* puede invadir fácilmente la carne durante la matanza del animal. Al moler la carne infectada, la bacteria se distribuye por todo el producto terminado. Si bien la causa de algunas infecciones se han atribuido al *roast beef* a medio cocer, la fuente más

común son las hamburguesas mal cocidas. El microorganismo puede sobrevivir si la carne no se cuece bien, por lo que es muy importante que quede perfectamente cocida. Si la bacteria llega al intestino humano, puede causar diarrea, a menudo sanguinolenta, dolores intestinales y, a veces, síndrome urémico hemolítico, padecimiento muy grave que provoca la destrucción de los glóbulos rojos e insuficiencia renal. Los ancianos, los niños y los enfermos inmunodepresivos son quienes tienen mayor riesgo de una INTOXICACIÓN POR ALIMENTOS.

VÍSCERAS

El hígado de res (que era un remedio popular para tratar a los pacientes con anemia perniciosa) y el hígado de carnero son fuentes excelentes de hierro de fácil absorción y de vitaminas A y B_{12}.

Los riñones también son buena fuente de vitamina B_{12}: una porción normal contiene 20 veces el requerimiento diario de un adulto. Aunque el hígado y los riñones son bajos en grasas, contienen niveles muy altos de colesterol; sin embargo, este hecho sólo afecta a aquellas personas cuyos niveles sanguíneos de colesterol ya se encuentran elevados.

A las mujeres embarazadas y a quienes planean embarazarse se les recomienda no comer hígado ni sus derivados (paté, por ejemplo), debido a que el nivel de vitamina A en el hígado es muy alto: entre 12.230 y 31.700 microgramos por cada 100 gramos. Tal cantidad puede afectar al bebé dentro del útero y causar defectos de nacimiento.

TEMORES Y SUSTANCIAS QUÍMICAS

Recientemente han surgido muchos temores con respecto a la carne de res debido a una enfermedad llamada encefalitis espongiforme bovina (EEB), conocida también como la "enfermedad de las vacas locas". Sin embargo, estos temores son infundados en Estados Unidos, pues no se ha presentado un solo caso de EEB desde que se identificó en el Reino Unido en 1986.

Otro motivo de preocupación entre los consumidores es el hecho de que a las reses que se crían en fábrica se les administran grandes cantidades de antibióticos y hormonas, sustancias que se concentran en el hígado del animal. Algunos expertos alegan que los residuos de las drogas y hormonas representan un riesgo para la salud de las personas que los ingieren; otros, sin embargo, insisten en que son seguros y que no hay pruebas científicas que demuestren lo contrario.

Las hormonas acortan el tiempo de espera para sacrificar una res. A las que se les administra hormonas ganan peso rápidamente, pero con menos grasa que aquellas que no siguen este tratamiento. Aunque en Estados Unidos estas sustancias se utilizan legalmente, en Europa abandonaron la práctica porque declaran que en realidad no se conocen los efectos que estas sustancias pueden causar en el propio animal a lo largo de su vida o en la salud de quienes son consumidores asiduos de la carne que contiene estas hormonas.

CASTAÑAS

VENTAJAS
- *Bajas en grasas*
- *Buena fuente de fibra*
- *Ricas en carbohidratos*

A diferencia de la mayoría de los frutos secos (o semillas oleaginosas), las castañas son ricas en carbohidratos complejos en forma de almidón y fibra, y además contienen pocas proteínas y grasas. Por ejemplo, la nuez de Brasil, la avellana y la nuez de Castilla contienen 20 veces más grasa que la castaña. Peso por peso, las castañas tienen

también la mitad de las calorías que el resto de los frutos secos y mucha más agua. Una porción de 100 gramos de castañas suministra una tercera parte de la recomendación diaria de vitamina E y una cuarta parte de la recomendación de vitamina B_6.

El sabor amargo de las castañas crudas, producido por los taninos que contienen, disminuye con la cocción.

CATARRO

AUMENTE
- *Alimentos agrios o picantes, como ajo, cebolla y chiles*

Todos tenemos un poco de moco acuoso para proteger y lubricar las membranas que recubren el interior de la garganta, la nariz y los pulmones. Pero cuando las membranas se inflaman o se irritan, producen en exceso un moco muy espeso y esto se conoce como catarro. Esta situación, combinada con la inflamación de las membranas mucosas, puede causar congestión o escurrimiento nasal, tos y dolor de oído. Si los síntomas persisten más de unos cuantos días y el moco se torna verde o amarillo, puede existir una infección como la gripe o la influenza.

DESCONGESTIONANTES
Los alimentos picantes, como el chile, el curry, el jengibre, el rábano picante, la mostaza y la pimienta negra ayudan a descongestionar las vías respiratorias. Esto es posible comprobarlo, ya que cuando consumimos este tipo de alimentos los ojos lagrimean y hay escurrimiento nasal.

En la herbolaria, el ajo y la cebolla se recomiendan como opciones naturales para los descongestionantes nasales. Coma un poco de ambos, ya sea crudos en ensaladas o combinados con su platillo favorito. Use ajo fresco en lugar de ajo en polvo o en píldoras.

Después de comer ajo, enjuáguese la boca con agua y mastique ramitos de perejil fresco para eliminar el mal aliento que deja el ajo.

Los descongestionantes nasales en aerosol le ayudan a aliviar la congestión nasal, pero no deben usarse por más de una semana. Sin embargo, existen algunos aceites esenciales que pueden usarse como descongestionantes. Mezcle dos gotas de aceite de albahaca, tomillo y limón en un tazón de agua caliente, cubra su cabeza y el recipiente con una toalla grande e inhale el vapor durante diez minutos. El aceite de eucalipto también es un descongestionante efectivo, ya sea inhalado de un tazón de agua caliente o mezclado con agua en un vaporizador.

CEBOLLAS

VENTAJAS
- *Pueden ayudar a reducir los niveles sanguíneos de colesterol y el riesgo de padecimientos cardiovasculares*
- *Previenen la coagulación de la sangre*
- *Pueden ayudar a reducir el riesgo de cáncer*
- *Se usan como descongestionante en la medicina tradicional*

DESVENTAJAS
- *Pueden desencadenar ataques de migraña en personas susceptibles*
- *Causan mal aliento si se comen crudas*

Durante mucho tiempo, la cebolla se ha visto como el antídoto universal para todos los padecimientos. Pertenece a la misma familia del AJO, la familia *Allium*. Actualmente, los científicos creen que las cebollas pueden prevenir y combatir ciertas enfermedades, pero todavía no han descubier-

DULCE O PICANTE *El sabor fuerte tan característico de la cebolla se suaviza con la cocción.*

to cuáles son las sustancias que poseen estas notables propiedades curativas; como resultado de lo anterior, las cebollas siguen siendo objeto de muchas investigaciones.

Los experimentos muestran que el consumo de cebollas crudas puede ayudar a reducir los niveles sanguíneos de colesterol debido a que aumentan los niveles de lipoproteínas de alta densidad (LAD), que son moléculas especiales que ayudan a eliminar el colesterol de los tejidos y de las paredes arteriales.

Se ha dicho que las cebollas, ya sea crudas o cocidas, protegen contra los efectos nocivos de las grasas en la sangre. Parece que contienen una sustancia que ayuda a evitar la coagulación de la sangre y puede acelerar la velocidad a la que se deshace un coágulo. Estas afirmaciones no han sido comprobadas, pero existen pruebas de que este efecto puede ayudar a evitar problemas circulatorios como la enfermedad coronaria, la trombosis y muchos otros padecimientos asociados a los ataques cardiacos y a la mala circulación. Por esta razón, puede valer la pena incluir más cebollas en su dieta: ponga cebollas crudas desflemadas en sus hamburguesas o, en lugar de en una salsa de cebolla, sírvalas asadas con la carne de carnero.

Los investigadores también estudian la propiedad protectora de la cebolla contra el cáncer, ya que se piensa que los compuestos sulfurosos que contiene pueden evitar el crecimiento de las células cancerosas. Las cebollas se usan en la medicina tradicional para combatir el catarro. Consuma la cebolla, asada o hervida.

Comer cebollas crudas puede provocar mal aliento. La cebolla puede causar migraña en personas sensibles.

PANACEA HERBOLARIA

Los compuestos de azufre que confieren a la cebolla su sabor y olor fuertes llevaron a la creencia de que el jugo de cebolla podía evitar las infecciones. En la Edad Media, se utilizaba la cebolla para combatir la peste bubónica. Algunos herbolarios modernos dicen que la aplicación de cebolla elimina las arrugas y evita el acné; sin embargo, no hay datos científicos que apoyen estas afirmaciones.

CELULITIS

AUMENTE
• *Frutas y verduras*

REDUZCA
• *Alimentos grasosos, como la carne, los productos lácteos, el helado, las botanas fritas, las galletas y los pasteles*

El término "celulitis" fue acuñado por los médicos franceses para referirse a lo que ellos creían que era una especie de grasa que formaba "grumos". La celulitis, generalmente, afecta los muslos, las nalgas y, en ocasiones, los brazos y la porción inferior del abdomen de las mujeres. La palabra nunca ha sido traducida apropiadamente: *cellulitis*, de *celule*, célula, *itis*, inflamación, corresponde más bien a la etmifitis, una inflamación dolorosa de los tejidos que no tiene nada que ver con lo que se conoce popularmente como celulitis.

Muchos naturistas, cosmetólogos y fabricantes de cremas "anticelulíticas" dicen que la celulitis es causada por una acumulación de materia tóxica de desecho en los tejidos corporales, que se debe a una mala alimentación, rica en alimentos refinados y procesados y baja en frutas y verduras frescas. Se dice que las bolsas de agua, grasa e impurezas que se forman hacen que la piel parezca llena de hoyuelos, por lo que se la llama "piel de naranja". Esto se hace más aparente si la persona pellizca el área afectada. Por lo general, los naturistas recomiendan a las personas con celulitis que sigan una dieta desintoxicante que incluya frutas y verduras frescas en abundancia, y que excluya el té negro, el café y el alcohol.

¿REALMENTE EXISTE?

Aunque la palabra celulitis se ha adoptado para esta piel con apariencia de hoyuelos, existe la teoría de que la celulitis es una forma de "contaminación interna", pero no hay prueba científica que apoye esta afirmación, que sólo sirve para provocar sentimientos de culpa y de baja autoestima en algunas mujeres. Muchos médicos y científicos coinciden en que la grasa de la celulitis es grasa común y corriente, y que las toxinas no tienen nada que ver con este proceso natural.

La razón por la que muchas mujeres —incluso las delgadas— desarrollan celulitis en muslos y nalgas es que los estrógenos, hormona sexual femenina, hacen que la mujer acumule más grasa en esos lugares; además, acumula más grasa bajo la superficie de la piel, mientras que el hombre lo hace internamente, por debajo de los músculos. Después de la menopausia, las mujeres depositan más grasa en las partes superiores del organismo, pero esta tendencia puede ser revertida, a veces, con una terapia de reemplazo hormonal. Además, a medida que la mujer envejece, la superficie de su piel se hace más delgada y menos elástica y la celulitis se hace más exagerada. Por lo tanto, la celulitis es una característica natural del cuerpo femenino y —aunque puede resultar molesta para algunas mujeres— no causa ningún daño físico.

Vale la pena señalar que los baños de sol empeoran la celulitis, ya que la exposición excesiva a los rayos solares hace que la piel pierda elasticidad.

La liposucción, las inyecciones y los tratamientos eléctricos no tienen efectos duraderos, pero los masajes sí pueden ayudar. Los médicos creen que la mejor manera de mejorar la apariencia provocada por la celulitis es hacer ejercicio con regularidad —natación, ciclismo, caminata y danza, por ejemplo— y llevar una dieta baja en grasas que incluya muchas frutas y verduras. La pérdida rápida de peso puede exacerbar el problema, por lo que es recomendable bajar de peso lentamente.

CERDO

VENTAJAS
• *Fuente excelente de vitaminas del complejo B y de proteína*
• *Fuente útil de cinc*

DESVENTAJAS
• *Los productos de cerdo curados (tocino y jamón) tienen un alto contenido de sodio y nitritos*
• *Existe el riesgo de triquinosis o cisticercosis si la carne no se cuece bien*

La carne de cerdo es una de las más magras. Sin embargo, muchos productos de cerdo, como el salami, el chorizo, las costillas adobadas o en barbacoa, la carne del vientre y el tocino muy graso, tienen un alto contenido de grasas saturadas cuyo consumo excesivo está asociado con altos niveles de colesterol, endurecimiento de las arterias y padecimientos cardiacos (vea pág. 120). Por lo tanto, la gente supone erróneamente que todo el cerdo es rico en grasas y en consecuencia incompatible con una alimentación saludable.

En realidad, el cerdo magro tiene menos grasa que la res o el cordero y no tiene mucha más que el pollo sin la piel. Por ejemplo, una porción de 100 gramos de una pierna magra de cerdo asada contiene 7% de grasa, en tanto que una porción equivalente de pollo sin la piel contiene 5,5% de grasa. En términos de proteínas y de calorías, hay poca diferencia entre las carnes, pues la porción de pollo contiene 25 gramos de proteína y 150 calorías,

mientras que la de cerdo proporciona 30 gramos de proteínas y 185 calorías.

El cerdo es una excelente fuente de vitaminas del complejo B, en particular de la vitamina B_{12}. También es una provechosa fuente de cinc y contiene hierro.

La forma más saludable de comer cerdo es quitarle toda la grasa visible antes de cocinarlo, y hornearlo o asarlo a la parrilla. Es muy importante cocer bien el cerdo porque puede transmitir los huevos de la tenia, la triquina u otros parásitos. La forma más sencilla de saber si ya está bien cocido es insertar un cuchillo puntiagudo o un espetón: no debe soltar jugos rosados. Sin embargo, cuando se cocina uno de los cuartos del animal es más seguro usar un termómetro de carne para asegurarse de que la temperatura interna llegue a los 75°C, de modo que cualquier bacteria (vea INTOXICACIÓN POR ALIMENTOS) o parásito sea destruido. La infestación por la triquinosis es poco común en los países desarrollados, pero frecuente en países en vías de desarrollo. Cuando se presenta, produce dolor estomacal, diarrea y vómito a los pocos días de haberse ingerido la comida infestada con parásitos. Una semana después o más, puede haber fuerte dolor de los músculos y dificultad para respirar. Si no se trata, la triquinosis puede ser fatal.

EL TOCINO Y EL JAMÓN DE PERNIL
Curar las carnes —el proceso de salar y a veces de ahumar el cerdo para producir tocino o jamón— fue una forma muy importante de conservarlas. Hoy día, las avanzadas técnicas de refrigeración y de congelación han hecho que este proceso sea menos importante para la conservación. El color rosado de la carne de cerdo se debe a los nitritos, que se usan para controlar la proliferación de bacterias y conservar el sabor. Estos químicos pueden formar nitrosaminas du-

¿Por qué el jamón es rosado?

El jamón curado, a diferencia de otras carnes de cerdo, sigue rosado incluso después de ser cocinado. Durante el proceso de curado, los nitritos de la sal empleada convierten el pigmento (mioglobina) que almacena oxígeno en el tejido muscular en una mioglobina nitrosa de color rojo oscuro. A esto se debe el matiz rojo púrpura oscuro del tocino sin cocinar y de algunos jamones que se comen crudos.

La mioglobina nitrosa toma su característico color rosado cuando se fríe el tocino o se cuece el jamón. Si no estuvieran presentes los nitritos en la sal empleada en el proceso de curado, estas carnes quedarían grises al cocinarse. Los nitritos inhiben el crecimiento de las bacterias dañinas, como las que causan el botulismo. Existe cierta preocupación de que puedan ser perjudiciales, por lo que se tienen que regular cuidadosamente las cantidades que se añaden a los alimentos.

rante la cocción y la digestión; se sabe que estos compuestos en grandes cantidades causan cáncer en los animales. Sin embargo, las carnes procesadas proporcionan alrededor de 20% de los nitritos que forman nitrosaminas. El resto se encuentran en compuestos similares de algunas plantas. La controversia sobre los efectos de los nitritos llevó al Departamento de Agricultura de Estados Unidos a tomar la decisión de reducir los límites permitidos.

Debido al proceso de curado, los productos como el jamón, el tocino y el jamón de pernil tienen un contenido muy alto de sodio (vea SAL Y SODIO), y sólo se les debe comer en pequeñas cantidades si usted tiene PRESIÓN ARTERIAL alta o está siguiendo una dieta baja en sal.

CEREALES INTEGRALES

Vea pág. 96

CEREALES PARA EL DESAYUNO

VENTAJAS

- *Las variedades ricas en fibra son buena fuente de fibra insoluble, que ayuda al funcionamiento intestinal, y de fibra soluble, que ayuda a reducir los niveles de colesterol en la sangre*
- *Generalmente son bajos en grasa*
- *Muchos están enriquecidos con vitaminas y minerales, y además ofrecen una constante y lenta liberación de energía*

ALTOS EN FIBRA, BAJOS EN GRASA *A los cereales para el desayuno comerciales se les añaden vitaminas y minerales. Su valor nutritivo puede aumentarse con fruta fresca.*

DESVENTAJA

- *Muchos contienen grandes cantidades de azúcar y sal ocultas*

La popularidad de los cereales para el desayuno proviene del doctor John Harvey Kellogg, quien inventó las hojuelas de maíz en 1899. Su objetivo era ofrecer a los pacientes de su sanatorio, en Michigan, Estados Unidos, una opción saludable a los desayunos tradicionales. En la actualidad, las hojuelas de maíz y otras variaciones de cereales naturales —basados en maíz, trigo, avena, arroz y cebada— tienen la finalidad de ofrecer un inicio de día alto en fibra y bajo en grasas.

De hecho, un plato de avena cocida ofrecía estos mismos beneficios siglos atrás. El historiador romano Plinio describe cómo en el siglo I d.C. las tribus germánicas comían potajes hechos con avena. El almidón de la ave-

na se absorbe y se digiere lentamente, por lo que este alimento ofrece una liberación constante y lenta de energía que dura varias horas.

La avena es un ingrediente importante en el *muesli,* descubierto por el pionero suizo del movimiento naturista, el doctor Max Bircher-Benner, cuando éste compartió con un pastor un plato de potaje muy popular entre los campesinos de esa zona. La mezcla tradicional tiene la siguiente composición: 30% de avena, 30% de hojuelas de trigo, 10% de pasitas, 10% de avellanas y 20% de manzana fresca o de cualquier otra fruta de temporada. La avena también es una buena fuente de FIBRA soluble e insoluble y esta combinación la hace ideal para

Las fresas añaden vitamina C a un tazón de hojuelas de maíz.

El *muesli* sin azúcar es nutritivo y saludable.

El plátano es un buen complemento para un plato de arroz inflado y tostado.

La avena es una buena fuente de fibra soluble, la cual puede reducir los niveles de colesterol.

mantener el buen funcionamiento intestinal, al ayudar a prevenir el estreñimiento. La fibra soluble también ayuda a reducir los niveles sanguíneos de colesterol y disminuye el riesgo de padecimientos cardiacos así como de ataques de apoplejía.

El SALVADO es otra fuente de fibra, pero el exceso puede interferir con la absorción de minerales (nutrimentos inorgánicos) y provocar algunos problemas digestivos. Prefiera los cereales hechos con salvado procesado a aquéllos elaborados con salvado crudo, ya que contienen menos fibra insoluble y son más agradables al paladar. Sin embargo, estos cereales pueden ser ricos en sodio y azúcar.

La mayoría de los cereales comerciales contienen nutrimentos agregados en forma de vitaminas y minerales, especialmente vitaminas del complejo B y hierro. Sin embargo, por lo general, son altos en azúcares, en especial las marcas dirigidas al mercado infantil.

Prunus armeniaca

Los chabacanos de un intenso color anaranjado dorado son los más ricos en beta caroteno

La parte central del chabacano contiene ácido prúsico y no se debe comer.

Un puñado de orejones resulta un bocadillo práctico y saludable que proporcionará mucha energía.

FRUTA AROMÁTICA *Una de las primeras frutas del verano, los chabacanos saben mejor cuando están recién cortados.*

CEREZAS

VENTAJAS
• *Buena fuente de potasio*
• *Ayudan a prevenir la gota*

Las variedades comestibles de cerezas, crudas, son una buena fuente de potasio, el cual ayuda a estabilizar el ritmo cardiaco y a mantener sana la piel. También contienen cantidades apreciables de vitamina C.

Durante mucho tiempo, las cerezas han sido apreciadas en la medicina naturista por sus propiedades "limpiadoras". Se cree que la fruta elimina toxinas y líquidos y que limpia los riñones. Su leve efecto laxante ayuda a aliviar el estreñimiento. El consumo de 225 gramos de cerezas diariamente, ya sean frescas o enlatadas, ayuda a reducir los niveles sanguíneos de ácido úrico, lo que podría evitar la GOTA.

VARIEDADES

Existen más de 1.000 variedades de cerezas. Las variedades comestibles se dividen en ácidas —como las Morello— y dulces —como las Lambert, las Queen Anne y las Bing—. Las variedades dulces son mejores para comerse crudas, mientras que las ácidas son ideales para preparar pasteles, sorbetes y licores. Las cerezas híbridas, como las Duque, pueden comerse crudas o cocidas.

Cuando compre cerezas dulces, escoja las pesadas, de consistencia firme y tallo verde; esto indica su frescura. Por lo general, las cerezas son de un color rojo oscuro o amarillo pálido, pero pueden ser moradas o casi negras, dependiendo de la variedad. Las cerezas agrias deben ser pesadas, redondas y de color escarlata o carmesí intenso.

CHABACANOS

VENTAJAS
• *Son buena fuente de beta carotenos*
• *Los chabacanos secos son una fuente apreciable de hierro y de fibra, y una fuente excelente de potasio*

Continúa en la página 98

LOS CEREALES INTEGRALES Y LA SALUD

Los cereales, alimentos llenos de energía, se encuentran en muchos productos: desde el arroz, los cereales para el desayuno y el pan, hasta la sémola, el whisky y las palomitas de maíz.

El trigo y otros cereales son mucho más nutritivos en su forma integral, que es cuando contienen grandes cantidades de la mayoría de las vitaminas del complejo B y fibra. Son fuente excelente de carbohidratos y proteínas.

La mayor parte de la fibra, el aceite, las vitaminas del complejo B, el hierro, la vitamina E y una cuarta parte del contenido proteico del trigo provienen de la base del germen y de la capa de almidón que rodea el núcleo: el endosperma. En la mayoría de los cereales, el tamizado significa eliminar la capa externa o salvado y el germen del endosperma (rico en nutrimentos), que después se emplea para elaborar harina.

El proceso de separación aumenta la vida media de las harinas debido a que los aceites del germen son susceptibles a la oxidación y pueden enranciarse en pocas semanas. Aunque el salvado añade volumen a la alimentación, el exceso puede irritar el colon. El tamizado, por lo general, consiste en operaciones complejas que tienen como fin producir harinas altamente refinadas, de las cuales se elimina hasta el último rastro de salvado.

Muchas personas prefieren la textura suave de los productos refinados, tales como el pan blanco (vea pág. 296) y el ARROZ blanco pulido. Muchos fabricantes compensan las pérdidas nutritivas causadas por el tamizado fortificando los alimentos —los CEREALES PARA EL DESAYUNO, por ejemplo— con vitaminas del complejo B y hierro. En Estados Unidos, las harinas, los panes y los cereales para el desayuno están enriquecidos con calcio, hierro, tiamina, rivoflabina y niacina. Aunque estén fortificados con vitaminas, los productos refinados contienen menos fibra que los alimentos integrales. La fibra ayuda a prevenir el estreñimiento y puede ayudar a reducir el riesgo de desarrollar trastornos intestinales, tales como hemorroides y cáncer en el intestino.

El centeno, la avena, la cebada y el trigo contienen gluten, una mezcla compleja de proteínas, que no deben consumir quienes padecen de ENFERMEDAD CELIACA.

LOS CEREALES MÁS COMUNES

Arroz Es el principal alimento para más de la mitad de la población mundial. El arroz integral es una buena fuente de vitaminas del complejo B. También posee calcio y fósforo. Aunque además contiene hierro, el ácido fítico presente en el salvado inhibe su absorción. El arroz blanco, que ha perdido sus capas externas, contiene principalmente carbohidratos y un poco de proteína, pero posee poca tiamina, aunque se sancocha antes del tamizado. Por esto, algunos tipos de arroz blanco están fortificados con tiamina. (Vea también ARROZ.)

Avena Contiene gluten y no es recomendable para personas que padecen la enfermedad celiaca. Como el tamizado elimina casi todo el salvado pero deja el germen intacto, la harina de avena es relativamente alta en contenido de aceite y proteínas. Esto significa que, a menos que se someta al vapor antes de ser envasada, se enranciará más rápidamente que otros cereales. Se piensa que la fibra soluble presente en la avena resulta de mucha utilidad para reducir los niveles de colesterol en la sangre.

Cebada Es un alimento importante en el Medio Oriente, pero en Occidente se usa principalmente en forma de malta por cerveceros y destiladores, y como forraje para el ganado.

Centeno Contiene suficiente gluten para hacer una masa blanda, pero el pan resultante (pan negro o pan de centeno) es pesado y húmedo. Un tipo de whisky americano se destila a partir del centeno, y este cereal también se usa para hacer galletas.

Maíz No contiene gluten y es la base de una gran variedad de alimentos, como las palomitas de maíz, harina, cereales para desayunar, *bourbon* y otros tipos de whisky americanos y jarabe de maíz (un edulcorante usado para fabricar muchos postres).

Mijo Tampoco contiene gluten y por tanto es un cereal útil para personas que no toleran esa sustancia. Por la misma razón, no puede usarse para hacer panes esponjosos. Es un alimento importante en Asia y el norte de África, donde se utiliza para hacer panes no esponjosos.

Trigo Se clasifica como duro y blando, dependiendo del contenido de gluten de las diferentes variedades. El más duro y con más gluten es la variedad durum, usada para hacer pastas (vea pág. 302). Las harinas más blandas, con menos gluten, se usan para hacer galletas y pasteles.

NUTRICIÓN NATURAL *Los cereales integrales contienen más vitaminas, fibra y proteína que los cereales refinados.*

Trigo integral

Hojuelas de trigo

Germen de trigo

Trigo búlgaro

Mijo

Salvado de avena

Avena

Maíz palomero (crudo)

Cebada

Cebada perla

Hojuelas de cebada

Maíz palomero (inflado)

Centeno

Harina integral

Malta

Hojuelas de avena

Arroz integral

Arroz de grano largo

Arroz de grano corto

Harina de maíz

DESVENTAJA

• *Los conservadores usados en algunos productos secos pueden causar crisis de asma en personas sensibles*

Los chabacanos frescos y maduros son alimentos ricos en fibra y bajos en calorías. Son una buena fuente de beta carotenos, la forma esencial de la vitamina A. Los beta carotenos constituyen algunos de los nutrimentos ANTIOXIDANTES que, según estudios recientes, podrían ayudar a prevenir enfermedades degenerativas del tipo del cáncer y de la insuficiencia cardiaca.

Los chabacanos enlatados en su jugo tienen menos de la mitad del contenido de beta carotenos que incluye el producto fresco o seco; no obstante, el jugo es una fuente apreciable de vitamina C.

CHABACANOS SECOS

Aunque los orejones (chabacanos secos) contienen más calorías que los frescos, están considerados como uno de los alimentos más saludables debido a que son una fuente compacta y conveniente de nutrimentos; incluso llegaron a formar parte de la dieta de los astronautas estadounidenses en alguna misión espacial. El proceso de secado aumenta la concentración de beta carotenos, potasio y hierro. El consumo de potasio se ha relacionado con una disminución de la PRESIÓN ARTERIAL cuando ésta es causada por sensibilidad a la sal. Ello se debe a que el potasio es un diurético natural que estimula la excreción de agua y sodio.

Muchas compañías de alimentos tratan los chabacanos con dióxido de azufre antes de secarlos para conservar su color original y ciertos nutrientes. Este tratamiento produce sustancias que pueden desencadenar ataques de asma en personas sensibles. Los asmáticos deben evitar los chabacanos secos a menos que estén seguros de que éstos se hallan libres de sulfitos.

CHÍCHAROS

VENTAJAS

• *Muy buena fuente de tiamina (vitamina B$_1$)*
• *Buena fuente de vitamina C*
• *Contienen proteína, fibra, folato y fósforo*

Los chícharos contienen, proporcionalmente, menos proteína y más vitamina C que otras LEGUMBRES, debido a que por lo general se consumen cuando todavía no maduran. Una porción de chícharos cocidos (65 gramos) contiene 50 calorías y suministra una cuarta parte de los requerimientos diarios de vitamina C y la mitad de los requerimientos de tiamina. Los chícharos también contienen folato, fibra y fósforo.

En el momento en que se corta la vaina, el azúcar natural de los chícharos comienza a convertirse en almidón. Como el proceso de congelación se lleva a cabo poco después de que las vainas se han recogido, los cambios químicos son mínimos; pero los chícharos frescos pueden tardar varios días en llegar al mercado y, para entonces, una mayor cantidad de azúcar se habrá convertido en almidón. Ésta es la razón por la cual mucha gente prefiere los chícharos congelados a los frescos, además de que los primeros son más tiernos. Sin embargo, como los chícharos son blanqueados antes de la congelación, pierden parte de su contenido de vitamina C y de tiamina. También se pierden vitaminas cuando son hervidos. Los chícharos enlatados también pierden mucha vitamina C durante el proceso de enlatado y es posible que les hayan añadido sal y azúcar.

Existen varios tipos de chícharos en la actualidad. El chícharo tradicional tiene una vaina que no es muy agradable al paladar, pero existen algunas variedades, como la vaina china de chícharo, que pueden ser comidas enteras.

CHILES

VENTAJAS

• *Estimulantes del apetito, pues provocan la salivación; remedio para algunos problemas digestivos*
• *Ayudan a aliviar la congestión nasal, la tos, la bronquitis y el asma*
• *Excelentes sudoríficos*
• *Frescos, son fuente importante de vitamina C*

DESVENTAJAS

• *Pueden irritar la mucosa gástrica*
• *Deben manipularse con precaución, pues irritan los ojos y la piel*

Según los arqueólogos, el chile es una de las primeras plantas cultivadas en Mesoamérica. En la época prehispánica, además de ser usado para cocinar platillos, tenía un valor tan importante que los señores cobraban impuestos y recibían tributos en forma de cargamentos de chiles. Asimismo, los pueblos prehispánicos combinaban los chiles con otras

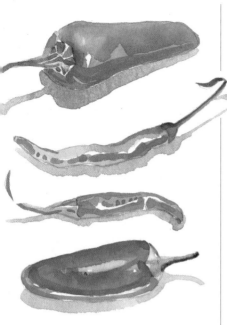

plantas medicinales para combatir inflamaciones gástricas y hemorragias.

En Estados Unidos, los chiles constituyen un ingrediente popular de la cocina del suroeste del país; el chile añade sabor a muchos platillos y salsas y algunas variedades menos picantes se consumen como bocadillos.

Las variedades más comunes de chiles son: Anaheim, ancho, cascabel, cayenne, cherry, habanero, jalapeño, poblano y serrano.

El encanto del chile

¿Cuál es la atracción de los alimentos picantes como el chile? Un psicólogo estadounidense señala que, en respuesta al sabor picante del chile, el cerebro libera endorfinas, sustancias analgésicas que, en altas concentraciones, provocan una sensación de placer. Esto tiene que ver con la antigua práctica de aplicar chile machacado para aliviar el dolor de muelas. Algunas investigaciones recientes han demostrado su efectividad como anestésico.

El picante de los chiles es producido por la capsicina, compuesto que se concentra principalmente en las venas. Produce una sensación de ardor en la boca y provoca lagrimeo y escurrimiento nasal. En algunos casos, ayuda a descongestionar las vías aéreas del organismo adelgazando la secreción de los senos nasales.

Las variedades rojas por lo general tienen un contenido más alto de nutrimentos que los verdes. Los chiles son una fuente excelente de ANTIOXIDANTES, por ejemplo, sólo 30 gramos de chiles proporcionan 70 miligramos de vitamina C, o más del 100% de la ración diaria recomendada, y alrededor del 70% de la ración diaria recomendada de vitamina A. Los chiles también contienen bioflavinoides, los que algunos investigadores creen que pueden ayudar a prevenir el cáncer. Aportan también cantidades menores de vitaminas E, P, B_1 y B_2.

Algunos investigadores dicen que el consumo de chiles hace que el estómago produzca un moco que protege su membrana contra irritantes como los ácidos y el alcohol. No obstante, los chiles pueden irritar el tubo digestivo y causar molestia intensa en el ano. Existen productos farmacéuticos hechos a base de *Oleorresina capsicum* que sirven para aliviar los dolores musculares. También se emplea en ungüentos para tratar la LUMBALGIA, la ciática, el REUMATISMO, la GOTA y la NEURALGIA.

En zonas tropicales se usan para estimular la transpiración y disminuir la temperatura interna del cuerpo. Se dice que pueden actuar como anticoagulantes y estimulantes de la actividad cardiaca y ayudar a reducir la PRESIÓN ARTERIAL y el COLESTEROL, pero no hay pruebas científicas que confirmen esto.

Cuando corte chiles, manipúlelos con cuidado, pues la capsicina puede irritar la piel y causar mucho dolor en

Preparaciones con chile en diferentes países

Rouille Salsa del sur de Francia, para la *bouillabaise* y otras sopas de pescado.
Paprika Condimento de Hungría, en donde se dice que su consumo denota virilidad en el hombre y pasión en la mujer.
Tabasco Salsa estadounidense, para acompañar platillos y bebidas.
Hárisa Salsa del norte del continente africano, para condimentar el alcuzcuz.
Piri-piri Salsa de África occidental, a base de chile y jugo de limón.
Berbere Salsa etíope de chile molido y otras especias para la carne.
Chutney Compuesto agridulce de la India, a base de chile, especias, legumbres y frutas.
Sambal Salsa indonesia.
Nouc cham Salsa vietnamita para pescado, picante.
Kava Pócima de la virilidad de Samoa.

los ojos si entra en contacto con su mucosa.

CHOCOLATE Y CARAMELOS

Vea pág. 102

CIRCULACIÓN SANGUÍNEA, PROBLEMAS DE

AUMENTE
• *Pescados, cereales, pan y pastas integrales, frutas y verduras frescas*
• *Ajo y cebolla*
• *Productos lácteos bajos en grasas*

REDUZCA
- *La carne grasa y la piel de las aves*
- *Carnes grasas procesadas*
- *Productos lácteos altos en grasas*
- *Alcohol y café hervido*
- *Sal*

EVITE
- *Fumar*

Los tres factores principales que causan problemas de la circulación —incluidos los del corazón (vea pág. 120)— son el tabaco, la PRESIÓN ARTERIAL alta y los altos niveles de colesterol en la sangre. La obesidad puede hacer que se presenten por lo menos estos dos últimos, y beber alcohol en exceso es también una de las principales causas de una presión arterial elevada. Sin embargo, muchas personas que no tienen sobrepeso y no fuman o beben en exceso desarrollan, cuando envejecen, una presión arterial alta y niveles considerables de colesterol en la sangre. Por fortuna, una dieta saludable puede disminuir significativamente el riesgo de problemas de circulación.

Actualmente muchos estudios han vinculado el consumo excesivo de grasas (vea pág. 204) con subsecuentes padecimientos cardiacos y otros problemas de circulación. Existen dos formas de grasas: las no saturadas (que se encuentran en los aceites de las semillas y en los aceites de los pescados) y las saturadas (que provienen mayormente de fuentes animales). En la actualidad se recomienda que las grasas no deben ser más del 30% del total de las calorías ingeridas.

Los alimentos que contienen cantidades elevadas de grasas saturadas incluyen la mantequilla, el queso y las carnes grasas; fuentes con cantidades moderadas son las salchichas, los pasteles de cerdo, las galletas, las papitas fritas, los helados y el chocolate. Aunque el consumo excesivo de alcohol y de azúcar propicia el aumento de peso, la principal causa de la obesidad es la ingestión elevada de energía proveniente de carbohidratos y principalmente de grasas.

En cantidad adecuada, ningún tipo de grasa es perjudicial y algunas pueden, por el contrario, ayudar a prevenir los problemas de circulación. Las de algunos pescados, como las sardinas, la macarela, el arenque, el atún, la trucha y el salmón, pueden ayudar a impedir que se formen coágulos en las arterias. Además, reemplazar en la dieta las grasas saturadas con otras monoinsaturadas o poliinsaturadas puede ayudar a contrarrestar la acumulación de colesterol.

Se dice que el ajo y la cebolla, además de los alimentos picantes como los chiles, pueden servir para evitar la formación de coágulos y ayudar a bajar la presión arterial y los niveles de colesterol; sin embargo, hasta el momento no existen pruebas científicas que confirmen esto. Se sabe que una dieta elevada en cereales integrales, frutas y verduras ayuda a reducir esos niveles, pues su fibra soluble se une al colesterol en los intestinos y facilita que el organismo lo excrete como desperdicio.

Beber demasiado CAFÉ hervido puede hacer que aumenten los niveles de colesterol en la sangre. El consumo excesivo de sal, de la que se encuentran cantidades apreciables en el caldo concentrado de pollo o de res, en polvo o en cubitos, en las sopas enlatadas, en los alimentos ahumados y en algunos bocadillos, debe limitarse porque su exceso en la dieta también ha sido vinculado con la presión arterial alta, con el endurecimiento de las arterias y con los padecimientos cardiacos. Asimismo, la nicotina es otra sustancia que deteriora la circulación sanguínea.

EL LARGO RECORRIDO DE LA SANGRE

El sistema circulatorio transporta la sangre a todo el organismo y la conduce al corazón por medio de las arterias, las venas y los pequeños vasos sanguíneos que se extenderían aproximadamente 160.000 kilómetros si se les pusiera a todos en una línea recta. El corazón es la bomba de cuatro cavidades que impulsa todo el sistema. De manera particular, las extremidades del cuerpo, que se encuentran más alejadas del corazón, muestran mayor propensión a sufrir problemas de circulación sanguínea.

El padecimiento grave más común que se asocia con la mala circulación sanguínea es la ATEROSCLEROSIS, que consiste en el desarrollo de depósitos de grasa en las paredes de las arterias, las que se engruesan y se hacen menos flexibles, obstaculizando así la circulación de la sangre. Esto aumenta el riesgo de infarto, de embolias, de trombosis y de otros padecimientos, dependiendo de las arterias que se vean afectadas por la aterosclerosis.

PROBLEMAS RELACIONADOS CON UNA MALA CIRCULACIÓN

El dolor en el pecho, quizá a veces en momentos de estrés, de ejercicio agotador o de tensión, puede deberse a una angina, que se presenta en la edad madura o en la vejez, cuando las arterias coronarias se obstruyen parcialmente por el engrosamiento de sus paredes. Los calambres dolorosos en las pantorrillas durante una caminata cuesta arriba pueden deberse al endurecimiento de las arterias de las piernas, mientras que la consecuencia de una arteria bloqueada en el cerebro podría ser la parálisis o la demencia. Las personas que sufren de DIABETES están particularmente predispuestas a los padecimientos circulatorios, ya que el endurecimiento de las paredes de las arterias es una de las complicaciones más conocidas de esa enfermedad.

Una condición conocida como "síndrome de piernas inquietas" puede deberse también a problemas circulatorios, y está caracterizada por dolor y espasmo involuntario en las piernas, que ocurre más frecuentemente después de acostarse. Las vitaminas E y las del complejo B pueden ayudar al sistema circulatorio periférico, por lo que se puede incluir en la dieta aceites de semillas, aguacates y germen de trigo.

Otros dos problemas de circulación que afectan a las extremidades son la enfermedad de Raynaud y los sabañones. En la enfermedad de Raynaud, los dedos de las manos o de los pies se tornan blancos y se entumecen cuando están fríos y, al calentárseles, hormiguean dolorosamente a medida que se vuelve a activar la sangre.

Los sabañones se presentan, por lo general, después de una exposición al frío, pero pueden ser un problema que se presente también con temperaturas normales cuando las personas tienen problemas de circulación. Comúnmente ocurre inflamación en los dedos de las manos y de los pies, pero también suele presentarse en las orejas, en las mejillas y en la nariz. Una insoportable picazón y una sensación de quemadura son resultado de una irrigación insuficiente de sangre a las áreas afectadas, las cuales se inflaman. Tanto en el caso de los sabañones como en el de la enfermedad de Raynaud es importante mantener las extremidades del cuerpo tan calientes como sea posible.

CIRROSIS

AUMENTE
• *Carbohidratos complejos, como las papas, el arroz integral, y el pan integral*
• *Frutas y verduras frescas*

REDUZCA
• *Alimentos grasosos y sal*

EVITE
• *Alcohol*
• *Alimentos muy condimentados*
• *Comidas a la parrilla*

El daño causado por la cirrosis —una enfermedad que pone en peligro la vida del paciente, y en la que se destruyen las células hepáticas— no tiene remedio. Sin embargo, una dieta sensata y rica en carbohidratos puede ayudar, por lo menos, a evitar un daño mayor.

El primer paso en la recuperación es la total abstinencia de alcohol, que, en el caso de la cirrosis alcohólica, habrá afectado ya la capacidad del organismo para absorber y almacenar vitaminas y minerales.

Para reemplazar estos nutrimentos y el peso perdidos, los pacientes deben consumir suficientes carbohidratos complejos, como arroz, papas, pan integral, pastas, frutas y verduras frescas y un poco de pescado, huevo y productos lácteos bajos en grasas, para poder satisfacer las necesidades de vitaminas.

Por lo general, el hígado dañado de las personas cirróticas no puede manejar grandes cantidades de grasa. Esto se debe a que tiene dificultades para sintetizar la bilis, que es necesaria para la digestión de las grasas. Consuma, en pocas cantidades, alimentos ricos en proteínas y bajos en grasa, como aves, pescados del tipo de la sardina y el salmón, carne magra y productos de soya (proteína vegetal). Evite las carnes grasosas y los productos lácteos enteros, como son la mayoría de los quesos duros.

La capacidad de metabolizar los medicamentos y otras sustancias —especialmente las que se encuentran en alimentos muy condimentados— también puede verse afectada cuando el hígado se encuentra deteriorado. Por lo tanto, es útil evitar platillos muy condimentados y los alimentos a la parrilla, puesto que contienen elementos perjudiciales.

Un caso real

*C*uando Martín visitó al médico de la localidad con una cortada en la mano, éste se dio cuenta de que el hígado de su paciente había aumentado de tamaño. Entonces, el médico le preguntó acerca de su consumo de alcohol; Martín explicó que la presión a la que se encontraba sometido en el trabajo era tanta que, diariamente, bebía dos o tres tragos de ginebra en la noche y un poco de vino después de la cena. El médico le indicó que sería necesario realizar algunos estudios de laboratorio; días después, los análisis de sangre revelaron daño hepático invisible. Martín juró que nunca volvería a tomar: él estaba decidido a evitar un mayor daño hepático.

Continúa en la página 106

CHOCOLATES Y CARAMELOS

Aunque los chocolates y los caramelos proporcionan mucha energía,
no deben convertirse en parte habitual de su alimentación.
Guárdelos para ocasiones especiales y los disfrutará más.

La sensación de bienestar que producen el chocolate y los caramelos hace que mucha gente recurra a ellos como un estimulante para elevar sus niveles de energía. El problema radica en que si se recurre al chocolate y a los caramelos para "levantar el ánimo", pueden convertirse fácilmente en parte regular de la alimentación. Por lo general, los caramelos son sólo una fuente de calorías vacías y además pueden suprimir el apetito por alimentos más nutritivos en las comidas. El chocolate tiene valor nutritivo, pero es rico en grasas y puede contribuir al aumento de peso si se consume en exceso. Esto no significa que los caramelos pongan en peligro la salud, sólo quiere decir que deben consumirse con moderación y que no deben sustituir a alimentos más nutritivos.

CHOCOLATE

En todo el mundo, las personas han disfrutado el chocolate durante siglos. En su multitud de variedades, es una interminable tentación y una fuente de placer culinario. El consumo de chocolates varía considerablemente de país a país. Según la Asociación de Fabricantes de Chocolate de Estados Unidos (Chocolate Manufacturers Association of the USA), los estadounidenses gastaron 7.200 millones de dólares en esta golosina sólo en 1995, es decir, compraron alrededor de 5 kilogramos de chocolate por cabeza. En cambio, los suizos, con cerca de 12 kilogramos por persona al año son los que consumen más chocolate en el mundo, y en México el consumo por persona es de sólo 300 gramos anuales. En la actualidad, existen tiendas que venden exclusivamente chocolates, revistas dedicadas por entero a este producto y libros de cocina con recetas en que el chocolate es el ingrediente principal.

Desde el punto de vista nutritivo, el chocolate contiene un poco de proteína, cantidades variables de azúcar y algunos minerales. El chocolate amargo es fuente apreciable de hierro y magnesio, por ejemplo, y todos los chocolates contienen potasio. El chocolate contiene además compuestos que actúan como estimulantes suaves, los cuales también pueden ser responsables de la MIGRAÑA que se presenta en personas sensibles.

Como el chocolate es rico en grasas —cerca del 30% del peso— también es alto en calorías: 100 gramos de chocolate contienen 500 calorías.

LA SENSACIÓN DE BIENESTAR

Se cree que el chocolate eleva los niveles de serotonina y endorfinas en el cerebro, lo que provoca un efecto estimulante. La sensación de bienestar provocada por el chocolate se debe en parte a una sustancia llamada feniletilamina (FEA), que normalmente se encuentra en el cerebro y se libera en momentos de excitación emocional. Ésta es la razón de la caja de chocolates como tradicional regalo de novios y el deseo intenso de comer chocolates cuando una relación termina. El chocolate también contiene teobromina y CAFEÍNA, sustancias estimulantes, las cuales aumentan el estado de alerta. Además, algunas personas tienen la sensación de que el chocolate es un calmante, ya que lo asocian con la comodidad y las recompensas propias de la infancia.

RACIONES DE SUPERVIVENCIA

Cualquiera que contemple la posibilidad de llevar a cabo una expedición de alpinismo, una larga caminata o todo un día de pesca debería considerar llevar una o dos barras de chocolate en su mochila. En 1993, cuatro británicos sobrevivieron seis días en la nieve del Cáucaso ruso con tres barras de chocolate. Los alpinistas expertos recomiendan a las personas que van a escalar que lleven consigo alguna bebida caliente y algún alimento energético, como una barra de chocolate. En las raciones diarias del ejército de los Estados Unidos se incluyen barras de chocolate, el cual también es consumido por los astronautas durante sus misiones espaciales.

CÓMO SE HACE EL CHOCOLATE

El chocolate se prepara con el fruto del árbol de cacao, originario de América. De hecho, las semillas de cacao fueron usadas como moneda por los aztecas, en México, hace más de 600 años. El cacao también se cultiva en el occidente de África y el sureste de Asia.

Las semillas de cacao pasan por un largo proceso antes de convertirse en chocolate. Se fermentan y se secan al sol antes de ser empacadas para su exportación. Los fabricantes de chocolate escogen y limpian las semillas y luego las tuestan para que aflore su sabor. Más tarde, las semillas se pelan y se muelen.

El calor del proceso de molido derrite la grasa de las semillas, lo que

SE DERRITE EN LA BOCA *El chocolate más fino obtiene su textura de la crema de cacao pura. Su sabor proviene de una alta proporción de sólidos de cacao.*

Un caso real

*F*elipe, un empleado de bienes raíces de 46 años de edad, tuvo una experiencia muy desagradable con un anestésico dental anticuado cuando era niño, y desde entonces les tiene un miedo terrible a los dentistas. Durante años, prefirió confiar en su cepillo de dientes y en los caramelos de menta refrescantes del aliento que chupaba todo el día y que, según él, eran buenos para los dientes porque tenían el mismo sabor de la pasta dental. Sin embargo, hace poco comenzó a sufrir de dolor de muelas y, además, un diente se le rompió al nivel de la encía. Finalmente, Felipe se llenó de valor y visitó a un dentista, que le dijo que nunca antes había visto un deterioro dental tan extenso. Aseguró que el daño se debía principalmente al hábito de chupar caramelos de menta, que le habían cubierto los dientes cada día con capas y capas de azúcar por largos periodos. Con ayuda de anestésicos dentales modernos y efectivos, se les colocaron amalgamas a los dientes de Felipe. Esta experiencia hizo que Felipe recobrara la confianza en los dentistas y que dejara de chupar caramelos de menta.

produce un material grasoso de sabor amargo llamado licor de chocolate. Mucha de la grasa amarilla, o crema de cacao, es separada del licor en una prensa para producir un sólido. Éste se muele y se procesa para obtener polvo de cacao.

El chocolate se obtiene añadiendo azúcar, grasa y leche —en el caso del chocolate de leche— al licor de chocolate. Tradicionalmente, la grasa que se añade al chocolate es la crema de cacao, la cual confiere la textura característica del producto. Existen varios tipos de chocolate, entre ellos, el chocolate oscuro, el amargo, el semiamargo, el de leche y el blanco. Aunque realmente no es un chocolate, este último es una mezcla de crema de cacao, leche, azúcar y saborizantes, pero no contiene sólidos de cacao; su color varía de blanco a amarillo pálido.

CARAMELOS

El azúcar —principal ingrediente de los caramelos— tiene una historia muy misteriosa. Nadie sabe cuándo ni dónde se originó; no obstante, se piensa que la caña pudo haber llegado desde la Polinesia.

Casi todos los caramelos son ricos en azúcares simples. Cada 100 gramos de caramelos suministran aproximadamente 375 calorías.

Muchas personas dicen que los caramelos hacen engordar debido a su alto contenido de azúcar. Sin embargo, esto no es necesariamente cierto, ya que el azúcar tiene un efecto supresor del apetito —muchos padres son testigos de que los niños pierden el apetito con tan sólo comer un par de caramelos antes de la comida—. Esto se vuelve un problema preocupante si el niño satisface su hambre consumiendo calorías vacías y deja de consumir los nutrimentos vitales que contiene una comida formal.

ALGARROBO ¿UN SALUDABLE SUSTITUTO DEL CHOCOLATE?

En algunas tiendas se venden golosinas de algarrobo como una opción saludable al chocolate, debido principalmente a que no contienen estimulantes, como este último. La vaina del algarrobo es parecida en color y olor a la del cacao pero, debido a que su sabor es mucho más suave, debe usarse en cantidades mayores que el cacao. La harina de algarrobo contiene menos grasa y más carbohidratos y calcio, mientras que el cacao contiene más niacina, vitamina E, hierro, cinc y fósforo.

Aunque el chocolate de algarrobo inicia como un polvo bajo en grasa, está muy lejos de ser un alimento bajo en grasas. Por lo general, se prepara con aceite de coco o aceite vegetal hidrogenado, y el resultado final es a menudo un producto tan rico en grasas como el chocolate.

VAINAS *Las vainas del algarrobo son ricas en azúcares naturales.*

COLORANTES E INTOLERANCIAS

Investigaciones recientes no han demostrado que los colorantes utilizados para confeccionar caramelos autorizados por la Food and Drug Administration se relacionen con reacciones alérgicas en niños o adultos. Estos colorantes se añaden en cantidades minúsculas y el contenido en una porción individual no es considerable. Algunas personas pueden presentar intolerancia a algunos ingredientes de un caramelo determinado, pero como las golosinas no son esenciales para la dieta, se pueden eliminar sin dificultad. Se sabe que el regaliz natural puede elevar la presión arterial en algunas personas. Este efecto está relacionado con el mecanismo de retención de sal. Es preferible que las personas hipertensas se abstengan de consumir caramelos que contengan este ingrediente.

¿PROVOCAN CARIES LOS CHOCOLATES Y LOS CARAMELOS?

No existe duda de que el consumo regular de alimentos azucarados y de bebidas dulces causa caries. El azúcar y otros carbohidratos refinados son fermentados por las bacterias de la placa dental para producir ácidos que disuelven el esmalte dental. Los efectos nocivos del azúcar pueden ser reducidos con el cepillado regular de los dientes, para evitar la acumulación de placa bacteriana. Las paletas y los caramelos que permanecen en la boca por cierto tiempo causan más daño que aquellos elementos que se tragan de inmediato.

Contenido nutritivo de algunos caramelos				
ARTÍCULO	**PESO**	**CALORÍAS**	**GRASA (g)**	**PROTEÍNA (g)**
Mentas	40 g	160	5	0
Goma de mascar	3 g o una pieza	10	0	0
Barra de chocolate amargo	40 g	200	11	1
Barra de chocolate de leche	40 g	210	13	3
Dulces de melcocha o "chiclosos"	40 g o seis piezas	180	1,5	0
Gomitas	40 g o seis piezas	160	0	0

El chocolate causa menos problemas que los caramelos. Esto se debe principalmente a que el chocolate, por lo general, se mastica y se traga rápidamente; pero también puede ser debido al contenido de grasa del chocolate o a los taninos del cacao, que inhiben el crecimiento de la placa bacteriana.

CARAMELOS "AMISTOSOS"

En la actualidad existen caramelos que no causan caries y que incluso pueden prevenirlas. Algunas gomas de mascar contienen xilitol —hecho de sustancias extraídas de corteza de abedul, mazorcas de maíz o cáscaras de avellana— en lugar de azúcar. Esas gomas ayudan de dos maneras: primera, la acción de mascar estimula las glándulas salivales y la saliva mantiene limpia la boca; segunda, el xilitol cambia la composición y la adherencia de la placa bacteriana, y así reduce la incidencia de caries dentales. Los caramelos sin azúcar, 50% de los cuales están endulzados con xilitol, estimulan la salud dental si se consumen después de las comidas, según estudios patrocinados por la Organización Mundial de la Salud. Su dentista podrá recomendarle algunos.

PALETAS Y CARAMELOS *Los colores brillantes y las formas variadas aumentan el atractivo.*

Los pacientes con cirrosis avanzada pueden padecer edema —conocido popularmente como hidropesía— en que la excesiva retención de líquidos causa hinchazón local o generalizada de los tejidos corporales. Si este problema se presenta, deberá reducir el consumo de sal y de sodio.

CAUSAS Y SÍNTOMAS

La causa más común de cirrosis es el abuso de alcohol. Otras causas que también la propician son: la hepatitis viral, la desnutrición y la inflamación crónica o el bloqueo de los conductos hepáticos.

A medida que se desarrolla la enfermedad, el normalmente suave tejido hepático se torna fibroso y se llena de cicatrices, y pierde cada vez más la capacidad de eliminar las sustancias de desecho de la sangre. El paciente sufre de malestar general, aumento de la porción media superior del abdomen por presencia de agua, estreñimiento o diarrea, vómito, pérdida de apetito y pérdida de peso. En ocasiones también se puede presentar ictericia (color amarillo de la piel).

Otros síntomas que pueden aparecer son el edema y la anemia. También puede haber hemorragias, debido a que es posible que la enfermedad afecte el proceso de coagulación de la sangre.

CIRUELAS

VENTAJAS
• *Fuente útil de vitaminas A, E, rivoflavina y potasio*

En Estados Unidos, se venden más de 140 variedades. Las ciruelas contienen vitaminas A y E, que son ANTIOXIDANTES que ayudan a proteger a las células del daño causado por los RADICALES LIBRES y que, además, ayu-

FRUTA DE LA JUVENTUD *Las ciruelas, que se encuentran en más de 2.000 variedades, son una fuente importante de vitamina E, necesaria para retrasar algunos efectos del envejecimiento, como las arrugas.*

dan a retrasar los efectos del envejecimiento. Las ciruelas secas se conocen como CIRUELAS PASAS. En esta modalidad, cuando se les ha eliminado la mayor parte de su contenido de agua, representan una fuente concentrada de nutrimentos, aunque solamente el hierro y el potasio se encuentran en cantidades significativas.

Algunas tiendas naturistas venden ciruelas en salmuera, las cuales han sido utilizadas durante mucho tiempo en la medicina tradicional de Asia. Se emplean para tratar problemas digestivos, como trastornos estomacales, náuseas y ESTREÑIMIENTO.

CIRUELAS PASAS

VENTAJAS
• *Rica fuente de potasio*
• *Fuente útil de fibra y hierro*
• *Contienen vitamina B_6*
• *Alivian el estreñimiento*

DESVENTAJAS
• *Ricas en calorías*
• *Pueden causar flatulencia*

Las ciruelas pasas son la forma seca de cualquier variedad de ciruelas. Como todas las frutas secas, son fuente concentrada de azúcar, lo que las hace buena fuente de energía. Las ciruelas pasas también contienen potasio, hierro y vitamina B_6.

Son fuente útil de fibra y ayudan a aliviar el estreñimiento. Remoje una taza de ciruelas pasas en agua durante toda la noche e ingiera la mitad en la mañana y la mitad en la noche. Si usted no quiere comer las pasas completas, sustitúyalas con jugo de ciruelas pasas, el cual puede comprar ya embotellado; aunque el jugo de ciruelas pasas es bajo en fibra, es un laxante eficaz debido a unas sustancias llamadas derivados de hidroxifenilización, las cuales estimulan las fibras musculares del intestino grueso.

CISTITIS

AUMENTE

• *Agua y otros líquidos, por lo menos dos o tres litros al día*
• *Jugo de arándanos* (cranberry)

REDUZCA

• *Picante*
• *Té negro, café y bebidas gaseosas*

Miles de mujeres —y algunos hombres— sufren de cistitis. Esta dolorosa infección de la vejiga hace que el individuo sienta frecuentemente la necesidad de orinar; sin embargo, cuando lo intenta, sólo lo hace en pequeñas cantidades y además la micción va acompañada de ardor.

La dieta recomendada para las personas que sufren de cistitis es beber muchos líquidos —por lo menos 2 o 3 litros al día— para diluir la orina. Esto la hace menos ácida y así la expulsión es menos dolorosa. El citrato de potasio, medicamento que se receta para tratar las molestias, también neutraliza la orina.

Algunas víctimas de la cistitis empeoran con el consumo de té negro, café, bebidas gaseosas, chile y especias.

Muchos médicos recomiendan que se tomen dos vasos de jugo de *cranberry*, diariamente, como medida preventiva. Según estudios realizados, el cranberry contiene una sustancia que evita que la *Escherichia coli* —bacteria causante de la cistitis— se adhiera a las paredes de las vías urinarias, para evitar la infección. En Estados Unidos, la Escuela Médica de Harvard realizó un estudio en 153 ancianas y se encontró que las que tomaban diariamente un vaso de jugo de *cranberry* estaban menos propensas a padecer cistitis que las que no lo hacían.

Las personas que padezcan cualquier tipo de infección urinaria siempre deben consultar a su médico. Si no se tratan, pueden desarrollar una infección renal peligrosa y difícil de curar.

COCOS

VENTAJA
• *Fuente de fibra*

SABOR TROPICAL
El aceite de coco contiene más grasas saturadas que la carne más grasosa.

DESVENTAJA

• *Ricos en grasas saturadas y en energía*

El coco es el fruto de un árbol de la familia de las palmas; crece principalmente en las zonas costeras tropicales y se usa de muy diversas formas. El aceite de coco —utilizado en la elaboración de dulces y margarina— es uno de los dos aceites vegetales, usados para cocinar, ricos en grasas saturadas (el otro es el aceite de palma). Aunque este aceite no contiene colesterol, su consumo eleva los niveles de éste en la sangre, lo que aumenta el riesgo de padecimientos cardiacos. El aceite de coco no contiene la mayoría de los nutrimentos incluidos en otros aceites vegetales. La pulpa de coco contiene 351 calorías por cada 100 gramos, de las cuales más de tres cuartas partes provienen de grasas saturadas. La pulpa contiene fibra, pero es una fuente relativamente pobre de vitamina E y minerales, que están presentes en otros frutos secos. Aunque el coco es rico en grasas saturadas, es fácilmente digerible y útil para personas que sufren de problemas digestivos.

El coco puede comerse fresco o seco, rallado en postres, helados y alimentos procesados.

El agua de coco —ese líquido blanco encerrado en el corazón del coco— puede servirse como bebida o usarse para marinar carnes. Una taza de agua de coco contiene unas 60 calorías y 12 gramos de carbohidratos. El contenido proteico del agua de coco fresca es de 0,7 gramo por taza, y el de grasas saturadas es de 0,5 gramo. El agua de coco que se vende enlatada en los supermercados por lo general no es fresca. Se obtiene extrayendo el líquido de una mezcla de coco rallado y agua. Su valor nutritivo y energético es menor que el del agua de coco fresca.

La crema de coco —una mezcla grasosa hecha de pulpa de coco y leche— se usa en *curries* de la cocina oriental.

COL

VENTAJAS

• *Ayuda a prevenir el cáncer de colon*
• *Ayuda a aliviar la úlcera gástrica*
• *Fuente excelente de vitamina C*

DESVENTAJAS

• *Puede causar flatulencia*
• *Si se come en exceso, puede causar deficiencia de hierro*

Este difamado alimento tiene muy buena reputación dentro de la medicina tradicional. La col es un alimento rico en vitaminas que sólo contiene 16 calorías por porción hervida.

Las variedades verdes de col son muy ricas en vitaminas C y K, y además son buena fuente de vitamina E y potasio. También contienen beta carotenos, fibra, folato y tiamina.

Se dice que la col alivia la úlcera gástrica debido a que contiene una sustancia llamada S-metilmetionina, la cual se cree que estimula la mejoría de las úlceras y alivia el dolor. El remedio tradicional consiste en tomar un litro de jugo de col cruda, diariamente, durante ocho días. Sin embargo, si se consume en exceso, el jugo de col puede inhibir la absorción de hierro, lo que a su vez puede causar anemia. La col también puede producir flatulencia.

Tal vez la característica más importante de la col es que contiene sustancias que protegen contra el cáncer. Ciertas investigaciones hechas en Japón y Estados Unidos sugieren una relación entre el consumo frecuente de col y la supresión del crecimiento de pólipos precancerosos en el colon.

Se dice que la col también ayuda a acelerar el metabolismo de estrógenos en la mujer, lo que ofrece cierto grado de protección contra los cánceres relacionados con hormonas, como el cáncer de mama y el de ovario.

La col debe ser manipulada con cuidado para conservar sus nutrimentos. Cruda es una fuente excelente de vitamina C, pero hervida pierde más de la mitad de su contenido. Si la cuece en horno de microondas, reducirá la pérdida de vitamina apreciablemente. La mayoría de los nutrimentos se concentran en las hojas externas, de color más oscuro.

La col agria obtiene su sabor de la fermentación bacteriana. Estas bacterias pueden estimular el crecimiento de la flora normal del intestino, lo que a su vez mejora la digestión, la absorción de nutrimentos y la síntesis de vitamina B.

COLECITAS DE BRUSELAS

VENTAJAS
- *Ayudan a reducir el riesgo de cáncer de colon y de estómago*
- *Fuente apreciable de folato e indoles, los cuales ayudan a prevenir ciertos tipos de cáncer*
- *Fuente apreciable de fibra*

DESVENTAJA
- *Producen flatulencia*

Las colecitas de Bruselas contienen compuestos nitrogenados llamados indoles, los cuales, se piensa, reducen el riesgo de desarrollar ciertos tipos de cáncer. Las colecitas de Bruselas son alimentos ricos en vitamina C y beta carotenos, que el organismo transforma en vitamina A.

EL FACTOR CÁNCER
Las colecitas de Bruselas ayudan a proteger contra algunos tipos de cáncer mamario, que están ligados a niveles elevados de estrógenos. Los indoles presentes en las colecitas de Bruselas estimulan el metabolismo hepático de estrógenos. Algunos experimentos hechos en Estados Unidos sugieren que al aumentar el metabolismo de estrógenos y la velocidad de excreción de éstos, existe menos hormona disponible para alimentar los tumores malignos dependientes de ellos.

Las mujeres que metabolizan estrógenos rápidamente, se piensa, tienen menos riesgo de contraer cáncer mamario y uterino; y cuando el cáncer ya existe, es posible —aunque todavía no se ha probado— que los indoles vegetales puedan inhibir su diseminación a otras partes del organismo. Sin embargo, como la sobrecocción en el agua puede eliminar los indoles y reducir la efectividad de las vitaminas, se recomienda que las colecitas de Bruselas se coman ligeramente cocidas.

Debido a que para el tratamiento y prevención del cáncer de colon y de estómago se recomienda comer mucho almidón, fibra y verduras, se especula que las crucíferas —que contienen tanto fibra como indoles— también pueden ayudar a prevenir este tipo de cáncer.

Las investigaciones hechas en Estados Unidos sugieren que los niveles sanguíneos bajos de folato (de los cuales las colecitas de Bruselas son muy

Seleccione las mejores

Prefiera las colecitas firmes y de menor tamaño, de color verde intenso y hojas apretadas sin manchas amarillas. Si son viejas tendrán olor a azufre y, cocidas, tendrán un sabor amargo y se volverán esponjosas. Las colecitas de Bruselas pueden guardarse en el refrigerador por varios días sin que se echen a perder, siempre y cuando las deje sin lavar y les quite las hojas exteriores. Enjuáguelas y, para asegurarse de que se cuezan bien, haga un corte en forma de cruz en la base para que no queden suaves por fuera y duras por dentro. Cuézalas lo más rápidamente posible en una cazuela destapada que contenga agua hirviendo: puede haber acumulación de gases sulfurosos si se tapa la olla.

buena fuente) pueden predisponer a las personas al cáncer pulmonar, haciendo a las células del pulmón más susceptibles a la formación de tumores. Por lo tanto, se piensa que las colecitas de Bruselas, que son buena fuente de este nutrimento, pueden brindar protección contra el cáncer de pulmón.

COLESTEROL

A pesar de los muchos años de labor médica, el colesterol sigue siendo uno de los factores más importantes que afectan nuestra salud y el público no sabe lo que es realmente este compuesto. Por lo general, la gente confunde el colesterol de la dieta y el colesterol de la sangre. El primero se encuentra en la comida y el segundo es esencial para el metabolismo.

QUÉ ES EL COLESTEROL
Diariamente, el hígado sintetiza hasta 1 gramo de colesterol sanguíneo, el material con aspecto grasoso y ceroso que forma parte de todas las células. El colesterol sanguíneo participa, además, en la formación de hormonas y ayuda a sintetizar vitamina D y ácidos biliares, que ayudan a la digestión.

El mayor riesgo de desarrollar padecimientos cardiacos debido a niveles elevados de colesterol sanguíneo tiene su raíz en la genética, aunque la alimentación y la obesidad también son factores importantes. No se puede hacer nada para cambiar la herencia genética; sin embargo, sí se puede cambiar la alimentación.

CÓMO AYUDA LA ALIMENTACIÓN
La reducción de grasas saturadas tiene un gran efecto sobre los niveles sanguíneos de colesterol: los reduce hasta un 14%. Investigaciones recientes sugieren que el consumo de FIBRA soluble —avena, frijoles, frutas ricas en pectina, como la toronja, y la fruta se-

Alimentación para controlar el colesterol

Hasta hace poco, se pensaba que muchos problemas cardiacos, como la angina de pecho, la trombosis coronaria y los infartos, eran causados por el exceso de colesterol, una frase que reunía al colesterol de la dieta y al colesterol sanguíneo. El primero puede afectar la salud, pero el segundo puede representar una amenaza para un corazón sano. Investigaciones recientes han demostrado que los ácidos grasos saturados pueden, en ocasiones, elevar el colesterol sanguíneo a niveles peligrosos. Una alimentación saludable previene los niveles excesivos de colesterol sanguíneo y ayuda a reducir los niveles elevados.

ALIMENTOS QUE PUEDEN ELEVAR EL COLESTEROL

Margarina y grasas sólidas, que son ricas en ácidos grasos saturados.

Carnes grasas y derivados: las chuletas de carnero, las hamburguesas, el tocino, las salchichas, el salami, el paté y el salami.

Pasteles y chocolates.

Productos lácteos enteros: quesos añejados, crema y mantequilla.

ALIMENTOS QUE PUEDEN REDUCIR EL COLESTEROL

Pan integral, galletas de centeno y pan multigrano.

Frutas, como las naranjas, las manzanas, las peras, el plátano; y la fruta seca, como los chabacanos, los higos y las pasas.

Avena y cereales para el desayuno con salvado cocido.

Vegetales, como el maíz, los ejotes, la cebolla, el ajo, las habas y los frijoles.

ca— pueden reducir los niveles de colesterol aún más. Se dice que las sustancias químicas presentes en el AJO pudieran suprimir la producción hepática de colesterol.

La cantidad de colesterol en la dieta no se refleja en los niveles en la sangre; esto está determinado principalmente por la cantidad de grasas saturadas en las comidas. En la actualidad no se cree que los alimentos ricos en colesterol aumenten el riesgo de padecimientos cardiacos en las personas sanas. Sin embargo, la mayoría de los especialistas coinciden en que quienes tienen problemas cardiacos, antecedentes familiares y altos niveles sanguíneos de colesterol deben limitar el consumo de éste.

El colesterol se encuentra en grandes cantidades en la yema de huevo, las vísceras (principalmente hígado y sesos), los camarones y las langostas. Sin embargo, existe controversia respecto a cuánto afectan sus niveles estos alimentos ricos en colesterol, pero bajos en grasas saturadas. La American Heart Association recomienda limitar el consumo de colesterol de la dieta a 300 miligramos al día, es decir, el equivalente a 1,5 yemas de huevo, o 120 gramos de hígado de res, o una combinación de 2 tazas de leche entera, un bistec de 180 gramos y una taza de helado.

Por fortuna, el organismo puede contrarrestar los aumentos en el colesterol de la dieta. En la mayoría de los casos, el hígado, automáticamente, disminuye la síntesis de colesterol cuando los niveles dietarios aumentan demasiado. Aunque exista un consumo sustancialmente elevado de grasas, la persona promedio no corre mayores riesgos.

Como la sangre está constituida principalmente por agua —que no se mezcla con las grasas—, el colesterol es transportado por proteínas específicas llamadas lipoproteínas. Existen, entre otros, dos tipos de lipoproteínas: las de

Cómo se mide el colesterol

La determinación de los niveles sanguíneos de colesterol es una práctica cada vez más común, pero para tener certeza de obtener resultados confiables, es mejor hacerlo bajo supervisión médica. Los adultos sanos deben medirse el nivel de colesteron por lo menos cada 5 años a partir de los 20 años de edad.

Los niveles de colesterol se expresan en miligramos por decilitro (mg/dl) y según sean éstos se calcula el riesgo de desarrollar padecimientos cardiacos.

Colesterol	Factor de riesgo
Menos de 200 mg/dl	Bajo
200-240 mg/dl	Moderado
Más de 240 mg/dl	Alto

Sin embargo, al calcular los riesgos, deben ser considerados otros factores, como los antecedentes heredofamiliares y personales. Por ejemplo, una cifra de 240 mg/dl puede ser aceptable para un individuo sin otros factores de riesgo, pero muy preocupante para una persona con angina de pecho o con amplios antecedentes familiares de la enfermedad.

baja densidad (LBD) y las lipoproteínas de alta densidad (LAD). Las LBD elevan tres cuartas partes del colesterol de la sangre, y los altos niveles de LBD implican un riesgo mayor de problemas cardiovasculares. Altos niveles de LAD —las cuales transportan menos grasa— indican un riesgo menor de padecimientos cardiacos.

EL MAYOR RIESGO

Los altos niveles de LBD se derivan de un defecto (por lo general, hereditario) en un receptor hepático que debería eliminarlas de la sangre. Cuando este receptor no funciona adecuadamente se presenta un taponamiento de las arterias llamado ATEROSCLEROSIS. Los trastornos hormonales, que pueden afectar a quienes padecen de diabetes y de problemas tiroideos, también pueden inhibir a los receptores.

Como las hormonas femeninas llamadas estrógenos aumentan la cantidad y la efectividad de los receptores LBD, y así ayudan a mantener bajos los niveles de colesterol, las mujeres están menos propensas a padecer trastornos cardiacos antes de la menopausia. Las mujeres, además, tienden a poseer niveles más altos de LAD, lo que reduce el riesgo de aterosclerosis y enfermedad coronaria.

El ejercicio ayuda a disminuir los niveles de LBD y a aumentar los de LAD. El consumo moderado de alcohol —tres vasos de cerveza al día o dos de vino— también aumenta los niveles de LAD en personas sin sobrepeso. La obesidad reduce los niveles de LAD.

Los medicamentos utilizados para modificar los niveles de ambas lipoproteínas benefician a quienes sufren niveles altos de colesterol, más que a los que poseen niveles moderados. Aunque el consumo de estos medicamentos tenga éxito, siempre debe ir acompañado de una alimentación adecuada.

CÓLICO

Los bebés de algunos días de nacidos y hasta aquéllos con varios meses sufren de cólicos a menudo. El problema, generalmente, comienza poco después del nacimiento y se estabiliza transcurridos unos tres meses. Los síntomas son espasmos graves de dolor, repentinos, los cuales por lo general se presentan en la tarde, hacen que el bebé flexione las piernas hacia el pecho y se

Un caso real

*A*lberto tenía 50 años cuando su médico descubrió que sus niveles de colesterol se encontraban elevados. Alberto fumaba 20 cigarros al día y su padre había muerto de un ataque cardiaco a los 53 años. Se le dijo que tenía que dejar de fumar, y lo hizo. Además, su médico le recomendó reducir su consumo de grasas saturadas, lo que significó, entre otras cosas, un menor consumo de productos lácteos en el desayuno. Un año después, los niveles sanguíneos de colesterol de Alberto se encuentran dentro de lo normal y el riesgo de problemas cardiacos ha disminuido.

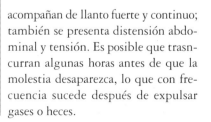

acompañan de llanto fuerte y continuo; también se presenta distensión abdominal y tensión. Es posible que trascurran algunas horas antes de que la molestia desaparezca, lo que con frecuencia sucede después de expulsar gases o heces.

COMIDA RÁPIDA Y ALIMENTOS PRECOCIDOS

Consumir sólo comida rápida y alimentos precocidos no es muy saludable. Pero es posible disfrutar de vez en cuando de platillos rápidos y aun así obtener un equilibrio de nutrimentos saludable.

Los avances tecnológicos han aumentado profundamente la calidad y la variedad de las comidas procesadas disponibles en el mercado. Las comidas empacadas al vacío, las comidas congeladas y precocidas listas para calentarse en el horno de microondas, las sopas deshidratadas, los pasteles, los postres, el puré de papas y el cereal caliente instantáneo, las barras de pollo o de pescado congeladas son sólo unos cuantos ejemplos de las comidas que ahorran tiempo.

Algunos críticos dicen que la dependencia creciente en comer este tipo de alimentos, que por lo general son altos en grasas y calorías, ha hecho que un tercio de todos los estadounidenses

¿COMIDA CHATARRA?

El término "comida chatarra" se utiliza para referirse a una gran variedad de comidas rápidas y para llevar, desde postres instantáneos y dulces hasta hamburguesas y papas fritas o similares, refrescos y sopas instantáneas. La comida chatarra no es saludable, si a causa de ella se excluyen de la dieta alimentos más nutritivos. Las dietas basadas en comidas rápidas pueden ser deficientes en vitamina C, hierro, folato y riboflavina; bajas en fibra y ricas en energía, grasas y sodio.

Así que, aunque a usted le guste comer pizza o lasagna congelada, trate de recuperar el equilibrio de la comida añadiendo algunas verduras o frutas.

sean obesos. Pero sus defensores declaran que estos establecimientos ofrecen la opción de seleccionar productos bajos en calorías y saludables, así como las tradicionales hamburguesas, papas a la francesa y leches malteadas. Es un hecho que las comidas rápidas y los alimentos precocidos llegaron para quedarse; sin embargo, cualquier persona que siga las reglas básicas de la variedad, moderación y equilibrio puede incluirlos en una dieta saludable.

EL PRECIO DE LA COMODIDAD
Las comidas empacadas son apoyos muy útiles, especialmente para las familias que gustan de variar sus alimentos y para quienes trabajan hasta tarde. Generalmente, son más económicas que salir a comer a un restaurante y nos evitan pasar mucho tiempo en la cocina. En algunas tiendas de autoservicio se pueden encontrar platillos internacionales: de la cocina mediterránea y mexicana, por ejemplo.

Las versiones "saludables" de la mayoría de los platillos pueden ser más caras que sus equivalentes estándares, pero vale la pena comprarlas, ya que tienen menos grasas —especialmente grasas saturadas— y menos energía (calorías). No obstante, los niveles de fibra y de sodio son casi idénticos en las variedades "light" y estándar, y en algunos casos es mayor en la versión "light" del producto. Desafortunadamente, las comidas preparadas tienen una desventaja: son mucho más caras que una comida casera. Aunque algunas comidas preparadas se venden como comidas "completas", en raras ocasiones son una buena fuente de verdu-

ras y almidones. Por lo tanto, es recomendable añadir verduras en forma de ensalada, por ejemplo, o algún alimento que contenga fibra, como el pan integral o el arroz integral.

LA SEGURIDAD ANTE TODO
Aunque los fabricantes y los distribuidores de alimentos han mejorado las medidas higiénicas en muchas etapas de la producción de los alimentos, los precocidos que están en los congeladores pueden provocar INTOXICACIÓN POR ALIMENTOS, la cual es causada principalmente por la listeria y la salmonella. Los consumidores necesitan almacenar y cocinar estos alimentos cuidadosamente, para evitar la proliferación de bacterias. Esto significa que hay que llevar estos alimentos a casa lo más pronto posible y guardarlos en el refrigerador o en el congelador, con el propósito de evitar que se descongelen; también hay que seguir cuidadosamente las indicaciones para el horno de microondas, ajustarse a los tiempos especificados y asegurarse de que el alimento esté muy caliente antes de consumirlo.

COMIDAS PARA NIÑOS
Muchos padres dependen de los alimentos preparados para introducir a los bebés alimentos sólidos. Los cereales instantáneos y los purés de frutas y verduras, por ejemplo, resultan más cómodos y quizá más seguros que los preparados en casa. Sin embargo, son más preocupantes las comidas preparadas y rápidas que prefieren los niños mayores. Uno de los favoritos son las salchichas (*hot dogs*), que por lo general

Cómo equilibrar las comidas rápidas con otros alimentos

Muchas comidas rápidas tienden a ser ricas en grasas, sal o azúcar, y a menudo no constituyen una comida balanceada. Las ventajas y las desventajas de algunos platillos se exponen en esta tabla. La columna titulada "Equilibrio saludable" recomienda una segunda comida para ese mismo día que compensaría deficiencias o excesos nutricios.

VENTAJAS	DESVENTAJAS	EQUILIBRIO SALUDABLE
PESCADO Y PAPAS FRITAS		
Este platillo es buena fuente de vitaminas B_6 y B_{12}, y alto en proteínas y carbohidratos; contiene calcio, fósforo, manganeso, hierro, tiamina y potasio.	Rico en grasas, pero bajo en fibra; bajo en vitaminas A, C, D, folato y beta carotenos. Dependiendo del tamaño de la porción, esta comida puede contener entre un tercio y la mitad del consumo diario recomendado de grasas.	Ensalada de lechuga, tomate, cebolla, queso feta, aceite de oliva y jugo de limón; esto tiene poca energía pero contiene vitaminas C, E, folato y beta carotenos.
SÁNDWICH Y UNA MANZANA		
Depende del tipo de pan y del contenido. Un sándwich de atún y lechuga en pan integral, y una manzana (con cáscara) constituyen una comida balanceada.	Depende del relleno: un sándwich de langosta y mayonesa en pan con mantequilla tiene el doble de energía y tres veces más grasa que el sándwich de atún.	Estofado de carne con puré de papas y zanahorias: rico en proteínas y beta carotenos. La carne también es buena fuente de vitaminas del complejo B, hierro, potasio y cinc.
PIZZA		
Depende de los ingredientes. Es rica en carbohidratos; una base de trigo integral aumenta la cantidad de fibra.	Rica en grasas y baja en proteínas; en ocasiones alta en sodio; si el contenido es de queso Roquefort, salami, pepperoni o jamón, el nivel de grasa aumenta, al igual que el contenido de sal.	Guisado de pollo y verduras: rico en proteínas, beta carotenos de las zanahorias, fibra y vitamina C de las verduras.
SÁNDWICH DE CORDERO EN PAN ÁRABE		
Fuente apreciable de proteínas, hierro y cinc; es una comida balanceada que contiene folato y vitamina C.	Por lo general es grasoso, ya que casi siempre se prepara con carne de cordero rica en grasas; es bajo en fibra, vitaminas A, D, E y folato. Existe el riesgo de intoxicación alimentaria.	Arroz integral y una ensalada verde: esto es bajo en grasas y suministra cantidades moderadas de proteínas, fibra y vitaminas B y C.
HAMBURGUESA, PAPAS FRITAS Y MALTEADA		
Rica en proteínas, carbohidratos y calcio; contiene vitamina A, fósforo, vitamina B_{12} y riboflavina.	Rica en grasas, especialmente grasas saturadas; alta en colesterol, sodio y posiblemente en colorantes y saborizantes artificiales; baja en fibra y vitamina C.	Ensalada de pastas integrales con una selección de verduras crudas o ligeramente cocidas al vapor: las pastas suministran fibra; las verduras, vitamina C y beta carotenos; el brócoli es buena fuente de hierro.
POLLO EN SALSA DE CURRY Y ARROZ		
Rico en proteínas y carbohidratos; fuente de vitaminas del grupo B, fósforo y cinc.	Rico en calorías y grasas; bajo en vitamina C debido a la falta de verduras; bajo en fibra; rico en sodio.	Tortilla de huevo y hierbas, con pan integral y ensalada de berros y tomate: esta comida es baja en calorías y fuente moderada de fibra; provee proteínas, beta carotenos, vitaminas A, C y D y del complejo B.

tienen mucha grasa, sal y aditivos. Los cereales con un contenido alto de azúcar incrementan el gusto de los niños por los dulces.

Se dice que las mezclas para hacer postres instantáneos son una buena manera de que los niños consuman leche, debido a que con ella se reconstituye la mayoría de estas preparaciones, que vienen en forma de polvo. Pero, por lo general, estos productos tienen un alto contenido de azúcar y grasas, emulsificadores, y saborizantes y colorantes artificiales.

EL FACTOR DE LOS ADITIVOS

La sopa deshidratada instantánea está hecha de una mezcla de ingredientes secos. Puede tener varios saborizantes artificiales, así como emulsificadores, estabilizadores y conservadores. Las sopas caseras y enlatadas son más nutritivas, y estas últimas contienen menos aditivos.

Aunque los aditivos (vea pág. 12) sean vistos con desconfianza, es un hecho que tienen sus ventajas: por lo general, su presencia es vital para evitar que los alimentos se deterioren y muchos mejoran el sabor, la textura y el color. Los aditivos tienen que pasar rigurosas pruebas de seguridad, y las reacciones alérgicas debidas a su consumo son muy raras.

COMIDAS RÁPIDAS

Las comidas rápidas se definen como los platillos listos para comer que se venden en establecimientos que pueden o no pueden tener un lugar para sentar a los comensales. En 1919, se estableció la primera cadena de comida rápida, pero no fue sino hasta 1955, al entrar McDonald's en escena, cuando esta industria comenzó a prosperar.

La mayoría de los estadounidenses consumen comida rápida, por lo menos ocasionalmente. Según una encuesta reciente, casi el 10% de nuestros alimentos proviene de establecimientos de este tipo de comida. Los platillos más populares se producen en masa a un costo bajo; éstos incluyen las hamburguesas, las papas fritas, el pollo frito, las barras de pollo y de pescado, la pizza, las salchichas calientes, los tacos, las leches malteadas, las bebidas gaseosas y las barras de helado. Las comidas étnicas, como la mexicana y la oriental, están cobrando popularidad en el mercado de las comidas rápidas.

Aunque estos alimentos son ricos en muchos nutrimentos, son bajos en otros. Una dieta basada en tales tipos de comidas no es buena para la salud, ya que quizá no proporcione suficientes vitaminas A, C, D y E ni cantidad suficiente de minerales oligoelementos ni de fibra.

Uno de los problemas de las comidas rápidas es que desplazan de la dieta a las frutas y las verduras. Tienden a ser ricas en grasas (principalmente grasas saturadas), sodio y azúcar, y bajas en fibra. En consecuencia, el consumo de comidas rápidas y el rechazo de otras opciones nutritivas que equilibrarían la dieta aumenta el riesgo de OBESIDAD y de trastornos relacionados, como los padecimientos cardiovasculares y el cáncer. Muchos establecimientos de comida rápida han reconocido estas deficiencias y han agregado barras de ensaladas o ensaladas preparadas con antelación. A pesar de las desventajas, un consumidor consciente puede obtener una comida equilibrada en un restaurante de comida rápida si selecciona sus alimentos con prudencia. (Vea la tabla Cómo equilibrar las comidas rápidas con otros alimentos, pág. 113.)

De vez en cuando se presenta un brote de intoxicación alimentaria originado en algún establecimiento de comida rápida. Cualquier comida que se produce en masa y no se consume de inmediato, está propensa a la contaminación bacteriana. La infección con una cepa de *Escherichia coli* que se contrae al comer carne de res contaminada mal cocida es especialmente grave, y hasta fatal, sobre todo para los niños pequeños. Las personas que compran comida rápida para llevar y no la consumen durante varias horas están en mayor riesgo de contraer una infección. Cualquier alimento que no se ingiera de inmediato debe ser refrigerado y luego recalentado completamente antes de comerlo.

COMIDA RÁPIDA HECHA EN CASA
Existen muchos platillos que pueden prepararse en casa ocupando el mismo tiempo que tarda en descongelarse una comida preparada o la comida que se pide por teléfono.

Prepare una comida saludable con tomate, queso mozzarella y aguacate; y acompañe con un poco de pan caliente.

Pruebe esta ensalada hecha con frijoles de lata, atún y aros de cebolla morada.

BUENAS Y MALAS NOTICIAS

A diferencia de las comidas empacadas, las cuales tienen una etiqueta con la lista de ingredientes, en las comidas rápidas y para llevar no hay información acerca de los ingredientes utilizados ni de sus cantidades. La calidad de las comidas rápidas ha mejorado mucho en los últimos 10 años. Muchos fabricantes respondieron a la crítica y han reducido la cantidad de calorías, grasas y sodio de sus productos, y algunos ya usan aceite vegetal en lugar de grasas animales.

Las papas fritas no son nocivas: son una buena fuente de potasio y contienen vitamina C. Lo que debe evitarse son las papas fritas en manteca animal o hidrogenada. Las rebanadas de papa gruesas son mejores que las delgadas y crujientes, pues contienen menos grasa: las primeras poseen una superficie menor, en relación con su peso, a través de la cual absorben la grasa. El pescado fresco frito es una fuente excelente de proteínas: si el aceite está muy caliente, el capeado absorbe poca grasa; sin embargo, los que cuidan su peso pueden evitar el capeado si así lo desean.

Lo mismo pasa con el pollo frito, cuyo alto contenido de grasa puede reducirse sustancialmente eliminando la piel o el empanizado. En Estados Unidos, muchos restaurantes de comida rápida ofrecen pollo sin piel y "no frito"; sin embargo, este último es rostizado y por lo general resulta alto en grasas.

La pizza es comparativamente más alta en carbohidratos y más baja en grasas que las tradicionales comidas rápidas fritas, pero aun así contiene niveles altos de grasas. El pan árabe relleno de ensalada y felafel (pequeñas bolas fritas de garbanzo) es una opción más saludable. Y una papa al horno con atún y ensalada constituye una comida balanceada.

La elaboración de tallarines al pesto y nueces de Castilla, acompañados de ensalada de tomate, sólo tarda 10 minutos.

Preparar una tortilla de huevo con hierbas de olor sólo toma 3 minutos, y su cocción tan sólo 2. Sírvala con una ensalada verde o con verduras frescas y pan integral: así tendrá una comida equilibrada.

Pruebe esto: camarones, verduras y jengibre salteados en aceite, acompañados de fideos sólo tarda 10 minutos y es una comida balanceada.

Algunos especialistas han mencionado varios factores que contribuyen al problema, entre los que se encuentran el dolor abdominal, la deglución de aire, la alimentación pobre, la sobrealimentación, la alergia intestinal y el estrés de los padres.

Según algunos expertos, los cólicos y la alimentación pueden estar relacionados en ocasiones, pues algunos bebés víctimas de cólico también sufren de intolerancia alimentaria. También se dice que, muy ocasionalmente, el consumo de productos lácteos —en particular la leche de vaca y el queso— por parte de la madre en periodo de lactancia causa cólicos en el bebé. Otros especialistas han culpado a la presencia de alcohol, cafeína, refrescos de cola, algunas frutas y alimentos condimentados en la dieta de la madre, pero la lista no es consistente y no existen suficientes pruebas que apoyen esta teoría.

TRATAMIENTO

Un remedio tradicional es la infusión de eneldo o de hinojo. Sin embargo, muchos profesionales de la salud tratan de desalentar su uso, ya que parece que es más importante la manera en que come el bebé. El aire que se acumula en su estómago se libera más

LA REINA DE LA FAMILIA *La coliflor es miembro de la familia de las crucíferas, que tienen propiedades anticancerosas e incluyen a las colecitas de Bruselas.*

fácilmente a través de eructos si el bebé come en posición erguida y no acostado. Después de comer y eructar, se recomienda acostar al bebé sobre su costado derecho —y no sobre el izquierdo— para que el aire que pueda quedar en el estómago no pase al intestino y cause molestias.

Coloque al bebé en posición erguida, acuésteselo sobre las rodillas o sobre una botella de agua tibia mientras le frota la espalda, para calmar los cólicos.

COLIFLOR

VENTAJAS
• *Buena fuente de vitamina.*
• *Puede ayudar a prevenir el cáncer*

DESVENTAJAS
• *Puede causar flatulencia*

Al igual que todos los miembros de la familia de las crucíferas, la coliflor es una fuente apreciable de nutrimentos, incluyendo vitamina C. También contiene compuestos sulfurosos que ayudan a proteger contra varios tipos de cáncer, especialmente el de colon. Una porción de 100 gramos de coliflor cruda brinda más vitamina C que el consumo diario recomendado. Aun después de hervirse ligeramente, la misma porción suministra más de la mitad de lo recomendado.

Como la coliflor sólo contiene 28 calorías por porción, puede ser un buen componente de una dieta orientada a bajar de peso: su consumo satisface el apetito pero no engorda (a menos que se coma con alguna salsa de queso).

Del mismo modo que otros vegetales fibrosos, la coliflor puede causar flatulencia a medida que el intestino metaboliza la celulosa que contiene. Si se la acompaña de ajo, alcaravea, cilantro o cominos, puede producir molestias estomacales; las hierbas que ayudan a la digestión son, entre otras, el laurel, el hinojo y el estragón.

CONSEJO DE COCINA
El azufre presente en la coliflor puede producir olores desagradables durante la cocción. Cuando cueza la coliflor, hágalo en una cazuela destapada o de lo contrario se verá afectado el sabor del alimento.

COLINABO

VENTAJAS
• *Fuente de vitamina C*
• *Ayuda a prevenir el cáncer*
• *Fuente de potasio*
• *Fuente útil de fibra*

El colinabo, junto con la col, la coliflor, el brócoli y las colecitas de Bruselas, es miembro de la familia de las crucíferas, la cual se cree que previene ciertos tipos de cáncer.

Este vegetal es una fuente apreciable de vitamina C, la cual es importante para mantener el buen funcionamiento del sistema inmunológico, y de potasio, que, como parte de una dieta balanceada, ayuda a mantener la presión sanguínea dentro de los límites normales.

El colinabo suministra cantidades apreciables de fibra soluble e insoluble. La fibra soluble ayuda a reducir los niveles de colesterol en la sangre; la fibra insoluble evita el estreñimiento. Ambos tipos de fibra brindan protección contra algunos tipos de cáncer ayudando al organismo a expulsar las sustancias carcinógenas.

Se piensa que las sustancias químicas presentes en vegetales como el colinabo brindan protección adicional. Los indoles, por ejemplo, se piensa que reducen la actividad de los estrógenos y, por tanto, el riesgo de cáncer mamario. Otros componentes, como los isotiocianatos, pueden prevenir el cáncer de colon y de recto.

COLITIS

AUMENTE
- *Frutas y verduras de hoja verde cocidas, por la fibra soluble*
- *Pescados, como el salmón, la sardina y la macarela, por la vitamina D*
- *Alimentos ricos en beta carotenos*
- *Hígado, por la vitamina A, a menos que haya embarazo*

EVITE
- *Salvado, frutos secos, semillas y maíz*

Aunque la dieta no cura esta enfermedad —conocida más correctamente como colitis ulcerativa—, los ajustes en la dieta pueden ayudar a reducir a un nivel más tolerable algunos de los síntomas causados por este mal. Por ejemplo, a las personas que padecen colitis se les recomienda una dieta rica en FIBRA soluble y evitar alimentos con altos niveles de fibra insoluble como el salvado, el maíz, los frutos secos y las semillas. Estos alimentos pueden irritar el colon, estimular las contracciones intestinales y aumentar la probabilidad de diarrea.

La colitis es una enfermedad inflamatoria del colon o del recto. Afecta a entre 4 y 6 personas de cada 100.000 y es un poco más frecuente en las mujeres que en los hombres. Aunque puede aparecer a cualquier edad, la colitis ulcerativa es más común entre los 15 y los 30 años. El pronóstico depende de la gravedad y de la duración de la enfermedad activa: cuando la enfermedad se encuentra activa, produce inflamación, sangrado y ulceración de la membrana que cubre el colon, y causa dolor y diarrea. Aunque alrededor del 50% de las víctimas sólo desarrollan una forma leve de la enfermedad, entre el 20 y el 25% requieren la extirpación quirúrgica del colon debido a hemorragias masivas, perforación del colon o riesgo de cáncer. Después de la operación, la colitis se cura, y la mayoría de las personas podrán llevar una vida normal.

La nutrición adecuada es muy importante en la colitis, especialmente

Un caso real

Hace cinco años, a José se le diagnosticó colitis ulcerativa. Él ha podido controlar el problema y mantenerse activo llevando una dieta rica en proteínas y fibra soluble. Recientemente, sin embargo, tuvo un ataque de vómito, acompañado de dolor abdominal, fiebre alta y abundante diarrea con sangre. José acudió al hospital, donde los médicos llegaron a la conclusión de que la recaída se debía a que José había suspendido su dieta. Resultó que era verdad: José pensó que podía suspender la dieta debido a que había pasado años sin que se presentaran problemas y se dedicó a consumir licuados, galletas, refrescos y hamburguesas. Desafortunadamente, esto le causó problemas. Al llegar al hospital, José estaba pálido y débil, y tenía anemia debido a la pérdida de sangre a través del colon, el cual se había inflamado. En la unidad de cuidados intensivos se le proporcionó una dieta líquida alta en calorías y proteínas por vía intravenosa, para combatir la deshidratación, y dos unidades de sangre para aliviar la anemia. Por fortuna, José respondió bien al tratamiento. Después de salir del hospital, José volvió a su dieta rica en proteínas y fibra soluble, y tomó complementos de ácido fólico, vitamina B_{12} y hierro. Actualmente, José acude al hospital para revisiones periódicas y para asegurarse de que su dieta contiene todo lo que necesita. Después de ese susto, José prometió que no volvería a suspender la dieta, pues esto podría volver a llevarlo al hospital.

SALUD Y PLACER *Cocinar en casa le permite tener un completo control sobre lo que come, y también puede resultar divertido.*

El tentador aroma de un pay de manzana es difícil de resistir.

La sopa casera no sólo es rica y nutritiva, sino fácil de preparar y muy económica. Si se prepara en grandes cantidades, puede guardar una parte en el refrigerador y comerla al día siguiente.

Los pasteles elaborados en casa son más saludables que los comprados en tiendas.

si usted se encuentra recuperándose de una crisis o está reduciendo la cantidad de comida para disminuir la diarrea. Incluya en su dieta cantidades adecuadas de energía, proteínas, vitaminas A, C, D, B$_{12}$, folato, calcio, hierro y cinc. Esto significa consumir la mayor variedad posible de alimentos sin exacerbar la inflamación. Coma hígado una vez por semana (excepto si está embarazada) a fin de obtener vitamina A y frutas y verduras anaranjadas, para obtener beta carotenos, que el organismo transforma en vitamina A. El salmón, la sardina y la macarela, frescos o procesados, brindan vitamina D. El hígado, el pescado, el cerdo y los huevos son buena fuente de vitamina B$_{12}$; las verduras de hoja verde oscuro contienen folato, y de la misma manera que las frutas, contienen fibra soluble; el queso y el yogur son fuente apreciable de calcio; y el cinc se encuentra en los mariscos, especialmente las ostras.

La ANEMIA es un problema que generalmente acompaña a la colitis ulcerativa, ya que casi siempre hay sangrado en el área inflamada. Por lo tanto, es importante consumir suficiente hierro de la dieta. El hierro se encuentra disponible en las carnes rojas, especialmente el hígado. Para que el organismo pueda absorber el hierro de los vegetales y de la carne, las comidas deben contener una buena fuente de vitamina C, como el jugo de naranja.

COMIDA CASERA

La cuestión de la comida casera y el uso de ingredientes frescos en lugar de comprar comida ya preparada es muy simple: la comida casera, por lo general, es más económica y más sabrosa y le permite controlar lo que come. Las comidas caseras son más nutritivas que las ya preparadas, siempre y cuando se tenga el cuidado de escoger los ingredientes y poner atención a la cocción.

Continúa en la página 124

EL CORAZÓN Y LOS ALIMENTOS

Numerosos estudios realizados desde principios de los años cincuenta han confirmado que la dieta es un factor importante tanto en la causa como en la prevención de las enfermedades cardiacas.

A pesar de los grandes avances contra las enfermedades cardiovasculares durante los últimos decenios, aún representan la primera causa de muerte en Estados Unidos al contribuir con más de 950.000 defunciones anuales. Los ataques cardiacos, con casi 500.000 muertes al año, encabezan la lista; las apoplejías ocupan el segundo lugar, con cerca de 150.000 defunciones, y el resto corresponde a las arritmias cardiacas, la hipertensión arterial, las enfermedades de las arterias y otros padecimientos del corazón. La American Heart Association estima que más de 60 millones de personas en Estados Unidos padecen de alguna enfermedad cardiovascular; el costo en gastos de atención de la salud y pérdida de productividad asciende a más de 150.000 millones de dólares al año.

LA PREVENCIÓN DEBE INICIARSE DESDE LA NIÑEZ

Lo ideal sería enseñar buenos hábitos alimentarios desde la niñez, ya que es cuando comienza la ATEROSCLEROSIS (o engrosamiento de las arterias). Este padecimiento tiende a desarrollarse lentamente, en un periodo de entre 20 y 30 años, sin que se presenten síntomas. En algunas personas puede progresar rápidamente durante el tercer decenio de su vida, y en otras no representa un peligro hasta que tienen 50 o 60 años de edad. La aterosclerosis puede afectar diferentes tipos de arterias en diversas partes, según el individuo. Este padecimiento se agrava con el tabaquismo.

Las personas con aterosclerosis tienen en las arterias depósitos de sustancias grasas que pueden formar placas y obstruir parcial o totalmente el paso de la sangre, lo que aumenta el riesgo de padecer un ataque cardiaco o de apoplejía.

La manera ideal de prevenir la aterosclerosis es mantener un peso saludable, hacer ejercicio regular y llevar una dieta saludable, alta en fibra y baja en colesterol y grasas saturadas (que se encuentran en los productos lácteos con alto contenido de grasa, en las carnes grasosas y en las margarinas sólidas).

Además de inculcar una dieta baja en grasas, es una buena idea acostumbrar a los niños al sabor natural de los alimentos en lugar de agregarles mucha sal. Aunque los informes son contradictorios, numerosos estudios muestran que las poblaciones que consumen muchos alimentos salados tienen una incidencia mayor de hipertensión arterial.

EL FACTOR COLESTEROL

Se acepta que los altos niveles de colesterol en la sangre son la causa principal de los padecimientos coronarios, pero una intrincada combinación de factores genéticos y dietéticos determina dichos niveles. En casos raros (1 persona de cada 500), se tiene la desgracia de heredar la predisposición a niveles muy altos de colesterol en la sangre. Sin una dieta rigurosa con un contenido bajo de grasas y medicamentos para reducir el colesterol, las personas con este padecimiento por lo general sufrirán un ataque cardiaco a una edad temprana, e incluso durante la niñez. Sin embargo, es mucho más común que las causas del colesterol elevado en la sangre se deban al consumo excesivo de grasas saturadas, a la falta de ejercicio, al tabaquismo o a la obesidad.

Para la mayoría de las personas, es posible reducir los niveles moderados de colesterol mediante una dieta en la que las grasas representen no más del 30% del consumo diario de calorías (de preferencia el 20%), en su mayoría grasas monoinsaturadas y poliinsaturadas que se encuentran en los aceites vegetales y el pescado. (No obstante, muchas personas con altos niveles de colesterol en la sangre no están pasadas de peso.)

El riesgo que representa la OBESIDAD puede evitarse al bajar de peso, porque su pérdida generalmente va acompañada por una disminución de los niveles de colesterol en la sangre. Esto no ocurre así en las dietas intensas y de efectos rápidos, en las que cualquier disminución de peso se debe principalmente a una pérdida de líquidos y se recupera el peso tan pronto se lleva una dieta normal. La única manera eficaz para bajar de peso sanamente es disminuir el consumo de grasa y de carbohidratos refinados y hacer más ejercicio. Se ha descubierto también que las personas que mantienen el peso corporal desde el inicio de la vida adulta, evitando las fluctuaciones experimentadas por quienes siguen una dieta sin éxito, no muestran el mismo aumento de colesterol en la sangre relacionado con la edad.

COMPLICACIONES DEL COLESTEROL

A medida que las personas envejecen, sus arterias quedan cicatrizadas y bloqueadas en parte por el ateroma, una sustancia grasa formada por tejido de

Un rompecabezas de factores

Una intrincada red de factores influye en la salud del corazón. Podemos controlar algunos de éstos, pero otros no. Para algunas personas, los niveles altos de colesterol en la sangre son parte de su herencia genética; para otras, se deben a presiones externas en el centro de trabajo, y muy frecuentemente a la contaminación ambiental. Éstas son algunas de las piezas del rompecabezas que determina el riesgo de padecimientos del corazón.

Los alimentos grasosos y los productos lácteos enteros (la mantequilla y la crema) tienen un alto contenido de grasas saturadas, que pueden elevar los niveles de colesterol en la sangre.

Una revisión regular de la presión arterial puede advertir con anticipación si hay algún problema cardiaco potencial.

Desde hace tiempo se sabe que el estrés y la tensión son factores importantes que aumentan el riesgo de padecer angina y enfermedades coronarias.

Coma mucha fruta y verduras frescas como parte de su dieta. Las vitaminas antioxidantes que contienen pueden evitar que las arterias se engruesen.

Los problemas metabólicos de las personas diabéticas ocasionan esfuerzo adicional no sólo al hígado y a los riñones, sino también al corazón, lo que aumenta el riesgo de padecimientos coronarios.

Aunque 1 o 2 copas de vino pueden beneficiar al corazón, el tabaquismo y el consumo excesivo de alcohol son dos hábitos que debemos evitar.

El ejercicio regular no sólo evita la obesidad y la trombosis, sino que propicia una mejor circulación arterial.

La obesidad es un factor principal que aumenta el riesgo de los padecimientos cardiacos. Es probable que prolongue su vida si baja de peso.

Los problemas cardiacos son a menudo hereditarios. En casos raros, la herencia puede hacer que una persona nazca con niveles altos de colesterol. Una historia familiar de ataques cardiacos a una edad temprana es una señal de que se deben tomar medidas preventivas.

---

cicatrización y placas que contienen grandes cantidades de colesterol. Este padecimiento, llamado ATEROSCLEROSIS, progresa con mayor rapidez entre las personas que tienen altos niveles de colesterol en la sangre, en particular si fuman y tienen la presión arterial alta.

Si una de las placas de grasa en la pared de la arteria coronaria se rompe, se forma un coágulo de sangre o TROMBOSIS que bloquea el flujo de sangre oxigenada al corazón. El riesgo de formar coágulos sanguíneos puede disminuirse considerablemente mediante la combinación de una dieta adecuada y medicamentos. Todos los pacientes con enfermedades del corazón deben ser vigilados por su médico; caso por caso, el facultativo deberá evaluar los riesgos y aplicar el tratamiento indicado.

QUIÉN CORRE UN RIESGO MAYOR

Entre las numerosas investigaciones que muestran que la dieta es un factor importante tanto en el riesgo de padecer enfermedades cardiacas como en su prevención, se cuenta el estudio realizado en Framingham, en las afueras de Boston. Más de 5.000 hombres y mujeres participaron en dicho estudio durante más de 40 años. En otra investigación de gran escala se comparó la incidencia de los padecimientos cardiacos entre hombres de siete países y luego se compararon las estadísticas con la dieta, el hábito de fumar, el ejercicio y otros factores del estilo de vida.

Al analizar con cuidado los resultados, los investigadores han identificado ciertos factores de riesgo que predisponen a las personas a padecimientos cardiacos. Entre los principales factores se encuentran los niveles altos de colesterol en la sangre, el tabaquismo, la presión arterial alta, la obesidad y la diabetes. Tanto en los hombres como en las mujeres, el riesgo de padecimientos coronarios aumenta rápidamente con la edad.

Los padecimientos cardiacos tienden a presentarse en familias, por lo que si un padre, un hermano o una hermana ha sufrido un ataque cardiaco antes de los 55 años de edad, el riesgo que corren sus parientes cercanos es mayor que el de los miembros de familias sin historial de problemas cardiacos.

Durante los años reproductivos, cuando los estrógenos mantienen bajo el nivel de colesterol en la sangre, las mujeres tienen una posibilidad menor que los hombres de padecer aterosclerosis y ataques cardiacos. Sin embargo, después de la MENOPAUSIA, cuando los niveles de estrógenos de las mujeres disminuyen y sus niveles de colesterol aumentan con mayor rapidez que los de los hombres, son cada vez más vulnerables a los padecimientos coronarios.

Se logra cierta protección para las mujeres durante la menopausia y después de ésta, mediante la terapia de reemplazo hormonal, que disminuye los niveles de colesterol en la sangre y, de esta manera, reduce el riesgo de padecer un ataque cardiaco. Sin embargo, estadísticamente, las mujeres mayores tienen más posibilidad de morir debido a un padecimiento cardiaco, que por otra causa única.

ALIMENTOS QUE AYUDAN

Si la dieta puede generar enfermedades cardiacas, también es verdad que puede reducir las probabilidades de padecerlas, aun en la presencia de factores de riesgo como la edad avanzada y una historia familiar de ataques cardiacos a una edad temprana. Los ácidos grasos saturados, que se encuentran en las grasas sólidas (la mantequilla, algunas margarinas, la carne y el queso)

aumentan los niveles de colesterol en la sangre. Estos niveles pueden reducirse si se reemplazan las grasas con aceites vegetales ricos en ácidos grasos monoinsaturados (como los aceites de oliva y semilla de colza) o poliinsaturados (como los aceites de girasol, soya y maíz). Sin embargo, cuando se endurecen los aceites líquidos (mediante un proceso llamado hidrogenación) para uso comercial, como para la preparación de galletas o margarina, algunos se convierten en ácidos grasos trans o hidrogenados. La investigación reciente sugiere que estas grasas trans pueden aumentar el riesgo de padecimientos del corazón y elevar los niveles de colesterol en la sangre.

Los alimentos ricos en FIBRA dietaria, en especial del tipo soluble que se encuentra en la avena, los frijoles y las lentejas, pueden ayudar a disminuir los niveles de colesterol en la sangre, aunque en menor cantidad que la lograda al reducir las grasas saturadas o incluso el colesterol en la dieta, como el que se encuentra en las yemas de huevo. Se dice que al incluir ajo en la dieta disminuyen los niveles de colesterol; para muchas personas, las píldoras de ajo representan una manera conveniente de incrementar su consumo.

Las investigaciones indican que si comemos por lo menos tres raciones diarias de frutas o verduras frescas reduciremos en un 25% o más el riesgo de un ataque cardiaco o de apoplejía. Los investigadores creen que las cantidades grandes de vitamina C, beta carotenos, y otros ANTIOXIDANTES presentes en las frutas y verduras son los que hacen la diferencia. Al comer cantidades moderadas de frutos secos (en especial nueces y almendras), que son ricos en ácidos grasos poliinsaturados, podemos reducir también el riesgo de padecimientos coronarios y disminuir el colesterol en la sangre.

Se cree que los ácidos grasos omega-3, que se encuentran en pescados

como el arenque, la macarela, la sardina, el salmón y la trucha previenen el riesgo de padecer trombosis. La American Heart Association recomienda dos o tres raciones de pescado a la semana. Si bien los complementos de aceite de pescado tienen un contenido alto de ácidos grasos omega-3, no deben tomarse sin la aprobación de un médico, porque pueden incrementar el riesgo de apoplejía.

¿UNA DOSIS DIARIA DE ALCOHOL? Debido a que el alcohol dilata los pequeños vasos sanguíneos y aumenta el flujo de sangre hacia los tejidos, el consumo de una o dos copas de vino tinto al día puede ayudar a evitar los padecimientos coronarios, especialmente en los hombres mayores y en los de mediana edad, incluso si ya han padecido un ataque cardiaco. El alcohol aumenta también el nivel de las lipoproteínas de alta densidad (moléculas protectoras que transportan el colesterol fuera de los tejidos del cuerpo y de las paredes de las arterias). Sin embargo, demasiado alcohol aumenta la presión arterial y puede producir arritmia cardiaca, lo que precipitaría un ataque coronario.

ANGINA

La angina es común entre las personas de más de 50 años de edad y entre las de edad avanzada; afecta a poco más de 7 millones de personas en Estados Unidos. Es ocasionada por una obstrucción parcial de las arterias coronarias, por lo que el corazón no recibe suficiente sangre oxigenada. Con la edad, estas arterias aumentan su grosor y son menos elásticas.

El cansancio excesivo o el estrés desencadenan la angina y esto es, con frecuencia, una indicación de un padecimiento cardiaco más serio. Se caracteriza por molestia o dolor en el pecho. Este dolor puede radiarse hacia alguno de los brazos, el pecho y el cuello. Si se recuesta, puede aumentar el dolor; así, para lograr pronto alivio, permanezca sentado o de pie sin moverse. El diagnóstico rápido es importante, pues los padecimientos de la parte superior del aparato digestivo pueden producir un dolor similar.

PESCADO, FRUTA Y VINO

Comer pescado del tipo del salmón y la sardina dos veces a la semana puede ayudar a prevenir los ataques cardiacos en personas que padecen angina. Esto se debe a que los ácidos grasos presentes en este tipo de pescado evitan el endurecimiento de las arterias.

Algunos estudios indican que no comer frutas y verduras predispone a las personas a sufrir ataques de angina. Es prudente evitar comidas pesadas que

UNA VARIEDAD SALUDABLE *Los especialistas en nutrición han descartado el antiguo concepto de que los alimentos insípidos y blandos son vitales para el tratamiento de los padecimientos cardiacos. "Coma bien, pero sensatamente", dicen ellos.*

La macarela, servida con salsa agria picante, es una fuente de omega-3 y de los ácidos grasos vitales para mantener un corazón sano.

puedan también predisponer a padecer un ataque.

Aumente el consumo de antioxidantes comiendo de dos a cuatro raciones de fruta y de tres a cinco raciones de verduras. Beber una o dos copas de vino tinto puede resultar beneficioso; Asimismo, beber cantidades pequeñas de alcohol (especialmente el vino tinto) reduce el riesgo de un ataque cardiaco, pues se cree que reduce los efectos nocivos de los niveles elevados de colesterol en la sangre.

La dieta mediterránea, que incluye la ensalada Niçoise, desempeña sin duda un papel en los índices bajos de padecimientos coronarios en el sur de Europa.

Los alambres de verduras y carne de res con lentejas tienen bajo contenido de colesterol.

Las proteínas, las vitaminas y los minerales pueden encontrarse en un nutritivo risotto de fruta y nueces.

El salmón asado, acompañado de pepino, nueces y ensalada de berros, es un platillo apetitoso que ofrece las proteínas, las vitaminas y los ácidos grasos omega-3 importantes para mantener sano el corazón.

Comidas caseras y comidas rápidas

El cambio de comidas rápidas a comidas caseras puede resultar muy saludable. El menú casero que aparece a continuación brinda menos azúcar, grasas y calorías, y más proteínas y fibra. Suministra mayor cantidad de muchos micronutrimentos, excepto vitamina B_2, calcio, fósforo y cinc, y la misma cantidad de hierro y vitamina B_{12}.

MENÚ RÁPIDO	MENÚ CASERO
DESAYUNO	
Pan blanco tostado con margarina y mermelada; taza de café.	Granola casera; dos rebanadas de pan integral tostado con mantequilla, café.
ALMUERZO	
Capuccino y galletas de chocolate.	Una tortilla casera y un vaso de jugo de manzana sin azúcar.
COMIDA	
Hamburguesa con papas fritas; una barra de chocolate, una lata de refresco de cola.	Emparedado de atún con pan integral; plátano, vaso de jugo de naranja natural.
MERIENDA	
Té; dona con mermelada.	Café y pastel de fruta casero.
CENA	
Pastel con chispas de chocolate; pay de manzana con dos cucharadas de helado; refresco o dos vasos de cerveza o vino.	Sopa de lentejas, pechuga de pollo al horno, puré de papas, brócoli, ensalada de tomate, ensalada de melón y fresa con helado, agua mineral y un vaso de jugo de uva.

Las comidas preparadas con antelación son útiles cuando hay poco tiempo disponible o cuando quienes no saben cocinar tienen que arreglárselas solos. La comida rápida (vea pág. 112) bien seleccionada puede ser más saludable que las comidas caseras preparadas sin cuidado. Sin embargo, por lo general, la gente prefiere comida preparada rica en grasas y azúcar, que no ofrecen los nutrimentos necesarios. De cualquier manera, la falta de tiempo no debe ser un problema, pues existen muchos libros de cocina que ofrecen recetas de platillos rápidos y fáciles de elaborar.

PRESUPUESTO PARA LA COCINA

Para quien deba ceñirse a un presupuesto, la comida casera es menos cara que la comida preparada. No existen las porciones controladas y se puede congelar lo que sobra para comerlo después. Las sobras se pueden usar para hacer sopas que ayuden a satisfacer el apetito. Algunos de los alimentos más económicos, como pueden ser las legumbres, el arroz, las pastas, las papas y otras verduras, son nutritivos y sacian el hambre, lo que permite preparar comidas sustanciosas sin tener que gastar mucho dinero.

COMIDA CASERA SALUDABLE

Cualquiera puede convertirse en un experto en preparar, cocinar y almacenar alimentos, y decidir lo que habrá en el menú. Una de las ventajas de la comida casera es que el que cocina puede estar seguro de la calidad de sus ingredientes y puede escoger la mejor manera de guisarlos. Las verduras de las comidas rápidas están cocidas o congeladas y luego vuelven a cocerse cuando se recalientan. Esta secuencia de operación provoca la pérdida de algunos nutrimentos importantes, especialmente de vitaminas del complejo B y de vitamina C.

Las verduras frescas de buena calidad, por otro lado, preparadas inmediatamente antes de usarse y después cocidas en el horno de microondas, al vapor o hervidas el menor tiempo posible, son más apetitosas y sabrosas y retienen más nutrimentos. Si el agua donde se cuecen las verduras se usa para preparar aderezos o salsas, se pierden pocos nutrimentos. Si no tiene tiempo de preparar verduras frescas, las variedades congeladas pueden ser casi igualmente nutritivas. Los alimentos cocidos adecuadamente pueden tener hasta tres veces más valor nutricio que los cocidos con poco cuidado.

Cuando cocine en casa, respete las reglas de HIGIENE de la cocina. Nunca recaliente la comida más de una vez. El recalentamiento repetido de la carne, por ejemplo, estimula el crecimiento de las bacterias y puede causar intoxicación alimentaria.

COMIDA PARA NECESIDADES ESPECIALES

Cualquier entusiasta de la cocina tendrá más conciencia de lo que hay en los alimentos, lo que es de mucha importancia cuando se escoge una dieta saludable y satisfactoria. Si un miembro de la familia tiene requerimientos especiales, puede ajustar el menú —algo que no puede hacer con las comidas ya preparadas—. Esto resulta de mucha utilidad para cualquier enfermo que necesite controlar su consumo de alimentos, como quienes padecen alergias alimentarias o enfermedades cardiovasculares.

EL PLACER DE COCINAR

Comer es una necesidad, pero a la vez un gran placer. También existe placer en el acto de cocinar, especialmente cuando se tienen invitados. Una deliciosa sopa adornada con crema, seguida de un pescado que nada en una rica salsa. Y luego llega... ¡el postre!

La cocina debe ser divertida y relajante, además de creativa. Estimule a los niños para que cocinen y permítales experimentar, hacer un desorden y divertirse (con supervisión, desde luego). Si ellos descubren los placeres de la cocina desde temprana edad, habrán aprendido una lección para toda la vida.

COMIDAS FUERA DE CASA

Parte del placer de comer fuera es dejar que otros se ocupen de preparar la comida. Pero esto también significa que son otras personas las que controlan la calidad y la cantidad de comida que se sirve. No obstante, usted puede seleccionar dónde comer y lo que elige del menú.

La tendencia a una alimentación más saludable se observa en muchos restaurantes, pues tienen menús con platillos nutritivos, bajos en grasas. Aunque siempre existe la tentación de consentirse con ricas salsas y postres azucarados, es completamente posible comer y disfrutar de una comida saludable en casi todos los restaurantes, si bien el tipo de cocina puede significar una gran diferencia.

Por ejemplo, no sería difícil elegir una comida baja en grasas en un restaurante de alimentos del mar o uno de comida japonesa. Podría ser un poco más difícil en un restaurante francés, donde muchos platillos son servidos tradicionalmente con salsas pesadas, que contienen ingredientes ricos en calorías como la crema, la mantequilla y el queso.

También el alcohol es una fuente de calorías ocultas. Una copa de vino le proporciona cerca de 100 calorías. Procure mezclar el vino blanco con agua mineral para hacer una bebida burbujeante, o beba una cerveza ligera. Si prefiere vino tinto, ordene también una botella de agua mineral y alterne los vasos de vino y el agua. Ésta es una buena manera de ayudar a evitar la deshidratación... y la resaca.

El pan, la mantequilla y los palitos de pan pueden ser irresistibles para los comensales hambrientos. Limítese a dos palitos o a una pieza de pan pequeña, y no les ponga mantequilla si está cuidando su peso.

Trate de elegir platillos que le proporcionen una dieta equilibrada. Si selecciona un platillo principal rico en carbohidratos, como las pastas, opte por una entrada alta en proteínas, como los ostiones o el pescado ligeramente hervido. Las ensaladas son excelentes entradas bajas en calorías, siempre que no se las acompañe en exceso con aderezos cremosos. Una vinagreta es una elección más saludable. Otras posibilidades de buenas entradas para personas que tratan de no aumentar de peso corporal son las sopas de tomate o de otras verduras, las ver-

Comidas de alto riesgo en el menú de los restaurantes

Si le preocupan especialmente los riesgos de una intoxicación por alimentos contaminados, evite aquellos platillos del menú de los restaurantes que han sido relacionados más frecuentemente con casos de intoxicaciones. Éstos incluyen todos los platillos o salsas que contienen huevo crudo o ligeramente cocinado, como *omelettes* y tortillas de huevo, los huevos con salsa de queso, la carne a la tártara (carne cruda con yema de huevo cruda), las salsas holandesa y bearnesa, la mayonesa, y los postres como el pay de limón y el *mousse* de chocolate. Los mariscos son otros de los culpables (en particular los lunes, cuando probablemente no se trate de mariscos acabados de adquirir en el mercado). Se piensa que el pollo mal cocido, ya sea en platillos calientes o fríos, es una de las causas más comunes de que se presenten casos de intoxicación por alimentos.

duras crudas, y el melón u otras frutas frescas.

El pescado a la parrilla o ligeramente hervido, las aves sin piel y cualquier corte de carne magra son platillos relativamente bajos en grasas. Sin embargo, las salsas a base de crema o de huevo, los empanizados, las papas con crema o las verduras al gratín (cubiertas de queso rallado, pan molido y doradas al horno) le proporcionarán abundante energía (calorías). En los restaurantes que se especializan en pastas, prefiera las salsas de tomate, de verduras o a base de alimentos marinos, a las que tienen queso, como la Alfredo o la carbonara.

Para muchas personas, el postre es la parte culminante de la comida. Si usted termina su comida con frutas frescas, ensalada de frutas, fruta con mermelada o una bebida helada de frutas en lugar de un postre rico en calorías, podrá levantarse de la mesa sin sentirse pesado.

¿SE ARRIESGA?

A pesar de leyes estrictas que rigen la forma en que se manejan los alimentos en los restaurantes, siguen existiendo riesgos de salud relacionados con las comidas fuera de casa. Muchos casos de INTOXICACIÓN POR ALIMENTOS contaminados tuvieron su origen en restaurantes. Las personas no tienen forma de conocer las normas de higiene de las cocinas de los establecimientos, a menos que inspeccionen éstas. Sin embargo, mucho se puede juzgar por la apariencia general de un restaurante y por su prestigio o reputación. Buenos indicios son una zona de mesas limpia y, si puede verla, una cocina bien organizada y aseada.

Por el contrario, una loza despostillada o descolorida, los cubiertos y los vasos sucios, y los manteles manchados, probablemente le están indicando que se siguen pocas normas de higiene en lo que usted no puede ver. Los alimentos insípidos o que saben rancios, o que lucen como si estuvieran recalentados, son todos señales comunes de advertencia. Los pedacitos de piel en las salsas o las verduras secas, por ejemplo, son una buena indicación de que el platillo que usted eligió se mantuvo al calor durante mucho tiempo. Si los alimentos y los platillos que se supone que deben servirse calientes sólo llegan a usted tibios, quizá proporcionaron un ambiente en el que las bacterias pudieron reproducirse.

En los restaurantes donde se sirve buffet, cuyos platillos pueden permanecer expuestos mucho tiempo, existe el riesgo de intoxicación por alimentos contaminados, porque es posible que los platillos fríos no se conserven lo

suficientemente fríos ni los calientes lo bastante calientes.

Nunca tema devolver un platillo si piensa que no se coció lo suficiente o que está en mal estado. En un restaurante muy frecuentado se pueden cometer equivocaciones, y a la mayoría de los propietarios les agradaría que se les informara del problema para poder resolverlo, en lugar de que usted tenga que tolerar una comida desagradable y se haga el propósito de no regresar jamás.

COMIDA RÁPIDA Y ALIMENTOS PRECOCIDOS

Vea pág. 112

CORAZÓN Y ALIMENTOS

Vea pág. 120

CORDERO

VENTAJAS
- *Rico en proteínas*
- *Rico en vitaminas del complejo B*
- *Fuente apreciable de hierro y cinc*

DESVENTAJA
- *Los cortes grasosos son ricos en grasas saturadas y calorías*

Aunque generalmente se piensa que la carne de cordero es la más grasosa de todas, es parecida a la carne de res y a la carne de cerdo. Sin embargo, su contenido de grasas saturadas puede variar enormemente, dependiendo de la edad del animal, la forma en que se le crió, y el corte de la carne que se va a consumir.

Al igual que todas las carnes rojas, los cortes grasosos de cordero deben

comerse con moderación. El consumo excesivo de grasas saturadas eleva los niveles sanguíneos de COLESTEROL, lo que a su vez aumenta el riesgo de padecer aterosclerosis e insuficiencia cardiaca.

Con las técnicas modernas de producción se ha procurado obtener corderos con poca grasa, en vista de la preocupación que existe sobre el peligro que representan las cantidades excesivas de ésta. La carne de cordero de alta calidad es de color café rosáceo y la grasa es de tonalidad blanca. En temporada de verano, la carne es un poco más oscura.

LA IMPORTANCIA DEL CORTE

El contenido de grasa varía con el corte y el método de cocción. La parte menos grasosa es la pierna; las más grasosas son el hombro y las costillas. Una porción de 100 gramos de pierna de cordero rostizada, sin grasa, contiene 191 calorías y 8 gramos de grasa, mientras que una porción de 100 gramos de chuletas tiene 277 calorías y 22 gramos de grasa.

El cordero es rico en proteínas y en muchas vitaminas del complejo B, necesarias para un sistema nervioso sano. También es una fuente apreciable de cinc y de hierro.

CORDERO RADIACTIVO

Desde que ocurrió el desastre nuclear de Chernobyl, en Ucrania, en 1986, surgió la preocupación acerca de los efectos que esto pudiese tener sobre la cadena alimentaria y sobre la carne de cordero. Sin embargo, en la actualidad, la probabilidad de que haya carne de cordero radiactiva es mínima. El monitoreo de la carne proveniente de aquella región ha demostrado que los niveles de radiactividad han disminuido y, además, cualquier animal que muestre señales de estar contaminado no puede ser destinado al consumo humano.

DÁTILES

VENTAJAS
- *Fuente apreciable de vitamina C*
- *Ricos en potasio (cuando están secos)*
- *Son un laxante suave*

DESVENTAJAS
- *Pueden provocar migraña*
- *Los dátiles secos son ricos en azúcar, lo que puede ocasionar caries dental y problemas gingivales*

El dátil, junto con el higo, fue uno de los primeros frutos cultivados por el hombre. Se han descubierto palmeras de dátiles en excavaciones arqueológicas en sitios de la Edad de Piedra.

Los dátiles, frescos y secos, son un alimento muy nutritivo. Una porción de 100 gramos de dátiles frescos contiene 107 calorías. La misma porción de dátiles secos proporciona al organismo 227 calorías.

Los dátiles frescos son una de las mejores fuentes de vitamina C: 100 gramos proporcionan casi una tercera parte del consumo diario recomendado. También son una fuente apreciable de fibra soluble, lo que hace que sean un laxante suave que no irrita el estómago ni el intestino.

Los dátiles secos contienen más potasio que los frescos y son una fuente más concentrada de nutrimentos, como la niacina, el cobre, el hierro y el magnesio. Una porción de 100 gramos contribuye con una octava parte del consumo diario recomendado de cada uno de ellos.

Sin embargo, los dátiles también contienen tiramina, la cual provoca migraña en las personas susceptibles.

Cualquiera que consuma dátiles secos como una alternativa saludable de los dulces debe saber que éstos son ricos en azúcar. Su consumo muy frecuente puede provocar caries dental y problemas de encía debido a que el azúcar se fermenta con mucha facilidad en la boca para formar una placa bacteriana.

DEPORTISTAS Y SU ALIMENTACIÓN
Vea pág. 128

DEPRESIÓN

AUMENTE
- *Cereales integrales, chícharos, lentejas y otras legumbres*
- *Frutas y verduras frescas*
- *Carne magra, aves y vísceras*
- *Pescado y mariscos*

REDUZCA
- *Alcohol*
- *Cafeína, presente en el té negro, el café y las bebidas gaseosas de cola*

Si está tomando antidepresivos:
EVITE
- *Carnes procesadas y enlatadas*
- *Hígado de pollo y de ternera*
- *Cerveza, vino tinto y licores*
- *Queso procesado o añejado*

Justo cuando más se necesita una dieta balanceada y completa, las personas que sufren de depresión se olvidan de sus requerimientos nutricios. Esta enfermedad es muy diferente a la reacción o respuesta normal a una desilusión y, a menudo, hace que algunas personas pierdan el apetito, mientras que a otras las lleva a comer compulsivamente o les produce la aparición de un intenso deseo por comer carbohidratos.

Como consecuencia, las víctimas de depresión sufren, a menudo, de deficiencias o desequilibrios nutricios, especialmente falta de vitaminas del complejo B, de vitamina C y de los minerales calcio, cobre, hierro, magnesio y potasio. La relación exacta que hay entre los diferentes nutrimentos y la química cerebral todavía no es muy clara, pero lo cierto es que una nutrición inadecuada y los problemas de peso contribuyen a un descenso progresivo del ánimo.

Esto es especialmente cierto en las personas que sufren de ANOREXIA, en la que una dieta anormal y sentimientos de baja autoestima son causa común de depresión. La MENOPAUSIA, en la que los factores que contribuyen a desencadenarla pueden ser los cambios hormonales, y la tensión premenstrual también están relacionadas con el problema de depresión. En este caso la vitamina B_6, que en ocasiones se recomienda para tratar el síndrome premenstrual, puede ayudar a combatir la depresión.

Algunos especialistas ofrecen ciertas guías sobre nutrición para ayudar a quienes sufren depresión. Comer en abundancia cereales integrales, legumbres, carne magra, vísceras, pescado, mariscos y huevos suministra vitaminas del complejo B, hierro, potasio, magnesio, cobre y cinc. El consumo elevado de frutas y verduras frescas (por ejemplo, espárragos, brócoli, col, melón, naranjas y guayabas) proporciona vitamina C. Las verduras

Continúa en la página 130

Los deportistas y su alimentación

Para el atleta moderno, la alimentación es algo tan serio como el programa de entrenamiento. La clave se encuentra en el equilibrio entre lo que se ingiere y lo que se gasta.

Los efectos físicos y psicológicos del ejercicio son innegables; pero, cuando el ejercicio intenso forma parte de la vida diaria, es necesario asegurarse de llevar una dieta adecuada para mantener la salud. Los atletas tienen requerimientos nutricios parecidos a los de las personas que no lo son; sin embargo, debido a la actividad física, es necesario aumentar la cantidad de energía. La dieta de un atleta debe contener por lo menos 55 a 60% de carbohidratos; en los periodos de entrenamiento intenso puede aumentar a 70%.

EL FACTOR LÍQUIDO

Durante el ejercicio disminuye la reserva corporal de líquidos, ya que se pierden a través de la respiración y el sudor. La sudoración excesiva puede producir una reducción extrema del flujo sanguíneo, mengua del volumen de sangre y, en casos extremos, deshidratación, infarto cardiaco y colapso. Por tanto, es importante beber agua antes, durante y después del ejercicio.

Las bebidas "isotónicas" comerciales contienen bajos niveles de sales (para inducir la sed y reponer los minerales perdidos a través del sudor) y azúcar para obtener energía. Como estas bebidas están diseñadas para evitar la deshidratación, no se retienen en el estómago y pasan rápidamente al intestino delgado para su absorción. Un sustituto económico es una solución a partes iguales de agua y jugo de fruta.

Los atletas deben saber que si siguen una dieta para obtener un buen desempeño físico a corto plazo, lo están haciendo a costa de su salud. Ningún alimento puede mejorar mágicamente el rendimiento; sólo una buena combinación de alimentos puede permitir que un atleta compita en su nivel máximo. Cuando la actividad deportiva demanda un gran gasto de energía, es esencial un consumo adecuado de energía, macronutrimentos (carbohidratos, proteínas y grasas) y micronutrimentos (vitaminas, minerales y oligoelementos) para mantener la energía y el equilibrio de líquidos.

Los atletas deben seguir una dieta "ajustada" para satisfacer sus grandes requerimientos de energía. Al contrario de la creencia popular, no hay necesidad de llevar una dieta rica en proteínas durante el periodo de entrenamiento; en la mayoría de los casos es mejor obtener de los carbohidratos la energía necesaria, aunque los atletas con grandes demandas energéticas, como los remeros, necesitan un consumo mayor de grasas para que la dieta no sea muy voluminosa. Sin embargo, algunos deportes que demandan menos energía, como el billar, no requieren un aumento en el consumo de calorías.

MÁS MINERALES

El contenido y los requerimientos minerales de tejidos y células difieren. El hueso contiene mucho calcio; las células musculares tienen grandes cantidades de potasio y magnesio, mientras que la sangre posee niveles altos de cloro y sodio. Una escasez de minerales (vea pág. 272), normalmente, se compensa con una excreción reducida o con la liberación de algunos minerales almacenados en los tejidos corporales.

Si corre la maratón y sus minerales se agotan, probablemente éstos se repondrán sin que tenga que hacer ningún cambio en su dieta, pero la deficiencia prolongada de minerales puede ser un problema grave. A veces se recomienda a los atletas el uso de complementos minerales, aunque no existe ninguna prueba científica de que éstos mejoren significativamente el rendimiento de los atletas.

El potasio de los músculos se pierde poco a poco, a medida que trabajan repetidamente durante el ejercicio. El organismo necesita este mineral para liberar energía y regular el latido cardiaco. Reponga las reservas incluyendo en su dieta alimentos ricos en potasio, como carnes magras, verduras, nueces, legumbres y fruta, especialmente plátanos, guayabas y naranjas.

A menudo se encuentran niveles bajos de magnesio en atletas de resistencia. Cuando hay poco magnesio disponible, puede haber interferencia con la liberación de energía, lo que causa fatiga, calambres y pérdida del tono muscular. Entre los alimentos ricos en magnesio se encuentran: algas, verduras de hoja verde, cereales integrales, nueces y legumbres.

Mucho del cinc presente en nuestro organismo se almacena en huesos y músculos; sólo una pequeña cantidad se encuentra disponible para su uso inmediato, principalmente en la sangre. El cinc se pierde a través de la orina y el sudor, por lo que los atletas deben estar pendientes de su consumo diario. Los mariscos, las vísceras, el huevo, el germen de trigo y las legumbres son buenas fuentes de cinc.

ANEMIA EN LAS ATLETAS

Aunque todavía no se conocen las razones precisas, se sabe que las atletas corren el riesgo de padecer anemia. Es importante, por consiguiente, que ellas consuman hierro, folatos y vitamina B_{12} para asegurar la formación de sangre normal. Las siguientes son buenas fuentes de hierro: carnes rojas, vísceras, yema de huevo y verduras de hoja verde. Los folatos se obtienen de: hígado, germen de trigo, col, legumbres, bróculi y extracto de levadura; mientras que la vitamina B_{12} puede obtenerse de: vísceras, aves, pescado, huevo y productos lácteos.

CUIDE SUS HUESOS

Casi todo el calcio del cuerpo se encuentra en los huesos: 1% está disponible en el resto del organismo y se puede perder a través del sudor. Los huesos, a pesar de su dureza, necesitan absorber y liberar calcio constantemente y, cuando el consumo de calcio es bajo, se tornan frágiles. Asegúrese de que su dieta contenga suficiente calcio tomando mucha leche y otros productos lácteos, lo mismo que verduras de hoja verde.

EL RIESGO DE OSTEOPOROSIS

Las atletas jóvenes, especialmente las corredoras de maratón, son muy susceptibles a la reducción de su densidad ósea —OSTEOPOROSIS— cuando el ejercicio, el estrés y la pérdida de peso producen reducción en los niveles de estrógenos, lo que puede dar como resultado tanto falta de menstruación como metabolismo ineficiente del calcio. Esto, probablemente, es consecuencia de los bajos niveles de grasa corporal que las corredoras procuran mantener. Las tenistas y las nadadoras tienen menor riesgo de problemas de-

bido a que, por lo general, poseen más grasa corporal. Las mujeres que hacen con regularidad ejercicio de mediano impacto —como caminar o trotar con zapatos adecuados— deben sentirse optimistas, ya que este tipo de ejercicio reduce el riesgo de padecer osteoporosis.

VENZA EL LÍMITE DE LA FATIGA

Cuando el glucógeno se agota, por ejemplo durante la maratón, el atleta llega al límite de la fatiga y se siente demasiado cansado para continuar. Es posible alargar el periodo de buen rendimiento aumentando gradualmente la intensidad del entrenamiento y llevando una dieta con alimentos ricos en carbohidratos complejos, por ejemplo, papas y arroz.

Algunos atletas se preparan para las competencias eliminando los alimentos ricos en carbohidratos durante varios días, para después ingerir en grandes cantidades alimentos como pan y pastas los dos o tres días previos a la prueba.

LAS GRASAS

Debido a que el atleta pone énfasis en el consumo de carbohidratos, el consumo de grasas no debe rebasar el 30% de la dieta y muchos nutriólogos aconsejan que es preferible limitarlas de 20 a 25%. Los músculos usan la grasa como combustible durante el ejercicio ligero, pero los carbohidratos se utilizan más rápidamente a mayores niveles de actividad. Un consumo alto de carbohidratos puede mejorar la resistencia, pero aumenta el volumen de la dieta. Cuando añada grasas a su dieta, recuerde que las grasas insaturadas son más saludables que las saturadas y que los ácidos grasos presentes en las margarinas.

de hoja verde mejoran los niveles de calcio, magnesio y hierro; la fruta seca ofrece potasio y hierro, mientras que los productos lácteos (de preferencia bajos en grasas) aumentan las reservas de calcio.

Demasiada cafeína (más de cuatro tazas de café al día o seis tazas de té negro) pueden exacerbar la depresión. Como la cafeína también contribuye a mantener el estado de alerta y el insomnio es un síntoma de depresión, las víctimas de esta enfermedad deben evitar el té negro y el café antes de ir a dormir. La gente debe saber que los dolores de cabeza y la debilidad, que son síntomas de abstinencia repentina de cafeína, pueden durar de dos a tres días antes de que se perciba alguna mejoría.

Las personas que sufren de depresión deben reducir el consumo de alcohol, no sólo debido a que dos o tres copas pueden tener efectos adversos sobre el ánimo, sino porque pueden "sabotear" una alimentación nutritiva suprimiendo el apetito.

En personas sensibles, algunos alimentos pueden causar depresión. Si usted sospecha que existe relación entre un alimento y su estado de ánimo, elimínelo de su dieta para observar si hay alivio de los síntomas.

MEDICAMENTOS ANTIDEPRESIVOS

Las personas que toman antidepresivos que contienen monoamino oxidasa (vea MEDICAMENTOS Y ALIMENTACIÓN) deben evitar las bebidas y los alimentos con altos niveles de tiramina. Entre éstos se encuentran varios tipos de alcohol, como la cerveza, los licores, el vino tinto, el jerez y el vermut, los quesos procesados y añejados, el hígado de pollo o de ternera, el salami, las carnes enlatadas, la salsa de soya, los extractos de levadura, y el arenque y el salmón ahumados. También se debe limitar el consumo de otros alimentos que contienen bajos niveles de tiramina, como los plátanos, los aguacates, los higos, el chocolate, los productos que contengan vainilla, y las bebidas de cola y café, de las que no debe tomar más de tres tazas al día.

La reacción entre la tiramina y las sustancias presentes en algunos antidepresivos y tranquilizantes puede afectar el sistema nervioso y causar distintos síntomas, como palpitaciones, sangrados nasales y dolores de cabeza. En raras ocasiones, la presión arterial puede aumentar tanto que puede producir hemorragia intracraneal e incluso la muerte.

Las mujeres cuya depresión se origina por el consumo de anticonceptivos pueden sentir alivio aumentando el consumo de vitamina B_6, presente en carnes magras, cereales integrales, legumbres, germen de trigo y verduras de hoja verde, aunque esto no ha sido comprobado científicamente.

Otra forma de depresión, que prevalece en las regiones nórdicas, es la enfermedad afectiva invernal, causada por los efectos de la falta de luz. Generalmente, puede tratarse con terapia de luz de amplio espectro.

DESEO SEXUAL

AUMENTE
• *Ostiones y otros alimentos ricos en cinc*

REDUZCA
• *Cafeína y nicotina*
• *Alcohol*

Existen muchas variaciones en el deseo sexual de las personas. Los individuos preocupados por su bajo deseo sexual deberán reducir el estrés, hacer un poco de ejercicio y asegurarse de llevar una dieta balanceada, que contenga todas las vitaminas, minerales y nutrimentos necesarios (vea DIETA BALANCEADA).

Algunos nutrimentos pueden ser de vital importancia. Por ejemplo, se dice que el cinc es necesario para la producción de espermatozoides y para el desarrollo de los órganos reproductores. La falta de cinc pudiera causar infertilidad e impotencia. Gramo por gramo, los ostiones contienen más cinc que cualquier otro alimento; tal vez ésa sea la causa de su reputación popular como afrodisiaco. El cangrejo, las vísceras y las pepitas de calabaza también son fuentes apreciables de cinc.

ALCOHOLISMO Y TABAQUISMO
Se sabe que el alcohol y la nicotina suprimen el deseo sexual de quienes los consumen en exceso. El lúpulo de la cerveza también puede tomar parte en la reducción de la libido en las personas que beben cerveza excesivamente. Los constituyentes del lúpulo se utilizan en la herbolaria para reducir el deseo sexual de los hombres, pero además pueden acentuar la depresión.

El tabaquismo también aumenta el riesgo de ATEROSCLEROSIS (endurecimiento de las arterias) y la aterosclerosis de la arteria penial es una causa común de IMPOTENCIA en los ancianos. El riesgo puede disminuir si deja de fumar e incluye cantidades adecuadas de ANTIOXIDANTES en su dieta.

La cafeína, presente en el café, el té negro y el chocolate, también puede disminuir el deseo sexual, aunque su efecto depende del individuo. Los niveles elevados de colesterol, la hipertensión arterial y algunos medicamentos también pueden reducir el deseo sexual.

¿MITOS AFRODISIACOS?
No existen pruebas científicas de que los afrodisiacos, como el polvo de cuerno de rinoceronte y el polvo de mosca de España, aumenten la potencia sexual. Estas sustancias irritan la uretra, lo que provoca la sensación de ardor; tal vez esto haya dado origen al mito. La

afirmación de que el ginseng restaura la potencia sexual pudiera ser más creíble.

Muchas personas piensan que una comida con huevos, brócoli y germen de trigo, todos ricos en vitamina E, ayuda a mantener la potencia sexual, pero esto no ha sido comprobado de manera científica.

DESMAYOS

Existen muchas causas para una pérdida temporal de la conciencia. Incluso un individuo sano puede desmayarse, ya sea debido a un choque nervioso, a una deshidratación, porque permaneció de pie mucho tiempo o debido a cualquier otra situación que provoque una disminución súbita de la presión arterial y, por tanto, una breve interrupción del flujo sanguíneo del corazón al cerebro.

Los desmayos recurrentes pueden ser indicio de un problema mayor que requiere tratamiento, por ejemplo, ANEMIA, insuficiencia cardiaca (vea pág. 120) y problemas de CIRCULACIÓN SANGUÍNEA. Un tratamiento médico y una alimentación adecuada son importantes para controlar el problema de fondo. Consulte a su médico si sufre de desmayos recurrentes.

DESNUTRICIÓN Y DEFICIENCIAS DIETARIAS

Al escuchar la palabra desnutrición, muchas personas creen que sólo ocurre en lugares donde se padece hambre, como en algunas regiones de África y Asia u otras zonas subdesarrolladas. No obstante, incluso en los países industrializados que gozan de una abundancia de alimentos sin precedentes, hay personas que sufren de desnutrición. Los ancianos, los desprotegidos y otras personas con carencias económi-

cas, los alcohólicos y enfermos de CÁNCER, SIDA y otros padecimientos que interfieren con la nutrición son los más vulnerables.

A veces, algunas personas que gozan de buena salud en general pueden sufrir de desnutrición si llevan una dieta muy estricta. Las dietas vegetarianas estrictas que eliminan todos los productos animales pueden proporcionar las proteínas necesarias si se combinan los cereales y las legumbres. Sin embargo, es más difícil que se obtengan cantidades suficientes de vitamina B_{12}, calcio, hierro y cinc porque las mejores fuentes de estos nutrimentos provienen de productos animales. Algunos padres mal informados someten a sus bebés a una dieta con bajo contenido de grasas para prevenir la obesidad sin darse cuenta de que los bebés necesitan cantidades extra de grasa y calorías para crecer y desarrollarse normalmente. Los niños desnutridos también tienen dificultades para concentrarse en la escuela y su rendimiento es deficiente.

Muchos padres se preocupan que sus hijos adolescentes desarrollen deficiencias nutricionales si viven de comidas rápidas y botanas. Por lo general, esto no ocurre normalmente; sin embargo, los jóvenes que llevan una dieta de alimentos ricos en grasa, sal y azúcar corren el riesgo de sufrir desnutrición, así como de desarrollar en el futuro problemas de salud, incluidas las enfermedades cardiacas, hipertensión arterial, diabetes y obesidad.

La Food and Nutrition Board de la National Academy of Sciences-National Research Council establece las raciones diarias recomendadas para la mayoría de las vitaminas y minerales que requiere nuestro organismo. Para definir una ración diaria recomendada se considera la edad y el sexo de las personas y el peso y estatura de los grupos de edad.

Si bien las raciones especifican el consumo diario, en realidad se basan

en el consumo promedio a lo largo de diferentes periodos. Muchas personas creen que es necesario ingerir el 100% de todas las raciones diarias recomendadas todos los días; sin embargo, lo que en verdad es más importante es llevar una dieta variada que proporcione las cantidades recomendadas durante un periodo de 5 a 10 días en promedio.

VITAMINAS

Folato (ácido fólico). Presente en: colecitas de Bruselas, verduras de hoja verde, el hígado y las legumbres. Su carencia puede causar anemia megaloblástica y desgaste intestinal, lo que a su vez provoca una pobre absorción de otros nutrimentos esenciales.

Niacina (ácido nicotínico). Se encuentra en: carne, frutos secos, chícharos, frijoles, aves y cereales enriquecidos. Los síntomas de la deficiencia de este nutrimento son: fatiga, *rash* cutáneo pigmentado, dermatitis y diarrea.

Vitamina B_1 (tiamina). Presente en: carne de cerdo, cereales integrales, papas, legumbres y frutos secos. Su carencia puede provocar pérdida del apetito, inflamación de las extremidades, confusión mental, aumento del tamaño del corazón, debilidad muscular y problemas nerviosos. Los alcohólicos son susceptibles.

Vitamina B_2 (riboflavina). Se encuentra en la leche, los huevos, la carne, las aves y los cereales enriquecidos. Los signos de deficiencia son: labios agrietados, sangrado ocular, dermatitis y anemia leve.

Vitamina B_{12}. Presente en: carne, pescado, aves, huevos y productos lácteos. Su carencia es poco común, pero puede ocurrir en ancianos y vegetarianos vegan o estrictos; los síntomas son fatiga, sensación de hormigueo o pérdida de sensibilidad en las extremidades, anemia megaloblástica y posible degeneración del sistema nervioso.

Vitamina C. Presente en: pimientos, cítricos, papas y fresas. Su deficiencia provoca inflamación de encías, descamación de la piel, aumento del tiempo de curación de las heridas y aumento en la susceptibilidad a infecciones.

Vitamina D. Presente en: aceite de pescado, hígado de pescado y margarina enriquecida. Su deficiencia produce debilidad muscular, ablandamiento de los huesos (osteomalacia), y raquitismo en los niños.

Vitamina E. Presente en: margarina, frutos secos y aceites vegetales. La deficiencia de esta vitamina sólo ocurre en personas que no pueden absorber grasas; los síntomas incluyen daño nervioso y anemia hemolítica.

MINERALES

Calcio. Se encuentra en: productos lácteos, verduras de hoja verde, sardinas enlatadas con sus huesos y pepitas de calabaza. Su deficiencia causa debilidad muscular, dolor de espalda, ablandamiento y debilitamiento de huesos, fracturas y osteoporosis.

Cinc. Se encuentra en: hígado, ostiones y otros mariscos, carne roja y frutos secos. Su deficiencia es rara, pero se presenta en quienes sufren de problemas alimentarios; los síntomas son: aumento del tiempo de cicatrización de las heridas, retraso del crecimiento y retraso del desarrollo sexual.

Hierro. Se encuentra en: hígado, carne de res, sardinas, verduras de hoja verde, higos secos, chabacanos secos, cereales integrales y cereales enriquecidos con hierro. Una ingestión inadecuada puede causar: fatiga, problemas respiratorios, anemia por deficiencia de hierro y disminución de la resistencia a las infecciones.

Magnesio. Se encuentra en: salvado de trigo, cereales integrales, frutos secos, pepitas de calabaza e higos secos. Los síntomas de su deficiencia son: debilidad, calambres y temblores musculares que pueden llevar a una convulsión.

Potasio. Presente en: plátano, guayaba, naranja, tomate, fruta seca, semillas de girasol, aguacates, frijoles, chícharos y lentejas. Su deficiencia (más común en quienes tienen trastornos en su alimentación) provoca debilidad, confusión, apatía, sed intensa, digestión inadecuada, inflamación abdominal y problemas cardiacos y respiratorios.

DIABETES

La glucosa, un tipo de azúcar presente en el torrente sanguíneo, es una fuente vital de energía. Para que el organismo funcione adecuadamente, sin embargo, los niveles de glucosa deben permanecer dentro de ciertos límites. Demasiada glucosa en la sangre indica la presencia de un trastorno llamado diabetes mellitus. Sus síntomas son: sed, micción frecuente debido al exceso de glucosa, pérdida de peso, cansancio, infecciones recurrentes, problemas de visión y, en casos severos, coma. Poca glucosa, por otro lado, produce un mal llamado HIPOGLUCEMIA, el cual también puede causar coma.

Los carbohidratos, que se obtienen de alimentos que contienen azúcar o almidones, tales como los chocolates, los pasteles, las galletas, el pan, las papas, las frutas y la mermelada, incrementan los niveles de glucosa en la sangre. En condiciones normales, el equilibrio adecuado es restaurado de manera inmediata por la acción de la

¿Quién está en riesgo?

La diabetes no insulinodependiente es más común entre algunos grupos étnicos. Cerca del 24% de los mexicoamericanos y 26% de los puertorriqueños entre 45 y 74 años de edad padecen este tipo de diabetes.

La obesidad y la falta de ejercicio regular son factores de riesgo importantes para esta enfermedad. Alrededor del 90% de las personas con diabetes tienen sobrepeso.

Un caso real

*C*uando Ana, una adolescente sana de 14 años, comenzó a sufrir de dolores de cabeza y articulares, boca seca y fatiga generalizada, pensó que se trataba de una simple gripe. Sin embargo, cuando sus padres la llevaron al médico, los análisis de sangre y orina revelaron diabetes mellitus. Ana recibió líquidos, glucosa e insulina por vía intravenosa y pronto se recuperó. Pudo regresar a la escuela en un par de semanas y aprendió a inyectarse insulina dos veces al día y a monitorear sus niveles de glucosa en la sangre. Ella ya llevaba una alimentación rica en fibra y baja en grasas, sin azúcar adicional, y el único cambio que tuvo que hacer fue el de tomar un bocadillo antes de participar en un juego de volibol. Ana está controlando satisfactoriamente su problema y lleva una vida activa.

TODO BAJO CONTROL *La diabetes no requiere comidas muy elaboradas; es suficiente con una dieta bien balanceada.*

Prepare una deliciosa comida balanceada con pastas, verduras y una salsa baja en grasas.

¿Qué le parece este rico sándwich de salmón y pan integral como un bocadillo saludable?

Combine arroz y pollo en el platillo principal.

Pruebe una papa al horno rellena de ensalada de col fresca, sin mayonesa.

insulina, una hormona que es producida por el páncreas.

Si la producción de insulina del organismo es muy baja, o si la insulina es deficiente, el nivel de glucosa permanece elevado. Es de esta forma como se origina la hiperglucemia (altos niveles de glucosa en la sangre).

El exceso de glucosa en la sangre es excretado. En consecuencia, una prueba para detectar diabetes es la medición del nivel de glucosa en la orina. El tratamiento consiste en llevar una dieta balanceada, controlada y sana que limite el consumo de carbohidratos simples y que reduzca el azúcar concentrado y las bebidas azucaradas.

La diabetes puede adoptar dos formas. La diabetes mellitus insulinodependiente (DID o diabetes juvenil) generalmente aparece durante la niñez o la adolescencia; a menudo se presenta en quienes tienen antecedentes familiares de cualquier forma de diabetes. La diabetes mellitus no insulinodependiente (DNID) tiende a ser más común después de los 40 años de edad.

La DID, que afecta a 800.000 estadounidenses, parece surgir a causa de la incapacidad del páncreas para producir insulina, debido al daño o destrucción de sus células. La DID debe tratarse con la administración periódica de insulina. La dieta no interviene en este tipo de diabetes, aunque se piensa que la alimentación al seno materno ofrece cierto grado de pro-

Guía dietaria para el diabético

Los diabéticos pueden seguir las siguientes recomendaciones para controlar sus niveles sanguíneos de glucosa:

• Evite el sobrepeso. Lleve una dieta balanceada y saludable a base de alimentos que le sea conveniente comer. Si necesita perder peso, consulte a su médico o a un nutriólogo para que diseñe una dieta de acuerdo con sus necesidades.

• Coma con regularidad y determine la cantidad y frecuencia según su conveniencia.

• Consuma más alimentos ricos en almidones y fibra, como pan integral, frijoles, chícharos y lentejas. Todos estos alimentos causan sólo un aumento gradual de glucosa debido a que la fibra reduce la velocidad de liberación de la glucosa.

• Disminuya el consumo de bebidas azucaradas, pasteles, chocolates y dulces. El azúcar se absorbe rápidamente y los niveles de glucosa se elevan en menos tiempo.

• Consuma muchas frutas y verduras frescas, para obtener fibra soluble y vitaminas. Las frutas son un bocadillo ideal, pero tenga cuidado con las frutas muy dulces, como las uvas y los mangos en grandes cantidades,

ya que pueden afectar sus niveles sanguíneos de glucosa. Si come frutas enlatadas, seleccione las que vienen en su jugo y no las que se encuentran en jarabe azucarado. Las frutas secas, como los dátiles, son una fuente concentrada de azúcar y sólo deberán comerse en pequeñas cantidades.

• Asegúrese de comer porciones de carne, huevos y queso, por lo menos dos veces al día. Si le preocupa subir de peso, coma sólo pequeñas cantidades y recuerde que el pescado y las legumbres son fuentes alternas de proteínas.

• Disminuya el consumo de grasas, las cuales aumentan el riesgo de enfermedad cardiaca coronaria.

• Limite el consumo de sal y de alimentos salados, debido a la susceptibilidad mayor de los diabéticos a la hipertensión arterial. Tenga cuidado con la sal oculta en alimentos enlatados, ahumados y procesados.

• Limite el consumo de alcohol y recuerde que las cervezas dietéticas tienen un alto contenido del mismo.

• Los edulcorantes artificiales aprobados por la Food and Drug Administration se consideran seguros para el consumo de los diabéticos.

especialistas recomiendan que se administren 15 gramos de glucosa o sacarosa en forma de tabletas o, de preferencia, en solución. Si la hipoglucemia se presenta antes de las comidas, deberá acortar el tiempo entre ellas y comer suficientes carbohidratos de inmediato, con objeto de prevenir cualquier recurrencia.

Todos los diabéticos deben llevar consigo una tarjeta, un brazalete o un collar en el que se indique la enfermedad que padecen y el tratamiento que siguen, por si se presenta alguna emergencia. Como es posible padecer diabetes sin que haya ningún síntoma aparente, es recomendable acudir periódicamente a una revisión médica después de los 50 años de edad.

ALIMENTACIÓN Y DIABETES

Cualquiera que padezca de diabetes necesita planear su alimentación cuidadosamente con ayuda de un especialista. Aunque el consejo general de los nutriólogos es parecido para todos los diabéticos, las necesidades individuales difieren un poco entre sí, dependiendo del tipo de diabetes y de otros factores como el peso corporal y la actividad física de la persona. Además de seguir un régimen nutritivo general, el patrón de alimentación debe tomar en cuenta los horarios, el tipo de inyecciones de insulina, y la sensibilidad del diabético a la insulina y a otros medicamentos.

Algunos especialistas están en contra de los productos para diabéticos que existen en el mercado: ellos dicen que la existencia de tales productos promueve la idea de que los diabéticos no pueden comer normalmente. Además de su alto costo, la mayoría de los productos para diabéticos contienen mucha grasa. A menudo, es suficiente con mantener una dieta baja en azúcares y energía (calorías).

Hasta el decenio de 1970, se les aconsejaba a los diabéticos llevar una

tección contra este mal. En individuos susceptibles, puede ser desencadenada por infecciones virales, como las paperas o la varicela.

La DNID, que afecta a más de 15 millones de estadounidenses, aparentemente es el resultado de una deficiente secreción de insulina o de una resistencia del organismo a la hormona. En ocasiones puede tratarse sólo con una dieta, aunque algunos pacientes necesitan medicamentos. Los enfermos necesitan inyecciones de in-

sulina si los otros métodos de control no dan resultado. Adelgazar es muy importante para los diabéticos con sobrepeso.

Es esencial para ambos grupos de diabéticos comer con regularidad para evitar la hipoglucemia. Algunos diabéticos tratados con insulina necesitan comer cada dos o tres horas y es posible que necesiten comer un bocadillo entre comidas. Si se presenta hipoglucemia, es necesario consumir glucosa tan pronto como sea posible. Algunos dieta baja en carbohidratos y alta en grasas. No obstante, la evidencia ha relacionado las dietas ricas en grasas con enfermedades cardiacas —a las que los diabéticos son especialmente susceptibles— y además ha subrayado las ventajas de los carbohidratos en la reducción del riesgo coronario. También se ha reconocido que es posible controlar los niveles sanguíneos de glucosa en la diabetes mediante el consumo de alimentos ricos en carbohidratos. En la actualidad, las recomendaciones para los diabéticos se basan en una dieta rica en carbohidratos complejos y fibra, y baja en azúcares y grasas.

El objetivo de tales dietas es detener los síntomas inmediatos (en casos de DNID es suficiente con una dieta y ejercicio) y reducir el riesgo de hipoglucemia, que afecta principalmente a los diabéticos insulinodependientes. Es-

Diarrea del viajero

La diarrea es uno de los factores que pueden afectar la salud del viajero (vea pág. 334) en muchas partes del mundo. Los países asiáticos, África, América Central y Sudamérica ofrecen un riesgo mayor. El sur de Europa, el Caribe, Rusia y Japón son áreas con un riesgo moderado. En Europa Occidental, América del Norte y Australia el riesgo es menor.

Si la higiene no es adecuada, evite comer frutas y verduras crudas. Beba agua embotellada y no consuma hielo, a menos que esté seguro de la confiabilidad de la fuente. Evite las comidas frías, ya que éstas son un magnífico refugio para las bacterias y las moscas, transmisoras de gérmenes. No coma carnes, aves, pescados, ni mariscos crudos ni a medio cocer.

tas dietas también están diseñadas para evitar las complicaciones a largo plazo de la enfermedad: padecimientos cardiacos, problemas oculares e insuficiencia renal. Se aplican de igual manera a niños y adolescentes diabéticos, aunque siempre tiene que haber un nutriólogo pediatra que supervise la dieta según las necesidades del crecimiento del paciente.

Las mujeres deben estar conscientes de que pueden presentar diabetes "gestacional" durante el embarazo. Ésta, por lo general, desaparece seis semanas después del nacimiento del bebé, pero existe el 40% de probabilidades de que la madre desarrolle DNID en los siguientes 20 años.

DIARREA

AUMENTE
- *Mucha agua, para reponer la pérdida de líquidos*
- *Plátanos y guayaba, por el potasio*
- *Arroz blanco hervido y pan blanco tostado, ya que proporcionan carbohidratos y poca fibra*
- *Manzanas, que algunos naturistas piensan que ayudan a limpiar el aparato digestivo*

EVITE
- *Cualquier otro tipo de alimento por 48 horas*
- *Alcohol y cafeína, unas 48 horas después de la desaparición de los síntomas*

Si usted sufre de un episodio de diarrea, evacuaciones líquidas y frecuentes, es importante reemplazar la pérdida de líquidos y sales corporales. En las farmacias existen preparaciones rehidratantes, pero usted puede preparar la suya mezclando 1 cuchara-

Continúa en la página 140

Un caso real

Después de dos semanas de diarrea leve pero persistente, Daniel, un banquero, decidió consultar a su médico. Daniel sentía distensión abdominal y había notado que el problema empeoraba cuando tomaba leche o derivados. Un interrogatorio minucioso descubrió que la diarrea de Daniel comenzó después de que éste regresó de un viaje de negocios a San Petersburgo. Con esto en mente, en el laboratorio se hicieron análisis en busca de quistes de un parásito llamado Giardia lamblia. El médico dijo que ya se habían presentado otros casos de giardiasis en personas que habían viajado a San Petersburgo y que al parecer el parásito se encontraba en el agua. A Daniel se le trató con antibióticos y su diarrea desapareció pronto. Se le explicó que cuando el intestino se inflama, puede ser intolerante a la lactosa (azúcar presente en la leche y sus derivados) y se le advirtió que si los síntomas reaparecían, tendría que seguir una dieta libre de lactosa, evitar los alimentos picantes y reducir el consumo de alcohol. También se le aconsejó que bebiera agua hervida o embotellada cuando visitara otros países.

DIETA BALANCEADA

El atleta y el jubilado que lleva una vida algo sedentaria son polos opuestos por sus requerimientos de energía, pero ambos necesitan un consumo balanceado de nutrimentos para mantenerse sanos.

La base de una dieta sana puede resumirse en tres palabras: variedad, moderación y equilibrio. Para llevar a cabo con facilidad estos principios simples, el Departamento de Agricultura de Estados Unidos ha creado la pirámide alimentaria, en la que los alimentos se dividen en seis grupos básicos y en la que se recomiendan el número de raciones diarias que deben consumirse de cada grupo. Estas raciones son moderadas y si una persona selecciona una variedad de alimentos de cada grupo, conseguir que se lleve una dieta equilibrada no representará un problema. Sin embargo, las personas que tratan de seguir la pirámide alimentaria, con frecuencia se preguntan en qué grupo se incluyen alimentos como la pizza, o si 11 raciones de alimentos con almidón las harán subir de peso, o si estas recomendaciones harán que sus niveles de colesterol disminuyan.

VARIEDAD DE ALIMENTOS

Para mantener una buena salud, el organismo necesita un equilibrio adecuado de carbohidratos, grasas y proteínas para obtener energía, crecer y reparar y reemplazar las células dañadas. Asimismo, son necesarias 13 vitaminas y 16 minerales. Los investigadores que se dedican a la nutrición creen que hay otros nutrimentos esenciales que aún no se han identificado. Si bien no es un nutrimento, el agua —la sustancia más abundante en el cuerpo humano— también es esencial para sostener la vida (vea pág. 20)

Llevar un registro diario del consumo de más de 30 nutrimentos esenciales conocidos es una tarea abrumadora, si no imposible. Por fortuna, no hay necesidad de hacerlo. Al consumir porciones moderadas de cada uno de los grupos de alimentos, la mayoría de las personas obtendrán todos los nutrimentos que requieren.

LOS GRUPOS BÁSICOS DE ALIMENTOS

En Estados Unidos, la campaña de educación sobre nutrición, que goza de amplio alcance, data de los años cuarenta, cuando el Departamento de Agricultu-

PROPORCIONES SALUDABLES *Para lograr una dieta variada y balanceada, seleccione alimentos de cada nivel en la misma proporción que aparecen en la pirámide alimentaria.*

Leche y sus derivados. Coma 2 a 3 raciones diarias. Una porción equivale a una taza de leche o yogur; 45 gramos de queso.

Frutas. Coma 2 a 4 raciones al día. Una ración: una manzana, pera o naranja de tamaño mediano.

Cereales: coma de 6 a 11 raciones diarias de pan, cereales, pastas y arroz. Una ración: 1 rebanada de pan; 30 gramos de cereal seco; 1/2 taza de pasta o arroz cocidos.

Grasas, azúcares, alcohol y sal. Consuma estos alimentos en cantidades escasas.

Carnes, pescado, legumbres, chícharos y frutos secos. Coma de 2 a 3 raciones diarias, es decir, un total de 180 gramos.

Verduras. Consuma 3 a 5 raciones diarias.

Los grupos básicos de alimentos: en busca de una dieta más saludable

La proporción de los alimentos que satisfacen nuestras necesidades debe reflejar los grupos de la pirámide alimentaria. Una dieta balanceada debe incluir 6 a 11 raciones diarias de cereales y otros carbohidratos complejos; 2 a 4 raciones de frutas y 3 a 5 de verduras; 2 a 3 de carne, pescado y productos lácteos, y cantidades pequeñas de grasas y aceites.

GRUPOS ALIMENTARIOS Y SUS NUTRIMENTOS	TRATE DE	TRATE DE NO
PAN, CEREALES, PASTAS Y ARROZ		
En algunos países, el pan, los cereales y las papas son la fuente principal de nutritivos carbohidratos complejos (almidones), fibra (polisacáridos diferentes de los almidones), calcio, hierro y vitaminas del complejo B.	Escoger pan integral, pan negro o panes ricos en fibra y aumente su consumo preparando su sándwich con rebanadas gruesas de pan. Consuma pan con las comidas principales y sírvase una ración mayor de papas, arroz o pastas en lugar de alimentos que contengan más grasa.	Freír los alimentos de este grupo; usar mantequilla o untar en abundancia margarina al pan, ya que esto significa añadir grasas en forma innecesaria. Trate de no agregar salsas cremosas ni aderezos grasosos a este tipo de alimentos.
FRUTAS		
Este grupo incluye frutas frescas, congeladas y enlatadas, jugos de fruta y fruta seca, y suministra vitamina C, beta carotenos, folato, fibra, así como carbohidratos simples.	Escoger una amplia variedad de frutas; aumente su consumo comiendo una fruta como postre, como bocadillo e incluso para acompañar carnes y quesos, como parte de un sándwich.	Comer fruta en exceso en una sola comida: puede causar indigestión o malestar estomacal, particularmente si la fruta no está madura.
VERDURAS		
Son la base de muchas dietas, sean o no vegetarianas. Son vitales para el suministro de vitaminas, minerales, fibra y carbohidratos.	Utilizar tomates y otras verduras, frescas o congeladas, en salsas o sírvalas como ensalada, para acompañar carnes o pastas.	Freír mucho las verduras, ya que con ello se absorbe mucha grasa; es mejor sofreírlas con poco aceite.
LECHE Y SUS DERIVADOS, EXCLUYENDO MANTEQUILLA Y CREMA		
Los principales nutrimentos que se obtienen de este grupo son calcio, magnesio, proteínas, riboflavina y vitaminas B_{12} y A.	Consumir cantidades moderadas de estos productos lácteos. Escoja las variedades descremadas, la mayor parte del tiempo.	Consumir grandes cantidades de leche, crema, queso o mantequilla enteros. La leche descremada es tan buena fuente de calcio como la leche entera.
CARNE, AVES, PESCADO Y OTRAS OPCIONES COMO FRIJOLES, HUEVO Y FRUTOS SECOS		
Estos alimentos son fuentes importantes de hierro, cinc, proteínas y vitaminas del complejo B, especialmente vitamina B_{12}.	Consumir con moderación carne magra y toda la grasa visible de ella. Consuma pescado, por lo menos dos veces por semana, e incluya una porción de pescado graso, como el salmón y la macarela.	Freír la carne o el pescado, ni añadir grasa a aquellos productos ricos en grasas. Es mejor asar, cocer a fuego lento, cocer al vapor, sofreír con poco aceite o rostizar el alimento.
GRASAS Y AZÚCARES		
En este grupo se encuentran: la margarina, la mantequilla, los aceites de cocina, la crema, el chocolate, las papas fritas, las galletas, los pasteles, los helados y el azúcar.	Seleccionar las opciones bajas en grasa y azúcar, consuma sólo pequeñas cantidades y utilice aderezos en forma esporádica. Elimine la grasa de los jugos de carne cuando prepare salsas.	Comer muchos chocolates ni alimentos dulces en días de fiesta. Evite consumir entre comidas y con frecuencia bocadillos de este grupo.

ra creó "Los 11 grupos básicos de alimentos". En el decenio de 1950, esta lista, algo difícil de manejar, se simplificó en "Siete grupos básicos". No pasó mucho tiempo antes de que los educadores se dieran cuenta de que incluso siete grupos resultaban demasiados para que la persona común pudiera recordarlos. Entonces, en 1959, se crearon "Cuatro grupos básicos" —almidones, frutas y verduras, carnes y otros alimentos con alto contenido de proteínas, y productos lácteos. Estos cuatro grupos se distribuyeron en un gráfico en forma de pay; un quinto grupo —grasas, azúcares y alcohol— se acomodó en un costado.

En 1992, el Departamento de Agricultura decidió separar las frutas y verduras, añadió un grupo de grasas, aceites y azúcares, y formó los grupos en una pirámide. Los carbohidratos complejos de almidón —pan, cereales, arroz y pastas— forman la parte inferior de la pirámide, con lo que se indica que estos alimentos deben constituir la base de una dieta equilibrada. En el ápice de la pirámide se encuentran las grasas, los azúcares, la sal, y todos los productos que deben consumirse escasamente. En medio de estos dos grupos se encuentran los productos lácteos y las carnes, aves, pescado, legumbres y frutos secos, con dos a tres raciones diarias de cada uno. De dos a cinco raciones de verduras y de dos a cuatro raciones de frutas complementan la pirámide.

Estas recomendaciones suman de 15 a 26 raciones diarias y parecen demasiadas; sin embargo, las porciones son pequeñas y el número de raciones debe ajustarse a la energía que cada persona necesita. Una dieta en verdad balanceada es la que proporciona todos los nutrimentos esenciales y al mismo tiempo mantiene el peso ideal. Por lo tanto, una persona que trate de bajar unos pocos kilos debe consumir el número máximo de raciones de frutas y verduras bajas en calorías y el número

mínimo de raciones de los grupos de carnes, productos lácteos y almidones, que por lo general tienen más calorías.

RACIONES DIETÉTICAS RECOMENDADAS (RDA)

Con el fin de que la mayoría de las personas satisfagan sus necesidades nutricias, la Food and Nutrition Board de la National Academy of Sciences-National Research Council estableció las Raciones Dietéticas Recomendadas (Recommended Dietary Allowances), o RDA, para 11 vitaminas y 6 minerales, proteínas y energía. Asimismo, incluye el consumo seguro y adecuado de otras dos vitaminas y otros cinco minerales.

Para determinar una RDA específica, la Food and Nutrition Board establece el valor mínimo, debajo del cual se desarrolla una deficiencia, y la cantidad máxima, arriba de la cual puede ocurrir un daño para la salud. La RDA se fija entre estos dos valores, con un margen de seguridad para asegurar una reserva que una persona puede llevar durante varias semanas de consumo inadecuado.

ACERCA DE LAS RECOMENDACIONES

Muchas personas creen erróneamente que deben consumir todas las RDA de cada nutrimento todos los días para lograr el balance recomendado en cada una de las comidas o incluso todos los días, pero esto no es necesario, pues es posible lograrlo en un periodo de 5 a 10 días.

Cuando un platillo representa una comida completa, ya sea pizza, curry o quiche, por ejemplo, sus ingredientes principales determinarán su lugar en la pirámide alimentaria. El quiche, por ejemplo, está elaborado principalmente con huevos, por lo que entra en la categoría de las proteínas, aunque su pasta, que es una mezcla de grasa y harina, cae tanto en el grupo de las grasas como en el de los carbohidratos. La pizza está formada principalmente por masa de pan, así que pertenece al grupo de los carbohidratos; pero las cubiertas —que-

so y tomate, entre otros— pertenecen a la clasificación de lácteos y verduras, respectivamente. La carne en salsa de curry con arroz pertenece tanto al grupo de las proteínas como al de los carbohidratos. La falla de estas comidas "completas" es su falta de verduras o frutas; acompañe tales platillos con una ensalada mixta, chícharos o brócoli, por ejemplo, y coma una pieza de fruta fresca al terminar; así obtendrá una comida balanceada, como se muestra tanto en la tabla como en la pirámide.

¿UNA DIETA PARA TODOS?

Aunque el equilibrio alimentario recomendado se aplica a casi todas las personas, incluyendo a los vegetarianos, gente de todos los orígenes étnicos y los obesos, no es apropiada para todos. Los niños menores de dos años, por ejemplo, deben consumir leche entera, y además

DELICIOSO Y NUTRITIVO
Comer saludablemente no tiene que ser tedioso. Estas apetitosas comidas ofrecen el balance correcto de nutrimentos necesarios para una buena salud.

necesitan más productos lácteos que los adultos; pero entre los 2 y los 5 años, a medida que se integran a la dieta familiar, se empiezan a aplicar los parámetros recomendados. Las personas con requerimientos nutricios especiales deben consultar a su médico para saber si este balance alimentario es el más adecuado para ellos.

QUÉ HAY DE LOS COMPLEMENTOS

Los complementos de vitaminas y minerales no sustituyen los buenos hábitos alimentarios, y la mayoría de las personas cubrirán sus requerimientos nutritivos siguiendo los parámetros establecidos en la tabla y la pi-rámide alimentaria. Sin embargo, algunas personas necesitan complementos. Las mujeres que estén planeando tener un bebé y las que ya estén embarazadas (vea pág. 156) necesitan ácido fólico para proteger el embrión de defectos en el tubo neural, y pueden necesitar un poco de hierro extra; las personas mayores necesitan vitamina D y hierro; y a las personas con OSTEOPOROSIS algunas veces les recetan calcio. Consulte a su médico o a su nutriólogo si piensa que necesita complementos vitamínicos o minerales.

Una chuleta de cerdo en salsa de tomate, acompañada de una papa con cáscara rellena con yogur y chícharos, representa una comida completa y baja en calorías.

Prepare este plato: las verduras frescas de temporada con un ligero aderezo de aceite de oliva, yogur y salsa de queso, servidas sobre un plato de fetuccini, hacen una comida vegetariana perfectamente balanceada.

Pollo en salsa de yogur, acompañado de arroz y verduras: un platillo que ofrece toda la gama de nutrimentos. El yogur suministra calcio.

Filete de salmón asado con papas, calabacitas y tomates: un platillo delicioso, nutritivo y bien balanceado.

dita de sal, 8 cucharaditas de azúcar y 1 litro de agua hervida. Cuando los síntomas aparezcan, tome 1 litro de esta mezcla cada dos horas, así: 1/2 taza cada cuarto de hora. Esta sencilla solución repone las reservas de líquidos del organismo más rápidamente que el agua. De hecho, esta preparación ha salvado millones de vidas desde que fue descubierta en 1974, cuando fue publicada por la revista *The Lancet*, donde se decía que era "uno de los mayores avances médicos del siglo XX". Esta solución también es de utilidad durante el ejercicio intenso, como la carrera de maratón y el ciclismo de resistencia.

Cuando tenga apetito, pero preferiblemente después de las primeras 24 horas, siga una dieta con plátanos, arroz hervido, manzanas y pan blanco tostado. Los plátanos suministran potasio, que es vital para el control del equilibrio de líquidos del organismo; mientras que el pan tostado y el arroz suministran carbohidratos con poca fibra, para evitar la irritación del intestino. Los naturistas creen que las manzanas tienen un efecto limpiador sobre el aparato digestivo.

Coma pequeñas cantidades de estos alimentos a intervalos regulares y después de 48 horas introduzca papas hervidas, verduras cocidas y huevos. Si los síntomas desaparecen, puede regresar a su dieta normal de manera gradual, dejando la leche y sus derivados para el final.

Los tés de hierbas ayudan a reponer los líquidos perdidos y algunos tienen efecto calmante sobre el aparato digestivo. Tome 2 tazas de té de manzanilla o hasta 3 tazas de té de jengibre lentamente y a sorbos. Evite la cafeína y el alcohol por lo menos durante 48 horas después de un episodio de diarrea; ambos pueden tener efecto deshidratante, ya que estimulan a los riñones para aumentar la excreción de orina.

La diarrea puede ser aguda —de cierta duración— o crónica y recurrente. La diarrea crónica puede ser una señal de una enfermedad grave y será necesario consultar a un médico. La diarrea aguda puede ser causada por el consumo excesivo de alimentos laxantes, como higos, salvado, ciruelas pasas y frutas secas, pero es más común que sea el resultado de infecciones relacionadas con los alimentos. Cuando la diarrea es causada por INTOXICACIÓN POR ALIMENTOS, su duración varía de seis horas hasta tres días. La diarrea puede poner en peligro la vida de los niños y los ancianos, debido a la deshidratación que causa. En estos casos, deberá consultar a un médico de inmediato.

DIENTES Y ENCÍAS

AUMENTE
- *Alimentos ricos en calcio, tales como leche descremada, yogur y queso*
- *Frutas y verduras frescas, por su vitamina C*

EVITE
- *Bebidas dulces y bocadillos entre comidas*
- *Alimentos pegajosos que se fijan entre los dientes*
- *Consumo regular de bebidas ácidas, como los jugos concentrados de frutas*

Aunque la necesidad de cepillarse los dientes con regularidad y de usar hilo dental está bien establecida, la importancia de la dieta con respecto a la salud dental no se ha difundido tan ampliamente. La caries dental y las enfermedades de las encías son causadas por el desarrollo de bacterias en los dientes, especialmente las colonias de bacterias que de manera constante forman una película pegajosa conocida como placa. Si no se elimina la placa, las bacterias

Un caso real

Juan, cartero, tenía sólo 25 años y una pequeña familia que mantener. Para él era común comenzar el día preparando su ronda de la mañana a las 5:30 a.m. y continuar trabajando tiempo extra en la oficina de clasificación hasta las 8.00 p.m. A menudo se saltaba las comidas y comía una barra de chocolate para reanimarse cuando se sentía cansado. Después de algunas semanas, su esposa notó que Juan no estaba bien. Tenía mal aliento y sus encías estaban inflamadas y sangraban. Juan admitió que se sentía débil y dijo estar preocupado por los moretones que le habían aparecido en los tobillos. El médico familiar descubrió que tenía deficiencia de vitamina C, le indicó un tratamiento con grandes dosis de vitamina C en tabletas y le hizo prometer que comería más frutas y verduras frescas.

descomponen los azúcares y almidones de los alimentos para producir ácidos que disuelven el esmalte dental.

La alimentación ayuda a evitar el deterioro dental, ya que suministra fluoruro, el cual hace que los dientes sean resistentes a la caries, y otros nutrimentos esenciales para la buena salud de dientes y encías.

DIETA PARA LA SALUD DENTAL

Durante el embarazo, asegúrese de consumir mucho calcio, el cual es necesario para la formación de los dientes del bebé; algunas buenas fuentes de calcio son: los productos lácteos bajos en energía (calorías), las sardinas enlatadas frescas, las semillas de calabaza y las verduras de hoja verde. La vitamina D, presente en pescados grasos, ayuda a la absorción de calcio.

Es posible prevenir en gran medida la caries dental dando fluoruro a los niños durante los primeros años de vida. Si el agua que usted toma no contiene fluoruro, déles fluoruro en tabletas o gotas. Como los niños son muy susceptibles a la caries dental, los padres deben insistir en que se cepillen bien los dientes y darles una buena alimentación, especialmente antes de los 3 años. Los minerales requeridos para la formación del esmalte dental durante los primeros años de vida son: calcio; fluoruro, agregado a la mayoría de las pastas dentales; fósforo, proporcionado por carnes, pescados y huevos; y magnesio, que se encuentra en el pan integral, las espinacas y los plátanos. La vitamina A también es importante en el desarrollo de huesos y dientes sanos y fuertes; las frutas y verduras anaranjadas (los chabacanos y las zanahorias) y las verduras de hoja verde son buenas fuentes de beta carotenos, que el organismo transforma en vitamina A.

EL FACTOR AZÚCAR

La sacarosa, principal componente del azúcar de caña y de remolacha, ha sido culpada durante mucho tiempo de causar la caries dental, pero en realidad no es la única responsable. Aunque los caramelos y las bebidas azucaradas son los principales culpables, los almidones también contribuyen al deterioro dental. Esto se debe a que la saliva los descompone en azúcares simples, que a su vez son convertidos en ácidos destructores del esmalte dental por las bacterias de la boca. Los alimentos que contienen almidones y se adhieren a los dientes son los que causan mayor deterioro dental, porque los ácidos que forman permanecen en contacto con el esmalte en lugar de ser removidos por la saliva.

La fruta seca tiene un efecto parecido a los caramelos pegajosos debido a que contiene grandes concentrados de azúcares y se adhiere a los dientes, lo que da más tiempo a las bacterias para producir ácido. Los jugos de fruta que no contienen azúcar, como el de naranja y el de toronja, a menudo contribuyen al deterioro dental debido a sus niveles de acidez y alto contenido de azúcares simples. Las bebidas endulzadas artificialmente también causan daño. Aunque no causan deterioro dental, las variedades ácidas, tales como los concentrados de fruta sin azúcar, pueden erosionar el esmalte de los dientes. La fruta fresca origina menos problemas debido a que la acción de masticar estimula la producción de saliva, lo que a su vez reduce el tiempo que los azúcares y los ácidos están en contacto con el esmalte dental.

Comer bocadillos entre comidas y sorber bebidas dulces o jugos de fruta durante largos periodos o justo antes de acostarse aumenta el riesgo del deterioro dental. Por tanto, los padres no deben poner a los infantes en la cama con un biberón de leche (que contiene un azúcar llamado lactosa), jugo de frutas o solución con azúcar; tampoco deben dar a los bebés un chupón bañado en miel o azúcar.

ALIMENTOS BENÉFICOS

El terminar una comida con alimentos que no estimulen la aparición de la caries y que incluso la prevengan también puede proteger sus dientes. Por ejemplo, se cree que el QUESO protege el esmalte dental: si se consume al finalizar la comida y no se toma nada después de él, como café o té negro, reduce los niveles de acidez de la boca. La goma de mascar sin azúcar (vea pág. 102) después de la comida puede ayudar a prevenir la caries, ya que estimula el flujo de saliva, la cual retira los ácidos de los dientes.

La raíz de regaliz, presente en algunas pastas de dientes de Estados Unidos, también ayuda a combatir la caries dental; es un agente antiinflamatorio y contiene una sustancia que ayuda a controlar el desarrollo de la placa bacteriana.

El uso de pastas dentales con fluoruro es ciertamente el factor más importante en la lucha contra el desgaste dental.

ENFERMEDADES DE LAS ENCÍAS

Se pierden más dientes a causa de la enfermedad de las encías (gingivitis) que debido al deterioro dental; afecta a quienes descuidan la higiene bucal adecuada y a quienes no llevan una dieta balanceada. Particularmente, personas que sufren de alcoholismo, desnutrición o SIDA, y quienes reciben tratamiento con esteroides o ciertas drogas anticancerosas corren un gran riesgo de padecerla. El cepillado regular de los dientes y el uso de hilo dental ayuda a evitar la inflamación y el sangrado de las encías.

La gingivitis, condición muy común que ocasiona que las encías se enrojezcan, se hinchen y tengan tendencia a sangrar, es típicamente causada por la acumulación gradual de placa bacteriana. El tratamiento consiste en una buena higiene dental y la remoción de

Continúa en la página 144

DIETAS PARA ADELGAZAR

Olvídese de los regímenes de sacrificio. Necesita una dieta que le sea posible seguir durante toda su vida, y las nuevas normas de procedimiento para bajar de peso son tan fáciles como eficaces.

Según el National Institute of Diabetes and Digestive and Kidney Disease (instituto responsable de la investigación relacionada con la obesidad y la nutrición), 58 millones de estadounidenses de 20 a 74 años de edad y uno de cada cinco niños de entre 6 y 17 años presentan sobrepeso. Una encuesta nacional sobre nutrición y salud muestra que las tasas de sobrepeso de las mujeres de ciertos grupos étnicos minoritarios son desproporcionadamente más altos; por ejemplo, el 50% de las mujeres mexiconorteamericanas están sobrepasadas de peso. El sobrepeso y la obesidad son factores de riesgo en la diabetes, enfermedades cardiacas, hipertensión arterial, cálculos biliares, artritis y algunas formas de cáncer.

Las personas que adelgazan con éxito lo hacen con lentitud y seguridad y establecen hábitos alimentarios saludables, junto con un patrón de ejercicio que durará toda la vida, por lo que la pérdida de peso es permanente. La energía se mide en calorías y el objetivo de una dieta para adelgazar es reducir el peso disminuyendo el consumo de energía obtenida de los alimentos y las bebidas, y aumentando la energía (calorías) que se quema con el ejercicio.

MODAS Y FALSEDADES

No todos los planes para adelgazar tienen una base científica; algunos pueden resultar muy peligrosos. Las dietas de moda no favorecen los hábitos alimentarios saludables ni establecen una pérdida de peso segura y permanente.

Las dietas que combinan alimentos, basadas en la DIETA DE HAY, ayudan a bajar de peso, pero únicamente debido al mayor consumo de frutas y verduras a expensas de alimentos con más energía (porque las combinaciones de alimentos son muy limitadas). Las "pociones mágicas" para la dieta, que supuestamente lo ayudan a bajar de peso mientras continúa comiendo alimentos normales, no dan resultado.

Las dietas intensivas que incluyen bebidas, sopas y refrigerios con bajo contenido de energía, en lugar de las comidas, no proporcionan el mismo equilibrio de nutrimentos que una comida habitual saludable. El éxito de cualquier dieta intensiva es de poca duración, porque el organismo pierde agua y proteínas mas no el exceso de grasa corporal. Una vez que se vuelve a comer normalmente, los líquidos corporales son reemplazados con rapidez y se aumenta de peso de inmediato. Entonces, adelgazar resulta todavía más difícil la próxima vez, un fenómeno conocido como el efecto "yoyo". Las personas que intentan adelgazar y quedan atrapadas en un ciclo de dietas "yoyo", tienden a aumentar su peso más cada vez que comen "normalmente". En la actualidad, se piensa que esto quizá se debe a un ciclo repetido de privación y de comer demasiado, en lugar de una disminución en el ritmo metabólico de la persona que sigue la dieta.

El ayuno, cuando una persona deja de comer pero bebe mucha agua, es una práctica peligrosa; puede ocasionar que disminuya la presión arterial y un mal funcionamiento del corazón. Incluso, cuando el ayuno se siga bajo supervisión médica, es muy raro que la pérdida de peso se mantenga una vez que se vuelve a comer normalmente.

¿UNA DIETA SALUDABLE PARA ADELGAZAR?

Una dieta para adelgazar debe proporcionar todos los nutrimentos que necesita el organismo. Debido a que estos nutrimentos deben provenir de un consumo menor de energía, es importante evitar los dulces, los pasteles, las galletas y las bebidas que contengan azúcar o alcohol, ya que su contenido de energía es relativamente alto, pero bajo en nutrimentos. La dieta debe basarse en alimentos nutritivos con bajo contenido de energía, como las verduras, las frutas, la carne magra, las aves, el pescado, los productos lácteos descremados, el pan y los cereales.

Entre todos los componentes principales de la comida, la grasa es la fuente de energía más concentrada. Con 9 calorías por gramo, la grasa proporciona más del doble que lo que aportan las proteínas y los carbohidratos, que suministran 4 por gramo. Por tanto, la manera más efectiva para reducir el consumo de energía es disminuir la cantidad de grasa en la dieta. El alcohol puro (etanol) tiene 7 calorías por gramo, por lo que disminuir su consumo es una forma efectiva para ayudarse a bajar de peso.

Existe el malentendido de que los alimentos básicos que contienen almidones, como el pan, el arroz, las papas y las pastas, hacen aumentar de peso. En realidad, son alimentos que no contienen demasiada energía. Si no se comen acompañados de mucha grasa, estos alimentos principales pueden consumirse en cantidades bastante grandes mientras se sigue una dieta para adelgazar. Los alimentos que contienen almidones ayudan a satisfacer el apetito, porque sacian el hambre en vez de engordar. Los alimentos integrales, como el pan y el arroz integrales, son preferibles a los alimentos refinados, pues proporcionan significativamente más vitaminas, minerales y fibra.

Una dieta para adelgazar saludable debe incluir también suficientes ensaladas, verduras y legumbres (frijoles, chícharos y lentejas). La fruta fresca es una buena elección para un postre con bajo contenido de energía.

CÓMO EVITAR LA GRASA

Para ayudarse a reducir el consumo de grasa, elija cortes de carne magra y quítele toda la grasa visible antes de cocinarla. Evite las carnes con mucha grasa, como las salchichas, el tocino y la carne de res molida. Las aves deben comerse sin la piel, y el pescado debe cocerse al vapor, asarse, hornearse o cocinarse en el horno de microondas, en lugar de freírlo. Los pays, las pastas, las galletas, los pasteles, las frituras y los frutos secos tienen un alto contenido de grasa y es mejor evitarlos cuando se lleva una dieta para adelgazar. Reemplace los productos lácteos, con todo el contenido de grasa, por opciones descremadas.

Es probable que pierda 1,3 kilogramos o más durante la primera semana de cualquier dieta, debido a una pérdida inicial de agua en el organismo. Después, es mejor intentar una pérdida de peso fija de 450-900 gramos por semana, que dará como resultado una reducción de la grasa corporal. Si aumenta la pérdida de energía mediante el ejercicio regular (3 a 5 veces a la semana durante 20 a 30 minutos, por lo menos) ayudará a quemar la grasa y tonificar los músculos para tener un cuerpo más delgado. (Vea también OBESIDAD y la pág. 160.)

Cómo equilibrar su dieta para adelgazar

Si consume una amplia variedad de los grupos de alimentos que se mencionan a continuación, deberá obtener niveles óptimos de cada uno de los nutrimentos requeridos para gozar de buena salud.

TIPOS DE ALIMENTOS	CONSEJOS
ALIMENTOS CON ALMIDONES	
El arroz, el pan, las papas, los cereales, las pastas y otros almidones son los alimentos principales en su dieta. Los alimentos que contienen almidones no son la causa de que aumente de peso. Los panes y los cereales no contienen más energía por gramo que la carne magra y sí mucho menos que las grasas.	Elija panes especiales con un buen sabor propio, sin usar pastas para untar. Sirva las pastas y el arroz con salsas de verduras hechas a base de tomate y evite las preparadas con queso, crema y mantequilla.
FRUTA, VERDURAS Y ENSALADAS	
Incluya una amplia variedad de frutas frescas, verduras y hojas para ensalada.	Coma con moderación las frutas secas y los aguacates. Evite los aderezos para ensalada con grasa, como la mayonesa; prepárelos usted mismo a base de jugo de limón o de lima y yogur descremado. No coma papas fritas, ni papas horneadas acompañadas de salsa de queso.
LECHE, QUESO Y YOGUR	
Coma moderadamente productos lácteos, con bajo contenido de grasa.	Elija leche descremada o semidescremada, yogur con bajo contenido de grasa y quesos con poca grasa. Evite las leches malteadas preparadas con leche entera.
PROTEÍNAS	
Elija carne magra y recorte toda la grasa visible; las aves, sin piel; pescado y legumbres (lentejas, chícharos secos y frijoles).	Cueza al vapor, ase, hornee o escalfe, pero no fría. Modere su consumo de frutos secos. Evite los productos que contengan carne con grasa: pays, pasteles de carne, salchichas y hamburguesas de carne de res. Evite el pescado enlatado en aceite, o escúrralo.
ALIMENTOS AZUCARADOS Y QUE CONTIENEN GRASA	
Utilice pastas para untar con bajo contenido de grasa. Use aceite en poca cantidad. El postre azucarado ocasional no lo dañará, puesto que el azúcar no es culpable de la obesidad.	 Evite todas las frituras, las galletas, los pasteles y los pays.

la placa por un dentista. Si no se atiende, la gingivitis puede llevar a una periodontitis, esto es, una infección avanzada de las encías que hace que los dientes se aflojen y finalmente se caigan.

El sangrado de las encías también puede ser señal de deficiencia de vitamina C. Para combatir este problema asegúrese de incluir abundantes frutas y verduras frescas en su dieta. Los problemas dentales son muy comunes y la mayoría de los adultos tienen más de un empaste. Si cuida lo que come y cuándo lo come, y cepilla sus dientes con regularidad, éstos le durarán toda la vida.

DIETA BALANCEADA

Vea pág. 136

DIETA DE ALIMENTOS CRUDOS

Existen pocas dudas de que las frutas y las verduras crudas tienen un mejor valor nutricio, pero para la mayoría de las personas la idea de una dieta de alimentos crudos es muy poco atractiva. Sin embargo, hay personas que llevan este tipo de dietas y dicen que éstas los hacen sentir más vigorosos y "con vida". Ellas creen que la cocción y el procesamiento no sólo afectan la calidad nutritiva de los alimentos, sino que también reducen sus propiedades saludables. Es cierto que el conte-

nido nutritivo de frutas y verduras se reduce a través de la exposición al calor y al agua, especialmente en términos de vitaminas solubles en agua.

Las frutas y las verduras forman la mayor parte de la dieta de alimentos crudos, pero ésta también puede contener productos lácteos y aceite, los cuales, en cierta etapa, han pasado por algún tipo de procesamiento. Se excluyen frijoles, legumbres, arroz y otros cereales, pastas y papas, debido a que es necesario cocerlos para consumirlos, ya sea hervidos u horneados en forma de pan.

Como la dieta de alimentos crudos se basa en verduras y frutas, suministra muchas vitaminas del complejo B, vitamina C, beta carotenos y potasio.

NATURALMENTE NUTRITIVO *Con un poco de imaginación, se puede preparar una amplia gama de platillos deliciosos y nutritivos con alimentos crudos.*

Pay helado de frambuesa y plátano sobre una base de almendras, avellanas, dátiles y miel.

Esta deliciosa ensalada turca está hecha con tomate, queso, lechuga, aceitunas y hojas de menta.

Esta sopa fría combina aguacate, apio, cebolla y un poco de vino y jugo de limón.

Este tipo de dieta es rica en FIBRA insoluble, lo que significa que no causa estreñimiento. Sin embargo, el consumo excesivo de alimentos crudos puede provocar síndrome de colon irritable. La dieta también es alta en fibra soluble, la que se asocia con un bajo riesgo de padecimientos cardiacos (vea pág. 120). Además, se piensa que el consumo elevado de frutas y verduras ayuda al organismo a combatir las infecciones y que brinda protección contra algunos tipos de cáncer.

La dieta de alimentos crudos tiende a ser baja en grasas —y por tanto baja en energía—, por lo que ayuda a perder peso en la mayoría de los casos. Esto hace que la dieta no sea recomendable para niños y para quienes no necesitan bajar de peso, como las mujeres embarazadas y quienes padecen de cáncer. La dieta es deficiente en hierro. Si se excluyen los productos lácteos, también puede haber deficiencia de otros nutrimentos vitales, como calcio, vitamina B_{12} y proteínas.

Se dice que si se lleva una dieta de alimentos crudos durante 1 o 2 semanas, se desintoxica el sistema, se mejora la vitalidad y en realidad puede ayudar a la gente a perder algunos kilos. Otros están en contra de esta afirmación, ya que dicen que la capacidad de desintoxicación del organismo es reducida y que el peso que se pierde es agua y no grasas. Si usted está pensando en adoptar una dieta de alimentos crudos por más de 1 o 2 semanas, sería recomendable que antes consultara a un nutriólogo.

FRUTOS SECOS Y PROTEÍNAS

La inclusión de abundantes frutos secos en una dieta de alimentos crudos asegura un suministro adecuado de PROTEÍNAS. Aunque la calidad de las proteínas de origen vegetal es inferior a la de las proteínas de origen animal, la calidad total de las proteínas será igual si se consume una gran variedad de productos vegetales.

Los frutos secos también contienen vitamina E, tiamina y niacina, pero su contenido de grasas es alto: una porción de 55 gramos contiene 225 calorías.

DIETA DE HAY

No hay ninguna prueba científica que apoye la dieta de Hay, desarrollada por el estadounidense William Hay a principios de siglo. El doctor Hay nunca dijo que su sistema de comidas curaba las enfermedades, sino que pensaba que podía eliminar los factores que obstaculizaban la capacidad natural de curación. Él estaba convencido de que muchas enfermedades y molestias, como la artritis, la indigestión, las alergias y los padecimientos de la piel, se debían a trastornos químicos del organismo, que a su vez eran ocasionados por consumir demasiada carne y carbohidratos refinados, así como por una mala digestión y estreñimiento.

El doctor Hay consideraba que las proteínas y los carbohidratos no debían comerse juntos porque requieren diferentes condiciones para ser digeridos: un ambiente ácido para las proteínas y un ambiente alcalino para los carbohidratos. Esto subestima la complejidad del sistema digestivo del hombre, que normalmente es capaz de manejar ambos ambientes. El estómago contiene ácido, el cual permite la digestión de las proteínas, mientras que el intestino delgado contiene álcali, que posibilita la digestión de los carbohidratos.

El doctor Hay también recomendaba que la dieta incluyera cuatro veces más alimentos alcalinos (verduras,

---

Un típico plan de comida de la dieta de Hay

Según la dieta de Hay, no se puede digerir proteínas y almidones juntos, por lo que los alimentos que los contienen deben comerse por separado. En el grupo de carbohidratos se incluyen: pan, pastas, arroz, cereales, papas y azúcares; en el de las proteínas se encuentran: carnes, pescado, aves y queso. Entre las frutas ácidas se cuentan las cítricas.

DESAYUNO (ALCALINO) 8 A.M.	COMIDA (PROTEÍNA) 1 P.M.	CENA (ALMIDONES) 6 P.M.
Mucha fruta fresca; un vaso pequeño de yogur con germen de trigo o frutos secos; té de hierbas; jugo de frutas.	Una porción de carne, pescado, huevos o queso; ensalada fresca o verduras cocidas (que no sean papas); seguidas de una manzana o una naranja.	Una papa con cáscara al horno con mantequilla o pan integral con mantequilla; verduras cocidas o ensalada; higos frescos con crema o queso rallado.

ensaladas, la mayoría de las frutas y leche) que alimentos ácidos (proteínas animales, la mayoría de las nueces, todos los alimentos que contienen carbohidratos y frutas cítricas). Él consideraba que este equilibrio era el adecuado, ya que reflejaba la proporción de ácidos y álcalis excretados en condiciones normales. De hecho, el organismo tiene su propio sistema regulador que, generalmente, puede contrarrestar el consumo excesivo de ácido o de álcali.

La dieta de Hay puede ayudar a quienes traten de llevarla porque los estimula a revisar sus hábitos alimentarios y a modificar los excesos. Muchos libros dicen que la dieta de Hay es una buena forma de bajar de peso, pero esto se debe, más bien, a una reducción del consumo de energía mediante la reducción en el consumo de grasas y la restricción de las comidas a una clase principal de alimento.

Algunos aspectos de la dieta de Hay coinciden con las recomendaciones actuales de los especialistas; por ejemplo, comer muchas frutas, verduras y cereales integrales, y restringir el consumo de grasas. La creencia de que el cuerpo humano no puede digerir proteínas y almidones al mismo tiempo no es aceptada por médicos ni nutriólogos. Sin embargo, la dieta de Hay puede ser de utilidad para quienes padecen problemas digestivos. Muchas personas dicen que la dieta de Hay alivia las úlceras duodenales, que es fácil de llevar y que mejora la calidad de vida.

REGLAS DE LA DIETA DE HAY
• Los carbohidratos no deben comerse junto con las proteínas ni con las frutas ácidas.
• Las verduras, ensaladas y frutas deben ser la parte principal de la dieta.
• Las proteínas, los carbohidratos y las grasas deben comerse sólo en pequeñas cantidades, y deben evitarse los alimentos procesados como las salchichas.

• Esperar por lo menos cuatro horas para comer otro tipo de alimentos.

DIETA MACROBIÓTICA

VENTAJAS
• *Baja en energía (calorías) y grasas saturadas*
• *Alta en fibra*
• *Puede ayudar a reducir el riesgo de obesidad, niveles altos de colesterol, hipertensión arterial, estreñimiento y algunos tipos de cáncer*

DESVENTAJAS
• *Puede provocar anemia*
• *No es recomendable para niños pequeños, mujeres embarazadas o en periodo de lactancia*
• *En su forma más extrema, no suministra las cantidades adecuadas de proteínas, hierro y vitaminas B_{12} y D*

En el decenio de 1880, un médico japonés llamado Sagen Ishizuka dijo que podía tratar muchos problemas comunes de salud con una dieta basada en cereales integrales y verduras, y publicó sus ideas en dos libros. A principios del siglo XX, un escritor estadounidense de origen japonés, George Ohsawa, siguió la dieta y le atribuyó la cura de su tuberculosis. Entonces desarrolló un sistema dietético basado en las ideas de Ishizuka y lo llamó macrobiótica, que se deriva de las palabras griegas *macro* y *bios*, que significan "larga" y "vida". Él creía que la dieta podía aumentar la energía y ofrecer mayor resistencia a las enfermedades, lo que permitiría a quienes la siguieran vivir plenamente.

La macrobiótica se basa principalmente en la filosofía china de las dos fuerzas de la naturaleza opuestas pero complementarias, "yin" y "yang". El yin es la fuerza femenina, que representa la oscuridad, el frío y la tran-

quilidad, mientras que el yang es masculino y representa la luz, el calor y la agresividad. Las personas que son predominantemente yin tienden a ser calmadas y creativas; las predominantemente yang tienden a ser activas, están más alerta y tienen mucha vitalidad. Se dice que la salud y la armonía de cuerpo y mente dependen del equilibrio entre las dos fuerzas y, por tanto, la dieta macrobiótica debe ser ajustada a las necesidades de cada individuo por un nutriólogo macrobiótico.

Según la filosofía macrobiótica, los alimentos también contienen cualidades del yin y del yang. Algunos alimentos son predominantemente yin o yang y deben estar balanceados. Por ejemplo, entre los alimentos con un alto contenido yin se encuentran: el azúcar, el té negro, el alcohol, el café, la leche, la crema, el yogur y la mayoría de las hierbas y las especias, mientras que los alimentos con alto contenido yang incluyen: las carnes rojas, las aves, el pescado, los mariscos, los huevos, los quesos duros y la sal. Los alimentos que se cree que poseen un balance armonioso entre yin y yang son: los cereales integrales, la fruta fresca, nueces, semillas, verduras de hoja verde y legumbres (frijoles, chícharos y lentejas).

Como la dieta macrobiótica es baja en energía (calorías) y grasas saturadas y alta en fibra, puede ayudar a reducir el riesgo de obesidad, hipercolesterolemia, hipertensión y estreñimiento. Sin embargo, se obtienen los mismos beneficios de una dieta vegetariana bien balanceada (vea pág. 368), la cual es más segura y más fácil de llevar.

ALGUNAS DESVENTAJAS
La dieta macrobiótica, llevada al extremo, no suministra las cantidades adecuadas de vitamina B_{12} requeridas para el buen funcionamiento del sistema nervioso, del hierro necesario para la sangre, ni de la vitamina D necesaria para la absorción del calcio. Debi-

Despensa macrobiótica

Existen siete niveles de dieta macrobiótica. Los niveles menos extremosos son principalmente vegetarianos (aunque algunos pueden incluir pescado), y consisten en grandes cantidades de cereales no refinados y pequeñas cantidades de frutas y verduras de la temporada.

El nivel más extremoso, que en la actualidad pocas personas llevan, sólo contiene arroz integral, pero este tipo de dieta ha ocasionado varias muertes debido a que proporciona muy pocos nutrimentos. Una dieta macrobiótica adecuada puede contener los siguientes alimentos:

Cereales integrales Arroz integral, avena, centeno, trigo, trigo sarraceno, maíz, cebada y todos sus derivados, tales como harina integral, pan, y pastas y avena, por ejemplo.

Fruta Una mezcla de frutas frescas de la temporada que debe incluir algunos cítricos. Para asegurar la frescura del producto, haga las compras frecuentemente y escoja productos locales.

Verduras y vegetales marinos Se recomienda una gran variedad de verduras frescas. Las algas se utilizan para mejorar el sabor y el valor nutritivo de los platillos.

Semillas, frutos secos, saborizantes y pescado Pepitas de calabaza y semillas de girasol, ajonjolí, cacahuates, almendras, avellanas, nueces de Castilla y castañas secas. Con moderación se pueden usar los siguientes ingredientes para mejorar el sabor de las comidas: sal de mar, jengibre, mostaza, vinagre de manzana, ajo, jugo de limón y jugo de manzana. Los no vegetarianos pueden incluir tres porciones pequeñas de mariscos frescos semanalmente. Las cualidades yang del pescado y los mariscos pueden equilibrarse si se acompañan de verduras de hoja verde, cereales o legumbres en la misma comida.

Legumbres Lentejas, garbanzos, frijoles, chícharos y productos de soya, como el tofu (requesón de soya).

Sopas Preparadas por lo general con frijoles y lentejas, ingredientes especiales del Oriente, como el rico y salado miso, hecho de frijoles de soya fermentados, y shoyu, una salsa de soya de color oscuro.

do a que la falta de hierro y vitamina B$_{12}$ provoca anemia, en estos casos deben tomarse complementos.

La dieta macrobiótica no deben seguirla las mujeres embarazadas, mujeres en periodo de lactancia, personas enfermas ni quienes tienen requerimientos nutricios especiales. Tampoco es recomendable para los niños. Como la dieta llena el estómago, puede producir desnutrición en los infantes y retraso en el crecimiento.

DIETAS PARA ADELGAZAR
Vea pág. 142

Vea pág. 142

DIETA PARA CONVALECIENTES

Anteriormente se consideraba el periodo de convalecencia, un periodo de reposo para recuperarse de una enfermedad, como parte importante del tratamiento médico. Las presiones de la vida moderna a menudo se contraponen a la necesidad natural del organismo de recuperarse, pero si se vuelve a la rutina normal demasiado pronto después de una cirugía o de una gripe, la recuperación total puede retrasarse por varias semanas.

Utilice su sentido común cuando tenga que decidir acerca del descanso que necesita. Sea amable consigo mismo, pero no exagere; una actitud positiva puede hacer maravillas para acelerar el proceso de recuperación. Estudios recientes sugieren que los pacientes deben levantarse y caminar lo más pronto posible. El reposo prolongado en cama puede causar pérdida de calcio del esqueleto y aumentar el riesgo de una trombosis.

SÚRTASE DE BONDADES

En general, una dieta para convalecientes debe ser muy nutritiva, apetitosa, fácil de comer y fácil de digerir. Los elementos nutritivos esenciales son el cinc y la vitamina C en abundancia para ayudar a sanar las heridas, y el hierro para asegurar un adecuado nivel de oxígeno llevado en la hemoglobina del torrente sanguíneo. Escoja una dieta que incluya muchas frutas, verduras y alimentos que contengan almidones, además de pescado, aves y productos lácteos para obtener proteínas de fácil digestión, y trate de consumir alimentos que le faciliten a su sis-

CAMINO A LA RECUPERA-
CIÓN *Las comidas para
convalecientes deben verse
bien y saber mejor, sin ser
exageradamente grandes.*

Canelones rellenos de espinacas y queso ricotta, bañados
con salsa de tomate, hacen un
delicioso platillo vegetariano.

Ésta es una
comida
tentadora
que puede
ayudar a
acelerar la
recupera-
ción: pay de
pescado
con cubier-
ta hojaldra-
da baja en
energía,
servido
con verdu-
ras frescas.

Pollo a la proven-
zal con arroz: un
platillo ideal para
convalecientes.

Sustancioso
cordero tierno
con verduras de
invierno, servido
a la cacerola con
nutritivo pan
multigrano.

tema inmunológico una rápida recuperación y le permitan combatir las
infecciones secundarias. La dieta exacta depende del tipo de enfermedad de
la que se esté recuperando. Por ejemplo, si usted ha sido sometido a una cirugía abdominal mayor, es mejor evitar
los alimentos ricos en fibra, que pueden
ocasionar inflamación abdominal e irritar el tejido cicatrizante. Muchas personas pierden el apetito durante o después de la enfermedad, por lo que una
presentación atractiva de los alimentos
en las proporciones adecuadas es muy
importante para la recuperación del
enfermo. No hay nada más desalenta-
dor que ver una montaña de comida
cuando uno solamente tiene deseos de
comer uno o dos bocados.

COMIDA PARA PONERSE
EN FORMA

La desnutrición, por lo regular,
causa complicaciones en casos de
fractura de cadera y puede duplicar el número de días en el hospital. La recuperación postoperatoria
se retrasa por presiones dolorosas y
la mala cicatrización de la herida debida a un consumo deficiente de vitamina C. Incluso las personas mayo-

res que se encuentran en buena forma pueden recuperarse más rápidamente de las infecciones a través del consumo moderado de complementos vitamínicos y de minerales.

Las personas que han estado enfermas o que han sido sometidas a cirugía tienden a tener requerimientos diferentes de los de individuos sanos. Como la sensación de estar enfermo, por lo general, suprime el apetito, puede ser más recomendable hacer muchas comidas pequeñas en lugar de adoptar el patrón tradicional de alimentación de tres veces al día. El organismo necesita nutrimentos concentrados para poder recuperarse, por lo que el esquema convencional de consumir mucha fibra y poca grasa que se aplica a las personas sanas no es recomendable para los convalecientes, e incluso puede retrasar la recuperación. Por ejemplo, una dieta rica en fibra y carbohidratos puede ser tan llenadora que el paciente no alcance a comer lo suficiente para satisfacer todos sus requerimientos nutricios. Por lo general, si al paciente se le antoja comer algo, es recomendable dárselo.

Qué escoger

Una semana de comidas para un convaleciente puede incluir lo siguiente:
• Desayunos: avena con leche entera; yogur entero servido con miel o frutas secas; *croissants*; huevo escalfado servido sobre pan tostado.
• Comidas: pescado en salsa blanca o carne en al-

guna otra salsa: platillos de queso tales como *soufflé* de queso o macarrones con queso; pollo con hierbas. Coma muchas verduras y alimentos que contengan almidones, como arroz, pastas, pan o papas. Otra opción es una nutritiva y abundante sopa como platillo principal. Los postres como los yogures y los flanes son ligeros y nutritivos.
• Cenas: escoja comidas más ligeras por las noches: ensaladas, sopas preparadas con tubérculos, ensaladas de frutas y bebidas calientes con leche para inducir el sueño.
• Bocadillos: frutas frescas; fruta seca; frutos secos y semillas frescas; la mitad de un sándwich y un vaso de leche.

DIGESTIÓN Y PROBLEMAS DIGESTIVOS

Vea pág. 150

Vea pág. 150

DISTROFIA MUSCULAR

AUMENTE
• *Proteína magra, como la que proporciona el pollo sin piel*
• *Fibra de alimentos como pan integral, arroz integral, verduras y frutas frescas*

REDUZCA
• *Bocadillos entre comidas*
• *Alimentos ricos en energía (calorías) como pasteles, galletas y alimentos fritos, para ayudar a perder peso corporal*

Existen más de 20 variedades de distrofia muscular, término genérico que se utiliza para referirse a una enfermedad incurable de degeneración progresiva que puede afectar diferentes músculos y presentarse en personas de cualquier edad. Todos los casos de esta enfermedad son hereditarios.

Una dieta saludable y el control cuidadoso del peso corporal son muy importantes en todas las formas de distrofia muscular, para que los músculos ya debilitados no tengan que soportar la carga adicional del sobrepeso. La pérdida de peso corporal no solamente ayuda a los pacientes a moverse con mayor facilidad, sino que también ayuda a sus cuidadores, quienes pueden tener la necesidad de levantarlos. Además, cuando se encuentre en etapas avanzadas de la enfermedad, existirá menos tensión sobre los débiles músculos respiratorios.

Para mantener el control del peso corporal, los pacientes deben evitar comer entre comidas, deben reducir los alimentos altos en energía y comer mucha fibra. La fibra no sólo llena el estómago, sino que también estimula los hábitos intestinales regulares, lo que a su vez alivia el estreñimiento que generalmente se asocia con la enfermedad. Sin embargo, los pacientes de distrofia muscular no deben hacer dieta de choque, ya que este tipo de alimentación puede causar desgaste muscular, y deben comer mucha proteína magra.

La distrofia muscular siempre se caracteriza por el deterioro y el desgaste de las fibras musculares, lo que causa debilidad en las piernas y en la espalda; esto puede dificultar el caminar. La manera más común es la distrofia muscular Duchenne, que se presenta en niños.

Tentadora sopa de tomate y albahaca, y un ligero *soufflé* de queso.

DIGESTIÓN Y PROBLEMAS DIGESTIVOS

La mayoría de las personas padecen de indigestión ocasionalmente, pero otras la sufren día tras día. Sin embargo, al cuidar la dieta pueden calmarse o eliminarse casi todos los síntomas molestos.

Incluso antes de haber probado un alimento, su aroma pone en funcionamiento el aparato digestivo. Entonces, con el estímulo adicional del sabor, la saliva humedece la comida seca y facilita la masticación, al mismo tiempo que proporciona enzimas que empiezan a desdoblar el almidón; la comida siempre debe masticarse bien. Una vez masticada, pasa por el esófago hacia el estómago, donde los ácidos y las enzimas empiezan a trabajar sobre el contenido de proteínas.

Cuando la comida queda reducida a una consistencia similar a la de la avena con leche, pasa al intestino delgado,

HIERBAS CURATIVAS

Las hierbas y algunas especias pueden ayudar a disminuir la flatulencia y el cólico. La mayoría de las que se usan para cocinar ayudan a la digestión, por lo que debe emplear mucha menta, eneldo, alcaravea, rábano picante, laurel, hinojo, estragón, mejorana, comino, canela, jengibre y cardamomo. El té de manzanilla también puede ser útil.

donde los jugos digestivos del páncreas y de la vesícula biliar desdoblan más las proteínas, así como las grasas y los carbohidratos. La absorción de los nutrimentos ocurre principalmente en el intestino delgado, y el desecho pasa al intestino grueso y sale del organismo. La FIBRA y los almidones resistentes a la digestión se fermentan en el intestino grueso, proporcionando la masa que ayuda a estimular los músculos del colon de tal manera que los alimentos digeridos puedan pasar a través del intestino. Un consumo mínimo diario de 1,7 litros de líquidos ayudará a que no se deshidrate en el colon la masa densa de residuos de alimentos digeridos ni se dificulte su movimiento por el aparato digestivo.

Un aparato digestivo eficiente es vital para la buena salud. Si éste no funciona bien, el organismo no puede absorber las vitaminas, los minerales, los microelementos, las grasas, las proteínas y los carbohidratos, ni utilizarlos para formar y mantener las células.

El intestino tiene una capacidad notable para curarse por sí solo. Reemplaza su recubrimiento cada 72 horas y reacciona con rapidez para expulsar las sustancias dañinas. Sin embargo, una dieta con alto contenido de alimentos refinados y nutritivamente deficientes, como los que se encuentran en la típica dieta occidental, puede ocasionar problemas. Los malestares comunes van desde la FLATULENCIA y la INDIGESTIÓN, hasta la DIVERTICULITIS y las ÚLCERAS GÁSTRICAS.

La indigestión es a menudo el resultado de ingerir demasiada comida con rapidez o ya avanzada la noche. Si

padece de indigestión por la noche, trate de repartir mejor las comidas durante el día. Disminuya los alimentos grasosos que estimulan la producción de ácido en el intestino. Demasiado alcohol aumenta también la acidez estomacal.

El ESTREÑIMIENTO, la flatulencia y el MAL ALIENTO, a menudo causados por la fibra fermentada, pueden ser el resultado de malos hábitos alimentarios. Los ataques repetidos de fuerte dolor, especialmente después de consumir comidas pesadas y grasosas, pueden ser una señal de cálculos biliares. Un abdomen inflamado (debido a la dilatación del intestino) o el dolor, en especial en el lado izquierdo bajo del abdomen, acompañado por gases, diarrea y estreñimiento alternados, puede ser una señal del SÍNDROME DE COLON IRRITABLE. El abuso en el consumo del alcohol a largo plazo puede producir GASTRITIS y úlceras.

La COLITIS, en particular en la forma de ENFERMEDAD DE CROHN, reduce la cantidad de nutrimentos absorbidos durante la digestión. Se aconseja a las personas que padecen colitis que sigan una dieta rica en fibra soluble. Alimentos como el salvado, que contiene mucha fibra insoluble, no se digieren plenamente en el intestino delgado y es mejor evitarlos.

Las úlceras, la acidez y la indigestión a menudo pueden calmarse tomando antiácidos que actúan para neutralizar el ácido en el estómago. Sin embargo, los antiácidos contienen con frecuencia hidróxido de aluminio y su uso prolongado puede inhibir la absorción de fósforo.

Si padece a menudo de indigestión o si sospecha que tiene una úlcera, debe consultar al médico.

Algunas personas presentan intolerancias alimentarias y alergias específicas. La intolerancia más común, que afecta al 75% de los adultos, es la imposibilidad de digerir el disacárido lactosa que se encuentra en la leche y en los productos lácteos. La ENFERMEDAD CELIACA (que es una intolerancia al gluten, que se encuentra en el trigo y en algunos cereales) va también en aumento.

Un caso real

Margarita disfrutaba las cenas a las que asistía con su esposo. Por desgracia, con frecuencia se sentía inflamada después de las comidas y tenía embarazosos gases y dolores ardientes que iban del estómago al pecho. El médico le aconsejó que bajara de peso, que consumiera comidas más pequeñas, que evitara los alimentos grasosos y el alcohol. Así lo hizo y los ataques de indigestión fueron menos frecuentes.

Pronto empezó a disfrutar de la comida y de las pláticas de sobremesa.

Cómo calmar un intestino problemático

En la gran mayoría de los casos, los problemas digestivos pueden reducirse si tiene cuidado con lo que come. Sin embargo, si el padecimiento es grave o no responde al cambio de dieta después de unos días, consulte a su médico.

LO QUE DEBE EVITAR	LO QUE DEBE COMER
ENFERMEDAD CELIACA	
El trigo y los cereales que contengan gluten, los productos de harina de trigo, los alimentos enlatados en los que se usó harina para espesarlos y la cerveza.	Frutas y verduras frescas, legumbres, frutos secos, queso, arroz y papas. 
COLITIS, INCLUYENDO LA ENFERMEDAD DE CROHN	
El salvado de trigo, los frutos secos, las semillas, el maíz dulce y todos los alimentos que contienen sustancias a las que sepa que es susceptible.	Avena cocida con leche, manzanas, fruta seca, pescado, hígado. Quienes padecen la enfermedad de Crohn requieren mucho cinc, calcio y magnesio.
DIVERTICULITIS	
Reemplace los carbohidratos refinados por los integrales.	Verduras de hoja verde, avena con leche, manzanas y cereales integrales.
FLATULENCIA	
Disminuya en forma gradual las legumbres (como los chícharos, los frijoles y las lentejas), las colecitas de Bruselas y la col.	Mucho yogur natural, tés de menta piperina y de hinojo, el tomillo, la salvia y las semillas de hinojo.
GASTROENTERITIS	
Durante las primeras 48 horas de la enfermedad, evite los alimentos que no aparecen en la columna opuesta.	Plátanos, manzanas, arroz blanco cocido, pan blanco tostado. Suficiente agua para reemplazar la pérdida de líquidos.
INDIGESTIÓN	
Todos los alimentos ácidos (en particular los preparados con vinagre), las cebollas crudas, los chiles, los alimentos grasosos o fritos, el café y el alcohol.	Alimentos ricos en fibra: verduras, pan y arroz integrales. La cerveza preparada con lúpulo, consumida media hora antes de una comida, estimula los jugos gástricos. 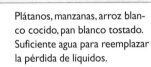
SÍNDROME DE COLON IRRITABLE	
El salvado de trigo, las legumbres y cualquier alimento al que sea alérgico o al cual desarrolle intolerancia.	Frutas y verduras en abundancia, por su fibra soluble, y yogur casero natural, por los lactobacilos benéficos que contiene.

DIURÉTICOS

AUMENTE
• *Frutas, especialmente plátanos y verduras, por su potasio*

REDUZCA
• *Sal*

EVITE
• *Alimentos salados y encurtidos*

Los medicamentos que promueven la eliminación de agua y sales del organismo se conocen como diuréticos. Entre los diuréticos naturales se encuentran la cafeína, el perejil, los espárragos, el apio, las hojas de diente de león y las flores de jamaica.

Los diuréticos se recetan específicamente para reducir la PRESIÓN ARTERIAL y para tratar la insuficiencia cardiaca y otros problemas graves. Ellos reducen la cantidad de líquidos y sales en el organismo y alivian los síntomas del edema, o retención de líquidos, generalmente en pies y tobillos. Los efectos pueden ser asombrosos, cuando los pies y las manos inflamados retoman su forma normal rápidamente.

Desafortunadamente, muchos diuréticos estimulan también la excreción de calcio y pueden promover la pérdida de minerales de los huesos. También pueden provocar pérdidas excesivas de potasio en la orina. Los niveles bajos de potasio en la sangre pueden producir efectos secundarios desagradables: pérdida de apetito, estreñimiento, debilidad muscular, pérdida de memoria y confusión. Más grave aún, la deficiencia de potasio puede interferir con el funcionamiento normal del corazón.

Si está tomando diuréticos, es importante que consuma alimentos que contengan potasio, a menos que su médico le recomiende lo contrario. Los plátanos y las papas son buenas fuentes de ese mineral. Las hojas de diente de león —usadas en ensaladas, como si fueran espinacas—, además de ser un diurético natural, son fuente de potasio.

Como una de las funciones de un diurético es eliminar sal, comer alimentos salados es contraproducente. Utilice menos sal para cocinar y en la mesa, y evite el consumo de alimentos ahumados, como el tocino, sopas enlatadas o deshidratadas, caldo de pollo en cubos y otros alimentos con altos niveles de aditivos a base de SAL Y SODIO.

DIVERTICULITIS

AUMENTE
• *Frutas y verduras frescas*
• *Pan integral, avena y arroz integral*

REDUZCA
• *Carbohidratos refinados, como galletas, pasteles y dulces*

Las cantidades inadecuadas de fibra que se consumen en Occidente han causado que cada vez más personas sufran de problemas como el ESTREÑIMIENTO, las HEMORROIDES y la diverticulitis. Ésta es muy común entre personas maduras y ancianos; las mujeres son más susceptibles a ella. Los episodios agudos de diverticulitis pueden ser tratados en hospitales con antibióticos y líquidos por vía intravenosa.

El problema surge como resultado del aumento de la presión en el intestino grueso, lo que hace que algunas áreas debilitadas de la pared intestinal se distiendan al exterior y formen una especie de bolsas, llamadas divertículos. Si estas bolsas se infectan y se inflaman, se presenta un problema llamado diverticulitis.

DIETA RICA EN FIBRA

Una dieta rica en verduras y cereales integrales puede ayudar a prevenir la diverticulitis. De hecho, la incidencia de la enfermedad es menor en los vegetarianos que en quienes comen carne. Reduzca el consumo de alimentos refinados y en su lugar coma pan integral o avena diariamente, acompañado de abundantes alimentos ricos en fibra, legumbres, verduras, fruta fresca y seca. Algunos estudios sugieren que el salvado puede exacerbar la diverticulitis una vez que ésta se encuentra establecida, así que es mejor obtener la fibra de alimentos enteros.

Con una dieta rica en fibra, deberá beber mucha agua, por lo menos 1,7 litros diarios, para que los alimentos pasen fácilmente a través del sistema.

Hierbas calmantes

Las personas que padecen de diverticulitis pueden aliviar las molestias bebiendo una taza de té de hierbabuena o de manzanilla después de las comidas para reducir la irritación local y la inflamación. Ambos han sido utilizados tradicionalmente por los herbolarios para tratar problemas digestivos, pero se cree que la hierbabuena, en particular, ayuda a relajar los músculos intestinales, lo que a su vez contribuye a aliviar el dolor.

DOLOR DE CABEZA

AUMENTE
• *Alimentos ligeros a intervalos regulares para evitar la hipoglucemia (niveles bajos de glucosa en la sangre)*
• *Aceites vegetales obtenidos por prensado en frío, aguacates, frutos secos y semillas, por su vitamina E*

REDUZCA
• *El exceso de cafeína, presente en el café, el té negro y los refrescos de cola*
• *Alcohol*

Los dolores de cabeza afligen a más de 45 millones de estadounidenses de forma tan severa que los obliga a buscar ayuda médica. Muchas personas que sufren de dolores de cabeza recurrentes descubren que con ligeros cambios en la alimentación pueden obtener alivio rápido y efectivo. Por ejemplo, hacer pequeñas comidas a intervalos regulares es una buena medida preventiva, ya que se sabe que el saltarse una comida causa una caída en los niveles de glucosa en la sangre que a su vez puede precipitar dolores de cabeza. Si se despierta frecuentemente con dolor de cabeza, la causa podría ser una disminución en los niveles de glucosa en la sangre: trate de mantener los niveles de glucosa comiendo un bocadillo antes de acostarse y otro al levantarse.

La deshidratación es otra causa común de dolores de cabeza, especialmente en climas cálidos o después de practicar algún deporte o de beber mucho alcohol; el simple hecho de beber agua en abundancia para reponer los líquidos perdidos ayudará con frecuencia a aliviar esos dolores de cabeza. Evite deshidratarse al hacer ejercicio tomando agua durante la actividad.

El consumo excesivo de CAFEÍNA también puede producir dolor de cabeza al afectar la irrigación sanguínea del cerebro. Los médicos recomiendan no beber más de seis tazas de té negro o café al día. La reducción del consumo de cafeína puede ayudar a quienes padecen de dolores de cabeza recurrentes, pero tenga cuidado de no eliminar la cafeína rápidamente de su dieta, ya que podría sufrir de síndrome de abstinencia.

Las alergias alimentarias o los aditivos usados en ciertos alimentos procesados también pueden causar dolores de cabeza. El glutamato monosódico que se usa en la comida china de los restaurantes puede desencadenar dolores de cabeza de corta duración en algunas personas. Si usted cree que su dolor de cabeza está relacionado con

Consulte a su médico

- Si aparece de repente un dolor de cabeza que se acompaña de fiebre, rigidez de nuca, salpullido o vómito. Esto es particularmente importante para los niños.
- Si hay cambios en el patrón de sus dolores de cabeza regulares.
- Cuando el dolor de cabeza es intenso y los analgésicos no brindan alivio.
- Si sus crisis se hacen más frecuentes o más graves.
- Si comienza a haber deterioro en su habla, memoria o visión.
- Si hay afectación en su equilibrio o si se desmaya.
- Si pierde mucho peso o si hay debilidad muscular cuando se presenta el dolor.
- Si despierta con dolor de cabeza que empeora en el momento de toser o estornudar.
- Si sus dolores de cabeza son persistentes.

alimentos específicos, trate de llevar un diario alimentario para anotar todo lo que coma y elimine uno por uno los alimentos sospechosos.

Muchos dolores de cabeza son causados por tensión mental, física, o por ambas. Si su cabeza pulsa y usted siente presión detrás de los ojos y como si tuviera una banda ciñéndole la frente, probablemente tenga un dolor de cabeza por tensión. Sin embargo, los dolores de cabeza pueden ser ocasionados por una gran variedad de trastornos, tales como mal funcionamiento renal o hepático, bajo consumo de líquidos o alergias. Los alimentos ricos en vitamina E —como los aguacates, los aceites vegetales obtenidos por prensado en frío, los frutos secos y las semillas— pueden ayudar, debido a que esta vitamina neutraliza el efecto de los

radicales libres tóxicos, los cuales se piensa que son causantes de algunos dolores de cabeza.

Otras causas de dolores de cabeza incluyen resacas, preocupaciones, mala postura, actividad extenuante, artritis en el cuello, síndrome del latigazo, problemas dentales o mordida dispareja, manejar por mucho tiempo, vista cansada, uso de lentes apretados que irritan los músculos de la frente. Las fluctuaciones hormonales que se presentan antes de la menstruación, durante el embarazo y la menopausia desencadenan a menudo dolores de cabeza en las mujeres.

La mayoría de los dolores de cabeza responden al descanso, al consumo abundante de líquidos y a los analgésicos tales como la aspirina.

DURAZNOS

VENTAJAS
- *Rica fuente de vitamina C*
- *Fácilmente digeribles*
- *Laxante suave*

Los duraznos frescos y maduros son un delicioso alimento bajo en energía (calorías). Una porción de 100 gramos de fruta contiene cerca de 30 calorías y, sin pelar, suministra más de las tres cuartas partes del requerimiento diario normal de vitamina C. Esta fruta es de fácil digestión y tiene un ligero efecto laxante.

Gramo por gramo, los duraznos secos contienen seis veces más calorías que la fruta fresca. Una porción de 50 gramos de duraznos secos suministra alrededor de dos quintas partes del consumo diario recomendado de hierro y una sexta parte del de potasio.

Los duraznos enlatados, sin embargo, pierden cerca del 80% de su contenido de vitamina C y si son enlatados en un jarabe azucarado, contienen mucha más energía.

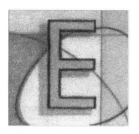

ECCEMA

EVITE
- *Cualquier alimento que exacerbe o desencadene su eccema, como la leche y los huevos*
- *Tocar materiales o alimentos que causen dermatitis por contacto*

Existen pruebas que sugieren que el eccema está ligado a una alergia alimentaria en algunas personas susceptibles, especialmente cuando los pacientes son niños; se piensa que los principales responsables son la leche y los huevos. Sin embargo, todavía hay que probar otras relaciones potenciales entre este trastorno cutáneo y la alimentación.

Hay dos tipos de eccema: eccema por contacto, mejor conocido como dermatitis por contacto, y eccema atópico. El eccema por contacto se presenta en personas cuya piel es sensible a determinados irritantes, por ejemplo, la ropa de nailon y de lana, metales, maquillaje, detergentes, la luz solar o algunas sustancias químicas, y alimentos irritantes como el pescado crudo, el ajo y las cebollas. El eccema atópico a menudo afecta a personas con antecedentes familiares de asma, fiebre del heno, urticaria o erupción cutánea. El eccema, en bebés y niños pequeños, generalmente es del tipo atópico; afortunadamente, en muchos casos desaparece cuando el niño crece.

En ambos tipos de eccema, los síntomas incluyen enrojecimiento de la piel, comezón intensa, pequeñas ampollas que se pueden reventar, resequedad y escamación de la piel. Cualquiera que sufra de eccema deberá consultar a su médico, quien podrá recetar alguna crema o ungüento.

ECCEMA Y ALERGIAS

La importancia de la relación entre el eccema y las alergias todavía es tema de fuertes discusiones. Además de los huevos, la leche y otros productos lácteos, existen otros alimentos sospechosos como el pescado, los mariscos, el trigo, los tomates, los frutos secos, los productos de soya, la levadura y algunos aditivos. Si usted elimina completamente tales alimentos de su dieta por dos semanas y la situación mejora, es probable que alguno de ellos esté causando el problema. Identifique cuál de ellos contiene el alergeno causante de su desarrollo.

Algunos bebés desarrollan eccema cuando la madre deja de amamantarlos y comienza a darles leche de fórmula, lo que puede ser indicativo de una intolerancia a la leche de vaca. Sin embargo, si un bebé que está siendo alimentado al seno materno desarrolla eccema, la madre deberá buscar la opinión de un nutriólogo para revisar su propia dieta, ya que los bebés en muy raras ocasiones reaccionan de manera adversa al consumo de la leche materna.

LOS COMPLEMENTOS PUEDEN AYUDAR

Algunos investigadores creen que una dieta rica en vitamina B_6 ofrece cierta protección contra las erupciones cutáneas causadas por ciertos irritantes. El aceite vegetal, los huevos, el pescado grasoso, las legumbres, el arroz integral, el germen de trigo y las verduras de hojas verdes son buenas fuentes de esta vitamina. En un estudio experimental, los pacientes mostraron una mejoría de los síntomas de eccema cuando ingirieron com-

Un caso real

Paquita, de cuatro años de edad, había sufrido de una irritación durante varios meses debido a una erupción cutánea en las muñecas que le causaba comezón. Cuando la erupción se extendió a la cara, la madre de Paquita comenzó a preocuparse. Su suegra le dijo que el problema se debía a "algo que había comido". Cuando acudió al médico familiar, éste se mostró escéptico, pero ante la insistencia de la abuela, le pidió a la nutrióloga que diseñara una dieta de exclusión para la familia. Inicialmente, Paquita dejó de tomar leche durante seis semanas, pero no hubo alivio. Sin embargo, cuando se eliminaron los huevos de la dieta de la niña, el eccema mejoró visiblemente, para sorpresa del médico y beneplácito de la familia.

Herbolaria china

En algunos países de Occidente, las plantas medicinales de China han ganado mucha fama debido al éxito que han tenido en el tratamiento del eccema atópico. En particular, las personas con un eccema atópico diseminado muy seco encuentran en la herbolaria china un alivio que no encontraron en la medicina ortodoxa.

Los especialistas aconsejan que los pacientes se sometan a pruebas de funcionamiento hepático y de sangre antes de comenzar, y que las mismas se repitan con regularidad una vez iniciado el tratamiento. El "té" se hace hirviendo las hierbas en agua durante 30 minutos o más. La solución resultante se toma por varios meses, tiempo durante el cual se deberá observar el avance del paciente. La principal desventaja es que el té, por lo general, tiene un sabor muy desagradable.

plementos de aceite de flor de primavera (prímula), el cual es rico en ácido gamalinolénico. La posible relación entre el eccema y la deficiencia de cinc también ha sido investigada; sin embargo, estos resultados no han sido confirmados en grupos numerosos de personas por lo que éstos y otros complementos de vitaminas y minerales no han sido aprobados desde el punto de vista médico para el tratamiento de la eccema.

CATAPLASMA DE COL

Aunque no existe prueba científica que apoye tal afirmación, en la medicina tradicional se han usado, durante mucho tiempo, las hojas de col verde fresca (especialmente la col Savoy) para aliviar el eccema. Lave, machaque y caliente las hojas; luego, con ayuda de una venda, colóquelas sobre el área afectada en las mañanas y en las noches.

EJOTES TIERNOS

VENTAJAS
- *Fuente apreciable de vitamina C*
- *Contienen folato*
- *Contienen hierro*

Los ejotes tiernos, unas deliciosas vainas verdes que contienen frijoles inmaduros, proporcionan una cantidad apreciable de nutrimentos y fibra. Una porción de 100 gramos de ejotes tiernos proporciona la cuarta parte del requerimiento diario de vitamina C de un adulto en buenas condiciones de salud y una quinta parte de la recomendación diaria de folato, además de pequeñas cantidades de hierro.

Muchas personas hierven los ejotes, pero tiernos y pequeños también son deliciosos crudos: rebanados finamente, en ensaladas (lávelos bien para eliminar cualquier rastro de plaguicidas químicos que hayan sido aplicados a la cosecha). Cuando están tiernos, los ejotes crudos tienen una cantidad significativa de nutrimentos; sin embargo, cuando se hierven, se pierde una tercera parte de su valioso contenido vitamínico.

EMBARAZO
Vea pág. 156

Vea pág. 156

EM
(ENCEFALOMIELITIS MIÁLGICA)

AUMENTE
- *Cereales integrales y pasta, por sus carbohidratos complejos*
- *Alimentos como vísceras, verduras de hoja verde y legumbres, por su contenido de vitaminas del complejo B*
- *Frutas y verduras frescas, por su vitamina C*

REDUZCA
- *Carbohidratos refinados, tales como harina y azúcar blancos*

EVITE
- *Alcohol*

La encefalomielitis miálgica (EM), también conocida como síndrome de fatiga posviral, es una de las enfermedades más desconcertantes de los últimos años. Según los médicos que la han tratado, lo más efectivo es darle tiempo al organismo para que se recupere por sí mismo, y adoptar una dieta saludable y un estilo de vida tranquilo para ayudarlo.

La encefalomielitis miálgica se presenta después de una infección viral o, en ocasiones, después de una vacuna. Los síntomas incluyen: fatiga y dolor muscular, cansancio extremo, molestias propias de la gripe, cambios de ánimo, mala concentración, pérdida de la memoria reciente, depresión y problemas digestivos.

Continúa en la pág 158

LAS BASES DE UN EMBARAZO SANO

La dieta de una mujer durante los meses anteriores a la concepción puede ser tan importante para el bienestar de su bebé como lo que ella coma durante el embarazo.

Las demandas del embarazo en el organismo de una mujer son considerables, pero la gran mayoría de las embarazadas pueden satisfacer sus propias necesidades y las de sus bebés si consumen una dieta saludable normal. Una dieta variada y bien balanceada, con un contenido adecuado de carbohidratos complejos ricos en fibra, frutas y verduras, y baja en grasas saturadas, ayudará a la futura madre a mantenerse sana y proporcionará al feto los nutrimentos esenciales para su desarrollo.

CÓMO PREPARARSE PARA CONCEBIR

Algunos estudios sugieren que la dieta de una mujer durante los 3 a 6 meses anteriores a la concepción y durante las primeras semanas de embarazo influye de manera importante en el desarrollo temprano del embrión. El exceso de alcohol, por ejemplo, se asocia con defectos congénitos y, por lo tanto, es mejor evitarlo inmediatamente antes de la concepción y durante las primeras 12 semanas de embarazo. Más adelante, no se considera que una copa de vino o de cerveza de vez en cuando, no más de una al día, sea un riesgo.

Como muchos embarazos ocurren sin que la madre se dé cuenta, los especialistas recomiendan que todas las mujeres en edad de concebir consuman 0,4 miligramo de ácido fólico al día, pues se ha comprobado que reduce significativamente el riesgo de dar a luz un bebé con un defecto congénito en el tubo neural, como la ESPINA BÍFIDA. Los complementos diarios recetados por un médico, y suficientes alimentos ricos en folato proporcionan una cantidad adecuada de ácido fólico.

UNA DIETA NORMAL

Una dieta bien balanceada proporcionará energía (calorías) y nutrimentos para la salud de la madre y del bebé, sin ocasionar que la madre aumente excesivamente de peso. No es aconsejable adelgazar durante la gestación, excepto bajo supervisión médica constante, ya que esto puede privar al feto de nutrimentos vitales.

Los requerimientos de energía cambian poco durante el embarazo. Algunas autoridades en la materia estiman que hacia el final de éste las mujeres pueden necesitar aproximadamente 200 calorías adicionales por día; sin embargo, otros aseguran que debido a la disminución de la actividad física no existe tal aumento. Los refrigerios: fruta fresca o seca, pan tostado, panecillos o galletas, pueden proporcionarle energía necesaria entre comidas y son una alternativa saludable de los alimentos azucarados, salados o grasosos.

No es necesario que la madre aumente el consumo de proteína durante el embarazo. Debe mantener el consumo de SAL dentro de los niveles normales para reducir los riesgos de presión arterial alta y de toxemia o eclampsia (una complicación rara, pero grave, que puede ocasionar ataques epilépticos súbitos y ser motivo de suspensión del embarazo).

LAS VITAMINAS Y LOS MINERALES

Es esencial asegurar un consumo adecuado de todas las vitaminas y los minerales, pero algunos son particularmente importantes. El calcio, por ejemplo, ayuda a que se formen los dientes y los huesos del bebé y es vital

también para las mujeres embarazadas de menos de 25 años de edad, ya que sus huesos están aún en proceso de aumentar su densidad. Las mujeres embarazadas necesitan 1.200 miligramos de calcio, o el equivalente a más o menos 800 mililitros de leche al día (descremada, semidescremada o entera). Un vaso pequeño de yogur o 25 gramos de queso duro proporcionan la misma cantidad de calcio que 200 mililitros de leche. Otras fuentes alimentarias incluyen el pan, las sardinas enlatadas o los arenques con raspa y espinas, los charales, las semillas de ajonjolí y las verduras de hoja verde. La vitamina D ayuda al organismo a absorber el calcio y las mujeres embarazadas requieren un consumo de 10 microgramos al día.

El cinc es esencial para el crecimiento general y para el desarrollo del sistema inmunológico del feto. Puede encontrarse en la carne magra, en los cereales integrales, en el queso y en los frutos secos, pero el consumo excesivo de salvado inhibe su absorción.

El hierro es necesario para formar la sangre del bebé, así como para mantener los niveles normales de hierro de la madre. Por fortuna, la capacidad del organismo para absorber el hierro mejora durante el embarazo. Siempre que una mujer inicie el embarazo con reservas adecuadas y coma suficientes alimentos ricos en hierro, como la carne, las aves, el pescado, los huevos, las verduras de hoja verde y la fruta seca, ni ella ni su bebé tendrán carencias. La absorción de hierro mejora al incluir en las comidas una buena fuente de vitamina C, como las frutas cítricas o su jugo. No obstante, algunas mujeres desarrollan anemia durante el embarazo a pesar de un consumo aparentemente adecuado de hierro de los alimentos y necesitan tomar complementos recetados por el médico.

A pesar de que el hígado de res es una fuente excelente de hierro, tiene también un alto contenido de vitamina A, y el consumo excesivo de este mineral se ha vinculado con defectos congénitos. Las mujeres que están embarazadas o que piensan estarlo deben evitar comer toda clase de hígado y de patés de hígado. Sin embargo, un consumo adecuado de vitamina A continúa siendo importante. Las fuentes adecuadas son las frutas y las verduras de colores brillantes, como los chabacanos, las zanahorias y los pimientos rojos. Contienen beta carotenos, que el organismo transforma en vitamina A a medida que la necesita.

Los científicos descubrieron que los ácidos grasos omega-3 son especialmente importantes para el desarrollo sano del cerebro y de los ojos. Las fuentes excelentes en la dieta incluyen la macarela, el arenque, las sardinas, el salmón y el atún fresco.

CÓMO SALIR ADELANTE CON LOS PROBLEMAS

Las náuseas del embarazo o malestar matutino (un término erróneo, puesto que puede presentarse a cualquier hora del día) causan un malestar hasta que desaparecen, por lo general, después de las 12 a 16 primeras semanas de gestación. Es mejor comer poco y con frecuencia. Ésta es también una buena forma de tratar la indigestión y la acidez, comunes durante las últimas etapas del embarazo. La leche o el yogur pueden ayudar a aliviar los síntomas. Los naturistas aseguran que el té de jengibre puede calmar las náuseas.

El estreñimiento puede ser otro desagradable efecto secundario del embarazo, principalmente porque los niveles cambiantes de hormonas tienen un efecto relajante en los intestinos, de modo que el material alimenticio tarda más tiempo en recorrerlos. Beber bastante agua y comer alimentos ricos en fibra deben ayudar. Las frutas secas, en especial las ciruelas, son un laxante natural excelente.

ALIMENTOS SEGUROS

La infección bacteriana listeriosis (vea INTOXICACIÓN POR ALIMENTOS) es particularmente peligrosa para las mujeres embarazadas y para los bebés recién nacidos. Un feto infectado a través de su madre puede nacer muerto. Por lo tanto, se recomienda que las mujeres embarazadas eviten la leche sin pasteurizar y los quesos en los que es más común encontrar la listeria, como el tipo Camembert o Brie, así como otros quesos suaves o patés, a causa del peligro de infección. Como precaución, se deben recalentar muy bien las comidas ya cocinadas antes de comerlas. Es mejor evitar durante el embarazo las ensaladas y platillos ya preparados, ambos fuentes potenciales de bacterias. Debido al riesgo de padecer salmonella, los huevos deben cocerse muy bien; los aderezos estilo mayonesa, las salsas y los budines a los que se incorporan huevos crudos o ligeramente cocidos deben evitarse.

Asegúrese de que la carne esté bien cocida. Lávese siempre las manos en agua caliente después de tocar la carne cruda, para evitar la infección con el parásito que causa la toxoplasmosis. Esta enfermedad puede ocasionar la ceguera, si la madre la transmite al feto. El parásito se reproduce en los intestinos de los gatos, por lo que las embarazadas no deben limpiar el lugar donde duerme el gato y deben usar guantes si arreglan el jardín.

ALIMENTOS PARA UNA MADRE *Comer para dos ya no se recomienda; sin embargo, al asegurar un balance saludable logrará el mejor comienzo para su bebé.*

El salmón escalfado con una salsa de yogur proporciona proteínas, hierro, cinc y calcio; los frijoles proporcionan folato y el pan integral es un depósito de fibra y carbohidratos.

Los canelones vegetarianos con espinacas, queso ricotta y una ensalada son una comida igualmente balanceada.

Para que su organismo pueda salir adelante con estos problemas, usted debe ayudarlo llevando una dieta saludable y bien balanceada que contenga una cantidad adecuada de carbohidratos complejos, vitaminas y minerales. Es mejor hacer pequeñas comidas a intervalos regulares para asegurar que su cuerpo reciba un aporte constante de nutrimentos, lo que lo ayudará a combatir la enfermedad.

Los carbohidratos complejos en abundancia, tales como el pan integral, las pastas, la avena, las papas y el arroz integral, son esenciales. Estos proveedores de energía son muy importantes para los pacientes de esta enfermedad, debido a que ésta agota mucho a las personas. Los alimentos como la pasta, el pan integral y la avena suministran una liberación constante de energía y, por tanto, el control de los niveles de glucosa en la sangre. Además contienen fibra, la cual ayuda a mantener el buen funcionamiento del aparato digestivo. El pan, los pasteles, el azúcar y las bebidas con glucosa proveen energía de manera más inmediata, pero ésta se agota más rápidamente.

Los alimentos no refinados, como los cereales integrales, son buena fuente de vitaminas del complejo B, que son vitales para el funcionamiento normal del sistema nervioso. Las vísceras, las verduras de hoja verde, las semillas oleaginosas y el pescado suministran esas mismas vitaminas.

Las proteínas son esenciales para el mantenimiento de la buena salud y de la vitalidad. Asegúrese de consumir diariamente fuentes de proteínas de buena calidad tales como la carne, las aves, el pescado, los productos lácteos y los huevos. Estos alimentos son ricos en micronutrimentos y también ofrecen las cantidades adecuadas de todos los aminoácidos esenciales para el crecimiento y el mantenimiento de los tejidos. Las proteínas de los alimentos vegetales en forma individual no ofre-

Sí y no

• Sí, obtenga un diagnóstico preciso, preferiblemente de un médico que tenga cierta experiencia con el padecimiento.

• Sí, lleve un diario de su progreso, anote sus síntomas, los alimentos y las actividades que afectan su ánimo y su bienestar físico.

• Sí, establezca un programa adecuado y balanceado de tratamiento que incluya una dieta y los pasatiempos que añadan interés a su convalecencia, pero no haga demasiado ejercicio.

• Sí, trate de relajarse y descanse mucho durante el día.

• No tome alcohol, ya que actúa como depresivo.

• No beba más de tres o cuatro tazas de café al día, y evite el café antes de dormir.

• No se someta a ningún tipo de anestesia ni de vacuna, a menos que sea extremadamente necesario.

cen el equilibrio ideal de aminoácidos que el cuerpo necesita para elaborar sus propias proteínas; sin embargo, las personas que siguen dietas vegetarianas (vea pág. 368) afirman que obtienen este equilibrio combinando las proteínas de distintos alimentos de origen vegetal.

Comer en abundancia frutas y verduras frescas aumenta el consumo de vitamina C, lo cual resulta de mayor importancia durante los periodos de estrés y enfermedad, cuando las reservas del organismo se agotan rápidamente.

Puede ser de utilidad para individuos susceptibles reducir las bebidas que contengan cafeína, tales como el té negro, el café y el refresco de cola. La cafeína puede exacerbar los síntomas debido a que estimula el sistema ner-

vioso. El alcohol también puede empeorar los síntomas, especialmente la fatiga. Puede aumentar el metabolismo hepático y elevar la tasa metabólica, con lo cual se ocupan grandes cantidades de vitaminas del complejo B y la vitamina C.

ENERGÍA

Vea pág. 160

ENFERMEDAD CELIACA

AUMENTE
• *Verduras, ensaladas y frutas*
• *Legumbres y frutos secos*
• *Queso, leche, huevos, carne magra, aves y pescado*
• *Arroz, papas y maíz*

EVITE
• *Cereales, harina de trigo, pan, pastas, pasteles, galletas y avena*
• *Alimentos refinados y enlatados que tengan harina de trigo como agente espesante*
• *Salchichas y otras carnes procesadas*
• *Bebidas hechas de cebada, como la cerveza y las leches malteadas*

La enfermedad celiaca es un trastorno intestinal causado por sensibilidad a una proteína llamada gluten, la cual se encuentra en cereales como el trigo, el centeno, la cebada y la avena. Esta enfermedad hereditaria afecta a 1 de cada 5.000 estadounidenses, y por lo general aparece cuando un bebé o un niño pequeño empieza a ingerir alimentos sólidos, como cereales que contienen gluten, pero puede manifestarse a cualquier edad. Los adultos que la desarrollan pudieron haber padecido la forma asintomática de la enfermedad durante la infancia o haber presentado síntomas leves.

En personas susceptibles, el gluten daña las vellosidades que recubren el intestino delgado, y esto puede inhibir la absorción de nutrimentos. Las primeras señales en los niños normalmente son: problemas gástricos frecuentes y la falta de recuperación. Otros síntomas son: inflamación abdominal, diarrea, anemia y pérdida de peso. Los adultos también pueden presentar fatiga, depresión y malestar general, úlceras bucales, dermatitis e infertilidad. El diagnóstico definitivo se hace por medio de una biopsia, en la que se toma una muestra del intestino delgado para ser examinada. Entonces el paciente se somete a una estricta dieta sin gluten. La biopsia debe repetirse para establecer si las medidas tomadas han permitido la recuperación de la mucosa intestinal. Si las vellosidades intestinales se han recuperado, el diagnóstico se confirma. Una vez identificada la enfermedad, se aconseja al paciente que evite alimentos con gluten. Algunos médicos recomiendan a sus pacientes tomar complementos vitamínicos y minerales durante los primeros meses hasta que puedan planear una dieta sin gluten que les proporcione los nutrimentos esenciales. El estado general de salud debe mejorar en pocas semanas.

EVITAR EL GLUTEN

Cientos de alimentos contienen gluten: panes, pasteles, galletas, pasta, salchichas aglutinadas con pan molido, alimentos hechos con harina de trigo y sopas y salsas espesadas con harina de trigo; todos contienen la proteína. También deben evitarse los cereales para el desayuno y la avena.

Si su bebé padece la enfermedad celíaca, revise los ingredientes de los alimentos para bebé, aunque la mayoría de los alimentos para la primera etapa del bebé no contienen gluten.

Siempre lea las etiquetas de los alimentos preparados comercialmente, y tenga cuidado con ingredientes como aglutinantes y rellenos a base de hari-

Un caso real

Jorge, un profesor de preparatoria retirado de 68 años de edad, notó que su estómago estaba inflamado, se le dificultaba respirar y se veía pálido. Visitó a su médico, quien le hizo una prueba de sangre, la cual reveló que Jorge tenía anemia. Jorge se sometió a varios análisis para establecer la causa de la anemia. Sin embargo, no se detectó ninguna anormalidad, hasta que se le hizo una biopsia del intestino delgado. Para sorpresa de todos, los resultados mostraron que Jorge padecía la enfermedad celíaca. Se le recetó una dieta estricta sin gluten. Seis meses después, Jorge se sentía mucho mejor; su hemoglobina había alcanzado ya niveles normales y la siguiente biopsia mostró resultados normales. Jorge aún sigue la dieta sin gluten y se mantiene en perfectas condiciones.

na, y almidones modificados. Evite las bebidas hechas con cebada, como la cerveza. Las hostias de la comunión también contienen gluten.

Para reemplazar cualquier alimento prohibido, coma papas, legumbres, arroz, maíz (en forma de tortillas) y semillas oleaginosas. Use harina de maíz, de arroz o de soya para espesar las salsas. Balancee su dieta con verduras y frutas frescas, huevos, leche y queso, así como con carne, aves y pescado; el pescado puede ser fresco o enlatado. Puede preparar en casa pan a base de harina de arroz, pan de elote y, como postre, arroz con leche.

Evitar el gluten es difícil, así que lo mejor es buscar la asesoría de un nutriólogo experimentado que lo ayude a llevar una dieta balanceada y saludable. Pídale que le proporcione una lista de los alimentos sin gluten disponibles en el mercado y recetas, si es posible.

ENFERMEDAD DE CROHN

AUMENTE

• *Todos los alimentos nutritivos de acuerdo con su propia tolerancia*

Las personas que padecen la enfermedad de Crohn tienen tendencia a la desnutrición, ya sea como resultado de los efectos de la inflamación de su intestino o por los cambios que tienen que hacer en su alimentación. Por tanto, es importante que las personas que tengan este padecimiento planeen cuidadosamente su dieta.

Esta enfermedad crónica es un padecimiento inflamatorio del intestino que puede afectar cualquiera de sus partes. Se presenta con mayor frecuencia antes de los 30 años de edad. Los síntomas varían en intensidad; entre ellos están: dolor interno, fiebre, diarrea y pérdida del apetito y de peso.

Continúa en la pág 164

ENERGÍA, EJERCICIO Y VITALIDAD

Descanso abundante, alimentos adecuados, aire fresco y ejercicio pueden añadir años a su vida, levantar el ánimo y ayudarlo a protegerse contra enfermedades y presiones de la vida moderna.

La energía que necesitan las personas la obtienen de los alimentos; el organismo la quema y se mide en calorías. La vitalidad es una sensación de bienestar que le permite mantenerse activo durante un día ocupado y tener todavía energía al final de la jornada. Para lograr esta sensación necesita asegurarse de comer alimentos con un contenido alto de energía y bajo en grasa, hacer ejercicio con regularidad y darse tiempo para relajarse.

ALMIDONES PARA OBTENER VIGOR

Los carbohidratos (los almidones y los azúcares abundantes en los alimentos de origen vegetal, como frutas, verduras, legumbres y cereales) son alimentos excelentes para obtener energía física.

Aunque las grasas y, en menor grado, las proteínas proporcionan también combustible al organismo, los carbohidratos satisfacen la mayoría de las necesidades de energía, porque muchos de ellos se descomponen con facilidad en glucosa (la fuente más accesible de energía para el organismo). Se calcula que la mezcla correcta de nutrimentos para obtener energía es de 55 a 60% de carbohidratos (la mayoría de los cuales debe ser almidón, azúcares no añadidos), menos de 30% de grasa y entre 10 y 15% de proteínas.

Cuando los carbohidratos se consumen en forma de alimentos como la fruta proporcionan energía, junto con valiosos minerales, vitaminas y fibra. El azúcar de mesa (sacarosa) proporciona energía, pero no nutrimentos, por lo que se dice que contiene "calorías vacías". Es más saludable obtener el azúcar de la fruta (fructosa) y del jugo de fruta. Se sabe que los alimentos que contienen almidones, como las pastas, el arroz, las papas y el pan, aumentan la energía. Muchos atletas comen carbohidratos complejos, como las pastas, cuando entrenan y durante una competencia, para almacenar energía.

No obstante, el organismo absorbe los diferentes carbohidratos a un ritmo desigual y esto depende de la velocidad con que liberan la glucosa en el torrente sanguíneo. Para aumentar con rapidez su energía, coma plátanos, dátiles, pasitas, chabacanos secos, pan, arroz, hojuelas de maíz, cereales de trigo o cereales compuestos preparados con hojuelas de trigo (granola). Para lograr un flujo constante de energía, consuma frijoles cocidos, lentejas, avena, galletas de avena, cereales compuestos preparados con avena o trigo quebrado, chícharos, pastas, papas y manzanas en abundancia, ya que todo esto se digiere con mayor lentitud.

COMA POCO Y CON FRECUENCIA

Algunos nutriólogos creen que "comer" refrigerios pequeños durante el día puede ayudar a mantener el flujo de energía. Si no tiene tiempo para hacer tres comidas al día, es mejor comer poco y con frecuencia: el desayuno seguido de un refrigerio a mitad de la mañana, un almuerzo ligero, un refrigerio a media tarde y una cena ligera. No pase hambre durante la mayor parte del día para cenar después mucho por la noche; esto puede ayudar a que suba de peso.

CÓMO SENTIRSE ALERTA

Debido a que la comida afecta la química del cerebro, comer los alimentos adecuados en el momento oportuno del día puede ayudar a la agudeza mental. Aunque es posible que una comida rica en almidón mejore su resistencia física, también puede tener un efecto calmante y sedante en el cerebro, motivo por el cual con frecuencia se siente adormilado después de un almuerzo a base de pastas o papas. Es bueno comer por la noche alimentos que contengan carbohidratos, para que lo ayuden a relajarse y a promover un buen sueño.

Investigaciones recientes se han enfocado en la teoría polémica de que los alimentos que contienen proteínas estimulan la actividad cerebral, al animar al cerebro para que produzca su propia forma de estimulante químico. Un grupo de científicos especializados en la nutrición midió las reacciones del cerebro ante diferentes tipos de alimentos y asegura que las personas que consumen un alto contenido de carbohidratos en el almuerzo están menos alerta después de la comida que las personas que comen un almuerzo pequeño con alto contenido de proteínas. Sin embargo, la investigación sobre el tema continúa.

ESTIMULANTES

La cafeína es un estimulante que se encuentra en el café, el té negro y las bebidas de cola. El café ha producido mucha controversia, pero una taza puede mejorar la agudeza mental sin dañar. No obstante, si necesita beber café cada hora para mantenerse despierto, se arriesga a sentir fatiga, ansiedad, insomnio y agitación. Trate de disminuir el consumo de cafeína en forma gradual espaciando las tazas de café durante intervalos cada vez más prolongados; no deje de beberlo súbitamente, ya que los síntomas de la separación pueden incluir dolores de cabeza, náuseas, irritabilidad y cambios de humor muy marcados.

DELGADO, APUESTO Y SANO

Si consume más alimentos de los que su organismo utiliza como energía, el exceso de calorías se almacena como grasa. La única manera sensata y efectiva para bajar de peso es combinar una dieta saludable, con bajo contenido de grasa, con el ejercicio aeróbico regular, como caminar, andar en bicicleta o correr. El ejercicio aeróbico acelera la respiración, aumenta el ritmo cardiaco y ayuda a quemar la grasa corporal. Si tiene un peso excesivo, revise sus hábitos ali-

Cómo llevar a cabo su propio programa de ejercicio

El ejercicio lo hace sentirse maravillosamente vivo porque desencadena la liberación de endorfinas (sustancias químicas del cerebro que generalmente lo hacen sentirse más feliz, más calmado y más alerta). Los consejos siguientes lo ayudarán a incluir el ejercicio regular en su vida.

• Elija algo que disfrutará hacer con regularidad durante media hora al menos tres veces a la semana. Es mucho mejor hacer poco ejercicio habitualmente, que hacer un gran esfuerzo sólo de vez en cuando.

• Sin importar el ejercicio que elija, empiécelo siempre con suavidad y auméntelo con lentitud y seguridad.

• Trate de elegir una actividad que vaya de acuerdo con su necesidad particular de aptitud física: haga yoga para mejorar la flexibilidad; levantamiento de pesas para tener fuerza, o camine o nade para lograr resistencia.

• Encuentre actividades físicas que liberen la mente. Caminar distancias grandes, andar en bicicleta o nadar permiten que su mente divague libremente, mientras que el antiguo arte chino de tai chi es una forma de meditación en movimiento.

• Si no se siente suficientemente motivado para hacer ejercicio a solas, anímese a entrenar con un amigo, tome parte en un juego de equipo o únase a un grupo como el de la asociación de corredores.

• Trate de elegir más de un tipo de ejercicio. La variedad ayudará a mantener interesante su programa y le permitirá ejercitar diferentes partes del cuerpo.

SENSACIÓN DE BIENESTAR *Sin importar su condición física actual, el ejercicio lo ayudará a incrementar los niveles de energía y su sensación de bienestar.*

Cómo mantener altos los niveles de energía

Las largas horas que pasa trabajando, una dieta deficiente y el descanso insuficiente reducen el almacenamiento de nutrimentos del organismo y causan fatiga. Saber lo que reforzará los beneficios de su programa de ejercicio y lo que lo perjudicará lo ayudará a permanecer sano.

LADRONES DE LA VITALIDAD

• **El alcohol**. En exceso, el alcohol puede interferir con la calidad del sueño.

• **Fumar**. El tabaquismo incrementa el porcentaje en el que el hígado utiliza los micronutrimentos, en especial las vitaminas del complejo B y la vitamina C. Representa asimismo trabajo extra para los antioxidantes que ayudan a desintoxicar el cuerpo.

• **La ansiedad y el estrés**. Convierta en un hábito hacer cada día algo que aparte su mente de los problemas: ejercicio, meditación, jardinería o escuchar música.

• **Las alergias.** La fatiga puede ser el único síntoma de una intolerancia o de una alergia a ciertos alimentos, lo que vale la pena considerar como la causa de la apatía inexplicable.

FOMENTADORES DE LA VITALIDAD

• **El sueño**. Dormir bien por la noche o una siesta durante el día ayudará a descansar la mente e incrementará los niveles de energía.

• **El desayuno**. Sentirá apatía si obliga a su cuerpo a mantenerse activo durante toda la mañana, sin ningún combustible. Desayune bien.

• **El aire fresco**. Una caminata vigorizante puede hacer maravillas cuando se siente cansado.

• **La respiración profunda**. Introducir oxígeno en su organismo es una buena manera de liberar la tensión y de aumentar los niveles de energía. Relájese y aspire por la nariz. Exhale por la boca (mantenga la mandíbula relajada). Repita hasta que se sienta más fresco.

mentarios y trate de hacer más ejercicio. Es sensato consultar al médico antes de iniciar una dieta para bajar de peso o un nuevo programa de ejercicio.

CÓMO LIBRARSE DE LAS TOXINAS Y RECUPERAR LA VITALIDAD

Muchos naturistas creen necesario limpiar el organismo una o dos veces al año mediante una dieta desintoxicante. Se piensa que esto ayuda a limpiar el aparato digestivo y a librar al organismo de los productos de desecho, lo que mejora la digestión, la energía y el estado de la piel. Un programa típico de desintoxicación recomienda que consuma sólo jugo de fruta, fruta, ensaladas y agua en abundancia durante los dos primeros días; durante los siguientes cinco días o más consuma alimentos saludables como fruta fresca, verduras crudas y cocidas al vapor, sopas preparadas en casa, frutos secos, semillas, cereales

ALIMENTOS QUE DAN ENERGÍA *Estos alimentos son muy útiles para evitar los niveles bajos de energía: dátiles, tallarines con espinacas, tallarines, arroz integral, lentejas rojas, chícharos secos, frijoles de riñón, pan integral, galletas de avena, pasteles de arroz, tomates, manzanas, plátanos, peras, jugo de naranja, agua, avena cocida con leche, papas, hojuelas de maíz, brócoli, higos y chabacanos secos.*

integrales, pescado y aves sin la piel. No debe ingerir productos lácteos, trigo, carne roja, café o alcohol. Sin embargo, por lo general se permite beber un poco de té suave o té de hierbas.

Existe poca prueba científica acerca de que las dietas desintoxicantes pueden limpiar y rejuvenecer el organismo, y la mayoría de los médicos aseguran que el organismo es capaz de eliminar las toxinas sin recurrir a dietas especiales. Pero los naturistas discuten que un poco de ayuda extra es necesaria para contrarrestar los efectos de la contaminación, así como los aditivos y las impurezas que contienen algunos alimentos. Muchas personas aseguran que esta dieta las deja revitalizadas. Consulte a su médico antes de iniciar una dieta de desintoxicación y limite el régimen a dos semanas.

Cómo incluir el ejercicio en su vida

No tiene que invertir en equipo costoso o inscribirse en un gimnasio para lograr que el ejercicio sea parte de su vida. Algunas formas de ejercicio, por ejemplo la danza, son sociables y divertidas, a la vez que aumentan la energía; otras formas, como caminar, pueden ser ya parte de su estilo de vida.

EJERCICIO	VENTAJAS	PLAN DE ACCIÓN	CONSEJOS/RIESGOS
Caminar	Moderado y cómodo para adaptarlo a su estilo de vida. Estimula el corazón, los pulmones, los músculos y la mente. Incluso si camina con moderación puede prolongar su vida al mantenerse en movimiento y al quemar energía.	Empiece con 10 o 15 minutos al día y aumente por lo menos hasta 30 minutos. Balancee los brazos y camine con rapidez suficiente para sudar un poco; debe quedar ligeramente sin aliento.	Use siempre zapatos cómodos y adecuados. Trate de utilizar todo el pie: colóquelo sobre la parte posterior del talón y en seguida muévalo a lo largo del zapato hasta los dedos.
Correr	Ayuda a prevenir los padecimientos cardiacos, los niveles altos de colesterol, la presión arterial alta y una amplia variedad de otros problemas de la salud. Al correr desencadena también la liberación de endorfinas.	Empiece caminando velozmente y corra dos veces a la semana durante dos semanas; tenga cuidado de no sobrepasarse. Aumente de manera gradual la velocidad, la distancia y el número de veces a la semana que corre.	El riesgo mayor es para las rodillas, los tobillos y los pies. Los zapatos bien acolchonados ayudan a proteger las rodillas y las caderas. Si tiene sobrepeso, consulte a su médico antes de empezar a correr.
Nadar	Hace trabajar la mayoría de los grupos principales de músculos y proporciona un excelente ejercicio aeróbico. Mejora la fuerza, el vigor y la flexibilidad. Adecuado para las mujeres embarazadas y para las personas sin buena condición física o con sobrepeso.	Si se aburre al nadar por los carriles o si no sabe nadar, considere hacer algún ejercicio en la piscina y tomar una clase de aeróbicos acuáticos. Nadar y el ejercicio acuático constituyen buenas actividades complementarias.	Tome una buena ducha y desinfecte cualquier cortada después de nadar. Nunca nade si no ha transcurrido al menos una hora después de comer.
Ciclismo	Los médicos especialistas aseguran que el ciclismo es uno de los mejores tipos de ejercicio, adecuado para personas de todas las edades y niveles de aptitud física. Desarrolla la resistencia muscular y tonifica los músculos de las piernas.	Invierta en una bicicleta para ejercicio; los beneficios aeróbicos son los mismos que obtiene con una bicicleta móvil. Utilice una bicicleta móvil para hacer recorridos de placer durante los fines de semana.	Elija una bicicleta de acuerdo con la clase de ciclismo que llevará a cabo y que tenga el tamaño adecuado. Use ropa fluorescente o reflejante en el camino.
Clases de ejercicios aeróbicos	Un tipo enérgico de ejercicio que se lleva a cabo con música con un ritmo claro y simple. Los ejercicios aeróbicos mejoran la eficiencia del corazón y de los pulmones; como resultado, pueden ayudar a reducir el riesgo de sufrir padecimientos cardiacos y problemas circulatorios.	El ejercicio aeróbico puede tener un impacto bajo o alto (la fuerza con la que los pies golpean el suelo). Empiece con un bajo impacto, donde un pie permanece siempre sobre el piso, y progrese en forma gradual hasta alcanzar el alto impacto si lo desea.	Los médicos aconsejan casi siempre que las personas con padecimientos cardiacos, con sobrepeso o que tienen problemas en la parte baja de la espalda, las rodillas, los tobillos o las caderas, eviten cualquier clase de alto impacto.
Danza	Buena para todos los niveles de aptitud física. El baile de salón, para la movilidad general; la danza campirana, para el ejercicio aeróbico; el baile tropical, para obtener fuerza y flexibilidad.	Observe o tome parte en las clases de su área, hasta que encuentre un estilo de danza que le agrade y disfrute. Todas las formas son sociables y divertidas.	Algunas formas de danza requieren mucho esfuerzo físico; pueden ser inadecuadas para personas con problemas en las articulaciones.

Las causas de la enfermedad de Crohn no se conocen con certeza. Se piensa que puede ser una respuesta autoinmunológica en la que el organismo ataca su propio tejido intestinal como resultado de una infección o como reacción al estrés y a otros factores ambientales. Se ha dicho que la alta incidencia de esta enfermedad entre quienes consumen alimentos muy procesados al estilo occidental es significativa, mientras que un artículo médico publicado en la revista *The Lancet*, en 1994, informó que en un estudio realizado en Uppsala, Suecia, durante nueve años, se había encontrado una relación entre la enfermedad de Crohn y el sarampión. En el centro de Suecia se presentaron más casos de Crohn en recién nacidos que los esperados durante el tiempo que duró el estudio, en el cual hubo cinco epidemias de sarampión.

La enfermedad de Crohn sigue siendo un misterio para los médicos, que aún no encuentran una cura. Sin embargo, los medicamentos antiinflamatorios representan un tratamiento efectivo. Muchos de los pacientes de Crohn requieren cirugía de las partes más afectadas del intestino en alguna etapa de la enfermedad. La desnutrición puede ser una consecuencia de la inflamación, que podría ocasionar engrosamiento y cicatrización de la pared intestinal, lo que obstruye el tránsito del bolo alimenticio. Los pacientes también pueden sufrir pérdida del apetito.

Comer frecuentemente se dificulta cuando la enfermedad se activa. Si el intestino delgado se encuentra inflamado o si hay estrechamiento de éste, la acción de comer puede causar cólicos. En este caso, es mejor evitar los alimentos ricos en fibra. También se pueden administrar complementos proteicos vitamínicos y minerales a aquellos individuos que estén tan afectados que tengan dificultad para absorber los nutrimentos contenidos en los alimentos.

En la actualidad, se piensa que la intolerancia a los alimentos (vea pág. 32) es factor importante relacionado con la enfermedad de Crohn. Muchos enfermos de Crohn han informado que sus síntomas empeoran con ciertos alimentos. Los alimentos citados con más frecuencia son: los cereales (trigo, avena, centeno, cebada y maíz), la levadura, los productos lácteos, los frutos secos, las frutas crudas, los mariscos y los pepinillos encurtidos.

Hay pruebas que indican que las dietas de exclusión supervisadas médicamente han beneficiado a más del 50% de los enfermos de Crohn. Los pacientes pueden tratar de eliminar determinados alimentos de su dieta, uno a la vez, por unas cuantas semanas para ver si hay alguna mejoría, pero se debe tener cuidado de no eliminar demasiados alimentos esenciales.

Las posibles deficiencias de vitaminas y minerales dependen de la localización de la inflamación y de los medicamentos recetados, pero generalmente hay deficiencia de folato, presente en hígado, verduras de hoja verde y legumbres. Los pacientes también pueden tener una disminución de las reservas de otras vitaminas del complejo B, incluyendo tiamina (B_1), presente en papas, cerdo, vísceras, semillas y cereales; riboflavina (B_2), que se obtiene principalmente de huevos, carne, aves, pescado, productos lácteos, levaduras y cereales enriquecidos para el desayuno, y vitamina B_6, presente en el pan integral, los frutos secos y el frijol de soya. También puede ser necesario aumentar las reservas de vitamina B_{12}, que está presente en la carne magra, el pescado, la leche y los cereales enriquecidos.

Además puede haber deficiencia de vitamina C, que se encuentra en las frutas y verduras frescas, especialmente guayabas y cítricos; vitamina D, que puede obtener-

---

Un caso real

*P*edro es un ingeniero aeronáutico, de 30 años de edad. Hace algún tiempo y durante seis meses, sufrió de frecuentes episodios de diarrea e inflamación abdominal, pero él lo atribuyó al cambio de su turno de trabajo. Su familia y sus amigos notaron que estaba bajando de peso y no perdían oportunidad de decirle lo mal que se veía. Él no quiso escucharlos y sólo cuando comenzó a sentirse mal llegó a la conclusión de que tal vez había algo de qué preocuparse. La investigación médica reveló que sufría de la enfermedad de Crohn. Su médico le recetó dosis bajas de esteroides y una dieta rica en fibra y proteínas, además de complementos vitamínicos. Después de seis semanas, los dolores abdominales y la diarrea habían desaparecido, y poco a poco Pedro empezó a sentirse bien y a recuperar el peso perdido.

se de pescados como la macarela, el salmón y las sardinas, y vitamina K, presente en verduras de hoja verde, hígado y tomate.

Los niveles de minerales esenciales también pueden descender. Los productos lácteos, las sardinas y las verduras de hoja verde son una fuente considerable de calcio. Los niveles de hierro pueden elevarse consumiendo vísceras, pescados y verduras de hoja verde. Además, los enfermos de Crohn, por lo general, necesitan más magnesio, que se puede obtener del pescado y de los mariscos. El hígado, el pescado y los cereales integrales pueden ayudar a compensar la absorción disminuida de selenio. Los niveles de cinc pueden aumentarse consumiendo mariscos, carne, cerdo, productos lácteos y pollo.

Existen datos que sugieren que la vitamina E —presente en aceite de semillas, germen de trigo, verduras de hoja verde y huevo— puede reducir la inflamación del intestino. Sin embargo, esto es algo que todavía hay que probar científicamente.

No se conoce un alimento específico que cause esta enfermedad ni otro que la cure. Sin embargo, al seguir una dieta nutritiva y balanceada en la que se excluyan sólo los alimentos que usted está seguro de que empeoran los síntomas, por lo menos minimizará algunos de los efectos desagradables de la enfermedad.

ENFERMEDADES DE TRANSMISIÓN SEXUAL

AUMENTE
- *Cereales integrales, frutas y verduras frescas*
- *Carne magra, frutos secos y legumbres*
- *Agua y jugos de frutas*

REDUZCA
- *Cafeína, presente en el té negro, el café y las bebidas de cola*

Cualquier persona que haya estado en riesgo de contraer una enfermedad de transmisión sexual (ETS) y muestre algún síntoma debe buscar con urgencia la ayuda de un médico especialista y evitar la actividad sexual hasta que éste lo dé de alta. Las enfermedades venéreas, por lo general, se tratan con antibióticos. Pero además de llevar el tratamiento adecuado, una persona infectada tiene que adoptar una dieta balanceada y nutritiva, que incluya muchos cereales integrales, frutas y verduras frescas; cantidades moderadas de carne magra, pescado, aves, frutos secos y legumbres; y un poco de grasas no saturadas. Reduzca el consumo de cafeína (presente en el té, el café y las bebidas de cola), beba mucha agua y jugos de fruta y tome largos descansos. Todas estas medidas ayudarán a fortalecer su sistema inmunológico a fin de combatir la infección.

Desde el descubrimiento de los antibióticos, la mayoría de las enfermedades de transmisión sexual, incluyendo la gonorrea, la clamidiasis y la uretritis inespecífica, pueden ser tratadas y la sífilis ya no cobra las vidas que antes cobraba. El HERPES genital no tiene cura, pero las cremas de aplicación local y las recomendaciones dadas anteriormente pueden reducir la gravedad y la frecuencia de los ataques.

Recuerde usted que ningún síntoma —ampollas dolorosas o indoloras, salpullidos, flujos genitales, ardor o sangrado al orinar— debe ser soslayado; asimismo, estos malestares no sanan utilizando remedios caseros. En todos los casos es muy importante que busque atención médica tan pronto como le sea posible (vea también SIDA).

ENFISEMA

AUMENTE
- *Alimentos que contengan vitamina C, tales como los cítricos, las guayabas y las fresas*
- *Fuentes de beta carotenos: zanahorias, chabacanos, mangos y espinacas, por ejemplo*
- *Alimentos que contengan vitamina E, como los cereales integrales y el aceite de girasol*

EVITE
- *Fumar*

Las personas que fuman mucho y aquellas que trabajan en atmósferas contaminadas corren el riesgo de padecer esta progresiva e incurable enfermedad de los pulmones.

Para los fumadores, la mejor manera de prevenir el enfisema es dejar de fumar inmediatamente, pero si no le es posible hacerlo, incluya muchos nutrimentos ANTIOXIDANTES en su dieta. Éstos incluyen vitamina C, que se encuentra en frutas frescas, especialmente en los cítricos; vitamina E, presente en los cereales integrales, el germen de trigo, los frutos secos y las semillas, y los beta carotenos, que se encuentran en las zanahorias, los chabacanos, los mangos, las espinacas y el brócoli.

Las vitaminas antioxidantes neutralizan a los RADICALES LIBRES, que pueden dañar las células vivas y producir enfermedades degenerativas. Aunque los radicales libres siempre están presentes en el cuerpo, su número aumenta por la contaminación ambiental y el humo del cigarro.

El enfisema se presenta cuando los pequeños sacos de aire de los pulmones se inflaman, y las paredes que hay entre ellos se rompen, para formar grandes sacos llenos de cicatrices. Esto hace que los pulmones pierdan elasticidad y se reduzca el área pulmonar a

Continúa en la pág 168

LECHUGA Y OTRAS HOJAS PARA ENSALADA

Aunque las hojas para ensalada contienen muy poca energía y más del 90% es agua, aun así proporcionan nutrimentos que incluyen la vitamina C, los beta carotenos, el folato, el calcio y el hierro.

A menudo, una ensalada de hojas verdes constituye parte de una cena saludable, y aunque es posible combinar muchos vegetales, la lechuga es, con mucho, el ingrediente más popular. De hecho, en 1993, cada estadounidense consumió poco más de 11 kilogramos de lechuga. El contenido nutritivo de la lechuga y de las hojas para ensalada varía no sólo de especie a especie, sino también de acuerdo con la temporada del año, la frescura de la planta e incluso el color de las hojas. Debido a que todas las hojas para ensalada tienen un contenido bajo de energía (calorías), pueden ser útiles como parte de una dieta para bajar de peso, siempre que no se recubran con ADEREZOS PARA ENSALADA grasosos, como los que están hechos con mayonesa.

Casi todas las verduras de hoja verde para ensalada constituyen una fuente útil de folato, una vitamina importante para las mujeres embarazadas y para las que planean estarlo, ya que ayuda a prevenir los defectos congénitos, tales como la espina bífida. Dependiendo de la cantidad de pigmento que tengan las hojas, las verduras para ensalada son una fuente útil de nutrimentos antioxidantes beta carotenos, que pueden ayudar a prevenir las enfermedades degenerativas, como el cáncer y la aterosclerosis. Las hojas para ensalada de color verde oscuro tienen más beta carotenos y vitamina C que las variedades de color más pálido.

En la herbolaria, se dice que el consumo de hojas de lechuga produce un efecto sedante, y se recomienda comer un tazón grande de hojas frescas para calmar el nerviosismo e inducir el sueño.

La lechuga y otras hojas para ensalada pueden mezclarse o combinarse con una amplia variedad de frutas y verduras crudas, pasta o trozos de pollo o atún para así crear un platillo principal bajo en calorías y muy nutritivo.

Dos verduras de hoja verde para ensalada muy nutritivas son las ESPINACAS y los BERROS.

Las espinacas crudas contienen muchos beta carotenos, son ricas en folato y vitamina C.

Los berros son una fuente excelente de vitamina C y de beta carotenos; contienen también hierro.

LECHUGAS COMUNES Y VERDURAS DE HOJA VERDE PARA ENSALADA

Achicoria. Es una raíz con hojas de color limón claro, alargadas, firmes y onduladas.

Berro. Es un miembro de la familia de las verduras crucíferas. Se cree que protege contra algunos tipos de cáncer. Sus hojas son pequeñas, de color verde intenso, y tienen un sabor ligeramente ácido.

Col. Pertenece a la familia de las crucíferas. Sus hojas son redondas, de sabor ligeramente dulce.

Endibias. Lechuguitas de hojas blancas y amarillas, con sabor ligeramente amargo.

Escarola verde y morada. Tiene un sabor fuerte y definido. Es muy atractiva por su color.

Espinacas. Son hojas verdes de color intenso. Es necesario lavarlas muy bien para eliminar la tierra.

Hojas de betabel. Aunque de esta planta la parte más conocida como alimento es el fruto, sus hojas pueden ser también un buen componente de exquisitas ensaladas.

Lechuga francesa. Tiene hojas finas y delicadas y sabor tenue. Es una hermosa lechuga que va muy bien en ensaladas, acompañada de queso Roquefort.

Lechuga orejona. Es una lechuga que tiene hojas largas de sabor dulce.

Lechuga romana o lechuga col. Tiene un color verde tenue. Sus hojas son cóncavas y sirven de base para presentar preparaciones de verduras picadas. Es el ingrediente para ensaladas que más se consume en Estados Unidos, sin embargo proporciona menos nutrimentos que la mayoría de las otras variedades.

ENSALADA MIXTA *Una variedad de hojas produce una interesante y sabrosa ensalada verde: berros, endibias, lechugas, escarolas, espinacas, coles.*

VENTAJAS
- *Bajo contenido de energía (calorías)*
- *Fuente apreciable de folato*
- *Fuente apreciable de beta carotenos*
- *Útil en dietas para disminuir peso corporal*
- *Se considera de utilidad para calmar el nerviosismo e inducir el sueño*

DESVENTAJA
- *Con frecuencia se comen con aderezos aceitosos o cremosos de alto aporte energético*

través de la cual se puede absorber el oxígeno. De esta manera se necesita un mayor esfuerzo para expandir los pulmones, lo que aumenta la carga sobre el bombeo de sangre del corazón hacia los pulmones. Y hasta la más mínima actividad —como caminar de un lado a otro de la habitación— aumenta la frecuencia cardiaca para mantener el suministro adecuado de oxígeno. En la mayoría de los casos, el aumento de la carga provoca un infarto del miocardio.

ENSALADAS

Vea pág. 166

EPILEPSIA

AUMENTE
- *Legumbres y carne, por su vitamina B_6, cinc y magnesio*
- *Productos lácteos, ricos en calcio, especialmente la leche enriquecida con vitamina D*
- *Arroz, pan integral, piña, zarzamoras e higos, por su manganeso*

EVITE
- *Alcohol en exceso*
- *Aceite de flor de primavera (prímula)*

Alrededor de 2,5 millones de norteamericanos padecen alguna forma de epilepsia, convulsiones recurrentes desencadenadas por impulsos eléctricos anormales en el cerebro. En el 70% de los casos se desconocen las causas; en el 30% restante, los factores más comunes son lesiones de la cabeza, tumor, infección, envenenamiento o daño al cerebro del feto durante el embarazo. En ocasiones es hereditaria, pero en algunos casos no se puede determinar la causa. La falta de vitaminas parece provocar algunos ataques epilépticos, lo que ha llevado a los médicos a dar ma-

yor consideración a la posibilidad de tratar esta enfermedad a través de la alimentación.

Las convulsiones epilépticas varían en intensidad y su frecuencia va desde breves pérdidas de memoria y de concentración, conocidas como ausencias o *petit mal*, hasta convulsiones que se pueden presentar varias veces al día. El estrés, el cansancio, el exceso de alcohol, la fiebre y la menstruación pueden desencadenar los ataques.

Todas las formas de epilepsia se tratan con medicamentos. De hecho, las convulsiones desaparecen parcial o completamente en el 85% de los casos de epilepsia, con ayuda de los medicamentos. Sin embargo, como algunos de los fármacos pueden causar efectos secundarios indeseables, existe la creciente inquietud entre los médicos de utilizarlos conjuntamente con métodos dietéticos en el control de la epilepsia.

Algunos estudios han demostrado que, en casos raros, la falta de vitaminas B_6 y D puede provocar ataques epilépticos. La vitamina B_6 es proporcionada por la carne, los cereales integrales y las legumbres. La vitamina D se encuentra en los pescados y algunos productos de origen animal, en especial en el queso y la leche enriquecida. Los epilépticos sólo deberán tomar complementos vitamínicos si su médico y el nutriólogo lo recomiendan.

Ciertos minerales parecen ayudar a algunas personas: el magnesio (abundante en la harina integral, el mijo, los higos, la carne, el pescado, los frutos secos y las legumbres); el cinc (presente en las vísceras, el germen de trigo, los frutos secos, el cangrejo, los ostiones y las lentejas), y el calcio. Se ha descubierto que todos ellos ayudan a evitar las convulsiones en algunas personas.

Aunque aún es motivo de controversia, los primeros datos sugieren que puede haber una relación entre la epilepsia congénita y la deficiencia de manganeso en la alimentación de la madre.

Si los medicamentos no resultan, algunos médicos prescriben la dieta cetogénica, caracterizada por un contenido muy alto de grasas y bajo de proteínas y carbohidratos. La cantidad de líquidos es limitada, lo cual contribuye al éxito de la dieta. Esta dieta produce un efecto químico en el organismo llamado cetosis, y en algunos casos, sobre todo en los niños, parece prevenir las convulsiones. Con el surgimiento de los medicamentos anticonvulsivos eficaces, se abandonó el tratamiento dietario. En la actualidad, sin embargo, los neurólogos del Hospital Johns Hopkins, han refinado la dieta cetogénica para tratar los casos severos de epilepsia. En algunas terapias alternativas se dice que las ensaladas mixtas y la fruta cruda ayudan a reducir la frecuencia y la intensidad de los ataques.

ESCLEROSIS MÚLTIPLE

AUMENTE
- *Cereales integrales, verduras de hoja verde cocidas y frutas frescas, por su fibra y contenido energético*
- *Agua, para evitar el estreñimiento*
- *Grasas poliinsaturadas de pescados como macarela y salmón; aceites de girasol, de cártamo, de soya y de maíz*

REDUZCA
- *Grasas saturadas (productos lácteos enteros y carnes rojas grasosas)*

EVITE
- *Alcohol*
- *Tabaco*

Todavía se desconocen las causas de la esclerosis múltiple y la forma más efectiva de tratarla, aunque recientemente se han propuesto ciertos tratamientos médicos. Algunos científicos y nutriólogos están convencidos de que la clave para entender la esclerosis múltiple se encuentra en la alimentación, pero este enfoque es muy controvertido. Sin embargo, lo cierto es que una dieta balanceada y rica en nutrimentos y grasas poliinsaturadas puede ayudar a los enfermos a controlar algunos de los síntomas más comunes y las complicaciones asociadas con este trastorno.

SÍNTOMAS

La esclerosis múltiple afecta aproximadamente a 350.000 estadounidenses, dos veces más al sexo femenino que al masculino y se presenta con mayor frecuencia entre los 20 y los 40 años de edad. Se trata de una enfermedad crónica en la que ciertas áreas de las cubiertas que rodean las fibras nerviosas del cerebro y la médula espinal se inflaman y degeneran. Puede afectar los nervios que intervienen en la visión y el habla, y por lo general causa pérdida gradual de la sensibilidad en las extremidades, disminución del control muscular y mareos. Quienes padecen de esclerosis múltiple experimentan patrones impredecibles de recaídas y remisiones, a lo largo de varios años, y según las estadísticas sólo 1 de cada 5 individuos sufre de incapacidad grave. La esclerosis múltiple no es letal, pero algunos enfermos son más susceptibles a otras enfermedades que pueden poner en riesgo su vida.

ESCLEROSIS MÚLTIPLE Y ALIMENTACIÓN

La relación entre la esclerosis múltiple y la alimentación ha estado bajo investigación durante los últimos 50 años. Sin embargo, hasta el momento no se ha podido probar científicamente la utilidad terapéutica de ninguno de los regímenes nutricios o de las teorías dietéticas recomendados por los especialistas. Según la National Multiple

LUCHA CONTRA LA FATIGA *Las comidas ricas en carbohidratos complejos pueden ayudar a combatir el cansancio crónico asociado con la esclerosis múltiple.*

Elimine toda la grasa visible de la carne, para preparar esta saludable cacerola de puerco con manzanas.

Esta lasaña vegetariana demuestra que las comidas altas en fibra y bajas en grasa no resultan desagradables.

Chile con carne, hecho con carne magra molida y arroz integral.

Sclerosis Society, no hay pruebas científicas que revelen que la causa de esta enfermedad tenga relación con la nutrición ni que la dieta pueda contribuir a su curación. Este organismo apoya las mismas recomendaciones dietarias para los estadounidenses, en las cuales los carbohidratos constituyen la mayor parte de las calorías que se ingieren, de preferencia de alimentos que contengan almidones, frutas y verduras; las cantidades de proteínas deben ser moderadas, y las grasas y azúcares, escasos.

Una de las dietas que ha recibido mucha atención es la dieta baja en grasas del profesor Roy Swank, de Portland, Oregon, Estados Unidos. Él dice que los pacientes que llevan una dieta baja en grasas saturadas —menos de 20 gramos al día— y alta en grasas poliinsaturadas tienen menos recaídas, más fuerza y mayor esperanza de vida. Aunque todavía falta probar los efectos específicos de la dieta de Swank sobre la esclerosis múltiple, este plan de comidas es, por lo menos, balanceado y va de acuerdo con las recomendaciones actuales acerca de la reducción del consumo de grasas saturadas y colesterol, y no parece ofrecer ningún nuevo riesgo a los enfermos.

No sucede lo mismo con las dietas no probadas; por ejemplo, la dieta de alimentos crudos, las terapias de vitaminas y minerales y las dietas libres de alergenos, las cuales evitan ciertas sustancias basándose en la suposición de que la esclerosis múltiple puede ser el resultado de una reacción alérgica. Tales dietas podrían tener efectos nocivos, pues reducen el consumo de nutrimentos esenciales y aumentan el riesgo de un desequilibrio de nutrimentos como consecuencia de las megadosis de vitaminas.

MANEJO DE SÍNTOMAS

El papel principal de la alimentación en la esclerosis múltiple es el de permitir al paciente manejar los problemas comunes, como la fatiga, la incontinencia urinaria y el estreñimiento, y ayudar a evitar la exacerbación de otros síntomas. La fatiga crónica es uno de los síntomas más debilitantes de la esclerosis múltiple. Un desayuno nutritivo, bajo en grasas, y muchos carbohidratos complejos tales como las papas con cáscara al horno y el arroz integral en otras comidas, por ejemplo, ayudarán a mantener constantes los niveles de energía durante todo el día. Esto también ayuda a controlar el peso. El exceso de peso puede ser un grave problema, debido al mayor gasto de energía aunado a la enfermedad, especialmente si el enfermo depende de co-

midas de preparación rápida, que son bajas en nutrimentos, o si consume alimentos "comerciales" ya preparados, que generalmente contienen muchas grasas y azúcares.

El exceso de peso puede a la larga dificultar la movilidad y aumentar la carga de trabajo de los sistemas circulatorio y respiratorio, por lo que es importante controlar el consumo de energía mientras se asegura que la dieta está balanceada, con el fin de obtener un consumo adecuado de todos los nutrimentos.

ALCOHOL, INCONTINENCIA Y ESTREÑIMIENTO

Es posible beber alcohol, pero con moderación; sin embargo, algunos enfermos de esclerosis múltiple pueden experimentar exacerbación de los síntomas, como problemas de habla y de coordinación. Además, el alcohol inhibe el proceso de conversión de los ácidos grasos esenciales, aumenta el nivel de grasas saturadas en la sangre y reduce las reservas de valiosos nutrimentos en el organismo. El tabaquismo también agota los niveles sanguíneos de vitamina C y puede empeorar los síntomas de la enfermedad.

La esclerosis múltiple afecta a menudo las fibras nerviosas de la vejiga urinaria, lo que produce incontinencia. Esto puede afectar indirectamente el equilibrio de la dieta si los enfermos restringen severamente su consumo de líquidos, especialmente si reducen la ingestión de jugos de frutas y leche, ricos en vitaminas y minerales. La reducción del consumo de líquidos puede provocar resequedad de la boca, lo que a su vez puede ocasionar pérdida del apetito y dificultad para tragar. La incontinencia de larga duración, además, puede aumentar el riesgo de infecciones en las vías urinarias, tales como la CISTITIS.

La restricción de líquidos puede contribuir al problema del estreñi-

miento, especialmente cuando se combina con una disminución en la movilidad y cuando también el intestino se encuentra afectado. Mucha agua, al menos 1,7 litros al día, y alimentos ricos en fibra, tales como los cereales integrales, las verduras de hojas verdes cocidas y las frutas frescas, ayudan a evitar el estreñimiento.

Es importante recordar que la esclerosis múltiple afecta de diferente manera a cada individuo y que las crisis y las remisiones también son importantes para determinar los requerimientos nutricios del paciente. Las personas que sufren de esclerosis múltiple deben buscar la ayuda de un nutriólogo durante el curso de su enfermedad.

ESPÁRRAGOS

VENTAJAS
- *Rica fuente de folato*
- *Buena fuente de beta carotenos, vitamina C y vitamina E*
- *Efecto diurético y laxante suave*

DESVENTAJAS
- *Odorizan la orina*

Los espárragos tiernos, ya sea hervidos o cocidos al vapor, son un exquisito bocado con propiedades nutritivas y medicinales. Una porción de 100 gramos contiene tres cuartas partes del requerimiento diario normal de folato y una cuarta parte del de vitamina C, además de vitamina E y beta carotenos, que el cuerpo convierte en vitamina A.

Los espárragos, además, tienen efecto diurético y laxante suave. En la medicina tradicional, los espárragos han sido utilizados como tónico y sedante, y también para tratar la neuritis, el reumatismo y males tan diversos como la vista cansada y el dolor de muelas.

Los espárragos se deterioran rápidamente cuando están almacenados,

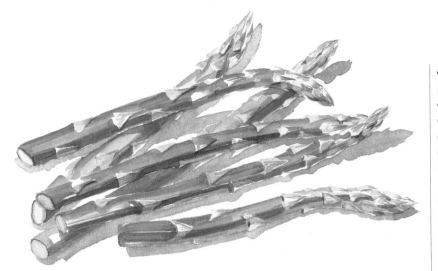

por lo que es recomendable comerlos frescos. Las personas que sufren de GOTA deben saber que los espárragos son de las pocas verduras ricas en purinas. El consumo elevado de éstas ha sido relacionado con la acumulación gradual de sales de ácido úrico en las articulaciones, lo que puede agravar este doloroso problema.

ESPECIAS

Vea pág. 174

ESPINA BÍFIDA

Antes de la concepción y en los tres primeros meses de embarazo, las mujeres deben

AUMENTAR
• *Colecitas de Bruselas y brócoli*
• *Extracto de levadura*
• *Legumbres*
• *Cereales para el desayuno y pan enriquecido con ácido fólico*
• *Arroz integral, germen de trigo y cebada*
• *Frutos secos y semillas*

EVITAR
• *Hígado*

Se estima que alrededor de 4.000 embarazos al año resultan afectados con defectos del tubo neural, y el más común es la espina bífida. Las mujeres

pueden reducir hasta en un 75% el riesgo de que sus hijos desarrollen espina bífida (un trastorno que ocurre dentro del útero y está presente al momento de nacer) tomando diariamente complementos de ácido fólico y consumiendo alimentos que contienen folato. (Se nombra folato y ácido fólico a una importante vitamina del complejo B, la que, junto con la vitamina B_{12}, forma las células sanguíneas.)

El periodo crítico en el que las mujeres deben asegurarse de consumir las cantidades suficientes de folato comienza justo antes de la concepción y se extiende durante los tres primeros meses de embarazo. Debido a que alrededor de la mitad de los embarazos comienzan sin que la mujer se dé cuenta, los expertos recomiendan que todas las mujeres en edad de concebir tomen 0,4 miligramo de ácido fólico al día para reducir el riesgo de tener un bebé con espina bífida.

El significado literal de espina bífida es "espina dividida". Este problema ocurre cuando la columna del bebé en desarrollo se forma erróneamente, lo que da como resultado una hendidura o grieta en la columna. La médula espinal y la columna vertebral son parte del tubo neural, el cual comienza a desarrollarse dos o tres semanas después de la concepción. Las razones por las que en ocasiones se desarrollan incorrectamente no se conocen con claridad, pero se cree que influyen factores

dietéticos, genéticos y ambientales. Muchos bebés nacidos con espina bífida también tienen hidrocefalia —agua en el cerebro— debido a anormalidades en la estructura física del cerebro, que evitan el drenado apropiado del líquido cefalorraquídeo. Hace 30 años, la mayoría de los bebés que nacían con defectos del tubo neural morían, pero en la actualidad los nuevos tratamientos médicos y quirúrgicos han aumentado su esperanza de vida.

Las mujeres que han tenido un hijo con defectos del tubo neural tienen 0,03% de probabilidades de tener otro igual. Estudios realizados por especialistas han revelado que el riesgo de tener un hijo con estos defectos se reduce de manera importante incluyendo en la dieta complementos de ácido fólico a partir del primer (de preferencia el tercer) mes previo a la concepción hasta la semana 12 de embarazo.

Las siguientes son buenas fuentes de folato: colecitas de Bruselas, brócoli, verduras de hoja verde, extracto de levadura, garbanzos, coliflor, lentejas, chícharos, arroz integral, frijol de soya, germen de trigo, salvado de trigo, frutos secos, endibias, semillas, cereales y pan enriquecidos con ácido fólico.

NO COMA HÍGADO
Anteriormente se pensaba que el hígado debía ser parte esencial de la dieta de la futura madre. Aunque el hígado contiene muchos nutrimentos valiosos, como folato y hierro, el consejo moderno es que las embarazadas no tomen complementos de vitamina A ni coman demasiado hígado, paté de hígado ni salchichas de hígado, ya que éste contiene grandes cantidades de vitamina A, la cual, además de la vitamina A de la dieta normal, puede producir una sobredosis y dañar al feto. El exceso de vitamina A se acumula debido a que es soluble en grasas y no es posible eliminarla a través de la orina, sino que se almacena en el hígado, principalmente.

GRAN VARIEDAD DE USOS *Las espinacas tiernas pueden comerse crudas o ligeramente cocidas. No olvide lavarlas muy bien para quitarles la tierra y desinfectarlas; elimine las hojas dañadas y los tallos duros.*

ESPINACAS

VENTAJAS
• *Fuente excelente de potasio, hierro y carotenos, y buena fuente de vitamina C, la cual puede ayudar a prevenir el cáncer*
• *Fuente útil de folato*

DESVENTAJAS
• *El ácido oxálico puede interferir con la absorción de calcio y hierro*
• *Puede agravar la formación de cálculos renales y biliares*

Al contrario de la creencia popular, las espinacas no son una buena fuente de hierro porque su contenido de ácido oxálico interfiere con la absorción del mineral. Sin embargo, sus hojas de color verde oscuro contienen una gran cantidad de otros nutrimentos valiosos. De hecho, se han realizado algunos estudios que sugieren que la espinaca es uno de los vegetales más potentes en la prevención del cáncer.

Las espinacas contienen altas concentraciones de carotenoides, incluyendo los beta carotenos. También es una rica fuente de luteína, un pigmento carotenoide que tiene efectos ANTIOXIDANTES. Algunos estudios sugieren que el consumo regular de verduras de hoja verde podría representar un factor de protección contra muchos tipos de cáncer.

Una investigación hecha en la escuela de medicina de Harvard, en 1994, demostró que una dieta rica en carotenos reducía el riesgo de degeneración macular asociada con la edad, una causa común de ceguera entre los ancianos. Este problema, causado por un deterioro del área central de la retina, se presentó con menor frecuencia en personas que consumían muchas verduras de hojas verdes.

Las espinacas también son buena fuente de folato, cuyo consumo se recomienda a las mujeres embarazadas para prevenir la presencia de espina bífida en su bebé.

La sabiduría de la medicina tradicional se muestra en algunos usos que ha tenido la espinaca durante mucho tiempo. Este vegetal ha sido recetado para tratar la hipertensión, así como la anemia y el estreñimiento; y como es una buena fuente de potasio, ahora los médicos la consideran un elemento de gran importancia en el control de la presión arterial.

¿EL MITO DE POPEYE?
Durante mucho tiempo se ha pensado que las espinacas son una excelente fuente de hierro; hace algunos decenios los niños eran obligados por sus padres

Espinacas para los soldados

Durante la Primera Guerra Mundial, de acuerdo con el relato de la señora Grieve en el libro *A Modern Herbal*, publicado en 1931, a los soldados franceses que habían perdido mucha sangre se les daba una mezcla de jugo de espinacas y vino, para tratar de ayudarlos a reponer sus fuerzas. Es posible que el remedio haya servido de algo, ya que las espinacas contienen hierro y folato, los cuales son importantes para la formación de la sangre.

a comer espinacas, pues creían que los harían crecer sanos y fuertes. Una de las principales influencias para que se tuviera esta imagen muy saludable de las espinacas fue el personaje de caricatura llamado Popeye, quien comía latas de espinacas para darles energía instantánea a sus músculos.

Esta creencia popular surgió de un simple error matemático cometido por un analista de alimentos cuando calculaba el contenido de hierro de las espinacas: un punto decimal colocado en el lugar equivocado llevó a muchas personas a creer que las espinacas tenían diez veces más hierro de lo que en realidad contenían. Sin embargo, las espinacas sí encabezan la lista de las verduras con un alto contenido de hierro, seguidas por las acelgas y las calabacitas.

Su organismo absorberá más del hierro que se encuentra en las espinacas si las acompaña con alimentos que contengan vitamina C, como frutas o tomates.

ESPINACAS CRUDAS

A muchas personas les desagradan el sabor fuerte y la textura de las espinacas cocidas. ¿Por qué no las prueba crudas, ya que se encuentran entre las más nutritivas de las verduras para ensalada? Es posible preparar una gran variedad de ensaladas sustituyendo la lechuga por hojas tiernas de espinacas. Una fresca ensalada hecha con espinacas crudas, tocino, aguacate y hongos rebanados es sólo un ejemplo. Simplemente recuerde lavarlas muy bien y desinfectarlas para evitar infecciones gastrointestinales.

DESVENTAJAS

Los beneficios de las espinacas para la nutrición son atenuados por su elevada concentración de ácido oxálico. Esta sustancia se combina con el hierro y el calcio que contienen y limita su absorción, la cantidad de hierro que puede ser absorbida se reduce considerablemente, y sólo una fracción del contenido de calcio de las espinacas puede ser utilizado por el organismo. Esto ha llevado a algunas personas a afirmar que generalmente el consumo de espinacas afecta la absorción de calcio, pero los estudios realizados demuestran que para que el ácido oxálico represente un problema debe consumirse en cantidades muy grandes. El consumo de espinacas y de otros alimentos que contienen cantidades significativas de ácido oxálico, como el ruibarbo, y que se toman junto con complementos de vitamina C, puede agravar la formación de cálculos renales y biliares de oxalato. Éstos surgen de la acumulación de oxalato en personas susceptibles. Las espinacas también pueden contener niveles elevados de nitrato (vea APIO).

ESQUIZOFRENIA

AUMENTE
- *Frutas y verduras frescas*
- *Verduras de hoja verde, frutas secas y frutos secos*

REDUZCA
- *Cafeína*

EVITE
- *Alcohol, el cual generalmente reacciona en forma peligrosa al ingerirse con medicamentos*
- *Alimentos a los que sea alérgico*

Aproximadamente el 1% de la población mundial (alrededor de 2,6 millones de estadounidenses) sufre de esquizofrenia. Los síntomas clásicos de la esquizofrenia son los cambios de personalidad, las alucinaciones y la paranoia.

Es posible heredar una susceptibilidad genética a padecer esta enfermedad. Las personas con esta debilitante enfermedad psiquiátrica también pueden sufrir trastornos del sueño y del apetito, además de depresión profunda.

La esquizofrenia aparece con mayor frecuencia en la adolescencia o durante los primeros años de la vida adulta, y si bien una correcta medicación es importante, el cuidado de la dieta también puede ayudar.

Los esquizofrénicos tienen a menudo bajos niveles de glucosa en la sangre o HIPOGLUCEMIA. Para combatir este problema, la dieta debe contener muchas frutas y verduras frescas, y alimentos ricos en carbohidratos, consumidos con regularidad. Según sea el tipo de medicamento usado, tal vez será necesario administrar complementos de vitaminas y minerales.

Se ha observado que algunas personas que desarrollan esquizofrenia habían tenido problemas de aprendizaje durante la infancia o habían sido niños hiperactivos, y es posible que varios de sus problemas sean causados por algún tipo de alergia. Se dice que las dietas sin gluten y sin leche alivian los síntomas de algunos esquizofrénicos crónicos. Un menor consumo de leche, sin embargo, puede reducir la cantidad de calcio. Cuando se adopta una dieta sin leche, es necesario compensar la falta de calcio comiendo productos que lo

Continúa en la página 176

LAS ESPECIAS: SABOR DE ORIENTE

Los fragantes aromas de las especias exóticas han sido apreciados desde el inicio de la civilización. Actualmente, las especias y las semillas se siguen valorando por sus propiedades culinarias y medicinales.

De colores y sabores distintivos, las especias estimulan el apetito y nos ayudan a disfrutar más la comida. Usadas en cantidades pequeñas, tienen poco valor alimentario. Pero, con sus sabores intensos y característicos, pueden ser una alternativa saludable de la sal en la dieta.

Las especias, como el laurel, los clavos y la pimienta, han sido utilizadas desde hace mucho tiempo para mejorar el sabor de los alimentos en conserva, así como para hacer más apetitosas las comidas insípidas. No obstante, algunas contienen compuestos que pueden causar reacciones adversas en las personas susceptibles.

REMEDIOS DE ESPECIAS

Las personas que practican la medicina alternativa han atribuido beneficios saludables específicos a ciertas especias. Aunque la mayor parte de sus afirmaciones no están respaldadas por estudios científicos, muchos de los remedios se han utilizado con buenos resultados durante cientos de años.

Anís estrella. Alivia la flatulencia. En Oriente, creen que la fruta cura el cólico.

Azafrán. Es una de las especias más costosas y se utiliza para el tratamiento de una variedad de padecimientos. Se dice que alivia el dolor menstrual, los problemas de la menopausia, la depresión, la diarrea crónica y el dolor neurálgico.

Canela. Se usa para la indigestión, la flatulencia y la diarrea. Actúa también como descongestionante nasal.

Cardamomo. Alivia la indigestión y endulza el aliento cuando se mastica. Se cree que ayuda también a controlar el vómito, los eructos y la regurgitación ácida.

Clavos. El aceite se ha utilizado desde hace tiempo para calmar el dolor de muelas.

Cúrcuma. En la medicina alternativa, se considera que esta especia es un tónico para el hígado, que ayuda a calmar la inflamación y que alivia los problemas digestivos. La cúrcuma mejora la circulación y tiene también una acción antibacteriana.

Chiles. Se sabe que son útiles para retirar la mucosidad de las vías respiratorias.

Enebrina. Debido a que la enebrina tiene propiedades antisépticas, se ha utilizado para tratar las infecciones del aparato urinario, como la cistitis. Irrita el riñón y, por este motivo, no debe usarse si existe infección renal u otra enfermedad del riñón. No se debe tomar enebrina durante el embarazo, ya que puede ocasionar que el útero se contraiga, lo que puede producir un aborto espontáneo.

Jengibre. Ayuda a la digestión y es un remedio popular para la náusea, en especial cuando se viaja, y para las náuseas del embarazo. Mejora la circulación. En la medicina naturista se utiliza también para proteger contra las infecciones respiratorias y digestivas, y para calmar la flatulencia y los dolores agudos. Puede masticarse para aliviar el dolor de muelas.

El té caliente de jengibre, si se toma al sentir los primeros síntomas de un resfriado o de la gripe, es una bebida reconfortante y puede ayudar a limpiar la nariz congestionada. Estimula el hígado para que retire las toxinas del torrente sanguíneo. Se prepara con una cucharadita de jengibre recién rallado, el jugo de medio limón, una cucharadita de miel y agua hirviendo.

Nuez moscada y macis. Dos especias de la misma planta (el macis es la delicada corteza que cubre la nuez). Ambas contienen miristicina, una sustancia que puede provocar alucinaciones y somnolencia. Aunque son tóxicas en grandes cantidades, pueden aliviar las náuseas, el vómito, la flatulencia y la diarrea cuando se toman con moderación.

Pimienta de Cayena. Se asegura que esta especia actúa como tónico para el aparato digestivo y para el sistema circulatorio. Puede utilizarse también para tratar la indigestión.

Pimienta inglesa. Se cree que ayuda a la digestión.

Pimienta negra. Estimula la digestión, al parecer mitiga la flatulencia, alivia el estreñimiento y mejora la circulación.

Semillas de alcaravea. Se dice que alivian la flatulencia, el cólico y la bronquitis. Estimulan el apetito y pueden utilizarse para aliviar el dolor menstrual.

Semillas de cilantro. Ayudan a estimular el aparato digestivo. El cilantro se usa en la medicina alternativa en el tratamiento de la diarrea y la cistitis, así como para las infecciones del tracto urinario.

Semillas de comino. Su aroma fuerte y el sabor ligeramente amargo la convierten en un componente popular de los *curries*.

Semillas de mostaza. Las negras son más picantes que las blancas. Se dice que si se vierte agua caliente sobre las semillas molidas y se usa para un baño de pies, se corta la gripe y se alivia el dolor de cabeza.

ESPECIAS SEDANTES *Es una opinión errónea considerar que una dieta condimentada causa las úlceras gástricas. En realidad, la investigación reciente sugiere que la culpable es más bien una bacteria. En la medicina herbolaria, las especias como el cardamomo y el jengibre se utilizan para ayudar a la digestión.*

Clavos

Nuez moscada y macis

Cardamomo

Canela

Enebrina

Semillas de comino

Semillas de alcaravea

Anís estrella

Semillas de cilantro

Jengibre

Semillas de mostaza

Azafrán

contengan: verduras de hoja verde, legumbres, camarones secos, charales secos y sardinas enlatadas completas con sus espinas, por ejemplo. Además, hay que reducir el consumo de cafeína (presente en el café, el té negro, las bebidas gaseosas de cola y el chocolate), la cual aumenta la excreción de calcio a través de los riñones. El trigo y otros alimentos que contienen gluten pueden ser reemplazados con productos de papa y cereales como maíz, mijo y arroz. Evite el alcohol, ya que por lo general reacciona peligrosamente con los medicamentos. Los esquizofrénicos sólo presentan sintomatología continua en casos excepcionales y la mayoría de ellos tienen periodos de aparente normalidad. Esto ha llevado a pensar a algunos especialistas que, tal vez, los síntomas psiquiátricos son producidos por el metabolismo anormal de algunos alimentos, lo que afecta la química de todo el organismo, incluyendo el cerebro.

Aunque la esquizofrenia no puede ser controlada solamente con la dieta, una alimentación balanceada que proporcione los nutrimentos esenciales y elimine los posibles alergenos, combinada con el régimen médico apropiado, puede ofrecer un alivio real.

ESTREÑIMIENTO

AUMENTE

• *Agua, frutas con cáscara, verduras de hoja verde, cereales integrales y pan integral, por su fibra insoluble*

REDUZCA

• *Carbohidratos refinados*

Una dieta baja en frutas, verduras y cereales integrales, aunada a la falta de actividad física, ha hecho del estreñimiento un problema común en Occidente. El estreñimiento puede tener serias complicaciones a largo plazo; los movimientos intestinales regulares son indicativos de un intestino sano y reducen el riesgo de enfermedades del intestino grueso, especialmente el cáncer de colon.

Aunque los movimientos intestinales regulares son esenciales para la salud, muchas personas suponen erróneamente que una acción intestinal diaria es necesaria y que menos que eso es estreñimiento. De hecho, un intestino completamente normal puede evacuar desde tres veces al día hasta una vez cada dos días.

Existen dos tipos de estreñimiento. El estreñimiento atópico se debe a la falta de tonicidad muscular. Ocurre cuando la dieta es baja en líquidos y FIBRA o como resultado de una actividad física insuficiente. El estreñimiento espástico se caracteriza por movimientos intestinales irregulares. Puede ser causado por trastornos nerviosos, tabaquismo excesivo, alimentos irritantes u obstrucción del intestino grueso.

Una dieta rica en alimentos refinados y baja en carbohidratos complejos (como pan integral y legumbres), frutas y verduras será deficiente en fibra. Ésta y algunas formas de almidón se fermentan en el intestino grueso y constituyen el bolo que ayuda a estimular a los músculos del colon para que los alimentos digeridos puedan ser empujados a través del intestino. Los compuestos que se encuentran en algunos alimentos, como el café, el ruibarbo y las ciruelas pasas, tienen el mismo efecto.

Si se combina una dieta baja en fibra con un bajo consumo de líquidos —usted debe beber por lo menos 1,7 litros al día—, el bolo denso de los ali-

La revolución del salvado en perspectiva

En 1972, un médico británico, el Dr. Dennis Burkitt, comenzó a difundir su teoría de que el estreñimiento, causado por falta de fibra en la dieta, era una causa de diverticulitis —una forma de inflamación del intestino grueso— e incluso conducía al cáncer de colon. Casi al mismo tiempo, el cirujano T.L. Cleave sugirió que las dietas bajas en fibra de los marineros ocasionaban estreñimiento —uno de los principales problemas de salud en la Real Armada Británica— y esto podía constituir un problema precursor de várices y hemorroides.

Como resultado de toda la publicidad, el salvado se hizo muy popular y para el decenio de 1980 se había vuelto casi una obsesión para muchas personas. Desafortunadamente, el exceso de salvado puede causar problemas, como inflamación abdominal y flatulencia. Además, el salvado contiene ácido fítico que inhibe la absorción de ciertos minerales, especialmente hierro, al punto de que el consumo excesivo de salvado puede producir anemia.

Las mujeres con riesgo de osteoporosis deben tener cuidado de no comer demasiado salvado, ya que éste puede impedir la absorción de calcio. Según estudios recientes realizados en Inglaterra, más de la mitad de los pacientes con síndrome de colon irritable se sintieron peor después de comer salvado.

El salvado de trigo es fibra insoluble. Este tipo de fibra también se encuentra en la cáscara de frutas y verduras. Pero el salvado de avena, al igual que la pectina de frutas y verduras, es una fibra soluble, un tipo de fibra que reduce los niveles de colesterol en la sangre.

mentos digeridos se deshidrata dentro del colon, lo que lo hace más seco y duro, y por tanto más difícil de mover a través del intestino. Esto ocasiona un incremento en la presión del intestino y molestias. Cuanto más tiempo pasen los alimentos digeridos en el colon, más agua se reabsorbe de ellos, más duras se hacen las heces y resulta más difícil expulsarlas.

La actividad física regular ayuda a estimular los movimientos intestinales, en tanto que permanecer sentado por mucho tiempo puede causar estreñimiento. El estreñimiento puede ser causado por malos hábitos para ir al baño, como no defecar cuando surge la necesidad. El uso excesivo de laxantes también puede interferir con el funcionamiento adecuado del colon, el cual se vuelve dependiente de ellos. Los laxantes deben usarse con la menor frecuencia posible.

RECETA PARA EL ALIVIO

Existen dos tipos de fibra: soluble, que ayuda a regular los niveles de glucosa y colesterol en la sangre, e insoluble, la cual ayuda a prevenir el estreñimiento actuando como un agente formador de bolo en el intestino. Es mejor comer alimentos ricos en fibra por naturaleza que alimentos enriquecidos con fibra. Evite los efectos colaterales del aumento repentino de la cantidad de fibra en la dieta, aumentándola gradualmente. Comience por aumentar su consumo de líquidos, sobre todo en climas calurosos. Si usted está acostumbrado a comer solamente pan blanco, reemplace la mitad por pan integral y consuma avena preparada con leche o muesli en las mañanas.

Añada 2 cucharaditas de SALVADO a un vaso pequeño de yogur o bien al cereal que desayuna en las mañanas; aumente a 3 cucharaditas en la segunda semana, y para entonces ya podrá reemplazar el resto del pan blanco por pan integral. Al principio puede haber algunas molestias, tales como inflamación intestinal y flatulencia, especialmente después de agregar 100 gramos de fruta seca, un poco más de fruta fresca diaria a su dieta, verduras cocidas y ensaladas.

La cantidad óptima de fibra varía de una persona a otra, y usted debe tratar de determinar la cantidad que su organismo necesita. De cualquier modo, no utilice solamente el salvado para obtener la fibra que necesita: puede tener efectos negativos si se consume por periodos prolongados. Consulte a su médico si el estreñimiento se prolonga por mucho tiempo o si hay dolor abdominal.

DEMASIADO DE ALGO BUENO

En 1990, la revista *Journal of the American Medical Association* publicó el artículo de un hombre que, por recomendación de su médico, comía un tazón de salvado todas las mañanas para aliviar su estreñimiento. Diez días después tuvo que someterse a una cirugía mayor para remover un tapón de salvado que había bloqueado por completo el intestino. El paciente había estado tomando diuréticos y no bebía suficientes líquidos. Este episodio poco común es un ejemplo de los peligros de comer demasiado salvado y de la importancia de tomar una cantidad adecuada de líquidos.

ESTRÉS

Vea pág. 178

ETIQUETAS DE ALIMENTOS

La mayoría de los alimentos llevan ahora etiquetas detalladas que no sólo incluyen los nutrimentos más importantes sino que pueden utilizarse para planear una dieta balanceada que se puede coordinar con la pirámide alimentaria (vea pág. 136).

De acuerdo con una nueva ley que entró en vigor en mayo de 1994, todos los alimentos en paquete que se venden en Estados Unidos deben llevar etiquetas de nutrición con un formato estándar. Si bien la carne, las aves, el pescado y las frutas y verduras frescas están exentas de llevar estas etiquetas, muchos productores en forma voluntaria están etiquetando sus productos. En consecuencia, los consumidores ahora gozan de una información más detallada.

En la parte superior de la nueva etiqueta, el consumidor encontrará datos acerca del tamaño de la ración, cuantas raciones hay en el paquete y las calorías por ración. Se han establecido raciones estándar para cada tipo de alimento, sin importar la marca. Esta información es particularmente importante para las personas que controlan su peso o para las que tienen necesidades especiales.

Las nuevas etiquetas también simplifican el contenido de nutrientes de un alimento, pues incluyen la cantidad de gramos que contienen cinco categorías principales: la cantidad total de grasa y grasas saturadas, colesterol, sodio, carbohidratos, incluyen los azúcares y la fibra, y la proteínas. Al contrario de las prácticas anteriores, las nuevas etiquetas no proporcionan la ración dietética recomendada (RDA) para cada nutrimento; en cambio, anotan el porcentaje del valor diario.

En un tipo de letra más pequeño, la etiqueta puede incluir las vitaminas y minerales principales, junto con el porcentaje de los valores diarios de cada uno (vea la etiqueta). De esta manera, los consumidores no tendrán que recordar la raciones diarias recomendadas de grasa, carbohidratos, proteínas y fibras, pues en la etiqueta se anotan las cantidades recomendadas en dietas de 2.000 y 2.500 calorías diarias.

Continúa en la página 182

EL ESTRÉS: UNA ENFERMEDAD DE LA VIDA MODERNA

Vivimos en un mundo agitado, con poco tiempo para liberar la tensión. La dieta, el ejercicio y la relajación pueden ayudar a que el estrés no gobierne nuestras vidas ni arruine nuestra salud.

La nutrición adecuada es un aliado poderoso cuando se trata de manejar el estrés. Trabajos de investigación indican que los periodos prolongados de tensión cotidiana pueden afectar el sistema inmunológico y ocasionar mayor incidencia de enfermedades leves, como los resfriados y la tos.

Algunos nutrimentos se asimilan con mayor rapidez cuando se está bajo tensión: el organismo necesita vitaminas adicionales del complejo B para mantener un sistema nervioso central sano, y la vitamina C y el cinc para prevenir infecciones. Puede satisfacer con facilidad estos requerimientos si come suficientes alimentos de los anotados en la "despensa antiestrés" (vea pág. 180).

ALIMENTOS QUE TRANQUILIZAN *Se dice que alimentos como los de la ilustración ayudan a combatir el estrés: pacanas, nueces, filete, grosella negra, brócoli, ejotes, papas, pan integral, agua, huevos, naranjas y melón.*

Puede incrementar los niveles de energía y reducir la fatiga ocasionada por el estrés si come poco y con frecuencia (al menos cada tres horas), basándose en los carbohidratos complejos contenidos en el pan integral, las pastas, el arroz y las papas. Reserve un momento de tranquilidad para la hora de la comida, de tal manera que pueda comer despacio, relajarse y disfrutar los alimentos, sin importar si está muy ocupado durante el resto del día. Si ingiere cantidades excesivas de té negro y de café puede estimular la sensación de ansiedad, en lugar de calmarla.

Algunos recurren al alcohol y al tabaco durante los periodos de estrés; pero esto impide el acceso a nutrimentos importantes. Aunque el efecto del alcohol a corto plazo produce una sensación de bienestar, a largo plazo puede originar depresión.

LUCHAR O HUIR

El organismo reacciona ante el estrés con una respuesta de "luchar o huir", que nos remonta a nuestros inicios primitivos, cuando una reacción rápida era necesaria para sobrevivir.

Este instinto de reaccionar al momento ante una amenaza o desafío no es apropiado en la actualidad, ya que las reglas del comportamiento social aceptable hacen imposible elegir entre "luchar" o "huir". Con frecuencia, las personas tienen que sonreír y tolerar. Si le es posible, es mejor que libere de inmediato parte de la tensión. Puede caminar con rapidez o hablar de sus problemas con un amigo.

Durante la respuesta "luchar o huir", la hormona del estrés, la adrenalina, eleva la presión arterial, lo que produce la sensación familiar de palpitaciones. Al mismo tiempo, el flujo de sangre hacia el aparato digestivo se reduce, para poder dirigir un abastecimiento mayor hacia los músculos, lo que produce la sensación de vacío en el estómago. La adrenalina estimula también la liberación de ácidos grasos y de glucosa en el torrente sanguíneo para abastecer de energía a los músculos. Cuando está bajo tensión durante periodos prolongados, el riesgo de padecer un ataque cerebrovascular o algún padecimiento del corazón es mayor, porque aumentan los niveles de grasas y colesterol en la sangre, y las plaquetas sanguíneas participan con mayor facilidad en la formación de coágulos (debido a que su "viscosidad" aumentó). El ejercicio físico ayudará a disminuir la grasa del torrente sanguíneo.

LOS DIFERENTES SIGNOS DEL ESTRÉS

El estrés afecta a la persona en su totalidad (el organismo, la mente, las emociones y la conducta) y puede ocasionar una gran variedad de síntomas. Entre los más comunes se pueden mencionar el dolor en la nuca, los dolores de cabeza, la lumbalgia, el rechinamiento de dientes, la sensación de tener "un nudo en la garganta", la risa aguda o nerviosa, el temblor, los escalofríos, el parpadeo excesivo y otros tics nerviosos. El estrés puede causar también síntomas y trastornos más graves, como la hipertensión, la migraña y los problemas digestivos, inclu-

yendo la gastritis y el síndrome de colon irritable.

Otros síntomas incluyen el pulso acelerado, la taquicardia, la hiperventilación, el sudor, la resequedad en la garganta y la boca, así como dificultad para tragar. El insomnio es bastante común y pueden presentarse también mareos, fatiga y falta de fuerza. Además, el estrés puede producir un aumento de la secreción de ácidos en el estómago, lo que puede llegar a ocasionar úlceras.

Las manifestaciones del estrés no se limitan a los síntomas físicos: puede tener también problemas en la concentración, ansiedad vaga o temor sin motivo aparente, así como periodos de irritabilidad seguidos por la depresión y la apatía o la indiferencia.

UN PUNTO DE VISTA POSITIVO EN RELACIÓN CON EL ESTRÉS

No puede pasar la vida tratando de evitar el estrés y no debe intentarlo. El estrés es un elemento normal y natural en la vida y muchas personas disfrutan al utilizar su estrés para sobreponerse a los desafíos físicos, intelectuales y sociales. El actuar de esta manera lo ayuda a conservarse sano, activo, positivo y

---

Un caso real

*M*artín, un médico general de 40 años, atendía a 2.400 pacientes. En años recientes desarrolló el hábito de empezar a trabajar más temprano por la mañana y más horas por la noche. Para mantenerse alerta bebía café negro fuerte. Su esposa no estaba de acuerdo con esto, pues cuando él llegaba a casa siempre se mostraba irritable, cansado y sus tres hijos apenas lo veían. Además, trabajaba como voluntario en un hospicio local y pasaba ahí mucho de su tiempo libre.

A pesar de que Martín dedicaba cada vez más tiempo a la cirugía, descubrió que en realidad no llevaba a cabo más trabajo. Mientras más cansado se sentía, más tiempo tardaba en desempeñar tareas rutinarias, y esto lo hacía sentirse frustrado y más tenso. Por fortuna, reconoció los síntomas del estrés y siguió el consejo que durante años dio a sus pacientes. Comprendió que necesitaba hacer ejercicio con regularidad y se inscribió en un club deportivo local. Con el ejercicio se sintió físicamente agotado, pero mentalmente fresco.

El paso siguiente fue no beber café. La cafeína lo mantenía muy despierto, incluso cuando deseaba dor-

mir. Estaba atrapado en el círculo vicioso de beber demasiado café, no descansar, sentirse cansado y beber café de nuevo. Una vez que rompió el círculo, pudo dormir profundamente cuando lo necesitaba, lo que le dio energía para enfrentar el siguiente día.

Martín disminuyó el tiempo que pasa en la sala de operaciones y descubrió que su vigor renovado significa que es más eficiente. Todavía colabora en el hospicio y tiene mucha más energía. Tal vez el mayor beneficio es que puede pasar más tiempo con sus hijos y con su esposa.

179

joven, siempre que también sepa cómo relajarse.

TIEMPO PARA RELAJARSE

Es importante equilibrar los momentos de estrés con periodos de relajación. Realice alguna actividad que aparte su mente de los problemas: jardinería, caminar, practicar algún deporte, meditar o escuchar música suave.

Al aprender a enfrentar cada nuevo desafío cuando se presenta y al saber cómo apartarse antes de que la fatiga y la frustración lo dominen, puede utilizar el estrés para motivarse y hacer que la vida le resulte mucho más interesante y satisfactoria.

DESPENSA ANTIESTRÉS

Asegúrese de incluir algunos de los alimentos siguientes en su dieta cuando esté bajo tensión, ya que los nutrimentos vitales se asimilan con mayor rapidez.

Vitaminas del complejo B, para utilizar energía y para mantener un sistema nervioso sano. Se encuentran en alimentos como las verduras de hoja verde, las papas, las frutas frescas, el germen de trigo, los cereales integrales (como el arroz integral), los huevos, los productos lácteos, el extracto de levadura, los mariscos, la carne magra, el hígado, los riñones, las aves, las legumbres (los chícharos, los frijoles y las lentejas), los frutos secos, las semillas y las frutas secas.

Vitamina C, para ayudar al organismo a prevenir o a resistir las infecciones y para la cicatrización de las heridas. Se encuentra en la fruta fresca, en especial en los cítricos, en los jugos de fruta y en las verduras frescas.

Cinc, para resistir infecciones y para la cicatrización de las heridas. Se encuentra en el hígado, en la carne roja, en las yemas de huevo, en los productos lácteos, en los cereales integrales y en los mariscos (principalmente en los ostiones y en otros moluscos).

Carbohidratos complejos, para aumentar la energía y calmar la mente. Se encuentran en el pan, en el arroz, en las legumbres, en la avena, en las pastas y en las papas. Estos alimentos proporcionan un flujo continuo de energía al organismo y tienen también un efecto calmante en el cerebro para el sistema nervioso, cuando se ingieren en cantidades adecuadas a las necesidades de cada persona.

¿SE SIENTE ESTRESADO?

Con frecuencia resulta difícil tener un punto de vista objetivo respecto a nosotros mismos, para saber cuán estresados estamos. Sin embargo, algunas señales comunes del estrés son fáciles de distinguir.

• ¿Con frecuencia se siente a punto de llorar?
• ¿Se irrita con facilidad y grita a las personas a su alrededor, en la casa y en el trabajo?
• ¿Ha disminuido su potencia sexual?
• ¿Duerme mal?
• ¿Se siente inquieto, se muerde las uñas o juguetea con el cabello?
• ¿Cada día se le dificulta más concentrarse y le resulta imposible tomar decisiones?
• ¿Se le dificulta cada vez más hablar con la gente?
• ¿Come cuando no tiene hambre o se salta comidas?
• ¿Se siente cansado la mayor parte del tiempo?
• ¿Piensa que ha perdido el sentido del humor?
• ¿Sospecha de los demás?
• ¿Fuma o bebe más para ayudarse en los días más difíciles?
• ¿Cree que no puede salir adelante?
Si respondió afirmativamente a más de cuatro preguntas, necesita adoptar algunas medidas antiestrés, como hacer ejercicio, comer bien, hablar de sus problemas, tomar vacaciones con regularidad y practicar alguna técnica de relajación, por ejemplo.

LISTA DE SITUACIONES QUE DESENCADENAN EL ESTRÉS

El estrés puede ser ocasionado por cambios importantes en la vida, incluso los cambios agradables. Las respuestas individuales varían, pero es posible que algunos eventos y cambios causen más estrés que otros. Aquí se clasifican de acuerdo con la intensidad de estrés que es posible que produzcan.

Lo que produce más estrés
La muerte del cónyuge
El divorcio o la separación
Una sentencia de prisión
La muerte de un familiar cercano
Una lesión o una enfermedad
La boda
La pérdida del empleo

Lo que produce bastante estrés
La jubilación
Una enfermedad grave de algún miembro de la familia
El embarazo
Los problemas sexuales
Un nuevo miembro en la familia
Los problemas económicos
La muerte de un amigo íntimo

Lo que produce un estrés moderado
Las discusiones familiares
Una hipoteca cuantiosa
La acción legal por una deuda
Las nuevas responsabilidades
El hecho de que un hijo inicie o termine la escuela
El hecho de que un hijo o una hija se vaya de la casa
Los problemas con el jefe

Lo que produce menos estrés
Cambios en las condiciones en el trabajo
Cambio de escuelas
Las vacaciones
Las violaciones menores a la ley
Una hipoteca o préstamo pequeños
La Navidad

los acontecimientos malos en la vida causan estrés, sino también las ocasiones felices. El estrés se presenta siempre que aparece un cambio importante en nuestras vidas. Sin embargo, si puede cultivar una actitud positiva hacia el estrés, podrá lograr que sea una ayuda en lugar de permitir que arruine su vida.

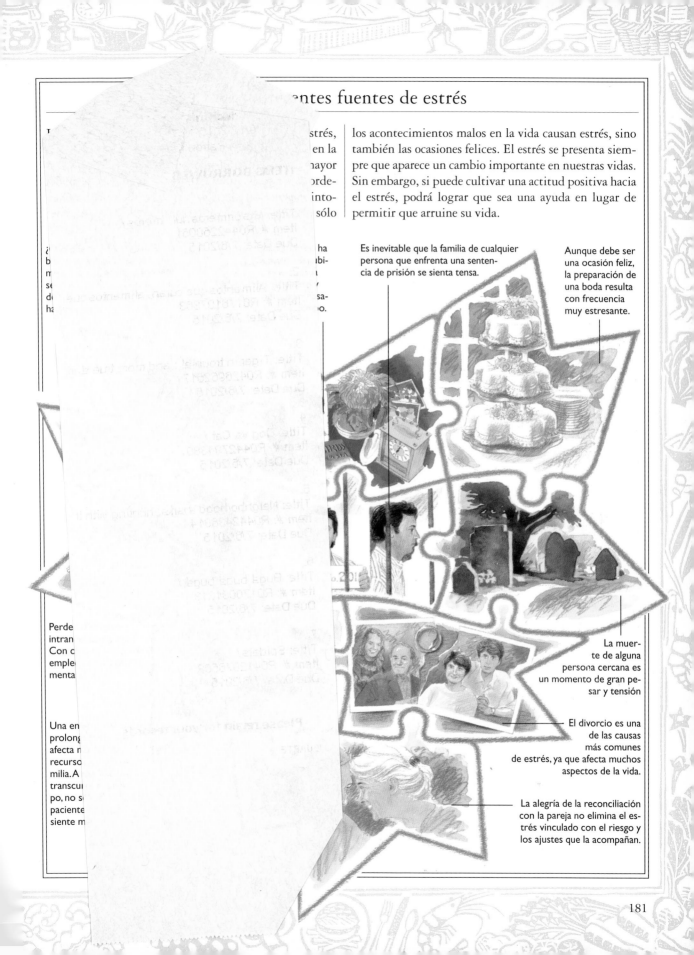

Es inevitable que la familia de cualquier persona que enfrenta una sentencia de prisión se sienta tensa.

Aunque debe ser una ocasión feliz, la preparación de una boda resulta con frecuencia muy estresante.

La muerte de alguna persona cercana es un momento de gran pesar y tensión

El divorcio es una de las causas más comunes de estrés, ya que afecta muchos aspectos de la vida.

La alegría de la reconciliación con la pareja no elimina el estrés vinculado con el riesgo y los ajustes que la acompañan.

CÓMO USAR LAS ETIQUETAS

Las nuevas etiquetas se han diseñado para facilitar a la mayoría de las personas la manera de conseguir sus metas dietarias, sumando los porcentajes en lugar de calcular los gramos o las RDA. Por ejemplo, si su meta es limitar las grasas al 30% de su consumo diario de calorías, lo único que tendrá que hacer es seleccionar solamente los alimentos en que, según la etiqueta, el porcentaje de calorías proveniente de grasas es menor que el 30%, o si un alimento que usted quiere tiene más grasa del límite, equilíbrelo con otros alimentos que tengan menos.

Tamaño de la porción ¿Es su porción del mismo tamaño al indicado en la etiqueta? Si usted come una porción del doble del tamaño mencionado, necesita también duplicar los valores nutritivos y calóricos.

Calorías ¿Está usted por encima de su peso? Disminuya un poco las calorías. Use como guía el número de calorías en cada porción. Seleccione alimentos bajos en calorías y en grasa.

Grasa total Demasiada grasa puede contribuir a las enfermedades del corazón y al cáncer. Trate de limitar las calorías de la grasa (calories from fat).

Grasa saturada Esta grasa es parte de la grasa total de los alimentos. Su consumo eleva el nivel de colesterol en la sangre y los riesgos de enfermedades del corazón.

Colesterol Demasiado colesterol puede ocasionar enfermedades del corazón. No consuma más de 300 mg al día.

Sodio Usted la llama "sal"; la etiqueta la llama "sodio". Consuma entre 2.400 a 3.000 mg al día.

Total de carbohidratos Cuando usted disminuye su consumo de grasa, puede comer más carbohidratos, que se encuentran en el pan, las papas, las frutas y las verduras.

Fibra dietética Las frutas, las verduras, los cereales integrales y las legumbres son buenas fuentes de fibra y pueden ayudarle a reducir el riesgo de enfermedades del corazón y del cáncer.

Proteínas La mayoría de las personas consume más proteínas de las que necesita. Donde hay proteína animal también hay grasa y colesterol. Consuma porciones pequeñas de carne magra, pescado y aves, y pruebe proteínas vegetales, como las de las legumbres.

Nutrition Facts

Serving Size	1/2 cup (114g)
Serving Per Container	4

Amount Per Serving

Calories 90	Calories from fat 30

% Daily Value*

Total Fat 3g	**5%**
Satured Fat 0g	0%
Cholesterol 0mg	**0%**
Sodium 300mg	**13%**
Total Carbohydrate 13g	**4%**
Dietary Fiber 3g	12%
Sugars 3g	12%
Protein 3g	

Vitamin A	80%	* Vitamin C	60%
Calcium	4%	* Iron	4%

* Percent Daily Values are based on a 2.000 calorie diet. Your daily values may be higher or lower depending on your valories needs:

		Calories	2.000	2.500
Total Fat	Less than		65g	80g
Sat Fat	Less than		20g	25g
Cholesterol	Less than		300mg	300mg
Sodium	Less than		2.400mg	2.400mg
Total Carbohydrate			300g	375g
Fiber			25g	30g

Calories per gram:
Fat 9   •   Carbohydrate 4   •   Protein 4

Vitaminas y minerales Su meta diaria es del 100% de cada uno. Usted puede lograrla consumiendo una amplia variedad de alimentos.

Valor diario Los valores diarios se indican para personas que consumen 2.000 o 2.500 calorías diarias.

EXTRACTO DE MALTA Y LECHES MALTEADAS

VENTAJAS
• *Buena fuente de fósforo y de magnesio*
• *Las leches malteadas contienen calcio y vitamina B_2 (riboflavina), y son una fuente útil de vitamina B_{12}*
• *Ayudan a inducir el sueño*

DESVENTAJA
• *Tienen un alto contenido de azúcar*

Los enfermos y los convalecientes pueden beneficiarse de las bebidas de leche preparadas con malta. La malta es un polvo dulce hecho de granos de cebada germinados durante una semana. Cuando se disuelve en leche caliente, la malta se convierte en un líquido de fácil digestión que proporciona energía (calorías), necesaria para aquellos pacientes que han perdido el apetito o que por alguna razón no pueden comer grandes cantidades de alimentos.

Las leches malteadas proporcionan cantidades apreciables de vitamina B_{12}, vitamina B_2 (riboflavina) y calcio. Ayudan a inducir el sueño si se toman antes de acostarse. Sin embargo, son ricas en azúcar y, por tanto, pueden contribuir al deterioro de las piezas dentales; también hay variedades bajas en azúcar, aunque con menos energía.

El extracto de malta contiene fósforo, necesario para los huesos, y magnesio, que desempeña un papel importante en la función nerviosa y muscular. El extracto de malta se prepara mezclando el polvo de malta con agua; esta mezcla se calienta y se deja evaporar para obtener un jarabe dulce de color café oscuro. Anteriormente se utilizaba como un tónico fortificante y se les daba a los niños a cucharadas, particularmente después de alguna enfermedad; en la actualidad se usa para endulzar y dar sabor a los alimentos.

FATIGA

AUMENTE

- *Alimentos ricos en hierro, como la carne roja magra*
- *Alimentos ricos en cinc, como los mariscos*
- *Verduras de hoja verde, para obtener folato*
- *Carbohidratos complejos, como la pasta*
- *Carne, pescado y huevos, para obtener vitamina B$_{12}$*

REDUZCA

- *Azúcar, pasteles, galletas y dulces*
- *Cafeína, presente en el té negro, café y bebidas de cola*
- *Alcohol*

La fatiga y el cansancio son síntomas comunes que tienen muchas causas. Pueden ser consecuencia de la enfermedad, la tensión o la falta de sueño. Una de las causas más comunes de la fatiga es la ANEMIA, que es el resultado de una menor capacidad para enviar oxígeno a los tejidos. Con frecuencia es consecuencia de una enfermedad crónica, pero puede deberse también a una dieta inadecuada.

La forma más común de anemia que afecta a las mujeres es ocasionada por deficiencia de hierro, como resultado de una dieta inadecuada, de pérdida de sangre o de una enfermedad. La fuente principal de hierro en la dieta es la carne, en especial el hígado; otras fuentes para los vegetarianos y los vegan (radicales) incluyen los frijoles, las lentejas, las verduras de hoja verde, los frutos secos, el germen de trigo y las semillas de girasol. Sin embargo, algunas personas que padecen anemia, principalmente las mujeres, con frecuencia necesitan complementos de hierro y no nada más fuentes alimentarias de hierro.

Otros dos nutrimentos, la vitamina B$_{12}$ y el folato, son también necesarios para la formación de sangre. El folato se encuentra en los cereales integrales, el hígado, las verduras de hoja verde y los frutos secos. La vitamina B$_{12}$ se encuentra en la carne, el pescado, los huevos y los productos lácteos, por lo que puede faltar en las dietas vegetarianas y en las vegan. Algunos estudios indican que la vitamina B$_{12}$ inyectada puede disminuir el cansancio.

Las dietas con alto contenido de carbohidratos refinados o bajas en energía (calorías), hierro o cinc, también pueden producir fatiga.

El azúcar refinado y los almidones que se digieren de inmediato (que se encuentran en los caramelos, las galletas, los pasteles y las pastas) le proporcionan un flujo repentino de energía, porque se incorporan de inmediato al torrente sanguíneo. En las personas susceptibles, los niveles de glucosa en la sangre bajan media hora después, lo que produce una sensación de cansancio. Los periodos prolongados entre comidas pueden también ocasionar niveles bajos de glucosa en la sangre, por lo que debe tratar de comer con regularidad refrigerios saludables, como la fruta fresca o un paquete de cacahuates o pasitas.

Puede ayudar a mantener equilibrados los niveles de glucosa en la sangre si disminuye el consumo de azúcar refinado y adopta el hábito de comer poco y con frecuencia (entre 4 y 6 comidas ligeras al día). Los carbohidratos complejos, como el pan preparado con harina integral, los productos de ave-

Nutrimentos para la fatiga

- Alimentos que contengan carbohidratos de almidón, como las pastas, para mejorar la vitalidad.
- Folato, para la formación de los glóbulos rojos. Se encuentra en el hígado, la carne, las verduras verdes y los frutos secos.
- Vitamina B$_{12}$, para un sistema nervioso sano y para la formación de glóbulos rojos.
- Hierro, para ayudar a prevenir la anemia, tomado junto con la vitamina C, que ayuda a que el cuerpo lo absorba.
- Cinc, para el metabolismo de la energía.

na y las legumbres cocinadas, proporcionan una liberación de energía mucho más lenta y más estable. Las personas que siguen una dieta intensa no ingieren suficientes calorías para mantener las funciones normales de su organismo y tenderán a carecer de energía. No se aconseja seguir una dieta intensa; es mejor bajar de peso lentamente y con seguridad (aproximadamente entre 0,5 y 1 kilogramo a la semana), disminuyendo el consumo de grasa. Un gramo de grasa contiene el doble de energía (calorías) que un gramo de proteína o de carbohidratos. Para perder peso sin fatiga, reemplace los alimentos grasosos por carbohidratos tales como las frutas, el pan, las pastas y los alimentos que contienen avena.

El cinc es esencial para muchas de las enzimas del organismo, por lo que es vital para el metabolismo que produce energía. Las fuentes recomendables son la carne roja y los mariscos, en especial los ostiones.

Aunque el alcohol puede parecer una buena opción después de un día difícil, produce fatiga y, por ende, hace que usted se sienta peor y no mejor.

ESTIMULANTES

La cafeína, presente en el té negro, el café y las bebidas de cola, proporciona alivio de la fatiga a corto plazo, pero una cantidad excesiva (más de 6 tazas al día) puede ocasionarle cansancio.

OTRAS CAUSAS

Las causas implícitas de la fatiga prolongada pueden variar desde las enfermedades físicas, como la MONONUCLEOSIS INFECCIOSA y la ENCEFALOMIELITIS MIÁLGICA, hasta los padecimientos psicológicos, como el estrés (vea pág. 178) y la DEPRESIÓN. Una falta de tensión o de estimulación puede también producir fatiga.

La falta de ejercicio es otra causa posible de la fatiga. Esto se debe a que al hacer ejercicio con regularidad aumenta la capacidad de almacenamiento de oxígeno de los músculos y se estimula el sistema inmunológico. Es posible que sea lo último que desee hacer cuando se siente cansado, pero el ejercicio lo deja con una sensación de vitalidad. (Vea también pág. 160.)

FIBRA

VENTAJAS

- *Ayuda a prevenir el estreñimiento*
- *Puede proteger contra enfermedades del intestino grueso, incluyendo el cáncer*
- *Ayuda a disminuir el colesterol en la sangre*

DESVENTAJAS

- *Demasiada fibra puede producir flatulencia y otros problemas digestivos*
- *Una dieta con alto contenido de fibra puede reducir el consumo de energía (calorías)*
- *Puede disminuir la absorción de calcio*

Todos los alimentos de origen vegetal y sus productos contienen fibra (como la celulosa, las pectinas y las gomas que forman las paredes de sus célu-

las), que no se digiere, pero que desempeña varios papeles importantes en el ciclo alimentario del organismo. Los efectos de la fibra se conocen desde los tiempos bíblicos, aunque sólo recientemente se comprendió plenamente su importancia en la prevención de las enfermedades y para mantener la salud.

Algunos investigadores sugieren que una deficiencia de fibra en las dietas occidentales puede contribuir a enfermedades tan propagadas como la

diabetes mellitus, los padecimientos coronarios y los problemas digestivos, incluido el cáncer.

Se estima que la dieta típica estadounidense proporciona unos 12 gramos de fibra al día. Esta cifra esta por debajo de la que los especialistas recomiendan y que es un consumo diario de entre 20 y 35 gramos; pero no recomiendan que se ingieran dosis grandes de salvado o complementos de fibra una vez al día.

La fibra en los alimentos cotidianos

A pesar de que la fibra tiene poco o ningún valor nutritivo, forma un eslabón esencial en la cadena digestiva del cuerpo. Tanto la fibra soluble como la insoluble son importantes. Algunos alimentos de origen vegetal proporcionan ambas clases de fibra; por ejemplo, la cáscara de la manzana es celulosa insoluble, mientras que la pulpa de esa misma fruta es una fuente excelente de fibra soluble, la pectina.

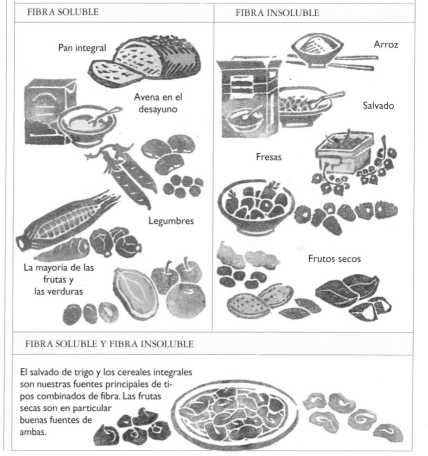

FIBRA SOLUBLE

Pan integral

Avena en el desayuno

Legumbres

La mayoría de las frutas y las verduras

FIBRA INSOLUBLE

Arroz

Salvado

Fresas

Frutos secos

FIBRA SOLUBLE Y FIBRA INSOLUBLE

El salvado de trigo y los cereales integrales son nuestras fuentes principales de tipos combinados de fibra. Las frutas secas son en particular buenas fuentes de ambas.

FUENTES DE FIBRA EN LA DIETA

Nuestras principales fuentes de fibra son los cereales integrales, las verduras, las frutas, las legumbres, los frutos secos y las semillas. La mayor parte de la fibra de los cereales se encuentra en las capas externas de los granos, las cuales se retiran durante el proceso de refinamiento. Por este motivo, los productos integrales, como el arroz integral, la pasta y el pan de trigo integral, ofrecen las mejores fuentes de fibra.

Hay dos tipos principales de fibra en la dieta: la soluble y la insoluble. Aunque la mayoría de los alimentos de origen vegetal proporcionan los dos tipos de fibra, el salvado de avena y las legumbres son en particular buenas fuentes de fibra soluble, y el trigo, el maíz y el arroz son fuentes excelentes de fibra insoluble. Debido a su capacidad para retener el agua y para actuar como una esponja en el estómago y en el intestino, los dos tipos de fibra aumentan el volumen de las evacuaciones, ablandan las heces y facilitan su expulsión.

La fibra puede ayudar a prevenir el ESTREÑIMIENTO, ya que aumenta el volumen de las evacuaciones, acelera el paso de los residuos de alimentos a través del intestino grueso, mantiene en buen estado los intestinos y reduce el riesgo de enfermedades intestinales. Si come una rebanada adicional de pan integral al día, proporcionará 2 gramos extra de fibra.

LA FUNCIÓN EN LA SALUD

Aunque la fibra no se digiere, alimenta a las bacterias del intestino grueso y la fermentación subsecuente produce ácidos grasos volátiles (de cadena corta y que se absorben con facilidad), que la pared intestinal utiliza como una fuente de energía. Puede también ayudar a prevenir la formación de carcinógenos. La fibra soluble ayuda a reducir los niveles de colesterol en la sangre, porque puede mezclarse con

El pan integral comparado con el pan blanco: 2.000 años de debate

Los historiadores médicos aseguran que la Biblia proporciona el primer dato escrito sobre los beneficios aparentes de una dieta con alto contenido de fibra y cita el hecho de que después de comer verduras y beber sólo agua durante diez días, Daniel y sus compañeros estaban más sanos que otros jóvenes que comieron alimentos apetitosos y que bebieron vino en la mesa del rey.

La discusión acerca de los méritos comparativos del pan integral y del pan blanco parece haber durado ya más de 2.000 años. En las pasadas civilizaciones, como en la Grecia antigua, los panes preparados con harina blanca eran vistos como un símbolo de riqueza y de nivel social. Sin embargo, Hipócrates (conocido como el Padre de la Medicina) aconsejaba a sus patronos ricos y a sus pacientes que imitaran a sus sirvientes y comieran pan integral "debido a su efecto saludable en el intestino". Hace casi 1.000 años, el médico persa Hakim sugería a sus pacientes que comieran sólo chapatis de trigo integral, el pan ázimo local.

el colesterol en la bilis (el líquido que secreta el hígado y que ayuda a digerir las grasas en el intestino delgado). Parte del colesterol puede expulsarse junto con la fibra al defecar, en lugar de ser reabsorbido.

En el intestino delgado, la fibra soluble disminuye también la absorción de glucosa en el torrente sanguíneo y evita así un aumento repentino de su nivel de glucosa en la sangre, lo que resulta benéfico en especial para las personas diabéticas.

El nivel de minerales, como el calcio y el hierro, que absorbe el organismo puede reducirse cuando se combinan con algunas formas de fibra insoluble y no procesada, en especial el SALVADO de trigo y el arroz integral, que contienen ácido fítico. Demasiada fibra en la dieta puede impedir que los niños obtengan suficiente calcio y las mujeres pueden dejar de absorber el hierro necesario. Sin embargo, a no ser que el consumo de fibra sea mucho mayor que el recomendado (35 gramos al día), es poco probable que interfiera con el abastecimiento de minerales del organismo. Los trastornos digestivos son un resultado común de comer demasiada fibra de una fuente alimenticia, como el salvado. Si consume fibra de diversos alimentos, ayudará a prevenir la aparición de cualquier efecto adverso potencial.

FIBROSIS QUÍSTICA

AUMENTE

- *Alimentos ricos en proteínas, como la carne, las aves, el pescado y los huevos*
- *Grasas, inclusive los productos lácteos, los aceites y el pescado rico en ácidos grasos*
- *Carbohidratos simples, como los alimentos azucarados y los dulces, y los carbohidratos complejos, como el pan, las papas y las pastas*

EVITE

- *Productos con bajo contenido de energía (calorías) o de grasa*

La combinación de una dieta con alto contenido de proteínas y que proporcione mucha energía, los medicamentos, la fisioterapia y el ejercicio, puede permitir a las personas que padecen fibrosis quística tener una mejor calidad de vida. No existe cura para esta enfermedad; sin embargo, la dieta adecuada es vital para ayudar a quienes la padecen a mantenerse suficientemente bien para impedir más infecciones y otros trastornos asociados con dicha enfermedad.

Este padecimiento hereditario que aflige a unos 30.000 niños y adultos jóvenes en Estados Unidos, afecta las glándulas que producen mucosidad, sudor, enzimas y otras secreciones. En Estados Unidos, se estima que alrededor de 12 millones de personas son portadoras de este gen. No obstante, los niños desarrollarán la enfermedad únicamente si ambos padres son portadores de este defecto genético. Si éste es el caso, existe 1 probabilidad en 4 de tener un bebé con fibrosis quística (hereda el gen defectuoso de cada padre); hay 1 probabilidad entre 2 de tener un bebé totalmente sano, pero portador (hereda el gen defectuoso de un padre y un gen normal del otro); y existe 1 probabilidad

COMA LA MAYOR CANTIDAD POSIBLE DE *postres cremosos, leches malteadas, aderezos de mayonesa y alimentos fritos, que proporcionan abundante energía, grasa y proteínas.*

en 4 de tener un bebé normal (hereda genes normales de los dos padres). A la mayoría de las personas que padecen esta enfermedad se les diagnostica antes de cumplir dos años de edad.

La fibrosis quística requiere mucha energía del organismo, y los bebés y los niños que la padecen tienen un apetito voraz, porque les es difícil comer y absorber los nutrimentos. La enfermedad ocasiona un mal funcionamiento de las glándulas que producen una mucosidad delgada normal en los pulmones y en el páncreas, de lo cual resulta la formación de una mucosidad gruesa y pegajosa en los pulmones. Esto puede ocasionar vómito, infecciones respiratorias y, a la larga, una reducción grave de la eficiencia de los pulmones. Todo esto aumenta la necesidad de los nutrimentos que se obtienen de la dieta.

La mucosidad se forma también en el páncreas y bloquea los conductos que permiten que las enzimas se desplacen al intestino, donde son

necesarias para digerir la comida. Como resultado, los alimentos, especialmente la grasa y las proteínas, no se digieren ni se absorben en forma adecuada, lo que ocasiona diarrea y deficiencias de las vitaminas esenciales solubles en grasa: A, D, E y K. Alrededor del 85% de las personas con fibrosis quística padecen lo que se conoce como insuficiencia pancreática, por lo que necesitan tomar enzimas pancreáticas en forma de cápsulas para ayudarse a digerir los alimentos (junto con complementos de vitaminas y minerales).

Es también vital una dieta que proporcione mucha energía (calorías), grasa, carbohidratos simples y complejos, proteínas, sal y agua (necesaria debido a la diarrea y al vómito). Una dieta con alto contenido de fibra y poca grasa, que normalmente se acepta como "saludable", no es adecuada, ya que produce la sensación de estar saciado mucho antes que se haya satisfecho una demanda alimentaria mayor. En los adultos que padecen fibrosis quística, este tipo de dieta puede ocasionar una baja de peso. En los niños, puede impedir que el aumento de peso sea el adecuado y originar un mal desarrollo.

La energía y las proteínas son los factores más importantes en la dieta diaria normal de las personas que padecen fibrosis quística, en especial si presentan infecciones respiratorias frecuentes o si pierden mucha grasa en las evacuaciones. Nadie puede decir con precisión cuán mayores son las necesidades de energía de las personas que padecen esta enfermedad, puesto que varían de un individuo a otro. Una persona puede necesitar tan sólo un 5% más que el requerimiento de un adulto normal, mientras que otra puede requerir dos

Alto contenido de energía y de proteínas

Todos los alimentos que habitualmente se les indica a las personas que coman con moderación se incluyen en la lista de los alimentos "recomendados" para quienes padecen fibrosis quística:

• Carne, pescado, queso, legumbres o frutos secos en cada comida, incluyendo el desayuno.
• Mantequilla, margarina, aceites, papas fritas, carnes grasosas.
• Azúcar, miel, jalea, chocolate, pasteles, dulces, bebidas gaseosas.
• Hasta un litro de leche entera al día. Puede enriquecerse añadiendo leche en polvo deshidratada.
• Cereales en el desayuno, arroz, papas, pastas y pan. Añada leche, crema o mantequilla para aumentar el consumo de calorías.
• La fruta y las verduras proporcionan vitaminas esenciales, pero no deben comerse en lugar de alimentos que proporcionan mucha energía. Añada azúcar, crema y mantequilla para aumentar la energía.

o tres veces más. En el pasado resultaba casi imposible que se pudieran satisfacer estas demandas de calorías debido a la incapacidad del organismo de digerir y absorber las grasas y las proteínas; sin embargo, las preparaciones de enzimas han ayudado a resolver este problema.

Obtener suficiente grasa y proteínas de los productos lácteos, los aceites y la carne es mucho más importante que cualquier preocupación respecto al colesterol en la sangre. El pescado, como el salmón, la macarela y las sardinas, es buena fuente de proteínas, grasa y ácidos grasos esenciales. Otros alimentos grasos adecuados incluyen las salchichas, el helado, los pasteles, la crema, los frutos secos, el chocolate y las

papas fritas. Debe añadirse mantequilla o margarina a las verduras para aumentar la cuenta de calorías, y los alimentos deben freírse para lograr un contenido adicional de grasa.

Si la DIABETES no es una complicación (puede presentarse a medida que se desarrolla la enfermedad, debido al daño que sufre el páncreas), los alimentos que contienen azúcar, los dulces y las bebidas dulces deben formar parte de la dieta, porque se absorben con facilidad y proporcionan suficiente energía. Las comidas deben complementarse durante el día con refrigerios ricos en energía y, de preferencia, contener también proteínas.

La sal es también una parte esencial de la dieta. La fibrosis quística afecta las glándulas sudoríparas y las parótidas, lo que ocasiona que secreten cantidades anormales de sodio en la transpiración, las lágrimas y la saliva, en especial en clima cálido y cuando se hace ejercicio durante periodos prolongados. Pero por lo general no es necesario agregar sal a la comida.

Es posible que las personas con fibrosis quística se conviertan en vegetarianas o en vegan, pero puede ser difícil lograr el equilibrio adecuado en el consumo de proteínas y energía (calorías). Debe consultar siempre a un nutriólogo o a un médico antes de hacer algún cambio en su dieta.

FIEBRE

AUMENTE
• *Líquidos, en especial jugos de fruta*
• *Comidas ligeras, poco abundantes y frecuentes*

La temperatura normal del cuerpo humano es de 36,6°C; es más baja por la mañana y se eleva por la noche. Pocas personas tienen una temperatura "normal" 0,6°C por arriba o por abajo del promedio. Se dice que una persona tie-

Alimente la fiebre, no el resfriado

Un acceso de fiebre puede dejar el cuerpo exhausto y con deficiencias de vitaminas y otros nutrimentos. Por lo tanto, no existe una base médica para el dicho: "Alimente el resfriado y mate de hambre a la fiebre." De cualquier manera, si su temperatura se eleva, necesita más energía (calorías) que las normales. En realidad, su ritmo metabólico se eleva 7% por cada 1°C que aumente la temperatura de su organismo por arriba de lo normal.

El problema es que la fiebre por lo general contribuye al poco apetito, por lo que un paciente con fiebre debe beber líquidos en abundancia, como jugos de fruta diluidos y, si no padece diarrea o vómito, debe comer alimentos ligeros y nutritivos. Puede sentirse tentado a comer refrigerios nutritivos, como sopas preparadas en casa, natillas o plátanos.

ne fiebre si su temperatura se eleva más de lo que es normal para ella. La fiebre es síntoma de un problema implícito, por lo general, una señal de que el organismo lucha contra una infección. Con frecuencia la acompañan otros síntomas, como el sudor, los escalofríos, la sed, la piel enrojecida, la náusea, el dolor y la diarrea.

El sudor es la respuesta del organismo ante una temperatura elevada y produce una pérdida de líquido. Por lo tanto, es importante beber al menos 1,7 litros de líquido al día, para evitar la deshidratación. Si una persona que tiene fiebre no tiene sed, puede resultar más fácil para ella beber regularmente volúmenes pequeños: un vaso de 200 mililitros de jugo de fruta diluido con un volumen igual de agua, con intervalos de una hora, es una buena manera de reemplazar los líquidos perdidos.

Además de perder líquidos, el organismo quema energía con rapidez cuando hay fiebre. Sin embargo, las personas que tienen fiebre con frecuencia pierden el apetito, por lo que puede resultar difícil persuadirlas para que coman; mas cuando tienen diarrea o vomitan, es mejor que no coman, para dar al intestino la oportunidad de recuperarse.

La temperatura de los niños puede elevarse con rapidez; no obstante, una temperatura alta (más de 38,9°C) no refleja necesariamente la gravedad del mal. Los médicos tratan las enfermedades, no la temperatura elevada, y los padres preocupados por la enfermedad de su hijo buscan por supuesto consejo médico. Puede bajar la fiebre de un niño con paracetamol y humedeciendo sus extremidades con una esponja empapada en agua tibia.

En los adultos, si persiste la fiebre durante más de tres días o si la acompañan otros síntomas, como un dolor fuerte, rigidez en el cuello, fobia a la luz o una erupción de color púrpura, deben consultar al médico.

FIEBRE DEL HENO

AUMENTE
• *Grosella negra y frutas cítricas*

Por desgracia, la nutrición no juega un papel importante en el tratamiento de la fiebre del heno, una alergia de temporada que se caracteriza por ataques de estornudos, nariz congestionada o que gotea, cosquilleo en el paladar e irritación y comezón en los ojos. Por lo general, los síntomas son una respuesta extrema al polen en el aire. La ambrosía es uno de los causantes más comunes, pero el polen de los árboles,

la hierba y las flores pueden ocasionar síntomas en personas susceptibles.

Esta alergia puede controlarse de varias maneras. Permanecer en un edificio con aire acondicionado durante los periodos máximos de polen puede ayudar a evitar el alergeno, aunque no siempre es práctico. Los medicamentos que se venden sin receta médica o los recetados por el médico pueden ayudar a reducir o a eliminar los síntomas. También son efectivas las inyecciones que desensibilizan en los casos más graves, cuando los síntomas incluyen un jadeo similar al asma.

Para aliviar la congestión, también puede ser útil comer alimentos que tengan una acción antiinflamatoria natural y ricos en vitamina C, como la grosella negra y las frutas cítricas.

Algunos naturistas creen que si se consume a diario una cucharada de miel, producida en la localidad, durante los tres meses anteriores a la temporada de polen, la gente puede aclimatarse al polen local y así aliviar la fiebre del heno. Sin embargo, el polen responsable de la fiebre del heno proviene generalmente de la hierba o de los árboles y no es habitual que lo recolecten las abejas para producir miel.

FLATULENCIA

AUMENTE
• *Yogur natural, casero*
• *Hierbas que se sabe que ayudan a la digestión*
• *Tés de hierbabuena y de hinojo*

REDUZCA
• *Legumbres, como los chícharos, los frijoles y las lentejas*
• *Colecitas de Bruselas, col y alcachofas*

Los gases excesivos o flatulencia producen una inflamación incómoda que sólo puede aliviarse eructando los gases o expulsándolos por el ano. Todos

padecemos gases en algún grado u otro, puesto que es el resultado natural de las bacterias intestinales que actúan sobre los carbohidratos y las proteínas no digeridos. Sin embargo, ocasionalmente, los gases excesivos pueden ser un síntoma de otra enfermedad, como un estreñimiento crónico, una úlcera estomacal o la enfermedad de Crohn. El hecho de tragar demasiado aire mientras se come puede también causar flatulencia.

Algunas personas son más susceptibles que otras a los gases. Evitar comidas pesadas, comer con lentitud y beber despacio los líquidos, en especial las bebidas gaseosas, ayudará a disminuir la flatulencia. Otra medida útil es añadir hierbas o especias (el toronjil, el romero, la salvia, el tomillo, la ajedrea de verano, la alcaravea y las semillas de hinojo) que ayuden a digerir alimentos tales como las colecitas de Bruselas, las legumbres y la col que habitualmente producen gases.

Con excepción de las lentejas y los chícharos secos, que no necesitan remojarse, si remoja en agua las LEGUMBRES secas durante varias horas o durante toda la noche, antes de cocinarlas en suficiente agua fresca, ayudará a reducir los polisacáridos o carbohidratos no digeribles que son responsables de producir gases.

El uso de alimentos con alto contenido de fibra, como el SALVADO, para tratar el estreñimiento y otros problemas digestivos ocasiona con frecuencia un aumento importante de gases. Por lo tanto, es buena idea aumentar el consumo de fibra introduciendo de manera gradual alimentos con alto contenido de fibra. A medida que el aparato digestivo se adapte al consumo mayor, este incómodo efecto secundario debe desaparecer.

Una ración de yogur natural todos los días puede ayudar a mantener los niveles de bacterias vitales para la digestión. Aun las personas que presentan intolerancia a la lactosa, en quienes la leche y los productos lácteos por lo general producen flatulencia, pueden digerir el yogur natural. El té de menta o de hinojo después de una comida se ha utilizado desde hace mucho tiempo como una ayuda digestiva, mientras que el té de hierbabuena relaja los músculos del colon, lo que ayuda a aliviar la molestia del exceso de gases.

FLOR DE CALABAZA

VENTAJAS
- *Rica en calcio y fósforo*
- *Tiene propiedades diuréticas*

La calabaza es una planta anual trepadora o rastrera, de la familia de las cucurbitáceas; se pueden aprovechar los frutos tiernos y los maduros, las semillas y las flores; se cultiva en la regiones tropicales y templadas del país. Originaria de América, ahora se cultiva en todo el mundo. El explorador español Francisco Hernández describe las flores como "amarillo rojizas con forma de grandes cálices oblongos". Por su parte, Fray Bernardino de Sahagún indica: "cómenlas también cocidas; son muy amarillas, son espinosas, móndanlas para cocer, quitando el hollejuelo de encima". Flores masculinas y femeninas crecen en la misma planta. Cada 100 gramos de flor aportan 47 gramos de calcio, 86 miligramos de fósforo y 67 microgramos de retinol.

Cómo preparar una sopa de flor de calabaza

Se sofríen en una cacerola 1 cebolla picada, 2 tomates pelados y desmenuzados y unas 30 flores de calabaza, lavadas y cortadas gruesas; se cuecen a fuego lento durante 15 minutos. Se agregan 4 tazas de caldo de pollo y se sazona con sal y pimienta. Aparte, con un cuarto de kilo de masa de maíz y sal, se hacen unas bolitas que se incorporan a la sopa. Se espera a que se cuezan las bolitas y se sirve bien caliente.

FRACTURAS

AUMENTE
- *Productos lácteos, frutos secos y legumbres, buenas fuentes de calcio*
- *Pescado rico en ácidos grasos esenciales, para obtener vitamina D*

EVITE
- *Productos de salvado, pan sin levadura y arroz integral*

Cualquier persona que haya sufrido una fractura puede facilitar el proceso de curación si come alimentos que ayuden a reconstruir los huesos. Para que el calcio se deposite en la estructura ósea, el organismo necesita un abastecimiento adecuado de vitamina D, así como de calcio. Por este motivo, es importante beber en abundancia leche, comer queso, yogur, frutos secos y legumbres, porque contienen calcio, y pescado, por su vitamina D.

Incluso los atletas que tienen una condición física adecuada pueden fracturarse los huesos, aunque son menos probables las lesiones graves cuando un tejido muscular bien desarrollado protege los huesos y las articulaciones. Las fracturas son más comunes en las personas mayores, que tienden a caerse con mayor frecuencia. Incluso los accidentes menores, que uno no esperaría que causaran un daño grave, pueden producir fracturas en las personas cuyos huesos están débiles y frágiles. Esta fragilidad ocurre con más frecuencia en las mujeres posmenopáusicas, cuyos huesos se han debilitado por la OSTEOPOROSIS. Cualquier persona que padezca OSTEOMALACIA estará también propensa a las fracturas.

Es sensato evitar en la dieta las principales fuentes de ácido fítico, como el salvado y el arroz integral, debido a que inhiben la absorción de calcio. Además, puede ser conveniente evitar los alimentos que contengan ácido oxálico, como el ruibarbo y las espinacas, porque los oxalatos inhiben también la absorción de este mineral.

El hecho de comer alimentos ricos en calcio (como la leche y otros productos lácteos, las verduras de hoja verde y las sardinas enlatadas con raspa y espinas) durante la niñez y la adolescencia, puede ayudar a prevenir que los huesos se tornen quebradizos al envejecer. Sin embargo, la debilidad de los huesos puede ser el resultado de otras enfermedades o del tratamiento con fármacos, a largo plazo.

FRAMBUESAS

VENTAJAS
- *Rica fuente de vitamina C*
- *El té de hojas de frambuesa puede utilizarse para tratar los problemas digestivos ligeros. Si lo bebe ya avanzado el embarazo, se dice que puede ayudar a reducir la duración de los dolores del parto.*

Como una fuente rica de vitamina C, las frambuesas son deliciosas y nutritivas. La vitamina C es necesaria para mantener la salud de la piel, los huesos y los dientes, para ayudar al organismo a absorber el hierro de los alimentos y para acelerar el proceso de curación del organismo. Como ANTIOXIDANTE, la vitamina C puede reducir el riesgo de desarrollar ciertos tipos de cáncer.

Las frambuesas contienen también vitamina E, folato y fibra. Sin embargo, una vez que son enlatadas en almíbar, sus beneficios nutritivos disminuyen considerablemente.

Entre los naturistas, se cree ampliamente que el jugo de las frambuesas limpia y desintoxica el aparato digestivo, y que mitiga las enfermedades infantiles y la cistitis, además de que se utiliza como un remedio refrescante para la fiebre. Se cree también que son útiles en el tratamiento de la diarrea, la indigestión y el reumatismo. El vinagre de frambuesa se utiliza para hacer gárgaras a fin de aliviar la garganta irritada y puede añadirse a mezclas para la tos. Para preparar este vinagre, remoje 1/2 kilogramo de frambuesas en 1 litro de vinagre de vino, durante dos semanas, antes de colar el jugo.

TÉ DE HOJAS DE FRAMBUESA

Durante siglos, el té de hojas de frambuesa se ha utilizado como un tónico general para el aparato reproductor femenino. Tiene la reputación de fortalecer y tonificar los músculos de la matriz y de ayudar a las contracciones durante el parto. Si lo bebe con regularidad en los últimos tres meses del embarazo, puede disminuir el riesgo de una hemorragia grave durante el parto y reducir también la duración de los dolores de parto e, incluso, facilitarlo. Pero no hay que beber grandes cantidades durante las primeras etapas del embarazo, pues podría iniciar las contracciones en algunas mujeres y producir tal vez un aborto.

El té de hojas de frambuesa puede tener un ligero efecto de alivio en los dolores menstruales si se toma varios días antes de que se inicie la menstruación. También es adecuado para tratar algunos síntomas digestivos ligeros, incluyendo la dispepsia, la diarrea y el estreñimiento, y es ideal para los bebés y los niños. Debido a su ligera acción astringente, también puede utilizarse como enjuague bucal.

FRESAS

VENTAJA

- *Fuente excelente de vitamina C*

DESVENTAJAS

- *Pueden producir reacciones alérgicas*
- *Es posible que las semillas sean un irritante para las personas con enfermedades del intestino*

Uno de los alimentos favoritos del verano, las fresas contienen niveles más altos de vitamina C que cualquier otra baya, y una ración de 100 gramos contiene únicamente 27 calorías.

Si come fresas o cualquier otro alimento con un alto contenido de vitamina C después de comer verduras ricas en hierro, ayudará a mejorar la absorción de hierro en el intestino. Esta combinación es especialmente útil para las personas cuyas dietas no contienen mucha carne.

En la medicina tradicional, las fresas se han utilizado desde hace mucho tiempo para limpiar y purificar el aparato digestivo; se dice que actúan como un tónico ligero para el hígado y que tienen propiedades antibacterianas.

REACCIONES ALÉRGICAS

Algunas personas tienen una reacción alérgica a las fresas y desarrollan una erupción que causa la comezón conocida como urticaria. Esta erupción es resultado de un exceso de producción

Folclor herbolario

A través de los años, a las fresas se les han acreditado muchas propiedades curativas. Se creía que eliminaban los cálculos renales y que aliviaban también la artritis, la gota y el reumatismo. En 1653, el libro *English Physician and Herbal* de Culpeper aseguraba que con las fresas se preparaba "un agua excelente para los ojos inflamados y para retirar una película o piel que empezaba a formarse sobre ellos".

En *A Modern Herbal*, de la señora Grieve, publicado en 1931, se discuten los beneficios cosméticos de las fresas. El libro dice que "el jugo dejado en los dientes durante cinco minutos quita la decoloración" y que una fresa cortada, "frotada sobre el rostro, inmediatamente después de lavarlo, blanqueará la piel y aliviará una quemadura de sol ligera".

de histamina por el organismo, que parece ser desencadenada por una sustancia en la fruta. Se sugiere que es más probable que se presente una reacción alérgica cuando la fruta no ha madurado en la planta.

Las fresas tienen un alto contenido de los compuestos conocidos como salicilatos y deben evitarlas las personas que presenten intolerancia a la aspirina, la cual se prepara con una sustancia similar llamada ácido salicílico. Las personas con trastornos intestinales, como la colitis, deben evitar esta fruta, porque las semillas pueden causar irritación. Las fresas también contienen ácido oxálico, el cual puede empeorar los cálculos renales y de la vejiga en personas susceptibles.

CANASTAS CON FRESAS *En Estados Unidos se cultivan más de 70 variedades.*

LAS FRUTAS: UNA IMPORTANTE FUENTE DE VITAMINAS

A pesar de que la mayoría de las frutas son dulces, tienden a tener un contenido bajo de energía. Algunas son una buena fuente de fibra y contienen diversos micronutrimentos, en especial vitaminas C y A.

Un motivo por el que la tan vanagloriada dieta mediterránea se considera excelente para prevenir enfermedades del corazón es porque incluye mucha fruta fresca. La Organización Mundial de la Salud recomienda que todas las personas deben tratar de comer por lo menos cinco raciones de frutas o verduras diferentes diariamente.

Una ración de fruta fresca cuenta como una sola fruta, por ejemplo, una manzana o una naranja; una taza de fruta chica, como las uvas o las frambuesas, o un vaso de jugo de fruta puro. Puede incluir fruta deshidratada, enlatada y congelada como parte de su ración; sin embargo, a la fruta enlatada frecuentemente la endulzan con almíbar y contiene menos vitamina C. Siempre que sea posible, compre fruta fresca o aquella que esté enlatada en su propio jugo, sin azúcar añadido.

La fruta del tipo de los cítricos es una fuente valiosa de ANTIOXIDANTES, como los bioflavinoides y la vitamina C, que se ha demostrado que pueden ayudar a proteger contra las enfermedades cronicodegenerativas, incluyendo el cáncer y los padecimientos cardiovasculares (infartos e hipertensión arterial). Debido a que la fruta tiene un contenido bajo de energía, es un alimento excelente para cualquier persona que trate de bajar de peso.

LOS NUTRIMENTOS Y LA FIBRA

La fruta fresca y los jugos proporcionan la mayor parte de nuestro consumo diario de vitamina C y la fuente más importante son los cítricos (naranjas, limones, toronjas, limas y mandarinas). Otras frutas que proporcionan suficiente vitamina C incluyen el kiwi, las fresas, las frambuesas, las ciruelas, la grosella negra, los mangos, las papayas y las guayabas.

Las frutas con pulpa de color naranja o amarillo oscuro, como los duraznos, los chabacanos, los mangos y los melones chinos, obtienen su color de unos pigmentos amarillonaranja llamados beta carotenos, la forma vegetal de la vitamina A. Otros pigmentos tipo carotenos, como el licopeno, se encuentran en la fruta roja y se cree que junto con los beta carotenos protegen contra la formación de los RADICALES LIBRES y posiblemente contra el desarrollo de algún tipo de cáncer. La fruta también es rica en potasio, en especial los plátanos, las naranjas, las guayabas y las frutas secas. El potasio ayuda a regular la presión arterial y funciona con el sodio para controlar el equilibrio de líquidos del organismo.

Otro motivo por el que la fruta es tan importante para la dieta es que contiene fibra soluble y fibra insoluble. La fibra insoluble ayuda a prevenir el estreñimiento y se asocia con un riesgo reducido de desarrollar cáncer de colon, mientras que la fibra soluble puede ayudar a disminuir los niveles de colesterol de la sangre. La fruta cítrica y las frutas secas, como los higos, los dátiles, los chabacanos y las pasitas, son buenas fuentes de fibra.

COCTEL DE FRUTA *Además de proporcionar vitaminas y minerales, la fruta contiene carbohidratos. Puede elegir entre una gran variedad.*

PLAGUICIDAS

Como los árboles frutales son particularmente vulnerables a diversos insectos, la mayoría de los cultivadores los rocían con plaguicidas para controlar

las plagas. Muchas personas expresan preocupación de que estas sustancias representen un riesgo para la salud. Los expertos afirman que los plaguicidas que se usan en Estados Unidos cumplen normas específicas de seguridad y que los beneficios de comer frutas son mucho mayores que cualquier riesgo posible a la salud ocasionado por los plaguicidas químicos. Aun así, todas las frutas deben lavarse muy bien antes de comerlas, y algunas deben pelarse. Entre ellas se incluyen las manzanas que han sido rociadas con cera para hacerlas durar más y lucir mejor. La cera en realidad es inocua, pero forma una película sobre la cáscara que impide que el plaguicida pueda eliminarse cuando se lavan las manzanas. Asimismo, es sensato utilizar fruta no tratada cuando se prepara mermelada o se cristaliza la cáscara, o de lo contrario se debe lavar la fruta muy bien en agua limpia de la llave. Si aun así se muestra escéptico al uso de las sustancias químicas, puede considerar comprar fruta orgánica, cultivada sin plaguicidas químicos. Debe estar alerta y distinguir la fruta que tiene moho o manchas, ya que puede contener cancerígenos naturales.

Las frutas importadas podrían tener un riesgo mayor porque algunos países usan plaguicidas que han sido prohibidos en Estados Unidos. Existen normas de seguridad para los alimentos importados, los que están sujetos a inspecciones, pero las autoridades gubernamentales admiten que las limitacio-

nes presupuestarias dificultan la vigilancia adecuada de todos los alimentos importados.

EL JUGO DE FRUTA

Los jugos recién exprimidos se han utilizado como curas para la salud en Europa desde el siglo XIX y los naturistas creen que ayudan a "limpiar" el organismo, al eliminar los desechos y las toxinas nocivas. Pero no existen pruebas médicas serias al respecto.

El jugo de fruta es una buena fuente de vitamina C y en el proceso de extracción se pierde únicamente una pequeña cantidad de esta vitamina. Pero debe saber que la combinación de niveles altos de acidez y azúcares simples en el jugo de fruta puede contribuir —si no se toman medidas adecuadas de higiene— a desarrollar enfermedades de los DIENTES Y ENCÍAS, aunque el riesgo es menor si los jugos se consumen con una comida.

Hay tantas clases diferentes de jugo de fruta que puede haber confusión cuando tratamos de hacer una elección. Algunos de los términos que encontrará en las tiendas aparecen en la siguiente lista.

Recién exprimido (jugo de toronja y de naranja). El único tipo de jugo que en verdad puede llamarse "natural" y "puro", porque no ha sido procesado, con excepción de la extracción del líquido de la fruta.

Recién prensado (jugo de tomate y de manzana). En el caso de los tomates, la fruta es reducida a pulpa poco después de ser recolectada y luego se pasteuriza. En cuanto a las manzanas, muelen, prensan, pasteurizan y cuelan la fruta para retirar los sedimentos más gruesos y añaden una pequeña cantidad de vitamina C (ácido ascórbico) para evitar que el producto tome un color café (se oxide).

Preparado con concentrados. Exprimen la fruta y después calientan el jugo para que se evapore el contenido de agua, lo que da como resultado un concentrado espeso, el cual pasteurizan. Añaden agua antes de empacar el jugo. La pérdida de vitamina C es por lo general muy pequeña.

"De primera calidad". Jugo de fruta recién exprimida al que no le han agregado azúcar, ni agua, ni conservadores. A algunas variedades se les añade vitamina C o calcio.

Pasteurizado. Tiene una vida de almacenaje doble en comparación con la del jugo fresco, porque se calentó brevemente para eliminar algunas bacterias. El proceso de pasteurización afecta en forma mínima el contenido de vitamina C.

FRUTA SECA

La deshidratación es con seguridad la forma más antigua de preservar la fru-

COCTELES SALUDABLES *Multitud de combinaciones de bebidas de fruta fresca y de verduras pueden prepararse en casa con un extractor de jugos o, simplemente, utilizando un exprimidor de limones para preparar una bebida cítrica con sabor fuerte y gran contenido de vitamina C.*

Piña y fruta de la pasión.

Mango y zanahoria.

Frambuesas y naranjas para obtener vitamina C.

ta. Aunque la fruta seca se considera uno de los alimentos más saludables por ser una buena fuente de fibra y una fuente concentrada de nutrimentos tales como el hierro y el potasio, contiene también mucho azúcar y energía (calorías). Entre la fruta seca común se encuentran las pasitas de diversas variedades de uvas; las pasas de Corinto, de pequeñas uvas sin semilla, y las ciruelas pasas, de ciruelas de pulpa dulce y compacta. Los dátiles son la fruta de la hermosa palma datilera y son comunes en el Medio Oriente.

Los higos secos son especialmente útiles si padece de estreñimiento, debido a su alto contenido de fibra. Si es energía lo que necesita, las pasitas y los chabacanos secos son refrigerios excelentes para aumentar con rapidez la energía. Las frutas secas se utilizan también como edulcorantes; puede picarlas y añadirlas a los cereales para el desayuno y al yogur.

Una bebida refrescante preparada con el jugo de la toronja sangría.

Combine el sabor fuerte de los arándanos agrios con jugo de manzana.

Frutas fascinantes

Actualmente, hay a nuestro alcance una amplia variedad de frutas de todo el mundo, gracias a las técnicas modernas de transporte y almacenamiento. Todas las frutas tropicales, desde las granadas hasta el alquequenje, tienen sabores y texturas únicos, y la mayoría son buenas fuentes de nutrimentos.

ALQUEQUENJE

El alquequenje (de la familia *Physalis*) se conoce también como linterna china. Contiene cantidades útiles de beta carotenos y de vitamina C, para tener un sistema inmunológico potente, así como potasio, para mantener la presión arterial saludable.

LICHIS

Son originarios de China y tienen relación con los longans. La mayor parte de la gente consume lichis enlatados, aunque la fruta fresca puede conseguirse entre los meses de noviembre y enero. Los lichis son una fuente excelente de vitamina C.

GUANÁBANA

Nombre genérico que se le da a una familia tropical (*Annona*) de 60 frutas. Todas ellas tienen forma de corazón, con cáscara escamosa. Son una buena fuente de potasio y de vitamina C.

FRUTA DE LA PASIÓN

Una de las frutas tropicales más aromáticas y de sabor distintivo; originaria de Brasil y conocida también como granadilla. Contiene cantidades útiles de vitamina C.

NARANJITAS CHINAS (KUMQUATS)

A diferencia de otros cítricos, las naranjitas chinas tienen una cáscara dulce y comestible. Proporcionan cantidades útiles de vitamina C.

CAQUI (PÉRSIMO)

Es la fruta nacional del Japón. Los caquis proporcionan cantidades útiles de vitamina C y son una buena fuente de beta carotenos y de potasio.

LONGANS

Son unas frutas asiáticas relacionadas con los lichis, conocidas también como ojos de dragón. La cáscara dura se rompe con facilidad. Son una fuente rica de vitamina C.

GRANADA

Un símbolo de la fertilidad en el folclor mundial. Esta fruta es una buena fuente de vitamina C y una fuente útil de fibra si come también las semillas.

NÍSPEROS

Se llaman también ciruelas japonesas. Tienen una pulpa jugosa y suave parecida a la de las ciruelas o a la de las cerezas. Su sabor es una mezcla de manzana y chabacano. Fuera de lo común para una fruta, los nísperos no contienen vitamina C, pero sí incluyen beta carotenos.

POMELO

Los pomelos son antepasados de la toronja. Al igual que la mayoría de las frutas cítricas, son una fuente excelente de vitamina C. La fruta fresca está disponible de noviembre a enero.

FRIJOL DE RIÑÓN (AYOCOTE)

VENTAJAS

- *Buena fuente de potasio*
- *Fuente apreciable de fósforo, hierro, folato y proteína*
- *Contiene cinc*

DESVENTAJAS

- *Los frijoles de riñón crudos o a medio cocer pueden producir una grave intoxicación por alimentos*
- *El contenido de fibra puede producir flatulencia*

La mayoría de la gente cree que los frijoles de riñón son una variedad de color rojo oscuro que se utiliza en el platillo llamado chile con carne, pero también hay disponibles variedades negras y blancas. Muchos frijoles secos están relacionados con el frijol de riñón común, al que se asemejan (vea también LEGUMBRES).

Si utiliza frijoles de riñón secos, es importante remojarlos durante la noche, hervirlos durante 15 minutos y cocinarlos a fuego lento durante una hora o más, hasta que estén bien cocidos. Esto se debe a que los frijoles de riñón crudos o a medio cocer contienen una sustancia que el estómago no digiere y que puede producir una intoxicación grave. Incluso los frijoles bien cocidos producen gases en las personas susceptibles.

En combinación con el arroz u otros cereales, los frijoles de riñón proporcionan proteínas de alta calidad, lo que es importante sobre todo para las personas que no comen carne. Para cualquier persona que trate de bajar de peso, son una fuente de proteína sin grasa. Por su parte, los frijoles de riñón rojos contienen potasio y son una fuente apreciable de hierro, fósforo, folato y cinc, que facilita la cicatrización de las heridas.

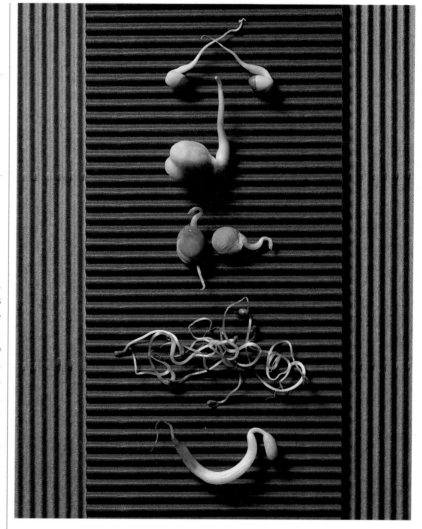

FRIJOLES GERMINADOS. *Cinco de los germinados más populares son (de arriba abajo): frijol mung, garbanzo, lenteja verde, alfalfa y frijol de soya.*

FRIJOLES GERMINADOS

VENTAJAS

- *Buena fuente de vitamina C*
- *Fuente apreciable de las vitaminas del complejo B*
- *Bajo contenido de energía (calorías)*

DESVENTAJA

- *Puede provocar reacciones alérgicas en algunas personas, sobre todo en aquellas que padecen lupus*

Es probable que cualquier persona que disfrute la comida china esté familiarizada con el germinado de mung, el frijol germinado más común. Los brotes blancos translúcidos tienen aproximadamente 5 centímetros de largo, con una raíz cónica y una vaina de color verde pálido.

La alfalfa (que produce brotes finos, alargados y de color verde pálido), las lentejas, los frijoles aduki, los garbanzos y los frijoles de soya se utilizan también germinados. El germinado de soya debe cocerse primero para destruir las proteínas tóxicas que contiene y los de garbanzo deben cocerse sin quedar demasiado suaves.

A diferencia de la mayoría de las otras verduras, que empiezan a perder su contenido de vitaminas tan pronto como son cosechadas, los frijoles germinados continúan creciendo y formando nutrimentos. Tan pronto como germina el frijol, todos los almidones, los aceites y otros nutrimentos contenidos para nutrir a la pequeña planta nueva, empiezan a convertirse en vitaminas, enzimas y otras formas de proteínas, minerales y azúcares. El contenido de vitamina C de un frijol se incrementa en forma fenomenal 600 veces cuando empieza a germinar. Una ración de frijoles mung recién germinados contiene tres cuartas partes del requerimiento diario de vitamina C de un adulto. El germinado aumenta también sustancialmente algunas vitaminas del complejo B presentes en el frijol, incluyendo la tiamina, el folato, la B_6 y la biotina.

La germinación consume los polisacáridos o carbohidratos complejos no digeribles en las semillas, por lo que los frijoles germinados producen menos gases en el intestino que los frijoles que no han germinado. Sin embargo, los frijoles germinados pueden producir en ocasiones una reacción alérgica en las personas que padecen de lupus.

FRIJOLES GERMINADOS COSECHADOS EN CASA

Además de tener un bajo contenido de energía (calorías) y muchas vitaminas, resulta fácil y barato cosechar en casa los frijoles germinados. Los recipientes especiales para cosechar los frijoles germinados están disponibles en el comercio; sin embargo, los frascos de vidrio son igualmente efectivos.

Examine los frijoles y retire los que estén dañados o descoloridos; remoje el resto en agua tibia toda la noche o durante 12 horas. Escúrralos, enjuáguelos y colóquelos en los frascos de vidrio, dejando espacio para que crezcan los brotes. Cubra los frascos con tapas de manta de cielo o de algodón, sosténgalas en su sitio con ligas y colóquelas en un lugar tibio y oscuro (los frijoles no germinan en temperaturas extremas y la luz del sol les da un sabor un tanto amargo).

Enjuague con suavidad en agua tibia los frijoles germinados, de dos a cuatro veces al día. Tendrán un color verde pálido y estarán frescos y listos para comerlos en 2 a 6 días.

FRUTAS

Vea pág. 192

FRUTOS SECOS

VENTAJAS

- *Fuente excelente de vitamina E*
- *Las nueces pueden ayudar a reducir el riesgo de enfermedad cardiaca*
- *Fuente apreciable de las vitaminas del complejo B tiamina y niacina*
- *Fuente útil de proteína y de minerales para los vegetarianos*

DESVENTAJAS

- *Alto contenido de energía (calorías)*
- *Las almendras sin madurar pueden contener compuestos que producen cianuro*
- *Los cacahuates pueden contaminarse por moho que produce carcinógenos*
- *Las alergias causadas por el cacahuate pueden ser fatales*
- *Peligro de asfixia en los niños*

Se ha encontrado que un consumo diario de 85 gramos de nueces (cuando se utilizan en lugar de las grasas saturadas como parte de una dieta con bajo contenido de grasa) disminuye el colesterol en la sangre, de acuerdo con una investigación reciente que se llevó a cabo en Estados Unidos. La reducción de los niveles de colesterol en la sangre disminuye el riesgo de padecer ATEROSCLEROSIS y los padecimientos del corazón (vea pág. 120). A pesar de que, con excepción de las castañas, los frutos secos o semillas oleaginosas contienen mucha grasa, esto es principalmente en la forma saludable de ácidos grasos insaturados.

A diferencia de los cereales, los frutos secos no están muy relacionados entre sí biológicamente. La mayoría de los frutos secos comestibles crecen en los árboles, aunque los cacahuates son legumbres como el frijol de soya y crecen sobre zarcillos largos bajo la tierra; las cáscaras secas de los cacahuates corresponden a las vainas de los frijoles y de los chícharos.

Su alto contenido de grasa causa que los frutos secos contengan mucha energía (calorías): la mayoría de las variedades contienen más de 550 calorías por 100 gramos, aunque el mismo peso de castañas contiene únicamente 170 calorías.

Las nueces, los cacahuates y las avellanas son especialmente ricos en ácidos grasos esenciales, que son vitales para el crecimiento y el desarrollo normal de los tejidos.

Para los vegetarianos, los frutos secos pueden proporcionar muchos de los nutrimentos que habitualmente se obtienen de fuentes animales. Éstos incluyen la mayor parte de las vitaminas del complejo B, el fósforo, el hierro, el cobre, el potasio y la proteína. Al igual que casi todas las de fuentes vegetales, las proteínas de los frutos secos son de mediana calidad si se comparan con las proteínas de origen animal, como la carne. No contienen todos los aminoácidos que necesita el organismo para producir sus propias proteínas. Sin embargo, si se combinan con cereales y legumbres (en particular con los frijoles de soya y con las lentejas), asegurarán que su dieta proporcione un equilibrio saludable de todos los aminoácidos esenciales.

Los frutos secos son también una de las fuentes vegetales más ricas de vitamina E, aunque ésta y la tiamina se destruyen al tostar los frutos.

PELIGROS DE LOS FRUTOS SECOS

Evite comer las almendras que no estén totalmente maduras, ya que pueden contener compuestos que producen hidrógeno de cianuro, un gas venenoso que tiene el aroma distintivo de las almendras amargas.

Las cáscaras de los frutos secos no maduros pueden ser ligeramente más suaves y, en ocasiones, pueden tener un color verde en lugar del color café claro normal.

Los frutos secos deben almacenarse en condiciones frescas y secas, porque pueden contaminarse con moho. Algunos de estos mohos producen sustancias venenosas llamadas micotoxinas, por lo que nunca debe comer oleaginosas que tengan algún rastro de moho en la cáscara o en la semilla. En los países tropicales, los frutos secos con moho pueden contener micotoxinas más peligrosas llamadas aflatoxinas, que producen cáncer en el hígado. Lo anterior se descubrió en Inglaterra, en los años sesenta, cuando hubo una epidemia de enfermedad del hígado en los pavos que habían sido alimentados con cacahuates. Los cacahuates están en particular expuestos a esta forma de contaminación, por lo que resulta más seguro comer únicamente los cacahuates que se venden en paquetes. A los niños no se les debe permitir nunca que coman los cacahuates que se venden como comida para pájaros.

La asfixia es uno de los principales peligros que representan los frutos secos y por este motivo los niños de menos de cuatro años de edad, que no pueden masticar en forma adecuada los alimentos, no deben comer nunca frutos secos, a no ser que estén finamente molidos.

Alerta contra la alergia

Los frutos secos, en especial los cacahuates, son uno de los alimentos alergenos más comunes. En casos excepcionales, las alergias (vea pág. 32) causadas por los frutos secos pueden ser fatales. Por fortuna, este tipo de alergias graves son muy raras, pero las personas alérgicas a los cacahuates deben evitar todos los alimentos que contengan aunque sea cantidades muy pequeñas de éstos o de aceite de cacahuate. Por desgracia, la alergia ocasionada por el cacahuate es por lo general un padecimiento que dura toda la vida.

FURÚNCULOS

AUMENTE
- *Aves y mariscos, que proporcionan cinc*
- *Hígado, para obtener vitamina A*
- *Ajo, por sus probables propiedades antibacterianas*
- *Fruta fresca y verduras, para obtener vitamina C*
- *Pan integral, frutos secos y semillas*

Las protuberancias rojas, dolorosas y llenas de pus conocidas como furúnculos son causadas por una infección bacteriana de la piel. Los furúnculos más grandes se llaman carbunclos. Es más probable que aparezcan cuando la resistencia del organismo a la infección bacteriana es baja, ya sea después de una enfermedad o debido a una dieta poco saludable.

Si tiene furúnculos, trate de proporcionar a su sistema inmunológico la mejor oportunidad de combatir la infección. Se ha descubierto que el cinc en particular ayuda al sistema inmunológico. El consumo normal diario debe ser de aproximadamente 8 miligramos, que es la cantidad que contienen 150 gramos de carne molida de res, por ejemplo. Si tiene furúnculos, puede aumentar el consumo de cinc a 30 miligramos durante una o dos semanas, pero si utiliza complementos, asegúrese de que contengan también cobre, ya que un mayor consumo de cinc puede interferir con la forma en que el organismo metaboliza el cobre.

Aunque pueden encontrarse cantidades apreciables de cinc en las aves, los cereales y el pescado, los ostiones son el único alimento que proporcionará 30 miligramos si se come en cantidades normales. Media docena de ostiones proporcionarán alrededor de 35 miligramos de cinc.

Coma bastante ajo crudo, ya que se dice que tiene propiedades antibacterianas naturales. Para ayudar a mejorar la salud general de la piel asegúrese de tener un consumo adecuado de vitaminas A, C y E. La vitamina A se encuentra en el pescado rico en ácidos grasos esenciales, en el hígado y en los productos lácteos; la vitamina C se encuentra en casi todas las frutas y en las verduras frescas, y la vitamina E se puede obtener consumiendo el pan integral, los cereales, los frutos secos y las semillas.

GALLETAS

VENTAJAS
- *Son un refrigerio conveniente*
- *Algunas contienen mucha fibra*
- *Buena fuente de carbohidratos*

DESVENTAJAS
- *Las galletas que contienen azúcar pueden favorecer el desarrollo de caries*
- *Muchas tienen un alto contenido de grasa*
- *Fuente deficiente de minerales*

Ya sea dulces o "simples", las galletas son un bocadillo práctico y

LAS GALLETAS *Si se comen con moderación, son un agasajo que se disfruta; sin embargo, no deben comerse en grandes cantidades.*

una fuente rápida de carbohidratos que atenúa el hambre. Las galletas "de dieta" y las galletas "normales" pueden ser también una alternativa del pan. Aunque casi todas las variedades tienen un alto contenido de grasa, pocas galletas tienen un alto valor nutricio.

GALLETAS SIMPLES

El bajo contenido de energía (calorías) de las galletas "de dieta" las ha hecho populares en el Occidente entre las personas que siguen una dieta para adelgazar, y su alto contenido de fibra es un beneficio adicional. Dos piezas de galletas "de dieta" proporcionan aproximadamente 60 calorías, el equivalente a una rebanada de pan integral.

La mayoría de las galletas "de dieta" se prepara con harina de trigo o de centeno o con una mezcla de ambas. Aunque la harina de centeno integral contiene menos proteínas, menos niacina y más riboflavina (vitamina B_2)

que la harina de trigo, las diferencias nutritivas son muy pequeñas dentro del contexto de una dieta balanceada.

Las galletas tienen un valor nutricio y un contenido de energía (calorías) similarmente bajo. Si son preparadas con harina blanca muy refinada, su contenido de fibra es insignificante.

GALLETAS DULCES

Aunque las galletas dulces son una forma conveniente de energía disponible de inmediato, el azúcar refinado que contienen no presenta valor nutritivo; son una fuente de calorías "vacías" y potencialmente dañinas para los dientes. Las galletas dulces no sólo tienen un alto contenido de azúcar, sino que por lo general se preparan con harina más refinada que la harina blanca para "hornear". Esta clase de harina conserva poco del cereal de trigo y se le ha quitado virtualmente casi toda la fibra. Las galletas preparadas con salvado y que aseguran tener un alto contenido de fibra son una opción más saludable, aunque también contienen mucha grasa y son ricas en azúcar. Si se comen con frecuencia, pueden favorecer la caries dental.

Las galletas se preparan habitualmente con los tipos de grasa menos saludables. Las grasas de origen animal, la mantequilla, las grasas hidrogenadas o el aceite de coco se utilizan con mucha frecuencia y todos ellos contienen grandes cantidades de grasas saturadas (vea pág. 204) o ácidos grasos "trans"; un consumo elevado de estos dos tipos de grasa está vinculado con la enfermedad cardiaca coronaria. Sin embargo, estas grasas sólidas son necesarias, ya que la mayoría de los otros aceites vegetales con las que se producen son de mala calidad.

GARGANTA IRRITADA

AUMENTE
- *Frutas y verduras, para obtener vitamina C*
- *Alimentos ricos en vitamina A y en beta carotenos, como el hígado (a no ser que esté embarazada), las zanahorias y las espinacas*
- *Pescado, para obtener vitamina D*
- *Aceite de oliva y aguacates, para obtener vitamina E*
- *Yogur natural, para protegerse de los efectos de los antibióticos*

REDUZCA
- *Tabaco y alcohol*

La garganta irritada y que causa picazón es con frecuencia la primera señal de un resfriado común, de la gripe o de la inflamación de las amígdalas (mal llamadas anginas). La causa es por lo general un virus, aunque la bacteria *Streptococus* puede producir también irritación en la garganta y fiebre, lo que se conoce como "infección de la garganta". Un factor que puede propiciar la amigdalitis y otras infecciones es una dieta poco saludable, alta en carbohidratos refinados, como los pasteles, las galletas y el azúcar de mesa, y baja en los micronutrimentos importantes para la eficiencia de las defensas naturales del cuerpo. La fatiga, el cansancio, el estrés, fumar y beber demasiado alcohol pue-

de disminuir también la resistencia del organismo a la infección.

Para evitar la garganta irritada, asegúrese de que su dieta le proporcione un buen consumo de vitamina D (presente en el pescado) y de vitamina E, que se encuentra en el aceite de oliva, los frutos secos, las semillas y los aguacates. Estas vitaminas, junto con los ácidos grasos esenciales de los aceites vegetales y del pescado, son muy importantes para mantener un sistema inmunológico sano.

La deficiencia de vitamina C puede aumentar la susceptibilidad de las personas hacia las infecciones. Las fuentes excelentes de esta vitamina incluyen las naranjas, las fresas, las guayabas, los pimientos rojos y los berros. El hierro de la dieta en forma de hígado, semillas de ajonjolí y pan, puede ayudar también, porque es necesario para la formación de anticuerpos.

Si tiene la garganta irritada, puede ser útil comer frutas y verduras de color amarillo o naranja, como los duraznos, los chabacanos o las zanahorias, y verduras de hoja verde, como las espinacas. Además de contener vitamina C, proporcionan beta carotenos, que el organismo transforma en vitamina A. Esta vitamina es importante para la salud de las membranas mucosas, que incluyen las que recubren la garganta. Otras fuentes pueden ser el hígado, así como las margarinas poliinsaturadas y las pastas untables con bajo contenido de grasa, que de acuerdo con la ley deben estar enriquecidas con vitamina A.

Cualquier persona que haya tomado antibióticos puede beneficiarse al comer yogur vivo, una vez terminado el tratamiento. Esto puede ayudar a reemplazar las bacterias del intestino (una fuente importante de algunas vitaminas del complejo B) destruidas por el medicamento.

Los naturistas recomiendan añadir el jugo de medio limón y una cucha-

radita de miel a un vaso con agua caliente, para preparar una bebida que calma los síntomas de la garganta irritada. El jugo de limón contiene vitamina C, que estimula la producción de saliva (esto alivia las membranas irritadas), y la miel calma la irritación de la garganta.

Otro enfoque natural para curar la garganta irritada es hacer gárgaras con té de salvia. Se prepara vertiendo una taza de agua hirviendo en una cucharadita de salvia seca o una cucharadita para postre de hojas frescas picadas. La salvia roja es preferible a la salvia de jardín, aunque se asegura que ambas dan resultado.

La irritación de la garganta dura por lo general tres o cuatro días; si los síntomas continúan durante un periodo mayor, consulte al médico, ya que puede ser una señal temprana de alguna enfermedad, como la fiebre glandular o las paperas.

TOCINO AÑEJO
Un antiguo remedio para la garganta irritada usado en Estados Unidos consistía en coser una rebanada de tocino añejo a un pedazo de franela, cubrirlo con pimienta y atarlo alrededor de la garganta. Una extraña cura inglesa para los bebés era envolver una rana

Alerta contra la alergia

Una causa común de la garganta irritada es la amigdalitis. Las amígdalas protegen la garganta (orofaringe) de los gérmenes invasores, pero cuando son demasiados, las amígdalas se infectan y se inflaman. Algunos naturistas creen que los ataques recurrentes de amigdalitis pueden ser causados por una reacción alérgica a la leche de vaca, en cuyo caso se deben eliminar de la dieta los productos lácteos.

muerta en una tela de lino blanco y hacer que el bebé la chupara. Otro remedio consiste en beber leche caliente con una cucharadita de miel.

GASTRITIS

Los síntomas característicos de la gastritis son una sensación ardiente en la boca del estómago (atrás de la punta inferior del esternón) que puede llegar hasta el pecho, lo que causa acidez, agruras, náusea y flatulencia. En su forma aguda, por lo general se debe a una inflamación repentina del recubrimiento o mucosa del estómago. Con frecuencia es producida por una infección en el intestino causada por la bacteria *Helicobacter pylori,* que puede asimismo producir úlceras gástricas. La gastritis crónica es más común entre las personas mayores pues se cree que al envejecer las personas han estado expuestas más tiempo a los causantes de la enfermedad. Si bien los alimentos no son la causa de la gastritis, las personas que sufren dolor e inflamación deben evitar los alimentos ácidos y condimentados, que pueden irritar la mucosa del estómago. Asimismo, deben abstenerse de los alimentos grasosos, bebidas que contienen cafeína, el té y el café descafeinado y el alcohol. Estos alimentos relajan la válvula que conecta el esófago con el estómago, facilitando el paso del contenido ácido del estómago al esófago, lo que causa mayor irritación. Las comidas regulares, pequeñas, frecuentes y blandas pueden proporcionar cierto alivio.

Muchos dietistas recomiendan una dieta inicial de agua, plátanos para tener energía y potasio, arroz blanco simple y hervido para obtener carbohidratos con bajo contenido de fibra, manzanas por su acción astringente y pan tostado seco para producir una evacuación blanda. Si necesita algún medicamento para el dolor —de la ar-

tritis, por ejemplo—, pida a su médico que le recete uno que no sea irritante. Para la gastritis causada por *Helicobacter pylori,* el facultativo le puede prescribir antibióticos; si su médico lo recomienda, los antiácidos pueden aliviar la irritación.

GASTROENTERITIS

AUMENTE
- *Agua, para reponer el líquido perdido*
- *Plátanos, para obtener potasio*
- *Arroz blanco hervido y pan tostado blanco y seco, para obtener carbohidratos con bajo contenido de fibra*
- *Manzanas, por su acción astringente en el aparato digestivo*

EVITE
- *Todos los demás alimentos (en especial, los productos lácteos) durante las primeras 48 horas*

Aunque la gastroenteritis está asociada frecuentemente con la DIARREA durante los viajes, se presenta en muchas ocasiones en casa, por lo general como resultado de una HIGIENE inadecuada o de un descuido. Los alimentos que no están bien cocinados, en especial las aves, los platillos con huevos crudos y los mariscos, son las causas más comunes de gastroenteritis, tanto bacteriana como viral. Otra causa es la comida que no se encuentra fresca. Los productos lácteos y los mariscos pueden tener un mal olor cuando están descompuestos, pero esto no es necesariamente el caso en relación con otros alimentos. Por lo tanto, es importante almacenar con precaución la comida y consumirla siempre antes de su fecha de caducidad.

La gastroenteritis es una inflamación del recubrimiento o mucosa del estómago y del intestino, con frecuencia acompañada de diarrea y vómito, retortijones o cólicos en el abdomen y

Un caso real

José no sólo disfrutaba trabajar en el restaurante de su tío, sino también de los platillos condimentados. Pero comía con irregularidad y a menudo prefería beber en lugar de comer. Se quejaba de dolor en el estómago y de flatulencia. Sufría casi siempre por la noche y los síntomas se calmaban al beber leche. Su médico diagnosticó una inflamación grave en la mucosa del estómago y le aconsejó dejar de beber alcohol, evitar la comida condimentada y comer con regularidad. Después de tomar medicamentos contra la gastritis durante un mes y de apegarse a su nueva dieta, sus síntomas desaparecieron.

fiebre ligera. Un ataque dura de seis horas a tres días. Los síntomas pueden ser ocasionados por las toxinas que producen las bacterias en los alimentos o por una inflamación del intestino debida a un virus o a una bacteria. Por lo general, cuando ocurre una intoxicación por alimentos, los síntomas se presentan con mayor rapidez, a veces en una o dos horas.

Muchos tipos de virus pueden causar la gastroenteritis epidémica o la gripe intestinal. El virus puede transmitirse en la comida manejada por personas infectadas, aunque se propaga con mayor frecuencia a través del contacto personal, la tos y los estornudos.

Los bebés alimentados con biberón tienen una mayor probabilidad de padecer gastroenteritis que aquellos que son amamantados, porque no reciben la inmunidad "natural" de la leche materna y porque están expuestos a muchas más áreas de contaminación potencial, como el chupón o el agua.

Reacciones alérgicas

Algunas personas padecen una forma de gastroenteritis alérgica. Cuando no hay signos de INTOXICACIÓN POR ALIMENTOS grave o el padecimiento no puede vincularse con un exceso al fumar o al beber café o alcohol, las alergias (vea pág. 32) o las intolerancias pueden ser la causa de ataques crónicos y repetidos de malestar estomacal. Otra causa de la gastroenteritis crónica, común entre las mujeres jóvenes, es el abuso de laxantes para mantener bajo el peso corporal.

La dieta infantil

Sin importar la causa de una gastroenteritis, tome sólo líquidos para no irritar más el intestino. Los sueros orales, que consisten en soluciones de azúcar diluida y de sal, son mejores que el agua sola. Pueden prepararse mezclando cantidades iguales de jugo de fruta y agua o disolviendo 8 cucharaditas de azúcar y 1 de sal en un litro de agua.

Una dieta a base de plátanos, arroz hervido, manzanas y pan tostado, conocida como la dieta "infantil", ayuda con frecuencia a aliviar el malestar. Los plátanos contienen potasio, que contribuye a regular el equilibrio de lí-quidos en el cuerpo. Al igual que el arroz, los plátanos son ricos en carbohidratos, requeridos para recuperar la energía. Se asegura que las manzanas "limpian" el aparato digestivo. El pan blanco tostado puede ayudar a calmar los síntomas y proporciona energía.

Coma cantidades pequeñas de estos cuatro alimentos a intervalos regulares y, después de 48 horas, incluya papas, verduras cocidas, en especial las zanahorias, y un huevo. En forma gradual regrese a una dieta normal. Añada los productos lácteos al final, porque cuando la mucosa del intestino está inflamada es más probable que desarrolle intolerancia a la lactosa, azúcar que se encuentra en los productos lácteos.

Consumo de líquidos

Cuando tenga diarrea, beba un suero oral (dos vasos cada hora) para reemplazar la pérdida de líquidos. Para calmar las molestias del aparato digestivo, trate de beber 1 taza de té de manzanilla dos veces al día (excepto a principios del embarazo) o hasta 3 tazas al día de té de hierbabuena o de canela endulzado, con un poco de miel.

GLUCOSA, NIVELES EN LA SANGRE

AUMENTE
- *Frutas y verduras*
- *Alimentos con almidón*

EVITE
- *Obesidad*

Casi todos los alimentos de origen vegetal contienen carbohidratos, que se descomponen en azúcares (principalmente en glucosa) durante la digestión. La glucosa, absorbida por el intestino, es una fuente importante de energía para el cuerpo. El hígado y los músculos pueden almacenar una parte de la glucosa en forma de glucógeno, que es transformado para liberar la glucosa cuando bajan las reservas de energía.

La intolerancia a la glucosa es con frecuencia precursora de diabetes y se asocia con un mayor riesgo a sufrir padecimientos cardiovasculares.

Cuando el ejercicio ayuda

La tolerancia a la glucosa mejora al distribuir el consumo de carbohidratos en varias comidas pequeñas. El ejercicio físico regular, que ayuda a utilizar la glucosa proveniente del torrente sanguíneo para su transporte hacia los músculos, también mejora la tolerancia a la glucosa, al igual que el bajar de peso si éste es excesivo. Los alimentos con almidones, así como las frutas y las verduras, ayudan a disminuir el porcentaje de absorción de glucosa.

Las hormonas, en particular la insulina, regulan los niveles de glucosa en la sangre y éstos aumentan después de una comida con alto contenido de carbohidratos. En respuesta a estos mayores niveles de hormonas, el páncreas secreta insulina, que disminuye la concentración de glucosa en la sangre, y la envía al hígado y a los músculos. Cuando hay demasiada secreción de insulina, los niveles sanguíneos de glucosa rebotan y pueden producirse síntomas temporales de hipoglucemia (disminución de glucosa en la sangre), como sudor frío e irritabilidad. La hipoglucemia se trata comiendo cantidades pequeñas de glucosa o sacarosa.

La glucosa es también la principal fuente de energía para el cerebro, el cual no la puede almacenar y depende de un abastecimiento continuo proveniente de la sangre. Una disminución repentina de los niveles de glucosa en sangre puede desencadenar cambios en el estado de ánimo, irritabilidad, estado de coma e incluso la muerte. Sin embargo, el cerebro puede adaptarse hasta cierto punto a utilizar como "combustible" alternativo los cuerpos cetónicos (producidos por el metabolismo de las grasas en el hígado, cuando el abastecimiento de carbohidratos del organismo disminuye).

GOTA

AUMENTE
• *Agua, fruta fresca y verduras*

EVITE
• *Cantidades excesivas de alcohol*
• *Medicamentos que contengan ácido acetilsalicílico*

La gota es un tipo de ARTRITIS causado por un defecto en la capacidad del organismo para metabolizar el ácido úrico. El resultado es una acumulación de cristales de ácido úrico en las articulaciones, lo que produce dolor e inflamación. Típicamente, sólo una articulación está afectada, casi siempre la base del dedo gordo del pie, aunque las rodillas, las muñecas y los tobillos pueden resultar también afectados.

Las causas precisas de la gota no se conocen con certeza, pero en muchos casos existen antecedentes heredofamiliares. El comer y beber en exceso no la causan, aunque pueden desencadenar un ataque. La gota se asocia habitualmente con la obesidad, en especial con un exceso de grasa subcutánea en la cavidad abdominal (distribución central).

TRATAMIENTO DE LA GOTA

La gota se diagnostica cuando un análisis de sangre revela niveles altos de ácido úrico y una sola articulación resulta afectada. A los pacientes por lo general les recetan medicamentos para incrementar la excreción de ácido úrico y disminuir la formación de los cristales. Debe evitarse la aspirina, puesto que provoca retención de ácido úrico e interfiere con la potencia de los medicamentos recetados. Los an-

tiinflamatorios, como el ibuprofén, pueden disminuir los síntomas.

El control del peso corporal, mediante dieta y ejercicio, puede ayudar a aliviar la gota; sin embargo, el ayuno puede precipitar un ataque. Las personas que padecen gota deben beber muchos líquidos para ayudar a prevenir la formación excesiva de cristales de ácido úrico, que pueden producir también cálculos renales, y deben comer mucha fruta fresca y verduras de hoja verde para obtener potasio, que ayuda a excretar el ácido úrico. Si consume 225 gramos al día de cerezas, ayuda a disminuir los niveles de ácido úrico en la sangre. En la medicina tradicional, los puerros se utilizan para tratar la gota; el apio se recomienda por su acción antiinflamatoria.

EL PROBLEMA CON LAS PURINAS

Las personas con gota siguen por lo general un tratamiento con medicamentos, pero también se les aconseja que disminuyan los alimentos que contienen muchas purinas, ya que su consumo puede aumentar los niveles de ácido úrico en la sangre, lo que hace que las sales del ácido úrico se depositen en las articulaciones. Estos alimentos incluyen vísceras, animales de caza, anchoas, sardinas, aves, mariscos y legumbres. Los alimentos con un contenido bajo de purina incluyen fruta, jugos de fruta, frutos secos, productos lácteos, huevos y verduras, con excepción de los espárragos, las coliflores, los chícharos, las espinacas y los champiñones.

PESCADOS

Algunos estudios indican que los ácidos grasos omega-3 disminuyen la producción de compuestos inflamatorios en el cuerpo. Las personas que padecen gota pueden descubrir que los complementos de aceite de pescado, que contienen ácidos grasos omega-3, en

muchos casos alivian la dolorosa hinchazón de las articulaciones.

GRASAS

Vea página 204

GRIPE

AUMENTE
• *Líquidos, en especial los jugos de fruta diluidos*
• *Comidas ligeras y pequeñas*
• *Ajo, que tiene propiedades antivirales*

La pérdida del apetito es uno de los síntomas de la gripe, junto con una temperatura elevada, la tos, los escalofríos, el dolor de cabeza, el dolor en las articulaciones y un cansancio excesivo. Los médicos aconsejan casi siempre a las personas que tienen gripe que descansen, que beban muchos líquidos y que tomen paracetamol o aspirina con regularidad, para aliviar el dolor y disminuir la fiebre. La gripe es una infección viral y los virus no responden a los antibióticos, pero se recetan cuando existe el riesgo de una infección bacteriana secundaria que cause bronquitis o neumonía.

Para prevenir la deshidratación debido a la transpiración, las personas que tienen gripe deben beber muchos líquidos; un mínimo de 1,7 litros al día. Esto puede incluir el jugo de fruta diluido 1:1 con agua, pues contiene azúcares que dan energía.

Las comidas deben ser nutritivas, pero en raciones pequeñas. Incluyen bastantes carbohidratos complejos, como el pan integral y los cereales, para proporcionar energía y tratar de asegurar un buen consumo de vitaminas. El caldo de pollo es útil para proporcionar a la dieta proteínas y vitaminas del complejo B, así como para reponer la pérdida de sal a través del

Continúa en la página 208

GRASAS: CÓMO OBTENER UN EQUILIBRIO SALUDABLE

Comer demasiado de ciertos tipos de grasa es nocivo; sin embargo, otras variedades son vitales para el organismo y pueden ayudar a prevenir enfermedades.

En la controversia acerca de las grasas en la dieta, hay tres hechos que van más allá de la disputa: primero, en pequeñas cantidades, las grasas son esenciales para mantener una buena salud; segundo la dieta típica estadounidense contiene demasiadas grasas de todo tipo, y tercero, la controversia acerca de las grasas constituye una mina de oro para la explotación comercial en la búsqueda popular de productos bajos en calorías o sin grasas en lugar de los alimentos tradicionales.

Todas las grasas contienen el mismo número de calorías por peso, es decir, nueve calorías por gramo. Volumen por volumen, sin embargo, la cuenta de calorías difiere sustancialmente. Por ejemplo, una taza de aceite pesa más, y por tanto tiene más calorías, que una taza de margarina batida, a la que se ha agregado aire para incrementar su volumen. Además, si la margarina batida es "baja en calorías", un porcentaje considerable de su peso lo constituye el agua añadida.

Una dieta rica en alimentos con un contenido alto de grasas resultará en un incremento del peso corporal en mayor medida que una dieta compuesta principalmente de carbohidratos y un poco de proteínas. Las grasas no solamente constituyen la fuente de calorías más concentrada, sino que los estudios recientes indican que el organismo es más eficiente en almacenar grasas que carbohidratos y proteínas.

CÓMO UTILIZAMOS LAS GRASAS

Es importante distinguir la grasa que consumimos a través de los alimentos —la grasa dietaria— de las que circulan en la sangre o las que se almacenan como tejido adiposo, el cual se compone de células especialmente adaptadas para ese propósito. Aun si la dieta no contiene ninguna grasa, el organismo convertirá cualquier exceso de calorías provenientes de proteínas y carbohidratos y las almacenará como grasa. Si nuestro peso permanece estable, se debe a que estamos elaborando grasa y utilizándola en proporciones iguales. Si nuestro consumo de calorías excede nuestras necesidades de energía, entonces, independientemente de la forma de calorías que consumamos, sintetizaremos más grasa de la que usamos y subiremos de peso.

El cuerpo de una mujer promedio se compone de alrededor de 20 a 25% de grasa por peso; el de un hombre promedio es de 15%. La mayor proporción de grasa en una mujer es el resultado de la adaptación evolucionaria para satisfacer la demanda extraordinaria de calorías que se necesitan para procrear y alimentar hijos.

La mayoría de las células del cuerpo tienen una capacidad limitada para almacenar grasas. Las células de grasa (adipocitos) son la excepción pues se expanden al acumular más grasa. Una persona obesa tiene células de grasa entre 50 y 100 veces más grandes que una persona delgada. Además, los bebés y los niños con sobrepeso acumulan más células de grasa que los niños delgados. Una vez que se establecen los adipocitos nunca desaparecen, si bien pueden encogerse si la grasa se necesita convertir en energía. Existe una teoría en la que se dice que las células encogidas emiten un llamado químico para que se les reabastezca, lo que podría explicar la razón por la cual muchas personas se pasan la vida bajando y subiendo de peso.

POR QUÉ NECESITAMOS GRASAS

Las grasas añaden sabor y una textura suave y agradable a los alimentos. Como lleva más tiempo digerirlas, las grasas nos permiten sentirnos llenos aun después de que las proteínas y los carbohidratos han sido vaciados del estómago. Las grasas también estimulan el intestino para que segregue colecistoquinina, una hormona que reprime el apetito y envía una señal para parar de comer.

Las grasas almacenadas proporcionan una reserva de energía para necesidades futuras; medio kilogramo de grasa almacenada proporciona suficiente energía para un día y medio o dos días. La estructura química de las grasas las hace almacenar dos veces más energía en un peso dado que los carbohidratos. Esto significa que si la grasa en el organismo de una mujer de 54 kilogramos se convierte en su equivalente de energía de carbohidratos, su peso se elevaría a 67,5 kilogramos.

La capa de grasa debajo de la piel (que corresponde a aproximadamente la mitad del total almacenada) proporciona protección contra los cambios de temperatura. Si bien las personas muy delgadas pueden ser muy sensibles al frío, las que tienen más grasa a menudo sufren más en el clima cálido. Esta grasa subcutánea es también instrumental en la manufac-

El árbol genealógico de las grasas

Las grasas y los aceites contienen muchos ácidos grasos diferentes, que afectan el organismo de varias maneras. En la forma más simple, se clasifican en ácidos grasos saturados e insaturados. Estos últimos pueden ser monoinsaturados y poliinsaturados. Otros ácidos, los grasos trans, se crean en el procesamiento de los alimentos.

LAS GRASAS DE LOS ALIMENTOS COTIDIANOS

Saturados (ácidos grasos)
La mantequilla, el queso duro, el aceite de palma, el de coco y los productos de la carne grasosa contienen un alto porcentaje de ácidos grasos saturados.

Monoinsaturados (ácidos grasos)
Las fuentes principales son el aceite de oliva, el aceite de semillas de colza y alimentos tales como los aguacates, los frutos secos y las semillas (el aceite de oliva, el aceite de colza y algunos frutos secos contienen también poliinsaturados importantes).

Poliinsaturados (ácidos grasos)
Sus principales fuentes son la mayoría de los aceites vegetales, los aceites de pescado y el pescado del tipo de la sardina. Contienen también los ácidos grasos esenciales que se agrupan en dos familias.

Trans (ácidos grasos)
Los aceites hidrogenados, como la margarina y las grasas endurecidas industrialmente para evitar la rancidez, y los alimentos procesados, como las galletas, los pays, los pasteles y las papas fritas, son las principales fuentes de ácidos grasos trans en la dieta.

QUÍMICA DE LAS GRASAS *Una grasa es saturada cuando sus moléculas tienen la cantidad máxima de hidrógeno; las monoinsaturadas tienen un poco menos, mientras que las poliinsaturadas tiene una cantidad mínima. Los ácidos grasos trans pueden producirse mediante el proceso de hidrogenación.*

Omega-6 (derivados del ácido linoleico)
Sus fuentes incluyen el aceite de oliva y el de girasol.

Omega-3 (derivados del ácido linolénico)
Las buenas fuentes incluyen los frijoles de soya, el aceite de colza, las nueces y pescado del tipo de las sardinas, la macarela y el salmón.

---

tura de vitamina D cuando la piel se expone al sol.

Los depósitos de grasa que rodean los órganos vitales los mantienen en su lugar y los ayudan a protegerlos contra lesiones. Estos depósitos protectores son los últimos que se usan si las reservas de energía del organismos disminuyen.

Las grasas también proporcionan los ácidos grasos esenciales para los numerosos procesos químicos, incluidos el crecimiento y el desarrollo de los niños, la producción de hormonas sexuales y prostaglandinas (compuestos similares a las hormonas responsables de la regulación de los procesos del organismo), la formación y funcionamiento de las membranas celulares y el transporte de otras moléculas hacia dentro y hacia fuera de las células. Es interesante notar que las grasas no proporcionan energía al cerebro y al sistema nervioso, pues ambos dependen de la glucosa para ese fin.

Hay dos familias de estos ácidos grasos esenciales: la familia omega-6, derivada del ácido linoleico y que se encuentra en los aceites vegetales como el de oliva y el de girasol, y la familia omega-3, derivada del ácido linolénico y que se encuentra en aceites vegetales como el de frijol de soya y el de semilla de colza, en las nueces y en pescados como las sardinas y el salmón. Al igual que ciertas vitaminas y aminoácidos, algunos ácidos grasos deben obtenerse de la dieta porque el organismo no puede sintetizarlos.

Por último, las grasas son necesarias para el transporte y absorción de las vitaminas solubles en grasa, como la A, D, E y K.

CONSUMO DIETARIO DE GRASAS
En los países en desarrollo, las grasas constituyen el 10% del consumo diario de calorías. En Estados Unidos, el

consumo diario de grasas ha aumentado de aproximadamente 30% de la dieta diaria hace 100 años a 35 a 40% en la actualidad. El Departamento de Agricultura y el de Salud y Servicios Humanos, así como la American Heart Association recomiendan que los adultos limiten su consumo de grasas a no más de 30% de las calorías diarias. Algunos expertos opinan que el límite debería ser 20%, pero otros afirman que es una meta poco realista para la mayoría de las personas. En el caso de los niños, la American Academy of Pediatrics aconseja que un 30 a 40% de las calorías diarias debe proceder de las grasas, que son necesarias para el crecimiento y el desarrollo apropiado del cerebro.

Una cucharada de aceite vegetal proporciona suficiente ácido linoleico y grasa para transportar las vitaminas solubles en las grasas que necesitamos cada día; todo lo que sobrepase esa cantidad es innecesario. Reducir el consumo de grasa de la dieta es difícil, porque hasta dos terceras partes de las grasas se disimulan en la carne magra, en el queso, en los alimentos fritos, en las salsas, en los frutos secos, en los bizcochos y en las botanas, entre otros.

POR QUÉ DEBEN RESTRINGIRSE ALGUNOS TIPOS DE GRASAS

Es posible que el tipo de grasa que consumimos sea más importante que la cantidad. Durante años, los nutriólogos han recomendado las grasas insaturadas en lugar de las saturadas (vea El árbol genealógico de las grasas, pág. 205). En general, las grasas saturadas (sin incluir el aceite de palma, y el de coco) son sólidos a la temperatura ambiente; la mayoría de las grasas de origen animal (procedentes de la res, la mantequilla y los quesos) son saturadas. Las grasas monoinsaturadas son líquidas a la temperatura

ambiente y sólidas o semisólidas cuando están refrigeradas (margarina o aceites de oliva y cacahuate). Las grasas poliinsaturadas son siempre líquidas (aceites de maíz y girasol) a menos que hayan pasado por el proceso de hidrogenación, como cuando se fabrica margarina.

Las grasas altamente saturadas elevan el COLESTEROL en la sangre porque interfieren con la remoción del mismo. Las grasas monoinsaturadas (aceite de oliva) y poliinsaturadas (aceite de girasol), en cambio, o reducen el colesterol en la sangre o no tienen ningún efecto en él. Cuando las grasas poliinsaturadas son hidrogenadas para hacerlas sólidas, provocan los mismos efectos en el colesterol en la sangre que las grasas saturadas. La hidrogenación parcial (utilizada para suavizar margarinas y elaborar otros alimentos) puede cambiar los ácidos grasos insaturados en ácidos grasos trans. A diferencia de las "grasas trans" naturales que se encuentran en algunos alimentos de origen animal, las grasas trans producidas por la hidrogenación se han vinculado con los padecimientos del corazón.

El Departamento de Agricultura, en conjunto con el Departamento de Salud y Servicios Humanos, recomienda que las grasas saturadas se limiten a menos del 10% de las calorías en la dieta diaria, lo cual ayuda a disminuir los niveles de colesterol en la sangre.

Para reducir el consumo de grasas saturadas es necesario elegir grasas de origen vegetal en lugar de las de origen animal, y de preferencia las monoinsaturadas sobre las poliinsaturadas. De acuerdo con las nuevas reglamentaciones sobre las ETIQUETAS DE ALIMENTOS que se adquieren envasados, es fácil determinar el contenido total de grasas, así como las cantidades de grasas saturadas e insaturadas.

REDUZCA SU CONSUMO DE GRASAS

Limite las carnes a raciones de 120 a 160 gramos. Compre cortes de carne magra que no contengan más de 9% de grasa. Quite toda la grasa visible antes de cocinar la carne. Compre carne molida extra magra, y todavía mejor, seleccione un corte de carne magra y pídale al carnicero que la muela para usted.

● Quite la piel de las aves antes de comerlas. (En algunos casos, esto puede hacerse antes de cocinarlas.)
● No compre pavos preparados; a menudo los inyectan con aceite de coco, mantequilla u otras grasas.
● Ase u hornee la carne, el pescado o las aves. Utilice una parrilla para asar de modo que la grasa se drene cuando la carne este cocinándose.
● Prepare los asados y las sopas con antelación; déjelos enfriar y después quíteles la grasa cuajada, y luego caliéntelos antes de servir.
● Evite los alimentos fritos. Utilice una sartén con recubrimiento y rocío de aceite vegetal para sofreír.
● Compre leche semidescremada o descremada, quesos con bajo contenido de grasas y yogur sin grasa.
● Prepare las ensaladas con aderezos sin grasa o haga usted misma uno con jugo de limón o vinagre, mostaza, hierbas y especias. Si se necesita añadir aceite, use aceite de oliva.
● Compre mayonesa de bajo contenido de grasa o un sustituto de mayonesa sin grasa. Cocine el arroz con caldo sin grasa agregue hierbas frescas y cebollines para darle sabor en lugar de mantequilla.
● Prepare el puré de papa con yogur bajo en grasas o buttermilk; agréguele chiles y perejil para añadirle sabor.

Las dietas de algunos países y los riesgos de padecimientos del corazón

Para descubrir la causa de muchos padecimientos coronarios frecuentes en Occidente, algunos investigadores buscan pruebas en otras culturas con dietas diferentes a la nuestra.

LA COMIDA JAPONESA

Los japoneses, cuya dieta contiene sólo un poco más del 30% de grasa, comparada con 35 a 40% en Estados Unidos, disfrutan de los porcentajes más bajos de padecimientos cardiacos.

Su cocina está muy asociada con el pescado, del que, en promedio, comen 100 gramos al día. Pero su alimento principal es el arroz. Una comida básica incluye arroz cocido al vapor, una sopa como el miso y pequeños platillos secundarios que pueden contener carne, verduras (incluyendo las algas marinas), mariscos, pescado, huevos, pollo y fideos en gran diversidad de salsas y combinaciones.

Al igual que en el Occidente, los japoneses comen tres comidas al día. Tradicionalmente, el desayuno consiste en arroz y una sopa de miso preparada con ingredientes tales como algas marinas, tofu o poro y un platillo secundario, como el pescado asado. Un almuerzo típico consiste en pollo y verduras cocinados en sopa mezclada con huevos y servida sobre arroz. La cena puede incluir un pequeño pescado asado, así como un platillo de carne, como un estofado de carne de res con papas, servido con verduras verdes hervidas, sopa de miso y arroz.

LA DIETA MEDITERRÁNEA

A pesar de que la gente que vive en Francia, Grecia, España e Italia come ligeramente más grasa que los estadounidenses, la mayor parte es grasa insaturada y su riesgo de padeci-

mientos del corazón fatales es menos de la mitad que los estadounidenses.

Los alimentos principales de los países mediterráneos son el arroz, el pan, las pastas y los cereales, acompañados de muchas verduras.

El aceite de oliva se usa mucho para cocinar. Otras fuentes de grasa son los frutos secos, las semillas y pescado, como las sardinas. Debe destacarse que el consumo de mantequilla en España, Portugal, Italia y Grecia es realtivamente bajo.

El desayuno mediterráneo es ligero, con frecuencia incluye pan, café y jugo de fruta o frutas. El almuerzo puede incluir pan o pastas para acompañar un platillo de proteínas, de carne, pescado o aves, en ocasiones con una verdura. En el almuerzo y en la cena se sirve ensalada, a menudo como un platillo. La cena consiste típicamente en varios platillos, acompañados de vino.

Quienes viven en el sur de Europa comen más legumbres, frutos secos y verduras que los estadounidenses; en promedio, la dieta mediterránea incluye 5 o más porciones de fruta y verduras al día.

LA DIETA OCCIDENTAL

La dieta típica de Estados Unidos y otros países industrializados es alta en grasas saturadas y productos derivados de la carne. Los estadounidenses suelen comer dos o más porciones de carne, pescado o aves al día y beber medio litro o más de leche o su equivalente en quesos, yogur u otros productos lácteos. Otros alimentos favoritos que contienen grasas incluyen la mantequilla o la margarina, la mayonesa y las bota-

nas, en especial, las papas fritas o a la francesa, el helado y los productos horneados. En Estados Unidos, las personas están consumiendo más frutas, vegetales y alimentos que contienen almidón, pero aún en menos cantidades que las recomendadas.

sudor; es un alimento fácil de comer y que cae bien. El pescado es también una buena fuente de proteínas. Coma zanahorias, espinacas y brócoli para obtener beta carotenos, y bastante fruta fresca y verduras por la vitamina C que contienen.

EL AJO PUEDE AYUDAR

Se ha dicho que utilizar extracto de AJO puede ayudar a combatir la gripe. Hay quienes afirman que el ajo tiene propiedades antivirales y antibacterianas, pero esto no ha sido demostrado. Se ha utilizado desde hace mucho tiempo como descongestionante y se dice que alivia los síntomas de la garganta irritada, reduce la fiebre y ayuda al organismo a combatir la infección.

GUAYABA

VENTAJA

• *Excelente fuente de vitamina C, y buena fuente de potasio y de fibra*

Originarias de Sudamérica, las guayabas se cosechan comercialmente en muchos países en la actualidad. Tienen forma de pera o redonda y su tamaño es similar al de una manzana pequeña. Su piel delgada y áspera tiene un sabor ligeramente amargo; sin embargo, la pulpa cremosa, que es muy aromática, jugosa y dulce, contiene multitud de semillas duras, pero comestibles, que pueden desecharse, aunque contienen tantas vitaminas como la pulpa.

Peso por peso, una guayaba contiene cinco veces más vitamina C que una naranja. Una fruta fresca de 90 gramos contiene más del requerimiento diario de esta vitamina recomendado para una persona adulta. Incluso después de perder casi el

FRUTA EXQUISITA *El sabor agridulce y el aroma fuerte y distintivo de las guayabas evoca imágenes de un paraíso tropical. Toda la fruta es comestible y rica en vitamina C.*

25% de la vitamina en el proceso de enlatado, las guayabas en almíbar siguen siendo una fuente excelente de vitamina C, vital para la producción de colágeno, y de piel y tejidos sanos. Esta vitamina es también un antioxidante que ayuda a absorber los potencialmente nocivos RADICALES LIBRES.

La pulpa y las semillas de la guayaba son una fuente útil de fibra soluble en forma de pectina. Esta fruta es también una buena fuente de potasio, que puede ayudar a regular la presión arterial.

Seleccione la fruta de color verdeamarillento que esté madura y que empiece a perder su firmeza. Una vez que las guayabas estén maduras, consérvelas en el refrigerador. Lávelas, córtelas a la mitad a lo largo y sírvalas con la piel, para comerlas con una cucharita.

HABAS

VENTAJAS
- *Proporcionan proteínas*
- *Tienen alto contenido de fibra soluble*

DESVENTAJAS
- *Pueden producir flatulencia*
- *Pueden reaccionar con algunos medicamentos antidepresivos y causar presión arterial alta*
- *Pueden desencadenar favismo, grave enfermedad hereditaria*

Las habas son nutritivas, llenadoras, baratas y pueden ser un componente útil, con bajo contenido de grasa y alto contenido de fibra, de cualquier dieta balanceada. Las habas en vaina proporcionan beta carotenos, que el organismo convierte en vitamina A. Contienen también hierro, niacina, vitamina C y vitamina E. Una ración pequeña (100 gramos) proporciona más de una cuarta parte del requerimiento diario de fósforo que, entre otras funciones, ayuda a mantener sanos los huesos y los dientes. Las habas tienen un alto contenido de fibra soluble, que puede ayudar a disminuir los niveles de colesterol en la sangre.

Al igual que otras legumbres, las habas son una fuente de proteínas y, cuando se combinan con cereales tales como el maíz y el arroz, la calidad de las proteínas que proporcionan es equivalente a la que se obtiene de fuentes de origen animal, como la carne o los huevos.

Las habas frescas, que tienen un color verde pálido o blanco cremoso, están en su mejor momento a finales de la primavera y a principios del verano. Sus vainas deben estar crujientes y de un color verde brillante; las manchas de color café indican descomposición. Las habas tiernas, no más gruesas que un dedo, con vainas de unos 7,5 centímetros de largo, son las más ricas y pueden cocinarse y comerse con todo y vaina. Las habas maduras, que tienen vainas hasta de 30 centímetros de largo, deben desenvainarse antes de cocinarlas.

Las habas pueden comerse calientes o frías; en puré, quitándoles la áspera piel exterior, enriquecen las sopas y los estofados.

La congelación no afecta mucho los nutrimentos de las habas, pero el proceso de enlatado tiende a destruir su vitamina C. Las habas secas deben remojarse durante siete u ocho horas y enjuagarse bien antes de hervirlas durante 40 minutos, hasta que estén blandas. Antes de utilizarlas, retire la piel áspera apretándolas con suavidad entre el dedo pulgar y el índice. Una cocción prolongada reduce el contenido de los polisacáridos no digeribles que contienen las habas secas y, por lo tanto, se disminuye la flatulencia; además, los condimentos tales como ajo, hinojo, laurel o comino ayudan a prevenir los gases intestinales.

ADVERTENCIA

La susceptibilidad al favismo es una deficiencia enzimática heredada genéticamente, muy común en los países mediterráneos. Esto hace que algunas personas desarrollen una reacción grave contra la vicina, una sustancia tóxica que se encuentra en las habas.

Los médicos indican a las personas que están tomando algún medicamento antidepresivo del grupo conocido como inhibidores de la aminooxidasa (IMAO) que excluyan las habas de su dieta, ya que la combinación de las habas y estos medicamentos puede producir un aumento grave de la PRESIÓN ARTERIAL, que se llama crisis hipertensiva.

Otros alimentos que pueden producir la misma reacción incluyen a los extractos de levadura, el queso, los plátanos, los arenques en salmuera y también el vino.

HELADO

VENTAJAS
- *Contiene vitamina A y riboflavina*
- *Buena fuente de calcio, proteínas y calorías*

DESVENTAJAS
- *Alto contenido de azúcar*
- *La mayoría de las marcas de helado tienen un alto contenido de grasa*

Las normas federales decretan que el helado de crema debe elaborarse con un mínimo de 10% de crema, o grasa de leche, y 20% de sólidos de leche

¿Qué contiene media taza de helado?

TIPO	ENERGÍA (Calorías)	GRASA (g)	PROTEÍNA (g)	CARBOHIDRATOS (g)	CALCIO (mg)
De leche, vainilla	90	3	2	15	88
De leche, chocolate	100	3	3	16	112
De crema, vainilla	180	12	2	16	76
De crema, con saborizante	125-150	6-8	2-3	16	73-93
Yogur, sin grasa	80	0	4	16	79

AGASAJO DE VERANO *Una bola de helado de vez en cuando no hace daño y puede siempre combinarse con fruta fresca.*

(grasa con proteína, minerales y lactosa). Los fabricantes pueden añadir otros ingredientes, así como aire para duplicar su volumen. En general, los helados menos caros contienen un mínimo de 10% de grasa y un máximo de aire, y las mejores marcas comerciales tienen el doble de grasa y la mitad de aire.

La grasa es lo que da al helado su textura suave; los fabricantes de helados o yogures sin grasa o con contenido bajo de este ingrediente compensan la falta de grasa agregando más azúcar y poniendo menos aire. Por tanto, aunque estos productos contienen menos grasas, no necesariamente quiere decir que tengan menos calorías.

Tanto el helado suave como el de leche tienen de 3 a 5% de grasa y de 30 a 50% de aire. Los sorbetes por lo general contienen cantidades pequeñas de grasa de leche y sólidos de leche o, a veces, clara de huevo. Las nieves, por otro lado, suelen prepararse con pulpa de fruta o jugo, azúcar y agua, y posiblemente pectina o ácido ascórbico. La mayoría de estos productos contienen unas 200 calorías por taza. Incluso media taza de yogur helado sin grasa, con edulcorantes artificiales, tiene unas 80 calorías.

El helado tiene cantidades considerables de calcio y proteína, así como algo de vitamina A y riboflavina. El precio por estos nutrimentos útiles, sin embargo, es elevado en contenido de grasas saturadas y sus efectos son adversos en la salud. Los sorbetes de fruta —que aunque tienen alto contenido de azúcar, su contenido de grasas es nulo— son una mejor opción si usted desea terminar una comida con un postre helado. El yogur helado sin grasa es un buen sustituto del helado; media taza de este producto copeteado con fruta fresca y germen de trigo tostado puede satisfacer el antojo de un postre helado y a la vez proporcionar cantidades útiles de calcio, vitaminas y fibra.

HEMOFILIA

Aunque la hemofilia no puede prevenirse, sí puede controlarse mediante el tratamiento adecuado. Es una enfermedad hereditaria que afecta casi exclusivamente a los hombres, cuya sangre no se coagula en forma adecuada, por lo que una cortada, un raspón o una herida en las articulaciones puede producir un sangrado abundante e incluso la muerte.

Las formas más frecuentes de hemofilia son ocasionadas por una deficiencia en la cascada de la coagulación del factor VIII o IX (hemofilia A y B, respectivamente); la hemofilia A es cuatro veces más común que la B. El tratamiento moderno busca controlar la enfermedad proporcionando a las personas infusiones regulares de la proteína que coagula la sangre.

En Estados Unidos, debido a que parte de la sangre de donantes que contenía el factor que coagula la sangre se contaminó con VIH a principios de los años ochenta, unos 10.000 hemofílicos que recibieron productos de sangre de fuentes afectadas resultaron VIH positivos. En la actualidad, todo el factor coagulante que se deriva de la sangre en este país está libre de contaminación.

Las personas que padecen hemofilia no tienen requerimientos dietéticos específicos. No obstante, se sabe que la carencia de ciertos nutrimentos aumenta la tendencia a los hematomas y al sangrado. Los hemofílicos pueden beneficiarse, por ejemplo, si se aseguran de que su consumo de calcio sea adecuado, ya que este último promueve la coagulación de la sangre. Sin embargo, el mejor consejo es llevar una dieta balanceada y saludable, para que el organismo reciba cantidades adecuadas de todos los nutrimentos esenciales.

HEMORROIDES

AUMENTE
- *Manzanas, peras, frijoles, avena y verduras con hojas verdes cocidas, por su alto contenido de fibra soluble*
- *Pan y arroz integrales, por su fibra insoluble*
- *Agua*

REDUZCA
- *Carbohidratos refinados*

EVITE
- *Curries y otros alimentos picantes y condimentados*

Las causas más probables de hemorroides (venas inflamadas en la región anal que producen comezón o dolor) es el estreñimiento prolongado o un flujo restringido de sangre al abdomen ocasionado por permanecer sentado durante periodos prolongados. La obesidad es otro factor que empeora con frecuencia las hemorroides, conocidas comúnmente como almorranas.

La dificultad para expulsar una evacuación debido al estreñimiento es con frecuencia el resultado de comer cantidades excesivas de alimentos refinados, que contienen poca o ninguna fibra, y de no beber suficiente agua u otros líquidos.

El padecimiento se presenta con frecuencia durante el embarazo, en especial si existe predisposición familiar al problema.

LA FIBRA AYUDA
Para tratar los casos leves de hemorroides consuma abundantes alimentos que contengan fibra soluble, como la avena, la fruta y las verduras, así como cereales integrales y arroz integral, para obtener fibra insoluble; y beba por lo menos dos litros de agua al día.

Siguiendo una dieta que combine estos alimentos, puede prevenir las hemorroides. La fibra soluble que se encuentra en la avena es particularmente buena para tratar el estreñimiento, puesto que ayuda a facilitar las evacuaciones al crear deposiciones más blandas. Las personas que padecen de hemorroides deben evitar los alimentos picantes y condimentados, como los curries, pues por lo general empeoran el padecimiento y aumentan la incomodidad de las evacuaciones.

En casos persistentes, el sangrado que se presenta puede producir una deficiencia de hierro capaz de causar ANEMIA. Las buenas fuentes de hierro incluyen el hígado (pero no durante el embarazo), las legumbres, los frutos secos y las verduras de hoja verde. Las fuentes de vitamina C, como la fruta fresca, mejoran la absorción de este mineral.

Si el sangrado rectal es persistente, consulte al médico, ya que esto puede indicar cáncer de recto. Los casos más graves de hemorroides se tratan con facilidad mediante la cirugía, por lo general como paciente externo.

HERNIA HIATAL

AUMENTE
- *Comidas pequeñas*
- *Romero, salvia, estragón, hinojo, eneldo y menta, que ayudan a la digestión*

REDUZCA
- *Café negro y alcohol*

EVITE
- *Comidas copiosas ya avanzada la noche*
- *Alimentos que produzcan indigestión, como los fritos*
- *Fumar*

Esta enfermedad común se presenta cuando parte del estómago fuerza su entrada hacia el pecho, debido a una debilidad de la abertura (hiato) por donde el esófago pasa a través de la cavidad abdominal. Como resultado, los jugos ácidos del estómago fluyen hacia el esófago. Esto puede producir agruras crónicas (que empeoran al acostarse), INDIGESTIÓN, flatulencia y una sensación dolorosa de ardor en la parte posterior de la garganta, aunque con frecuencia no se presenta ningún síntoma.

Si tiene hernia hiatal, evite las comidas pesadas y copiosas que distienden en exceso el estómago. Trate de comer cuatro o cinco comidas pequeñas al día. Deje de fumar, ya que esto aumenta la acidez gástrica. Evite los alimentos que pueden causar indigestión, como las comidas fritas y asadas, así como los alimentos ácidos, por ejemplo, los encurtidos y el vinagre, que pueden provocar agruras.

Beba agua o tés calmantes de hierbas, excepto la menta piperita (no confundir con la menta). Junto con el alcohol y el café, el té de menta piperita relaja el esfínter del esófago, lo que facilita el reflujo de los jugos gástricos. Evite las bebidas gaseosas, que ocasionan eructos, y los alimentos muy calientes o muy fríos, porque causan irritación.

No se acueste después de comer y trate de no comer ni beber nada al menos tres horas antes de ir a la cama. Mientras más vacío esté el estómago, menos incómodo se sentirá al acostarse. Algunos practicantes de la medicina alternativa sugieren añadir algunas hierbas a los alimentos al cocinarlos, en particular romero, salvia, estragón, hinojo, eneldo y menta, porque pueden ayudar a tener una buena digestión.

Una medida práctica que puede llevar a cabo para disminuir las molestias durante la noche es elevar la cabecera de su cama aproximadamente entre 7 y 8 centímetros, colocando bloques de madera o ladrillos debajo de las patas de la cabecera.

HERPES

AUMENTE
• *Fruta fresca, verduras, mariscos, carne magra, frutos secos y semillas*

REDUZCA
• *Alcohol, cafeína y tabaco*

Las tres clases más comunes de herpes tienen la capacidad de "permanecer" en el organismo después de la infección inicial, hasta que vuelven a reactivarse. Como resultado, las personas padecen con frecuencia de ataques recurrentes. El *Herpes simplex* tipo 1 (HSV-1) causa aftas, por lo general alrededor de la boca; el *Herpes Simplex* tipo 2 (HSV-2) produce el herpes genital, y el virus *Varicella zoster* (VZV) o *Herpes zoster* es el virus que causa la VARICELA, que puede permanecer latente y hacer que las personas padezcan de HERPES ZOSTER en otras etapas de su vida. Todas las formas de herpes son infecciosas durante los ataques, pero por lo general un tipo no puede causar la enfermedad que produce otro.

La mayoría de las personas fueron infectadas con HSV-1 en algún momento durante su infancia, en cuyo caso las aftas o las vesículas febriles recurrentes, alrededor de la boca y de la nariz, pueden servir como recordatorio de la infección primaria.

HSV-2, que es predominantemente una infección genital, se caracteriza por pequeñas ampollas con apariencia de aftas. Se transmite sexualmente y, como el HSV-1, puede presentarse de nuevo cuando el sistema inmunológico está alterado o deprimido; por ejemplo, durante temporadas de mucho estrés o de enfermedad, o antes de los periodos menstruales. La exposición a la luz del sol o a un frío extremo puede desencadenar en ocasiones un ataque. Si bien no existe una cura conocida para el herpes, mientras más pronto se dé inicio al tratamiento, mayor pro-

babilidad existe de prevenir o de reducir la gravedad de un ataque.

La mayor parte del tratamiento se centra en la autoayuda. Si usted siente síntomas de alerta antes de que aparezca un ataque de herpes oral, algunas veces tomar aspirina y aplicarse hielo puede impedir la recurrencia. Si aparecen las lesiones, las compresas de agua fría o leche ayudan a aliviar las molestias. Para proteger a otras personas del contagio, evite besarlas y no comparta platos o utensilios durante un ataque.

Las mujeres embarazadas que han tenido herpes deben informar a su médico de inmediato. Una infección activa puede trasmitirse al bebé durante el parto y puede causar ceguera, retraso mental e incluso la muerte. Una operación cesárea puede prevenir el contagio.

MEJORE SU SISTEMA INMUNOLÓGICO
Una dieta nutritiva y bien balanceada es esencial para mantener una buena salud general y resistir la enfermedad. Para ayudar a evitar un ataque del virus latente, coma abundantes cereales integrales, fruta fresca y verduras, así como carne magra y pescado fresco, alimentos que proporcionan proteínas y micronutrimentos y que además tienen un contenido relativamente bajo de grasa saturada.

Para proporcionar a su sistema inmunológico la mejor oportunidad de repeler un ataque de cualquier virus del herpes, reduzca el consumo de alcohol y de cafeína, que se encuentra en el té negro, en el café y en las bebidas de cola. Fume menos o deje de fumar. Debe también intentar descansar mucho y trate de evitar el estrés lo más posible.

Algunos pacientes han informado que han sentido alivio cuando toman lisina, un complemento aminoácido que por lo general se vende en las tiendas naturistas. Para ayudar a reducir la frecuencia de los ataques de herpes, algunos practicantes de la medicina natu-

Herpes labial

El virus que causa el herpes labial puede reavivarse debido al estrés excesivo o cuando se lucha contra un resfriado u otra infección ligera. Los ataques se pueden desencadenar también por una exposición mayor a la radiación ultravioleta, durante unas vacaciones en la playa o en la montaña.

Las mujeres padecen con frecuencia herpes labial antes del inicio de su menstruación. Quienes toman medicamentos inmunosupresores como un tratamiento para el cáncer, o después de un trasplante, pueden experimentar brotes continuos.

No hay cura para el herpes labial, pero se le trata con éxito mediante ungüentos que se venden sin receta médica. Una dieta balanceada puede ayudar también mejorando el sistema inmunológico y, por lo tanto, se reduce el riesgo de sufrir un ataque. Los nutrimentos más importantes para mantener un sistema inmunológico fuerte son las vitaminas A, C, E y el cinc. El hígado (que no debe comerse en exceso durante el embarazo) y los huevos proporcionan vitamina A. Las grosellas negras, la fruta cítrica y los pimientos son fuentes excelentes de vitamina C. La médula de las frutas cítricas es especialmente rica en bioflavinoides, que ayudan a mantener la piel en un estado excelente. Los aceites de semillas, el germen de trigo y los aguacates proporcionan vitamina E; la carne magra, los frutos secos y las semillas proporcionan cinc.

Un ataque de HSV-1 es precedido casi siempre por un entumecimiento o un hormigueo en el área afectada. El líquido del herpes labial es muy infeccioso, por lo que debe evitarse el contacto. Para disminuir la posibilidad de extender la infección, tenga cuidado al utilizar las toallas, las fundas de las almohadas, las toallas para la cara, los cubiertos y las vasijas. Lávese siempre las manos después de tocar una lesión.

rista recomiendan tomar de 500 a 1.000 miligramos de L-lisina todos los días, con el estómago vacío. Este aminoácido también se encuentra en la carne de carnero, el pollo, el pescado y la leche.

En los casos más severos de herpes, los médicos prescriben aciclovir, un medicamento antiviral que puede tomarse oralmente o aplicarse en forma de crema. El uso de aciclovir puede acortar la duración de un ataque y ayudar a prevenir las recaídas.

No tome dosis altas de vitamina C; algunos estudios muestran que esas dosis en realidad provocan una recaída de herpes.

Los complementos de cinc inhiben el desarrollo del HSV-1. Asegure un buen consumo de alimentos que proporcionen este importante mineral, como carne y mariscos.

HERPES ZOSTER

AUMENTE
- *Frutas cítricas, chabacanos, cerezas, tomates y papaya, para obtener vitamina C y bioflavinoides*
- *Aceite de cártamo, aceite de oliva, frutos secos, crema de cacahuate sin sal y aguacates, para obtener vitamina E*

El virus que causa la VARICELA es también responsable de una enfermedad dolorosa conocida como herpes zoster. Después de un ataque de varicela, algunas partículas del virus sobreviven y permanecen latentes durante muchos años en el tejido nervioso. Luego, si el sistema inmunológico está inhibido, quizá después de un periodo prolongado de padecer estrés o de haber tomado medicamentos con esteroides, el virus revive y recorre el nervio, donde causa una sensación aguda de ardor y ampollas en la piel. El herpes zoster puede presentarse en la infancia, aunque es más común en edades avanzadas (las personas mayores son las más susceptibles).

Un ataque se inicia típicamente con una gran sensibilidad y con una sensación de ardor en el área afectada de la piel. Con frecuencia se presenta alrededor del hombro y de la cintura, en un lado del rostro y en un ojo y, en ocasiones, a lo largo del brazo y en el frente del pecho. Si el virus afecta un ojo, puede producir daño permanente al cicatrizar la córnea.

La severidad de un ataque puede disminuirse bastante si se toma un medicamento apropiado, como el aciclovir (zivirax) u otro medicamento antiviral, cuando la enfermedad inicia. Además, el llevar una dieta nutritiva cuando se presentan los primeros síntomas del herpes zoster puede ayudar a reducir el riesgo de una neuralgia postherpética, un efecto secundario a largo plazo (el paciente continúa sintiendo dolor). Para disminuirlo, los médicos han empezado recientemente a recetar una crema preparada con extracto de semillas de chile.

Consuma suficientes cítricos (limones, naranjas, mandarinas, limas y toronjas), chabacanos, cerezas, tomates y papaya para obtener vitamina C y bioflavinoides, así como aceite de cártamo, frutos secos, aceite de oliva y aguacates, a fin de obtener vitamina E. Todos estos alimentos son fuentes de antioxidantes, que pueden ayudar a prevenir la inflamación.

HIDRATOS DE CARBONO

Vea CARBOHIDRATOS, pág. 86

HIERBAS Y PLANTAS MEDICINALES

La gente reconoce cada día más el valor de los ingredientes de origen natural en su alimentación y de los remedios naturales para curar sus enfermedades.

De hecho, la herbolaria es la precursora de la farmacología moderna. Por cierto, alrededor de una cuarta parte de todos los medicamentos que requieren receta médica se extraen de hierbas y otras plantas, y un número creciente de médicos e investigadores están volviendo los ojos a los remedios tradicionales a base de hierbas.

Lamentablemente, hay muchas interpretaciones erróneas acerca de los beneficios y peligros de los remedios naturales. Muchas personas creen, por ejemplo, que porque dichos remedios están hechos de ingredientes naturales son más seguros que los medicamentos hechos de sustancias químicas. En realidad, la medicina herbal, al igual que los productos farmacéuticos, pueden causar efectos secundarios adversos; algunos son incluso tóxicos. Por otro lado, los remedios de hierbas no están sujetos a las pruebas y normas que la Food and Drug Administration exige para los medicamentos sintéticos.

UNA LARGA HISTORIA

En una época o en otra, cada cultura ha confiado en los poderes medicinales de las hierbas y plantas para curar enfermedades y en algunas sociedades todavía se sigue usando. Los curanderos tradicionales chinos e indios, por ejemplo, continúan usando sus antiguos remedios a base de hierbas, aunque se pueden combinar con los tratamientos médicos modernos. En las sociedades de Occidente, la mayoría de los medicamentos se sintetizan artificialmente, incluidos muchos que originalmente se derivaron de las plantas. Sin embargo, hay excepciones: la digi-

talis, el medicamento efectivo más antiguo para tratar enfermedades del corazón aún se hace de la dedalera (o digital); la morfina y la codeína se derivan del opio, y la vincristina, un medicamento usado para tratar la leucemia, proviene de la vincapervinca (o hierba doncella) de Madagascar.

EL HERBOLARIO CASERO

Algunas personas cultivan o recolectan sus propias hierbas y plantas; sin embargo, es más común que las adquieran en tiendas naturistas o de practicantes de la medicina alternativa. Un número creciente de farmacias también vende tés herbales y otros productos a base de plantas, como píldoras de ajo, ungüentos a base de zábila (*aloe vera*), pastillas para la tos y jarabes. En la mayoría de los productos se usan hierbas secas, que son más concentradas que las frescas. Muchas hierbas medicinales se ingieren como infusiones, que por lo general son más amargas que los tés que se venden en los supermercados o en las tiendas naturistas. Pero los remedios herbales toman otras muchas formas. Independientemente de la forma, se debe tener cuidado con cualquier producto a base de hierbas. Muchos son inocuos; otros que son seguros para uso externo pueden no serlo si se ingieren.

TÉS HERBALES

Los remedios herbales que incluimos en las páginas siguientes son seguros, siempre que se tomen en dosis normales, y se pueden preparar en casa (vea recuadro pág. 216).

Anís. Es eficaz como digestivo y que sirve para aliviar los cólicos originados

por gases intestinales. Puede hacer desaparecer las náuseas y los vómitos producidos por el mareo. En dosis elevadas, su esencia es tóxica.

Árnica. Reduce el dolor y la inflamación. Su uso en ungüentos y emplastos es totalmente seguro.

Cola de caballo. Se afirma que tiene propiedades bactericidas, por lo que se emplea para curar heridas de la piel. La decocción se usa como diurético.

Damiana. De uso muy popular para aliviar la MIGRAÑA. Se toma también como tónico general y diurético, pero no existen pruebas médicas que respalden sus supuestas propiedades afrodisiacas.

Diente de león. Tiene propiedades diuréticas, es decir, ayuda a eliminar el exceso de líquido en el organismo.

Escaramujo. Rico en vitamina C. Se puede tomar para ayudar a prevenir la GRIPE y las infecciones. Su sabor puede realzarse con un poco de jugo de limón.

Estilos de maíz. Se han usado desde la época precolombina como remedio para los riñones (vea pág. 328). Se ha comprobado que ayudan a la acción de los medicamentos antisépticos recetados en casos de CISTITIS y uretritis. No contienen sustancias tóxicas y pueden emplearlos las mujeres embarazadas.

Eucalipto. Las hojas de este árbol se emplean en tisanas como remedio contra el resfriado y la gripe. Se pueden también hacer inhalaciones del vapor que produce su infusión para desinflamar las mucosas de las vías respiratorias. Puede utilizar el aceite o la esencia de

EL PODER DE LAS PLANTAS *Las hierbas deben sus propiedades medicinales y su sabor a los aceites que contienen.*

Albahaca

Tomillo

Perejil

Cebollín

Cilantro

Mastranzo

Perejil chino

Orégano

Eneldo

Romero

Hojas de laurel

Salvia

215

eucalipto, que se adquiere en farmacias, para friccionar el pecho en casos de congestión bronquial.

Flor de lavanda. Infusión relajante que se puede tomar a la hora de acostarse para ayudar a conciliar el sueño.

Flor de saúco. Alivia los síntomas de la GRIPE, el CATARRO o el dolor de los senos faciales. Se dice que es antiinflamatoria y provoca sudoración. También es útil en trastornos de las vías respiratorias y puede ayudarlo a aliviar la FIEBRE DEL HENO.

Hoja de frambuesa. Es un astringente ligero que se puede usar como enjuague bucal o en gárgaras para infecciones de la garganta.

Manzanilla. Se usa para aliviar la indigestión, calmar los nervios y reducir la ansiedad. Algunas personas piensan que ayuda a conciliar el sueño. Las bolsas de té usadas (remojadas en agua hirviendo y enfriadas) se pueden aplicar sobre los ojos inflamados, irritados o cansados.

Marrubio blanco. Esta planta, en estado fresco, tiene propiedades tónicas y pépticas y, probablemente, expectorantes, por lo que se emplea sobre todo en forma de jarabes, cocimientos e inhalaciones para aliviar la tos, la GRIPE y los CATARROS bronquiales.

Mercadela. Llamada también caléndula y ampliamente utilizada en medicina homeopática, tiene propiedades antisépticas y antiinflamatorias. La infusión de flores se utiliza en compresas para tratar heridas, forúnculos y abscesos. Se emplea además en enjuagues para inflamaciones bucales y, en gargarismos, para la amigdalitis. Posee también una ligera acción antiespasmódica, por lo que muchas mujeres la usan para regularizar los ciclos menstruales y aliviar los cólicos que aparecen con la menstruación.

Pasionaria. Se aprovechan los frutos, las ramas y las hojas frescas en decocción, a razón de 7 gramos en 150 de agua. Se emplea como sedante, sobre todo para favorecer el sueño en casos de fatiga

mental, y también como analgésico para el dolor de cabeza. Se dice que es eficaz sobre todo cuando se presentan espasmos menstruales.

Semillas de lino. En decocción, la linaza —como también se conocen estas semillas— puede ser útil como laxante y para aliviar las inflamaciones de las mucosas del aparato digestivo. La harina de linaza se emplea en cataplasmas para tratar inflamaciones y favorecer la maduración de los abscesos.

Tila. Especialmente tranquilizante, se dice que alivia los dolores de cabeza provocados por el estrés (vea pág. 178), tranquiliza la mente sobrecargada por el trabajo, reduce la tensión nerviosa y ayuda a conciliar el sueño. También puede ayudar a reducir la fiebre provocada por el CATARRO y la GRIPE.

Tronadora. Hay pruebas de que la infusión de las hojas de esta planta, y de las raíces en cocimiento, tiene acción tónica y péptica.

Zapote blanco. Debido a la acción vasodilatadora de la dimetilhistamina presente en las hojas y las semillas, puede resultar eficaz para bajar la PRESIÓN ARTERIAL. Tiene propiedades analgésicas y ayuda a conciliar el sueño. Las semillas no deben ingerirse en gran cantidad.

Zarzaparrilla. De sabor muy agradable, la decocción de esta raíz puede ser eficaz en el tratamiento del REUMATISMO. Se dice que la acción sudorífica que posee estimula las funciones de la piel, ayudando a modificar la evolución de algunas dermatosis.

LAS HIERBAS EN LA COCINA

Una forma de utilizar las hierbas para lograr una mejor salud es agregándolas a sus platillos. En la lista siguiente se dan algunos de sus usos culinarios y de sus propiedades terapéuticas.

Albahaca. Es condimento obligado de muchos platillos a base de tomate. Úsela para aromatizar salsas para aves y pescados, en sopas y ensaladas. Es un tranquilizante natural y puede ayudar a

la digestión, mitigar los cólicos estomacales y aliviar la náusea.

Apio. Las semillas de apio alivian la FLATULENCIA y pueden también tener efectos sedantes. Se utilizan como condimento mezcladas con sal. Úselas en platillos que lleven tomate, ensaladas de lechuga, COL, PAPAS, frutas y en los HUEVOS revueltos. Los tallos se pueden agre-

MEDICINA HERBAL EN LA PRÁCTICA

Usted puede preparar en casa sus propios remedios a base de hierbas siguiendo los métodos que se describen más adelante. La cantidad de hierbas que debe usarse depende de si se utilizan hierbas frescas o secas; en general, las hierbas secas o pulverizadas deben usarse con más moderación que las frescas.

Decocción. Coloque la hierba seca en una cacerola de agua fría, caliente y deje hervir a fuego lento hasta una hora. Cuele y consuma en cantidades pequeñas (por lo general 1/2 taza) dos o tres veces al día.

Infusiones o tés. Ponga las hierbas secas o frescas en una taza o vasija, cubra con agua caliente, y déjelo reposar 10 minutos. Cuele y beba como té medicinal.

Ungüentos y cremas. Mezcle las hierbas en polvo o trituradas con un aceite, grasa o cera apropiados (se usa agua para hacer algunas cremas) y cocine a baño María durante 2 o 3 horas. Pase la mezcla ahora espesa por un colador o prensa de vino y guárdela en un frasco de vidrio limpio en un lugar oscuro y fresco hasta que usted lo necesite.

Jarabes. Agregue miel o azúcar a una infusión o decocción (vea más arriba), hierva a fuego lento hasta que alcance la consistencia deseada y guarde en una botella de vidrio limpia.

gar a las ensaladas o comer cubiertos de queso crema condimentado y son imprescindibles en el arroz chino. El jugo de éstos, rico en vitamina E, favorece la digestión.

Borraja. Se agrega a las ensaladas verdes, a las que confiere un aromático sabor a pepino fresco. Las hojas cubiertas de azúcar se emplean para decorar pasteles. En decocción —a razón de 10 gramos de flores y hojas por 200 gramos de agua— es diurética y sudorífica, lo que ayuda a la acción de los medicamentos contra la fiebre utilizados en casos de BRONQUITIS o pulmonía. Tiene acción antiinflamatoria y emoliente sobre las mucosas y la piel.

Cebollín. Los diminutos filamentos del cebollín condimentan las PAPAS, las *omelettes*, las sopas, el pescado cocido y los estofados. Estimulan el apetito y ayudan también a la digestión en estados de convalecencia.

Cilantro. Se usa en diversos platillos de la cocina mexicana; realza el sabor de las salsas y las sopas. También se agrega a los platillos de aves y veduras. En herbolaria, se puede comer un pequeño manojo de hojas frescas como tónico gástrico y cardiaco. Tanto las semillas como las hojas se usan para fortalecer las vías urinarias y en casos de infecciones que las afecten.

Eneldo. Use sus hojas para aromatizar las lentejas, los frijoles, el puré de CHÍCHAROS, así como los HUEVOS y el pescado (vea pág. 306). Ha demostrado ser eficaz para aliviar cólicos y FLATULENCIA. La infusión de las hojas, una vez enfriada, se puede dar a los bebés para mitigar los cólicos infantiles.

Estragón. Este aromático condimento es ingrediente imprescindible de las *fines herbes*. Puede utilizarlo para hacer mantequilla al estragón, a razón de 1cucharadita de estragón seco desmenuzado por cada media taza de mantequilla, y úntela a la carne o al pescado asados. Ayuda a compensar las dietas sin sal.

Hierbabuena. Con ella se prepara una deliciosa salsa con miel para condimentar el CORDERO asado. Se usa en ensaladas de mariscos (vea pág. 260), jaleas, postres y bebidas. Excelente después de una comida abundante para ayudar a la digestión y aliviar la FLATULENCIA. También puede ayudar a controlar la náusea y es útil en el tratamiento del CATARRO y la GRIPE, en especial en combinación con el saúco.

Hoja santa. Es ideal para sazonar tamales, salsas y guisados. Se ha comprobado que estimula la digestión y ayuda a suprimir los gases intestinales, además de tener un alto contenido de calcio.

Laurel. Parte importante del tradicional manojo de hierbas de olor, se emplea como condimento. Estimula el apetito y ayuda a la digestión.

Menta. Las hojas de muchas variedades se utilizan en diversos platillos, como la carne de CORDERO, las ensaladas de frutas, los CHÍCHAROS verdes y algunos postres y bebidas. Es digestiva y un té de menta bien caliente puede ayudarlo cuando sienta los primeros síntomas de un resfriado.

Orégano. Utilizado para dar sabor a los rellenos, ensaladas y platillos de tomate, se piensa que la decocción de orégano ayuda en el tratamiento de las infecciones intestinales y cuando hay retraso del ciclo menstrual. En este último caso, se toma dos o tres días antes de la menstruación. No debe administrarse por mucho tiempo, ya que tiene un efecto irritante; tampoco debe tomarse durante el embarazo.

Perejil chino. En los libros de cocina extranjeros hallará esta hierba con el nombre de perejil (compárese con "perejil"). Contiene cantidades apreciables de vitamina C y hierro. Se puede utilizar para combatir el mal aliento, sobre todo después de ingerir AJO.

Perejil. Este condimento, que en otros países se conoce como perifollo, posee un sabor anisado. Se puede usar en sopas y ensaladas, con el pollo y las tru-

chas asadas, en *omelettes* de hierbas finas y para dar sabor a la mantequilla. Se dice que estimula la digestión.

Romero. Se emplea en caldos, sopas y platillos de carne de CORDERO, de pollo y de pescado. Se dice que actúa como estimulante ligero al inicio del día o cuando empieza a sentirse agotado. Puede aliviar los dolores de cabeza y tomarse para la digestión. Se dice que mejora la memoria y el estado de ánimo.

Salvia. Úsela para condimentar rellenos para cerdo, pato y pavo, así como en carnes a la parrilla.

Semillas de hinojo. Sirven para condimentar el pescado (vea pág. 306), el CORDERO, la sopa de CHÍCHAROS y la de tomate. Son antiespasmódicas y ayudan a la digestión: pueden aliviar la náusea y el abdomen inflamado por gases. En las mujeres que están amamantando, se dice que aumentan el flujo de leche y que, al mismo tiempo, alivian los cólicos y los gases en el bebé. Sin embargo, se cree que favorecen la menstruación, por lo que las mujeres embarazadas deben evitar su consumo. Los tallos tiernos son comestibles.

Tomillo. Por su olor penetrante, empléelo con moderación. Se puede agregar a las sopas y a los platillos de carnes y verduras. Mezclado con perejil sirve para realzar el sabor de los rellenos de pollo y ternera. Se recomienda en muchos tipos de infecciones: CATARRO, GRIPE, BRONQUITIS, dolor de oído y SINUSITIS. Se dice que alivia el dolor provocado por la indigestión y que levanta el ánimo.

Toronjil. Tiene la fragancia del limón, pero no su acidez. Agregue dos o tres hojitas machacadas a las ZANAHORIAS o las papitas tiernas guisadas o úselas, finamente picadas, en las ensaladas de frutas. La tisana se prepara mejor con las hojas frescas. Alivia la tensión sin provocar mareo. Puede ayudar a la digestión, tranquilizar los nervios y proporcionar alivio en diversos casos de fiebre, como la provocada por la GRIPE.

HÍGADO, ENFERMEDADES DEL

AUMENTE
- *Alimentos ricos en vitamina C, como las frutas cítricas y las fresas*
- *Vitamina B_{12}, que se encuentra en el hígado y en el pescado*
- *Folato, que se encuentra en el hígado, en las verduras verdes y en algunas frutas*

REDUZCA
- *Grasas saturadas de carnes grasosas y de productos lácteos enteros*
- *Azúcares*
- *Café y té negro*

EVITE
- *Alcohol*
- *Alimentos muy condimentados*

Una dieta baja en grasas, alcohol y azúcares es la clave para mantener un hígado sano. Protegido por las costillas, el hígado se localiza en la parte superior derecha del abdomen. Es el órgano de mayor tamaño en el organismo y desempeña más de 500 tareas, incluyendo por lo menos 22 funciones vitales. El hígado es el principal desintoxicante; elimina y neutraliza las toxinas, los medicamentos, la nicotina y el alcohol de la corriente sanguínea.

Otras funciones incluyen: almacenamiento de la glucosa en forma de glucógeno para el mantenimiento de los niveles de glucosa en la sangre; producción de proteínas importantes y la descomposición de los aminoácidos excesivos (producto de la digestión de la proteína) en la urea, eliminada por los riñones. Produce también la bilis, que se almacena en la vesícula biliar y pasa hacia el duodeno, donde descompone las grasas en pequeños glóbulos para hacerlas más digeribles. Todas estas funciones se deterioran debido a una enfermedad grave del hígado, casi siempre causada por infecciones ta-

les como la hepatitis viral o por drogas como el alcohol. La inflamación crónica del hígado causa cicatrices en el tejido, padecimiento conocido como CIRROSIS. Otro problema común del hígado es la incapacidad para secretar bilis debido a cálculos que se forman en la vesícula biliar.

A pesar de que el hígado tiene una capacidad notable para regenerarse, los efectos del abuso persistente y prolongado en el consumo de alcohol pueden ocasionar su mal funcionamiento. Las señales de enfermedad crónica del hígado pueden incluir: ICTERICIA, fiebre, pérdida del vello, distensión del abdomen y la presencia de depósitos grasos amarillos en la parte superior de los párpados.

Para disminuir la carga de trabajo del hígado, es mejor seguir una dieta con bajo contenido de grasas, alcohol y azúcares, y disminuir el consumo de té negro y de café. Ayuda también evitar los alimentos muy condimentados, debido a que hacen trabajar más al hígado.

Durante el curso de la enfermedad del hígado se agotan la vitamina B_{12} y el folato. El hígado animal es una fuente excelente de las dos vitaminas (no lo consuma en exceso si está embarazada). El pescado y los productos lácteos proporcionan también vitamina B_{12}, y las verduras verdes y la fruta fresca proporcionan folato. Un consumo elevado de vitamina C, un poderoso ANTIOXIDANTE (se encuentra en la fruta, en especial en la fruta cítrica), puede ayudar también en el proceso de recuperación al apoyar a los sistemas de desintoxicación del hígado, que se debilitan cuando este órgano resulta afectado por la enfermedad.

Si bebe jugo de betabel, de zanahorias o de limón, puede ayudar a aumentar el flujo de bilis que secreta el hígado, lo que a su vez ayuda en la excreción de los productos de desperdicio del organismo.

Cualquier persona que padezca una enfermedad del hígado debe evitar el alcohol (vea pág. 26). Para protección contra los trastornos del hígado, los adultos deben seguir el consejo respecto a los límites seguros: no más de una bebida al día para las mujeres y dos para los hombres.

HIGIENE

La higiene en la alimentación es una parte esencial para conservar una buena salud. Si se desconocen o no se siguen las reglas básicas de la higiene durante la compra, la preparación, la cocción y el almacenamiento de los alimentos (vea pág. 40), las consecuencias en términos de INTOXICACIÓN POR ALIMENTOS pueden ser repentinas y graves.

CÓMO ALMACENAR LAS COMPRAS
Desempaque los alimentos lo más pronto posible. Almacene por separado, en el refrigerador, los alimentos crudos y los cocidos, envolviéndolos o tapándolos primero, para evitar la contaminación cruzada. Los alimentos en paquete o enlatados deben mantenerse en un sitio limpio, fresco y seco. Coloque los productos más nuevos en la parte posterior y los que tienen más tiempo al frente, para utilizarlos primero. Revise la fecha de caducidad o de venta de los productos. Los alimentos ácidos enlatados, por ejemplo los tomates y la piña, pueden almacenarse durante 12 a 18 meses; los alimentos enlatados con poca acidez pueden conservarse entre 2 y 5 años.

UNA COCINA LIMPIA
Para multiplicarse, las bacterias necesitan alimento, calor, humedad y tiempo. Mantenga la cocina limpia y seca. Desinfecte a menudo la parte superior de los muebles, en especial después de

preparar carne cruda o aves. Los trapos de cocina deben cambiarse diariamente y las toallas de cocina deben enjuagarse en blanqueador diluido o en desinfectante, y orearse después de usarlas. Vacíe con frecuencia los botes de basura y desinféctelos con blanqueador diluido. Mantenga a las mascotas ale-

jadas de la comida y de la parte superior de los muebles de cocina.

Mantenga tapados los alimentos, no deje sobras encima de los muebles y limpie cualquier derrame. Estos cuidados ayudan a evitar que insectos tales como las moscas propaguen la enfermedad.

Cómo comprar la comida

En la actualidad, en muchos alimento se especifica la fecha de caducidad o el último día de venta en la etiqueta de los alimentos; sin embargo, si sigue otros principios básicos respecto a la seguridad de los alimentos, incluso mientras efectúa sus compras, ayudará a reducir la probabilidad de problemas posteriores, tales como la intoxicación alimentaria.

Asegúrese de que los huevos no estén quebrados.

Evite las frutas que tengan la piel perforada o magullada.

No deje los alimentos congelados o helados, ni la carne cruda, las aves y el pescado, en la cajuela de un automóvil caliente.

Evite las envolturas dañadas o rotas.

Refrigere lo más pronto posible los alimentos congelados.

Acomode las compras en el carrito o en el canasto de tal manera que la carne cruda y el pescado no goteen sobre otros alimentos.

Evite las latas oxidadas o abolladas.

Cómo transportar la comida a la casa

Asegúrese de comprar en un lugar reconocido, en especial si va a comer crudos los alimentos, como en el caso de algunos mariscos. Note si la tienda carece de una buena higiene, como por ejemplo si los congeladores están demasiado llenos o si la carne cruda y la cocinada están almacenadas juntas. Seleccione al final los alimentos helados o congelados, a fin de que tengan menos tiempo para calentarse mientras paga; colóquelos juntos para mantenerlos fríos. Si hace sus compras durante la hora del almuerzo, compre los productos helados únicamente si en su centro de trabajo hay un refrigerador para guardarlos.

Sí y No, en relación con los refrigeradores y los congeladores

• Sí, mantenga la parte más fría del refrigerador a 0°–5°C. Los congeladores deben mantenerse a –18°C o a una temperatura más baja.

• Sí, limpie el refrigerador con regularidad. Una solución de bicarbonato de sodio y agua tibia es un buen limpiador y evitará los olores en el refrigerador.

• Sí, descongele el refrigerador y el congelador con regularidad, para su óptimo funcionamiento. Lave el congelador y deje que su temperatura baje a –18°C antes de guardar de nuevo los alimentos.

• Sí, deje espacio suficiente para que circule el aire frío en el refrigerador; en contraste, el congelador horizontal funciona mejor si los alimentos se colocan muy juntos.

• Sí, mantenga la carne cruda, las aves y el pescado en los anaqueles inferiores del refrigerador y asegúrese de que no estén en contacto con platillos cocinados o alimentos que se comerán crudos.

• Sí, utilice envolturas adecuadas: bolsas para congelador o recipientes de plástico con tapa hermética, que evitarán que penetre la humedad en la comida y la dañe; asegúrese de etiquetarlos anotando la fecha.

• No deje el refrigerador o el congelador abiertos, pues la temperatura interior se elevará con rapidez.

• No guarde comida caliente en el refrigerador ni en el congelador.

• No guarde los huevos en el anaquel de la puerta del refrigerador; manténgalos en su caja o en un tazón, para que el aire pueda circular libremente. El tiempo máximo de almacenamiento recomendado es de tres semanas.

PREPARACIÓN DE LA COMIDA

Lávese siempre las manos con agua caliente y jabón, antes de tocar los alimentos. Si necesita toser, sonarse o estornudar, utilice un pañuelo limpio para no diseminar los gérmenes y lávese las manos antes de volver a tocar los alimentos. Si tiene alguna cortada o infección en las manos, use guantes de hule.

Descongele los alimentos congelados, en especial las aves, de preferencia en el refrigerador. Tenga cuidado para que los líquidos de la carne o las aves que descongela no goteen sobre otros alimentos. Debido a que la humedad ayuda al desarrollo de las bacterias, lave la carne y las aves antes de utilizarlas. Las verduras deben lavarse con cuidado, para quitar la tierra, los insectos y los plaguicidas solubles en agua.

Es mejor tener una tabla de picar especial para la carne cruda, las aves y el pescado. Las tablas de plástico son por lo general más higiénicas que las de madera. Nunca utilice el mismo cuchillo para cortar alimentos crudos y cocidos, sin haberlo lavado antes.

CÓMO COCINAR

Debido a que el pollo puede contener la bacteria salmonela, siempre debe cocerse muy bien; estará bien cocido cuando los jugos que suelte sean claros. La carne de cerdo también debe cocerse perfectamente, debido al peligro de infección por triquina. Si calienta con anticipación el horno, conseguirá que alcance una temperatura suficientemente alta para matar las bacterias.

El arroz puede contener *Bacillus cereus* y por lo tanto debe ingerirse poco después de cocinarlo o, si lo va a comer frío, manténgalo fresco dentro del refrigerador.

Ficus carica

Las higueras producen generalmente dos cosechas de fruta cada verano.

La higuera, mencionada con frecuencia en la Biblia, creció en el Jardín del Edén, donde Adán y Eva utilizaron sus hojas para preservar su pudor.

FRUTAS BÍBLICAS
Los higos, deshidratados y frescos, han sido populares en las regiones del Mediterráneo desde los tiempos bíblicos.

HIGOS

VENTAJAS
• *Los higos deshidratados tienen un alto contenido de fibra, que previene el estreñimiento, y son ricos en potasio*

DESVENTAJAS
• *Los higos deshidratados tienen un alto contenido de azúcar y pueden contribuir a la caries dental*
• *Los higos deshidratados pueden estar contaminados con las toxinas del moho*

Gramo por gramo, los higos deshidratados proporcionan seis veces más energía (calorías) que los higos frescos. La deshidratación concentra también los nutrimentos y los convierte en una fuente rica de potasio y en una fuente apreciable de calcio, hierro y magnesio.

Los higos deshidratados contienen pectina —una forma de fibra soluble que puede ayudar a disminuir los niveles de colesterol en la sangre— y también fibra insoluble, que ayuda al movimiento de la comida en el intestino, lo que previene el estreñimiento y otros trastornos intestinales. Un puñado de higos deshidratados tiene normalmente un efecto laxante, mientras que los higos en almíbar son un remedio tradicional para el estreñimiento.

Sin embargo, los higos deshidratados tienen también un alto contenido de azúcar y, si se comen con demasiada frecuencia, pueden provocar caries dental. Son contaminados con relativa facilidad por el moho y pueden contener toxinas de éste, como las aflatoxinas, que son potencialmente cancerígenas.

HINOJO

VENTAJAS
- *Las semillas son buenas para la digestión y pueden ayudar a prevenir los cólicos en los bebés*
- *Bajo contenido de energía*

DESVENTAJA
- *Alto contenido de nitratos*

Hay dos variedades de hinojo: el hinojo Florence y el hinojo de jardín. Casi todas las partes de las dos variedades pueden utilizarse para propósitos culinarios, pero las semillas son reconocidas por sus propiedades medicinales.

El hinojo Florence tiene una base dura, bulbosa y carnosa, con una textura crujiente y un sabor a regaliz delicado y distintivo. Se come crudo en ensaladas, pero también puede hervirse o asarse. El hinojo de jardín tiene tallos alargados de color verde oscuro y hojas plumosas. Su sabor a anís, refrescante y delicado, complementa el pescado y los mariscos. El hinojo contiene beta carotenos, que el organismo convierte en vitamina A, y folato, que es necesario para la formación de la sangre. Cien gramos de hinojo proporcionan 12 calorías, por lo que es un agregado de poca energía para una ensalada saludable. Como el apio, el hinojo puede tener un alto contenido de nitratos.

COCINA Y BOTICA *El hinojo Florence es una verdura versátil. Todas sus partes pueden utilizarse para cocinar, y sus semillas son especia y medicamento.*

SEMILLAS DE HINOJO
Las semillas aromáticas del hinojo son una de las especias más antiguas en el mundo. En la medicina tradicional mundial se han utilizado para preparar un té que combate varios problemas

Un remedio antiguo

En la India, las semillas de hinojo tostadas se mastican después de comer, para evitar el mal aliento y para ayudar a la digestión. En la Grecia y la Roma clásicas, las semillas se comían para prevenir la obesidad. En la antigua Grecia, el médico Hipócrates y, 2.000 años después, en Inglaterra, el herbolario Nicholas Culpeper, recomendaban el té de hinojo (una taza al día) para estimular la producción de leche de las madres que amamantan. Una cucharadita de té de hinojo suave y frío puede utilizarse para aliviar los cólicos de los bebés.

digestivos, desde el hipo hasta el cólico. El té de hinojo tiene un sabor refrescante y puede ayudar a aliviar la flatulencia y la inflamación. Se considera que las semillas de hinojo estimulan la menstruación, por lo que las mujeres embarazadas deben evitar consumirlo.

HIPERACTIVIDAD

CONSUMA
• *Una variedad de alimentos que proporcionen una dieta completa y nutritiva*

REDUZCA
• *Bebidas con cafeína*
• *Salchichas y otros productos que contengan grandes cantidades de aditivos y conservadores*

EVITE
• *El autotratamiento con dosis altas de vitaminas y minerales*
• *Las dietas que eliminan grupos completos de alimentos*

Alrededor de 2 a 4% de todos los niños sufren hiperactividad, los varones cinco veces más que las niñas. Los padres a menudo describen al niño hiperactivo en movimiento constante —siempre moviéndose, impulsivo, que interrumpe todo el tiempo, e incapaz de concentrarse. Muchos investigadores creen en la teoría de que un desbalance de la química del cerebro es el responsable de esta conducta anormal, pero la causa precisa no se ha identificado.

En los últimos años, se ha mencionado la dieta como la posible causa de la hiperactividad, argumento que han desacreditado muchos expertos. Aunque algunas deficiencias nutricionales pueden afectar la conducta, éstas casi nunca ocurren en los países industrializados, donde la desnutrición rara vez constituye un problema. Por otro lado,

docenas de estudios no han comprobado la teoría de que la dieta desempeña un papel en la hiperactividad. Aun así, muchos padres e incluso algunos médicos creen que, al menos para algunos niños, existe un vínculo entre la dieta y la hiperactividad. Esta teoría se propuso por primera vez en 1973, cuando Benjamin Feingold, un especialista en alergias del estado de California, afirmó que la hiperactividad se debía a ciertos aditivos de los alimentos y a los salicilatos, ingredientes de la aspirina y compuestos de muchas frutas y unas pocas verduras. El doctor Feingold recomendaba eliminar todos los alimentos que contuvieran ciertos conservadores y saborizantes y colorantes artificiales, así como todas las fuentes naturales de salicilatos. La mitad de sus pacientes hiperactivos mejoraron con esta dieta de eliminación.

Si bien algunos informes sugieren que una dieta libre de aditivos ayuda a unos pocos niños, los hallazgos del doctor Feingold respecto a una mejoría considerable en un porcentaje significativo de casos no han sido duplicados en otros estudios científicos. Algunos pediatras aconsejan a los padres que traten de eliminar los alimentos que tienen un contenido muy alto de conservadores y otros aditivos —por ejemplo, las salchichas (hot dogs) y otras carnes procesadas y algunos productos horneados comerciales— con el fin de ver si hay alguna mejoría. Sin embargo, eliminar todos los alimentos que tienen salicilatos naturales plantea un problema más difícil; no hay pruebas de que esto en realidad ayude para controlar la hiperactividad, y, además, puede originar una deficiencia de vitamina C, beta carotenos y otros nutrimentos.

La cafeína se ha relacionado a la hiperactividad. Los expertos dudan de que esta sustancia en realidad cause el problema, pero es posible que provoque inquietud en el niño hiperactivo.

Algunos defensores de la terapia ortomolecular —el uso de dosis de vitaminas y minerales muy altas para tratar problemas de conducta y de otro tipo— apoyan este método para el tratamiento de la hiperactividad. No hay indicaciones de que esa terapia ayude; sin embargo, automedicarse con megadosis de vitaminas y minerales puede ocasionar desequilibrios nutricionales serios y toxicidad.

EL AZÚCAR
LIBRE DE CULPA
A menudo el consumo alto de azúcar ha sido señalado como el responsable de la hiperactividad. También en este caso no hay evidencia científica que pruebe esta teoría. De hecho, un estudio realizado por el National Institute of Mental Health encontró que los niños a quienes se les daba una bebida dulce en realidad se comportaban menos activos que el grupo de control que recibió bebidas sin azúcar. Según algunos investigadores, este efecto calmante se relaciona con el hecho de que el azúcar hace que el cerebro incremente la producción de serotonina, un químico que reduce la actividad eléctrica de este órgano.

HIPOGLUCEMIA

REDUZCA
• *Comidas pesadas y copiosas*
• *Alcohol*

La glucosa es la principal fuente de energía del organismo y la única fuente de energía para el cerebro. Este azúcar simple se encuentra en algunos alimentos, incluyendo las uvas, y es uno de los componentes de la sacarosa (el componente principal del azúcar de caña) y del almidón (que se encuentra en las papas y en el pan, por ejemplo). Durante la digestión, los alimentos que contienen sacarosa o almidón li-

Un caso real

Andrés, de 29 años de edad, se volvió agresivo de pronto y no cooperaba con sus padres. Se tambaleaba y sudaba mucho. Su médico sabía que era un diabético que dependía de la insulina y que sus síntomas podían indicar hipoglucemia. Su madre dijo que Andrés no había desayunado, pero que sí había tomado su acostumbrada dosis de insulina por la mañana. Esto hizo que su nivel de glucosa en la sangre disminuyera y desencadenó los síntomas que lo hacían parecer ebrio. El médico le hizo beber leche endulzada y, media hora después, Andrés volvió a la normalidad. Después de la leche comió pan, cuyos carbohidratos impidieron que el nivel de glucosa disminuyera demasiado otra vez. El médico explicó que aunque necesitaba tomar la insulina cuando estaba enfermo, debía comer aunque no tuviera hambre. En el futuro, si no se sentía bien, Andrés podría tomar refrigerios pequeños y frecuentes, así como bebidas, en vez de comidas completas.

beran glucosa en el torrente sanguíneo. Normalmente, la insulina y otras hormonas mantienen en la sangre la concentración de glucosa necesaria para la energía y el funcionamiento del cerebro, pero si el organismo no puede regular sus niveles de glucosa en la sangre, puede producirse hiperglucemia, cuando los niveles están muy altos, o hipoglucemia, cuando disminuyen demasiado.

Los síntomas de la hipoglucemia incluyen hambre, debilidad, sudor frío, palpitaciones, mareo y confusión. Si no se actúa de inmediato para elevar los niveles de glucosa, el paciente perderá el conocimiento.

CAUSAS

La hipoglucemia la padecen con mayor frecuencia las personas con DIABETES, pero puede ser una señal de una enfermedad del HÍGADO, porque éste ayuda a regular los niveles de glucosa en la sangre. También puede presentarse después de un ejercicio físico intenso, como resultado del estrés o después de beber demasiado alcohol.

Existe otro padecimiento conocido como hipoglucemia reactiva. En este caso, el organismo produce demasiada insulina, lo que hace que los niveles de glucosa en la sangre disminuyan rápidamente. La tensión crónica, la falta de comida y una dieta alta en carbohidratos refinados pueden contribuir a la hipoglucemia reactiva. Los síntomas se presentan casi siempre entre 2 y 5 horas después de las comidas. Si se ingieren alimentos que contengan azúcar, en un intento de elevar los niveles de glucosa en la sangre, el organismo secreta de nuevo demasiada insulina y se establece un círculo vicioso.

CÓMO EVITAR LA HIPOGLUCEMIA

Los niveles de glucosa en la sangre pueden controlarse si se asegura de comer con regularidad y frecuencia. La parte principal de sus comidas debe consistir en carbohidratos complejos, como los cereales integrales, las legumbres, las papas con cáscara y las pastas, así como frutas frescas y verduras. Debido a que estos alimentos se desdoblan con lentitud, proporcionan una liberación continua de glucosa en el torrente sanguíneo.

No es necesario disminuir los alimentos refinados y las bebidas que contienen azúcar, como la miel, el jugo de fruta y la fruta deshidratada, pero éstos deben comerse con moderación. Evite beber demasiado alcohol, ya que estimula la producción de insulina.

Si es diabético y sufre un ataque de hipoglucemia, tome de inmediato una cucharada de azúcar o miel, o un vaso de jugo de naranja, o media lata de una bebida que contenga azúcar. Si su siguiente comida no está próxima, además de lo anterior coma algo más sustancioso, como un vaso de leche y galletas o un sándwich. Si padece repetidamente hipoglucemia antes de las comidas, debe adelantar la hora de ingerirlas. También es esencial que tome más carbohidratos antes y después de hacer ejercicio. La cantidad necesaria dependerá de su ritmo metabólico y del tipo de ejercicio. Lleve consigo suficiente azúcar concentrado, en caso de que sufra un ataque.

HIPOTERMIA

AUMENTE
- *Comida caliente, sopas y bebidas tibias*
- *Comidas frecuentes y pequeñas*

EVITE
- *Alcohol mientras el paciente espera recibir atención médica*

Un frío extremo en el organismo causado por una exposición al frío —ya sea en el interior de una casa o al aire libre— es peligroso y con frecuencia puede ser fatal. La hipotermia, cuyos síntomas son escalofríos, mareo y pulso lento, es muy común en las personas mayores que viven solas en casas con calefacción inadecuada y en los bebés recién nacidos que son mantenidos en habitaciones frías durante la noche. Los bebés prematuros y los que padecen alguna enfermedad son más susceptibles; las señales son una apariencia de color rojo brillante, la apatía y el negarse a comer. La hipotermia puede afectar a cualquier persona expuesta al frío o a la humedad extremos durante periodos prolongados; por ejemplo, los marineros, los montañistas y las personas que toman parte en los deportes de invierno, como el esquí.

La situación es más peligrosa cuando la temperatura del organismo desciende de los 37°C normales a menos de 35°C y el metabolismo empieza a ser más lento. Una vez que la temperatura desciende a menos de 33°C, los escalofríos cesan y la persona queda confundida y tambaleante. La pérdida de la conciencia ocurre cuando la temperatura llega a 30°C, y el paciente puede morir a no ser que se le ayude de inmediato. Cualquier persona que se encuentre en este estado necesita tratamiento médico de urgencia. Llame de inmediato a un médico o a una ambulancia.

Mientras espera la atención médica, envuelva la cabeza y el cuerpo del paciente en mantas o en cualquier otra cosa que sea adecuada. Debido a que el calentamiento demasiado repentino es peligroso, evite utilizar botellas de agua caliente o cualquier forma de calor directo. Es peferible y seguro ofrecer sopa caliente o una bebida tibia y dulce si la víctima está consciente y es capaz de tragar, pero no le dé alcohol, pues éste desvía la sangre de los órganos vi-

tales hacia la piel y dilata los capilares, por lo que se pierde más calor.

CÓMO PREVENIR LA HIPOTERMIA

Hay varios pasos que puede seguir para evitar estar peligrosamente frío:

• Asegúrese de tomar muchas bebidas tibias durante el día.

• Trate de tomar al menos una comida caliente al día.

• Use ropa abrigadora. Varias capas delgadas son más efectivas para conservar el calor que una capa gruesa.

• Use sombrero para evitar que el calor del organismo se pierda a través de la cabeza. Los bebés son especialmente vulnerables a esta clase de pérdida de calor.

• Trate de mantenerse activo. Permanecer sentado en la misma posición durante un periodo prolongado sólo le hará sentir más frío.

• Mantenga cálida al menos una habitación de la casa, a una temperatura de 21°C, aunque eso signifique cerrar el resto de la casa y vivir sólo en esa habitación. Busque corrientes de aire y bloquéelas.

• Durante las noches frías, mantenga un termo junto a su cama, con una bebida dulce y caliente.

• Planee con anticipación si piensa aventurarse a salir por periodos prolongados en clima frío. Lleve consigo ropa apropiada, incluso si el cielo está claro. Es preferible que use ropa de la-

CALOR INVERNAL *En un clima frío, aumente el calor del cuerpo con comidas regulares y bebidas calientes confortantes.*

na y no de algodón. Coma bien para mantener sus fuerzas y lleve consigo refrigerios con alto contenido de carbohidratos.

• No beba alcohol cuando se encuentre al aire libre en un clima frío y húmedo. Esto disminuye el vigor y la agudeza mental y produce también una pérdida de calor.

• Si está acampando, asegúrese de que su tienda de campaña sea resistente, a prueba de agua y protectora de los embates del viento. Lleve una estufa de gas con gas extra, así como un encendedor confiable.

HONGOS Y TRUFAS

VENTAJA
• *Buenas fuentes de potasio y algunos oligoelementos*

DESVENTAJAS
• *Los hongos contienen una variedad de sustancias químicas, incluyendo las nitrosaminas, que pueden ser cancerígenas*
• *Los hongos pueden acumular metales pesados, como el cadmio y el plomo*

Los champiñones y otros hongos comercialmente disponibles son buenas fuentes de potasio y de oligoelementos. Sin embargo, las personas tienden a comer los hongos en cantidades tan pequeñas (en términos de peso) que la contribución que hacen a la dieta tiene mucho más que ver con el sabor y con la textura que con la nutrición. Proporcionan poca energía, aunque su contenido de calorías aumenta en forma significativa cuando se fríen.

FORMAS Y TAMAÑOS A GRANEL *En la actualidad hay una mayor variedad de hongos disponible que anteriormente, como el champiñón, el sabañón, el shiitake, la morilla y el mízcalo.*

Los hongos deshidratados tienen un sabor más intenso que los frescos y por lo general contribuyen más al sabor que al volumen de la comida. Es necesario remojar la mayoría de los hongos antes de utilizarlos: enjuáguelos primero; en seguida, vierta sobre ellos suficiente agua hirviendo para cubrirlos y, por último, déjelos reposar durante media hora aproximadamente. El agua en la que se remojaron puede utilizarse como caldo para preparar sopas o estofados.

Los hongos contienen sustancias llamadas hidracinas y nitrosaminas que han demostrado ser cancerígenas en pruebas con animales de laboratorio, y que pueden serlo también para los seres humanos. Sin embargo, debido a que las personas tienden por lo general a no comer cantidades grandes de hongos, los niveles de hidracina ingeridos son infinitesimales y perfectamente seguros.

Nutritivamente, existe poca diferencia entre los hongos silvestres y los cultivados. Los hongos silvestres normalmente tienen más sabor a tierra y dan color a las salsas o a los guisados con sus jugos oscuros. Los hongos silvestres y los cultivados tienen la tendencia a acumular metales pesados tóxicos, como el cadmio y el plomo, si crecen en el estiércol (particularmente, si lo hacen en un medio ambiente contaminado).

Si desea recolectar hongos silvestres, tenga mucho cuidado. Algunas de las variedades más tóxicas son muy similares a los hongos comestibles y pueden ser confundidas fácilmente. Las setas y las cantarelas son muy comunes en el campo, pero recoléctelas únicamente si está seguro de haberlas identificado de manera correcta. Si tiene alguna duda, es preferible que compre los hongos en las tiendas.

Debido a que la gente se ha aventurado más en sus hábitos alimentarios, las personas que cosechan hongos

El folclor de los hongos

Los antiguos egipcios pensaban que los plebeyos no eran dignos de comer champiñones, y los reservaban para los faraones. Los romanos servían champiñones en sus banquetes, pues creían que daban a los guerreros una fuerza extraordinaria.

En todo el mundo y a lo largo de la historia, muchos pueblos han usado los champiñones y otros hongos por sus propiedades narcóticas o alucinógenas. Una tribu indonesia de Borneo, los dayaks, por ejemplo, usan el venenoso hongo agárico como estimulante.

En Europa, el entusiasmo por los hongos silvestres es tan grande que su recolección es un pasatiempo en algunas naciones. Hay temporadas de veda y leyes para impedir su extinción.

En el Lejano Oriente, los herbolarios recomiendan comer hongos shiitake para tener una vida larga y sana.

han respondido cultivando una amplia variedad de hongos exóticos. Los siguientes pueden conseguirse con más facilidad.

Boletos. Tienen una apariencia similar a bollos lustrosos; los boletos deshidratados tienen un sabor concentrado a carne. Los italianos los llaman *porcini*.

Cantarelas. Son hongos dorados con forma de trompeta. Tienen un aroma perfumado picante y una textura firme.

Morillas. Con su sombrero con apariencia de panal, estos hongos se asemejan más a una esponja que a un hongo. Tienen un rico sabor terroso.

Sabañones. Son hongos con sabor a pescado, con una textura ligeramente chiclosa; casi siempre se comen cocidos. Son populares en la cocina china y en la japonesa.

Shiitake. Este hongo de árbol de rico sabor se comercia generalmente deshidratado.

LAS EVASIVAS TRUFAS

El hongo gastronómico, esencial en la alta cocina por su sabor único, ha resistido todos los intentos de cultivo. Las trufas crecen bajo tierra, casi siempre en las raíces del roble o de la haya, y son descubiertas por cerdos o perros entrenados. La trufa negra o Périgord y la blanca o trufa italiana son consideradas por los conocedores como variedades excelentes.

El penetrante aroma a tierra de las trufas se utiliza para condimentar varios platillos. Debido a que las trufas son muy caras, se comen rara vez y en cantidades muy pequeñas, por lo que su contribución nutritiva a la dieta es insignificante.

HUERTA EN CASA

Vea pág. 228

HUEVOS

VENTAJAS
• *Fuente excelente de vitamina B_{12}*
• *Fuente conveniente de proteínas*
• *Ricos en vitaminas y minerales*

DESVENTAJAS
• *La yema tiene alto contenido de colesterol*
• *Riesgo de intoxicación por salmonella si no se cuecen totalmente*

NUTRIMENTOS EN UN CASCARÓN *Los huevos de gallina son los que se consumen más comúnmente en los hogares estadounidenses, pero en otros países también se consumen los de codorniz, los de gallina bántam y los de pato.*

Continúa en la página 230

La huerta en casa

Cada día son más los problemas que causa la contaminación de los alimentos, debido al uso de plaguicidas y hormonas de crecimiento artificiales. Para evitar esto, puede cultivar sus alimentos en casa.

El concepto de alimentos saludables producidos por medios naturales ha impresionado al público, que teme a los plaguicidas y a los aditivos utilizados en la agricultura intensiva y en la producción de alimentos. Además de los argumentos éticos y la preocupación por mantener un medio ambiente sano, no hay pruebas contundentes que demuestren diferencias nutricias significativas entre los alimentos orgánicos y los que no lo son. Sin embargo, las frutas y las verduras cultivadas en casa poseen más vitamina C que los alimentos que han sido transportados y exhibidos en los estantes durante un par de días, ya que los niveles de vitamina C comienzan a descender cuando se cosecha el producto. Por otra parte, cultivar sus propias hortalizas en casa constituye un ahorro para la economía familiar y le permitirá disponer siempre de verduras frescas.

Suelos recomendables para cultivar

Aunque pocas personas poseen el área de tierra requerida para cultivar los productos de todo un año, un pequeño pedazo de tierra puede producir una cosecha apreciable. Los elementos básicos necesarios son los siguientes: un semillero o almácigo, un espacio de terreno o recipientes para sembrar, abono orgánico, algunas herramientas y agua.

Los suelos pueden ser arenosos, limosos o arcillosos, según el material que prevalezca. Los arenosos se drenan en unos cuantos minutos y, por lo tanto, necesitan una irrigación constante. Poseen baja fertilidad, por lo que debe agregárseles materias orgánicas que los

enriquezcan. Los limosos o francos son los más convenientes pues casi todas las hortalizas se adaptan a ellos, presentan buena penetración y retienen bien el agua y los nutrimentos. Los arcillosos poseen poca penetración de agua y retienen mucha humedad, no del todo disponible para la planta. Carecen de porosidad, se apelmazan fácilmente cuando llueve y forman costras cuando no reciben agua suficiente. Debe agregárseles cal y materia orgánica.

Clima

Cada hortaliza tiene un desarrollo óptimo bajo las condiciones climáticas que más la favorezcan. La mayoría de las hortalizas de clima cálido se caracterizan porque su parte comestible es el fruto: calabaza, chile, tomate, melón, pepino y sandía. Existen dos tipos de climas cálidos en nuestro país: el cálido húmedo, donde se dan la mayoría de las hortalizas, pero donde también persiste el problema de que las plagas se desarrollan con mayor facilidad; y el cálido seco, donde el problema fundamental es la falta de agua. Las hortalizas de clima templado o frío tienen como parte comestible las hojas, los bulbos o las raíces: acelga, espinaca, lechuga, col, ajo, cebolla, zanahoria, rábano y betabel. Sin embargo, en regiones cálidas se pueden cultivar en invierno las hortalizas de clima frío. Por otra parte, los vegetales que se producen mejor en climas fríos se pueden cultivar en climas templados, siempre y cuando se siembren en primavera u otoño. En los climas fríos se suele recurrir a invernaderos de fabricación doméstica para extender el periodo de cultivo de las plantas.

Abonos

Las plantas necesitan fertilizantes durante su proceso de crecimiento. Los horticultores "orgánicos" generalmente usan estiércol, sangre, hueso, harina de pescado, cortezas, paja, musgo, cáscaras de cereales, composta —a base de materia orgánica vegetal o animal, desechos alimentarios y tierra—, en lugar de productos químicos de más rápida absorción. Los abonos orgánicos hacen que se mantengan activas las bacterias del suelo, ayudando al crecimiento saludable de la planta. El objetivo de fertilizar es suministrar los nutrimentos esenciales: potasio, nitrógeno y fosfato. Las plantas también necesitan magnesio, boro, manganeso, hierro y molibdeno, en cantidades muy pequeñas. Los abonos orgánicos aumentan la fertilidad del suelo y la capacidad de retención de humedad. Uno de los más importantes es el estiércol. El excremento de caballos y borregos es relativamente seco, no se compacta con facilidad y se fermenta rápidamente. El de las vacas y los cerdos, cuyas propiedades son opuestas a los primeros, se conoce como estiércol frío. El estiércol puede aplicarse mezclado con paja; si se aplica fresco, debe hacerse cuando menos un mes antes de sembrar para que tenga tiempo de fermentar.

Grado de acidez o alcalinidad

El pH (grado de acidez o alcalinidad) considerado óptimo para el suelo es de 6.5. Cuando el suelo es muy ácido es necesario agregarle cal para hacerlo más alcalino (100 g/m^2 en suelos arenosos y

300 g/m² en los arcillosos). Si el terreno es muy alcalino, puede tratarse con azufre (100 a 400 g/m²).

PROFUNDIDAD DE SIEMBRA

La profundidad de siembra está determinada por el tamaño de la semilla. Una buena guía es cavar los pequeños surcos a una profundidad equivalente a tres veces el tamaño de la semilla. Por otra parte, si el suelo está frío, las semillas se colocarán más cerca de la superficie para aprovechar el calentamiento del terreno por el sol. En suelos calientes conviene una mayor profundidad de siembra, ya que la superficie del suelo se seca más rápidamente y es necesario que la semilla esté rodeada de tierra húmeda.

DISTANCIA DE SIEMBRA

Además del tamaño final que tendrán las plantas cuando alcancen su desarrollo vegetativo, se debe tener en cuenta la fertilidad del suelo y el agua disponible. Cuanto más se cuente con estas últimas, las plantas se desarrollarán mejor y la distancia entre ellas deberá ser mayor. Si la superficie de su huerto no es muy grande, escoja hortalizas de tamaño pequeño para obtener el mayor rendimiento posible.

SIEMBRA INDIRECTA Y TRASPLANTE

Se puede asignar una parte del huerto para semillero o utilizar macetas o cajas de madera o plástico. El semillero o almácigo debe estar en un lugar protegido de los vientos fuertes. Para acelerar la germinación cuando hace frío se debe cubrir el semillero con polietileno. El semillero se prepara con una parte de tierra, una de arena y una de estiércol maduro y seco (para evitar que fermente y caliente la tierra). Para que el semillero quede libre de plagas, es conveniente desinfectarlo con agua hirviendo y dejarlo reposar unas horas. Para los primeros riegos conviene extender sobre el semillero un saco de yute e irrigar mediante regadera o manguera con cabeza rociadora. No es necesario regar con frecuencia, pero nunca deje secar el semillero.

El trasplante se realiza cuando las pequeñas plantas presentan de 4 a 5 hojas (por ejemplo las lechugas) o cuando alcanzan una altura de 10 a 15 cm (como el tomate). Es recomendable trasplantar durante la mañana o en días nublados. Tres días antes de desenterrar las plántulas conviene dejar de regarlas para que adquieran una mayor resistencia. Sin embargo, la noche anterior a esta operación, debe regarse el semillero con el fin de hidratar las plántulas y para que conserven adherida a sus raíces una cantidad de tierra suficiente.

Entre las hortalizas que se siembran directamente están: betabel, chícharo, espinaca, pepino, rábano y zanahoria; y entre las que se trasplantan: cebolla, col, coliflor, chile, tomate y lechuga.

El huevo está diseñado por la naturaleza para proporcionar proteínas, vitaminas y minerales al pollo en desarrollo. A pesar de la preocupación tan extendida respecto al colesterol y a la salmonela, los huevos continúan siendo una fuente popular y barata de nutrimentos. Al cocinarlos no se modifica en forma significativa su contenido alimenticio.

Los huevos proporcionan un gran número de vitaminas y minerales. En particular, son una fuente excelente de vitamina B_{12}, que es vital para el sistema nervioso, y constituyen una fuente importante de esta vitamina para los vegetarianos.

La lecitina que contienen las yemas de los huevos es rica en colina, que interviene en la transportación del colesterol en el torrente sanguíneo y en el metabolismo de las grasas. Es también un componente esencial de las membranas de las células y del tejido nervioso. Aunque el organismo es capaz de producir suficiente colina para sus necesidades normales, se ha reportado que las cantidades adicionales que proporciona la dieta pueden ayudar en el tratamiento de la acumulación de grasa en el hígado, así como en ciertos tipos de daño neurológico.

PREOCUPACIÓN POR EL COLESTEROL

¿Cuántos huevos es seguro comer antes de que el COLESTEROL que contienen sus yemas se convierta en un problema serio de salud? Para ayudar a mantener el colesterol en la sangre dentro de niveles normales, la American Heart Association recomienda que los adultos consuman no más de cuatro huevos a la semana, incluidos lo que se añaden a otros alimentos, como los productos horneados.

Un huevo grande tiene alrededor de 70 calorías, 6 gramos de proteína, 5 gramos de grasa, de la cual menos de 2 gramos es saturada. La yema de

El temor a la salmonella

Sólo 1 huevo de cada 7.000 contiene la bacteria salmonela (que es transmitida por la gallina y no es causada por condiciones de vida poco higiénicas). Es recomendable que evite comer los huevos crudos. Existe también el riesgo de contaminación por salmonela si no come los huevos bien cocidos. Son particularmente vulnerables a este tipo de contaminación las personas mayores, los enfermos, los niños pequeños, las mujeres embarazadas y las personas afectadas por el SIDA o que tienen enfermedades en las que el sistema inmunológico ha sido afectado.

La ensalada César, la mayonesa fresca, las salsas que contienen huevo y los *mousses* pueden contener huevos crudos. Los huevos deben cocinarse adecuadamente para destruir las bacterias. Para tener una seguridad absoluta, debe hervir los huevos al menos durante 7 minutos, debe escalfarlos durante 5 minutos y freírlos durante 3 minutos de cada lado. La yema y la clara deben estar firmes. Las tortillas de huevo y los huevos revueltos deben cocinarse hasta que estén secos. Cocine los huevos de pato al menos durante 5 minutos, y utilícelos para hornear; no los coma hervidos o escalfados.

un huevo proporciona 210 miligramos de colesterol.

La American Heart Association recomienda que los adultos limiten su consumo de colesterol a 300 miligramos al día; por tanto, incluso las personas que consumen más de cuatro yemas de huevo a la semana deben consumir con moderación otros productos animales con el fin de mantener su

consumo promedio semanal de colesterol debajo del límite. Sólo las yemas de huevo contienen colesterol, así que la American Heart Association no sugiere que se restrinja el consumo de clara de huevo. De hecho, las claras pueden utilizarse para reemplazar los huevos enteros o las yemas en muchas recetas sin que se sacrifique el sabor o la textura.

ETIQUETAS DE HUEVOS CONFUSAS

Las etiquetas que dicen "huevos de granja" o "frescos del campo" pueden causar confusión; las gallinas que los ponen pueden haber sido criadas en baterías. El término "pasto libre" puede hacer pensar que las gallinas picotean libremente en el patio de una granja, pero por ley puede aplicarse a los huevos de cualquier gallina que tenga acceso durante el día a un espacio abierto.

Siempre abra la caja para inspeccionar los huevos antes de comprarlos. Rechace los huevos con cascarones rajados o manchados. Es un mito que los huevos rojos son mejores que los blancos, aunque muchos supermercados venden más caros los huevos rojos. Ambos son igualmente nutritivos; sólo provienen de diferentes razas de gallina.

Los huevos deben guardarse en la parte principal del refrigerador y no en la puerta de éste. Guárdelos en su caja original fechada, a fin de que sepa cuándo los compró.

Los huevos se cuentan entre los alimentos que más reacciones alérgicas desencadenan. Las personas que saben que son alérgicas a los huevos deben estar alertas de las fuentes obvias, como la mayonesa y las salsas y productos horneados y helados. También deben leer con cuidado las etiquetas en busca de ingredientes derivados del huevo, tales como la albúmina, la globulina, la ovumucina y la vitilina.

ICTERICIA

AUMENTE
- Pescado, aves, vísceras y productos de frijol de soya, para obtener proteínas, hierro y vitaminas del complejo B
- Col verde y legumbres, para obtener folato
- Avena y una mezcla de cereales crudos con frutos secos sin endulzar, que son buenas fuentes de fibra (granola)

REDUZCA
- Alimentos condimentados y grasosos

EVITE
- Alcohol

La acumulación en la sangre del pigmento biliar amarillo, llamado bilirrubina, causa la coloración amarillenta de la piel y de la parte blanca de los ojos, tan característica de la ictericia, y es con frecuencia el resultado de un mal funcionamiento del hígado. Los tres tipos principales de ictericia son: la hemolítica, debida a la destrucción de los glóbulos rojos; la hepática, causada a menudo por la hepatitis o por una alteración en el funcionamiento del hígado debido a CIRROSIS, y la obstructiva, que se presenta cuando los cálculos biliares (litiasis) obstruyen el flujo de bilis del hígado.

Más de 25 millones de estadounidenses presentan cada año padecimientos del hígado y de la vesícula biliar, pero no todos ellos desarrollan ictericia. Entre las personas que sí la presentan, la causa probable es la hepatitis, una inflamación del hígado originada por virus (hasta la fecha se han identificado cinco tipos de hepatitis viral), el abuso de alcohol, o drogas, o las infecciones bacterianas, parasitarias o micóticas del hígado.

Una forma poco común de ictericia hemolítica se conoce como "flavínica", que se origina cuando un defecto heredado en una enzima particular hace que los glóbulos rojos sean sensibles a una sustancia química que se encuentra en una clase de haba. Esto da como resultado la destrucción de glóbulos rojos, lo que ocasiona anemia.

ICTERICIA DEL RECIÉN NACIDO
No es poco común que un bebé desarrolle ictericia durante los primeros

Un caso real

Juana, una mujer activa y serena de 55 años, presentó en forma repentina un cambio de temperamento. Se tornó agresiva, no podía dormir por la noche (pero dormitaba durante el día) y se quejaba de comezón en la piel, la que de manera gradual presentó una coloración amarillenta. Su médico diagnosticó una enfermedad del hígado complicada por encefalopatía hepática (una alteración que afecta el cerebro, como resultado del mal funcionamiento del hígado). Internaron a Juana en el hospital y se le prescribió una dieta libre de proteína animal y con suficiente energía. Los análisis de laboratorio confirmaron que tenía cirrosis biliar primaria. Los médicos explicaron a su esposo que el hígado estaba dañado, hasta el punto en que durante la digestión ya no podía metabolizar (transformar) los productos finales o derivados de las proteínas; estos elementos tóxicos se concentraban en la sangre, afectaban el cerebro y ocasionaban el comportamiento extraño. Con el tratamiento médico y dietético, Juana volvió a ser la misma. Sin embargo, cuando introdujeron de nuevo en forma gradual las proteínas de origen animal en su dieta, la piel se le puso amarilla otra vez y una gran cantidad de líquido le dilató el abdomen (ascitis). Además, la osteoporosis le provocó dolores en la espalda y las piernas y, para pesar suyo, presentó también varios episodios más de encefalopatía hepática. Cuando su estado empeoró, le aconsejaron un trasplante de hígado. Los médicos indicaron que sin el trasplante las probabilidades de sobrevivir un año más eran de menos del 50%; con el trasplante tenía al menos una probabilidad de sobrevivir del 70%. Cinco años después, se encuentra muy agradecida con su donador y ha visto a algunos de sus nietos asistir a la escuela.

días después del nacimiento (esto sucede en especial a los bebés prematuros). Esta forma de ictericia, conocida como "fisiológica", se debe a que el hígado inmaduro no puede secretar bilirrubina en forma adecuada. Este padecimiento no causa daño por lo general, y desaparece al final de la primera semana.

Hay otras formas de ictericia más serias que afectan a los bebés recién nacidos; en especial, existe una enfermedad hemolítica en la que los tipos de sangre de la madre y del bebé son incompatibles. En estos casos, el factor de sangre de la madre es Rh negativo y el del bebé es Rh positivo. Al detectar un tipo de sangre extraño, la madre produce anticuerpos que cruzan a través de la placenta hasta el feto y destruyen los glóbulos rojos. Puede ser necesaria una transfusión sanguínea antes o después del nacimiento.

LA ICTERICIA Y LA DIETA
En los adultos, la ictericia casi siempre es resultado de una enfermedad del hígado o de la vesícula biliar, que afecta la capacidad de eliminar la bilirrubina de la sangre. Por lo general, los glóbulos rojos muertos se filtran de la sangre a través del bazo y del hígado y se descomponen formando bilirrubina, la cual es secretada por el hígado en la bilis. En la ictericia hepática u obstructiva se impide la secreción de bilis, por lo que la bilirrubina pasa en forma directa a la corriente sanguínea, lo que ocasiona la reveladora apariencia amarillenta de la piel.

Los nutrimentos que pueden ayudar al desarrollo de los glóbulos rojos, vitales en el caso de la ictericia hemolítica, incluyen proteínas, hierro y vitaminas del complejo B. El pescado, las aves, los huevos y en general los productos lácteos o del frijol de soya son buenas fuentes de proteínas, hierro y vitaminas del complejo B. También se obtiene hierro de los chabacanos secos (orejones), del pan integral, de los berros, del arroz integral, del extracto de levadura y de los frutos secos. Un abastecimiento adecuado de folato (que se encuentra en las verduras de hoja verde, en el extracto de levadura y en el hígado) es necesario además para la formación de la sangre.

En todos los tipos de ictericia es mejor evitar el alcohol y los alimentos condimentados, así como ingerir grasas lo menos posible, para no someter al hígado a un gran esfuerzo. Coma poco y con frecuencia; elija una dieta blanda alta en carbohidratos, que ayudará al hígado a recuperarse. La avena y una mezcla de cereales crudos y frutos secos (granola) sin endulzar ayudarán a evitar el estreñimiento, que acompaña con frecuencia a los enfermos que padecen ictericia.

IMPOTENCIA

AUMENTE
- *Alimentos del mar (en especial, mariscos), vísceras, carne de res magra, frutos secos y otros ricos en cinc*

REDUZCA
- *Alcohol*
- *Café, té negro y bebidas de cola*
- *Tabaquismo*

Algunos factores físicos o psicológicos y emocionales son la causa de la impotencia crónica (la incapacidad del hombre para lograr o mantener una erección). La impotencia es con frecuencia un efecto secundario de una amplia variedad de trastornos físicos que incluyen: la aterosclerosis, la diabetes, las enfermedades de tiroides, los padecimientos que afectan el sistema nervioso, el aparato urinario y los órganos genitales. También podría ser un efecto secundario de algunos medicamentos prescritos, tales como los antihipertensivos. Puede ser causada por el estrés, la fatiga, la ansiedad, la culpa, la vergüenza o la depresión, y empeora con el tabaco, el alcohol y la cafeína. Los hombres que padecen impotencia deben por lo tanto tratar de disminuir el consumo de nicotina y cafeína (que se encuentra en el café, en el té negro y en algunas bebidas de cola), que estrechan los vasos sanguíneos e inhiben la circulación de la sangre. El alcohol puede ayudar a eliminar las inhibiciones, pero en general es mejor evitarlo. Si tiene que beber, limítese a una copa, puesto que el alcohol reduce la fuerza de las señales nerviosas. Un consumo alto de alcohol suprime también la producción de andrógenos (hormonas masculinas).

Un estudio estadounidense reciente indicó que los hombres con niveles altos de colesterol en la sangre tienen un riesgo mayor que el promedio de quedar impotentes. El colesterol puede obstruir parcialmente las arterias peneales, lo que reduce la presión sanguínea necesaria para mantener una erección. En 1993, una revista médica de Estados Unidos informó que en la mitad de los casos de hombres de más de 50 años que tenían dificultad para lograr o mantener una erección, el problema se debía a una arteria peneal bloqueada parcialmente.

Para disminuir la amenaza de niveles altos de colesterol en la sangre, la dieta debe ser alta en fruta, verduras y cereales integrales, contener cantidades moderadas de carne magra y ser baja en grasas saturadas y colesterol, que se encuentran en el huevo, la mantequilla, los quesos duros, la grasa de la carne y en la piel de las aves, entre otros.

EL CINC PUEDE AYUDAR
Las afirmaciones acerca de que los alimentos ricos en cinc, como las ostras, pueden actuar como afrodisiacos potentes son quizá exageradas. No obstante, una deficiencia importante de este mineral podría causar impotencia.

Los descubrimientos logrados en un estudio llevado a cabo en Inglaterra con un grupo de hombres impotentes demostraron que al tomar complementos de cinc se mejora la potencia y se normalizan los niveles de la hormona del sexo masculino, llamada testosterona.

El cinc se ha utilizado también para tratar de curar la impotencia en los pacientes con insuficiencia renal en diálisis del riñón. Asegúrese de tener un buen consumo de cinc en la dieta comiendo cantidades adecuadas de mariscos, vísceras, lentejas, huevos, frijoles de soya, frutos secos, carne y germen de trigo. Los complementos de cinc pueden ser también útiles en cuanto se presente la primera señal de un problema de este tipo.

INDIGESTIÓN

AUMENTE
• *Comidas ligeras y frecuentes*

REDUZCA
• *Alcohol, café fuerte*
• *Bebidas gaseosas*

EVITE
• *Comidas pesadas o grasosas ya avanzada la noche*
• *Tabaquismo*

Casi la mitad de los estadounidenses padecen indigestión de vez en cuando; pero para alrededor de una de cada siete personas, ésta se convierte en una batalla diaria. La producción excesiva de ácido clorhídrico en el estómago causa molestia y puede llegar por medio de reflujo al esófago (el conducto que conecta la boca con el estómago). El resultado es la molesta acidez gástrica. Las mujeres embarazadas la sufren con frecuencia debido a que el útero comprime el tracto digestivo al crecer el bebé. También las personas con peso corporal excesivo son susceptibles, debido a la presión sobre su aparato digestivo.

Llevar una dieta saludable y rica en fibra, relajarse antes y durante las comidas, y hacer ejercicio regularmente pueden ayudar a prevenir la indigestión. El té de menta es el remedio herbal tradicional para la indigestión y muchas personas aseguran que da resultado. Coloque una bolsita de té de menta o dos cucharaditas de hojas frescas picadas en una taza de agua hirviendo, y beba el té con lentitud después de las comidas. Tenga cuidado de no confundir la menta suave con la menta piperita o la hierbabuena, que pueden en realidad provocar indigestión en algunas personas.

ALIMENTOS QUE DEBE EVITAR
Evite consumir alimentos ácidos como los encurtidos y el vinagre; alimentos fritos; comidas muy condimentadas, en especial aquellas que contienen chile, y alimentos crudos tales como cebollas, pepinos y pimientos. Trate de ingerir menos alcohol, café fuerte y bebidas gaseosas, pues el alcohol aumenta la acidez gástrica, el café ocasiona irritación y las bebidas gaseosas producen flatulencia (gases). Otros factores que desencadenan frecuentemente la indigestión en algunas personas son el estrés, las comidas apresuradas, no masticar lo suficiente los alimentos, tragar aire e intervalos prolongados sin alimento. La nicotina puede aumentar la cantidad de ácido gástrico secretado. Aunque una dieta saludable no curará la indigestión, el evitar los factores desencadenantes de la indigestión más comunes puede prevenir las molestias.

No obstante, en algunos casos la indigestión es un síntoma más de otros problemas digestivos. Quienes padecen indigestión grave y recurrente, o las personas de más de 40 años que de pronto empiezan a padecer indiges-

Indigestión: causas comunes

Debido a que algunos alimentos son más difíciles de digerir que otros, pueden ocasionar indigestión a las personas susceptibles. Algunas causas son:

Las verduras crudas en ensaladas, como las cebollas, los rábanos y el pepino, pueden ser difíciles de digerir.

Demasiado líquido diluye los jugos gástricos; sin embargo, una copa de vino los ayuda.

Alimentos muy condimentados, como los guisados con salsas picantes, tienden a provocar eructos si se comen en grandes cantidades.

Los alimentos grasosos o fritos pueden estimular la producción de ácido en el intestino.

El té negro fuerte y el café son particularmente difíciles de digerir, en especial con las comidas.

La fruta que aún no madura contiene mucha pectina, lo que hace difícil su digestión.

El queso, antes de irse a la cama; su alto contenido de grasa puede retardar la digestión.

tión, deben consultar a su médico para excluir la posibilidad de algún otro tipo de enfermedad seria e importante.

ESTILO DE VIDA
Es probable que sólo necesite hacer algunos cambios sencillos en su estilo de vida para prevenir la indigestión. Por ejemplo, no coma mucho cierto tipo de alimentos antes de ir a la cama, y evite las comidas irregulares y apresuradas; deje de fumar y disminuya el consumo de alcohol; practique actividades

relajantes como el yoga o cualquier otra forma de ejercicio que reduzca la tensión emocional. Algunos medicamentos y la hormona femenina progesterona pueden agravar en ocasiones la indigestión. Sin embargo, si sospecha que un medicamento que está tomando empeora los síntomas, consulte siempre a su médico antes de dejar de tomarlo.

INFECCIONES MICÓTICAS

Las infecciones micóticas pueden presentarse en cualquier momento sin ningún desencadenador evidente. Pueden ser graves si el sistema inmunológico se encuentra seriamente dañado, como sucede, por ejemplo, con los pacientes con cáncer o SIDA que reciben quimioterapia. Intente llevar una dieta balanceada y disminuya el consumo de alcohol, pues se sabe que esto último puede afectar el sistema inmunológico.

El calor, la humedad, la irritación y las escoriaciones de la piel propician la proliferación de los hongos (que pueden estar presentes naturalmente en el organismo). La piel, las uñas y los órganos genitales son las regiones del cuerpo humano más comúnmente afectadas; sin embargo, en raros casos, los pulmones y otros órganos pueden ser susceptibles. El tratamiento con cierto tipo de antibióticos, que liberan al cuerpo de microorganismos dañinos pero que pueden destruir también las bacterias "útiles" que controlan la población de hongos, puede dejar a una persona expuesta a desarrollar una infección micótica. Coma mucho yogur natural para reemplazar la flora bacteriana normal de los intestinos, destruida por el uso de ciertos antibióticos.

TIPOS DE ENFERMEDADES MICÓTICAS

Las infecciones micóticas más comunes son la CANDIDIASIS (algodoncillo) y la tiña. La candidiasis se presenta casi siempre en la boca y en los órganos genitales. Hay varios tipos de tiña; todos producen placas rojas y escamosas en la piel, que causan comezón. La tiña afecta el cuero cabelludo o el cuello (*Tinea capitis* o tiña de la cabeza) o las partes del cuerpo sin cabello (*Tinea corporis* o tiña corporal); el prurito inguinal (*Tinea cruris* o tiña crural) afecta el área de las ingles, y por último el pie de atleta (*Tinea pedis*) afecta el espacio entre los dedos, las plantas y los costados de los pies. La piel muy dañada puede sufrir infecciones bacterianas secundarias. Las infecciones por tiña son muy contagiosas y pueden transmitirse por medio de los cepillos para el cabello, la ropa y el contacto directo.

¿Sabía usted que...?

• Al comer yogur natural puede combatir los efectos secundarios que se presentan al tomar antibióticos. El yogur natural energético puede restaurar las bacterias de la flora normal.

• Se dice que el ajo puede ayudar a combatir cierto tipo de infecciones, que tiene propiedades antibacterianas y antivirales y que puede disminuir el riesgo de que se formen coágulos sanguíneos.

• Las personas bajo tensión emocional (estrés) tienen mayor probabilidad de desarrollar algún tipo de enfermedad. Su sistema inmunológico puede debilitarse en forma considerable cuando se encuentra bajo tensión. Un experimento llevado a cabo en Estados Unidos, que estudió la susceptibilidad de las personas al resfriado común, indicó que aquellos individuos con niveles más altos de tensión psicológica tenían una probabilidad significativamente mayor de resfriarse.

INFECCIONES VIRALES Y BACTERIANAS

El cuerpo humano es vulnerable a las bacterias y virus que son capaces de trastornar el sistema inmunológico y causar infección. Algunos alimentos tienen propiedades antibacterianas o antivirales y pueden destruir o inhibir el desarrollo de microorganismos infecciosos. Otros alimentos actúan en forma indirecta al estimular el sistema inmunológico y ayudar así al organismo a combatir la infección. Se dice que el AJO tiene propiedades que pudieran ayudar a combatir las infecciones, y que el jugo de arándanos (vea BAYAS) se ha utilizado desde hace tiempo en la prevención y en el tratamiento de las infecciones del aparato urinario. Los herbolarios utilizan infusiones de hierbabuena o menta piperita y de jengibre para tratar los resfriados, pues se dice que pueden ayudar a aliviar el catarro común. Recomiendan utilizar una infusión de tomillo para hacer gárgaras y aliviar la garganta irritada.

INFERTILIDAD

AUMENTE
• *Mariscos, semillas de girasol y de ajonjolí y frutos secos para obtener cinc*
• *Cítricos, para obtener vitamina C*
• *Carne, vísceras y aves, para obtener hierro*
• *Arroz integral, germen de trigo, legumbres, aceite de pescado, avena y frutos secos frescos, para obtener vitaminas del complejo B*
• *Frijol de soya, almendras y pan integral, para obtener magnesio*

REDUZCA
• *Alcohol y té negro*
• *Alimentos refinados*

La infertilidad, definida como la incapacidad de concebir después de intentarlo por lo menos un año, afecta a más el 20% de las parejas en Estados Unidos. Puede deberse a una gran variedad de problemas médicos de los dos integrantes de la pareja o de uno de ellos. No obstante, una causa de infertilidad pudiera ser la nutrición inadecuada.

Una encuesta realizada a mujeres que asistían a clínicas de la fertilidad en Londres reveló que la mitad de ellas había intentado bajar de peso siguiendo dietas que carecían de los nutrimentos vitales. Es también crucial que las mujeres mantengan un nivel óptimo de grasa corporal, al menos 18% del peso total. Si el nivel disminuye de este porcentaje, puede ocurrir un desequilibrio hormonal que ocasionaría quizá que no pudiera ovular, presentándose la infertilidad.

En el otro extremo, la OBESIDAD puede disminuir también las probabilidades que tiene una mujer para concebir. Cualquier mujer preocupada por su fertilidad debe examinar su dieta diaria. Ésta debe contener alimentos que aseguren un consumo adecuado de cinc, magnesio, hierro, folato, vitamina C y ácidos grasos esenciales.

Cuando algunas mujeres que han utilizado la píldora anticonceptiva por varios años la dejan de tomar, pueden ser poco fértiles en los meses siguientes. Quizá sea de utilidad seguir el consejo que aquí proporcionamos, además de comer alimentos ricos en manganeso (la avena, el germen de trigo, las castañas, el pan de centeno y los chícharos), que parece ser que estimulan la acción de los estrógenos, y tomar vitamina B$_6$ (los cereales integrales y las verduras de hoja verde), que está relacionada también con el metabolismo de dichas hormonas.

Es conveniente que tanto los hombres como las mujeres disminuyan el consumo de alimentos que contengan ingredientes altamente refinados, como es el caso de la harina blanca y del azúcar, ya que carecen con frecuencia de los nutrimentos esenciales y se llegan a consumir en lugar de alimentos más nutritivos.

El hecho de beber demasiado alcohol puede impedir que el organismo obtenga vitaminas del complejo B y minerales, tales como el cinc y el hierro.

Se afirma que la fertilidad masculina requiere ácidos grasos esenciales (se encuentran en el aceite de pescado y en los aceites poliinsaturados), vitaminas A, B, C y E, cinc y selenio. Estos nutrimentos parece ser que juegan un papel en la producción de espermatozoides sanos.

Sin embargo, en muchos casos, las causas de infertilidad no están relacionadas con la dieta. En las mujeres podría haber un historial de infección, obstrucciones de las trompas de Falopio, desequilibrios hormonales, falta de ovulación o, incluso, hasta una reacción alérgica al semen del compañero. En los hombres se puede deber a la impotencia, a los espermatozoides anormales, insuficientes o débiles y a padecimientos propios de la próstata. Otras causas posibles son las enfermedades previas tales como las paperas (inflamación de las glándulas parótidas) o la orquitis (inflamación de los testículos) y las lesiones.

DISMINUCIÓN DEL CONTEO DE ESPERMATOZOIDES

De acuerdo con algunos estudios efectuados en Europa, existe prueba de que la cantidad de espermatozoides ha disminuido en forma importante durante los últimos 50 años. Entre los factores que influyen en esto se puede mencionar el aumento de la ingestión de alcohol, el estrés, el mayor uso de sustancias químicas en la agricultura, así como la contaminación industrial. En Inglaterra se investigan los efectos de los contaminantes "estrogénicos" (presentes en el agua de los ríos y en las envolturas plásticas de los alimentos) que pudieran causar efectos similares a los de las hormonas femeninas (estrógenos).

Estos compuestos, utilizados para fabricar plástico más flexible, parecen tener propensión a "filtrarse" en los alimentos que contienen grasa, como en las rebanadas de papas fritas, el chocolate e, incluso, en la leche. Se encuentran también en ocasiones en las pinturas y en los cosméticos, de los cuales se evaporan. Algunos investigadores consideran la posibilidad de que estos compuestos, que se asemejan a los estrógenos, formen parte de una compleja mezcla ambiental de productos químicos que pudieran afectar de alguna manera el desarrollo del feto, interfiriendo además con su capacidad para producir suficientes espermatozoides sanos más adelante en su vida adulta.

UNA PERSPECTIVA HISTÓRICA

La comida y la fertilidad han estado vinculadas a través de la historia. Para la fertilidad en general, y específicamente para el nacimiento de bebés del sexo masculino, los antiguos griegos sugerían que las madres comieran alimentos secos, tales como legumbres, cereales y frutos secos. En la actualidad, algunas personas tienen la creencia de que la dieta de la madre antes de la concepción puede seleccionarse en forma específica para, incluso, elegir el sexo de un bebé. Sin embargo, no se ha demostrado que alguna de estas dietas funcione cuando se las somete a prueba con los estudios convencionales del método científico y, en realidad, algunas que incluyen, por ejemplo, aumentar el consumo de sal, podrían incluso dañar la salud de la madre y del niño recién concebido.

El antiguo médico griego Hipócrates dijo que, para ser fértil, un hombre no debe tomar baños calientes ni emborracharse. "Debe ser fuerte, con buena salud y abstenerse de comer alimentos no saludables." A la novia le aconsejaba comer frutas con muchas semillas.

INTOXICACIÓN POR ALIMENTOS

Sólo después del resfriado común, la intoxicación por alimentos es la infección más frecuente en Estados Unidos. Se estima que cada año unos 81 millones de estadounidenses sufren de este padecimiento y unas 9.000 personas fallecen por esta causa. Los Centers for Disease Control and Prevention vigilan la incidencia de la intoxicación por alimentos, pero el número de casos que se informan —de 6 a 10 millones— sólo muestra las tendencias; el número real es mucho mayor que estas cifras.

En total, hay más de 250 enfermedades que pueden difundirse por medio de alimentos contaminados. En la actualidad, la expresión "intoxicación por alimentos" se aplica por lo general a los padecimientos (en la mayoría de los casos, gastroenteritis) causados por contaminación bacteriana o viral de los alimentos. Pero la infestación de parásitos provenientes de carne cruda o mal cocida y el pescado también entra en esta categoría.

La mayor parte de los alimentos contienen bacterias, y si no se conservan en las condiciones adecuadas las bacterias pueden reproducirse con rapidez y causar intoxicación. Los alimentos contaminados que se dejan durante más de una hora y media a una temperatura cálida proporcionan las condiciones ideales para la proliferación de bacterias, lo que hace que este tipo de intoxicación sea más común en lugares con clima cálido.

Los alimentos que necesitan atención particular incluyen las aves y la carne que no están bien cocidas; los productos de leche no pas-

Un caso real

*P*ara celebrar su ingreso en el tenis profesional, las amigas de Claudia organizaron una fiesta. Al día siguiente, ella se sintió enferma, con dolor de cabeza, y supuso que había bebido demasiado vino. A la hora del almuerzo, había tenido náuseas un par de veces, sentía calor y le dolía el abdomen.

Menos de una hora después, tenía evacuaciones líquidas. Fue a visitar a su médico, quien ordenó ciertos análisis, los cuales reportaron una especie de la bacteria salmonella.

Recordó que, en la fiesta, había comido mousse de chocolate y supuso que ese postre fue el causante de su enfermedad. Lo único que pudo hacer Claudia fue descansar, beber muchos líquidos y permitir que la enfermedad siguiera su curso. Después de dos días, se sintió mejor y pronto estuvo lista para jugar de nuevo tenis.

teurizados; el arroz que se ha mantenido caliente durante periodos prolongados o que se recalentó en forma inadecuada; los mariscos de fuentes dudosas; el pescado; los productos de carne cocinada y los huevos crudos y ligeramente cocidos.

Las instituciones de salud aconsejan que las personas no coman huevos crudos y que no se sirvan huevos que no estén bien cocidos a mujeres embarazadas, niños pequeños, enfermos o personas mayores. Las mujeres embarazadas deben evitar también consumir paté y los quesos con corteza suave como el Brie y el Camembert, ya que tienen propensión a contaminarse con *Listeria monocytogenes*, que puede dañar al feto.

CÓMO DISMINUIR LOS RIESGOS
Dos de las fuentes más importantes de contaminación de alimentos son las vías oral y fecal, por lo que las personas deben lavarse siempre las manos antes de tocar cualquier alimento. Las mascotas pueden también tener bacterias y deben mantenerse fuera de la cocina y lejos de la mesa cuando comen las personas. Debido a que la intoxicación por alimentos es más común durante el verano que en el invierno, es particularmente importante refrigerar la comida en forma adecuada durante los meses más cálidos. Asegúrese de que la temperatura del interior del refrigerador se mantenga entre 0 y 5°C. Si su refrigerador no cuenta con un exhibidor visible de la temperatura, vale la pena comprar un termómetro especial. Revise las fechas de caducidad de los alimentos, utilice siempre la comida dentro del periodo recomendado y deseche sin lamentarse cualquier alimento que parezca, huela o sepa a descompuesto.

Por desgracia, muchas bacterias no siempre indican su presencia de esta manera, por lo que también es esencial la refrigeración cuidadosa, la preparación higiénica, así como cocinar los alimentos a una temperatura adecuada.

ALIMENTOS DE ALTO RIESGO

Las personas con mayor riesgo de sufrir una intoxicación por los alimentos (las mujeres embarazadas, las personas mayores y las muy jóvenes, los enfermos crónicos y aquellas personas con problemas en su sistema inmunológico, como alguien con cáncer o SIDA) deben tener cuidado especial al comer los alimentos de que se trata a continuación. **Los huevos** son una fuente importante de la bacteria llamada salmonella, un germen común de intoxicación por alimentos, cuyos síntomas incluyen cefalea, fiebre elevada, cólicos abdominales y vómito. Las bacterias también se pueden encontrar en los flanes, las ensaladas y otros platillos preparados con huevos crudos o ligeramente cocidos, en particular cuando tales platillos no se refrigeran. Se puede destruir la salmonella hirviendo los huevos durante siete minutos, escalfándolos durante cinco o friéndolos durante tres minutos de cada lado. Evite los alimentos que contengan huevos crudos, como los *mousses* recién preparados y salsas como la mayonesa y la salsa holandesa.

Las aves pueden ser también una fuente de salmonella y de otro género de bacterias llamado *Campylobacter*, que presentan síntomas comunes: fiebre, dolores de cabeza, náuseas, vómito y en ocasiones fuertes diarreas, con una duración de hasta cinco días. Los pollos y los pavos deben descongelarse totalmente en un medio ambiente fresco, como el refrigerador o una despensa (pero no en la mesa de la cocina, que por lo general está demasiado cálida) y cocinarse a una temperatura interna de al menos 80°C. Nunca deben comerse si la carne tiene apariencia rosada o sanguinolenta: asegúrese de que los jugos sean claros al insertar un espetón de cocina en la parte más grue-

¿Qué comió?

Si presenta alguno de estos síntomas, trate de recordar cuándo comió un alimento sospechoso; esto puede ayudar a identificar la bacteria responsable. Si la fiebre o los síntomas persisten durante más de dos días, consulte a su médico.

BACTERIA	SÍNTOMAS
BACILLUS CEREUS	
Está en el arroz cocido que se ha mantenido caliente o se ha recalentado inadecuadamente: el arroz cocido debe conservarse muy caliente o enfriarse con rapidez y refrigerarse.	Vómito persistente antes de que haya transcurrido 1 h de haber comido el arroz, o diarrea posteriormente. La recuperación es rápida.
CAMPYLOBACTER JEJUNI	
Suele deberse a una contaminación cruzada, como cuando la sangre de un ave cruda gotea en alimentos cocinados o en ensaladas.	Fiebre, cólico, náuseas y diarrea con sangre; los síntomas aparecen dentro de los 2 a 6 días siguientes y duran de 1 a 10 días.
CLOSTRIDIUM BOTULINUM (BOTULISMO)	
Aunque rara, en ocasiones es fatal. Se produce por la ingestión de verduras, carnes o pescados, enlatados y mal esterilizados.	Dentro de las 18 a las 36 h siguientes, causa dificultad al hablar y al tragar, visión borrosa, parálisis e insuficiencia respiratoria.
CLOSTRIDIUM PERFRINGENS	
Se asocia con la carne caliente, el jugo de la carne y los rellenos; por ejemplo, una sartén con carne molida, a fuego lento, en la estufa, o en una habitación cálida.	Cólicos abdominales, diarrea y dolor de cabeza; ocasionalmente vómito y fiebre. Incubación de 6 a 12 h; por lo general, la recuperación total se logra después de 24 h.
ESCHERICHIA COLI (E. COLI)	
Una forma grave de intoxicación debida a productos de carne molida (hamburguesas) mal cocidos; se asocia con una mala higiene en restaurantes de comida rápida.	Vómito y diarrea persistentes, a veces con sangre; los síntomas se presentan de las 12 a las 72 h siguientes y pueden durar hasta 10 días; a menudo se requiere hospitalización.
LISTERIA MONOCYTOGENES	
Vive sin ser detectada y sin causar problemas en los intestinos humano y animal. Se encuentra en los quesos suaves y puede reproducirse a la temperatura del refrigerador.	Síntomas repentinos semejantes a los de la gripe, de 4 h a varios días después de la ingestión del alimento. Es también muy grave en embarazadas, bebés, ancianos y enfermos.
SALMONELLA	
Son fuentes comunes los huevos crudos o poco cocidos, las aves mal cocidas, y los alimentos cocinados o las ensaladas que se han dejado sin refrigerar durante varias horas.	Náuseas, dolor abdominal, fiebre, vómito y diarrea; en las siguientes 8 a 36 h. Las epidemias importantes pueden incluir a miles de personas.
STAPHYLOCOCCUS AUREUS	
Muchas personas tienen esta bacteria y pueden transmitirla a alimentos como el jamón, las aves y la crema o los pasteles horneados rellenos con natilla.	Dolor abdominal, náuseas, vómito y diarrea a los pocos minutos o hasta 6 horas después; en ocasiones, escalofríos, debilidad y mareo.

Sí y no

• Sí, recuerde que las bacterias pueden estar presentes en la totalidad de los alimentos que consumen las personas. Por lo tanto, cualquier comida puede contaminarse con bacterias dañinas.

• Sí, lávese las manos antes de estar en contacto con la comida y cubra cualquier cortada o llaga con una vendita adhesiva.

• Sí, retire el relleno de las aves cocidas antes de refrigerarlas.

• Sí, tenga una tabla de picar especial para la carne cruda, las aves y el pescado. Guarde siempre los alimentos cocidos separados de los crudos.

• Sí, asegúrese de que la carne esté bien cocida.

• Sí, recaliente bien los alimentos cocidos y jamás los recaliente más de una vez.

• No mantenga calientes los platillos cocinados dejándolos sobre un fuego muy lento, ya que las bacterias se multiplican con rapidez en el calor.

sa del muslo. Sin embargo, a pesar del cuidado que tenga al cocinar, si toca carne o aves crudas, o si utiliza las manos para preparar una carne mechada y toca después un cubo de hielo para una bebida o cualquier alimento que no se calentará, las bacterias podrían diseminarse si los alimentos se encuentran contaminados.

El relleno puede contener bacterias que la carne cruda haya diseminado, puesto que rara vez alcanza una temperatura segura en el interior del ave. Rellene las aves antes de cocinarlas y péselas de nuevo para calcular que el tiempo de cocción incluya el peso del relleno o, de preferencia, cocine el relleno por separado en una bandeja para asar. Con el fin de tener una seguri-

dad extra, tome la temperatura del relleno con un termómetro especial para carne antes de comerlo; debe haber alcanzado una temperatura de por lo menos 75°C.

La carne de res y la de cerdo pueden contener salmonella u otras bacterias. La carne de cerdo, en particular, no debe comerse nunca si tiene un color rosado, porque puede estar contaminada también con cierto tipo de larvas de parásitos que pueden causar una enfermedad llamada triquinosis. (Debe cocinarse a una temperatura interna de 75°C; vea también CERDO).

La carne tártara, aunque se considera un manjar exquisito, presenta un alto riesgo, ya que se prepara con carne de res cruda y yemas de huevo también crudas. Por lo tanto, puede contener salmonella, *Escherichia coli* y otras bacterias.

El queso de corteza suave, la leche y la crema no pasteurizadas, la col fresca picada, las ensaladas, las comidas congeladas cocinadas en forma inadecuada y el paté son alimentos que pueden contener *Listeria monocytogenes*, que causa la listeriosis. Esta enfermedad ocasiona síntomas parecidos a los de la gripe o, más seriamente, hasta meningitis. Durante el embarazo, la listeriosis puede provocar un aborto o producir daño al feto.

Los mariscos, tales como los mejillones, las ostras o los camarones, también pueden causar con frecuencia síntomas agudos de intoxicación alimentaria. Esto se debe, por lo general, a que las aguas negras contaminan el agua del sitio de donde provienen los mariscos. Ciertos tipos de pescado como la macarela, el arenque o el atún (en especial cuando se sirven crudos, como en el sushi), pueden ocasionar intoxicación. Los síntomas más frecuentes son una sensación de ardor en la boca, diarrea, vómito, bochornos, dolor de cabeza y erupción cutánea de color rojo brillante.

SI SE INTOXICA CON ALIMENTOS

Los síntomas de intoxicación por alimentos pueden presentarse unos minutos o varios días después de haber consumido el alimento contaminado que la causó. Entre los síntomas típicos se incluyen náusea, dolor de estómago, vómito, diarrea y, en algunas ocasiones, fiebre. En la mayoría de los casos los síntomas son desagradables, pero no amenazan la vida. El botulismo, que es una forma rara de intoxicación por alimentos, representa la excepción y requiere atención médica inmediata.

El vómito es la forma natural en que el organismo desecha los alimentos descompuestos y, en casos de intoxicación, debe soportarse el vómito en vez de evitarlo. El riesgo mayor de la intoxicación por alimentos, en especial en las personas jóvenes o en las enfermas, es la deshidratación con pérdida de minerales esenciales para el organismo. Es crucial reemplazar la pérdida de líquido, sal y azúcar. Beba soluciones diluidas de azúcar, glucosa o miel y, si ha perdido mucho líquido, beba agua hervida que contenga un poco de sal, mientras persistan los síntomas. El té de manzanilla es bien tolerado por el estómago y, de acuerdo con algunas personas, tiene propiedades sedantes.

Lo que menos se desea hacer después de haber estado enfermo es comer, pero cuando empiece a sentirse mejor, coma un plátano para ayudar a calmar la acidez del estómago, así como yogur para restaurar la flora bacteriana normal que protege al intestino. Recupere la fuerza siguiendo durante unos días una dieta blanda. Algunos médicos recomiendan una dieta consistente en plátanos, arroz, manzanas y pan tostado, durante las primeras 24 a 48 horas, después de haber sufrido una intoxicación aguda por alimentos contaminados.

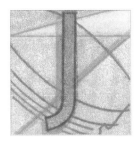

JALEAS Y MERMELADAS

VENTAJAS

• *La crema de cacahuate es una fuente rica de niacina y una buena fuente de proteínas y magnesio*

DESVENTAJAS

• *Las mermeladas y las jaleas son alimentos con un alto contenido de azúcar y poco nutritivos*
• *Las mermeladas y las jaleas pueden ocasionar reacciones alérgicas*
• *Las apetitosas pastas untables tienen con frecuencia un alto contenido de sodio*

En relación con la nutrición, las jaleas y las mermeladas ofrecen poco más que energía concentrada en forma de azúcar; una cucharada sopera contiene alrededor de 40 calorías, aunque puede comprar jaleas con aproximadamente la mitad del azúcar y de la energía de las jaleas normales. El contenido de fruta de las mermeladas, que varía mucho dependiendo de las marcas, contribuye con cantidades mínimas de fibra para la dieta, en

AZÚCAR Y FRUTA. *La jalea, untada en rebanadas gruesas de pan, sin demasiada mantequilla, puede ser parte de un refrigerio sano. Hay una gran variedad de jaleas: casis, fresa con bajo contenido de azúcar, chabacano, naranja, zarzamora, frambuesa y fresa.*

forma de pectina, semillas o cáscara de la fruta, y sólo con cantidades pequeñas de vitaminas. El tratamiento con calor que se utiliza para hervir las conservas produce una reducción muy importante del contenido de vitamina C.

Aunque en Gran Bretaña, Estados Unidos y la mayor parte del norte de Europa las mermeladas se utilizan como pastas untables o para relleno de pasteles o tartas, en muchas partes del mundo se sirven como confituras separadas para comerse solas. Los membrillos han sido por mucho tiempo la base principal de esta tradición y es de la palabra portuguesa *marmelo*, que significa membrillo, de donde se derivó la palabra mermelada.

Al igual que las frutas de las que están hechas, muchas jaleas contienen compuestos orgánicos naturales llamados salicilatos, que pueden causar reacciones "alérgicas" en personas susceptibles. Además, ciertas marcas más baratas de jaleas contienen colorantes artificiales, lo que puede desencadenar también alergias en algunas personas.

PASTAS UNTABLES SABROSAS

Las pastas untables de carne y pescado (como por ejemplo el paté y el *mousse* de atún) deben contener al menos un 70% de carne o pescado. Pueden contener grasas añadidas y cereales, así como sal. Los extractos de levadura y de carne de res contienen niveles altos de sodio. Sin embargo, estas pastas untables, aunque se comen en cantidades pequeñas, son también fuentes concentradas de vitaminas del complejo B, tiamina, riboflavina, niacina y folato. Algunas pastas untables preparadas con extracto de levadura contienen vitamina B_{12} adicional.

La crema de cacahuate contiene más del 50% de grasa, pero principalmente en una forma sana monoinsaturada. La crema de cacahuate es también una fuente rica en niacina y una buena fuente de magnesio y proteínas. Los cacahuates pueden causar reacciones graves en personas susceptibles (vea pág. 32). Algunas cremas de cacahuate pueden estar contaminadas con moho, el cual produce toxinas de tipo alfa, que son carcinógenos poderosos. No obstante, la mayoría de los fabricantes controlan los productos de cacahuate, y el riesgo de afectar la salud del público es muy bajo.

KIWI

VENTAJAS
- *Excelente fuente de vitamina C*
- *Buena fuente de potasio*
- *Proporciona fibra soluble que puede ayudar a disminuir los niveles de colesterol en la sangre*

Esta fruta de piel vellosa y delgada, y con forma de huevo llegó originalmente de China y se conocía como grosella silvestre china. Sin embargo, no fue sino hasta principios de este siglo cuando los agricultores de Nueva Zelandia la popularizaron y, finalmente, se le dio el nombre del emblema nacional de ese país, el pájaro kiwi, que no vuela. En un tiempo se consideró al kiwi como una fruta exótica; ahora se cultiva en California y se halla fácilmente en fruterías y supermercados.

La pulpa de la fruta, de color verde brillante, es una fuente excelente de vitamina C. Una sola fruta kiwi proporciona más de lo que un adulto requiere normalmente cada día de esa vitamina, esencial para curar las heridas, para la cicatrización y para conservar un sistema inmunológico sano. El kiwi es una buena fuente del mineral potasio, que ayuda a contrarrestar el alto contenido de sodio de la dieta típica occidental y que comúnmente se ha vinculado con la presión arterial sana.

Esta fruta proporciona también cantidades útiles de fibra soluble, que ayuda a disminuir los niveles de colesterol en la sangre; cuando se digieren las grasas, la fibra soluble puede fijarse al colesterol, excretándolo en la materia fecal en lugar de que el organismo lo reabsorba.

El contenido de azúcar del kiwi es de 10% aproximadamente y una fruta de tamaño mediano proporciona alrededor de 29 calorías. Su sabor varía de dulce a agrio, y es parecido al de la uva. Con frecuencia se utiliza para adornar platillos y añade también un toque exótico a las ensaladas de frutas.

Puede comerse crudo, sin cáscara y partido en dos, o rebanado artísticamente para mostrar sus semillas. Debido a que no pierde el color, se usa a menudo en tartas de frutas y ensaladas, y sirve también para acompañar rebanadas de queso.

SALUD DECORATIVA *Un kiwi sirve de adorno y a la vez se come, ya que su pulpa no pierde el color y proporciona tanta vitamina C como una naranja.*

Actinidia sinensis

La planta kiwi da un fruto velloso, de piel café.

En el interior, la pulpa de color verde brillante contiene diminutas semillas negras, comestibles.

LECHE Y CREMA

VENTAJAS

- *Proporcionan proteínas de alta calidad*
- *Proporcionan vitaminas del complejo B esenciales, así como fósforo y cinc*
- *La leche es una excelente fuente de calcio*

DESVENTAJAS

- *La leche entera, y en especial la crema, tienen un alto contenido de grasa*
- *La leche no pasteurizada es una causa relativamente común de intoxicación por alimentos*
- *La leche contiene lactosa, a la cual algunas personas presentan intolerancia*

Es difícil encontrar alimentos que resulten más nutritivos que la leche. El calcio que proporciona se absorbe con facilidad; es una fuente considerable de proteínas y proporciona otros minerales y vitaminas importantes. La leche descremada contiene la mitad de la energía de la leche entera, pero conserva la mayor parte de los nutrimentos. En realidad, debido a que se le extrae la grasa, la leche descremada contiene niveles ligeramente aumentados de vitaminas y de minerales solubles en agua.

La leche descremada y la leche entera contribuyen con cantidades valiosas de tiamina (vitamina B_1), riboflavina (vitamina B_2), niacina y las vitaminas B_6 y B_{12}, y proporcionan también fósforo y cinc.

La vitamina A soluble en grasa se pierde al extraer la crema de la leche entera y debe obtenerse de otras fuentes alimentarias. La leche descremada y la leche entera sólo proporcionan cantidades muy pequeñas de hierro y vitaminas C y D.

CÓMO TENER HUESOS SANOS

La leche es particularmente importante como fuente del calcio de la dieta; la mayoría de los demás nutrimentos que contiene se obtienen con facilidad de otros productos. El calcio asegura huesos fuertes y sanos y forma parte de la estructura de los dientes.

Las necesidades de calcio varían de acuerdo a la edad y el sexo. Una persona adulta requiere un consumo diario de 800 miligramos, los cuales se obtienen de 800 mililitros de leche entera. Las mujeres embarazadas, las madres que amamantan y las personas de ambos sexos de entre 11 y 24 años de edad son quienes necesitan más calcio; 1.200 miligramos al día o el que se puede obtener de 1,2 litros de leche. Los bebés de 6 meses a un año de edad requieren 600 miligramos de calcio y los niños de 1 a 10 años necesitan 800 miligramos. El consumo bajo de calcio durante la niñez y la adolescencia puede dar como resultado reservas insuficientes del mineral (que el cuerpo concentra normalmente en el esqueleto hasta la edad de 24 años aproximadamente). Lo anterior puede contribuir con el paso de los años a la OSTEOPOROSIS.

Sólo las sardinas enlatadas y los charales secos que se comen con la raspa y las espinas ofrecen más calcio que la leche. Sin embargo, un vaso de leche de 240 mililitros proporciona alrededor de 290 miligramos de calcio, comparados con las porciones de 70 gramos de charales secos y de sardinas, que proporcionan 210 miligramos y 385 miligramos, respectivamente.

Las personas que no pueden tolerar la lactosa (disacárido de la leche) o los vegetarianos vegan, que rechazan los productos lácteos, así como todos aquéllos de origen animal, deben encontrar calcio en otras fuentes alimentarias, como las verduras, las legumbres y los frutos secos. Sin embargo, el calcio de estos alimentos se absorbe de una manera menos eficiente que el que proviene de la leche.

La leche contiene cantidades apreciables de fósforo, que es también esencial para la formación de huesos fuertes. Debido a que la vitamina B_{12} se obtiene normalmente de alimentos de origen animal, la leche es una fuente valiosa de este nutrimento vital para los vegetarianos. Sin embargo, la vitamina B_{12} se destruye al hervir la leche. Los vegetarianos vegan deben tomar complementos o consumir alimentos fortificados.

Medio litro de leche entera contiene 310 calorías, comparado con 175 de la leche descremada; la leche semidescremada, con 2% de grasa, contiene 250 calorías. Aunque la leche descremada es adecuada para quienes siguen un régimen para adelgazar y para las personas adultas, no deben tomarla los niños de menos de cinco años de edad.

TRATAMIENTOS DE LA LECHE

Casi toda la leche que se vende en los países desarrollados se ha pasteurizado por medio de calor para destruir las bacterias. El sabor se afecta menos que cuando se esteriliza la leche (un proceso más prolongado por medio de temperaturas más altas de hasta 115–130°C que dura de 10 a 30 minutos), lo que le da un sabor a cocido y un color cremoso, aunque pierde una tercera parte de la tiamina y la mitad de la vitamina B_{12}. La leche ultrapasteurizada o de larga duración ha sido calentada a no menos de 132°C al menos por un segundo. El tratamiento con temperatura muy elevada o ultrapasteurización mejora la calidad de conservación de la leche, pero tiene un efecto adverso en su sabor y valor nutritivo.

La leche homogeneizada se pasteuriza primero y, a continuación, se distribuye su crema para que no se separe. La leche entera en polvo y deshidratada contiene todos los nutrimentos de la leche entera, excepto la tiamina y la vitamina B_{12}. La leche en polvo descremada no contiene grasa ni ninguna vitamina soluble en grasa, pero proporciona proteínas, calcio, cinc, riboflavina y vitamina B_{12}. La leche condensada azucarada proporciona cantidades apreciables de calcio, fósforo y cinc, mas su alto contenido de azúcar la hace inadecuada para sustituir a la leche fresca.

Cuando compre leche, verifique la fecha en el envase, la que indica el último día en que puede venderse en la tienda. Busque la fecha que sea varios

DELICIAS DE VERANO
Las fresas y la crema proporcionan vitaminas B y C, y pueden consumirse tanto en postres como en bebidas.

Los beneficios de la leche de cabra

La leche de cabra es nutritivamente similar a la leche de vaca, y puede utilizarse de la misma manera.

Es una buena alternativa para aquellas personas que sufren de intolerancia a la leche de vaca, como los niños con eccema. Algunas personas que padecen úlcera gástrica suelen digerir con mayor facilidad la leche de cabra y les cae menos pesada en el estómago. La leche de cabra se congela bien.

días adelante del día en que la compre. Incluso la leche pasteurizada contiene bacterias y pronto se echará a perder si no se refrigera rápidamente. Coloque la leche en la parte trasera del refrigerador, donde está más frío que en la puerta. La temperatura ideal es sólo por encima del punto de congelación, pero la leche no debe congelarse.

DELICIAS CON BAJO CONTENIDO DE GRASA

En la actualidad es fácil encontrar en los supermercados una amplia variedad de productos lácteos muy nutritivos que contienen muchos de los nutrimentos de la leche entera, pero no la grasa ni la energía.

El requesón es semejante al yogur natural, aunque menos ácido, tiene un sabor a crema ideal para "copetear" las papas al horno. Puede utilizarse en *dips* como un saludable sustituto de la crema entera y de la mayonesa. El requesón puede tomarse como postre, acompañado de fruta fresca y otros aderezos. De acuerdo con la marca y con el tipo, el contenido de grasa puede variar desde el 7% hasta el 0,2%.

La leche, el "alimento completo" de la naturaleza

La leche se vende en diferentes presentaciones. Es útil comparar las ventajas y las desventajas de distintos productos, por ejemplo, su contenido de energía y grasa. Las cifras de calorías usadas aquí son para 100 mililitros.

TIPO	CALORÍAS	GRASA (%)	¿SABÍA USTED QUE...?
Leche entera	66	3,9	La leche entera se considera un "alimento completo" porque contiene una amplia variedad de nutrimentos, en especial proteínas, calcio, cinc y vitaminas A, B_2 (riboflavina) y B_{12}. Tiene también cantidades apreciables de yodo, niacina y vitamina B_6.
Leche semidescremada (1%, 2%)	46	1,6	Como sucede con toda la leche que se vende en botellas, también la leche semidescremada puede perder más de la mitad del contenido de vitamina B_2 (riboflavina), así como la pequeña cantidad de vitamina C que contiene, si se deja bajo la luz del sol durante una o dos horas.
Leche descremada	33	0,1	La leche descremada tiene la mitad de energía de la leche entera; sin embargo, su contenido de vitaminas (excepto la vitamina A) y minerales es igualmente alto. La leche descremada y la leche semidescremada pueden congelarse hasta por un mes, pero la leche entera tiende a separarse.
Leche condensada	333	10,1	La leche condensada es muy nutritiva y contiene casi el triple de calcio que la leche entera, pero más de la mitad de su volumen es azúcar.
Crema espesa	198	19,1	La crema simple y la media crema se separan si se congelan y no se pueden unir de nuevo.
Crema batida	373	39,3	La crema batida tiene un contenido relativamente alto de grasa, pero una vez batida, parece más ligera, puesto que la mitad de su volumen es aire. La crema batida puede permanecer congelada durante dos meses.
Doble crema	449	48,0	La doble crema es útil para batir y cocinar. Puede permanecer congelada durante dos meses. La doble crema sumamente espesa no se bate bien.
Crema espesada	586	63,5	La crema espesada no se recomienda para cocinar, ya que tiende a separarse al calentarse. Puede permanecer congelada hasta por un mes. Al descongelarse quizá presente una consistencia mantecosa.

El queso cottage es un requesón de origen estadounidense. Resulta muy apropiado para las dietas, debido a su bajo contenido de grasas y carbohidratos.

El queso ricotta, de origen italiano, contiene también poca grasa. Se elabora con leche de oveja.

El jocoque o leche cortada se prepara con leche que tiene bajo contenido de grasa y a la cual se añaden cultivos de bacterias para hacerla más espesa y realzar su sabor. Su valor nutritivo es similar al de la leche descremada, con menos del 0,5% de grasa. Se utiliza con frecuencia para hornear y en pastas untables con bajo contenido de grasa.

CON GRAN CONTENIDO DE GRASA, PERO SABROSO

Los diferentes tipos de crema disponibles en tiendas y supermercados proporcionan cantidades importantes de vitamina A, calcio y fósforo. Sin embargo, contienen también bastante grasa saturada (el contenido de grasa varía del 10,5% en la media crema al 40% en la crema espesada a bajas temperaturas); por esta razón, no es aconsejable comer en exceso ningún tipo de crema.

La crema simple no puede batirse y contiene 19% de grasa. La doble crema es más espesa, contiene 48% de grasa y puede batirse. La crema homogeneizada es sumamente espesa y no contiene más grasa que las cremas ya mencionadas, pero no puede batirse con facilidad.

La crema batida contiene menos grasa que la doble crema y puede batirse hasta duplicar su volumen. La crema agria se prepara cultivando la crema simple con bacterias que producen ácido láctico, para darle un sabor fuerte.

En algunos países europeos, la crema espesada se calienta por abajo del punto de ebullición y después se enfría. Dos cucharadas soperas contienen más energía y casi el doble de grasa que 300 mililitros de leche entera. (Vea también mantequilla [pág. 254], QUESO y YOGUR.)

243

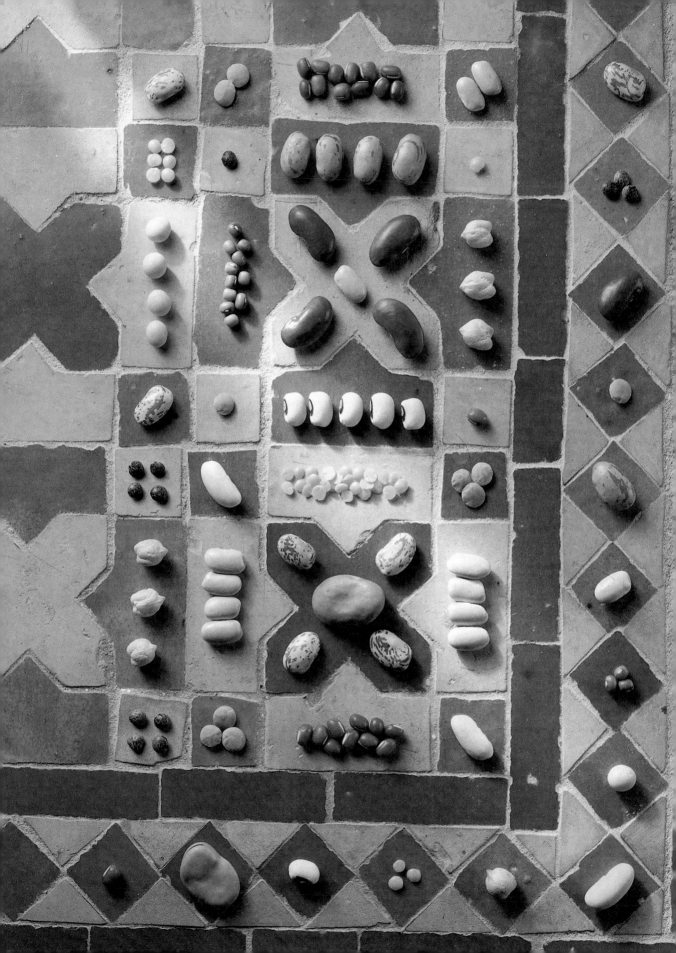

LEGUMBRES

VENTAJAS

- *Buenas fuentes de proteínas, fibra, minerales y vitaminas del complejo B*
- *Bajo contenido de grasa*
- *Ayudan a controlar los niveles de glucosa en la sangre y, por lo tanto, pueden ser útiles para los diabéticos*
- *Ayudan a disminuir los niveles de colesterol en la sangre*

DESVENTAJAS

- *Pueden causar flatulencia*
- *Los frijoles de soya son un alergeno común*

Las legumbres son las semillas secas que proceden de las vainas de las plantas leguminosas, como los frijoles, los garbanzos, las lentejas, y los chícharos y las habas secos.

Desde los platillos de frijoles y de maíz hasta las lentejas con arroz, las legumbres son una alternativa nutritiva y barata de la carne. Los chícharos secos, los frijoles y las lentejas contienen proteínas, aunque a diferencia de la carne, el pescado y los huevos, no contienen cantidades ideales de todos los aminoácidos esenciales necesarios para el desarrollo y para mantener sanos los tejidos musculares y los órganos. Por este motivo, casi todas las legumbres deben servirse junto con verduras y cereales enteros tales como el arroz o el pan (una solución adoptada por los vegetarianos en todo el mundo). Los frijoles de soya son la excepción a esta regla. A diferencia de la mayoría de las legumbres, los frijoles de soya se consideran una fuente de proteínas de alta calidad, debido a su adecuado equilibrio de aminoácidos. Asimismo, a diferencia de otras legumbres, contienen una cantidad significativa de grasa, aunque la mayor parte de ésta es insaturada.

VARIEDAD DE FRIJOLES *Las legumbres son la fuente de proteínas más barata de todas.*

Las legumbres contienen fibra insoluble y fibra soluble: la primera estimula los movimientos regulares del intestino, por lo que ayuda a prevenir el estreñimiento; es posible que disminuya también el riesgo de cáncer de colon y de recto. La última se ha vinculado con la disminución de los niveles de colesterol en la sangre, por lo que reduce el riesgo de enfermedad cardiaca y de ataques de apoplejía. Debido a que los almidones de las legumbres se digieren y se absorben con lentitud, permiten una liberación constante de glucosa en la sangre. Esto es particularmente útil para las personas diabéticas, ya que las ayuda a controlar los niveles de glucosa en la sangre.

Los investigadores estudian también el posible papel de los frijoles de soya y de los productos de soya, tales como el TOFU, la salsa de soya, la pasta de soya y la leche de soya, en la protección contra el cáncer, en particular el cáncer de mama, así como la osteoporosis y los síntomas menopáusicos, debido a los fitoestrógenos que contienen. La mayor parte de las legumbres cocinadas contienen hierro, potasio, fósforo, manganeso, magnesio y vitaminas del complejo B (excepto B_{12}); algunas contienen también vitamina E. Aunque resultan convenientes, las legumbres enlatadas pueden tener un alto contenido de sal añadida.

Al utilizar los FRIJOL DE RIÑÓN (AYOCOTE) es indispensable hervirlos con rapidez durante 15 minutos y, en seguida, cocerlos a fuego lento, hasta que estén bien cocidos. Los que no quedan bien cocidos contienen una sustancia que el estómago no puede digerir y que puede causar una grave intoxicación por alimentos. Otros frijoles contienen una sustancia similar, pero, normalmente, se digieren sin importar si están cocidos o no, y no ocasionan problemas, excepto en las personas que padecen de problemas de digestión.

Los frijoles de soya y cualquier producto que los contenga son un alergeno común y pueden producir dolores de cabeza e indigestión en las personas susceptibles. Las legumbres tienen un contenido moderadamente alto de purinas, por lo que las personas que padecen gota deben evitarlas.

Con excepción de las lentejas y de los chícharos secos, las demás legumbres secas necesitan remojarse en agua durante varias horas, o durante toda la noche, antes de cocinarse. Esto acortará el tiempo de cocción y reducirá los niveles de carbohidratos no digeribles responsables de ocasionar flatulencia. Deseche los frijoles que floten y cocine en suficiente agua fresca los frijoles escurridos y enjuagados. Si además añade hierbas como tomillo, romero, salvia, ajedrea de verano, toronjil, hinojo o alcaravea, puede ayudar a prevenir la flatulencia.

LEGUMBRES COMUNES

Adzuki. Estos frijoles pequeños de color rojo tienen bajo contenido de vitaminas del complejo B, pero son más ricos en minerales que los de riñón.

Alubia chica. Una variedad blanca de frijol. Las alubias recién cosechadas no necesitan remojarse, porque se cuecen en menos tiempo.

Chícharo seco amarillo y chícharo seco verde. Son excelentes para preparar purés y sopas. Una taza de chícharos cocidos tiene 16 g de proteínas y 11 g de fibra.

Frijol de carete. Se conoce también como frijol ojo de cabra. Es una legumbre con textura suave y en forma de riñón, con el característico punto negro. Un alimento básico del sur de Estados Unidos. Es una excelente fuente de folato, proporciona cantidades importantes de fósforo y manganeso, y contiene cinc, hierro, magnesio y tiamina. Es una de las variedades de frijol que contienen más fibra y que aportan menos energía.

Frijol de riñón. Un frijol grande con sabor a carne. Por lo general tiene un color rojo oscuro, pero también puede ser negro o blanco (vea FRIJOL DE RIÑÓN).

Frijol de soya. Se utiliza como proteína y para preparar aceite, leche, tofu, harina y salsa de soya. Asimismo, es rico en potasio y una buena fuente de magnesio, fósforo, hierro, folatos y vitamina E. Contiene manganeso, vitamina B_6 y tiamina.

Frijol negro. Un frijol pequeño y muy sabroso que se utiliza en América Latina, y en la cocina china y la japonesa. Tiene un sabor "terroso".

Frijol peruano. Al igual que todos los demás frijoles, es una excelente fuente de carbohidratos. Esta legumbre contiene cantidades importantes de folacina y magnesio.

Frijol pinto. Un frijol largo y moteado. Se encuentra entre las legumbres con mayor contenido de fibra. Popular en Estados Unidos y América Latina.

Garbanzo. Tiene forma redonda y sabor a nuez. Se usa en la cocina de Asia Central y del Medio Oriente. También disponible en forma de harina. Una buena fuente de manganeso y tiene cantidades apreciables de hierro, folato y vitamina E.

Haba. Un frijol con sabor fuerte que puede comerse crudo. Una útil fuente de fósforo y manganeso. Contiene también hierro, cinc, folato, niacina, magnesio y vitamina E.

Lentejas. Alimento principal de la cocina del sur de Asia, se encuentra disponible en una gran variedad de colores. Las variedades de color verde y café son una buena fuente de selenio, ofrecen cantidades importantes de hierro y manganeso y contienen también fósforo, cinc, tiamina, vitamina B_6 y folato.

LEVADURA, EXTRACTO DE

VENTAJAS
- *Fuente excelente de la mayoría de las vitaminas del complejo B y de folato*
- *Contiene potasio y magnesio*
- *Puede fortificarse con vitamina B_{12}*

DESVENTAJA
- *Alto contenido de sodio*

El extracto de levadura, así como la levadura utilizada para hornear pan y preparar la cerveza, son fuentes excelentes de vitaminas del complejo B, necesarias para mantener sanos el metabolismo, el sistema nervioso y los tejidos corporales. El extracto de levadura es también una fuente de folato (necesario para la formación de las células sanguíneas) y de varios minerales, entre ellos el potasio, el magnesio y el cinc. Debido a su alto contenido de sodio, no se aconseja su consumo excesivo a personas con presión arterial alta o a cualquier persona que siga una dieta con bajo contenido de sodio.

Algunos extractos de levadura están fortificados con vitamina B_{12}. El extracto de levadura es una importante fuente de vitaminas para los vegetarianos, puesto que la vitamina B_{12} se halla presente en forma natural casi exclusivamente en los alimentos de origen animal. Algunas levaduras se cultivan en un medio que contiene cromo y quedan enriquecidas con el mineral en una forma en la que el organismo puede absorberlo con facilidad. El cromo es un eslabón vital de la cadena que hace que el organismo tenga a su disposición glucosa y, por lo tanto, es muy importante para las personas que padecen diabetes.

A pesar de que la mayoría de las asociaciones médicas ortodoxas no lo aceptan, las personas que practican la medicina alternativa creen que el comer alimentos que contienen cual-

quier forma de levadura puede agravar la candidiasis sistémica (una forma extrema de CANDIDIASIS). Otra levadura, *Candida albicans*, causa la candidiasis, que está presente en forma natural en el intestino y en la piel. Algunos profesionales aseguran que los alimentos que contienen levadura trastornan el equilibrio de bacterias en el intestino, al inhibir el desarrollo de bacterias "útiles" y al permitir que *Candida albicans* prolifere, penetre en la pared intestinal y se disemine por el organismo (de ahí el término candidiasis "sistémica" o generalizada).

Se cree que otra complicación es que el organismo llega a ser tan sensible a las sustancias que producen las levaduras, que los alimentos que las contienen (como las pastas para untar con extracto de levadura) pueden agravar los síntomas asociados con la candidiasis. Sin embargo, la existencia de la candidiasis generalizada es un tema de gran debate entre los médicos.

LIMAS

VENTAJAS
- *Una fuente excelente de vitamina C*
- *Una alternativa saludable a la sal y otros sazonadores*

A mediados del siglo XVIII, el cirujano naval escocés James Lind demostró que el escorbuto, el antiguo azote de los marineros, podía prevenirse al beber el jugo de las limas, los

limones o las naranjas. Esto se debe a que la enfermedad es causada por una deficiencia de vitamina C, de la cual las frutas cítricas son una fuente excelente. Los limones y las limas se convirtieron en raciones esenciales para los marineros británicos. (De aquí se origina el apodo "limey" que con frecuencia utilizan los estadounidenses para referirse a un británico.)

Al igual que otras frutas cítricas, las limas contienen cantidades muy importantes de bioflavinoides, los cuales actúan como antioxidantes y ayudan a proteger al organismo del posible daño que producen los RADICALES LIBRES.

El jugo de las limas frescas, al igual que el de los limones, es una fuente excelente de vitamina C; 120 mililitros de jugo de lima proporcionan 30 miligramos de esa vitamina. El jugo se utiliza con frecuencia para realzar el sabor de otras frutas, como los aguacates y los melones; es también un suavizante excelente para la carne. Los platillos en los que se ha utilizado el jugo de lima como saborizante necesitan poca sal, lo que puede ser de utilidad si trata de llevar una dieta con bajo contenido de sodio.

El jugo de lima es un ingrediente tradicional de muchos platillos asiáticos y mexicanos; se utiliza en los encurtidos y en los aderezos para ensaladas, así como en los platillos de pescados y en los de carnes.

LIMONES

VENTAJAS
- *Una fuente excelente de vitamina C, que ayuda a mantener el sistema inmunológico*
- *Ayuda a aliviar el reumatismo*

DESVENTAJAS
- *La cáscara del limón puede estar rociada de fungicida y cubierta de cera*

- *La acidez excesiva puede destruir el esmalte de los dientes*

Cuando se trata de frutas cítricas, a casi toda la gente le agrada comer naranjas, mandarinas y toronjas; sin embargo, los limones tienen un sabor tan agrio que por lo general se reservan para sazonar salsas y bebidas. El jugo de limón sobre el pescado asado, una cucharada sopera en un aderezo para ensalada o una cascarita en un *gin-and-tonic*, es de uso común.

No obstante, vale la pena exprimir limones para preparar una limonada fresca, ya que es una fuente excelente de vitamina C y contiene muy pocas calorías. Una bebida preparada con jugo de limón, agua caliente y una cucharadita de miel se ha utilizado tradicionalmente como remedio para el resfriado.

El consumo bajo de vitamina C hace que las personas sean más susceptibles a las infecciones y la miel puede ayudar a curar la garganta irritada. El jugo de limón contiene un aceite que puede ayudar a aliviar el reumatismo, pues estimula al hígado para que expela las toxinas del organismo.

PROBLEMAS POTENCIALES
Las frutas cítricas se han vinculado con la migraña y algunas personas son alérgicas a estas frutas. Como el jugo de los limones es sumamente ácido, puede

destruir el esmalte de los dientes. Los limones se tratan por lo general con un rocío fungicida y con cera, por lo que antes de cortar un limón o de rallar la cáscara debe lavarlo bien.

LOMBRICES

Con las mejoras en el saneamiento y en las condiciones de vida, muchos parásitos intestinales que alguna vez eran comunes casi han desaparecido en los países que cuentan con agua potable y fuentes confiables de abastecimiento de alimentos. Sin embargo, algunos parásitos han sido difíciles de controlar y varios otros se han vuelto comunes debido a que cada vez más estadounidenses viajan a lugares remotos. En consecuencia, es necesario tomar precauciones sensatas (vea pág. 334). Los gusanos parásitos intestinales conocidos de manera común como lombrices, que afectan frecuentemente a los seres humanos, son los oxiuros y las tenias. Los dos géneros pueden adquirirse al comer alimentos contaminados. Las lombrices residen en los intestinos y toman los nutrimentos antes de que el cuerpo pueda absorberlos.

Los síntomas de una infestación importante de lombrices incluyen diarrea, sensación intensa de hambre, irritabilidad, pérdida del apetito y disminución de peso. Las infestaciones pueden causar una enfermedad grave, así como un desequilibrio nutricio, incluyendo una deficiencia de vitamina B_{12} y de hierro, que puede producir anemia.

OXIUROS

Los niños de menos de cinco años de edad son susceptibles a los oxiuros, *Enterobius vermicularis*. El síntoma principal de la presencia de oxiuros es la comezón alrededor del ano, por la noche, cuando las hembras (cada una de un centímetro de longitud aproximadamente) salen del ano para depositar sus huevos, antes de morir. Al rascarse y tocar después la comida, los niños pueden reinfectarse o contagiar la infección a otros niños o miembros de la familia.

La infección puede prevenirse con higiene rigurosa, lavándose las manos después de ir al baño y antes de comer. Un baño por la mañana para retirar los huevos de los oxiuros ayudará también a evitar que la infección continúe difundiéndose.

TENIA

Las tenias son lombrices segmentadas y planas con una longitud que varía desde algunos milímetros hasta varios metros. Se adhieren a la parte interior de los intestinos por medio de succionadores y ganchos, y absorben la comida del intestino a través de toda la superficie de su cuerpo. Los segmentos llenos de huevos se separan de la lombriz y se expelen del cuerpo.

Si un huésped intermediario, como un cerdo o una vaca, come los huevos, éstos se desarrollarán y formarán quistes en el interior de los tejidos. Cuando los seres humanos comen carne infectada, ya sea cruda o poco cocida, las larvas pueden ser transmitidas. Existen tres variedades comunes de tenias que afectan a los seres humanos.

La tenia de la carne de res, *Taenia saginata*, está muy diseminada en el Medio Oriente, África y América del Sur. Para evitar la tenia, la carne de res debe estar bien cocida (la carne término medio o poco cocida y las hamburguesas representan un riesgo considerable en estas regiones). No se aconseja el consumo de carne tártara en países donde la higiene, la inspección de los cadáveres de los animales y los servicios veterinarios no son 100% confiables.

La tenia del cerdo, *Taenia solium*, representa un riesgo de salud más serio, ya que sus huevos pueden llegar hasta el estómago, donde las larvas atraviesan la pared de este órgano y son transportadas a todo el organismo, en especial a los músculos y a los tejidos que se encuentran justamente bajo la piel. Rara vez los quistes pueden desarrollarse en el cerebro, lo que causa epilepsia. Este parásito se encuentra usualmente en el este de Europa, en el sureste de Asia y en África, donde debe evitarse comer carne de cerdo que no esté bien cocida y productos de cerdo, como los embutidos.

Diphyllobothrium latum, la lombriz del pescado, puede adquirirse al comer pescado crudo o que no esté bien cocido y está presente en Islandia, China, Japón (donde el sushi es una fuente común), el sureste de Asia, Escandinavia y las regiones lacustres de Suiza.

Algunos cocineros son expertos en detectar el pescado que está infectado, por lo que debe de haber poco riesgo en los hoteles y restaurantes buenos. Sin embargo, cuando viaje, tal vez sea mejor no comer pescado crudo. Las lombrices del pescado rara vez causan síntomas, pero las víctimas pueden presentar en ocasiones deficiencia de vitamina B_{12}, que puede llegar a producir anemia.

OTRAS LOMBRICES

Los oxiuros y las tenias no son las únicas lombrices que afectan a los seres humanos. El ascáride, *Ascaris lumbricoide,* y el tricocéfalo, *Trichuris trichiura,* pueden adquirirse al comer sus huevecillos, que se encuentran en las cosechas de verduras y de hortalizas en las que se ha utilizado excremento humano como fertilizante o en las que han sido regadas con "aguas negras".

Otra fuente sorprendente de infestación es el ascáride *Anisakis simplex,* que se encuentra usualmente en el arenque. Cuando se come el arenque virtualmente crudo, como sucede en Holanda al inicio de la "nueva temporada del arenque" y también en Escandinavia, donde lo salan muy poco, existe un riesgo considerable de adquirir este parásito. Por fortuna, estas lombrices no pueden sobrevivir a la congelación y morirán después de un almacenamiento a −20°C durante tres días.

REMEDIOS PARA COMBATIR LAS LOMBRICES

Es difícil librarse de la tenia; sin embargo, el tratamiento siguiente (sumamente seguro) puede dar resultado. Lo han utilizado los homeópatas, los herbolarios y los naturistas, al menos durante 100 años. Después de un ayuno de 12 horas, tome 60 gramos de semillas de calabaza fresca, quíteles la cáscara, remójelas en agua hirviendo y, después, muela la pulpa verde que queda y forme una pasta con un poco de leche. Tome la mezcla al terminar el ayuno y, 2 horas después, tome 20 mililitros (4 cucharaditas aproximadamente) de aceite de castor, mezclado con un poco de jugo de fruta. Espere hasta arrojar la tenia, lo que sucederá en las siguientes 3 horas.

Los químicos tienen disponibles varios medicamentos para oxiuros y tenias. Éstos incluyen medicamentos antihelmínticos que ayudan a matar o a paralizar a las lombrices en los intestinos o en otros tejidos. Su médico le sugerirá cuál es el medicamento más apropiado.

LUMBALGIA

AUMENTE
- *Pescado*
- *Col, guayaba, papaya y kiwi, debido a su contenido de vitamina C*

REDUZCA
- *Café, té negro y otras bebidas que contengan cafeína*
- *Grasa y azúcar si tiene exceso de peso*

Los discos de la columna vertebral dañados, la presión sobre los nervios, el desalineamiento o la inflamación de las articulaciones, los ligamentos dañados o las vértebras enfermas pueden causar lumbalgia. Otras causas comunes incluyen el embarazo, una mala postura al sentarse, una cama que no sostiene en forma adecuada el cuerpo, un trabajo en el que se cargan objetos pesados o el dedicarse a una actividad deportiva nueva. Un buen quiropráctico o un osteópata pueden curar la mayor parte de las lumbalgias, pero a la larga, una dieta saludable puede prevenir que ocurran.

No hay "curas" nutricias para la lumbalgia, aunque la creciente tensión en la columna ocasionada por la OBESIDAD puede contribuir al problema; por ello, un programa sensato de dieta y ejercicio para bajar de peso puede ayudar a calmar el dolor.

Al asegurarse de que su dieta contenga todos los nutrimentos necesarios para tener huesos y músculos sanos, puede reducir también los riesgos de desarrollar problemas en la espalda. Las proteínas ayudan a desarrollar el tejido muscular fuerte que necesita la espalda, y las vitaminas del complejo B, en particular la niacina, fortalecen y nutren los tejidos nerviosos.

El hígado y el pescado (como las sardinas, la macarela y el salmón) son buenas fuentes de niacina y vitamina D, que ayudan a que el organismo absorba calcio, importante para desarrollar y mantener huesos y nervios sanos. Ingerir una ración de 100 gramos de pescado, dos veces a la semana, le proporcionará el equivalente a la dosis semanal recomendada de estas vitaminas, y los ácidos grasos que contiene ese alimento pueden ayudar a que disminuya la inflamación y a que se reduzca el dolor en las articulaciones.

La col, las guayabas, la papaya y el kiwi son fuentes excelentes de vitamina C, necesaria para desarrollar y mantener huesos fuertes y un sistema nervioso sano. La dosis diaria reco-

Un caso real

Claudio, un vendedor de periódicos de 55 años, padecía un dolor persistente en la parte baja de la espalda. El dolor empezó a extenderse hacia la pierna derecha y aumentaba cuando Claudio se inclinaba hacia adelante. Cuando lo examinó su médico, identificó como causas principales su sobrepeso y la forma inadecuada como cargaba los pesados bultos de periódicos. El médico le aconsejó reducir el consumo de alcohol y tener sólo tres comidas al día, de raciones más pequeñas. Le aconsejó también hacer ejercicio, el suficiente para sudar un poco, durante 20 minutos, tres veces a la semana. Claudio bajó 12 kilos en nueve meses. Le enseñaron a cargar adecuadamente objetos pesados, con la espalda recta y las rodillas dobladas, para permitir que las piernas recibieran la tensión. Claudio está a punto de alcanzar su peso ideal y la lumbalgia casi desapareció.

mendada de vitamina C para una persona adulta es de 60 miligramos (es casi la misma cantidad que obtendría al comer dos raciones de col, un mango, una papaya pequeña o media guayaba). Sin embargo, las personas que fuman necesitan el doble de esta cantidad.

Si padece de lumbalgia, evite las bebidas que contengan cafeína, ya que este estimulante estrecha los diminutos vasos sanguíneos de las extremidades de las arterias. Esto reduce el flujo sanguíneo y los nutrimentos que transporta la sangre hacia los tendones de la columna, lo que puede hacer más lento el proceso de curación.

Las articulaciones necesitan mantenerse en movimiento para permanecer sanas. Por lo tanto, si desea aliviar o prevenir el dolor de espalda, lo mejor que puede hacer es mantenerse activo.

La lumbalgia persistente es un problema común, en especial en las personas de edad avanzada. No obstante, es importante consultar al médico para tener un diagnóstico adecuado, ya que el dolor puede ser un síntoma de alguna enfermedad más grave, como la osteoporosis o, en casos raros, el cáncer.

LUPUS ERITEMATOSO

AUMENTE
- *Pescado, para obtener los ácidos grasos omega-3*
- *Huevos, mantequilla, leche y margarina, para obtener vitamina D*
- *Productos lácteos con bajo contenido de grasa, para obtener calcio*

DISMINUYA
- *Sal*

EVITE
- *Alcohol, de acuerdo con sus medicamentos*
- *Obesidad*

Esta enfermedad incurable del SISTEMA INMUNOLÓGICO hace que los mecanismos de defensa del cuerpo ataquen los tejidos conectivos, las articulaciones, los músculos y cualquier órgano del cuerpo, lo que ocasiona inflamación, dolor y daño a los órganos.

La enfermedad se inicia frecuentemente con dolor de cabeza, mucho cansancio, molestias y dolores en los músculos y en las articulaciones, así como con erupción en la piel: cabe señalar que *Lupus erythematosus* significa "lobo rojo", lo que describe la erupción característica que puede presentarse en las mejillas y en el puente de la nariz.

El lupus puede presentarse de pronto, haciendo que el paciente se sienta muy enfermo, o puede desarrollarse en forma gradual durante meses e incluso años. Algunas personas que padecen esta enfermedad son sensibles a la luz del sol. La mayoría de las víctimas del lupus son mujeres.

Nadie sabe en realidad lo que origina el lupus; sin emabrgo, las personas que lo padecen pueden ayudarse con medicamentos y siguiendo la asesoría de un especialista en nutrición. El tipo de dieta que se sugiera dependerá de la etapa de la enfermedad. Por ejemplo, aunque se aconseja a algunos pacientes que aumenten el consumo de potasio, a aquellos que tienen problemas renales se les indica que deben reducirlo.

Algunos nutrimentos son vitales para el funcionamiento adecuado del sistema inmunológico: los beta carotenos (que se encuentran en la naranja y en las verduras), la vitamina C (en el kiwi) y el cinc (que se encuentra en las ostras y en otros mariscos). Los estudios indican que comer bastante pescado, como el arenque y el salmón, puede ayudar a disminuir la inflamación ocasionada por el lupus.

La obesidad es un factor que puede empeorar la enfermedad; por esto,

Alimentos que ayudan

Las zanahorias y otras verduras de color anaranjado contienen beta carotenos. Cómalas tres veces a la semana o más.

Las naranjas y otras frutas cítricas proporcionan vitamina C y potasio. Trate de comerlas una o dos veces al día.

Los cereales fortificados proporcionan vitaminas B y D, así como calcio, cuando se sirven con leche. Desayúnelos diariamente.

Las aves proporcionan vitaminas B y cinc. Cómalas asadas o sofritas, sin la piel, tres veces a la semana.

Las sardinas y otros pescados proporcionan los ácidos grasos omega-3. Coma sardinas de lata o asadas tres veces a la semana.

mantenerse en el peso indicado es trascendental para controlar los síntomas. Esto es particularmente importante para aquellos pacientes a los que les recetan esteroides.

A la mayoría de las personas que padecen de lupus se les aconseja evitar la luz del sol, por lo que necesitan obtener la vitamina D de su dieta; en consecuencia, deben ingerir alimentos como los huevos, la mantequilla, la leche, los aceites de pescado, la margarina y algunos cereales para el desayuno fortificados.

Debido a que muchas personas que padecen de lupus desarrollan problemas en el riñón y presión sanguínea alta, deben evitar alimentos con mucha sal. Beba al menos 1,7 litros de agua al día, para que los riñones funcionen en forma adecuada y para ayudar a evitar las infecciones en el aparato urinario.

MAÍZ

VENTAJAS

- *Alto contenido en carbohidratos, buen contenido en proteínas y pocas grasas*
- *Buena fuente de manganeso y vitaminas B_1 y B_7*
- *Consumido en forma de tortilla aporta gran cantidad de calcio*

El hombre americano ha utilizado esta gramínea como alimento desde hace por lo menos 7.000 años. Se cree que apareció en forma silvestre en las tierras húmedas de América del Sur y fue domesticado en varios sitios del continente, desde el sur de Estados Unidos hasta Argentina. El maíz es el grano que más se cultiva en Estados Unidos y, después del trigo, el que más se cultiva en el mundo. La mayor parte de este cereal que se cultiva en este país es el maíz dentado; éste se deja madurar en la planta, se deja secar y se utiliza como alimento para animales o se procesa para hacer cereales. Otra variedad es el maíz duro que se utiliza para hacer harina de maíz, ingrediente favorito de los indígenas americanos para preparar tortillas y otros platillos.

El maíz dulce o azucarado, que se cosecha cuando aún está inmaduro, es el que se consume como verdura. Se puede cocinar en diversas maneras: ya sea la mazorca entera, o sólo los granos. Los granos también se pueden congelar o enlatar para su uso futuro.

Si bien el maíz es alto en almidón y proteínas, carece de dos aminoácidos esenciales por lo que no puede utilizarse como fuente adecuada de proteínas. Sin embargo, si el maíz se consume en combinación con frijoles y otras legumbres, proporciona una proteína completa.

Existen unas seis variedades de maíz que la gente distingue sobre todo por su color: blanco, amarillo, azul, morado, rojo y negro.

Ocupa un lugar importante en la biotecnología, en especial por su almidón transformable en glucosa y luego en fructosa, por lo que se utiliza ampliamente en la industria alimentaria como edulcorante. Del embrión o germen se extrae un aceite comestible de uso muy generalizado. Cien gramos de porción comestible de maíz contienen:

Energía: 361 calorías
Proteína: 9,4 gramos
Grasa: 4,3 gramos
Carbohidratos: 74,2 gramos
Fibra: 1,8 gramos
Ceniza: 1,3 gramos
Calcio: 22 microgramos
Fósforo: 290 microgramos
Hierro: 2,1 microgramos

El índice de eficacia proteínica del maíz —el cual permite calcular el valor nutritivo de las proteínas— es de 1,2 (algo más alto que el del pan). El inositol que contiene participa en el metabolismo de las grasas, en el funcionamiento del aparato digestivo y de los músculos, en la reproducción y en la lactancia; se dice que combate el COLESTEROL, "limpia" las arterias y hace crecer el CABELLO. Cien gramos de maíz contienen 560 miligramos de manganeso, mineral que interviene en el desarrollo de los huesos, y 0,43 miligramos de tiamina (vitamina B_1). Basta con que el hombre adulto consuma 350 gramos de maíz al día, y la mujer 225, para obtener la ingestión diaria recomendada de esta vitamina.

En la gastronomía mexicana, el maíz se ha empleado desde la antigüedad en tres formas básicas: la mazorca tierna y madura, la masa en forma de tortillas y tamales, y en bebidas elaboradas directamente con la mazorca o la masa. Tiene un valor cultural muy alto en México, al grado de que se habla de la cultura del maíz.

LA TORTILLA

La tortilla, que implica un proceso previo de precocido llamado nixtamalización, es la forma más común de consumir el maíz y es la base de un sinnúmero de platillos y preparaciones. Independientemente de si se realiza por medios artesanales, usando un metate, o con modernos métodos de secado, el proceso de nixtamalización es básicamente igual: se remoja el maíz en agua casi hirviendo y de 1% a 3% de cal de piedra viva o en polvo hidratada. Esta última sustancia desencadena una reacción generadora de calor, lo cual ocasiona el ablandamiento de la piel que cubre el grano y el posterior aglutinamiento de las partículas del cereal. Todo ello hace que la tortilla que se elabora con esta masa sea flexible y se enrolle sin quebrarse. El contenido de calcio de 100 gramos de tortilla es de 196 miligramos (8,9 veces más que el maíz en grano).

Para producir una materia prima que no se descomponga en pocas horas, como ocurre con la masa tradicional, se desarrolló en 1950 la harina de maíz nixtamalizada, que goza cada vez de mayor aceptación.

ROSETAS DE MAÍZ

Una botana favorita la constituyen las rosetas de maíz, provenientes de una variedad especial que crece en una mazorca más pequeña que las del maíz dulce o el de forraje.

Una taza de rosetas de maíz tiene sólo 30 calorías, lo que los hace una botana ideal con un contenido alto de fibra. Si se añade aceite y mantequilla, sin embargo, aumenta su contenido calórico en más de cinco veces, es decir, a unas 155 calorías por taza.

MAL ALIENTO

AUMENTE
- *Verduras crudas y manzanas, para ayudar a proteger las encías*
- *Jengibre, canela, mostaza y rábano picante, para los senos nasales*
- *Cereales integrales y agua, para evitar el estreñimiento*
- *Zanahorias, brócoli, espinacas y frutas cítricas, para obtener beta carotenos y vitamina C*

REDUZCA
- *Azúcar, dulces, bebidas dulces, pasteles y galletas, para proteger los dientes y las encías, así como para reducir la placa dentobacteriana*

EVITE
- *Ajo, cebollas y pimienta de la India*
- *Alcohol y todos los productos que contengan tabaco*

Si no es provocada por una enfermedad, la halitosis puede eliminarse casi siempre por medio de hábitos alimentarios sensatos y mediante la higiene bucal. El mal aliento es por lo general un problema trivial y, con frecuencia, es ocasionado por la pimienta de la India, el ajo, el alcohol o los cigarrillos.

Los problemas digestivos y el ESTREÑIMIENTO también pueden causar halitosis y éste es otro caso en que una dieta saludable y sensata puede ayudar con frecuencia. Sin embargo, es importante buscar asesoría profesional dental o médica si la causa de la halitosis no se identifica o no se remedia con facilidad.

El aliento como indicador de la salud

En ocasiones, el mal aliento puede ser una clave para el diagnóstico médico (el olor a acetona de un coma diabético, el olor a amoniaco de la uremia o el olor a pescado debido al mal funcionamiento del hígado).

Sin embargo, la causa más común del mal aliento se encuentra casi siempre en la boca (un diente picado o un absceso, una formación de sarro dental, las encías inflamadas e infectadas o la comida descompuesta en las hendiduras o en las úlceras de la boca).

El olor a comida puede evitarse masticando algunas semillas de eneldo o un par de granos de café, después de comer. Las semillas de alcaravea y de cardamomo son efectivas también, y se asegura que al mascar una ramita de perejil fresco se evitan el aliento a ajo y el olor a alcohol. Cepillarse los dientes con regularidad con un buen cepillo y comer muchos alimentos ricos en fibra, como las verduras crudas, las manzanas y las peras, ayuda a dar masaje a las encías y a mantenerlas sanas. Reduzca la formación de placa bacteriana en los dientes disminuyendo las bebidas y los alimentos que contienen azúcar, en particular los alimentos que se pegan a los dientes; asimismo, cepíllese los dientes y use hilo dental con la mayor regularidad posible.

Hacer gárgaras y lavarse la boca, añadiendo 30 gotas de tintura de mirra (disponible en las droguerías) a un vaso de agua tibia ayudará a mantener un aliento dulce. Los enjuagues bucales antisépticos patentados pueden matar tanto a las bacterias útiles como a las dañinas.

Los problemas en la boca, la nariz, los senos nasales, los pulmones, el estómago y el aparato digestivo, así como el uso del paraldehído sedante, pueden ocasionar mal aliento. Para aliviar los problemas de los senos nasales y el catarro, reduzca el consumo de productos lácteos y coma especias descongestionantes tales como el jengibre, la canela, la mostaza y el rábano picante. También puede ser conveniente añadir 5 o 6 gotas de aceite de eucalipto a un tazón de agua caliente e inhalar el vapor picante.

Las infecciones crónicas del pecho requieren atención médica, pero puede evitarlas si no fuma y si consume suficientes zanahorias, brócoli, espinacas y frutas cítricas para obtener beta carotenos y vitamina C, que ayudan a proteger el tejido pulmonar.

Es posible que el estreñimiento, las úlceras y la indigestión produzcan halitosis. Si chupa pastillas de menta o mastica chicle puede ocultarla, aunque es mejor tratar la causa aumentando el consumo de fibra y de líquidos. Coma pan integral en lugar de pan blanco, mucha fruta y verduras y beba un par de vasos de agua extra al día.

MANDARINAS

VENTAJAS
- *Buena fuente de vitamina C*
- *Contienen pectina, una forma de fibra soluble que puede ayudar a disminuir los niveles de colesterol en la sangre*

Junto con las tangerinas, las mandarinas pertenecen a un grupo de frutas cítricas de color naranja brillante, con cáscara delgada y fáciles de pelar. Al igual que las otras variedades, las mandarinas son una buena fuente de vitamina C. Los niveles bajos de vitaminas aumentan nuestra susceptibilidad a las infecciones. La vitamina C

Citrus reticulata

Elija frutas de color naranja oscuro y que se sientan pesadas para su tamaño, ya que esto indica que contienen mucho jugo.

Las membranas y la médula contienen pectina y fibra.

FRUTA PARA LA NAVIDAD
Las mandarinas se consiguen durante todo el año, aunque son más sabrosas de septiembre a febrero.

es también un antioxidante, que puede ayudar a prevenir el daño causado por los RADICALES LIBRES, y de esa manera proporciona protección contra varias formas de cáncer.

Asegúrese de comer las membranas que hay entre los segmentos así como parte de la médula que se encuentra adherida a éstos, pues estas partes contienen pectina, una fibra que puede ser útil para disminuir los niveles de colesterol en la sangre. Las membranas y la médula contienen también bioflavinoides, que actúan de manera semejante a los antioxidantes.

MANGO

VENTAJAS
• *Fuente rica de beta carotenos, que el organismo puede convertir en vitamina A*
• *Fuente rica de vitamina C*

Un mango fresco de tamaño mediano es una rica fuente de beta carotenos y de vitamina C. La pulpa fresca de la fruta es fácil de digerir y el organismo no tiene ninguna dificultad para absorber los beta carotenos que contiene y transformarlos en vitamina A.

La vitamina C y los beta carotenos son ANTIOXIDANTES. Aunque el organismo es capaz de producir sus propios antioxidantes, aquéllos proporcionados por los alimentos incrementan las defensas y ayudan a prevenir el daño causado por los RADICALES LIBRES, reduciendo así el riesgo de llegar a desarrollar ciertos cánceres.

Sin embargo, los mangos tienen además un alto contenido de carbohidratos o fructosa; una fruta de tamaño mediano contiene un 14% de fructosa o carbohidratos. Como son también un poco ácidos, si se les come con mucha frecuencia pueden contribuir al deterioro de los dientes.

Los mangos son originarios de la India, donde se han cultivado durante miles de años; en la actualidad se cultivan también en las regiones tropicales. En Estados Unidos, el mango se cultiva en Florida, California y Hawai.

CÓMO COMER UN MANGO
Preparar un mango resulta un proceso complicado, puesto que su pulpa sedosa, suave y fibrosa es excepcionalmente jugosa y resbaladiza. La mejor manera es rebanar la fruta a lo largo, en dos pedazos, dejando el hueso en el centro, a fin de hacer después cortes en zigzag a la pulpa, antes de presionar hacia afuera la cáscara de cada mitad.

Mantequilla o margarina: ¿cuál es mejor?

La mantequilla ha tenido una mala reputación, pero la margarina comparte algunas de sus desventajas y depende de los aditivos que le brindan sabor. Ambas deben utilizarse con moderación.

Tres de cada cuatro estadounidenses ahora prefieren margarina en lugar de mantequilla pues creen que es más saludable que esta última. Aunque la mayoría de las personas concuerdan en que la mantequilla tiene mejor sabor, también saben que es alta en colesterol y en grasas saturadas, las que al parecer elevan el colesterol en la sangre y las que se han asociado con un riesgo mayor de cáncer. Por lo tanto, parece sensato preferir la margarina.

Sin embargo, ¿es la margarina en realidad más saludable que la mantequilla? En 1993, se plantearon algunas dudas cuando los investigadores de la Universidad de Harvard concluyeron que algunos tipos de margarina aumentaban el riesgo de padecimientos cardiacos más que la mantequilla. Es de comprender, por lo tanto, que este estudio echó más leña al fuego al debate entre la margarina y la mantequilla y también creó más confusión.

Por lo general, la mantequilla y la margarina tienen el mismo contenido total de grasa y proporcionan la misma cantidad de energía (81% de grasa y 740 calorías por 100 gramos), aunque algunos fabricantes de margarina han

Comparación de varios productos para untar (valores por 100 g)

CALORÍAS	GRASAS	VITAMINAS	¿SABÍA USTED QUE...?
MANTEQUILLA			
740	Total 81 g: 54 g saturados, 20 g monoinsaturados, 3 g poliinsaturados, 4-8 g grasas trans	A 887 mcg D 0,76 mcg E 2 mg	Las mantequillas "untables" contienen menos sal que las mantequillas comunes. Las grasas trans naturales de la mantequilla no elevan el colesterol en la sangre de la misma manera en que lo hacen las grasas trans artificiales de la margarina.
MARGARINA SÓLIDA			
740	Total 81 g: 36 g saturados, 33 g monoinsaturados, 9 g poliinsaturados, 9-14 g grasas trans	A 790 mcg D 7,94 mcg E 8 mg	La margarina está fortificada con vitaminas A y D; el contenido de vitamina E varía de acuerdo con el aceite usado y según se añada o no como un ingrediente. Los beta carotenos se añaden también para dar a la margarina su color dorado.
MARGARINA POLIINSATURADA			
740	Total 81 g: 16 g saturados, 21 g monoinsaturados, 41 g poliinsaturados, 0,7-6 g grasas trans	A 900 mcg D 7,94 mcg E 8 mg	Ésta tiene un perfil nutritivo similar al de la margarina dura. Las margarinas de girasol y de cártamo tienen el contenido más alto de vitamina E. Al igual que la mantequilla, la margarina es 16% agua.
MARGARINA PARA UNTAR CON BAJO CONTENIDO DE GRASA			
390	Total 40 g: 11 g saturados, 18 g monoinsaturados, 10 g poliinsaturados, 0,4-7 g grasas trans	A 1.084 mcg D 8 mcg E 6,33 mg	Las margarinas para untar con bajo contenido de grasa son 50% agua. Contienen 6% de proteínas (comparado con 0,4% en la mantequilla y las margarinas duras) que producen una sensación "cremosa" en la boca.
MARGARINA PARA UNTAR CON MUY BAJO CONTENIDO DE GRASA			
270	Total 25 g: 7 g saturados, 11 g monoinsaturados, 4 g poliinsaturados, 0,2-3,5 g grasas trans	A 820 mcg D 8 mcg E 6,7 mg	Tienen un contenido más elevado de sal que la mantequilla, la margarina y las margarinas para untar con bajo contenido de grasa. Más del 60% de las margarinas con un contenido muy bajo de grasa es agua y alrededor del 6%, proteínas.

disminuido la grasa de su producto hasta el 70% (635 calorías por 100 gramos).

Un químico francés inventó la margarina en 1860 como un sustituto barato de la mantequilla; en esa época se fabricaba con sebo de res y leche descremada. Actualmente, la margarina es mucho más sofisticada y sumamente procesada. Se usan aceites vegetales solos o combinados con grasas animales o aceites de pescado. La margarina contiene también agua, suero de leche, emulsificantes, sal y agentes colorantes y saborizantes.

ÁCIDOS GRASOS TRANS (HIDROGENADOS)

En la fabricación de la margarina, los aceites líquidos se convierten en una pasta sólida por medio de un proceso químico llamado hidrogenación. Además de endurecer los aceites, el proceso cambia su estructura química, convirtiendo algunos ácidos grasos insaturados en ácidos grasos trans (una forma menos saludable de poliinsaturados que tiene en el cuerpo un efecto similar al de las grasas saturadas). Los ácidos grasos trans aumentan los niveles de colesterol y en la actualidad se sabe que están vinculados con los padecimientos cardiacos.

Algunas compañías fabricantes de margarina han reformulado sus productos para reducir el contenido de grasa trans. Las margarinas suaves etiquetadas "con alto contenido de poliinsaturados" contienen considerablemente menos grasas saturadas y ácidos grasos trans que otros tipos de margarina y mantequilla, y son buenas fuentes de vitamina E. Sin embargo, la investigación reciente empieza a indicar que el consumo elevado de aceites poliinsaturados puede predisponer a algunas personas al asma.

Las margarinas para untar con bajo contenido de grasa se fabrican principalmente con agua y mantequilla batida o aceites vegetales; la proporción de grasas saturadas varía, por lo que debemos revisar las etiquetas con detenimiento. Estas margarinas contienen por lo general 40% de grasa y 390 calorías por 100 gramos, aproximadamente, y las margarinas para untar con un contenido muy bajo de grasa contienen alrededor de 25% de grasa y 270 calorías por 100 gramos. Algunas tienen apenas un 5% de grasa y se fabrican con sustitutos de la grasa, como la proteína del suero de leche. Su alto contenido de agua las hace inadecuadas para cocinar e incluyen con frecuencia gelatina.

La American Heart Association aconseja usar margarina suave o lí-

EL ATRACTIVO DE LA MANTEQUILLA
Aunque tiene un contenido alto de grasas saturadas y de colesterol, la mantequilla gana popularidad de nuevo, porque es un producto mucho más natural que las margarinas altamente procesadas.

quida en cantidades pequeñas para untar. Verifique las etiquetas y seleccione los productos que tienen por lo menos dos veces más grasas poliinsaturadas que saturadas; las margarinas elaboradas con aceite de maíz, girasol, colza o canola son las mejores opciones.

255

MANZANAS

VENTAJAS
- *Buena fuente de vitamina C, dependiendo de la variedad*
- *Pueden ayudar en el tratamiento del estreñimiento y de la diarrea*

Una manzana fresca es el refrigerio ideal y saludable, ya que puede transportarse con facilidad, satisface y es jugosa y refrescante. Algunas variedades son una buena fuente de vitamina C, que es un antioxidante y ayuda a mantener el sistema inmunológico. Las manzanas contienen relativamente poca energía y una alta proporción de fructosa. Este azúcar simple o monosacárido, más dulce que la sacarosa (el componente principal del azúcar de caña), se metaboliza con lentitud y, por lo tanto, ayuda a controlar los niveles de glucosa en la sangre.

En la medicina herbolaria, las manzanas maduras y crudas se han recetado tradicionalmente para tratar el estreñimiento, mientras que la fruta cocida a fuego lento puede comerse para curar la diarrea y la gastroenteritis. Las manzanas se usan también para las inflamaciones de la piel.

CÓMO ELEGIR BUENAS MANZANAS

Busque manzanas que al tocarlas se sientan macizas y que no tengan magulladuras de color café. Es más probable que las manzanas grandes estén demasiado maduras, y no las más pequeñas. Las frutas locales son mejores (en sabor, olor y textura) cuando maduran en el otoño. En Estados Unidos se cultivan más de 2.500 variedades de manzanas y otras más son importadas. Entre las más populares se encuentran la Red Delicious, Crispins, Royal Gala, Granny Smith, Empire, Golden Delicious, Royal Gala y Cox. Algunas variedades aromáticas son difíciles de conseguir, pero vale la pena buscarlas.

A no ser que se hayan importado, las manzanas compradas fuera de temporada han estado almacenadas en un medio frío, donde el equilibrio de oxígeno ha sido disminuido químicamente. Esto detiene el proceso natural de maduración, por lo que pueden conservarse durante varios meses sin que maduren. Cuando la fruta se expone de nuevo a las temperaturas y a los niveles de oxígeno normales (en una frutería o en los anaqueles de un supermercado), continúa madurando y puede ablandarse con rapidez.

Los manzanos son vulnerables a los insectos, por lo que se rocían varias veces durante la temporada. Las manzanas deben lavarse siempre muy bien antes de comerlas, aunque algunos expertos recomiendan que deben pelarse, sobre todo si se les ha aplicado una película de cera para extender su duración y hacerlas más atractivas, pues esa película retiene más a los residuos de insecticidas.

MANZANAS SECAS

La gente ha comido manzanas frescas y secas desde la Edad de Piedra; eran populares entre los egipcios en el siglo XII a.C. y los primeros colonizadores sembraron manzanos como una de sus primeras cosechas en el Nuevo Mundo.

El secado es una de las formas más antiguas para conservar la fruta. El ama de casa de la Edad Media colgaba cordones con aros de manzana en las vigas del techo; sin embargo, en la actualidad, las rebanadas se exponen a las emanaciones de azufre ardiendo para prevenir que tomen un color café y después se secan al sol sobre bandejas de alambre. Como la humedad se pierde, los azúcares naturales se concentran y es por esto que los atletas valoran las manzanas secas como una fuente de carbohidratos que pueden convertirse con rapidez en energía. No obstante, las manzanas secas contienen cuatro veces más calorías que las manzanas frescas. Las rodajas suaves y correosas

tienen un alto contenido de fibra y son una fuente moderada de hierro. Sin embargo, las manzanas secas pierden toda su vitamina C durante el proceso de secado.

MARISCOS: FRUTOS DEL MAR

Vea página 260

COSECHA DE MANZANAS *Una gran variedad de manzanas tiende a dominar en la actualidad los mostradores de las fruterías, en los mercados y en las tiendas de autoservicio.*

MAYONESA

VENTAJA
• *Rica en vitamina E*

DESVENTAJA
• *Alto contenido de energía y de colesterol*

En términos de la dieta, la mayonesa, ya sea preparada en casa o fabricada comercialmente, contiene pocas proteínas o carbohidratos. Sin embargo, las yemas de huevo y el aceite vegetal, ingredientes con los que se prepara, le proporcionan al organismo grasa y vitamina E.

Utilice poco la mayonesa, puesto que una cucharada sopera de este popular aderezo de ensaladas y de otros platillos fríos contiene alrededor de 10 gramos de grasa, que proporcionan casi 100 calorías. Las personas que siguen una dieta de reducción de peso pueden usar mayonesa con bajo conte-

257

nido de grasa (comúnmente contiene 3 gramos de grasa y 50 calorías por cucharada sopera). Otras opciones que ofrecen bajo contenido de grasa incluyen los ADEREZOS PARA ENSALADAS, preparados con yogur con bajo contenido de grasa o con queso fresco.

La mayoría de las recetas de mayonesa fresca preparada en casa recomiendan el empleo del aceite de oliva elaborado con el procedimiento de prensado en frío, que contiene grasas monoinsaturadas. Sin embargo, otros ACEITES que tienen sabores más ligeros, como el aceite de cártamo, el aceite de frijol de soya o el aceite de maíz, pueden sustituir al aceite de oliva. Estos aceites contienen ácidos grasos poliinsaturados, muchos de los cuales son vitales para el funcionamiento sano del organismo. Los huevos crudos utilizados en la mayonesa casera pueden ser una causa potencial de salmonella, a no ser que se obtengan de una fuente confiable y se consuman dentro de su fecha de caducidad. Los niños pequeños, las mujeres embarazadas, las personas mayores y los enfermos deben evitar cualquier producto que contenga huevo crudo. Los fabricantes de mayonesa comercial usan yemas de huevo pasteurizadas para evitar el riesgo. Las yemas de huevo contienen bastante colesterol y no deben comerlas las personas que llevan una dieta con bajo contenido de colesterol.

La mayonesa casera debe taparse y refrigerarse; sólo la debe sacar del refrigerador unos 30 minutos antes del momento en que va a utilizarla, cuando mucho. Puede guardarla en el refrigerador dos o tres días.

MEDICAMENTOS Y ALIMENTACIÓN

Los medicamentos pueden influir en ocasiones en la capacidad del organismo para utilizar algunos nutrimentos.

Como resultado, una persona puede tener una deficiencia de hierro, por ejemplo, a pesar de que su dieta contenga bastante hierro. En forma similar, algunos nutrimentos pueden retardar o acelerar la absorción de los medicamentos. Algunos pueden alterar la actividad del medicamento en el cuerpo o afectar el ritmo en el que los medicamentos se metabolizan.

Algunos medicamentos necesitan tomarse junto con alimentos y otros entre comidas. El hecho de tomar complementos vitamínicos es benéfico en ocasiones y en otras resulta dañino, dependiendo del medicamento que se tome.

Las complicaciones dietéticas rara vez son un problema cuando se toman medicamentos por corto tiempo, a no ser que el paciente ya tenga una mala nutrición. Es mucho más probable que los efectos secundarios relacionados con la nutrición se presenten durante tratamientos prolongados de enfermedades tales como la hipertensión o los trastornos mentales, y cuando se toman durante largos periodos medicamentos que se venden sin receta médica. Las personas mayores son especialmente vulnerables, ya que con frecuencia les recetan más de un medicamento para que los tomen durante mucho tiempo y pueden seguir una dieta inadecuada.

Si experimenta algún síntoma poco común mientras toma medicamentos recetados o no por un médico, consulte a éste. Sin embargo, al recetar o al vender medicamentos, los médicos y los farmacéuticos deben estar conscientes de los problemas más comunes asociados con ellos y sugerir cualquier precaución necesaria, antes de que se empiece a tomar el medicamento.

Los ejemplos siguientes cubren las interacciones más comúnmente observadas entre los medicamentos y los nutrimentos. Es probable que no reconozca el nombre o el tipo de medicamento que está tomando, puesto que los fabricantes utilizan diferentes nombres patentados y genéricos para la misma clase de medicamento. Si tiene duda, pida a su médico o al farmacéutico que le informe.

PARA EL APARATO DIGESTIVO
Antiácidos. Los antiácidos se utilizan para tratar la indigestión, la acidez y las úlceras gástricas. Los antiácidos que contienen aluminio (por lo general en forma de hidróxido de aluminio) no deben tomarse en forma continua, porque reducen la capacidad del cuerpo para absorber el fósforo. Si la dieta es baja en fosfato (derivado del fósforo), el utilizar estos medicamentos por periodos prolongados puede causar ablandamiento de los huesos (OSTEOMALACIA). La carne, el pescado y los huevos proporcionan fosfato.

Laxantes. Los laxantes fuertes utilizados con regularidad, conocidos como purgantes, son dañinos, ya que la pérdida excesiva de agua del cuerpo puede causar deshidratación y disminuir los niveles de potasio en la sangre. Más aún, el funcionamiento acelerado del intestino reduce la absorción de casi todo tipo de nutrimento.

Los laxantes de aceite mineral, como la parafina líquida, tienen un efecto similar y su uso se hace cada vez menos frecuente; interfieren también con la absorción de las vitaminas A, D y K, así como de beta carotenos. Puesto que la vitamina D es esencial para la absorción de calcio, el uso excesivo de este medicamento puede aumentar el riesgo de OSTEOPOROSIS en las personas mayores y en las mujeres posmenopáusicas.

Si el estreñimiento es un problema y requiere un medicamento, es preferible utilizar un laxante de volumen (como el salvado o las semillas de *psyllium*). Mejor aún, remedie la causa del estreñimiento llevando una dieta rica en fibra, que incluya verduras de hoja verde, legumbres, cereales integrales y frutas secas; las ciruelas y los higos tienen un efecto laxante natural. Recuerde incrementar su consumo de agua junto con el aumento de la fibra.

PARA EL CORAZÓN Y LA CIRCULACIÓN

Anticoagulantes. Se utilizan para disminuir los coágulos sanguíneos y los recetan para algunos tipos de apoplejía, trombosis y otros problemas relacionados con el corazón y la circulación. Contienen warfarina y drogas similares que actúan inhibiendo el papel de la vitamina K en el proceso de coagulación de la sangre. Mientras esté bajo este tratamiento, el cual debe ser vigilado con detenimiento, no tome complementos de vitaminas A o C, ya que el consumo elevado y repentino de estas vitaminas puede reducir la efectividad de los anticoagulantes. Las dosis elevadas de vitamina E pueden producir el efecto contrario y ocasionar problemas de sangrado.

Medicamentos para controlar los niveles de colesterol (fármacos que disminuyen los lípidos). Se recetan varios tipos de medicamentos para reducir los niveles altos de colesterol y de otros lípidos sanguíneos. Un grupo, llamado agentes secuestradores del ácido biliar (ejemplos de éstos son la colestiramina y el colestipol), actúa fijando el colesterol en el intestino para evitar que la corriente sanguínea lo reabsorba. Debido a que estos medicamentos interfieren con la absorción de hierro y folato, los niños a quienes se recetan estos medicamentos deben tomar complementos de dichos nutrimentos. La efectividad de este medicamento mejora en general al reducir las grasas saturadas y el colesterol en la dieta.

Tratamiento del corazón. Medicamentos tales como la digoxina no deben tomarse al mismo tiempo que los alimentos ricos en fibra, puesto que tienden a fijarse con la fibra (soluble e insoluble) de la dieta; esto reduce su efectividad, ya que es menor la cantidad del medicamento que entra en la corriente sanguínea.

Para la fenitoína, que se utiliza para tratar el ritmo cardiaco irregular, vea anticonvulsivos (pág. 265).

PARA TRATAR LAS INFECCIONES

Antibacterianos y antibióticos. Un problema común asociado con estos medicamentos, que se utilizan para tratar las infecciones bacterianas, es que pueden destruir en forma simultánea las bacterias que se encuentran en el intestino y que producen cantidades pequeñas de algunas vitaminas B y vitamina K para uso del cuerpo. Sin embargo, debido a que este tipo de medicamentos se toma casi siempre durante poco tiempo, no es probable que afecte en un grado significativo los niveles de vitaminas en el organismo.

Al tomar antibacterianos o antibióticos, se ayuda con frecuencia a restaurar el equilibrio de las bacterias normales del intestino comiendo bastante yogur natural (de preferencia casero) dos veces al día. Sin embargo, consulte primero a su médico, porque los alimentos ricos en calcio, como la leche, el yogur y el queso, pueden interferir con la acción de ciertos antibióticos, incluyendo la penicilina, la penicilamina y la tetraciclina. El tratamiento con yogur natural puede aun así resultar benéfico, pero debe posponerse hasta unos días después de haber terminado el tratamiento con antibióticos.

A pesar de que la tuberculosis ya no representa un problema serio en muchos países, el medicamento antituberculoso isoniacida todavía se emplea mucho. Puede causar pelagra inducida por medicamentos, una enfermedad de origen alimentario que se presenta con más frecuencia en los países subdesarrollados, como resultado de una deficiencia de niacina. Los síntomas incluyen dermatitis escamosa, diarrea y depresión. Los pacientes con una mala nutrición, las personas mayores y los alcohólicos son los más vulnerables a esta deficiencia, por lo que deben recibir 10 miligramos de piridoxina (vitamina B_6) diariamente, para compensar.

La nistatina, un medicamento antimicótico que se utiliza con frecuencia para el tratamiento de las infecciones por levaduras, como la candidiasis, puede inhibir la acción de las vitaminas B_2 (riboflavina) y B_6. Ambos efectos secundarios pueden disminuir al comer muchos alimentos ricos en vitaminas B, como los cereales integrales, la carne, los huevos y los alimentos lácteos.

Antipalúdicos. Estos medicamentos se han desarrollado específicamente para prevenir o tratar el paludismo. Entre éstos, la pirimetamina puede ayudar a reducir la absorción de folatos y no deben tomarla algunas personas, como las mujeres embarazadas o las personas mayores, que podrían ser susceptibles a la anemia megaloblástica, un padecimiento que en ocasiones se debe a una deficiencia de folatos. Para compensar esto, puede ser de utilidad tomar un complemento de ácido fólico y comer suficientes alimentos ricos en folatos, como las verduras de hoja verde y las legumbres.

PARA EL APARATO URINARIO

Diuréticos. Estos medicamentos se toman para aumentar la producción de orina en los riñones, lo que con frecuencia es necesario para tratar la retención de líquidos en el cuerpo, como la asociada con la enfermedad renal (vea pág. 328). Algunos diuréticos (los medicamentos tiacídicos, por ejemplo) pueden tomarse también por periodos prolongados para reducir la

Continúa en la página 264

Mariscos: frutos del mar

Los mariscos tienen un contenido bajo de grasa y alto de proteínas; algunas variedades son fuente excelente de otros nutrimentos vitales, como el cinc; pueden ayudar a proteger contra padecimientos cardiacos.

Los mariscos, con un alto contenido de proteínas, vitaminas y minerales y con un contenido bajo de energía (calorías), son un agasajo sumamente nutritivo. Pueden dividirse en dos grupos: moluscos y crustáceos. La mayoría de los moluscos (las almejas, las ostras, los mejillones y las veneras) tienen dos conchas, aunque algunos, como el abulón, tienen una sola, con el lado interior blando. Los crustáceos (camarones, cangrejos, langostas y langostinos) tienen cuerpos segmentados cubiertos de secciones de caparazón.

OSTRAS COLCHESTER

Colchester ha sido famosa por sus ostras desde la época romana. El descubrimiento de las características conchas de las ostras del río Colne entre las ruinas romanas sugiere que los antiguos invasores las apreciaban tanto que las enviaban por barco a Roma. Se asegura que el historiador romano Plinio dijo en alguna ocasión: "Lo único bueno de Inglaterra son sus ostras."

La ciudad lleva a cabo una fiesta anual de las ostras en octubre. Algunos aseguran que el festejo data de 1845, cuando el alcalde, Henry Wolton, convidó a 200 invitados a un almuerzo en el que se sirvieron ostras. Sin embargo, otras personas creen que la fiesta es una renovación de las celebraciones que datan del siglo XI, las cuales se realizaban aproximadamente en la misma época del año.

Los mariscos son una fuente de nutrimentos vitales. La mayoría proporciona abundante vitamina B_{12} (necesaria para la formación de los glóbulos rojos y para mantener un sistema nervioso sano) y cinc, importante para la producción de proteínas, para la cicatrización de heridas, así como para el desarrollo de los órganos reproductores.

Varios mariscos contienen muchas otras vitaminas y minerales en mayor o menor grado, incluyendo las vitaminas B_1, B_2 y la niacina, el selenio, el calcio, el magnesio y el yodo. (Vea la tabla de nutrimentos en la página 263.)

EL SELENIO EN LOS MARISCOS

Los mariscos son buenas fuentes del mineral selenio, que es esencial y se encuentra presente en el organismo en cantidades pequeñas. Interactúa junto con la vitamina E para ayudar al crecimiento corporal normal y a la fertilidad. Como ANTIOXIDANTE, se cree que el selenio desempeña un papel en la lucha contra el cáncer y que ayuda a compensar los efectos de las grasas oxidadas, que pueden contribuir al desarrollo de tumores.

Se ha demostrado que el selenio protege contra los metales tóxicos, como el mercurio y el cadmio, y que es capaz de mezclarse con sus componentes para luego ser excretados del marisco. Entre éstos, la langosta es la más rica en selenio; los berberechos, los mejillones, las veneras y los camarones son también buenas fuentes.

CONTENIDO DE COLESTEROL

Hasta hace poco tiempo, se pensaba que los mariscos agravaban el problema de los niveles elevados de colesterol en la sangre, lo que aumentaba el riesgo de padecimientos cardiacos coronarios. Es verdad que los camarones y los langostinos aportan un alto contenido de colesterol a la dieta, al igual que el calamar (aunque, curiosamente, el pulpo no), pero su contenido de grasa es muy bajo y se absorbe muy poco colesterol de estos alimentos. Más aún, varios estudios han demostrado que al comer mariscos, los niveles de colesterol tienden a disminuir, en vez de aumentar. En un experimento con duración de tres semanas, que se efectuó en la Universidad de Washington, se pidió a un grupo de hombres que sustituyeran sus alimentos con proteínas usuales por los mariscos. Las dietas con ostras, almejas, cangrejos y mejillones redujeron los niveles de un tipo particularmente peligroso de grasa en la sangre y parece que también los niveles totales de colesterol. En este estudio, las dietas con calamar y camarones no redujeron de la misma manera las grasas en la sangre.

Los mariscos, junto con los aceites de pescado, contienen cantidades pequeñas de ácidos grasos esenciales que pueden ayudar a proteger contra los padecimientos cardiacos y los problemas de circulación. Los ácidos grasos esenciales son también importantes para mantener sanas las membranas

PLATÓN DE MARISCOS *Elija entre una sabrosa selección de nutritivos mariscos con un contenido bajo de energía (calorías), que incluye: cangrejo, camarones, langosta, pernas, almejas Amande, almejas Venus, mejillones, veneras y ostras.*

SÍ Y NO, PARA PREVENIR LA INTOXICACIÓN POR ALIMENTOS

• Sí, compre mariscos de una fuente confiable. Frote bien las conchas con agua limpia antes de usarlas.

• Sí, trate de comer los mariscos el día que los compró.

• Sí, cerciórese de que los mejillones, las almejas, las ostras y los berberechos estén bien cerrados antes de cocinarlos. Golpee con un cuchillo las conchas abiertas y, si no se cierran, deséchelas. Después de cocinar los mariscos, todas las conchas deben abrirse: deseche las que permanezcan cerradas.

• Sí, al comprar las veneras, revise que tengan la carne firme, de color blanco cremoso y sin marcas de color café. Deben tener también un color anaranjado "coral" brillante y un olor a mar agradable.

• Sí, toque la carne del abulón cuando la compre fresca. Debe moverse todavía.

• No pesque en la playa sus propios mejillones ni los coma, a no ser que esté seguro de que se hallan libres de la contaminación de aguas negras. Los mejillones cosechados deben remojarse en agua salada para quitarles la arena y la arenisca. Use 2 cucharaditas de sal en 4,5 litros de agua o remójelos durante una hora, no por más tiempo.

• No compre langosta cocinada si huele a "pescado". Debe oler a limpio y la cola debe estar elástica al abrirla, si está fresca.

• No coma la parte verde del hígado de las langostas ni la de color amarillo "mostaza" de los cangrejos. Aunque algunas personas pueden considerarlas como algo exquisito, estos órganos (los hígados) filtran toxinas y, algunas veces, pueden contener venenos.

de las células del cerebro y las correspondientes a la retina.

PELIGRO BACTERIANO

Todos los mariscos son altamente perecederos y propensos a la contaminación bacteriana. Es mejor comerlos el mismo día que se pescan, pero si esto no es posible, deben mantenerse vivos hasta que estén a punto de ser cocinados. Si tiene que guardarlos, manténgalos entre 0 y 5° C y consúmalos antes de que transcurran dos días. Si congela los mariscos cuando se encuentran más frescos, en un congelador doméstico (no en la hielera de un refrigerador), pueden ser almacenados hasta por dos meses.

Los moluscos, como las almejas y las ostras, filtran hasta 90 litros de agua en un día, cada uno. Por lo tanto, si el agua está contaminada, es probable que también lo esté el marisco y en forma concentrada, ya que son "bio-amplificadores", pues concentran los metales pesados y las bacterias del agua en sus tejidos al atravesarlos. Si es posible, investigue el origen de los mariscos que compre: los más seguros son los que fueron criados comercialmente en aguas limpias. Nunca lleve a casa mariscos del tipo de los mejillones, procedentes de la playa, a no ser que usted esté absolutamente convencido de que su obtención se realizó de manera segura.

DESVENTAJAS DE LOS MARISCOS

Es más probable que los mariscos y no otro tipo de pescado o carne desencadenen reacciones alérgicas; pueden producir una variedad de respuestas en las personas susceptibles. Por ejemplo, pueden causar urticaria en la piel (rash cutáneo o ronchas) en algunas personas.

Cualquiera que padezca gota no debe comer grandes cantidades de mariscos, puesto que contienen sustan-

¿LOS ALIMENTOS DEL AMOR?

Se han atribuido poderes afrodisiacos a las ostras desde hace mucho tiempo. Su reputación se basa tal vez en su contenido de cinc. Las ostras son la fuente más rica de ese mineral; una ración (seis ostras crudas o cocidas al vapor) proporciona más de cinco veces la cantidad diaria recomendada. El cinc es necesario para la producción de espermatozoides y tiene la reputación de intensificar la libido. Se dice que Casanova consumía un promedio de 40 ostras al día. Con certeza se sabe que una carencia de cinc ocasiona infertilidad e impotencia. Sin embargo, demasiado puede producir un efecto tóxico.

cias químicas llamadas purinas que pueden elevar el nivel de ácido úrico en la corriente sanguínea y, por lo tanto, agravar el padecimiento. Los mariscos se hierven con frecuencia en agua salada y, por ese motivo, tienden a tener un contenido elevado de sodio. Debido a esto, las personas con presión arterial alta o aquellas que llevan una dieta baja en sodio deben comerlos con moderación.

En México, la época de veda es en los meses de junio y julio, y comprende parte de agosto.

Los nutrimentos importantes que se encuentran en diferentes mariscos

Los mariscos, con bajo contenido de grasa saturada y alto contenido de proteínas, son ricos en vitaminas B y fuentes útiles de microminerales. Pero están propensos a la contaminación bacteriana y hay que cocinarlos con cuidado.

MARISCO	PROTEÍNAS (g)	GRASA (g)	SODIO (mg)	VITAMINAS	MINERALES
Ostras (crudas)	10,8	1,3	510	Fuente excelente de vitamina B_{12}. Fuente útil de vitamina E y niacina. Contienen tiamina y riboflavina.	Fuente excelente de cinc y cobre. Buena fuente de hierro y potasio. Fuente útil de selenio y yodo.
Mejillones (hervidos)	16,7	2,7	360	Fuente excelente de vitamina B_{12}. Fuente útil de vitamina E y riboflavina. Contienen folatos.	Fuente rica de hierro y yodo. Buena fuente de selenio.
Veneras (cocidas al vapor)	23,2	1,4	180	Fuente excelente de vitamina B_{12}; fuente útil de niacina.	Fuente rica de selenio. Buena fuente de potasio. Fuente útil de cinc.
Almejas (enlatadas)	16,0	0,6	1.200	Fuente excelente de vitamina B_{12}.	Fuente excelente de hierro. Fuente útil de cinc.
Camarones (hervidos)	23,8	2,4	3.840	Fuente excelente de vitamina B_{12}; fuente útil de niacina.	Fuente rica de yodo. Buena fuente de selenio. Fuente útil de calcio.
Gambas (hervidas)	22,6	0,9	1.590	Fuente excelente de vitamina B_{12}.	Fuente útil de selenio. Contienen yodo.
Langostas (hervidas)	22,1	1,6	330	Fuente excelente de vitamina B_{12}; fuente útil de niacina.	Fuente excelente de selenio. Fuente útil de cinc.
Langostinos (crudos)	14,9	0,8	150	Fuente excelente de vitamina B_{12}. Contienen folato y niacina.	Fuente excelente de selenio. Fuente rica de yodo.
Abulones (enlatados)	24,8	2,0	990	Fuente útil de niacina.	Fuente excelente de hierro.
Cangrejos (hervidos)	19,5	5,5	420	Fuente buena de riboflavina. Fuente útil de ácido pantoténico. Contienen vitamina B_6.	Buena fuente de potasio y cinc. Contienen magnesio.
Berberechos (hervidos)	12,0	0,6	490	Fuente excelente de vitamina B_{12}.	Fuente excelente de hierro y yodo. Fuente rica de selenio.
Buccinos (hervidos)	19,5	1,2	280	Fuente excelente de vitamina B_{12}. Contienen vitamina E.	Fuente excelente de cinc y cobre. Fuente útil de hierro.
Jibias (crudas)	16,1	0,7	370	Fuente excelente de vitamina B_{12}. Fuente útil de vitamina B_6 y niacina.	Fuente rica de selenio. Fuente útil de hierro.
Pulpos (crudos)	17,9	1,3	120	Fuente útil de vitamina B_6 y niacina.	Fuente excelente de selenio.
Calamares (crudos)	15,4	1,7	110	Fuente excelente de vitamina B_{12}. Buena fuente de vitamina B_6. Fuente útil de vitamina E.	Fuente excelente de selenio. Contiene yodo.

Un caso real

Jaime es un fotógrafo de 50 años que trabaja por su cuenta. Ha tomado un medicamento diurético tiacídico, para la hipertensión ligera, durante cinco años. En los últimos meses se había sentido sumamente cansado, mas pensó que se debía a una serie de tareas particularmente complicadas. Sin embargo, cuando la carga de trabajo disminuyó, Jaime todavía se sentía exhausto y sus músculos estaban tan débiles que apenas si podía levantar el estuche de su cámara. Algunos colegas indiferentes le aconsejaron que se controlara, pero uno de ellos sugirió que quizá sufría una depresión. Jaime decidió visitar a su médico, quien examinó los electrólitos de la sangre y descubrió que le faltaba potasio. Le aconsejó tomarlo en forma de tabletas y comer alimentos que proporcionaran mucho potasio, como frutas deshidratadas, o semillas oleaginosas, nueces y semillas, plátanos y aguacates. Dos semanas después, Jaime se sintió más fuerte y con más energía. Un análisis de sangre confirmó que sus niveles de potasio eran otra vez normales.

presión arterial alta. La pérdida de minerales, tales como el potasio y el calcio, es uno de los efectos inevitables de excretar niveles altos de orina. Si se sabe que el diurético causa una pérdida de potasio particularmente alta, puede ser recomendable tomar complementos alimenticios. Las pérdidas de otros micronutrimentos pueden corregirse al seguir una dieta rica en la vitamina o en el mineral particular o al tomar con regularidad preparaciones que contengan multivitaminas y minerales.

PARA LA ANTICONCEPCIÓN

La píldora. Algunos de los primeros estudios indicaron que al tomar la píldora se incrementaban los requerimientos de varias vitaminas y minerales, pero este punto de vista ya no se sostiene en forma extensa. En realidad, la píldora puede incrementar aun la absorción de algunos nutrimentos, como el hierro y el calcio. Disminuye también la pérdida de sangre durante la menstruación. Cuando una mujer decide dejar de tomar la píldora anticonceptiva para poder concebir, es muy importante que aumente el consumo de folatos hasta 400 microgramos al día por lo menos, para disminuir el riesgo de defectos congénitos durante un embarazo subsecuente. Los médicos recomiendan un consumo diario de 400 microgramos de ácido fólico para todas las mujeres en edad de concebir —sobre todo las que planean concebir— y durante los primeros tres meses de embarazo (vea pág. 156).

PARA LOS MÚSCULOS Y LAS ARTICULACIONES

Los medicamentos no esteroideos que se toman para aliviar los síntomas de la artritis reumatoide y de otros padecimientos similares contienen sulfasalazina. Esta última puede reducir la absorción de folatos, que se requieren para la producción de los glóbulos blancos (una parte importante del sistema inmunológico). Como resultado, las defensas del organismo pueden debilitarse. Esto puede corregirse tomando un complemento de ácido fólico o comiendo alimentos ricos en folatos, como las legumbres o las verduras de hoja verde.

La acción de la sulfasalazina se reduce por los niveles altos de hierro y calcio, por lo que no deben tomarse complementos que contengan estos minerales.

Deben evitarse las dosis elevadas de vitamina C, que puede causar daño en el riñón cuando se toma con el medicamento. Aquellas personas susceptibles al salicilato no deben tomar sulfasalazina.

Esteroides. Se emplean con frecuencia como agentes antiinflamatorios a largo plazo. Sin embargo, su uso prolongado puede causar en ocasiones DIABETES y elevar los niveles de COLESTEROL en la sangre. Es necesario tener cuidado para evitar subir de peso y deberá llevarse una dieta con bajo contenido de grasas saturadas.

Para la aspirina y el metotrexate, que se utilizan también para el tratamiento de la artritis, vea analgésicos y citotoxina (pág. 265).

PARA LA MENTE

Antidepresivos. Aunque rara vez se recetan en la actualidad, los inhibidores de monoaminooxidasa (por ejemplo, la fenelcina y la tranilcipromina) pueden interferir con la forma en la que el organismo emplea algunos nutrimentos y podrían hacer que se acumulen cantidades excesivas de aminas y compriman los vasos sanguíneos. El resultado puede ser una presión arterial peligrosamente alta. El médico debe proporcionar por escrito los detalles de los alimentos que no hay que consumir; éstos incluyen el extracto de levadura, el extracto de carne, el queso, las lentejas, la salsa de soya y el vino tinto.

PARA EL SISTEMA NERVIOSO

Analgésicos. Se toman para aliviar el dolor. La aspirina es uno de los medicamentos que más se emplean en este grupo y está disponible en muchas formas. Se ha demostrado que en algunos casos la aspirina reduce el nivel de folatos en el organismo, cuando se toma con regularidad durante un periodo prolongado. En muchas ocasiones puede ser aconsejable tomar folatos extra en la dieta: vísceras, verduras de hoja verde y legumbres.

Anticonvulsivos. Los recetan para el tratamiento y el control de la epilepsia y de los trastornos psiquiátricos y, por lo general, se toman durante varios años. Los anticonvulsivos contienen fenitoína (un medicamento que se utiliza también para tratar el ritmo cardiaco irregular), la que puede reducir los niveles de folatos y vitaminas D y K en el organismo; el fenobarbital, que puede afectar la capacidad del organismo para usar la vitamina D; y la primidona, que interfiere con el metabolismo de los folatos.

Por lo tanto, es importante evitar cualquier deficiencia de vitaminas tomando un complemento o alimentos ricos en estos nutrimentos, como el pescado, los huevos, los productos lácteos y las verduras de hoja verde.

Medicamentos para la enfermedad de Parkinson. Uno de los medicamentos que se recetan con mayor frecuencia para el tratamiento de la enfermedad de Parkinson es L-dopa (levodopa). El aminoácido fenilalanina y la vitamina B_6 deterioran su acción. Por este motivo, es importante evitar complementos de estos nutrimentos.

MEDICAMENTOS CONTRA EL CÁNCER

Medicamentos citotóxicos. Estos medicamentos se utilizan en la quimioterapia del cáncer para limitar el desarrollo de las células anormales. Uno de estos medicamentos, el meto-

trexate, que se utiliza también para el tratamiento de la artritis reumatoide, puede causar sangrado gastrointestinal y diarrea e interferir en el aprovechamiento de folatos por el organismo.

Cuando los médicos recetan este medicamento y otros similares examinan el estado de los pacientes. Éstos no deben tomar complementos de ácido fólico, porque los niveles elevados de la vitamina reducen la efectividad del tratamiento, que tiene como objetivo proporcionar la cantidad de folatos justa para respaldar la formación normal de la sangre, pero no más. Sin embargo, los pacientes se beneficiarán con una dieta bien balanceada, que puede incluir alimentos ricos en folatos.

EFECTOS DEL ALCOHOL

Aun el consumo moderado de alcohol (vea pág. 26) puede afectar el funcionamiento del hígado. A los pacientes se les aconseja con frecuencia que eviten beber alcohol cuando toman medicamentos, porque acentúa los efectos secundarios tóxicos de casi todo tipo de medicamento y disminuye la efectividad de algunos, incluyendo la warfarina (anticoagulante) y la fenitoína (anticonvulsionante).

Lo contrario se aplica cuando el hígado está dañado porque el paciente ha bebido demasiado alcohol. La acción de muchos medicamentos puede intensificarse porque el hígado no los descompone en forma adecuada, por lo que no son retirados del organismo con la rapidez debida.

MEDICINA HOMEOPÁTICA

EVITE

• Tabaco, café, menta y cualquier alimento o bebida con sabor u olor fuertes, 30 minutos antes y después de tomar el medicamento

Los profesionales de este sistema polémico creen que la enfermedad indica una falta de armonía interna. Su enfoque es "holístico" y se concentra en la persona (mental, emocional, espiritual y física).

Los homeópatas consideran los síntomas de una persona como una señal de que el organismo trata de curarse a sí mismo. El principio detrás de los remedios (que son extractos muy diluidos de sustancias naturales) es que "lo semejante se cura con lo semejante", ya que una vacuna con una pequeña dosis de un virus estimula al organismo para que produzca anticuerpos contra esa enfermedad. La teoría es que si la sustancia se diera a una persona sana, produciría los síntomas de una enfermedad particular, pero si se da a alguien que está enfermo, el remedio homeopático diluido mejorará la capacidad del organismo para curarse a sí mismo. Cuanto más diluida esté la dosis, mayor será su efecto; los remedios se preparan en una forma que, se dice, los hace más potentes con cada dilución.

El objetivo de la homeopatía es tratar a la persona y no a la enfermedad. Al recetar un medicamento, los homeópatas toman en cuenta aspectos como la personalidad, los sentimientos, los hábitos, los gustos y las aversiones del paciente, así como cualquier factor de tensión. En consecuencia, dos personas muy diferentes que padezcan la misma enfermedad no serán tratadas con el mismo remedio; en forma similar, el mismo remedio puede utilizarse para diferentes síntomas, dependiendo de las necesidades de la persona.

Debido a que la homeopatía se adapta a la persona y la gente reacciona de manera diferente a cada remedio, resulta difícil establecer reglas generales. Es tema de debate si algunos alimentos y bebidas pueden interferir o no en la efectividad del medicamento. Algunos homeópatas aconsejan evitar

FRESCOS Y REFRESCANTES *Las variedades populares de melones incluyen: el melón gota de miel; el dulce y pequeño melón cantaloupe, que también se conoce como melón chino, y el melón valenciano.*

el tabaco, el café, la menta y los alimentos y las bebidas con sabor y olor fuertes, 30 minutos antes y después de tomar los medicamentos e, incluso, durante el tratamiento.

MELÓN

VENTAJAS
• *Algunas variedades son buenas fuentes de beta carotenos y vitamina C*

Los melones cantaloupe, de pulpa color naranja, se encuentran entre los más nutritivos. Una ración de 100 gramos proporciona más de la mitad de la dosis diaria recomendada de vitamina C y es también una buena fuente de beta carotenos (que el organismo convierte en vitamina A). Ambos son ANTIOXIDANTES que pueden ayudar a

prevenir el cáncer y los padecimientos cardiacos.

Los melones con pulpa de color amarillo claro o verde y también las sandías contienen menos vitamina C y proporcionan pocos beta carotenos, si es que llegan a proporcionarlos.

Los melones contienen relativamente poca energía (entre 19 y 31 calorías por 100 gramos, dependiendo de la variedad) y su alto contenido de agua puede estimular a los riñones para que funcionen con más eficiencia.

MENOPAUSIA

AUMENTE
• *Productos lácteos y verduras de hoja verde, para obtener calcio*
• *Pescado, para obtener vitamina D*

EVITE
• *Exceso de cafeína y alcohol*
• *Obesidad*

El periodo durante el cual las mujeres dejan de ovular se llama menopausia. Ocurre por lo general entre los 45 y 55 años, aunque la edad en que se inicia es sumamente variable. Para algunas mujeres, los bochornos, los sudores nocturnos, los cambios de estado de ánimo y la depresión que pueden acompañar a la menopausia son casi insoportables. Otras mujeres pasan momentos mucho menos traumáticos y algunas lo ven como un proceso positivo que mejora la vida.

Algunos síntomas son resultado de cambios hormonales y de desequilibrios, que aumentan también el riesgo de las mujeres de padecer enfermedades del corazón (vea pág. 120) y OSTEOPOROSIS, un padecimiento que hace

que los huesos se vuelvan quebradizos y se fracturen con más facilidad. La terapia de reemplazamiento de hormonas puede contrarrestar algunos síntomas desagradables de la menopausia, así como reducir el riesgo de osteoporosis y de posibles padecimientos cardiacos, si se sigue durante un periodo prolongado. No obstante, la terapia de reemplazamiento de hormonas incrementa el riesgo de padecer cáncer de mama y no es adecuada para todas las mujeres. Los cambios en la dieta pueden ayudar también; sin embargo, el vínculo entre la dieta y el alivio de los síntomas es un aspecto que todavía no se ha comprobado.

Se sabe que disminuye la necesidad de hierro que tiene el organismo, porque ya no pierde sangre debido a la menstruación. A pesar de esto, necesita más calcio para disminuir la pérdida de masa ósea. Algunos expertos opinan que las mujeres menopáusicas necesitan al menos 1.000 miligramos de calcio por día.

Las mejores fuentes de calcio en la dieta son los productos lácteos y las verduras de hoja verde. Para absorber con eficiencia el calcio, el organismo necesita vitamina D. Algunos tipos de pescado, como el salmón, son una fuente excelente de esta vitamina y las sardinas enlatadas tienen huesos comestibles ricos en calcio. Evite comer salvado crudo, pues inhibe la absorción de calcio. Procure también disminuir el consumo de té negro y de café, bebidas que promueven la excreción de calcio.

Muchas mujeres aumentan de peso durante la menopausia. El aumento de peso excesivo puede hacer que se eleven los niveles de COLESTEROL en la sangre, lo que incrementa el riesgo de padecimientos cardiacos. Para controlar el peso del cuerpo y el colesterol en la sangre, elija alimentos lácteos con bajo contenido de grasa, disminuya las grasas saturadas y no beba demasiado alcohol.

Una investigación realizada recientemente ha estudiado la posibilidad de que las sustancias de las plantas llamadas fitoestrógenos pudieran ayudar a reducir la intensidad de los bochornos y de otros síntomas de la menopausia. Los fitoestrógenos, que se asemejan al estrógeno humano, se encuentran en muchos alimentos, pero están concentrados de manera especial en los frijoles de soya y en el germinado de alfalfa.

MENSTRUACIÓN, PROBLEMAS DE LA

Algunos problemas asociados con el ciclo menstrual pueden aliviarse prestando una atención cuidadosa a la dieta. Sin embargo, la pérdida de sangre frecuente o en gran cantidad, el sangrado irregular o los niveles de dolor intenso deben ser investigados por el médico.

SÍNDROME PREMENSTRUAL

AUMENTE
- *Comidas ligeras y frecuentes, con alto contenido de carbohidratos y bajas en grasa*
- *Complementos de vitamina B_6*
- *Alimentos que contengan vitamina B_6, tales como la carne, el pescado y los cereales integrales*

REDUZCA
- *Sal*
- *Cafeína, presente en el té negro y en el café*

EVITE
- *Alcohol*

El síndrome premenstrual produce cambios físicos y mentales que se inician casi siempre desde la mitad del ciclo o en la semana anterior a la menstruación y que desaparecen tan pronto como empieza el periodo. Los síntomas incluyen lumbalgia, dolor de cabeza, retención de agua, cólicos, senos sensibles, comportamiento irracional, ansiedad, depresión y mala concentración.

El síndrome premenstrual puede estar relacionado con la producción de las hormonas femeninas (estrógenos y progesterona), que controlan el ciclo mensual, y con la sensibilidad de la mujer a los cambios en los niveles hormonales. A medida que el padecimiento se ha conocido mejor, la mayoría de los médicos se han mostrado más comprensivos.

Algunos sugieren tomar vitamina B_6 (piridoxina), relacionada con la descomposición de los estrógenos en el hígado, y, quizá, complementos de aceite de onagra. En ocasiones, recetarán hormonas; muchas mujeres descubren que los síntomas del síndrome premenstrual desaparecen cuando toman la píldora.

Los investigadores de la medicina ortodoxa y de la medicina alternativa están de acuerdo en que los síntomas del síndrome premenstrual pueden aliviarse por medio de la dieta. Algunos estudios indican que ayuda una dieta con alto contenido de carbohidratos y baja en grasas.

Los complementos de vitamina B_6 pueden ayudar a contrarrestar la depresión premenstrual, el letargo y la retención de agua (caracterizada por un abdomen inflamado, dedos de las manos y de los pies hinchados, rostro hinchado y senos sensibles). Puede ser conveniente aumentar el consumo de alimentos que contengan cantidades apreciables de esta vitamina, como la carne, el pescado, los cereales integrales y las verduras de hoja verde. Disminuir el consumo de sal ayuda también a reducir la retención de agua. Se puede disminuir la sensibilidad de los senos si se consumen alimentos con alto contenido de vitamina E, como son los aceites elaborados con el método de prensado en frío y el germen de trigo.

Algunos estudios indican que el consumo de cafeína puede agravar el síndrome premenstrual. No obstante, si suprime de pronto el consumo de cafeína en el café y en el té negro, puede empeorar la situación. El consumo debe disminuirse en forma gradual, para reducir la probabilidad de dolores de cabeza causados por el síndrome de abstinencia.

Ciertas mujeres que padecen el síndrome premenstrual tienen antojos, en especial de alimentos dulces. No obstante, después de comer un alimento preparado con azúcar, padecen dolores de cabeza, palpitaciones o fatiga. Si usted padece con frecuencia estos síntomas, debe tratar de comer con regularidad comidas ligeras, para mantener estables los niveles de glucosa en la sangre. Por último, debe evitar el exceso de alcohol, pues su consumo empeora los cambios de estado de ánimo y los cambios en el comportamiento.

DISMENORREA (MENSTRUACIONES DOLOROSAS)

AUMENTE

• *Carne, germen de trigo y verduras de hoja verde, para obtener vitamina B_6*
• *Aceites elaborados con el método de prensado en frío y huevos, para obtener vitamina E*
• *Mariscos, nueces y frutas secas, para obtener magnesio*

Si las menstruaciones dolorosas se inician ya en la vida adulta, pueden tener una causa implícita, como enfermedad inflamatoria pélvica, fibroides o endometriosis (inflamación de la membrana que cubre el útero), por lo que debe consultar al médico.

Las menstruacioness dolorosas afectan con frecuencia a las jóvenes, hasta que sus ciclos menstruales se establecen. Los síntomas se calman con frecuencia después del nacimiento del primer hijo o después de empezar a tomar la píldora anticonceptiva. Existe prueba que indica que la vitamina B_6 y el aceite de onagra pueden aliviar los síntomas. No obstante, el resultado obtenido al tomar complementos todavía no está demostrado. Muchas mujeres descubrieron que aumentar el consumo de vitaminas C y E y de los minerales calcio y magnesio puede también ayudar. Esto se debe tal vez a que los nutrimentos contribuyen a relajar las paredes de los vasos sanguíneos, disminuyendo las sensaciones de cólico.

Muchos alimentos, como la carne, los cereales integrales, la levadura para preparar cerveza y las verduras de hoja verde, contienen vitamina B_6, en tanto que la vitamina C se encuentra en casi todas las frutas y verduras. La vitamina E se encuentra en los aceites elaborados con el método de prensado en frío, los huevos, el germen de trigo y los camotes. Los productos lácteos son ricos en calcio, y los mariscos y los

frutos secos (semillas oleaginosas) son fuentes de magnesio.

AMENORREA (FALTA DE MENSTRUACIÓN)

El motivo más probable de la falta de menstruación es el embarazo (vea pág. 156). Sin embargo, algunos otros padecimientos causan la falta de menstruación o los periodos irregulares, como sucede con las enfermedades de la TIROIDES, la OBESIDAD y la DIABETES. El ejercicio excesivo, la pérdida de peso repentina, los trastornos emocionales, la tensión intensa e, incluso, viajar en avión, pueden interrumpir el ciclo menstrual. Por ejemplo, la amenorrea es un síntoma relativamente común de la ANOREXIA y puede también ser un problema para las atletas jóvenes, en especial, las corredoras y las gimnastas.

El cambio de píldora anticonceptiva y las minipíldoras de dosis bajas pueden interferir también con el patrón menstrual normal.

MENORRAGIA (MENSTRUACIÓN ANORMALMENTE ABUNDANTE)

AUMENTE

• *Casi todas las carnes, los huevos, el pescado y otros alimentos que proporcionan hierro*

La menstruación abundante tiende a presentarse cuando las jóvenes empiezan a menstruar o cuando se aproxima la menopausia. Es también común en las mujeres que usan el dispositivo anticonceptivo DIU (espiral). El sangrado intermitente durante el mes puede tener muchas causas, como un desequilibrio hormonal o fibroides, por lo que siempre debe ser investigado por el médico.

Cuando las mujeres tienen periodos abundantes, pierden más sangre que la normal y pueden desarrollar ANEMIA. Incluso si no está anémica, es sensato

Alimentos beneficiosos

Espinacas y otras verduras con hojas de color verde oscuro, para obtener magnesio y vitamina B₆.

Pan integral y cereales integrales, para obtener carbohidratos complejos, vitamina B₆ y magnesio.

Huevos, germen de trigo o frutos secos, para obtener vitamina E, que puede disminuir la sensibilidad en los senos.

Carne roja, aves, hígado (pero no si intenta concebir) y vísceras, para obtener hierro y vitamina B₆.

Naranjas, otras frutas cítricas y jugos, para obtener vitamina C; deben tomarse con las comidas para ayudar al cuerpo a absorber el hierro de otros alimentos.

Aceite de oliva prensado en frío, para obtener vitamina E; utilícelo como aderezo para ensaladas y para cocinar.

Mariscos y todos los alimentos del mar, así como los frutos secos (nueces, etc.) y la fruta seca, para obtener magnesio.

comer bastantes alimentos ricos en hierro; las mejores fuentes de este mineral son el hígado (pero no si está tratando de concebir), los riñones y la carne roja.

Las vegetarianas pueden incrementar su consumo de hierro comiendo mucho pan integral, verduras de hoja verde y frutas secas. También es útil beber jugos de frutas cítricas diluidos o comer fruta fresca con las comidas, porque con-

tienen vitamina C, la que el organismo necesita a fin de absorber el hierro.

METABOLISMO, TRASTORNOS DEL

Los bebés recién nacidos pueden ser afectados por más de 3.000 trastornos del metabolismo originados por defectos de las enzimas, pero por fortuna, la mayoría de éstos son sumamente raros. A no ser que se diagnostiquen y traten con rapidez, cualesquiera de estas enfermedades hereditarias pueden causar deformidades físicas o trastornos mentales. Sólo algunas (incluyendo la fenilcetonuria, una incapacidad para metabolizar un aminoácido vital) responden al tratamiento, que incluye llevar dietas muy precisas. La fenilcetonuria se detecta por medio de la prueba Guthrie, la cual debe efectuarse a los niños durante los primeros 6 a 14 días de vida.

Cuando la prueba Guthrie resulta positiva, se llevan a cabo más exámenes en busca de otros posibles defectos de las enzimas. Como sucede con la mayoría de las enfermedades del metabolismo heredadas o con errores innatos del metabolismo, los efectos dañinos de la fenilcetonuria pueden disminuirse e, incluso, prevenirse, si se diagnostica y se trata a tiempo, aunque la enfermedad no se eliminará. La fenilcetonuria se ha tratado exitosamente durante más de 20 años. No obstante, si se deja sin tratar, produce retardo mental grave, convulsiones, estremecimientos y reduce la pigmentación de la piel y del cabello.

El tratamiento incluye una dieta que restringe el consumo del aminoácido fenilalanina, que se encuentra en muchos alimentos que contienen proteínas, así como en el edulcorante artificial aspartame. Debido a que el aminoácido está presente en la leche materna y en la leche de vaca, los bebés

que padecen fenilcetonuria deben ser alimentados con una fórmula especial.

Otras enfermedades del metabolismo heredadas, por fortuna menos comunes, son:

La enfermedad de Refsum. Causada por un defecto en los sistemas de enzimas responsables del metabolismo del ácido fitánico, que se halla en el pescado y en los productos lácteos, esta enfermedad puede manifestarse entre los 4 y los 20 años de edad. Los síntomas varían; algunos son: ceguera nocturna y movimientos torpes y sin coordinación. Se trata con una dieta rígida que reduzca o elimine el ácido fitánico.

Enfermedad de la orina como jarabe de arce. Éste es un defecto en el proceso de metabolizar los aminoácidos que se excretan en la orina, la cual tiene un olor similar al del jarabe de arce. Es probable que los pocos niños que sobreviven sufran daño cerebral y deban seguir dietas a base de gelatina, harina sin gluten, mantequilla, margarina, azúcar y frutas.

Galactosemia. Esta enfermedad, causada por un defecto en la capacidad del organismo para metabolizar la galactosa, que forma parte del disacárido lactosa o azúcar de la leche, puede ocasionar el desarrollo de cataratas y, finalmente, la ceguera, así como cirrosis y retardo mental y físico. El tratamiento incluye eliminar de la dieta a la lactosa, por lo que las leches se tratan especialmente. Sólo pueden usarse estas leches especialmente tratadas en la preparación tantode los alimentos como de las bebidas.

Siempre que se diagnostican estas enfermedades, las personas que las padecen deben ser enviadas a un centro especializado, para su tratamiento.

MIEL

La sabiduría popular y la leyenda han atribuido a la miel cualidades nutriti-

vas y saludables únicas. Se ha dicho que es un afrodisiaco y el elixir de la juventud. Sin embargo, proporciona en realidad algo más que energía en la forma de carbohidratos simples.

Las abejas producen la miel con el néctar de las plantas y ésta es una mezcla de agua y dos azúcares simples: la fructosa y la glucosa. Cuanto más clara es la miel, mayor es la proporción de fructosa, aunque la miel casi siempre se granulará si se conserva demasiado tiempo. Al calentarse volverá a tener una consistencia líquida.

La miel proporciona cantidades insignificantes de nutrimentos, pero su mínimo contenido de éstos la hace ser una opción un poco más saludable que el azúcar blanco refinado, que sólo contiene "calorías vacías". En realidad, medida por volumen, la miel contiene más energía que el azúcar (una cucharada de miel tiene 64 calorías comparada con 46 en una cucharada de azúcar). Al sustituirla por azúcar en las recetas, vale la pena recordar que, porque es más espesa, una cucharada sopera de miel pesa más que una cucharada sopera de azúcar, por lo que si la sustituye por volumen y no por peso, tendrá más energía.

El sabor de la miel depende de las flores que visitaron las abejas. La miel de acacia es suave y adecuada para cocinar, mientras que la miel de castaño tiene un sabor distintivo casi amargo.

La miel puede contener toxinas que están en forma natural en las plantas. Las abejas que recolectan el polen de los rododendros, por ejemplo, pueden producir miel tóxica que puede causar parálisis si se come. Ha habido también cierta preocupación por los alcaloides de la pirrolizidina en la miel

ORO LÍQUIDO *La miel ha sido una fuente muy apreciada de dulce desde los tiempos antiguos. Se necesita el néctar de un millón y medio de flores para producir un frasco de miel.*

fabricada por abejas que han merodeado sobre la hierba cana.

PROPIEDADES MEDICINALES
La miel conserva todavía su reputación como remedio para las enfermedades respiratorias, en particular, para quitar las flemas. Tiene también propiedades antisépticas (los antiguos griegos y romanos creían que podía ayudar a sanar las heridas) y se asegura que actúa como descongestionante. La miel puede actuar también como un sedante suave, de la misma manera que el azúcar.

Puede preparar una bebida para la garganta irritada añadiendo dos cucharaditas de miel y el jugo de medio limón a un vaso de agua caliente. Todos los alimentos dulces estimulan el cerebro para que produzca endorfinas, que

---

Jalea real

Las abejas obreras producen la jalea real para alimentar a las larvas seleccionadas que finalmente se convertirán en reinas. La jalea real es la fuente natural de ácido pantoténico más rica (aunque ya puede obtenerse de otros alimentos) y es la única fuente natural del ácido graso menos común (el ácido 10-hidroxi-2-decenoico), al cual se atribuyen algunos de sus supuestos efectos. Se recomienda para curar la debilidad y la fatiga. Sin embargo, no hay aún prueba científica que apoye estas afirmaciones o cualquier aseveración similar.

---

son los calmantes naturales del organismo. El líquido endulzado fomenta la producción de saliva, que ayuda a calmar la garganta seca e irritada.

LA MIEL A TRAVÉS DEL TIEMPO
Desde la antigüedad, la miel ha estado presente en los festivales religiosos de todo el mundo como un alimento para los dioses. En la mitología griega, por ejemplo, el joven Zeus, al ser rescatado de su padre, Cronos, fue criado en secreto por las ninfas Adrastea, Amaltea y Melisa, con una dieta de leche y miel.

Mucho antes de que fuera introducida la apicultura, el hombre de la Edad de Piedra valoró la miel de las abejas silvestres tanto por su rareza como por su sabor. Las abejas nativas de las Américas viven sólo en las zonas tropicales y carecen del aguijón, aunque sí pican. Estas abejas no sólo cosechan en las flores, sino que lo hacen también en la fruta y materia muerta, por lo que su miel tiene un sabor extraño y a veces no es muy segura para su consumo. La abeja de la especie Apis mellifera fue traída del Viejo Mundo a Norteamérica por los colonizadores en el siglo XII; esta abeja produce virtualmente toda la miel que se consume actualmente en Estados Unidos.

MIGRAÑA

AUMENTE
- *Comidas ligeras regulares, para prevenir una disminución de los niveles de glucosa en la sangre*
- *Jengibre al cocinar o recién rallado en agua hirviendo, como té*
- *Pescado, como salmón y macarela*

REDUZCA
- *Chocolate, queso, fruta cítrica y cafeína*
- *Alcohol, en especial el vino tinto y el oporto*

Continúa en la página 276

LOS MINERALES: NUTRIMENTOS ESENCIALES PARA LA VIDA

Requerimos una variedad amplia de minerales, y en las cantidades adecuadas, para mantenernos sanos. Fortalecen los huesos y los dientes, y mantienen sano el sistema inmunológico.

Definidos como sustancias que no son de origen animal o vegetal, los minerales son compuestos que se originan en la tierra. Hasta la fecha, los expertos en nutrición han identificado 16 minerales que son esenciales para mantener una buena salud y estimular un metabolismo apropiado y otras funciones del organismo humano. El calcio y otros cuantos minerales se encuentran presentes en cantidades relativamente grandes por lo que se les ha clasificado como macronutrientes. Sin embargo, la mayoría de los minerales se clasifican como elementos traza o microminerales porque sólo se requieren cantidades muy pequeñas de ellos.

ALUMINIO

La mayor parte del aluminio que entra en el organismo humano se excreta. En el agua de la llave hay también niveles bajos de aluminio, ya que se usa el sulfato de aluminio en su purificación. El hidróxido de aluminio es un ingrediente de muchas tabletas antiácidas utilizadas para tratar la indigestión, y el mineral puede encontrarse también en alimentos ácidos que han sido cocinados en cacerolas de aluminio.

CALCIO

Debido a los sistemas regulatorios naturales del organismo, rara vez hay calcio excesivo en la sangre. Si el organismo necesita más calcio que el que da la dieta, lo toma de los huesos. Durante el embarazo, la absorción de calcio de la dieta aumenta. No obstante, las mujeres embarazadas deben evitar el consumo excesivo de sal, té negro, café y salvado de trigo, que in-

hiben la absorción de calcio o estimulan su excreción.

CLORURO

Las concentraciones más altas de cloruro en el organismo se encuentran en el líquido cefalorraquídeo y en los jugos gástricos del estómago.

Cuando el consumo de cloruro en la dieta es bajo, los riñones pueden reabsorberlo bien, por lo que rara vez ocurre una deficiencia en la dieta. No obstante, es posible que se presenten pérdidas excesivas de cloruro, así como pérdida de sodio, por medio del sudor, la diarrea y el vómito.

CROMO

Un abastecimiento adecuado de cromo es particularmente importante en la dieta de un diabético, como un eslabón vital de la cadena que hace que el organismo pueda disponer de la glucosa. Ayuda también a controlar los niveles de grasa y de colesterol en la sangre. Una deficiencia del mineral puede ocasionar niveles altos de colesterol en la sangre.

COBRE

Una carencia de cobre puede causar anemia, originada por una deficiencia de hierro, porque ese mineral ayuda a que el hierro almacenado esté disponible para la producción de glóbulos rojos. El cobre toma parte también en la formación de melanina, el pigmento que da color a la piel y al cabello.

FLUORURO

En exceso, este mineral puede ser dañino y producir fluorosis, enfermedad que

puede provocar formación ósea excesiva, que da como resultado huesos mucho más densos que los normales, pero también menos flexibles, lo que los hace propensos a las fracturas. Una deficiencia, cuando se encuentra asociada con un consumo bajo de calcio, puede causar osteoporosis.

YODO

Las mujeres que tienen una deficiencia grave de yodo corren el riesgo de dar a luz niños deficientes en las hormonas de la tiroides, que pueden padecer una forma de retardo que se conoce como cretinismo a no ser que sean tratados desde el nacimiento con tiroxina. La aspereza del cabello y de la piel son con frecuencia indicaciones físicas de hipotiroidismo. Sus síntomas pueden incluir somnolencia, apatía, mucha sensibilidad al frío y debilidad muscular.

HIERRO

El hierro se requiere para la producción de mioglobina, pigmento similar a la hemoglobina que almacena oxígeno en los músculos. Las enzimas del hierro ayudan a convertir los beta carotenos en la forma activa de vitamina A. Los hombres y las mujeres tienen requerimientos diferentes de hierro. En realidad, las mujeres, desde que empiezan a menstruar hasta la menopausia, necesitan casi el doble de hierro en la dieta que los hombres.

PLOMO

Los efectos producidos por una exposición prolongada al plomo son engañosos y la ingestión por vía oral o por emanaciones de gasolina del tubo de escape del automóvil se han vinculado con problemas de comportamiento y con una capacidad de aprendizaje baja entre los niños.

MAGNESIO

Es un cofactor esencial para 90 enzimas aproximadamente, que sólo funcionan en forma adecuada cuando está presente el magnesio. Dos de estas enzimas (la cocarboxilasa y la coenzima A) intervienen en la extracción de energía de los alimentos. La deficiencia de magnesio es poco común, pero los diabéticos y las personas que padecen síndromes de mala absorción, enfermedad celiaca y algunas formas de enfermedad del riñón pueden tener reservas bajas de este mineral en el organismo. Los niveles pueden reducirse también en poco tiempo cuando la enfermedad produce diarrea persistente.

MANGANESO

Es un componente de ciertas enzimas que intervienen para proteger los tejidos de los daños causados por los radicales libres. Es necesario para la producción de las hormonas tiroideas y las hormonas sexuales. Es importante en la producción de colesterol y en la de insulina. Resulta necesario también para almacenar glucosa en el hígado y para un desarrollo sano de los huesos.

MERCURIO

El mercurio es muy venenoso y una exposición prolongada a este mineral ocasiona daño cerebral. El mercurio no tiene una función esencial en el organismo. Aparte de causar daño importante al cerebro, el exceso de mercurio daña el colon y los riñones, y puede causar defectos congénitos, pérdida de los dientes, degeneración de los nervios y estremecimientos musculares. La cantidad mínima de 100 miligramos de cloruro de mercurio puede producir envenenamiento, mas esto es 200 veces la cantidad que contiene la dieta diaria promedio. No obstante, los mariscos (que tienen una capacidad excepcional para acumular mercurio y cadmio) pescados en aguas contaminadas en los países industrializados pueden contener niveles peligrosamente altos.

MOLIBDENO

Sin el molibdeno, muchas enzimas no podrían desempeñar de manera adecuada sus funciones. Es esencial para las enzimas relacionadas con la producción de ADN y ARN, así como para las que intervienen al producir energía de la grasa y liberar el hierro de los depósitos del organismo. También es necesario para la producción de ácido úrico.

FÓSFORO

Los compuestos de fósforo (fosfatos) son componentes principales de los tejidos de todas las células de las plantas y los animales. Cuatro quintas partes del fósforo del organismo se encuentran en la estructura de los huesos y los dientes.

El consumo de fósforo tiene una influencia importante en el nivel de calcio del organismo: si hay demasiado fósforo, la absorción de calcio puede reducirse. El consumo elevado de fósforo aumenta la secreción de la hormona paratiroide, lo que puede desequilibrar el balance de calcio del organismo al retirar calcio de los huesos y aumentar el riesgo de osteoporosis.

POTASIO

Las células, los nervios y los músculos del organismo no funcionarían en forma adecuada sin el potasio. Las hormonas regulan cuidadosamente los niveles de potasio en la sangre y cualquier consumo excesivo actúa normalmente como un diurético, estimulando a los riñones para que desechen el desperdicio produciendo más orina. No obstante, las personas que padecen enfermedad renal no pueden librarse del exceso de potasio, por lo que deben evitar el consumo elevado de este mineral en la dieta.

SELENIO

El selenio (un mineral antioxidante) es parte de la enzima llamada glutation peroxidasa, que protege los tejidos del organismo contra el daño de los radicales libres. Regula también la producción de prostaglandinas. Sin este mineral, el desarrollo normal y la fertilidad no ocurrirían, el hígado no funcionaría en forma adecuada y no se producirán hormonas importantes.

SODIO

La deficiencia de sodio es poco común, ya que la sal se encuentra en numerosos alimentos. Sin embargo, como el sodio se pierde en cantidades significativas a través del sudor, las personas que viven en climas cálidos o que hacen ejercicio vigoroso con regularidad corren el riesgo de padecer una deficiencia. Uno de los primeros síntomas son los calambres, que con frecuencia afectan a los músculos de las pantorrillas. En casos más serios, una deficiencia puede causar deshidratación, lo que ocasiona una baja en la presión arterial, resequedad en la boca y vómito.

AZUFRE

El azufre está presente en todas las células del organismo y se concentra especialmente en la piel, las uñas y el cabello. En su forma pura, el azufre actúa como un agente antimicótico y antibacteriano, y se emplea en las cremas para tratar las enfermedades de la piel, como el acné.

CINC

Este mineral es vital para el desarrollo normal del organismo. La probabilidad de intoxicación por cinc es remota y tiende a estar restringida a las personas que toman con regularidad dosis grandes de complementos de cinc.

MINERAL	MEJORES FUENTES ALIMENTARIAS	PAPEL EN LA SALUD
MACROMINERALES		
Calcio	La leche y los productos lácteos, las sardinas enlatadas si se comen con las espinas, las verduras de hoja verde, las semillas de ajonjolí.	En la formación de los huesos y los dientes; los mantiene fuertes; vital para la transmisión nerviosa, la coagulación de la sangre y las funciones musculares.
Cloruro	La sal de mesa (cloruro de sodio) y los alimentos que la contienen.	Mantiene el equilibrio de los líquidos y los electrólitos en el organismo. Vital para la formación de ácido en el estómago.
Magnesio	Los cereales integrales, el germen de trigo, las legumbres, los frutos secos, las semillas de ajonjolí, los higos secos y las verduras de hoja verde.	Componente importante de los huesos y los dientes; ayuda a los impulsos nerviosos; importante para la contracción muscular.
Fósforo	Presente en las proteínas de origen vegetal y animal, como la leche, el queso, la carne roja, las aves, el pescado, los mariscos, los frutos secos, las semillas y los cereales integrales.	Ayuda a formar y mantener huesos y dientes sanos; necesario para liberar energía en las células; esencial para la absorción de muchos nutrimentos.
Potasio	Los aguacates, la fruta fresca, la fruta seca, las semillas, los frutos secos, los plátanos, la fruta cítrica, las papas y las legumbres.	Junto con el sodio, ayuda a mantener el equilibrio de los líquidos y los electrólitos en las células, para mantener un ritmo cardiaco regular y para mantener la presión arterial normal. Esencial para la transmisión de todos los impulsos nerviosos.
Sodio	La sal de mesa (cloruro de sodio), las anchoas enlatadas, las carnes procesadas y los extractos de levadura.	Con el potasio, regula el equilibrio de líquidos; es esencial para el funcionamiento de los nervios y los músculos.
MICROMINERALES		
Aluminio	La ingestión de aluminio debe evitarse en lo posible.	No se conoce ninguna función biológica en el organismo.
Cromo	La carne roja, el hígado, la yema de huevo, los mariscos, los cereales integrales, las melazas y el queso.	Importante para regular los niveles de glucosa en la sangre; ayuda a regular los niveles de colesterol en la sangre.
Cobre	Las vísceras, los mariscos (como las ostras), los frutos secos, las semillas, los hongos y el cacao.	Necesario para el desarrollo de los huesos y la formación del tejido conectivo. Ayuda a absorber el hierro de los alimentos. Presente en muchas enzimas que protegen contra los radicales libres.
Fluoruro	La pasta dental, el agua de la llave y el té negro.	Protege contra la caries dental.
Yodo	Las algas, los mariscos y la sal de mesa yodatada.	Parte vital de las hormonas secretadas por la glándula tiroides.
Hierro	Las vísceras, la carne magra, las sardinas, la yema de huevo, las verduras de hoja verde y los cereales fortificados con hierro.	Componente esencial de la hemoglobina y de muchas enzimas que toman parte en el metabolismo de la energía.
Manganeso	Los frutos secos, los cereales, el arroz integral, las legumbres y el pan integral.	Componente vital de varias enzimas que toman parte en la producción de energía; ayuda a formar el tejido óseo y el conectivo.
Molibdeno	Las vísceras (en especial el hígado), la levadura, las legumbres, los cereales integrales y las verduras con hojas, dependiendo de la tierra.	Componente esencial de las enzimas que toman parte en la producción de ADN y ARN; puede impedir la caries dental.
Selenio	La carne, el pescado, los productos lácteos como la mantequilla, las nueces del Brasil, los aguacates y las lentejas.	Mineral antioxidante: protege las células contra el daño de los radicales libres. Vital para el desarrollo sexual normal.
Azufre	Las proteínas de fuentes animales y vegetales.	Componente de dos aminoácidos esenciales que ayudan a formar muchas proteínas en el organismo.
Cinc	Las ostras, la carne roja, los cacahuates y las semillas de girasol.	Esencial para el desarrollo normal, la reproducción y la inmunidad. Ayuda a la acción de muchas enzimas.

REQUERIMIENTOS DIARIOS EN ADULTOS		SÍNTOMAS DE DEFICIENCIA	SÍNTOMAS DE EXCESO
HOMBRE	MUJER		
800 mg	800 mg	Debilidad muscular, dolor en la espalda, huesos blandos y quebradizos, fracturas y osteoporosis.	Ninguno: el exceso de calcio no lo absorbe el organismo.
2.400 mg	2.400 mg	La deficiencia no se presenta si se lleva una dieta normal.	Ninguno: el exceso de cloruro se excreta a través de los riñones.
350 mg	280 mg	Apatía, debilidad, calambres y estremecimientos musculares (tetania), que producen convulsiones.	No se han reportado síntomas.
800 mg	800 mg	La deficiencia no es común, pero puede inducirse por el uso prolongado de antiácidos.	El consumo excesivo puede afectar la capacidad del organismo para utilizar el calcio e inhibir la absorción de magnesio.
1.600-3.500 mg	1.600 mg	Apatía, debilidad, confusión y sed extrema. En casos graves, puede presentarse ritmo cardiaco anormal y otros problemas cardiacos y respiratorios.	Puede producir letargo, ritmo cardiaco lento, parálisis y mal funcionamiento cardiaco.
2.400 mg	2.400 mg	La deficiencia no es común, pero puede producir presión arterial baja, deshidratación y calambres.	Retención de líquidos; presión alta, con posibles ataques de apoplejía; disfunciones cardiaca y renal.
Ninguno	Ninguno	Ninguno.	Se ha vinculado con la enfermedad de Alzheimer.
50-200 mcg	50-200 mcg	Puede producir intolerancia a la glucosa y niveles de colesterol elevados en la sangre.	No se han reportado síntomas adversos.
1,5-3 mg	1,5-3 mg	La deficiencia no es común y casi siempre ocurre sólo en los bebés prematuros o en los lactantes con problemas de mala absorción.	El consumo elevado es poco probable, pero puede ser tóxico y producir daño en el hígado y en los riñones.
1,5-4 mg	1,5-4	Caries dental.	Dientes débiles y veteados, huesos quebradizos.
150 mcg	150 mcg	Bocio; tal vez piel y cabello ásperos; apatía.	El consumo elevado puede producir hipertiroidismo.
10 mg	15 mg	Dificultad al respirar, fatiga, anemia por deficiencia de hierro, resistencia reducida a la infección.	La intoxicación por hierro ocurre casi siempre cuando los niños confunden los complementos de hierro con los dulces.
2-5 mg	2-5 mg	No se han reportado síntomas.	Ninguno: el organismo excreta el exceso de manganeso.
75-200 mcg	75-200 mcg	La deficiencia es virtualmente desconocida.	Las dosis altas pueden producir deficiencia de cobre.
70 mcg	55 mcg	No frecuentes; puede impedir el desarrollo, retrasa el desarrollo sexual y reduce la fertilidad.	Pérdida del cabello, falta de pigmentación en la piel, fatiga.
No hay requerimiento establecido en la dieta.		No se conoce deficiencia.	Ninguno.
15 mg	12 mg	Pérdida del apetito; en los adolescentes, afecta el crecimiento y el desarrollo; inmunidad débil.	Remotos, a no ser que al autoadministrar los complementos se tome una sobredosis inadvertidamente.

La migraña se caracteriza por un DO-LOR DE CABEZA fuerte que incapacita. Existen dos tipos de migraña: el tipo común o migraña sin aura, acompaña-da típicamente de náuseas, vómito y trastornos visuales, y la migraña con aura, en la que los síntomas de adver-tencia anuncian el ataque; por ejemplo, destellos ante los ojos.

Las personas que padecen migraña regularmente se esfuerzan por identi-ficar algunos "desencadenadores" posi-bles de los ataques, como la comida, las hormonas, el clima o el estrés. Entre las causas más comúnmente citadas rela-cionadas con la dieta se encuentran: el chocolate, el queso, las frutas cítricas y la cafeína. Las bebidas alcohólicas, en especial el vino tinto y el oporto, se asocian con frecuencia con la migraña. Se cree que las alergias (vea pág. 32) a algunos alimentos influyen también.

Una disminución del nivel de glu-cosa en la sangre puede ocasionar un ataque, por lo que es sensato que las personas que padecen migraña man-tengan elevado dicho nivel comiendo alimentos ligeros, y con bastante fre-cuencia. El salmón, la macarela y otros pescados similares pueden ayudar, pues-to que tienen una ligera acción antiin-flamatoria en todo el organismo; esto implica un cambio en la dieta a largo plazo y el beneficio no se experimenta-rá sino después de dos o tres meses.

Las primeras señales de advertencia de un ataque de migraña pueden in-cluir hambre o sed excesivas, cansancio extremo o cambios inexplicables de estado de ánimo. En seguida, puede haber un aura que alerta a las víctimas de un ataque inminente: puntos ciegos en la visión, destellos luminosos, pa-trones en forma de zigzag ante los ojos y aversión a la luz brillante son sínto-mas que se mencionan con frecuencia.

Estas sensaciones pueden durar des-de unos minutos hasta una hora y pue-den presentarse a continuación dolor de cabeza fuerte que incapacita y, con frecuencia, náuseas y vómito. Algunos practicantes de la medicina alternativa aseguran que el jengibre, utilizado al co-cinar o en un té que se prepara vertien-do agua hirviendo sobre la raíz recién ra-llada, ayuda a aliviar las náuseas; algu-nas pruebas clínicas respaldan esto.

Muchas personas que padecen mi-graña no experimentan trastornos vi-suales: el característico dolor de cabe-za violento y palpitante de una mi-graña "común" empieza de pronto, sin advertencia. Los ataques pueden durar desde unas horas hasta varios días y los sigue una "cruda" que por lo gene-ral deja a quienes la padecen sintién-dose fatigados y desvanecidos. Para romper el ciclo de un ataque, una com-presa caliente sobre la nuca y una fría sobre la frente pueden ayudar en oca-siones. Sin embargo, no aplique una compresa caliente si siente que el calor puede aumentar el dolor. Con fre-cuencia resulta confortante recostarse de espaldas con una toalla enrollada en la nuca.

La mayoría de las personas que pa-decen migraña son mujeres; para mu-chas, los ataques tienden a coincidir con la menstruación, lo que sugiere la existencia de un desencadenador hor-monal. Otro factor es la secuela del estrés; las migrañas que se padecen el sábado por la mañana son un ejemplo típico. A pesar de estos vínculos posi-bles, muchos ataques no tienen un de-sencadenador obvio.

Las personas que padecen migra-ñas debilitantes con regularidad de-ben buscar tratamiento médico, el que casi siempre incluye tomar medica-mentos profilácticos que ayudan a pre-venir los ataques recurrentes. Un me-dicamento efectivo para detener un ataque ya iniciado es el sumatriptan, en forma de tabletas o, para casos más graves, como inyección autoadminis-trada. (Este medicamento no está indi-cado para las mujeres embarazadas ni para las personas enfermas del corazón.)

MINERALES
Vea página 272

MONONUCLEOSIS INFECCIOSA

AUMENTE
• *Líquidos, como jugos cítricos y agua*
• *Comidas pequeñas y nutritivas*

EVITE
• *Alcohol*

La dieta quizá no alivie los síntomas inmediatos de la mononucleosis infec-ciosa, pero puede ayudar a detener es-ta enfermedad viral que en raros casos dura hasta dos años. Después de que le hayan diagnosticado esta enfermedad, dé a su SISTEMA INMUNOLÓGICO la me-jor oportunidad para combatirla.

Para recuperar la pérdida de líqui-dos a través del sudor, beba al menos 1,7 litros de agua al día. Esto puede in-cluir jugos diluidos de frutas y de ver-duras, que además proporcionan vita-mina C y beta carotenos.

Algunos practicantes de la medici-na alternativa recomiendan un periodo corto de ayuno (no más de 24 horas) al inicio de la enfermedad, y que el pa-ciente se limite a comer fruta fresca, ju-gos de verduras, té preparado con hier-babuena, flores de saúco y agua en abundancia. Sin embargo, la mayoría de los médicos están de acuerdo en que quizá el mejor remedio y el más seguro a la larga es una dieta bien ba-lanceada, compuesta por muchas co-midas ligeras si el paciente no tiene apetito. Es conveniente evitar el alco-hol, ya que puede debilitar el sistema inmunológico y dañar el hígado.

Una dieta balanceada y saludable permite a su organismo recuperarse. Tal vez desee tomar diariamente com-plementos de vitamina C y vitaminas del complejo B hasta que se recupere.

NABOS

VENTAJAS
- *Fuente apreciable de vitamina C*
- *Fuente de fibra*
- *Bajos en energía*
- *Pueden ayudar a aliviar los problemas bronquiales*

La fibra que contienen los nabos ayuda a mantener el funcionamiento normal del intestino y puede ayudar también a prevenir el cáncer de colon o de recto. Los nabos son una buena fuente de vitamina C, necesaria para tener piel y tejidos sanos. Están compuestos principalmente de agua y tienen un contenido bajo de energía (calorías).

Algunos herbolarios sugieren que unas cucharaditas cada día de jarabe de nabo preparado en casa pueden aliviar los padecimientos respiratorios, como la bronquitis y el asma. El jarabe, que es acuoso y no espeso, se prepara hirviendo una porción de nabo picado en un poco de agua.

Las partes superiores verdes de los nabos comienzan a obtener reconocimiento: son una fuente excelente de beta carotenos, vitamina C y una buena fuente de folato. Son una verdura verde con sabor dulce cuando se hierven hasta que estén suaves.

NARANJAS

VENTAJAS
- *Fuente excelente de vitamina C*
- *Contienen tiamina y folato*
- *Contienen pectina, que puede disminuir los niveles de colesterol en la sangre*

Casi todas las personas asocian las naranjas con una dosis saludable de vitamina C. Tienen razón al hacerlo: una fruta de tamaño mediano proporciona más del requerimiento diario de una persona adulta.

La vitamina C ayuda a formar colágeno, que es esencial para una piel sana. Ayuda también a mantener las defensas del organismo contra las infecciones bacterianas. Como ANTIOXIDANTE puede prevenir el daño de los radicales libres y, por lo tanto, ayudar a detener o inhibir ciertos tipos de cáncer. Las naranjas contienen también tiamina y folatos, dos de las vitaminas del complejo B.

Los beneficios para la nutrición que proveen las naranjas incluyen también las membranas entre los gajos. Éstas contienen pectina, un tipo de fibra soluble de la dieta que se encuentra en casi todas las frutas, en especial en las manzanas, los limones y las grosellas. Los niveles altos de pectina pueden disminuir el nivel de colesterol en la sangre. Las membranas contienen también bioflavinoides, que poseen propiedades antioxidantes. De aquí que, para un beneficio máximo, sea mejor comer la fruta y no únicamente beber el jugo. Cuando una receta incluye la cáscara de una naranja, trate de utilizar fruta no recubierta de cera, si es posible; si no es así, lave la fruta perfectamente para retirar la cera o algún fungicida.

Algunas personas son alérgicas a las frutas cítricas y pueden desarrollar erupción en la piel poco después de comerlas. Las frutas cítricas han estado también vinculadas con las migrañas en algunas personas susceptibles.

Las diferentes variedades de naranjas incluyen la naranja de Jaffa, la mandarina, la naranja sanguínea y la naranja Valencia. Además, entre los productos derivados se encuentran la naranja cristalizada, los aceites esenciales y la pectina.

NATURALEZA Y ALIMENTACIÓN

Vea pág. 278

NECTARINAS

VENTAJA
- *Ricas en vitamina C*

El nombre nectarina viene de la palabra griega *nektar,* que es la bebida de los dioses en la mitología romana y en la griega. Las nectarinas son más dulces que los duraznos, de los cuales se cultivaron originalmente, y ligeramente más nutritivas. Una nectarina fresca contiene casi suficiente vitamina C para satisfacer el requerimiento diario de una persona adulta. La vitamina C, que ayuda al organismo a absorber eficientemente el hierro y a mantener su sistema inmunológico, es también vital para la producción de colágeno,

Continúa en la página 282

NATURALEZA Y ALIMENTACIÓN

Durante siglos, la gente ha obtenido alimentos del campo, ya sea para comer o para combatir enfermedades.

El campo estadounidense ofrece —en forma gratuita— una gran cantidad de alimentos deliciosos. Desde los brezales y los pastizales hasta los matorrales, los bosques y las costas, cada hábitat posee su propia despensa.

MONTAÑA

La montaña es un ambiente propicio para el crecimiento de diversos árboles, arbustos, hierbas y hongos que pueden ser útiles como alimentos y como remedios para algunas enfermedades y malestares.

Capulín Contiene gran cantidad de carbohidratos, grasas y vitaminas A, C y del complejo B. Tiene propiedades analgésicas y se dice que es útil en cataplasmas en las etapas incipientes de abscesos o supuraciones. No se deben ingerir las semillas, pues contienen un glucósido que, ya en el organismo, se convierte en un compuesto venenoso.

Fresas silvestres Son más ácidas que las cultivadas, pero más aromáticas. Contienen mucha vitamina C. Se cree que limpian el sistema digestivo, que eliminan los cálculos renales y que alivian los dolores en las articulaciones.

Hongos Muchas especies son comestibles. Generalmente se recolectan en época de lluvias. Entre los de mayor consumo están el portobello, el shiitake, el morilla, el champiñón. Muchos de ellos contienen vitaminas del complejo B, cobre, proteína y fibra. Se recomienda ser sumamente cuidadoso cuando se recolectan. Consulte una buena obra de referencia y, de ser posible, hágase acompañar por una persona familiarizada con las diferentes especies. Busque variedades que sean fácilmente identificables. Deposite los hongos en una canasta abierta pa-

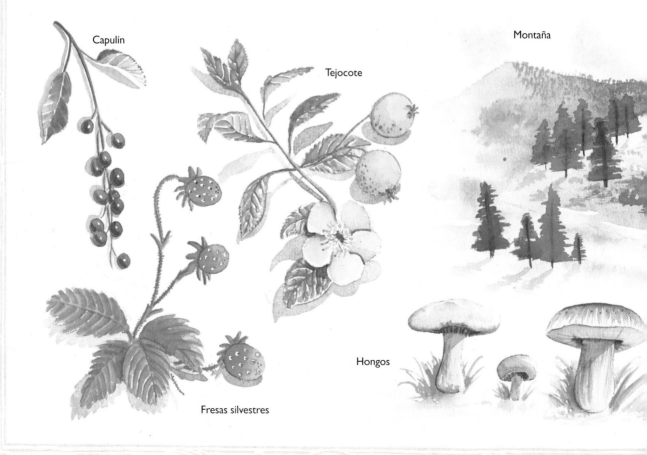

Capulín

Tejocote

Montaña

Hongos

Fresas silvestres

ra que las esporas caigan al suelo y se siga perpetuando la especie y, además, para evitar que se deterioren. Mantenga los tallos intactos para su adecuada identificación. Los hongos no son reconocidos por sus propiedades medicinales.

Níspero Contiene glucosa y galactosa, sales minerales, sustancias pépticas, y vitaminas C y K. Con la pulpa se prepara una mermelada que, por su alto contenido en vitamina K, se recomienda a las personas con tendencia a sufrir hemorragias. Las semillas sirven para preparar un licor aperitivo, recomendable aunque no en exceso, debido a que contiene ácido cianhídrico.

Tejocote Se encuentra silvestre, sobre todo en bosques de coníferas y encinos. Sus frutos, pequeños, redondos y de color amarillo, maduran en otoño. Contiene altos niveles de pectinas,

sales minerales y vitaminas. Con este fruto se preparan dulces, conservas y ates. Se dice que combate el colesterol y que es útil contra la presión arterial alta y las arritmias cardiacas.

MATORRAL

Los matorrales son plantas abundantes en frutos silvestres y hojas para ensaladas.

Ciruelos silvestres Son frutas de color azul oscuro, de tamaño pequeño y amargas.

Escaramujo Florece durante los meses de mayo a junio. Los pequeños frutos de color anaranjado rojizo aparecen por lo general entre los meses de agosto y octubre. Es ocho veces más rica en vitamina C que las naranjas. Los botones contienen pequeñas semillas cubiertas de pelos espinosos que pueden provocar irritación en el tubo digestivo; es necesario colar la

fruta cocida antes de usarla en cualquier preparación.

Hierba de pulga Pertenece a la misma familia que el cafeto. Las plantas y los retoños tiernos, ricos en vitamina C, se comen en sopas. Las semillas de algunas especies suelen tostarse y usarse como sucedáneo del café. En herbolaria se usa como antiinflamatorio y diurético. La infusión hecha con las hojas y agua hirviendo (que deberá dejarse reposar 10 minutos) puede usarse como tónico para tratar la amigdalitis y los problemas de adenoides.

Ortiga Pierde su propiedad urticariante cuando se cuece. Contiene beta carotenos, vitamina C, calcio, hierro y potasio. La ortiga es diurética, al igual que el diente de león. Se cree que la sopa o la infusión de ortiga ayuda a aliviar el eccema. Las hojas de la ortiga se usan para tratar problemas articulares y reumáticos. Para evitar la

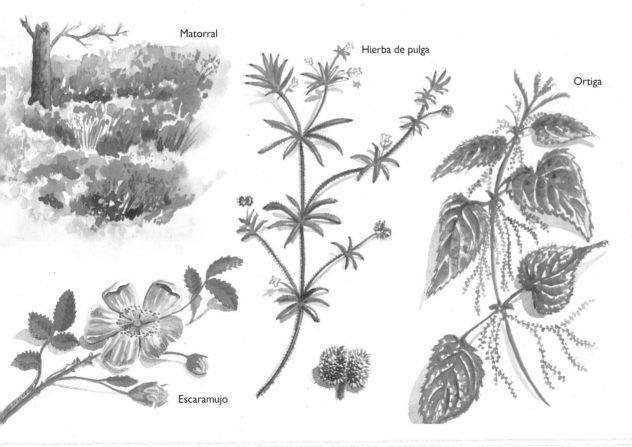

Matorral

Hierba de pulga

Ortiga

Escaramujo

urticaria, use guantes al cortar y preparar la ortiga. Enjuague las ortigas y deseche cualquier tallo duro antes de cocerlas. La ortiga tiene un ligero sabor ácido y se usa como sustituto de la espinaca en sopas y pasteles.

REGIONES TROPICALES

En los bosques y regiones tropicales crece silvestre una gran variedad de árboles, muchos de ellos frutales, con numerosas propiedades nutritivas y medicinales.

Chaya Es un arbusto de hojas comestibles que crece en lugares soleados; se usa como ingrediente en diversos platillos. Se le atribuyen propiedades medicinales y nutritivas. Se usa contra la artritis y las várices.

Chicozapote Crece en casi todas las regiones tropicales. Los frutos contienen gran cantidad de vitaminas, carbohidratos, celulosa y sales minerales. Es antitérmico y sudorífico. Por sus sales minerales resulta un diurético eficaz.

Chirimoya Contiene glúcidos, vitamina C, calcio y grasas. Se dice que tiene propiedades digestivas y diuréticas.

Guanábana Contiene carbohidratos, lípidos, fibra y vitamina C. Se cree que tiene propiedades antiparasitarias.

Guayaba Es rica en vitaminas C, A y del complejo B, sales minerales y celulosa. Se dice que sirve para expulsar parásitos intestinales. Las hojas, abundantes en tanino, se cree que tienen propiedades astringentes.

Mango Existen muchas variedades de mango; sus frutos contienen altos niveles de fibra y de beta carotenos, vitaminas C y del complejo B. Posee una goma semejante a la trementina, reconocida por sus propiedades sudoríficas, antivermífugas y depurativas de la sangre. Algunos autores afirman que la corteza de este árbol es tan buen vermífugo como la quina.

Membrillo Es rico en vitaminas C y K. Por sus efectos astringentes, se dice que sirve para combatir las diarreas y las inflamaciones de la boca y de las encías. Con el membrillo se preparan jaleas, ates y mermeladas. Se recomienda a las personas que sufren de hemorroides, pues se cree que tiene propiedades descongestionantes.

Nanche Fruta agridulce y aromática rica en hierro y vitamina C. Se utiliza en helados y aguas frescas. También se acostumbra usarlo para preparar licores, ya que fermenta con mucha rapidez.

Papaya Se encuentra en los bosques tropicales. Es rica en beta carotenos, vitamina C, calcio y hierro. La papaína

Guayaba

Membrillo

Regiones tropicales

Mango

Papaya

Nanche

280

que contiene, que tiene el poder de desdoblar las proteínas, se usa como coadyuvante de la digestión y se supone que ayuda a disolver coágulos de sangre.

Pitahaya Contiene carbohidratos, sales minerales, sustancias pépticas y mucha agua. Posee propiedades refrescantes, digestivas y diuréticas.

Tamarindo El bitartrato de potasio que contiene actúa como laxante si se toma moderadamente, y como purgante en grandes cantidades. Sus sales de potasio lo convierten en un diurético natural muy útil para limpiar los riñones.

Zapote amarillo Es rico en carbohidratos, vitaminas y minerales. Las semillas se usan para combatir úlceras.

Zapote negro Esta fruta, de pulpa sorprendentemente oscura, es un excelente alimento y posee una ligera acción laxante.

BREZALES Y PRADERAS

Sea cual fuere el lugar donde busque alimentos, no despoje a las plantas de todas sus hojas y frutas. Tome pequeñas cantidades de cada planta para no afectar ni su apariencia ni su vitalidad.

Acedera Se encuentra en los campos de cultivo abandonados. Posee hojas lanceoladas, de sabor ácido. Consumida cruda, en ensaladas, es una fuente excelente de beta carotenos y de vitamina C. La acedera es rica en ácido oxálico, que puede inhibir la absorción de hierro y calcio, y predisponer a la formación de cálculos renales en las personas susceptibles. Por esta razón, no debe consumirse en exceso ni darse a niños pequeños, a ancianos o a personas débiles o enfermas.

Achicoria silvestre Crece como maleza en varias regiones. Es pariente de la escarola cultivada. La planta es alta, con flores de color azul pálido. Sus hojas rasgadas, de sabor ligeramente amargo, pueden usarse para preparar ensaladas y son fuente de be-

ta carotenos, vitamina C y potasio. Sus raíces —secas, tostadas y molidas— pueden mezclarse con el café para darle un ligero sabor amargo; también puede utilizarse como sucedáneo del café.

Chía Semilla de una especie de salvia. Se toma como refresco combinada con azúcar y jugo de limón. Suelta una gran cantidad de mucílago.

Diente de león Se encuentra en casi todo el campo. Las hojas nuevas tienen un ligero sabor amargo y se usan para ensaladas. Contiene beta carotenos, calcio, potasio y mucho hierro. Es un diurético natural que no causa pérdida de potasio, debido a que su propio contenido de este micronutrimento es suficiente para reponer el excretado en la orina. En medicina naturista, se prescribe para "limpiar" la sangre y para tratar problemas de la piel. No debe consumir las plantas que encuentre en terrenos que hayan sido tratados con herbicidas.

Nogal Es una especie muy común en praderas y parques. Los frutos resultan ricos en proteínas y tienen un alto contenido de grasa, así como de hierro, calcio y fósforo. Con las nueces verdes se puede hacer una maceración en alcohol, a razón de 30 gramos de fruto en 150 mililitros de alcohol, para oscurecer el cabello y, según se dice, para favorecer su crecimiento. Se piensa que las gárgaras con el líquido de los frutos macerados en vinagre alivia la irritación de la garganta.

Saúco Los frutos de este árbol, de color negro púrpura, ricos en beta carotenos y vitamina C, se usan para hacer mermelada o preparar un enjuague bucal que se usa para la irritación de la garganta. El jugo se ha usado durante mucho tiempo para las enfermedades respiratorias; también sirve como laxante suave. Las flores se usan para hacer jarabe o infusiones expectorantes.

Plantas venenosas

Acebo Tiene frutos de color rojo brillante que resultan sumamente tóxicos.

Acónito Todas las partes de la planta son venenosas. Los pedúnculos son erectos y sus flores acampanadas, de color púrpura o azul, se agrupan en racimos.

Belladona Produce frutos negros y brillantes. Dos o tres son suficientes para matar a un niño.

Botón de oro Sus flores, solitarias, son de color amarillo brillante. Son tanto más peligrosas cuanto que algunas especies reciben el nombre de apio silvestre.

Capotillo Sus hojas tienen forma de punta de flecha y presentan manchas rojas, amarillas o blancas. Pueden matar por asfixia.

Cicuta Hierba erecta de flores blancas. Puede confundirse con el perejil. Produce la muerte por asfixia.

Coralillo Se confunde con la hierba pajarera. Es una hierba baja con flores pequeñas de cinco pétalos, de color rosa o anaranjado.

Hierba mora Sus hojas, tallos y frutos, susceptibles de confundirse con las moras, producen alucinaciones, vómito, diarrea, irritación de la piel y paro cardiaco.

Hortensia Estas flores de colores que van del rosa al azul no son letales, pero sí muy tóxicas, pues pueden causar gastroenteritis graves.

Nochebuena Sus inflorescencias están rodeadas de brácteas de color rojo intenso y su látex causa lesiones al contacto con la piel o las mucosas.

Rosa laurel Sus hojas se parecen a las del laurel y sus flores son rosadas. Toda la planta es venenosa y puede causar gastroenteritis graves, parálisis, convulsiones y la muerte.

SUCULENTA DULZURA *A diferencia de su pariente el durazno, las nectarinas no continúan madurando después de ser recolectadas, por lo que sólo debe elegirse la fruta que ya se sienta blanda al tacto.*

que es un componente importante de la piel. El colágeno facilita la cicatrización del tejido en las heridas (una parte esencial del proceso de curación).

Las nectarinas tienen piel más tersa que los duraznos, sin la "piel aterciopelada" que a algunas personas les sabe desagradable. La pulpa, que tiende a ser más firme y puede ser rosada, amarilla o blanca, con frecuencia tiene un aroma y un sabor más intensos que los del durazno. Las nectarinas contienen un poco más de energía (36 ca-

lorías en una nectarina de tamaño normal, comparadas con 30 calorías en un durazno de tamaño similar).

NEUMONÍA

AUMENTE
- *Líquidos, en especial jugos de fruta*
- *Fruta fresca y verduras*
- *Pescado, huevos y otras buenas fuentes de vitamina A*

La dieta puede ayudar en el tratamiento médico de la neumonía, manteniendo el consumo de líquidos y de energía del paciente. La neumonía es una enfermedad aguda del pulmón que se caracteriza porque uno o ambos pulmones se inflaman y se llenan de moco, lo que con frecuencia provoca en el enfermo tos, dificultad para respirar y dolores en el pecho. Puede ser causada por la presencia de un virus, por una bacteria o, en ocasiones excepcionales, por irritantes químicos.

Si sospecha que tiene neumonía, debe consultar a un médico. El diagnóstico lo confirmará una radiografía del tórax y el tratamiento variará dependiendo de la causa. La fiebre que acompaña a esta enfermedad respiratoria puede ocasionar una pérdida importante de líquidos y nutrimentos del organismo. Es recomendable que beba al menos 1,7 litros de líquido al día, tomados con frecuencia en cantidades pequeñas.

Si pierde el apetito, los jugos de fruta lo ayudarán a proporcionar energía, hasta que sienta ganas de comer de nuevo. Después, continúe consumiendo líquidos además de ingerir comidas ligeras y nutritivas. La fruta fresca y las verduras proporcionarán vitamina C, la que contribuye a mejorar la capacidad del organismo para combatir la infección. El pescado, como la sardina y la macarela, y los huevos son buenas fuentes de vitamina A, que desempeña un papel vital para mantener sanas las membranas de las vías respiratorias. Las verduras de hoja verde, en especial las espinacas y la col, así como las frutas y verduras con pigmentación anaranjada, como el melón cantaloupe y las zanahorias, son fuentes excelentes de beta carotenos, la forma de la vitamina A en las plantas.

AYUNO CON FRUTAS Y VERDURAS

Cuando se padece neumonía, los naturistas recomiendan en ocasiones un ayuno a base de frutas y verduras, seguido por la introducción gradual de cereales integrales y proteínas en la dieta. Pueden también sugerir la eliminación temporal de los productos lácteos y de los alimentos dulces para disminuir la producción de moco en los pulmones. Una dieta tan especial debe seguirse únicamente por periodos cortos y después de consultar a un médico.

NEURALGIA

Éste es un padecimiento doloroso en el que se experimentan sensaciones punzantes o ardientes a lo largo de la trayectoria de un nervio sensorial. Puede ocurrir debido a que el nervio esté enfermo, comprimido o lastimado, tal vez como resultado de un hueso fracturado o por el desplazamiento de un disco. Sin embargo, en ocasiones no existe ninguna causa aparente.

La neuralgia puede presentarse como consecuencia de daño en los nervios causado por deficiencias de vitamina B_{12} y tiamina. Puede ocurrir también en pacientes con diabetes. La deficiencia de vitamina B_{12} no es común, excepto entre los vegetarianos y los vegetarianos vegan. Asegúrese de que su dieta contenga muchos alimentos ricos en vitaminas del complejo B, como el pan integral, el arroz integral, el germen de trigo, los frutos secos, las legumbres y las verduras de hoja verde. La deficiencia de tiamina puede producir también daño en los nervios, aunque no es frecuente en el mundo occidental, excepto entre los alcohólicos.

El HERPES, una forma común de neuralgia, es un ejemplo de una enfermedad de los nervios. El virus del herpes se aloja en el nervio y ocasiona inflamación, lo que produce una erupción con ampollas a lo largo de la trayectoria del nervio. Se siente dolor en la misma región en la que se presenta la erupción y puede persistir después de que otros síntomas desaparecen. Es entonces cuando una dieta rica en vitaminas antiinflamatorias puede ayudar. Consuma suficiente aceite de cártamo, frutos secos, aceite de oliva y aguacates, para obtener vitamina E; frutas cítricas, para obtener vitamina C, y también bioflavinoides (antioxidantes, que se cree que tienen propiedades antiinflamatorias).

Cuando los nervios de la parte posterior de la pierna resultan afectados y producen espasmos de dolor, el padecimiento se conoce como ciática, un ejemplo de un nervio comprimido.

En el caso en que los nervios sensoriales de un costado del rostro se irritan, el padecimiento se llama neuralgia trigeminal y por lo general produce espasmos que con frecuencia se sienten a la misma hora todos los días (un fenómeno que los médicos aún no pueden explicar).

NIÑOS Y SU ALIMENTACIÓN

Vea pág. 284

NOPAL

VENTAJAS
- *Rico en calcio, potasio, fósforo, sodio, vitamina C y fibra vegetal*
- *Tiene usos medicinales en la gripe, las quemaduras, las inflamaciones de la vejiga y otros padecimientos*

Cerca de un centenar de especies de las 2.000 que integran las familia de las cactáceas tienen el nombre genérico de nopales. Los carnosos y aplanados tallos o pencas tienen forma de raqueta, poseen espinas fuertes y lisas y almacenan grandes reservas de jugos nutritivos.

Sus flores son muy coloridas, pudiendo ser rojas, rosadas, amarillas, anaranjadas o verdosas. Las variedades comestibles se encuentran aclimatadas en casi toda América, desde Canadá hasta Argentina, y pueden crecer hasta 4,7 metros de altura.

Los misioneros que llegaron al Nuevo Mundo calificaron al nopal de planta "monstruosa", lo que no impidió que viajara a Europa. Sin embargo, en muchos países se desconocen sus virtudes gastronómicas y medicinales y solamente son aprovechados sus frutos,

Continúa en la página 288

LOS NIÑOS Y SU ALIMENTACIÓN

Los hábitos alimentarios se establecen en general durante los primeros años de vida, cuando es vital que todas las necesidades nutricias de los niños se satisfagan.

Puede animar a sus hijos a que adopten hábitos alimentarios saludables dándoles un buen ejemplo. Tomar una actitud positiva hacia los alimentos nutritivos lo convierte en un buen modelo: al proporcionar a sus hijos una variedad de alimentos deliciosos y saludables, los ayudará a establecer patrones alimentarios que les durarán toda la vida.

LOS AÑOS DE CRECIMIENTO

Se llevan a cabo cambios importantes en nuestros cuerpos entre el primer año y los 20 años de edad. Los músculos se fortalecen, los huesos se alargan, la estatura puede triplicarse y el peso puede aumentar hasta diez veces. Las niñas se desarrollan más entre los 10 y los 15 años y los niños un poco después, entre los 12 y los 19 años. Las necesidades de energía (calorías) de los niños varían; aproximadamente 1.200 al día para 1 año de edad, 1.600 para 5 años de edad, 2.100 para las niñas de 16 años y 2.700 para los niños de la misma edad. La tabla de dosis diarias recomendadas (vea página 286) es una guía útil.

CAMBIOS EN EL APETITO

La cantidad de comida que los niños necesitan para satisfacer sus requerimientos de energía y nutrimentos varía de acuerdo con su estatura, peso, sexo y nivel de actividad. El apetito es por lo general una guía confiable de los requerimientos nutricios; no caiga en la trampa de obligar a comer a los niños más de lo que desean. La creencia de antaño de "deja limpio tu plato" no es sólo anticuada, sino que puede también producir indigestión y obesidad y ocasionar que ciertos alimentos desagraden durante toda la vida. Es mejor servir raciones pequeñas al principio y animar a los niños para que ellos mismos se sirvan.

De cualquier manera, el apetito disminuye cuando se cumple el primer año de edad y después varía de acuerdo con el hecho de si el niño se encuentra en un periodo de desarrollo lento o rápido. Es perfectamente normal que los niños pequeños tengan mucho apetito un día y poco interés en la comida al siguiente. Los patrones alimentarios cambian por completo cuando los niños llegan a la adolescencia. Los adolescentes tienen casi siempre un apetito voraz, que va de acuerdo con su necesidad de energía extra, el cual tienden a satisfacer comiendo refrigerios "a la carrera" en lugar de sentarse a desayunar, comer y cenar. Mientras hagan ejercicio con regularidad, los adolescentes no tienen que preocuparse por su peso.

COMER ES DIVERTIDO

Comer debe ser uno de los placeres de la vida. Exhorte a los niños a que disfruten de la comida familiar y a que ayuden con tareas sencillas en la cocina, como pesar, revolver y acomodar la comida en un platón.

Las comidas relajadas, con alimentos y conversación adecuados en lugar de ocasiones molestas durante las cuales se reprende a los niños por la manera como comen, alentará el desarrollo de las relaciones sociales, así como la buena digestión. Si sus hijos comen después de que disfrutaron de sus actividades favoritas, es menos probable que coman rápidamente y se apresuren a levantarse de la mesa.

EL DESEO POR LOS CARAMELOS

Los caramelos han llegado a ser un sinónimo de la infancia, aunque representan un inconveniente, como lo saben todos los padres. Los caramelos pueden quitar el apetito y causar caries si se comen con demasiada frecuencia, y, aunque proporcionan energía, no contienen nutrimentos valiosos. El problema de prohibir los caramelos es que los niños pueden sentir que los privan de saborearlos cuando sus amigos los comen, y los comerán en secreto. No es dañino permitir que los niños coman caramelos de manera ocasional después de las comidas, pero no se los dé como un agasajo especial o como una recompensa, ya que hará que los deseen más. El helado y los pasteles por lo general son mejores que los caramelos, pues al menos la leche y los cereales contienen algunos nutrimentos.

ALIMENTO PARA LOS NIÑOS QUE EMPIEZAN A CAMINAR

Después del primer año, los niños pueden comer casi todos los platillos que usted prepara para el resto de la familia, aunque tienen menos apetito y, casi siempre, necesitan cinco o seis comidas o refrigerios al día. La energía (calorías) extra que consumen se requiere para su crecimiento y desarrollo. Aunque la madre de un niño puede gastar alrededor de 2.000 calorías al día, su hijo de dos años de edad quemará alrededor de 1.300, a pesar de tener únicamente una cuarta parte del peso de la madre.

Los niños necesitan comer una buena variedad de alimentos saludables. El pan, los cereales, la fruta y las verduras deben formar la mayor parte de la dieta. Los alimentos que contienen proteínas pueden incluir la carne, el pescado, los productos de soya, las legumbres y los cereales. La leche es una fuente importante de energía (calorías) y los niños de menos de cinco años de edad deben beber 600 mililitros al día. A esta edad no es necesario restringir la grasa y el colesterol, ya que los niños necesitan calorías extra; no obstante, los alimentos asados y horneados son preferibles a los alimentos fritos y grasosos.

Muchos padres enfrentan una verdadera batalla cuando quieren que sus hijos consuman verduras, pero pueden convencer a los niños complaciendo su gusto con el color y la textura. La mayor parte de los niños hacen muecas de desagrado cuando se encuentran frente a un plato de espinacas pastosas o el puré de papa grumoso; prefieren los colores brillantes y las texturas sin grumos o crujientes, como la zanahoria rallada con limón, por ejemplo.

Cuando introduzca alimentos nuevos, trate de ofrecer uno a la vez y en cantidades pequeñas al principio. Es una buena idea darle al niño los alimentos nuevos al principio de la comida, cuando tiene hambre. Conserve la calma si el niño presenta resistencia; los niños comprenden pronto el poder que tienen sobre usted si se enfada y se frustra. Inténtelo de nuevo unos días después: puede preparar la comida en forma diferente o mezclarla con un alimento favorito. Comprenda que es probable que a su niño le desagraden en verdad algunos platillos.

Si un niño con frecuencia se muestra agresivo o llora, y si juguetea y tiene poca concentración, el problema puede ser la HIPERACTIVIDAD. Algunos

TIEMPO DE FIESTA *Compartir una comida con la familia y los amigos tiene un papel importante en una vida social armónica. Una fiesta de cumpleaños es una de las primeras celebraciones que disfruta el niño.*

aditivos (como ciertos colorantes usados en confituras y algunos edulcorantes artificiales) pueden producir hiperactividad. Consulte al médico si su hijo parece estar afectado.

ALIMENTOS PARA ADOLESCENTES

Los adolescentes tienen una gran necesidad de todos los nutrimentos, en especial de energía y proteínas para tener un organismo fuerte y sano, así como de proteínas, calcio, fósforo y vitamina D para la formación adecuada de los huesos. Como los adolescentes empiezan a comer fuera de casa con mayor frecuencia, por primera vez pueden darse el lujo de elegir y es común que tomen bocadillos o pierdan comidas importantes, como el desayuno. Algunos usarán la comida como un medio para tratar de establecer su identidad, tal vez convirtiéndose en vegetarianos (vea pág. 368) o siguiendo una dieta exagerada. La anemia por deficiencia de hierro y la ANOREXIA son problemas relativamente comunes en las jóvenes adolescentes, que pueden sentirse conscientes de sus propios cuerpos incluso antes de llegar a sus años de adolescencia. La obesidad puede ser un problema para ambos sexos y debemos alentar a los jóvenes que tienen un peso excesivo para que incrementen la actividad física, en lugar de seguir una dieta.

Las necesidades nutricias son particularmente elevadas durante el periodo de crecimiento rápido en la pubertad. Debido a que las niñas empiezan a desarrollarse antes que los niños, requieren más nutrimentos dos años antes, en promedio, de acuerdo con este desarrollo rápido.

Comida para crecer

A medida que los niños crecen, sus requerimientos alimentarios cambian no sólo en el número de calorías, sino también en la cantidad de cada tipo de alimento que necesitan para el desarrollo de huesos y músculos. La siguiente tabla indica las tendencias básicas y recomienda algunas buenas fuentes de calcio y de hierro.

EDAD	ENERGÍA calorías/día		PROTEÍNAS g/día		CALCIO mg/día	HIERRO mg/día		CALCIO	HIERRO
	H	M	H	M	H-M	H	M	FUENTES EN LA DIETA	FUENTES EN LA DIETA
10 a 12 MESES	850	850	14	14	600	10	10	Leche	Puré de
1 a 3 AÑOS	1.300	1.300	16	16	800	10	10	Yogur / Queso / Queso crema / Natilla / Macarrones	chabacanos secos / Chuletas de cordero
4 a 6 AÑOS	1.800	1.800	24	24	800	10	10	Avellanas / Sardinas / Almendras	Carne de res molida / Cereales enriquecidos
7 a 10 AÑOS	2.000	2.000	28	28	1.200	10	10	Pan blanco / Higos secos / Nueces de Brasil	Frutos secos y pasitas / Pan integral / Higos secos
11 a 14 AÑOS	2.500	2.200	45	46	1.200	12	15	Avena preparada con leche / Tofu / Camarones	Huevos / Sardinas / Lentejas
15 a 18 AÑOS	3.000	2.200	59	44	1.200	12	15	Espinacas / Perejil / Anchoas	Vísceras / Espinacas / Frijoles
19 a 50 AÑOS	2.900	2.200	58-63	46-50	800	10	15	Pasta Tahini / Berros	Semillas de ajonjolí / Mejillones / Chícharos

BOCADILLOS Y COMIDAS RÁPIDAS

En lugar de tener en la casa frituras, chocolate y galletas, tenga refrigerios saludables que los niños y los adolescentes hambrientos puedan comer durante el día.

• Pan, panecillos y galletas con rellenos tales como crema de cacahuate, queso con bajo contenido de grasa, atún enlatado o sardinas, y carne magra cocinada.
• Pasteles de arroz y de avena.
• Frutas frescas y secas.
• Yogur.
• Rebanadas de zanahoria o de apio y tomates *cherry* con dips.
• Palomitas de maíz al natural.
• Cereales para el desayuno.
• Frijoles refritos sobre pan tostado.
• Pasta o ensalada de papa.
• Agua, leche y jugo de fruta.
• Sopa preparada en casa.
• Ensaladas de verduras con mucho colorido.

Un buen consumo de calcio es muy importante en esta etapa. Los adolescentes necesitan al menos tres vasos de 200 mililitros de leche al día, y 45 gramos de queso o 125 mililitros de yogur para satisfacer sus requerimientos diarios. El calcio se encuentra también en el pescado (en especial en las sardinas y en el arenque), en los cereales fortificados y en las verduras de hoja verde. El calcio y el ejercicio son importantes para la formación de huesos fuertes y sanos, y para la prevención de la OSTEOPOROSIS en posteriores etapas de la vida.

LONCHERA SALUDABLE *Una variedad de alimentos, incluyendo sándwich o panes, frutas y yogur, forman un almuerzo saludable para llevarlo a la escuela.*

Los adolescentes devoran con frecuencia alimentos grasosos y que contienen azúcar, como las frituras, los chocolates, las hamburguesas y las bebidas gaseosas. Aunque las hamburguesas y las papas fritas pueden proporcionar proteínas, algunas vitaminas y minerales, por lo general tienen un contenido bajo de vitamina A y fibra, y no contienen mucha vitamina C ni calcio. La mayoría de las comidas rápidas tienen un alto contenido de sodio y energía. Es importante proporcionar una variedad de alimentos saludables en casa, en especial frutas, verduras, pescado, cereales integrales y legumbres.

Muchos adolescentes no desayunan. Esto puede producirles letargo y falta de concentración. Un desayuno ligero con yogur con bajo contenido de grasa, fruta fresca o cereal y jugo de fruta es mucho mejor que no comer nada.

CONVERTIRSE EN VEGETARIANO

Muchos adolescentes se convierten en vegetarianos debido a una preocupación genuina por el bienestar de los animales. No hay motivo para que no sigan una dieta vegetariana bien balanceada, con la ayuda de un nutriólogo, a base de pan integral, pasta, papas y arroz, y una amplia variedad de verduras, frutas, frutos secos y semillas. Pero no permita que sustituyan cantidades importantes de carne y pescado por productos lácteos, pues su dieta tendría un alto contenido de grasas saturadas. Los niños que se vuelven vegetarianos vegan y no consumen productos lácteos necesitarán tomar complementos de vitamina B_{12} o cereales fortificados en el desayuno, servidos con leche de soya o jugo de fruta.

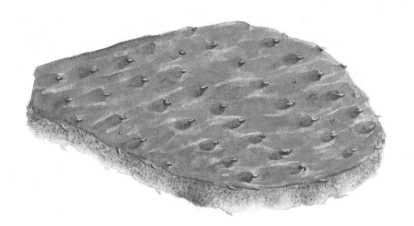

que en España denominan higos chumbos y en México, tunas.

Los indígenas prehispánicos de México criaban en las nopaleras la cochinilla de grana, un insecto del que se extraía uno de los colorantes para tejidos más apreciados en el mundo entero y que posteriormente fue empleado también en perfumería.

El nopal es un alimento excelente, rico en sales de calcio (100 gramos proporcionan 96 miligramos) y de potasio —especialmente sulfatos y oxalatos, fósforo, sodio, vitamina C y fibra vegetal.

Las hojas del nopal, que una vez cortadas y aliñadas reciben el nombre de nopalitos, se comen en una gran variedad de platillos, tales como las ensaladas acompañadas de cebolla, limón, chile y aceite de oliva. También se consumen asadas, con huevos ahogados, cebolla, ajo, chile frito y cilantro, y de muchas otras maneras. Los nopalitos figuran como ingrediente en diversos platillos típicos de la cocina mexicana: nopalitos con charales , "indios vestidos", revoltijo, nopalitos navegantes y mixiotes de pollo, por ejemplo.

Desde tiempos prehispánicos se utiliza en la medicina popular, y varias de sus propiedades curativas han sido confirmadas por investigaciones llevadas a cabo recientemente. En el Có-dice de la Cruz-Badiano se observa un nopal acompañado de un texto en el cual se afirma que la penca de nopal aliñada, junto con otras sustancias, ayuda a aliviar y curar toda clase de quemaduras.

El agua de cocimiento del nopal se utiliza también como vermífugo y diurético, contra las lombrices intestinales y la inflamación de la vejiga. Para el primer fin se toma en dosis elevadas: obra como laxante y expulsa los parásitos. Las pencas del nopal, cortadas por la mitad y calentadas, se emplean en ciertos casos como cataplasmas para favorecer la madurez de los abscesos y descongestionarlos.

A esta planta se le han encontrado propiedades expectorantes y antipiréticas en casos de GRIPE; de acuerdo con numerosas investigaciones, ayuda a expulsar las flemas y a bajar la fiebre.

Una de las mayores controversias que se han suscitado en torno al nopal durante los últimos años ha sido la afirmación de que el jugo de esta planta podría servir para tratar la diabetes. Nada hay a favor o en contra. Algunos médicos señalan que hasta el momento no existen plantas medicinales que sustituyan la insulina. Sin embargo, es un hecho que los antiguos habitantes del continente Americano no conocieron la diabetes, por lo que se continúa investigando el efecto del nopal en relación con este padecimiento.

LAS TUNAS, FRUTOS DEL NOPAL

El género *Platyopuntia* es un gran productor de tunas: éstas pueden ser jugosas o semisecas, casi siempre son dulces y generalmente tienen infinidad de espinas. Cada planta puede producir anualmente hasta 20 kilogramos de frutas.

Hay una enorme variedad de tunas; se les puede hallar blancas, amarillas, amarillentas, negras —que recuerdan al zapote de ese color—, silvestres, agrias (los xoconostles), que según algunos herbolarios también sirven para tratar la diabetes, y rojas, con las cuales se tiñe el pulque a efecto de convertirlo en el muy apreciado "curado de tuna".

La tuna contiene sustancias pépticas —productos intermediarios en la digestión de las proteínas—, además de nutrimentos como carbohidratos, sales minerales y vitaminas, principalmente C (ácido ascórbico).

Con ellas se prepara un dulce llamado "queso de tuna" que se elabora cociendo las tunas, sin semillas, con piloncillo y especias. La miel de las tunas sirve para hacer jarabes y una bebida ligeramente alcohólica, el colonche.

Por su poder astringente se le considera útil en el tratamiento de diarreas y disenterías. Posee propiedades digestivas, laxantes y alcalinizantes, por lo que se receta en casos de úlceras del aparato digestivo.

Algunas especies contienen un alcaloide llamado cactina, considerado un tónico cardiaco, que provoca el aumento de la fuerza y la amplitud de las contracciones, con la ventaja de que no es tóxico ni se acumulan sus efectos.

La materia colorante de las tunas rojas tiñe la orina y parece tener propiedades antisépticas.

OBESIDAD

AUMENTE

- *Carbohidratos complejos, que se encuentran en las pastas, las papas, el arroz integral y el pan integral*
- *Frutas frescas, verduras, ensaladas y legumbres*
- *Carne magra, aves (sin la piel) y pescado*

REDUZCA

- *Grasas de todas clases*
- *Alcohol*

EVITE

- *Productos lácteos con todo el contenido de grasa*
- *Refrigerios que contengan grasa y azúcar, como las galletas, los pasteles, las frituras y los frutos secos*
- *Embutidos que contengan mucha grasa, como las salchichas, el chorizo, el tocino y la carne de res molida con grasa*

La obesidad es el padecimiento relacionado con la alimentación más común en el mundo occidental.

Los médicos y los nutriólogos consideran obesa a una persona, si su peso es 20% más alto que el peso normal aceptable, de acuerdo con la estatura, el sexo y la edad. Los expertos en la salud han establecido tablas reglamentarias que indican los límites aceptables. Su médico está familiarizado con ellas y puede proporcionarle una copia de las tablas de peso ideal.

Debido a que el peso es un asunto emotivo, puede ser útil preguntar la opinión de su médico si cree que usted o algún miembro de su familia tiene un sobrepeso excesivo.

No existe cura mágica para la obesidad, pero puede lograr un peso más bajo y más saludable si aumenta el nivel de actividad física y reduce el consumo de energía (calorías), en particular las que se derivan de la grasa.

La obesidad puede tener consecuencias devastadoras para la salud y la felicidad. En un nivel emocional, puede producir depresión y reducir la autoestima, porque le hará difícil poder disfrutar de una vida normal y activa. Los síntomas físicos pueden incluir dificultad para respirar, dolor de piernas y tobillos hinchados. El exceso de peso puede dañar las articulaciones, causando osteoartritis, en particular en las rodillas y en las caderas.

Las personas con un peso excesivo tienen una probabilidad superior al promedio de desarrollar presión arterial alta, diabetes mellitus, problemas en la vesícula biliar y gota. Es probable que padezcan síntomas más graves de enfermedades como la angina de pecho y la artritis, que persistirán y empeorarán con la edad, a no ser que se tomen medidas para bajar de peso. La obesidad se ha vinculado también con la aterosclerosis, con los padecimientos cardiacos y con algunos tipos de cáncer.

QUÉ HACE QUE LAS PERSONAS SEAN OBESAS

La obesidad se origina normalmente por una combinación de exceso de comida o sobrealimentación, y de falta de ejercicio. Si consume más energía (calorías) que las que gasta durante la actividad diaria normal, el excedente de calorías se almacena como grasa. Esto no significa necesariamente que coma mucho más que la mayoría de la gente.

Sin embargo, si su dieta contiene alimentos con alto contenido de calorías, como galletas, pasteles, frituras y pays, que pueden contener mucha grasa y azúcar incluso en raciones pequeñas, proporciona a su organismo más energía de la que necesita. Es probable que como consecuencia suba de peso, a no ser que aumente el nivel de actividad física a fin de equilibrar la energía que consume.

POR QUÉ LA GRASA ES EL PROBLEMA

La investigación médica ha establecido que la relación de grasas y carbohidratos en la dieta es altamente significativa para el control del peso corporal. Las personas que consumen la misma cantidad de calorías tienen más probabilidad de ponerse obesas si su dieta es más elevada en grasas que en carbohidratos; por este motivo, se baja con mayor facilidad de peso llevando una dieta baja en grasas y no baja en carbohidratos. Se recomienda que alrededor del 55 a 60% de la energía se obtenga de alimentos que contengan carbohidratos y cuando mucho un 30% de las grasas.

Muchas personas obesas consideran que su peso excesivo se debe al metabolismo lento, a un desequilibrio hormonal o a una tendencia heredada a subir de peso con facilidad. Sin embargo, rara vez son éstos los motivos reales. En ocasiones, la obesidad parece existir en las familias simplemente porque cada generación transmite hábitos alimentarios inadecuados y poco saludables. Con frecuencia, las personas suben de peso cuando envejecen porque continúan con los mismos hábitos de alimentación de años anteriores, en los que eran más activos, cuando su gasto de energía era superior. Otras personas reaccionan ante los problemas emocionales comiendo en exceso.

Las mujeres son más propensas que los hombres a la obesidad porque su organismo almacena grasa con mayor eficiencia; se considera que en las mujeres del 20 al 25% del peso de su cuerpo debe estar constituido por grasa, y en los hombres, el 15%.

La única forma sensata para bajar de peso es combinar una dieta con bajo contenido de grasa con alguna forma regular de actividad física. Las personas obesas siempre deben empezar con ejercicios moderados, como caminar o nadar. (Vea pág. 142.)

OÍDO, PROBLEMAS DEL

AUMENTE

• *Ajo, cebollas y chiles, cuando la mucosidad es un problema*

REDUZCA

• *Alimentos con alto contenido de grasas saturadas, que pueden contribuir a la sordera*

De los oídos depende que usted oiga y tenga sentido del equilibrio (previenen que se caiga). Estos sensibles órganos son un éxito del diseño en miniatura: el oído interno, a pesar de que no es más grande que una avellana, contiene tantos circuitos como el sistema telefónico de una ciudad de tamaño medio. Sin embargo, los oídos se dañan con facilidad y, si se infectan, puede sentir un gran dolor en el oído o en el rostro. Estos problemas no deben soslayarse nunca. Es necesario que consulte de inmediato al médico si sufre de mareos, si no oye bien o si siente dolor.

DOLOR DE OÍDOS

Por lo general, el dolor de oídos se debe a una infección desencadenada por el CATARRO. El tapón de cerilla es resultado de una acumulación de mucosidad pegajosa (cerilla) detrás del tímpano y afecta principalmente a los niños pequeños. En la actualidad se ha descubierto un vínculo posible con la alimentación con biberón. Cuando un

niño es amamantado, la acción de mamar ejercita un músculo que ayuda a abrir la trompa de Eustaquio, que conecta el oído medio con la parte posterior de la garganta y drena cualquier líquido. Al alimentar al niño con biberón, el chupón no llega muy adentro de la boca y el músculo no se ejercita en la misma forma.

SORDERA

Hay dos clases principales de sordera: la sordera conductiva es casi siempre curable y es causada porque algo impide la transmisión de sonidos hacia el oído interno; la sordera nerviosa ocurre cuando el nervio auditivo se daña.

Una forma de sordera nerviosa puede ser desencadenada por el consumo excesivo de grasas saturadas, que tienden a producir otoaterosclerosis en los vasos sanguíneos pequeños del oído, lo que ocasiona un bloqueo. Varios estudios han indicado que las dietas con bajo contenido de grasa están asociadas con una mejor audición y que muchos pacientes con problemas de este tipo presentan niveles elevados de colesterol en la sangre, o son obesos o las dos cosas. En consecuencia, es sensato mantener un peso saludable y evitar alimentos con un contenido elevado de grasas saturadas, como la mantequilla, los alimentos fritos y las carnes rojas grasosas, que elevan los niveles de colesterol en la sangre.

Los naturistas creen que la dieta puede afectar el funcionamiento de los oídos y recomiendan consumir alimentos ricos en vitamina A y tiamina, ya que se cree que pueden reparar el tejido celular dañado en el oído y fortalecer el nervio auditivo. La vitamina A se encuentra en el hígado y, como beta carotenos, en los chabacanos, las zanahorias, los mangos y las espinacas; el pan integral contiene tiamina. Es probable que le aconsejen evitar los productos lácteos y comer ajo, cebollas, rábano picante y chiles

Molestia en los oídos al viajar en avión

La sensación incómoda de tensión en los oídos que se experimenta en un avión, durante el vuelo o después, puede aliviarse chupando o masticando algo, en particular durante el despegue y el aterrizaje. Puede aliviar esta sensación si oprime la nariz, cierra la boca y trata de soplar, hasta que escuche un estallido y libere la presión. La sordera temporal después de un viaje en avión es bastante común y desaparece casi siempre en 48 horas.

para disminuir la producción de mucosidad, pero no está comprobado que tales medidas sean realmente efectivas.

OJOS, ENFERMEDADES DE LOS

AUMENTE

• *Zanahorias, camotes y verduras de hoja verde, para obtener beta carotenos*
• *Frutas y verduras, para obtener vitamina C*
• *Mariscos y germen de trigo, para obtener cinc*
• *Carne magra, aves, pescado, frutos secos, cereales integrales, semillas y verduras de hoja verde, para obtener vitaminas del complejo B*
• *Aceites de semillas y aguacates, para obtener vitamina E*

Una dieta saludable y balanceada desempeña un papel importante para mantener la buena visión, y la vitamina A es un elemento clave de prevención para muchos padecimientos de los ojos. Los beta carotenos, que el organismo convierte en vitamina A, se encuentran en las frutas y en las verduras de color amarillo y anaranjado (chabacanos, mangos, zanahorias y camotes), así como en las verduras de hoja verde, como las espinacas y la col rizada.

En algunos países en vías de desarrollo, la deficiencia de vitamina A es la causa más común de ceguera en personas de menos de 21 años de edad. La primera señal de esta deficiencia es, por lo general, la ceguera nocturna (falta de capacidad para adaptarse a la luz tenue).

DEGENERACIÓN MACULAR

Es ocasionada por el deterioro de parte de la retina y es una causa principal de ceguera en los ancianos. Uno de los principales factores de riesgo es la exposición prolongada a la luz brillante; esto ha dado origen a la opinión de que los RADICALES LIBRES dañan la retina.

Debido a que se cree que la vitamina E y los beta carotenos protegen contra el daño producido por los radicales libres, la investigación se ha enfocado en la dieta y en los alimentos ricos en estos dos nutrimentos.

Un estudio llevado a cabo en la Escuela de Medicina de Harvard descubrió que el grado de degeneración fue correspondientemente menor en aquellas personas que consumían más verduras de hoja verde, que contienen beta carotenos. Los científicos creen que la luteína y la zeaxantina, dos beta carotenos "relativos", se concentran en la retina. Allí, filtran los rayos hacia cualquier extremo del espectro de luz que causa daño después de una exposición a lo largo de muchos años y, por tanto, hacen que el ojo sea menos vulnerable.

Se asegura que algunos minerales y vitaminas ayudan a retardar la degeneración macular: consuma suficientes frutas y verduras frescas para obtener vitamina C; germen de trigo, mariscos y legumbres para obtener cinc; carne magra, aves, pescado, frutos secos, cereales integrales y verduras de hoja verde para dar al organismo vitaminas del complejo B, e incluya aceites de semillas obtenidos con el método de prensado en frío, así como aguacates, para obtener vitamina E. Los bioflavinoides, que se encuentran en la médula de las frutas cítricas, pueden ayudar también.

CONJUNTIVITIS

La delicada membrana que cubre la parte delantera del ojo puede inflamarse como resultado de una infección o de una alergia, produciendo el padecimiento que se conoce como conjuntivitis y también denominado "ojos enrojecidos".

Si el enrojecimiento forma un anillo alrededor de la parte delantera del ojo, puede ser causado por una deficiencia de riboflavina. La sensación de dolor, el enrojecimiento y la piel agrietada en los extremos externos de los ojos pueden indicar también una carencia de esta vitamina B, la cual se puede proporcionar al organismo mediante el consumo de leche, cereales integrales y vísceras.

GLAUCOMA

El aumento de la presión acuosa en el ojo se conoce como glaucoma. Éste se presenta con mayor frecuencia en las personas de más de 40 años de edad y existe la tendencia a que varios miembros de una familia lo padezcan. Los síntomas incluyen visión borrosa, un efecto de halo alrededor de las luces y dificultad para ver en la oscuridad. El glaucoma se ha vinculado con una deficiencia de tiamina (vitamina que se encuentra en la carne, el pescado, las

Visión nocturna

¿Cuando era niño le decían que comiera zanahorias porque lo ayudarían a ver mejor en la oscuridad? Esto es algo más que un remedio casero. La ceguera nocturna o mala visión en la oscuridad es por lo general una indicación de deficiencia de vitamina A, que las zanahorias pueden ayudar a solucionar. Esto se debe a que son una fuente excelente de beta carotenos, los que el organismo convierte en vitamina A.

aves, los cereales integrales, las legumbres y los frutos secos) y de vitamina A (abundante en el hígado y los huevos, así como en los alimentos vegetales de color naranja que contienen beta carotenos). Solicite atención médica de inmediato si se presenta cualquiera de los síntomas antes mencionados.

CATARATAS

La nubosidad sin dolor en el cristalino del ojo es muy común entre las personas mayores, pero puede presentarse en personas jóvenes debido a un defecto metabólico poco común. Se cree que las cataratas son el resultado de la oxidación que ocurre en el cristalino del ojo, y la vitamina C puede ayudar a proteger contra este tipo de daño. Otros estudios indican que la riboflavina, que se encuentra en la leche, en los cereales integrales y en el extracto de levadura, puede ofrecer también protección. La capacidad del ojo para metabolizar el azúcar llamado galactosa parece disminuir cuando envejecemos. Esto, combinado con un nivel alto de galactosa en la sangre, que ocurre en el padecimiento hereditario conocido como galactosemia, también puede desencadenar la formación de cataratas.

OTROS PROBLEMAS DE LOS OJOS

Las personas diabéticas están propensas a una enfermedad en la que los capilares de la retina dejan escapar líquido o se rompen. Ésta es una causa importante de ceguera. Se ha descubierto que los complementos de vitamina C tienen cierto efecto protector sobre los vasos sanguíneos de los diabéticos, por lo que es posible que un consumo elevado de vitamina C, en frutas y verduras frescas, pueda ayudar. Un buen control general de los diabéticos da como resultado menos complicaciones en los ojos.

El orzuelo (pequeños furúnculos rojos en las glándulas que lubrican las pestañas) es causado por bacterias, y por lo general supura y sana en unos días. El orzuelo recurrente puede ser señal de nutrición inadecuada, de estrés o de fatiga.

OSTEOMALACIA

AUMENTE

- *Pescado, huevos y cereales para el desayuno enriquecidos con vitamina D*
- *La exposición sensata de la piel a la luz del sol*
- *Leche y productos lácteos, para obtener calcio*

REDUZCA

- *Salvado de trigo y alimentos que contengan ácido fítico*

La osteomalacia, la forma adulta del raquitismo, es relativamente rara en el mundo desarrollado de la actualidad. Al igual que el raquitismo, por lo general se debe a una deficiencia de vitamina D, aunque muy ocasionalmente puede ser producida por una deficiencia de calcio. El organismo necesita un consumo adecuado de vitamina D para poder absorber el calcio y el fósforo de la dieta. Estos minerales son vitales para el desarrollo de huesos fuertes y sanos. Sin ellos, los huesos se tornan suaves y pueden deformarse y romperse con facilidad.

La vitamina D se obtiene principalmente de la acción de la luz del sol sobre la piel, pero se encuentra también en el pescado, en los productos lácteos y en algunos alimentos enriquecidos, como las margarinas y los cereales para el desayuno.

Por lo tanto, una causa de osteomalacia es la falta de exposición a la luz del sol, por ejemplo, en personas de piel con pigmentación oscura que se van a vivir a climas menos soleados. El riesgo aumenta si se cubren la piel en lugar de exponerla al sol.

Los vegetarianos corren un riesgo, puesto que las verduras contienen poca vitamina D. Algunos padecimientos del intestino, como la enfermedad celiaca, pueden ocasionar deficiencia, porque la vitamina no es absorbida en forma normal. El mal funcionamiento de los riñones y los padecimientos del hígado pueden también producir osteomalacia, ya que en esos casos los riñones y el hígado no son capaces de procesar en forma adecuada la vitamina D. El metabolismo de la vitamina D puede también resultar afectado por la ingestión excesiva de alcohol. El uso durante mucho tiempo de antiácidos puede causar osteomalacia, puesto que éstos reducen la capacidad del organismo para absorber el fósforo, que influye en el nivel de calcio del cuerpo humano. No obstante, estos casos son raros y la dieta tendría que ser muy baja en fósforo (que se encuentra en la carne, el pescado y los huevos).

Las cantidades elevadas de ácido fítico, que se encuentra en el salvado de trigo, el arroz integral y las legumbres, pueden aumentar el riesgo de padecer osteomalacia, al inhibir la absorción de calcio. Más de 3 o 4 tazas de café al día y, simultáneamente, un consumo elevado de proteínas o de sal, pueden incrementar la pérdida de calcio. El ácido oxálico, que está presente en las espinacas, en el ruibarbo y en el chocolate, puede disminuir también la absorción de calcio.

El tratamiento de la osteomalacia incluye ingerir complementos de vitamina D por largos periodos, recetados por un médico. Los alimentos ricos en calcio, como la leche y varias verduras de hoja verde, pueden ser también una ayuda.

OSTEOPOROSIS

AUMENTE

- *Alimentos ricos en calcio, como la leche y los productos lácteos*
- *Fuentes importantes de vitamina D, como el pescado y los huevos*
- *Exposición sensata de la piel a la luz del sol*

REDUZCA

- *Alimentos ricos en ácido fítico, como el salvado de trigo, el arroz integral y los frutos secos (cacahuates, almendras, nueces, etc.)*
- *Alimentos que contengan ácido oxálico, como las espinacas, el ruibarbo y el chocolate*
- *Alcohol*
- *Sal*
- *Cafeína*
- *Tabaco*

Existen cada vez más pruebas que sugieren que comer más alimentos ricos en calcio, en particular durante la infancia y la adolescencia, es la forma más efectiva de prevenir o, al menos, de disminuir el grado de osteoporosis. En este padecimiento, que afecta con mayor frecuencia a las mujeres de mediana edad y a las mujeres mayores, los huesos se debilitan y se quiebran, por lo que las personas que sufren esta enfermedad son más vulnerables a las fracturas, incluso en accidentes menores. Las áreas con mayor riesgo son las caderas, las muñecas y la columna vertebral. Otros síntomas pueden ser dolor en las caderas y en la espalda, pérdida de peso y, a veces, una postura encorvada, ya que los huesos de la columna vertebral se debilitan y se comprimen.

QUIÉN ESTÁ EN RIESGO

Mientras vivimos, nuestros huesos son reemplazados en forma continua. Las células llamadas osteoclastos devoran el hueso existente, depositando calcio en el torrente sanguíneo. Al mismo tiempo, las células llamadas osteoblastos forman nuevos huesos y depositan calcio en ellos. En los jóvenes y en las personas sanas existe una actividad igual ambos dos tipos de células, lo que da como resultado que la masa del hueso y la estructura ósea se mantengan. Con la edad, perdemos más calcio de los huesos que el que se recupera y éstos pierden densidad.

Las mujeres tienen un riesgo mayor que los hombres de desarrollar osteoporosis. Su masa ósea es menor y, con la menopausia, pierden las hormonas estrógenos, que disminuyen la pérdida ósea. Aunque las mujeres posmenopáusicas corren un riesgo mayor, algunas mujeres jóvenes (corredoras de maratón, gimnastas, bailarinas y anoréxicas, por ejemplo) pueden padecer también osteoporosis. Lo que tienen en común es una cantidad muy baja de grasa en el cuerpo, periodos menstruales irregulares o no existentes y niveles bajos de estrógenos. Un peso corporal bajo aumenta el riesgo de padecer osteoporosis, porque ocasiona menos tensión en los huesos, y la tensión aumenta la densidad de éstos. La grasa corporal promueve también la producción de estrógenos.

DEBEMOS PENSAR CON ANTICIPACIÓN

Debido a que los niveles de calcio en la dieta durante la adolescencia tienen una importancia particular para la densidad máxima y la fuerza de los huesos en la edad adulta, es sensato que los padres exhorten a sus hijos adolescentes a incluir en su dieta muchos alimentos ricos en calcio, como la leche y las verduras de hoja verde.

El cuerpo humano necesita vitamina D para absorber el calcio. La fuente principal de esta vitamina es la acción de la luz del sol sobre la piel, pero se encuentra también en ciertos alimentos como el pescado, los huevos y algunos alimentos enriquecidos, como la margarina y varios cereales para el desayuno.

El consumo de alcohol y de sal debe limitarse, ya que ambos aceleran la pérdida de calcio. Las personas que beben en exceso son particularmente vulnerables, porque tienden a estar mal alimentadas y a sufrir accidentes; lo anterior ocasiona riesgos mayores de pérdida ósea y, por consiguiente, fracturas. El consumo de cafeína no debe exceder de 3 o 4 tazas de café al día, puesto que la cafeína elimina el calcio de la corriente sanguínea. El riesgo de desarrollar osteoporosis aumenta al fumar, lo cual interfiere con la producción de estrógenos.

Algunos medicamentos se han asociado también con la pérdida ósea cuando se recetan en dosis altas; estos medicamentos incluyen la prednisona, que se utiliza en el tratamiento del asma, la artritis y otras enfermedades inflamatorias, así como algunos medicamentos para combatir los ataques.

El ejercicio regular pero no excesivo, desde una edad temprana, es otra medida preventiva sumamente importante. Los huesos responden a las tensiones y fatigas relacionadas con el ejercicio haciéndose más densos y, por lo tanto, más fuertes. A las personas que padecen osteoporosis se les aconseja también hacer ejercicio, debido a que la actividad física llevada a cabo con regularidad ayuda a prevenir la pérdida de minerales de los huesos y mejora la fuerza, el tono muscular y el equilibrio, lo que es importante para las personas mayores, porque reduce la probabilidad de que se caigan y se fracturen algún hueso. Cualquier persona que haya permanecido inactiva durante muchos años debe empezar con una forma moderada de ejercicio, como caminar o nadar.

FORMAS DE COMBATIR LA OSTEOPOROSIS

El tratamiento de la osteoporosis tiene como objeto disminuir o evitar que los huesos se debiliten más. Las personas que padezcan esta enfermedad deben dejar de fumar y de ingerir alcohol, ya que esto aumenta la pérdida de calcio a través de la orina.

El ácido fítico, que se encuentra en el salvado de trigo, los frutos secos, las semillas y las legumbres, impide la absorción de calcio, por lo que las personas con osteoporosis deben obtener la fibra de fuentes tales como las frutas frescas y las verduras. El ácido oxálico, que se encuentra en las espinacas, en el ruibarbo, en las almendras y en el chocolate, por ejemplo, reduce también la absorción de calcio, por lo que estos alimentos deben comerse de manera moderada. Un consumo elevado de proteínas o de sal puede incrementar también la pérdida de calcio del organismo.

Muchas mujeres posmenopáusicas pueden beneficiarse con la terapia de sustitución de hormonas, que reemplaza las reservas disminuidas de estrógenos. Sin embargo, dicha terapia puede tener sus desventajas y cualquier mujer que piense utilizarla debe tomar en cuenta los riesgos y los beneficios.

Los complementos diarios de calcio y de vitamina D han demostrado también que disminuyen la pérdida ósea y, por lo mismo, reducen la incidencia de fracturas.

PALPITACIONES

REDUZCA

- *Café, té negro, chocolate y bebidas de cola, que contienen cafeína*
- *Tabaco*
- *Alcohol*

La mayoría de las personas han padecido un ataque ocasional de palpitaciones —notar que el corazón late con mayor rapidez o con irregularidad durante el ejercicio físico o cuando se está particularmente enfadado, ansioso o asustado—. La sensación de golpeteo en el pecho puede resultar muy alarmante, pero quienes la padecen deben tener la seguridad de que las palpitaciones por lo general no son dañinas. Sin embargo, si se presentan con regularidad, es necesario consultar al médico, quien llevará a cabo pruebas diagnósticas si sospecha que existe alguna anormalidad.

El ritmo cardiaco acelerado o irregular puede ser originado por la tensión, por una glándula tiroides demasiado activa, por un consumo excesivo de cafeína o de alcohol o por una reacción alérgica a la comida —algunas personas reportan palpitaciones después de comer salsa de soya, por ejemplo—. La falta de magnesio puede producir también palpitaciones, por lo que debe aumentar el consumo de este mineral comiendo verduras de hoja verde y cereales integrales.

Debido a que la nicotina estimula el corazón, el hecho de fumar también puede agravar los síntomas. La mayor parte de los casos de palpitaciones pueden curarse simplemente reduciendo el consumo de cafeína y de alcohol, y fumando menos.

PAN

Vea pág. 296

PAPAS

VENTAJAS

- *Fuente apreciable de vitamina C*
- *Contienen almidón y fibra*
- *Buena fuente de potasio*

DESVENTAJA

- *Las papas no maduras y los retoños pueden contener tóxicos*

La gente piensa que las papas hacen engordar, mas no es así. Es la grasa en la que con frecuencia se cocinan, o la que se añade en la mesa en forma de mantequilla o crema, lo que hace engordar en realidad. Quienes tratan de bajar de peso o de permanecer delgados deben evitar las papas fritas y optar por las papas cocidas u horneadas.

Las papas son un alimento con muchos carbohidratos, que contienen proteínas y fibra. Nos proporcionan también una cantidad significativa de la vitamina C y del potasio que necesita nuestro organismo.

Su contenido de vitamina C empieza a disminuir casi tan pronto como se las cosecha, por lo que las papas recién cosechadas contienen más vitamina C. Al freír o al hornear las papas se conserva mejor esta vitamina soluble en agua, aunque al freírlas aumenta la energía (calorías). (Al asar las papas se utiliza casi siempre menos grasa que al freírlas.) Al hervir las papas se pierden nutrimentos y las papas machacadas contienen menos vitamina C. Pierden también vitamina cuando están expuestas al aire, por lo que cuanto más se rebanen, más bajo será el contenido de vitamina.

A las papas fritas se las considera con frecuencia "comida chatarra"; y en realidad contienen mucha energía (calorías), pero son también una fuente excelente de potasio y una buena fuente de vitamina C. Una ración normal de 35 gramos de papas fritas proporciona menos de una cuarta parte del consumo diario recomendado de vitamina C. La mayoría de las papas fritas se preparan con papas rebanadas que se fríen en aceites vegetales y su contenido de sodio es elevado, puesto que se les rocía sal; sin embargo, pueden obtenerse versiones con bajo contenido de sal. Debido a su gran área de superficie, absorben una tercera parte de su peso en grasa. Su contenido de grasa saturada depende del aceite empleado. Las papas fritas cocinadas en aceites de palma tienen un alto contenido de grasas saturadas, mientras que aquéllas fritas en aceite vegetal o en aceites vegetales hidrogenados tienen un contenido más bajo de grasa saturada.

Si se fríen en forma adecuada, las papas no sólo son deliciosas, sino también muy nutritivas. Sin embargo, tienen un alto contenido de grasa que con frecuencia es saturada. Si las papas se fríen en aceite vegetal en lugar de en grasas animales, disminuirá el contenido de grasa saturada.

Gramo por gramo, las papas cortadas en rebanadas delgadas contienen más grasa que las que se cortan en rebanadas gruesas. Las papas fritas congeladas absorben también la grasa de inmediato, mientras que las papas rebanadas y horneadas, comparadas con las fritas, tienen un contenido relativamente más bajo de grasa. Las papas rebanadas y horneadas contienen alrededor de 5% de grasa, las papas rebanadas comunes contienen 10% y las papas cortadas en rebanadas delgadas contienen 20%. El contenido de grasa de las papas fritas preparadas en casa puede disminuirse después de freírlas, escurriéndolas sobre toallas de papel absorbentes.

Las papas no maduras y los retoños contienen alcaloides, llamados chaconina y solanina, que en cantidades grandes pueden ser muy tóxicos. Cualquier papa que tenga partes verdes debe desecharse. Aunque se coma en cantidades pequeñas, la solanina puede producir migraña o mareos en las personas susceptibles.

LA CÁSCARA *La mejor fuente de fibra y nutrimentos de la papa se encuentra en la cáscara.*

Papaya

VENTAJA
• *Fuente excelente de vitamina C y de beta carotenos*

La papaya dulce y jugosa es sumamente nutritiva. Al igual que otras frutas con pigmentación anaranjada, es una buena fuente de beta carotenos, que ayudan a prevenir el daño causado por los radicales libres, que de otra manera podrían llevar a ciertos tipos de cáncer. La mitad de una fruta de tamaño mediano proporcionará el requerimiento diario de vitamina C de un adulto, así como cantidades pequeñas de calcio y hierro. Las papayas

son un alimento ideal para las personas mayores o enfermas, porque la pulpa se mastica y traga con facilidad.

El jugo de papaya contiene papaína, una enzima similar a la pepsina que produce el sistema digestivo humano para desdoblar las proteínas. Como enzima proteolítica, se utiliza en la industria alimentaria como ablandador de carne. Médicamente, el ungüento que contiene papaína se utiliza para remover externamente la piel áspera de las heridas. La papaína tiene asimismo propiedades que alivian el dolor, y en Estados Unidos se aprobó su uso médico en inyecciones en la espina dorsal para calmar el dolor producido por el desplazamiento de los discos.

Continúa en la página 300

EL PAN: UNA SALUDABLE FUENTE DE ENERGÍA

El pan es una parte importante de nuestra dieta; desde tiempos prehistóricos, el pan ha sido un alimento básico en virtualmente todas las sociedades.

En años recientes, la desacreditada imagen pública del pan como alimento pesado y poco atractivo, que sólo sirve para acumular grasa en el organismo, ha cambiado totalmente. En este cambio de 180 grados —favorecido por un mayor entendimiento de la importancia de los carbohidratos y de la fibra dietética en la nutrición— ha contribuido también la gama cada vez mayor de panes que se ofrecen en las panaderías y, sobre todo, en los supermercados y en tiendas especializadas en panes y repostería fina.

Hoy en día, se percibe al pan como nutritivo, saludable y apetitoso. Su alto contenido de fibra lo convierte en un alimento útil para ayudar a prevenir y tratar los trastornos intestinales; incluso, por la fibra, puede contribuir a protegernos contra algunos tipos de cáncer. Un informe reciente de la Organización Mundial de la Salud señala que los carbohidratos complejos del pan reducen los niveles de colesterol en la sangre y ayudan a controlar la diabetes mellitus. Además, su consumo ayuda a evitar el riesgo de obesidad y de enfermedades cardiovasculares, ya que resulta más fácil reducir la ingestión de grasas que, de otro modo, serían necesarias para obtener la energía que el organismo requiere cada día.

Rico en hierro y vitaminas, especialmente del complejo B, el pan es también una valiosa fuente de calcio, mineral imprescindible para formar y mantener sanos los huesos y los dientes. Sin embargo, una persona que consuma al día sólo tres rebanadas de pan blanco (lo que equivale a 3 porciones de 28 gramos) obtiene sólo 1/6 de los requerimientos diarios de calcio para un adulto, en cuyo caso deberá tener cuidado de recibir los 5/6 restantes ingiriendo otros alimentos ricos en este mineral.

En realidad, si una persona no consumiera otros cereales, arroz o pastas para obtener los carbohidratos que necesita su organismo, requeriría consumir de 6 a 11 porciones diarias de pan, dependiendo de su peso, sexo y grado de actividad física. En la parte baja de la curva están los adultos ma-

---

VENTAJAS

- *Buena fuente de proteínas y de carbohidratos complejos*
- *Algunos tipos de pan proveen buenas cantidades de hierro y calcio*
- *Los panes elaborados con cereales integrales son excelentes fuentes de fibra*
- *Alto contenido de niacina, riboflavina y otras vitaminas del complejo B*

DESVENTAJAS

- *Carecen de muchas vitaminas y minerales esenciales para mantener la salud*
- *Con frecuencia se comen acompañados de mantequillas y otros alimentos untables de alto contenido energético*
- *las personas que padecen de enfermedad celiaca no toleran el gluten que contienen muchos tipos de pan*
- *Pueden provocar reacciones adversas a las personas alérgicas a los materiales con los que se fabrican los moldes*
- *Con frecuencia contienen altas cantidades de sal*

yores y las mujeres sedentarias, quienes necesitarían 6 porciones, y en la parte alta de la escala se encuentran los jóvenes, los hombres activos, las mujeres embarazadas o muy activas, quienes podrían consumir hasta 11 porciones al día. En la media de consumo diario —unas 9 porciones al día— se encuentran los niños, las adolescentes, las mujeres activas y los hombres sedentarios.

Dos creencias populares erróneas son, por una parte, que el pan blanco y, si bien en menor medida, el negro o el integral, engordan (lo que engorda es la cantidad excesiva y lo que se les unta) y, por otra, que el primero es un alimento de baja calidad. Si bien el pan blanco no contiene toda la fibra ni las bondades naturales de sus congéneres negros e integrales, no deja de ser valioso desde el punto de vista nutritivo, sobre todo cuando es enriquecido con determinados minerales y vitaminas.

El pan se elabora en toda clase de formas y con diversos ingredientes: lo hay de trigo, de centeno, de cebada, de maíz, de arroz —o con diversas combinaciones de estos cereales—, enriquecido con harina de soya o no, leudado o simple, fortificado con grasa o elaborado sólo con agua, refinado, negro o integral, salado o dulce, condimentado con especias y frutas secas, deshidratadas o cristalizadas. El pan negro, el integral y el elaborado con

EL PAN DE TRIGO *En distintas formas y con distintos sabores, el pan de trigo es una constante en la mayoría de los países.*

varios cereales son más ricos en proteínas que el pan blanco no enriquecido con huevo o leche. La leche y el huevo aumentan el contenido de proteínas, vitaminas y minerales que de por sí contiene el pan.

En la actualidad, la mayor parte del pan que se consume en Occidente se produce en gran escala y, además de harina, líquido y levadura, contiene aditivos, entre ellos grasas, conservadores, sal, emulsivos y, en algunos panes blancos, blanqueadores de harina autorizados. La sal —generalmente yodatada— se agrega para dar sabor y para fortalecer el gluten, lo que produce una masa más maleable. El nivel relativamente alto de sal en la mayoría de los panes producidos en gran escala (equivalente a 350 miligramos por

Pan ceremonial mexicano

En México existe el pan ceremonial, que es el que sólo se prepara y consume en determinadas fechas.

Pan de muerto Para los indígenas de ayer y hoy, los muertos deben ser homenajeados y debe ofrecérseles comida durante algunos años después de su fallecimiento. Este pan forma parte de los alimentos que se colocan en la ofrenda de muertos, que se prepara algunos días antes del 1 y 2 de noviembre.

Rosca de Reyes Es un pan de diversos tamaños en forma de rueda que se decora con frutas cristalizadas, brillo y azúcar. Lleva en su interior uno o varios muñequitos de porcelana o plástico que representan al Niño Jesús. Se "parte" el 6 de enero, a la hora de la merienda.

Empanadas de vigilia Se elaboran en muchas panaderías durante la Cuaresma, época en la que, de acuerdo con el rito católico, el viernes no debe ingerirse otra carne que no sea la de pescado.

rebanada) representa una deficiencia nutritiva potencial.

INTOLERANCIA AL TRIGO
Entre 1 y 3 personas de cada 1.000 presentan intolerancia al gluten, una de las proteínas de la harina de trigo, la cebada, la avena y el centeno. Por otra parte, en las personas que sufren de la enfermedad celiaca, un trastorno del intestino grueso, el gluten daña las microvellosidades de la mucosa del intestino delgado. Esto impide la absorción adecuada de los nutrimentos y puede causar problemas de crecimiento y trastornos intestinales en los niños que padecen esta enfermedad, y una amplia gama de síntomas en los adultos. Una solución es tener siempre en casa pan especial sin gluten, como lo son el pan y las tortillas de maíz.

PARA LEVANTAR LA MASA
La levadura que se usa en la elaboración del pan para esponjar la masa es un organismo unicelular inofensivo que se multiplica con rapidez en ciertas condiciones de calor y humedad. Los panes elaborados con harina blanca se levantan mejor porque, cuando la harina es amasada con líquido, las proteínas del gluten presentes en el trigo absorben agua para formar una masa elástica. De esta manera se atrapa buena parte del gas de la levadura fermentadora, con lo cual se forman burbujas de dióxido de carbono, que confieren al pan una textura ligera. Se dice que las harinas con alto contenido de gluten son "fuertes". Otros cereales, como el centeno, pueden molerse de tal forma que se producen harinas "suaves". Éstas contienen menos gluten que el trigo y, por esta razón, en la masa quedan aprisionadas menos burbujas de gas. Los panes que se obtienen de esta manera son más pesados y más densos. Generalmente el líquido que se usa en los panes leu-

dados es el agua, la leche o una mezcla de ambas. Este líquido disuelve y dispersa la levadura por toda la harina. Algunos panes, generalmente los integrales, se levantan con bicarbonato de sodio y son particularmente indicados para las personas que no toleran la levadura.

Los expertos en nutrición afirman que las grasas que se utilizan en la panificación no constituyen un riesgo para la salud, puesto que las cantidades que se emplean son pequeñas. Por lo general se utilizan grasas o aceites de origen vegetal, los cuales proporcionan mayor elasticidad a la masa. Esta característica permite que quede atrapada una mayor cantidad de burbujas y aumente el tamaño y la ligereza del pan.

UN POCO DE HISTORIA
Se considera que el pan nació en Asia Menor, de donde pasó a Egipto en el siglo XL a.C. Ya desde esa época el trigo se molía entre dos piedras (como aún se hace en muchas partes del mundo para fabricar el pan artesanal). La harina así obtenida se mezclaba con agua y parte de la masa del día anterior, que obraba como leudante (levadura). También se hacía pan ázimo, es decir, pan sin levadura. Con la masa se formaban unas tortas que eran cocidas entre cenizas calientes. Los griegos creían que Démeter, diosa de la tierra y las cosechas, había elaborado el primer pan del Olimpo y que luego transmitió este conocimiento a Arcas, rey de Arcadia. Fue en la Roma imperial donde surgieron las primeras panaderías, en las que se expendían panes de diversos tipos y calidades.

VARIEDAD INTERNACIONAL
La creciente popularidad de panes de otros países se refleja en la variedad que se ofrece en supermercados y panaderías.

Los nutrimentos importantes que se encuentran en diferentes panes

El contenido nutricional del pan varía considerablemente de acuerdo con el tipo de harina que se utilice y con los ingredientes que se le agreguen. En la información de este cuadro aparecen los tipos de pan más comunes que se consumen en Estados Unidos y su contenido nutricional.

TIPO DE PAN	CALORÍAS	FIBRA (gr)	CARBOHI-DRATOS (gr)	PROTEÍ-NAS	GRASA	VITAMINAS Y MINERALES
BLANCO						
Una rebanada. Elaborado con harina blanca enriquecida; también contienen harina integral y huevos.	65	0,5	11,7	2,0	0,9	Enriquecido con hierro, niacina, tiamina y calcio
CENTENO						
Una rebanada. Se elabora con harinas de centeno y blanca enriquecida.	65	0,9	12	2,1	0,9	Hierro y tiamina
INTEGRAL (CENTENO)						
Una rebanada. Buena fuente de fibra. Se elabora con harinas de centeno e integral, y melaza.	80	4,3	15,4	2,9	0,8	Hierro y tiamina
PAN INTEGRAL						
Una rebanada. Se elabora con harinas blanca e integral, y grasa.	60	1,6	11,4	2,4	1,1	Hierro y tiamina
MULTIGRANO						
Una rebanada. Se elabora con una combinación de varias harinas integrales.	65	1,0	11,7	2,5	0,9	Folato, tiamina, nacina, riboflavina, calcio y hierro

Bagel. Esta rosquilla, originaria de Europa Oriental, es hervida y después horneada. Tradicionalmente, este pan es elaborado con harina blanca con alto contenido de gluten.

Brioche. Un rollo de levadura ligera cuyo origen se ubica en Francia, el brioche se encuentra entre el pan y el pastel si lo calificamos por su textura y su sabor. Usualmente es elaborado con harina blanca refinada y enriquecido con mantequilla y huevos.

Chapati. Es un pan de origen hindú que se elabora con harina blanca o integral. Puede ser esponjoso o plano. Algunos tipos de chapati son cubiertos con mantequilla o aceite, lo que les agrega calorías.

Ciabatta. A este pan de origen italiano se le agrega aceite de oliva; puede ponérsele también orégano, albahaca y otras hierbas.

Pan de maíz. Este pan, tradicional del sur de Estados Unidos es elaborado con harina integral, harina de maíz, huevos, leche y un poco de azúcar.

Panecillo inglés. Con forma de panal es un pan elaborado con harina blanca alta en proteínas. Se cuece usando una cacerola o una plancha para cocinar.

Focaccia. Es un pan italiano preparado con levadura de manera similar a las pizzas. Comúnmente se hornea agregándole aceite de oliva, cebolla, ajo y otras hierbas. Al agregarle aceite se incrementa su contenido energético.

La papaya se cosecha en muchas regiones tropicales y tiene una pulpa de color rosado o dorado, con muchas semillas, que por lo general se retiran y se desechan, a pesar de que tienen un sabor picante y pueden secarse y utilizarse como sazonador.

PAPERAS

AUMENTE

- *Bebidas que contengan glucosa, con alto contenido de energía (calorías)*
- *Comidas ligeras, fáciles de tragar*

A pesar de que las vacunas han disminuido mucho el número de casos reportados, las paperas las padecen principalmente los niños que tienen entre 3 y 10 años de edad. Es una enfermedad viral muy contagiosa, que se manifiesta dos o tres semanas después de la infección, ocasionando que las glándulas salivales se inflamen, lo que dificulta el masticar.

Otros síntomas incluyen dolor en los músculos de la mandíbula, temperatura elevada y dolor de oídos, que con frecuencia empeora al masticar y al tragar. Puede haber dolor de estómago y vómito.

En los adolescentes y en los adultos del género masculino, las paperas pueden ocasionar inflamación de uno o de ambos testículos (orquitis). Esta enfermedad también puede producir inflamación del páncreas y, por esa misma razón, influir en la digestión de grasas.

Debido a que resulta doloroso masticar, la enfermedad requiere una dieta blanda y nutritiva. Si el paciente no puede comer, los niveles de energía deben mantenerse con bebidas que contengan muchas calorías. Los jugos de fruta quizá tengan que evitarse, pues el ácido cítrico que contienen puede lastimar la garganta.

En general, se sugiere una dieta balanceada sensata, aunque la comida tiene sólo un papel limitado en el proceso de recuperación.

PARÁLISIS CEREBRAL

De acuerdo con la United Cerebral Palsy Research and Educational Foundation, en Estados Unidos alrededor de 3.000 bebés nacen cada año con parálisis cerebral, y hay de 500.000 a 700.000 personas que presentan uno o más síntomas de este padecimiento.

La parálisis cerebral es un conjunto de trastornos neurológicos caracterizados por problemas de control corporal —conocido como invalidez motora—, que se inician antes de los tres años de edad. La parálisis cerebral puede variar desde una forma benigna, que hace posible una vida bastante normal, hasta una forma grave donde el paciente requiere un cuidado total.

Entre los factores de riesgo relacionados con los padres están que la madre tenga más de 40 años de edad y que el padre o la madre tengan menos de 20 años de edad. Los factores de riesgo de los niños incluyen que sea primogénito o el quinto hijo o poste-

rior. Las personas con parálisis cerebral tienen una tonicidad y funcionamiento muscular anormales, lo que puede interferir al masticar y tragar los alimentos. Como es importante asegurarse de que la persona coma una dieta balanceada, la preparación y apariencia de los alimentos son muy importantes.

Los alimentos en forma de puré y otros platillos como la avena cocida con leche y la sopa, que pueden comerse con facilidad, deben ser apetitosos y nutritivos. Hay que tener cuidado de que el consumo de energía (calorías) vaya de acuerdo con la demanda. A las personas con parálisis cerebral se les dificulta consumir grandes cantidades de comida, por lo que ésta debe contener bastantes nutrimentos y energía, para tener la seguridad de que se obtiene un abastecimiento adecuado en una cantidad pequeña. Al planear una dieta adecuada, es mejor buscar la asesoría de un nutriólogo.

CAUSAS DE PARÁLISIS CEREBRAL

Este padecimiento es causado por una lesión en el cerebro, que puede ser originada por muchos factores, ya sea durante el embarazo, el nacimiento o los primeros años de la infancia. Estos factores incluyen enfermedades e infecciones durante el embarazo, como la rubeola, las complicaciones durante el parto, la prematurez extrema o las enfermedades durante la primera infancia, tales como la meningitis y la ictericia neonatal. Puede ser difícil detectar la parálisis cerebral en la infancia y con frecuencia se la descubre únicamente cuando un niño no ejecuta las "actividades motoras" normales, como gatear, caminar y alimentarse en forma independiente.

La parálisis cerebral no es una enfermedad progresiva, pero es permanente y, estrictamente hablando, incurable, aunque no están de acuerdo algunos expertos, como el finado doctor

András Petö, de Budapest, Hungría. La filosofía de Petö era que un trastorno motor no es un problema médico, sino una dificultad de aprendizaje que, con la enseñanza adecuada, puede solucionarse estimulando los conductos nerviosos para "pasar por alto" las áreas dañadas.

El programa del Instituto Petö incluye ejercicios para fortalecer los músculos y multitud de ejercicios intelectuales —como lectura, dibujo y hablar— para estimular las células cerebrales. El régimen es muy extenuante y demandante para la persona con parálisis cerebral, los padres y quienes la atienden.

Otros enfoques importantes comparten el objetivo de "ortofunción" de Petö: ayudar al niño a que mejore al máximo su potencial y sea independiente en el movimiento, el cuidado de sí mismo y la comunicación.

PARKINSON, ENFERMEDAD DE

AUMENTE
• *Cereales integrales ricos en fibra, ciruelas pasas, fruta fresca y verduras, para aliviar el estreñimiento y para proporcionar vitaminas B, C y E*
• *Líquidos, al menos 1,7 litros al día*

La enfermedad de Parkinson es una enfermedad neurológica progresiva e incurable; los síntomas varían y no todas las personas que la sufren están seriamente incapacitadas.

El hecho de comer los alimentos indicados puede ayudar en el tratamiento de la enfermedad de Parkinson, hasta cierto punto.

Existen varios problemas que las personas que padecen esta enfermedad pueden enfrentar cuando comen y beben. Entre otros, cierta rigidez de brazos y piernas, y dificultad para realizar los movimientos voluntarios al manipular los cubiertos y llevar la comida a la boca, especialmente para los alimentos líquidos. Por lo tanto, debe dedicarse mucho tiempo a las comidas.

Los pacientes con enfermedad de Parkinson a menudo pierden peso, lo cual puede deberse al consumo reducido de energía, a causa de la dificultad para comer. Sin embargo, el peso excesivo puede empeorar los síntomas, porque aumenta la restricción del movimiento ya limitado.

Para controlar su peso y mejorar la salud, las personas que padecen la enfermedad de Parkinson deben comer muchas frutas frescas, verduras y cereales integrales, con cantidades moderadas de proteínas y grasas insaturadas, y disminuir el consumo de grasas saturadas y de azúcares.

CÓMO EVITAR EL ESTREÑIMIENTO
Los pacientes también deben comer alimentos que ayuden a prevenir el ESTREÑIMIENTO, que es un problema común para las personas que padecen la enfermedad de Parkinson. Esto significa comer más fibra. Muchas personas piensan en el salvado cuando desean incrementar el consumo de fibra; no obstante, aunque el salvado contiene mucha fibra, no contiene nutrimentos y puede deteriorar la absorción de algunos minerales por parte del organismo. Es mejor obtener la fibra de las frutas, las verduras y los cereales integrales. Esto ayudará a acelerar el paso de la comida por el aparato digestivo o por el intestino grueso; las frutas tales como los higos, las ciruelas pasas, la papaya y la piña son especialmente valiosas en la dieta de los que padecen la enfermedad de Parkinson, ya que tienen un efecto laxante natural.

También es importante beber muchos líquidos —al menos 1,7 litros al día— para contrarrestar cualquier tendencia al estreñimiento. Las mejores bebidas para elegir son el agua y el jugo de fruta. El té negro y el café pueden tener efectos adversos en el sistema nervioso, por lo que sólo deben beberse con moderación.

LA HORA DE COMER Y LOS MEDICAMENTOS
Para una minoría de personas que padecen la enfermedad de Parkinson, demasiada proteína interfiere con la acción del medicamento L-dopa (levodopa), el principal recetado para ayudar a controlar la enfermedad. Por lo tanto, este medicamento debe tomarse entre comidas (al menos 40 minutos antes de comer).

Las comidas deben contener niveles moderados de proteínas, proporcionadas por cantidades pequeñas de alimentos ricos en ellas. Cuando el apetito es poco, como resulta con frecuencia en el caso de las personas que padecen la enfermedad de Parkinson, ingerir raciones pequeñas de comida cada 2 o 3 horas puede resultar más apropiado.

UNA ENFERMEDAD MISTERIOSA
Esta enfermedad afecta a una parte pequeña del cerebro y se caracteriza por temblor, rigidez y lentitud al moverse. Progresa en forma gradual y los síntomas incluyen una postura encorvada, un rostro sin expresión, problemas al hablar, babeo y pérdida de la destreza. Aunque la causa de la enfermedad de Parkinson es todavía un misterio, se sabe que ocurre cuando un grupo pequeño de células del cerebro no funcionan en forma normal. Esto lo desencadena una escasez de dopamina, la cual es una de las sustancias químicas que transmiten mensajes entre los nervios.

La investigación se ha enfocado a reemplazar o estimular las cantidades disminuidas de dopamina con medicamentos potentes, el principal de los cuales es L-dopa.

LAS PASTAS: SALUDABLES Y DELICIOSAS

Alguna vez descartados por producir aumento de peso, ahora los beneficios de los carbohidratos complejos son muy reconocidos y casi todos disfrutan los platillos de pastas.

Las pastas son uno de los alimentos básicos en la dieta del Mediterráneo. Es casi seguro que el consumo elevado de pastas en Italia y en algunas otras partes del sur de Europa contribuye a los bajos niveles de padecimientos del corazón en esas áreas.

CUANDO LAS SALSAS AÑADEN SABOR

Los platillos de pastas simples pueden transformarse por medio las diferentes salsas italianas clásicas. Los ingredientes tradicionales incluyen aceite de oliva, ajo, cebollas, champiñones, tomates, albahaca fresca y piñones.

Entre las más populares se encuentra la salsa al pesto, preparada con aceite de oliva extravirgen, abundante albahaca fresca, queso parmesano y piñones; la salsa pomodori, conocida también como napolitana, se prepara con una saludable combinación de aceite de oliva, cebollas, tomates y ajo; y la salsa alla Bolognese, una salsa fuerte a base de carne de res, resulta más rica cuando se le añaden tomates y vino blanco o tinto.

En Estados Unidos, a partir de los años ochenta, las pastas se han convertido en un alimento presente con mucha frecuencia en las mesas de los hogares y de los restaurantes, en distintas formas, tamaños, colores, sabores y preparaciones.

Las pastas pueden ser la base para casi cualquier comida principal, rápida y saludable. Literalmente, las pastas o la masa preparadas con harina y agua se usa seca o fresca. Los carbohidratos complejos que proporciona son desdoblados por el organismo y pueden utilizarse para concentrar energía o glucógeno. Por este motivo, numerosos atletas comen muchas pastas mientras se preparan para participar en eventos como las carreras de maratón y otros que les exigen gran resistencia.

Contrariamente a la creencia popular, las pastas no son un alimento con elevado contenido de energía (calorías), y si se sirven con salsa de tomate simple, por ejemplo, o con otras verduras frescas, pueden incluirse en una dieta para adelgazar. Es solamente cuando se acompañan con mantequilla y con queso, o con una salsa de crema, que el platillo a base de pastas se convierte en una causa de aumento de peso.

Las pastas blancas secas, que se han convertido en uno de nuestros fabulosos alimentos, se preparan con agua y una harina gruesa que se obtiene del trigo con alto contenido de proteínas, conocido como trigo duro. A pesar de que el germen de trigo y el salvado se retiran de este cereal durante la molienda, la harina blanca

contiene todavía fibra y almidón resistentes, los cuales ayudan a mantener sano el aparato digestivo.

Las pastas de trigo integral se preparan con trigo 100% integral o con harina integral de trigo duro. Tienen una textura más tosca que las pastas blancas y resultan una mejor fuente de fibra y de tiamina, la vitamina B necesaria para convertir los carbohidratos en energía. Las pastas de trigo integral proporcionan aproximadamente 10% más de energía (calorías) y 5% más de proteínas que las pastas blancas. Las dos variedades pueden enriquecerse con huevos. Otros ingredientes, como los tomates o las espinacas, así como varios tipos de hierbas, se añaden en ocasiones con el fin de dar sabor y color a las pastas.

En el sureste de Asia, en China y en Japón, los fideos son una parte integral de las dietas nacionales —ya sea servidos solos o agregados a las sopas, a las ensaladas y a platillos calientes—. Por lo general, se preparan con harinas de trigo, arroz, frijol mung o de trigo sarraceno.

UNA VARIEDAD SALUDABLE *Podemos encontrar las pastas en una gran variedad de formas, tamaños y colores, como base para casi cualquier comida rápida y saludable.*

PASITAS

VENTAJAS
- *Buena fuente de potasio*
- *Contienen hierro*

DESVENTAJA
- *El contenido elevado de azúcar puede producir caries dental si se consumen con demasiada frecuencia*

Estas uvas secas son una fuente tan concentrada de energía (calorías) —debido a su alto contenido de azúcar natural— que son como pequeños paquetes de fuente de energía. Esto las convierte en un bocadillo excelente para los atletas y cualquier persona que tenga que realizar un ejercicio físico prolongado.

Las pasitas son una buena fuente de potasio —un puño de 25 gramos proporcionarán aproximadamente el 7% de la recomendación diaria para un adulto— y también contienen hierro.

Aunque su contenido energético es elevado, las pasitas contienen poca grasa y por este motivo pueden comerlas con moderación las personas que siguen una dieta para adelgazar. Las pasitas secas solas contienen alrededor de 70 calorías en 25 gramos. Sin embargo, las personas que siguen una dieta deben tener cuidado de no comer las pasitas que fueron sumergidas o recubiertas de algún dulce, creyendo que son un refrigerio saludable. La misma ración de 25 gramos de pasitas cubiertas de chocolate tiene un contenido más elevado de grasa saturada y proporciona 103 calorías. Tal vez sea incluso más sorprendente el hecho de que las pasitas cubiertas de yogur contienen una cantidad mayor de grasa saturada y proporcionan 115 calorías.

Es una buena idea cepillarse los dientes después de comer pasitas, ya que tienden a pegarse a los dientes y pueden ocasionar caries. A las personas diabéticas se les aconseja casi siempre que eviten comer pasitas, debido a su elevado contenido de azúcar natural.

PASTAS

Vea pág. 302

PASTELES

DESVENTAJAS
- *Alto contenido de energía (calorías) y grasas saturadas*
- *Alto contenido de colesterol de la dieta cuando se preparan con muchos huevos, mantequilla o crema*
- *Alto contenido de azúcar y carbohidratos refinados*

El harina, el azúcar, la sal, las grasas sólidas, los huevos y la leche o la crema son los ingredientes básicos que se utilizan para preparar casi todos los pasteles y galletas.

Las grasas sólidas son más adecuadas para hornear que los aceites vegetales líquidos, por lo que la mayor parte de los pasteles se preparan con mantequilla o margarina. Ambas tienen un contenido elevado de grasa saturada y algunas margarinas incluyen también ácidos grasos trans (hidrogenados). Ambos pueden incrementar los niveles de colesterol en la sangre y están vinculados con los padecimientos cardiacos. En la elaboración de galletas muchos fabricantes usan "grasas vegetales parcialmente hidrogenadas", que son aceites endurecidos. El proceso de endurecimiento cambia la estructura química del aceite y forma más ácidos grasos saturados y trans.

UN POCO DE LO QUE LE AGRADA

Como parte de una dieta balanceada, una rebanada de pastel no es dañina, pero si tiene el hábito de comer pasteles todos los días, arruinará su ingesta de comidas nutritivas por consumir una cantidad considerable de grasas saturadas y azúcar. Mientras que los glaseados de azúcar y los rellenos de mermelada no son malos para la cintura, un glaseado de mantequilla duplicará el contenido de grasa del pastel.

Algunos pasteles, como el de fruta o de zanahoria, tienen una imagen saludable, pero incluso éstos tienden a tener un elevado contenido de grasa. Por lo general, no hay pasteles que puedan considerarse buenos para usted desde el punto de vista de la salud. Aunque hay formas de preparar pasteles con un contenido reducido de grasa saturada o con un alto contenido de fibra, el sabor con frecuencia resulta afectado.

Algunos pasteles comerciales aseguran estar virtualmente libres de grasa, pero casi siempre tienen un alto contenido de azúcar; se dice también que otros pasteles tienen un bajo contenido de azúcar. Si tiene que vigilar su

consumo de colesterol, los pasteles con bajo contenido de grasa son una opción más saludable.

Los pasteles y las galletas no representan tal problema para los niños, puesto que ellos necesitan mucha energía. Sin embargo, no es una buena idea alentar el consumo frecuente de estos alimentos, ya que el azúcar puede causar caries. Incluso para los niños, quizá sea mejor reservar los pasteles para un agasajo ocasional.

DAÑINOS, PERO SABROSOS *Los deliciosos pasteles preparados en casa ganan premios en la fiesta del pueblo, pero tienden a contener pocos nutrimentos y muchas grasas saturadas, así como azúcar.*

PEPINILLOS Y CHUTNEYS

VENTAJA
• *La mayor parte de las frutas y las verduras en salmuera conservan sus minerales*

DESVENTAJAS
• *Con frecuencia tienen un alto contenido de sal*
• *La carne y el pescado encurtidos pueden estar vinculados con un riesgo mayor de ciertos tipos de cáncer*

El encurtido es una forma tradicional de conservar las frutas y las verduras frescas, impidiendo el desarrollo de microorganismos que de otra manera causarían su descomposición. Aunque con frecuencia en el proceso se retienen los minerales, casi siempre se destruyen muchas vitaminas. La excepción de esto es la col picada en salmuera, un encurtido poco común que es buena fuente de vitamina C. Una ración de 100 gramos de col picada en salmuera proporciona aproximadamente una cuarta parte del requerimiento de esta vitamina en una persona adulta.

Continúa en la página 310

PESCADOS DE MAR Y DE AGUA DULCE

Sus beneficios nutritivos se han reconocido desde hace mucho tiempo; los investigadores indagan de qué manera el consumo regular de pescado puede ayudar a prevenir los padecimientos del corazón.

El pescado contiene tantos nutrimentos importantes, incluyendo proteínas, que deben ser una parte esencial de nuestra dieta. Casi todos los pescados son también ricos en vitamina B_{12}, que es vital para un sistema nervioso sano, así como yodo, que la glándula tiroides necesita para funcionar en forma adecuada.

Pescados con alto contenido de ácidos grasos, como el salmón o el arenque, contienen al menos el doble de energía que los pescados blancos. A diferencia de las grasas (vea pág. 204) animales saturadas, los aceites de pescado insaturados son sumamente benéficos. Algunos estudios descubrieron que las personas que comen pescado al menos una vez a la semana tienen menos probabilidad de sufrir padecimientos del corazón o un ataque cerebrovascular.

OMEGA-3

La mayor parte de los expertos opinan que los ácidos grasos omega-3 de ciertos tipos de pescado ayudan a proteger contra los problemas cardiacos y circulatorios; se cree que reducen el riesgo de trombosis y pueden mejorar también el flujo de sangre a través de los pequeños vasos sanguíneos.

Ciertos estudios indican que el consumo de estos pescados contribuye a aliviar ciertos síntomas de la psoriasis. Esto puede deberse a los ácidos grasos omega-3 o a las cantidades importantes de vitamina D que hay en ellos.

Los científicos también han descubierto que los ácidos grasos omega-3 son esenciales para el sano desarrollo de los ojos y el cerebro; las futuras madres deben incluirlos en su dieta.

Estudios recientes sobre padecimientos cardiovasculares sugieren un consumo diario de 0,2 gramo de ácidos grasos omega-3 (es decir, 1,5 gramos a la semana); otros expertos de la nutrición creen que 0,5 gramo al día (7 gramos a la semana) tendría un efecto de mayor protección.

El pescado que se cultiva, como el salmón y la trucha, contiene niveles de ácidos grasos omega-3 similares a los niveles que se encuentran en las variedades que se desarrollan en libertad y, debido a que consumen una dieta parecida, difieren poco nutriciamente.

DESVENTAJAS POTENCIALES

Al comer pescado crudo se corre el riesgo de llegar a adquirir parásitos, ya que el pescado actúa como huésped intermediario para algunos tipos de especies. El pescado, como el bacalao, debe ser cocinado para tener la seguridad de que todos los parásitos y sus huevos se destruyen.

Los pescados ricos en ácidos grasos, como el arenque y la macarela, deben cocinarse y comerse frescos, ya que se descomponen con rapidez y pueden causar molestias en el estómago y urticaria en la piel; esto se conoce como intoxicación escombroidea y se cree que es causada por el desarrollo de bacterias en el pescado.

Otro peligro al comer pescado es que las espinas se atoren en la garganta, lo que puede producir asfixia; por consiguiente, todas las espinas deben retirarse del pescado que se sirva, sobre todo a los niños.

El pescado cocido al vapor, horneado o asado es mejor para la salud. Algunos estudios de laboratorio indican que el pescado ahumado y en salmuera puede producir compuestos cancerígenos si se consume en exceso.

AGUAS CONTAMINADAS

El pescado es sumamente vulnerable a la contaminación. Los mares y los ríos pueden contaminarse.

En muchos de los Grandes Lagos de Norteamérica el pescado está contaminado con cadmio y mercurio de las descargas industriales de las fundidoras y no es seguro comerlo, pues los depósitos de estos metales pesados en el organismo pueden dañar el sistema nervioso. En algunas partes del océano Índico y en el mar Caribe, el pescado puede acumular toxinas naturales del plancton en la cadena alimentaria, que pueden producir parálisis y, en casos más graves, hasta la muerte.

En 1994, en Gran Bretaña, 1 de 10 muestras de salmón criado en granja contenía residuos de un plaguicida muy tóxico (ivermectina), cuyo empleo no se permite en el medio ambiente marino y que puede haber sido usado en forma ilegal para destruir los piojos marinos que atacan al pescado criado en granjas. En otras partes, el pescado de agua dulce ha sufrido por el derramamiento accidental o ilegal de sustancias químicas industriales y agrícolas en ríos y arroyos.

VARIEDAD DE PESCADOS *Un atún gigante —con la cola hacia arriba— con un salmón encima y un par de brillantes macarelas abajo. Los pescados ricos en ácidos grasos como éstos también contienen muchos nutrimentos saludables.*

La cantidad de mercurio que contiene el atún enlatado se controla en forma rutinaria como resultado de la preocupación por los niveles elevados que puede incluir. El pez espada puede contener también acumulaciones naturales de metales pesados, como el mercurio, por lo que no es aconsejable comerlo con demasiada frecuencia.

Niveles elevados de otras sustancias químicas contaminantes llamadas biofeniles policlorinados (BPC) se han reportado en los aceites de hígado de pescado del mar Báltico. Por lo general, los niveles de biofeniles policlorinados son bajos en el pescado de los océanos Atlántico y Pacífico. Casi todos los aceites de pescado comercialmente disponibles son analizados en busca de estos contaminantes, y los niveles presentes no han sido motivo de preocupación.

ESPECIES DE PESCADO BLANCO

El bacalao y el abadejo (que es un miembro más pequeño de la familia del bacalao) almacenan sus reservas de grasa en el hígado; el aceite de hígado de bacalao es rico en vitaminas A y D. La carne tiene un bajo contenido de estas vitaminas y poca grasa, pero un alto contenido de vitamina B_{12}.

La hueva del bacalao se come hervida y se utiliza también en el dip griego, taramasalata. Es rica en ácidos grasos omega-3, pero simultáneamente presenta un elevado contenido de colesterol. El bacalao y el abadejo salados y ahumados contienen demasiado sodio; las personas que padecen de presión arterial alta deben evitarlos.

Los pescados planos, como el lenguado y la platija, tienen una composición nutritiva similar. Su contenido de grasa es bajo (1-2% del peso), el contenido de proteínas es alto (16-18% del peso) y son fáciles de asar. Si se fríen, se puede cuadruplicar el valor energético de una ración de 100 gramos; el pescado plano absorbe un poco más de aceite que el pescado redondo, debido a que su superficie es mayor. A diferencia del pescado rico en ácidos grasos, no es una fuente útil de vitamina D, pero sí lo es de vitamina B_{12}.

PESCADOS RICOS EN GRASAS

El atún fresco es rico en vitamina D, vitamina B_{12} y ácidos grasos omega-3. El atún enlatado conserva un alto contenido de vitaminas, pero es una fuente pobre de ácidos grasos omega-3, ya que la mayor parte del aceite del pescado se retira antes de enlatarlo. Una ración de 100 gramos de atún enlatado en aceite vegetal contiene más del doble de energía que el atún enlatado en agua, aunque las cantidades de sodio son similares.

Debido a que el atún vive entre 30 y 40 años, el que se alimenta en aguas contaminadas puede acumular niveles altos de metales pesados en su carne. Estos niveles se vigilan y no se cree que el pescado de los mares que rodean Estados Unidos y Europa se encuentre contaminado.

La macarela es rica en ácidos grasos omega-3, vitamina D y selenio. Su

---

La razón de que los aceites de pescado sean tan buenos para nosotros

Disponibles como complementos alimenticios en cápsulas o líquidos, los aceites de pescado pueden dividirse en dos categorías: aceites de hígado de pescado y aceites de pescado.

El término aceite de hígado de bacalao define a los aceites derivados del bacalao y también de la pescadilla, del gado y de la merluza. El aceite que se extrae de los hígados de los pescados se desodoriza, y se le añaden vitamina E y antioxidantes para evitar que se enrancie.

El aceite es una fuente excelente de vitaminas A y D. Dos cucharaditas (10 mililitros) de aceite de hígado de bacalao proporcionan alrededor de 1.200 microgramos de retinol (vitamina A), 20 microgramos de vitamina D y 2 gramos aproximadamente de ácidos grasos omega-3, más que suficiente para satisfacer el consumo diario recomendado para un adulto y para ofrecer protección contra varias enfermedades cardiovasculares y de la piel. Las cápsulas de aceite de pescado por lo general están enriquecidas con vitaminas A y D, pero contienen menos ácidos grasos omega-3. Debido a su alta concentración de estas vitaminas, el aceite de hígado de bacalao se ha usado para prevenir y tratar enfermedades como la xeroftalmia, causada por una deficiencia de vitamina A, y el raquitismo, un padecimiento de los huesos causado por falta de vitamina D.

Los aceites de hígado de hipogloso y de hígado de tiburón contienen concentraciones mayores de retinol y han ocurrido ocasionalmente casos de intoxicación de vitamina A en personas que han tomado cantidades excesivas. El aceite de hígado de tiburón contiene también escualeno, que el organismo sintetiza para producir colesterol y que puede elevar los niveles de éste en la sangre.

Los aceites de pescado tienden a contener sustancialmente menos vitaminas A y D, pero son ricos en ácidos grasos omega-3. Algunas pruebas clínicas controladas sugieren que los complementos que proporcionan de 2 a 3 gramos de ácidos grasos omega-3 pueden aliviar un poco los síntomas de la psoriasis y de la artritis reumatoide.

contenido de grasa varía de acuerdo con la temporada. Es más bajo después del desove en el verano, cuando tiene el 5% de grasa por peso y más alto en diciembre, cuando el 25% de su peso es grasa. Un pescado que pese 200 gramos proporcionará 6,5 gramos de ácidos grasos omega-3.

El arenque, que es igualmente rico en ácidos grasos omega-3, es también susceptible a la descomposición. Por este motivo se han desarrollado muchos métodos para conservarlo, incluyendo encurtirlo, salarlo y ahumarlo. Los arenques en salmuera tienen un alto contenido de sal, que puede contribuir a elevar la presión arterial. Contienen también histamina y tiramina, que pueden desencadenar migrañas en las personas susceptibles.

La forma más saludable de preparar el arenque es cocerlo al vapor, asarlo o freírlo; al freírlo no se aumenta el contenido de grasa, ya que al calentarse se desprenden sus propios aceites.

Las sardinas son una fuente útil y no costosa de proteínas, hierro y cinc, además de todos los demás nutrimentos asociados con el pescado rico en ácidos grasos. Típicamente, contienen cerca de 10% de su peso em forma de grasa; cuando se enlatan en aceite vegetal, contienen aproximadamente el 14%, y cuando se enlatan en salsa de tomate, alrededor del 10%. Las sardinas frescas por lo general se asan.

El salmón y la trucha pertenecen a la misma familia de peces; son ricos en proteínas, ácidos grasos esenciales y vitaminas A, B_{12} y D, comunes en todos estos peces.

PESCADOS CARTILAGINOSOS

El cazón, el tiburón y la raya son peces primitivos con esqueletos sin calcificar y grandes hígados con grasa. La carne es firme y, casi siempre, con un contenido bajo de grasa, que varía entre el 1 y el 10% del peso. Deben cocinarse y comerse frescos.

Información sobre el pescado y su valor nutricio

NUTRIMENTOS POR 100 G	¿SABÍA USTED QUE...?
PESCADOS BLANCOS (BACALAO, ABADEJO, PLATIJA, RAYA, LENGUADO, MERLUZA)	
Energía: 96-104 cal Proteínas: 19-23 g Hierro: 0,4-1 mg Grasa: 0,6-2 g	Estos pescados son ricos en vitamina B_{12}; contienen bajas cantidades de ácidos omega-3.
PESCADOS CON ÁCIDOS GRASOS (ARENQUE, MACARELA, SALMÓN, SARDINA)	
Energía: 135-240 cal Proteínas: 20-26 g Hierro 0,4-2 mg Grasa: 5-17 g. Estos pescados son una fuente excelente de ácidos grasos omega-3 y también de vitamina B_{12} (6-28 mg)	El boquerón, el pescado joven entre varios pescados ricos en ácidos grasos como las sardinas, las anchoas y el arenque, es una fuente excelente de calcio, puesto que se come el esqueleto y la carne.
PESCADOS ENLATADOS, COMO LAS ANCHOAS, LAS SARDINAS Y EL ATÚN	
Energía: 99-280 cal, dependiendo de si el pescado está enlatado en aceite o en agua Proteínas: 19-27 g Hierro: mayor cantidad en la pasta de pescado (9 mg) y en las sardinas (3,0 mg) Grasa: 0,6 g (atún en agua) hasta 20 g (anchoas en aceite)	Aunque el pescado rico en ácidos grasos resulta una fuente excelente de ácidos grasos omega-3, el atún enlatado proporciona muy pocos, pues se retira la mayor parte del aceite antes de enlatarlo. El pescado blanco no se enlata, porque la carne tiende a decolorarse.
PESCADOS AHUMADOS, COMO LA MACARELA, EL SALMÓN Y EL ARENQUE	
Energía: 142 (salmón) hasta 354 cal (macarela) Proteínas: 19-25 g Hierro: 0,6-1,6 mg Grasa: 4,5 (salmón) hasta 3 g (macarela)	Al ahumar el pescado no se destruye su contenido de vitamina D ni los benéficos ácidos grasos omega-3.
BARRAS DE PESCADO	
Energía: 200 cal Proteínas: 15 g Hierro: 0,8 mg Grasa: 9 g	Las barras de pescado continúan siendo muy populares, especialmente entre los niños, quienes suelen mostrar poco gusto por otras formas de preparación del pescado.
CAVIAR	
Energía: 92 cal Proteínas: 10,9 g Hierro: 0,5 mg Grasa: 5,4 g	Las personas que padecen gota deben evitar el caviar, debido a su alto contenido de purinas. El mejor caviar de beluga cuesta 70 veces más que la hueva sustituta de lumpojibado.

La col picada en salmuera y los pepinillos encurtidos sazonados con eneldo se fermentan en una solución de sal que es lo suficientemente fuerte como para evitar el desarrollo de bacterias dañinas, aunque lo bastante débil como para permitir que proliferen algunas especies, en especial las que producen ácido láctico. Se asegura que los alimentos lactofermentados tienen efectos benéficos en el aparato digestivo, pero existen pocas pruebas que apoyen esto.

Casi siempre, los encurtidos se preparan añadiendo vinagre caliente o frío a las verduras crudas o cocinándolas en vinagre. Un tercer método, que produce pérdida de minerales y de vitaminas, incluye tratar con sal a las verduras, tales como los pepinos y los pepinillos, para reducir su contenido de humedad y para conservarlos después en vinagre. Con este método para encurtir, el nivel de sodio de los alimentos aumenta mucho.

A diferencia de la col picada en salmuera, la mayor parte de los encurtidos, chutneys y aderezos se comen en cantidades pequeñas, añadiendo sabor a las comidas, pero pocos nutrimentos. Con frecuencia se añade azúcar a los chutneys, y los chutneys de frutas pueden contener hasta un 50% de azúcar, aunque esta cifra incluye los azúcares presentes en forma natural en la fruta.

La investigación ha vinculado el comer grandes cantidades de alimentos curados o encurtidos con sal con un riesgo elevado de cáncer de la boca, el esófago y el estómago. Entre los alimentos que pueden ser particularmente responsables se encuentran el pescado encurtido y las carnes curadas, los cuales contienen nitratos y nitritos que quizá se conviertan en el estómago en nitrosaminas que producen cáncer.

Las personas que siguen dietas con bajo contenido de sal deben evitar los encurtidos, debido a su alto contenido de sodio. Existe la posibilidad de que los encurtidos, los chutneys y los aderezos desencadenen también alergias. Los alimentos fermentados pueden contener tiramina o histaminas, mientras que los chutneys de fruta y de verduras pueden contener salicilatos: todos ellos alergenos potenciales. Al preparar en casa los encurtidos, no se sienta tentado a reducir demasiado

ENCURTIDOS *A pesar de que por lo general tienen un bajo contenido de vitaminas, los chutneys y los encurtidos añaden sabor a las comidas.*

el contenido de azúcar o de sal, ya que esto permite que la bacteria mortal *Clostridium botulinum* prolifere y cause botulismo (vea INTOXICACIÓN POR ALIMENTOS).

PEPINO

VENTAJA
• *Bajo contenido de energía*

El pepino fresco y crujiente pertenece a la misma familia de las calabacitas, las calabazas y las sandías. Aunque fue una de las primeras verduras que se cultivó en el mundo, en realidad tiene poco valor nutritivo. Su cualidad más notable es un contenido excepcionalmente alto de agua —95,9 %—, que lo hace refrescante y bajo en energía (calorías). Es un diurético natural, particularmente poderoso.

A pesar de que los pepinos han sido considerados desde hace mucho tiempo como un ingrediente de las preparaciones para el cuidado de la piel, no existe prueba científica de que su extracto sea benéfico para la piel o de que las rebanadas colocadas sobre los ojos tengan un efecto reanimante.

PERAS

VENTAJAS
• *Alto contenido de azúcar natural*
• *Una fuente apreciable de fibra, vitamina C y potasio*

Una pera contiene aproximadamente 70 calorías, la mayor parte de las cuales se encuentran en forma de azúcares naturales de la fruta, por lo que una pera constituye una fuente de energía rápida y adecuada. Las peras son también una fuente apreciable de vitamina C, aunque se necesitaría comer 4 o 5 para satisfacer el requerimiento total diario de una persona adulta.

Debido a que las peras se encuentran entre los alimentos menos alergénicos y son bien toleradas por casi todas las personas, resultan apropiadas como un alimento para después del destete y también en dietas de exclusión. Las peras son una contribución útil para el consumo de potasio, que tiene un papel en la regulación de la presión arterial. Son asimismo una fuente de la fibra soluble conocida como pectina.

Las peras secas tienen un elevado contenido de energía (calorías) y son una fuente apreciable de fibra. Contienen hierro y son ricas en potasio. Cómalas directamente del paquete como un refrigerio con alto contenido de energía, o reconstituidas remojándolas en agua antes de cocerlas a fuego lento.

PIMIENTOS

VENTAJAS
• *Excelente fuente de vitamina C*
• *Fuente apreciable de beta carotenos y de bioflavinoides*

Los pimientos dulces son una excelente fuente de vitamina C, necesaria para tener la piel, los ligamentos y los huesos sanos. Los pimientos verdes contienen el doble de vitamina C que las naranjas; los pimientos rojos contienen tres veces más y son también una muy buena fuente de beta carotenos.

Los beta carotenos son antioxidantes y se convierten en vitamina A cuando el organismo lo necesita. Los pimientos también contienen bioflavinoides. Se cree que tanto los beta carotenos como los bioflavinoides neutralizan los RADICALES LIBRES, posiblemente ayudando a proteger contra el cáncer.

Los pimientos cambian de verdes a rojos o amarillos y son más dulces cuando maduran en la planta. La mayor parte de los pimientos que comemos son verdes; están plenamente desarrollados, mas no maduros por completo.

La piel de los pimientos verdes en particular es cerosa y puede resultar difícil digerirla, pero también proporciona a los pimientos una larga vida almacenados.

Los pimientos son un agregado delicioso para las ensaladas y para otros platillos, asados a la parrilla y pelados, aunque pierden algunos nutrimentos cuando se sirven de esta manera. Pueden también asarse, pelarse y convertirse en puré a fin de proporcionar una salsa libre de grasa para acompañar la carne, las pastas o el pescado.

PIÑA

VENTAJA
• *Fuente apreciable de vitamina C*

DESVENTAJA
• *Puede desencadenar reacciones alérgicas en raras ocasiones*

La medicina popular tradicional otorga a la pulpa dulce y jugosa de la piña varios poderes curativos, con cierta justificación aparente. Sin embargo, la fruta no contiene tantos nutrimentos. Una ración común de 80 gramos proporciona una cuarta parte del requerimiento diario de vitamina C; no obstante, con excepción de esto, proporciona pocas vitaminas y minerales.

Continúa en la página 314

PLAGUICIDAS Y CONTAMINACIÓN

Estamos expuestos a sustancias químicas presentes en nuestros alimentos y en el ambiente que nos rodea. Aunque son inofensivas, los científicos siguen descubriendo nuevas amenazas contra nuestra salud.

Muchos científicos están convencidos de que la preocupación de la gente acerca de la contaminación de los alimentos es, a menudo, injustificada. Afirman que el problema de la contaminación es una amenaza para la salud mucho menor que la que representan el tabaquismo o el alcoholismo. Sin embargo, la contaminación es un problema que va en aumento, ya que cada vez más contaminantes entran al ambiente y a la cadena alimentaria.

PLAGUICIDAS

Existe mucha controversia en cuanto al uso de sustancias agroquímicas para proteger las cosechas de la putrefacción y las plagas, aunque hay normas estrictas para controlar su uso. En algunos países se ha abandonado el empleo de ciertos insecticidas debido a que se pensaba que podían causar cáncer y defectos congénitos. Muchos expertos señalan, no obstante, que los agentes cancerígenos que entran a nuestro organismo como resultado de las prácticas agrícolas son insignificantes comparados con los que se encuentran presentes de manera natural en los alimentos. Además, es posible controlar los niveles de plaguicidas, pero no es posible hacerlo con las sustancias naturales.

Se han establecido límites de seguridad para los residuos de plaguicidas en los alimentos. Estos niveles residuales máximos (NRM) se basan en una cantidad suficientemente baja como para no afectar a los animales de laboratorio, más un margen de seguridad, lo que da como resultado una cantidad generalmente 100 veces menor que la que no causa efectos nocivos en los animales de laboratorio más susceptibles a los productos químicos. Todos los plaguicidas tienen un "intervalo de cosecha", el tiempo que transcurre entre la aplicación final de la sustancia y la cosecha del producto. Esto es para asegurar que en

SUSTANCIAS APLICADAS A UNA PLANTA DE FRAMBUESA *Se aplica un herbicida en febrero para deshacerse de la maleza. Entonces, de marzo a finales de agosto se rocía la planta rutinariamente cada 10 a 14 días con un fungicida. Si en abril se encuentran pulgones, se aplica el insecticida apropiado. A principios y finales de mayo se rocía un insecticida para proteger la planta del jején. En julio, cuando aparecen los primeros frutos rosas, se aplica otro insecticida como protección contra los escarabajos de la frambuesa.*

Plaguicidas: mes por mes. Rosado indica la aplicación de un insecticida; azul, de un fungicida y verde, de un herbicida.

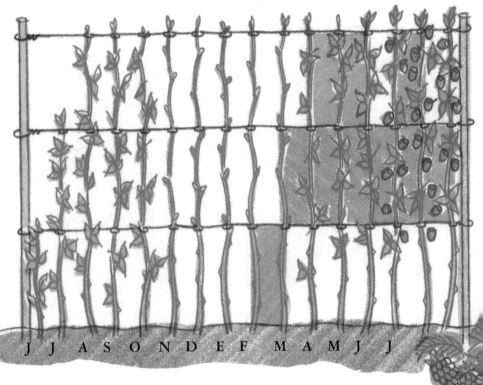

J J A S O N D E F M A M J J

el momento de la cosecha el plaguicida que contiene se haya reducido al nivel apropiado de NRM. El intervalo de cosecha es diferente para cada producto y para el tipo de plaguicida aplicado.

En Estados Unidos, la Environmental Protection Agency regula la fabricación y uso de plaguicidas. También vigila su presencia en animales, seres humanos y en el medio ambiente, y establece los niveles de tolerancia a plaguicidas que los alimentos pueden llegar a contener. Sin embargo, regulaciones similares son menos estrictas en otros países, por lo que algunos alimentos importados pueden tener concentraciones de plaguicidas más altas que las recomendadas.

OPCIÓN ORGÁNICA

Aquellos que estén preocupados por la contaminación y los plaguicidas tienen la opción de los alimentos orgánicos, los cuales son producidos por métodos tradicionales de rotación y en los que se utilizan plaguicidas y fertilizantes naturales. Sin embargo, algunos alimentos orgánicos son caros y su disponibilidad es limitada; es importante consumir una gran variedad de alimentos frescos para asegurar un abundante consumo de micronutrimentos, especialmente vitaminas A, C y E, que son antioxidantes y podrían ayudar a reducir los efectos de varias toxinas.

El organismo puede producir vitamina A a partir de los beta carotenos, presentes en verduras de hoja verde, al igual que en frutas y verduras anaranjadas y amarillas. Las guayabas, las naranjas y el brócoli son ricos en vitamina C, mientras que los aceites vegetales, el germen de trigo y los huevos son fuente apreciable de vitamina E. Las ventajas de comer, por lo menos, cinco porciones de fruta o verdura fresca al día sobrepasan por mucho el riesgo que representa consumir pequeñas cantidades de residuos de plaguicidas.

PELIGRO EN LA CÁSCARA

Algunos plaguicidas se concentran en la cáscara de las frutas y de las verduras, por lo que su consumo es mayor si se come ésta. Por lo general, basta con lavar el producto, pero usted puede preferir pelarlo.

En algunos países se recomienda cortar la punta y el rabo de las zanahorias, además de pelarlas, para reducir el riesgo de consumir altas cantidades de insecticidas.

Las frutas cítricas —como las naranjas y las toronjas— por lo general son cubiertas con una capa de cera para evitar que se sequen y mejorar su apariencia. La cera contiene un fungicida para evitar el crecimiento de moho, pero no penetra la cáscara y puede eliminarse con agua tibia.

LAS GRANJAS TECNOLÓGICAS

Las encuestas revelan que la gente está más preocupada por el peligro potencial de los plaguicidas que por el uso de antibióticos y hormonas en el ganado. Sin embargo, se dice que el uso indiscriminado de antibióticos en los animales ha provocado la aparición de bacterias resistentes a los antibióticos.

Los microorganismos resistentes presentes en carnes y aves pueden dañar a las personas que comen carne, invalidando los efectos de los antibióticos usados para tratar enfermedades infecciosas. En algunos países, la ley exige que los productores de ganado dejen de administrar medicamentos a los animales cierto tiempo antes de la matanza. El riesgo de consumir antibióticos accidentalmente, por lo tanto, debe ser —en teoría— mínimo.

METALES PESADOS

El mercurio, el cadmio y el plomo son algunas de las sustancias químicas más venenosas que pueden entrar a la cadena alimentaria. El organismo requiere un poco de tiempo en eliminarlos, por lo que pueden acumular-

DESASTRE RADIACTIVO

El desastre nuclear de Chernobyl, la planta de energía nuclear de Ucrania (en la antigua Unión Soviética), donde estalló un reactor en 1986, causó serios problemas de contaminación en los alimentos. En muchos países se implantaron restricciones al comercio de carne proveniente de aquella región. En la actualidad, a pesar de que la contaminación radiactiva es menor, se sigue vigilando la carne —especialmente la de cordero— proveniente de aquel lugar.

El problema de las radiaciones va en descenso, debido a que ya no ha habido más desastres y a que las pruebas nucleares son cada vez menos frecuentes. Sin embargo, el riesgo de radiactividad de origen natural, como la del radón, sigue presente.

se en los tejidos de manera peligrosa. Las plantas de energía que utilizan combustibles fósiles resultan la fuente principal de mercurio, sin embargo, los mariscos (vea pág. 260) y el pescado (vea pág. 306) que son capturados en aguas contaminadas por desechos industriales también pueden contener metales pesados.

La carne de tiburón, de pez espada y de atún gigante es más susceptible de contener las concentraciones más altas de mercurio. Los especialistas recomiendan que se limite su consumo y que las mujeres embarazadas lo eviten debido al riesgo que existe de dañar al feto. Es muy poco probable que la carne del atún miniatura, que se vende enlatada, contenga mercurio.

Los peces grandes de agua dulce también pueden contener mucho mercurio. Consulte con la autoridad local encargada de los problemas ambientales antes de consumirlos.

El interés científico se ha centrado en el hecho de que la fruta fresca contiene una enzima llamada bromelina, que descompone las proteínas. Su acción es tan fuerte que las personas que trabajan en las plantaciones de piñas o en fábricas donde se enlata tienen que usar ropa protectora, para evitar el daño en la piel. La bromelina se utiliza medicinalmente en forma de tabletas concentradas, para pacientes que tienen problemas para digerir las proteínas.

Desde que el uso médico de la bromelina se investigó por primera vez en 1957, se han escrito aproximadamente 400 artículos sobre sus diferentes aplicaciones. Existen indicaciones de que puede ayudar a deshacer los coágulos de sangre y, por lo tanto, podría ser útil en el tratamiento de los padecimientos del corazón. Existen también pruebas que indican que puede ayudar a combatir la congestión de los senos y las infecciones del aparato urinario. Puede aumentar además el efecto de los antibióticos.

La bromelina se ha utilizado como agente antiinflamatorio para el tratamiento de la osteoartritis y de la artritis reumatoide. Debido a que se cree que acelera la restauración de los tejidos, tiene también muchas aplicaciones para las lesiones deportivas, incluyendo los golpes, las ampollas y los esguinces.

EL PODER DE LA PIÑA

Antes de que se llevara a cabo la investigación, la piña fresca se utilizaba en la medicina popular para tratar una variedad de padecimientos. Los gargarismos con el jugo son un tratamiento tradicional para la garganta irritada; desde hace mucho tiempo se cree que el hecho de comer piña ayuda a aliviar otros padecimientos, tales como el catarro, la artritis, la bronquitis y la indigestión.

El proceso de enlatado afecta el contenido de vitamina C sólo en una forma mínima, pero destruye la bromelina. Gramo por gramo, la piña enlatada en su propio jugo en lugar de enlatada con jarabe, contiene sólo marginalmente más energía que la fruta fresca —respectivamente, 47 calorías comparadas con 41 calorías por 100 gramos.

Las piñas no son más dulces después de recolectarlas; un buen indicador de madurez es una fruta que se sienta pesada para su tamaño, con hojas verdes frescas y, lo más importante, que tenga una fragancia fuerte y dulce.

En raros casos, la piña fresca puede desencadenar una reacción alérgica en personas susceptibles. Una reacción grave necesita atención médica de manera inmediata.

PLÁTANOS

VENTAJA
• *Alto contenido de potasio*

DESVENTAJA
• *Causan flatulencia si no están maduros*

Saludables, llenadores y prácticamente envueltos, los plátanos son uno de los refrigerios ideales de la naturaleza. Los plátanos se cultivan en la mayor parte de las regiones tropicales del mundo. Se cosechan cuando todavía están verdes y empiezan a madurar durante la transportación. La mayoría de los plátanos todavía no están maduros cuando se venden y deben almacenarse a temperatura ambiente hasta que maduren. Si se envuelven en periódico, pueden refrigerarse durante 4 o 5 días. Aunque la cáscara puede tomar un color café oscuro, la pulpa permanecerá fresca, firme y de color crema.

Los plátanos no maduros contienen almidón "resistente" —llamado así porque no puede digerirse en el intestino delgado— y se fermenta en el intestino grueso, ocasionando frecuentemente flatulencia. Debido a que casi todo el contenido de almidón se convierte en maltosa cuando madura la fruta, a partir de ese momento los plátanos no sólo están más dulces, sino que pueden digerirse con mayor facilidad.

Puesto que es muy fácil digerir los plátanos maduros y rara vez causan reacciones alérgicas (aunque pueden desencadenar migrañas en algunas personas adultas), son un alimento sólido popular para los bebés.

Son también buenos para tratar problemas gástricos de los niños. En Estados Unidos, a los niños con diarrea los alimentan frecuentemente con la dieta "infantil": plátanos machacados, arroz, puré de manzana y pan tostado.

Es probable que, debido a que los plátanos son blandos, muchas personas que padecen de úlceras gástricas reporten que es un alimento que calma las molestias. Se han hecho varios intentos para investigar el impacto médico de los plátanos y los plátanos machos en las úlceras del estómago, y se ha asegurado que los plátanos pueden estimular la producción de células mucosas que recubren el estómago; como engruesan las paredes del estómago y sellan su superficie, pueden ayudar a sanar las úlceras existentes y evitar nuevas. Sin embargo, existen todavía muy pocas pruebas que apoyen esto.

Los plátanos son una buena fuente de potasio, que es un mineral vital para la función de los músculos y de los nervios. El potasio ayuda también a regular la presión arterial.

Los plátanos, frescos y secos, contienen asimismo un nivel elevado de carbohidratos naturales, que pueden liberar con rapidez en el torrente sanguíneo. Esto explica por qué muchos atletas, en especial los jugadores de tenis, comen con frecuencia plátanos antes o durante una competencia.

PLÁTANOS MACHOS
Los plátanos machos no se digieren con facilidad y son insípidos cuando se comen crudos. Debido a que son ricos en tanino, pueden tener un sabor amargo, aunque este sabor desaparece cuando se cocinan.

Los plátanos machos contienen más almidón que los plátanos, porque se les come antes de estar totalmente maduros. La investigación ha vinculado la baja incidencia de cáncer del estómago y cáncer del intestino con una dieta con alto contenido de almidón no digerible. Se continúa investigando para conocer este vínculo aparente y establecer si el almidón es tan importante como la fibra para ayudar a prevenir el cáncer del intestino.

PRESIÓN ARTERIAL

Para ayudar a disminuir la hipertensión

AUMENTE
• *Frutas frescas y verduras*
• *Pescado rico en ácidos grasos esenciales*

EVITE
• *Alimentos salados y sal añadida*
• *Alimentos encurtidos*
• *Grasas, en especial las grasas saturadas*
• *Cantidades excesivas de alcohol*

Existe poca duda de que una buena nutrición y el desarrollo sano en la niñez ayudan a prevenir la presión arterial alta (o hipertensión) cuando la persona es adulta. La investigación sugiere que la dieta puede ser en especial importante durante el embarazo y los primeros años de vida. Incluso en la edad madura, cuando es normal que aumente la presión arterial como parte del proceso de envejecimiento natural, se cree que una mala alimentación no contribuye a tener niveles altos de presión arterial. Aparte de la dieta, influyen también los problemas emocionales, la ansiedad y el estrés, aunque en ocasiones se desconoce la causa.

EL ASESINO SILENCIOSO
Ampliamente conocida como el "asesino silencioso" debido a que los síntomas externos son muy difíciles de detectar, la presión arterial alta afecta a entre 15 y 30% de la población adulta en la mayoría de los países occidentales. Con frecuencia se presenta en la edad madura y es probable que afecte a más hombres que a mujeres premenopáusicas, debido a las diferencias hormonales. En Estados Unidos, durante los últimos 30 años, la incidencai de ataques cardiacos se ha reducido en más de la mitad y las muertes por esta razón en 35%, gracias a un efectivo tratamiento de la hipertensión.

La hipertensión ocurre como resultado de una resistencia aumentada al flujo de sangre de los vasos sanguíneos pequeños (arteriolas), que tienen paredes musculares. Casi siempre la presión arterial alta es causada porque las arteriolas pierden su capacidad de relajarse en forma normal. Pueden utilizarse medicamentos para dilatarlas y para disminuir su resistencia al flujo sanguíneo. Sin embargo, estos medicamentos pueden tener efectos secundarios e interferir con el empleo efectivo de nutrimentos por el organismo.

No todas las ramificaciones de la presión arterial alta se comprenden por completo. No obstante, es un factor reconocido en los ataques de apoplejía y se sabe también que aumenta el riesgo de padecimientos del corazón y del riñón.

La presión arterial alta aumenta el riesgo de sufrir un ataque, debido al estrechamiento o ruptura de algunos delicados vasos sanguíneos del cerebro. Puede engrosar o reventar los vasos sanguíneos pequeños en la parte posterior de los ojos, lo que produce una visión borrosa o ceguera. Asimismo, puede dañar los riñones y producir insuficiencia renal.

Cuando se combina con un nivel alto de colesterol en la sangre, la hipertensión acelera con frecuencia el desarrollo de la ATEROSCLEROSIS, un endurecimiento nodular de las arterias.

CAUSAS COMUNES

La hipertensión puede ser ocasionada por problemas del riñón o por desequilibrios hormonales, en especial por un mal funcionamiento de las glándulas suprarrenales. En ocasiones, el embarazo o la píldora para el control de la natalidad pueden causar hipertensión temporal. Sin embargo, la mayor parte de las personas que padecen presión arterial alta tienen lo que se llama hipertensión esencial. Aunque su causa no se comprende plenamente, los factores genéticos están implicados, ya que en algunas familias hay tendencia a padecer de presión arterial alta.

Los factores ambientales, como el estrés (vea pág. 178) y el ruido, con frecuencia también están relacionados con la presión arterial alta.

POR QUÉ LA DIETA ES CRUCIAL

Aparte del medicamento, un cambio a una dieta saludable y bien balanceada (con bajo contenido de grasa), junto con una reducción del consumo de alcohol (vea pág. 26), se encuentran con frecuencia al principio de la lista de las recomendaciones del médico en relación con la presión arterial alta. En realidad, la obesidad y el consumo excesivo de alcohol son causas importantes de hipertensión. Evitar el alcohol ayuda a disminuir con rapidez la presión arterial de algunas personas que beben en exceso, y las personas con sobrepeso que padecen presión arterial alta por lo general muestran una disminución similar, siempre que bajen de peso en forma gradual. La pérdida de peso rápida, seguida por una recuperación del peso, podría aumentar el riesgo de hipertensión.

Cómo se mide la presión arterial

Cuando se mide la presión arterial —expresada en milímetros de mercurio— se toman dos lecturas. Una, la sistólica, es la presión cuando se contrae el corazón. La otra, la diastólica, es la presión cuando el corazón se relaja. La presión sistólica se toma primero; una lectura de 120/80 (una lectura promedio para una persona joven en buen estado físico) representa una presión sistólica de 120 mm y una presión diastólica de 80 mm. Una persona de mediana edad en buen estado de salud podría tener una lectura de 135/90. Entre 140/90 y 160/110 indica hipertensión ligera. Las lecturas arriba de esto indican hipertensión grave. Según sea el historial médico de la persona, una lectura de la presión arterial tan baja como 95/60 puede ser considerada saludable.

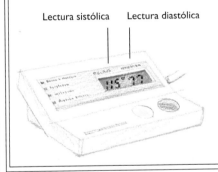

Lectura sistólica   Lectura diastólica

REDUCCIÓN DE LA SAL

Las estadísticas muestran que la hipertensión es menos frecuente en Gran Bretaña y Estados Unidos, lo cual algunas investigaciones atribuyen a la disminución del consumo de la sal de mesa. Aunque la hipertensión sea tratada con medicamentos, es posible lograr una mayor disminución de la presión arterial por medio de reducciones pequeñas en el consumo de sal. Gran parte de la sal que comemos se añade en la mesa o cuando se cocinan los alimentos, aunque muchos alimentos procesados, como el pan, el queso, los embutidos y los cereales para el desayuno, contienen cantidades significativas de sal "oculta". Si bien no es práctico eliminar todos los alimentos procesados, se logra una reducción importante de la presión arterial al evitar los alimentos encurtidos, ahumados o salados y al no añadir sal extra en la mesa.

Comer al menos cinco raciones diarias de frutas y verduras (en especial ajo y apio) ayuda también a disminuir la presión arterial. Se cree que el potasio, proporcionado principalmente por las frutas y las verduras, contrarresta algunos efectos del consumo elevado de sal. No obstante, los pacientes hipertensos con enfermedad del riñón deben evitar el consumo elevado de potasio, ya que hace que los riñones trabajen en exceso. Puede también reducir la presión arterial si come pescado rico en ácidos grasos esenciales (siempre

A las personas adultas les deben tomar la presión arterial al menos cada 5 años. Cualquier persona de más de 40 años debe ser examinada cada 2 años, en especial si tiene un historial familiar de presión arterial alta.

Si usted tiene un problema de presión arterial, siga las indicaciones de su médico, adopte el consejo general relacionado con la dieta que le damos aquí y trate de disminuir sus niveles de estrés (vea pág. 178).

que no esté encurtido, ahumado o salado). A los pacientes hipertensos les pueden recetar DIURÉTICOS, que sirven para reducir los niveles de sodio en el organismo.

EL EJERCICIO: LO LOGRA CON CALMA

El ejercicio regular resulta efectivo para disminuir la presión arterial. Sin embargo, una persona con hipertensión grave no diagnosticada, que empieza a hacer ejercicio riguroso, corre el riesgo de sufrir un ataque cardiaco. Cualquier persona que desee estar en forma debe empezar con una rutina tranquila y aumentar en forma gradual el ritmo, la intensidad y la duración. Si padece de presión arterial alta, consulte a su médico antes de iniciar cualquier rutina. El ejercicio puede ayudar también a las personas a controlar el estrés, el cual influye en la hipertensión. El aprender a relajarse y a disminuir los niveles de estrés puede resultar sorprendentemente efectivo para disminuir la presión arterial.

LA IMAGEN GLOBAL

En todo el mundo ha habido una disminución del número de personas que padecen hipertensión, pero en ningún sitio ha sido tan notable como en Japón; esto se atribuye en parte a la disminución del consumo de sodio, porque la refrigeración y el congelamiento han reemplazado los métodos de salado y encurtido para conservar los alimentos. Otra teoría señala que se debe al aumento en la estatura de las generaciones recientes en la edad adulta en todos los países desarrollados. Un cuerpo pequeño se asocia generalmente con un mayor riesgo de padecer hipertensión y esto puede explicar por qué es menos común no sólo en Japón, sino también en Occidente.

PRÓSTATA, PROBLEMAS DE

AUMENTE
- *Alimentos ricos en cinc, como los mariscos*
- *Alimentos que contengan vitamina E, en particular aceite de germen de trigo, frutos secos, semillas y verduras de hoja verde*
- *Pescado rico en ácidos grasos, como el arenque, la macarela y las sardinas*

REDUZCA
- *Té negro y café*
- *Carne roja y productos lácteos*
- *Alcohol*

El aumento de la cantidad de cinc en la dieta de un hombre puede aliviar los síntomas de la próstata crecida. Esto se debe a que la próstata crecida es, con frecuencia, causada por una concentración de dihidrotestosterona (un producto de la hormona masculina testosterona), cuya formación se retarda cuando el cinc está presente en suficiente cantidad. Se ha descubierto también que las glándulas de la próstata crecidas contienen células con niveles de cinc menores a lo normal. Los alimentos ricos en cinc incluyen los cereales integrales, los mariscos, la carne, los frutos secos y las semillas (en particular las pepitas de calabaza). La vitamina E y algunos ácidos grasos presentes en el pescado graso pueden ayudar también, debido a su acción antiinflamatoria.

Algunos médicos expertos aconsejan a los hombres que beban 1,7 litros de líquido al día; los herbolarios recomiendan diuréticos suaves, como el perejil o el té de semillas de apio. Otras bebidas diuréticas —incluyendo el alcohol, el café y el té negro— son irritantes y sólo deben beberse en forma ocasional.

El agrandamiento de la próstata se presenta con mayor frecuencia en hombres de más de 50 años de edad, pero en especial de entre los 60 y los 70 años.

La próstata es una glándula del tamaño de una nuez que se localiza debajo de la vejiga y que toma parte en la producción del semen. Una próstata crecida puede ocasionar que se orine con frecuencia, así como debilitamiento o interrupción al orinar. Otros síntomas incluyen dolor al orinar y suspensión total de la orina, lo que requiere ayuda médica inmediata.

Una próstata agrandada puede ser causada también por un tumor maligno, por lo que cualquier hombre que presente alguno de los síntomas descritos anteriormente debe consultar al médico lo más pronto posible. Un estudio que se llevó a cabo en Estados Unidos a 50.000 hombres encontró un vínculo entre los individuos que tenían cáncer de próstata avanzado y el consumo elevado de grasa animal. Otros estudios sugieren que el riesgo de cáncer de próstata aumenta con el consumo de alcohol.

En su forma más virulenta, los tumores pueden extenderse hacia la columna vertebral, provocando dolor en la espalda.

A menos de que se logre diagnosticar y se trate oportunamente, esta forma de cáncer puede tener resultados fatales. Por esta razón, en Estados Unidos, la American Cancer Society recomienda que los hombres mayores de 40 años se sometan a pruebas de detección de cáncer de próstata una vez al año, a través de exploraciones rectales y de análisis de sangre.

PROTEÍNAS

VENTAJA
• *Esenciales para la mayoría de las funciones vitales del organismo, incluyendo el desarrollo, el mantenimiento y la reparación de las células.*

DESVENTAJAS
• *Demasiadas proteínas pueden sobrecargar el hígado y los riñones e incrementar la excreción de algunos minerales, como el calcio*
• *Los alimentos con alto contenido de proteínas son con frecuencia ricos en energía (calorías) y grasas*

Todas las células del organismo necesitan proteínas; son necesarias para el desarrollo y para la restauración de todo, desde los músculos y los huesos hasta el cabello y las uñas. Las proteínas ayudan también a crear enzimas que nos permiten digerir la comida, producir anticuerpos que combaten las infecciones y hormonas que mantienen el funcionamiento eficiente del organismo.

Los nutriólogos recomiendan que se obtenga entre el 10 y el 15% de la energía a partir de las proteínas, 20 a 25% de la grasa y 55 a 60% de los carbohidratos.

Si el consumo de grasas o de carbohidratos es insuficiente para satisfacer sus necesidades de energía, las proteínas del organismo serán descompuestas para ser utilizadas como energía.

LAS PROTEÍNAS EN LA DIETA
Comer demasiadas proteínas es contraproducente, ya que el organismo no puede almacenarlas para utilizarlas más adelante. En cambio, el hígado convierte el exceso de proteínas en glucosa y productos secundarios como la urea, que tiene que ser excretada. El exceso de proteínas ocasiona también la producción de orina acídica, que a su vez ocasiona una pérdida elevada de calcio de los huesos y puede aumentar el riesgo de osteoporosis.

Los alimentos que proporcionan proteínas incluyen los cereales (trigo, avena, arroz y pan), la carne, las aves, el pescado, los huevos, el queso, las legumbres (frijoles, chícharos y lentejas), los frutos secos y las papas. El hombre común o un adolescente del sexo masculino necesitan aproximadamente 55 gramos de proteínas al día, que pueden obtenerse de una ración de 220 gramos de pollo magro asado o de 250 gramos de trucha cocida al vapor. La mujer normal o una joven adolescente requiere alrededor de 45 gramos de proteínas al día; y un niño de entre 7 y 10 años de edad necesita unos 28 gramos. Las mujeres que amamantan necesitan proteínas extra, debido a la cantidad de proteína que contiene la leche que producen. Asegúrese de comer suficientes proteínas si sigue una dieta, si está enfermo o si se recupera de una lesión grave. Sin embargo, la mayor parte de los habitantes de los países occidentales comen más proteínas de las que necesitan pues consumen alrededor de 100 gramos al día.

¿QUÉ SON LAS PROTEÍNAS?
Los constituyentes básicos de las proteínas son los aminoácidos, compuestos que contienen los cuatro elementos necesarios para la vida: el carbono, el hidrógeno, el oxígeno y el nitrógeno. Algunos aminoácidos contienen también azufre. Aunque la mayoría de las proteínas están compuestas por 20 aminoácidos, muchos están presentes varias veces, por lo que una molécula de proteína puede tener 500 o más unidades de aminoácidos acomodadas en una secuencia específica.

Hay muchas clases de moléculas de proteínas en el organismo y cada tipo es específico para su función. Por ejemplo, proteínas tales como la queratina y el colágeno dan fuerza y elasticidad al cabello, a la piel y a los tendones; la hemoglobina y la mioglobina son las proteínas que fijan el oxígeno en la sangre y en los músculos, respectivamente, y la ovoalbúmina es la proteína principal de la clara de huevo, responsable de sus propiedades de endurecimiento y espumante. Un grupo particularmente importante de proteínas, conocidas como enzimas, dirige todas las reacciones químicas de las células del organismo. Estas reacciones proporcionan la base de todo tipo de actividad celular, incluyendo el desarrollo, la reconstrucción, la producción de energía y la excreción de los productos de desecho.

LA CALIDAD DE LAS PROTEÍNAS
Las proteínas que comemos se descomponen por medio de la digestión en aminoácidos, que son absorbidos y utilizados para formar otras proteínas. De los 20 aminoácidos diferentes que comúnmente encontramos en las proteínas de las plantas y de los animales, la mayoría puede producirlos el organismo humano, pero 8 aminoácidos esenciales pueden obtenerse solamente de los alimentos. El motivo principal por el que necesitamos proteínas en nuestra dieta es para proveer estos 8 aminoácidos esenciales: isoleucina, leucina, fenilalanina, valina, treonina, metionina, triptofano y lisina. En los niños, la histidina se considera también un aminoácido esencial, ya que ellos son incapaces de producir suficiente para satisfacer sus necesidades.

Debido a que las proteínas de los alimentos de origen animal contienen todos los aminoácidos esenciales en las proporciones que requiere el organismo, solían conocerse como proteínas "completas" (o de alta calidad). Las proteínas de fuentes vegetales no siempre contienen todos los aminoácidos esenciales y se conocían como proteínas "incompletas" (o de mediana y baja calidad). Sin embargo, en la práctica, la clasificación es irrelevante, ya que las dietas humanas consisten en una mezcla de proteínas vegetales y la deficiencia de la proteína de una planta se compensa con el exceso de otra. Por ejemplo, las proteínas de los frijoles y del maíz, cuando se comen juntas, proporcionan niveles de aminoácidos similares a los de la carne. El consumo de proteínas de un vegetariano que come gran variedad de proteínas vegetales será tan alto como el de una persona que come carne con regularidad.

En la actualidad, las proteínas se clasifican como de calidad alta o baja. Las proteínas de alta calidad incluyen la carne, las aves, el pescado, los huevos y los frijoles de soya, y las proteínas de baja calidad incluyen los frutos secos, las legumbres, el pan, el arroz, las pastas y las papas.

PSORIASIS

AUMENTE
• *Pescado rico en ácidos grasos omega-3*

REDUZCA
• *Vísceras*
• *Alcohol*

La belleza se encuentra no sólo a flor de piel y ninguna crema o loción resolverá los problemas de la piel, a no ser que coma lo necesario a fin de proporcionarle los nutrimentos que requiere para reconstruirse y renovarse. La psoriasis —una enfermedad crónica que tiende a manifestarse en algunas familias— se caracteriza por placas escamosas de color rosado que aparecen casi siempre en codos, rodillas, espinillas y cuero cabelludo; las uñas de los pies y de las manos también resultan afectadas con frecuencia.

Aunque todavía no hay cura para la enfermedad, una combinación de una dieta saludable y de ungüentos para la piel permite que la mayoría de las personas que la padecen mantengan los síntomas bajo control.

Muchas personas que padecen psoriasis descubren que sus síntomas mejoran después de que han estado bajo el sol. La psoriasis moderada puede tratarse con PUVA (la combinación de psoralen, un medicamento sensible a la luz, y la exposición a la luz ultravioleta de onda larga). La investigación reciente descubrió que las personas que padecen psoriasis metabolizan mal la vitamina D, por lo que al paciente le pueden recetar esta vitamina en forma de ungüento.

La psoriasis puede mejorar o empeorar de acuerdo con los alimentos que se coman. Se ha demostrado que algunos tipos de pescado —como la macarela y la trucha— alivian ciertos síntomas de la psoriasis y deben ser parte regular de la dieta. Contienen ácidos grasos omega-3 (vea pág. 204), los cuales tienen un efecto antiinflamatorio, así como cantidades importantes de vitamina D.

Muchas personas logran una mejoría importante al retirar ciertos alimentos de su dieta. Algunos ejemplos de alimentos que vale la pena excluir son los productos lácteos, las grasas animales, la carne y las especias. Reduzca el consumo de vísceras, ya que contienen un ácido graso esencial llamado ácido araquidónico, que el organismo convierte en prostaglandinas proinflamatorias, las cuales empeorarán el padecimiento. Sin embargo, es aconsejable consultar a un nutriólogo antes de decidir eliminar demasiados alimentos de la dieta.

La disminución en el consumo de alcohol puede resultar también benéfica, ya que es un vasodilatador —ensancha los vasos sanguíneos e incrementa el flujo de sangre hacia la piel—, lo que origina que la piel se enrojezca y se caliente, aumentando la comezón y las escamas de la psoriasis.

PUERRO (PORO)

VENTAJA
• *Fuente apreciable de potasio y folato*

DESVENTAJA
• *Puede producir flatulencia*

En la medicina tradicional, los puerros se han utilizado para tratar una variedad de padecimientos que van desde la garganta irritada hasta la gota y los cálculos en el riñón. Debido a que contienen potasio —un puerro contiene el equivalente a una octava parte de las necesidades diarias que de este nutrimento inorgánico tiene un adulto—, los puerros pueden ayudar al funcionamiento eficiente de los riñones y son efectivos como diurético. Son también una fuente apreciable de folato y una porción de puerros cocinados contiene casi una tercera parte de la recomendación diaria para un adulto.

Como miembros de la misma familia, los puerros comparten algunas de las propiedades del ajo y de la cebolla, incluyendo el riesgo de producir dermatitis por contacto en las personas susceptibles, y está bien fundada la advertencia de Nicholas Culpeper en *Complete Herbal* (1653) acerca de que los puerros producen flatulencia. Los antiguos griegos, los romanos y los egipcios valoraban los puerros por sus propiedades terapéuticas: por ejemplo, los romanos los utilizaban para curar la garganta irritada.

QUEMADURAS

AUMENTE

- *Alimentos ricos en proteína, como carne magra, pescado, legumbres y cereales*
- *Frutas y verduras frescas, ricas en vitaminas A y C*

REDUZCA

- *Té negro y café*

EVITE

- *Alcohol*

Las víctimas de quemaduras necesitan una dieta con la cual puedan reponer los líquidos, las proteínas, el sodio, el potasio y los ácidos grasos esenciales que se pierden cuando se destruye el tejido epidérmico. Las quemaduras de primer grado hacen que se enrojezca la piel; las de segundo grado también pueden incluir llagas, y las de tercer grado pueden destruir las células de la piel exponiendo el organismo a infecciones bacterianas y daño en los tejidos adyacentes (adiposo, seroso y hasta muscular).

Por lo tanto, los pacientes que han sufrido quemaduras grandes necesitan muchas calorías y alimentos con un importante contenido de proteína de alto valor biológico para reparar el tejido dañado; en los casos más graves, éstas se administrarían en forma de aminoácidos por vía intravenosa.

Las vitaminas A y C, el cinc (que se encuentra en la carne y los mariscos) y los ácidos grasos esenciales que contienen los pescados y los aceites vegetales,

desempeñan un papel importante en la cicatrización de heridas y quemaduras.

El consumo de té negro y café se debe reducir, puesto que los dos son diuréticos; el alcohol se debe evitar, pues deshidrata el organismo y reseca la piel.

QUEMADURAS SOLARES

AUMENTE

- *Agua*
- *Frutas y verduras de color naranja y verduras de hoja verde, por los beta carotenos y la vitamina C*
- *Frutos secos y germen de trigo, por la vitamina E y el cinc*
- *Cereales integrales, pescado y legumbres, por sus vitaminas del complejo B*

Se piensa que el enrojecimiento doloroso de las quemaduras solares es el resultado de la luz ultravioleta que penetra la capa superficial de la piel y forma RADICALES LIBRES, los que entonces atacan las membranas celulares y el ADN. El sistema inmunológico responde a esta "agresión" liberando más radicales libres, que a su vez destruyen los tejidos que rodean a las células dañadas. Las víctimas de quemaduras solares deben beber mucha agua a fin de prevenir la deshidratación.

La vitamina A, que se encuentra en los productos lácteos y en el hígado, ayuda al crecimiento y reparación de los tejidos del organismo y desempeña un papel importante al mantener sana la piel. Los chabacanos, las zanahorias y las espinacas son otras buenas fuentes porque contienen beta carotenos, que el organismo transforma en vitamina A. Se investiga la posibilidad de que los beta carotenos puedan brindar protección contra las quemaduras solares neutralizando los radicales libres, y que también puedan reducir el riesgo de desarrollar cáncer en la piel causado por la exposición excesiva al sol. De cualquier modo,

use siempre un bloqueador solar cuando se exponga a los fuertes rayos del sol.

Las vitaminas del complejo B también son esenciales para mantener sana la piel y se encuentran en el pescado, las aves, los cereales integrales, las legumbres y las semillas. La vitamina C, que se encuentra en la fruta, ayuda a cicatrizar la piel con quemaduras y es esencial para la formación de colágeno, la proteína que le proporciona elasticidad a la piel. El cinc también ayuda a reparar las lesiones por quemaduras y se encuentra en el germen de trigo y en los frutos secos. La vitamina E, que se obtiene de los aceites de semillas, del germen de trigo y del aguacate, es un ANTIOXIDANTE y ayuda a proteger contra el daño que causan los radicales libres.

QUESO

VENTAJAS

- *Buena fuente de proteína y calcio*
- *Fuente importante de vitamina B_{12} para los vegetarianos*
- *Puede ayudar a combatir la caries*

DESVENTAJAS

- *Algunos quesos contienen muchas grasas saturadas y energía (calorías)*
- *Algunos tipos de queso pueden desencadenar migraña y otras reacciones alérgicas en personas susceptibles*

El queso es un refrigerio conveniente y nutritivo, pero se debe comer con moderación. Esto debido a que algunos quesos contienen mucha grasa saturada. Gramo por gramo, el Cheddar, por ejemplo, tiene seis veces más grasa saturada que un sirloin. Sin embargo, el queso también proporciona valiosas can-

DE LA TABLA DE QUESOS *El queso es una fuente concentrada de calcio, pero la mayoría de ellos tienen una gran cantidad de grasa, y por ello se deben consumir con moderación.*

tidades de proteínas, calcio y vitamina B_{12}. La mayor parte de las personas obtiene la esencial vitamina B_{12} de la carne, por lo que el queso puede ser una contribución importante en una dieta vegetariana.

El alto contenido de calcio en el queso puede ayudar a reducir el riesgo de desarrollar OSTEOPOROSIS. Algunas investigaciones han demostrado que comer grandes cantidades de calcio durante la infancia y la adolescencia ayuda a evitar esta condición en las etapas posteriores de la vida. El organismo puede absorber el calcio que contienen el queso y otros productos lácteos con mayor facilidad que el presente en otros alimentos.

Se dice que el queso también pudiera ayudar a combatir la caries producida por los alimentos azucarados. Parece que funciona evitando la formación en la boca de los ácidos que atacan el esmalte de los dientes. Pruebas de laboratorio demuestran que comer pequeñas cantidades de queso después de la comida reduce en un 50% las caries ocasionadas por los alimentos azucarados. Se descubrió que no se necesita tragar el queso para que surta efecto: la protección se deriva de sólo masticarlo.

Se sabe que el elevado consumo de grasas saturadas aumenta el nivel de colesterol en la sangre, que a su vez puede contribuir al desarrollo de ATEROSCLEROSIS —factor importante en los padecimientos del corazón y cerebrovasculares—. Algunos quesos tienen un contenido más bajo de grasas que otros: los quesos duros, como el Cheddar y el parmesano, contienen hasta 35% de grasa; los suaves, incluyendo el Camembert y el Brie, un aproximado 26%; en tanto que el cottage y el ricotta pueden contener tanto como 4 y 11% de grasa, respectivamente.

Los quesos pueden originar reacciones alérgicas en personas susceptibles, normalmente como parte de una sensibilidad o intolerancia a los productos lácteos. Esto puede contribuir a una variedad de síntomas y enfermedades, como ECCEMA y MIGRAÑA. El queso de cabra fresco y los quesos elaborados con leche de borrega pueden provocar menos reacciones alérgicas que los que se elaboran con leche de vaca.

DESENCADENADORES DE MIGRAÑA

Si después de comer queso padece de migraña, el culpable es probablemente un elemento químico llamado tiramina. Esta sustancia produce alteraciones en los nervios y vasos sanguíneos del cerebro, lo que puede desencadenar un ataque.

Los quesos con el contenido más alto de tiramina son las variedades azules, como el stilton y el gorgonzola, así como el Cheddar, el Gruyère y el parmesano maduro. En cambio, es menos probable que desencadenen migrañas los quesos que no han madurado, como el queso crema, el queso cottage y el queso de cabra fresco.

EL RIESGO DE INTOXICACIÓN POR ALIMENTOS

Muchos quesos se elaboran con leche pasteurizada. El proceso no destruye todos los microorganismos aunque sí ataca los dañinos, lo que hace que el "líquido para iniciar" sea más puro. No se debe hervir la leche para esterilizarla, puesto que este proceso hace que las sales de calcio de la leche se vuelvan insolubles, y se necesita calcio soluble para que el cuajo solidifique el queso. Los quesos elaborados con leche no pasteurizada pueden contener diversos tipos de microorganismos, como salmonella y listeria, que generalmente se eliminan durante la pasteurización. Esto normalmente no es problema, pero cuando las bacterias en el queso se multiplican más allá de un cierto nivel, se puede ocasionar una INTOXICACIÓN POR ALIMENTOS. La intoxicación por salmonella induce síntomas gastrointestinales que pueden amenazar la vida tanto en ancianos como en niños. La intoxicación por listeria se parece a un catarro y en especial es riesgosa para los bebés y mujeres embarazadas, así como para aquellas personas que sufren otro tipo de enfermedades.

Un caso real

El comportamiento de Ricardo estaba trastornando a su madre: permanecía despierto hasta muy tarde, dormía mal y su maestra no lograba que se concentrara en ninguna tarea. La madre de Ricardo estaba convencida de que su hijo debía tener alergia a alguno de los alimentos que consumía, pero no sabía qué hacer para que siguiera una dieta en la que pudiera excluir alimentos, puesto que era muy pequeño. Entonces, consultó a un especialista en alergias provocadas por alimentos. Basándose en que la leche de vaca es normalmente el alimento que desencadena alergias en la infancia, el nutriólogo le aconsejó que eliminara los productos lácteos (entre ellos el queso) de la dieta de Ricardo. Su madre siguió el consejo y después de dos semanas podía controlar mejor a Ricardo.

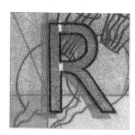

RÁBANOS

VENTAJAS
- *Bajo contenido de grasa y energía*
- *Buena fuente de vitamina C*

Los miembros de la familia de las crucíferas, que incluye los rábanos, el brócoli, las coles de Bruselas, la col y la coliflor, contienen compuestos de azufre que pueden ayudar a proteger contra algunos tipos de cáncer. Los rábanos son una buena fuente de vitamina C, que se necesita para la producción de colágeno; éste es indispensable para piel, huesos, cartílagos, dientes y encías sanas, y para ayudar a cicatrizar heridas y quemaduras.

Puesto que los rábanos tienen un bajo contenido de energía y grasa, son populares como bocadillos entre quienes desean adelgazar, pero se deben comer con moderación. Hay muchas variedades, que se diferencian por su sabor picante, tamaño, forma y color; pueden ser rojos, blanco con rojo, negros o blancos.

Se sabe que los faraones del antiguo Egipto tenían grandes cultivos de rábano. Se usan como diurético en la herbolaria.

RADICALES LIBRES

Los átomos o moléculas inestables conocidos como radicales libres se producen en el organismo como producto del metabolismo normal y como parte de su defensa natural contra las enfermedades. Sin embargo, en ocasiones el organismo reacciona en exceso e incrementa la producción de radicales libres, a la vez que libera más átomos o moléculas inestables de los que necesita. Los factores que pueden desencadenar su sobreproducción son el humo del cigarrillo, el smog, la sobreexposición a la luz ultravioleta, las enfermedades y hasta el ejercicio intenso.

Se sabe que los radicales libres contienen al menos un electrón no apareado (o carga negativa), lo que los hace muy reactivos. Tan pronto como se producen, buscan otras moléculas con carga positiva con las que puedan reaccionar, reacción a la que se conoce como oxidación. Los radicales libres pueden oxidar, y así dañar, el ADN y las membranas de las células, facilitando el camino para que se desarrollen diversos tipos de cáncer y otras enfermedades. Están ligados a la aparición de manchas cafés en la piel de los ancianos. Sin embargo, aunque los radicales libres se han asociado con la edad, el cáncer, la aterosclerosis, la presión arterial alta, la osteoartritis y con la deficiencia inmunológica, el papel que desempeñan en el desarrollo de estas condiciones todavía está sujeto a amplia investigación médica.

Sin embargo, normalmente se piensa que si los radicales libres alcanzan y atacan el ADN en el núcleo de una célula, la mutación que se puede provocar en la célula puede ocasionar cáncer. De igual manera, se ha observado que cuando el colesterol en la sangre se oxida por acción de los radicales libres, ocasiona mayor daño a las arterias que el colesterol "no oxidado", lo que involucra a los radicales libres con el desarrollo de los padecimientos del corazón.

El organismo cuenta con un mecanismo de defensa contra los radicales libres: los ANTIOXIDANTES, las enzimas y los nutrimentos en la sangre vuelven inofensivos a los radicales libres. Entre los nutrimentos protectores se incluyen el hierro, el cinc, el cobre, el manganeso y el selenio (que ayudan a producir enzimas protectoras antioxidantes), así como vitaminas A, C y E. Otras sustancias vegetales también brindan protección contra el daño que ocasionan los radicales libres; dichas sustancias incluyen los beta carotenos y los bioflavinoides.

RAYNAUD, ENFERMEDAD DE

AUMENTE
- *Pescado como el salmón, la macarela y las sardinas*
- *Alimentos ricos en vitamina E, como aceites de semillas y aguacate*

EVITE
- *Fumar*

Aunque todavía no se encuentra una cura, la dieta y otras medidas de autoayuda son una parte esencial de la lucha contra los síntomas de la enfermedad de Raynaud. La enfermedad es un PROBLEMA DE CIRCULACIÓN SANGUÍNEA en el que el flujo de la sangre (y por lo tanto de oxígeno) hacia las extremidades se interrumpe, por lo general como respuesta al clima frío, a los cambios de temperatura, o bien a la tensión.

Como resultado, los dedos de las manos y de los pies, y en ocasiones la nariz y las orejas, se ponen blancos, dando la impresión de estar muertos; después se ponen azules conforme los tejidos consumen el oxígeno. Finalmente, se ponen rojos cuando las arterias se relajan y reciben sangre oxigenada. Otros síntomas son sensación de ardor y dolor o adormecimiento, aunque no todos los que la padecen presentan todos estos síntomas.

Los casos graves de la enfermedad de Raynaud pueden necesitar un tratamiento con medicamentos para dilatar los vasos sanguíneos. Todos los pacientes deben evitar el uso de aparatos que vibren, como secadores de pelo o taladros eléctricos, que pueden desencadenar los espasmos. También deben tratar de mantener las extremidades tan calientes como les sea posible, usando guantes, sombrero y calcetines gruesos en ambientes fríos. De ser posible, deben evitar exponerse a frío intenso, y deben tratar de mantener una circulación sana mediante la dieta y el ejercicio aeróbico regular.

El consumo frecuente de bebidas calientes y alimentos ligeros —asegúrese de que al menos uno de ellos sea caliente— ayuda a proporcionar el combustible que el organismo necesita para mantenerse caliente durante el día. A algunas personas les ayuda iniciar el día con un tazón de avena o cereal con leche caliente.

Los estudios realizados con casos reales indican que la vitamina E ayuda en el tratamiento de la enfermedad de Raynaud. Los aceites de semillas, el germen de trigo y el aguacate son fuentes ricas de vitamina E. Ingerir en abundancia pescado, como el salmón, el arenque, la macarela, el atún y las sardinas enlatadas, también puede ser útil. Éstos contienen ácidos grasos omega-3 que pueden evitar el espasmo de los vasos capilares. Se dice que añadir un diente de ajo diario a la dieta

también puede ser conveniente, pues reduce la presión sanguínea.

Se debe evitar fumar, ya que esto tiene el efecto de constreñir los vasos sanguíneos. El alcohol, por otra parte, tiene el efecto opuesto y por lo tanto puede ayudar si se consume en pequeñas cantidades. De una a dos unidades diarias es una buena guía, en tanto los pacientes eviten mezclarlo con cualquier medicamento. Cantidades mayores de alcohol pueden hacer que el organismo pierda calor, lo que agudiza los problemas que se asocian con la enfermedad de Raynaud.

La enfermedad de Raynaud afecta nueve veces más a la mujer que al hombre. Es más común que se presente después de la menopausia, cuando se piensa que la provocan las fluctuaciones en los niveles de estrógeno.

Los síntomas de la enfermedad de Raynaud también se pueden ver acompañados por un trastorno mucho más grave, como la ARTRITIS reumatoide, el LUPUS o la esclerodermia (esclerosis sistémica), condición que afecta al tejido conectivo y provoca el endurecimiento de la piel, normalmente de las manos y los pies.

La esclerodermia también puede afectar los tejidos internos del organismo, provocando pérdida de peso, dolor muscular, de articulaciones y de huesos, falta de aliento y problemas renales. En conjunto, estos síntomas conforman el "síndrome de Raynaud".

RESFRIADOS

AUMENTE
- *Frutas, por la vitamina C*
- *Huevos, carne roja y ostiones, por el cinc*
- *Ajo y cebolla, que pueden actuar como descongestionantes naturales*
- *Líquidos, para ayudar a evitar la deshidratación*

Los alimentos que ingiere son una de las mejores líneas de defensa para evitar los resfriados. Una dieta balanceada que incluya mucha fruta y verdura fresca (vea DIETA BALANCEADA) fortalecerá su sistema inmunológico y lo ayudará a evitar los resfriados.

No existe una cura efectiva contra el resfriado común cuando ya lo está padeciendo. El viejo adagio que dice "un resfriado dura siete días si lo trata, y una semana si no hace nada" todavía es cierto. Sin embargo, durante largos años de investigación para encontrar una cura, se ha descubierto que el cinc puede ayudar a reducir la duración de un resfriado. En la actualidad se incluye el cinc en algunos de los medicamentos que se pueden comprar sin receta, pero parece que no todas las formas del mineral funcionan. Varias pruebas realizadas con complementos de cinc han sido ineficaces. Entre las buenas fuentes de cinc disponibles en la dieta se incluyen el hígado (no se debe consumir en exceso durante el embarazo), la carne roja, los huevos, y, mejor que todos éstos, los ostiones.

Las pruebas también señalan que el estrés es otro factor involucrado en la susceptibilidad al resfriado.

LOS RESFRIADOS Y LA VITAMINA C

En 1970, el bioquímico estadounidense Linus Pauling, ganador del premio Nobel, escribió un libro revolucionario llamado *La vitamina C y el resfriado común*, en el que menciona que grandes dosis de esta vitamina pueden reducir la gravedad y los síntomas del resfriado. Aunque no se cuenta con pruebas clínicas para apoyar la declaración de Pauling, muchas personas han probado el tratamiento con la vitamina y les ha sido efectivo. Es cierto que el consumo de dosis moderadas de un complemento de vitamina C durante un periodo corto no

Remedios naturales contra el resfriado

• Los médicos recomiendan que beba muchos líquidos cuando tenga un resfriado, al menos de 6 a 8 vasos al día, con objeto de combatir la deshidratación y mantener el flujo de moco. Incluya agua en abundancia, y bebidas calientes preparadas con el jugo de un limón y una cucharadita de miel en un vaso de agua caliente. El jugo de limón tiene un alto contenido de vitamina C y la miel ayuda a calmar el ardor que se siente en la garganta.

• Una bebida preparada con jugo de limón o naranja, miel, una medida de alcohol (como ron) y agua hirviendo es un conocido remedio para el resfriado. Puede no estar sustentado por la investigación científica, pero lo hace sentirse mejor, le proporciona alivio y lo puede ayudar a dormir.

• Inhale vapor para aliviar la nariz congestionada. Llene una palangana hasta la mitad con agua caliente, colóquese una toalla sobre la cabeza a fin de que no escape el vapor e inhale durante unos cuantos minutos; repita la operación varias veces. Puede añadir un poco de aceite de eucalipto al agua; éste es un descongestionante efectivo.

• Los aceites usados en la inhaloterapia sirven para despejar los conductos de la nariz. Mezcle 5 gotas de eucalipto con aceite de semillas de uva o germen de trigo y aplíquese la preparación resultante en el pecho, o añada 5 gotas al agua en un vaporizador.

• Descanse y permita que el organismo se recupere cuando tenga catarro o influenza. Si insiste en seguir con sus actividades normales, limitará los esfuerzos de su organismo para combatir el resfriado y difundirá la infección a otros. Dejar de trabajar al inicio del resfriado lo ayudará a recuperarse en menos tiempo.

• Cuando se sienta lo suficientemente bien, camine por algunos minutos, sin esforzarse, y tome aire fresco.

---

hace daño, por lo que puede probar este tratamiento. Ante el primer síntoma de un resfriado tome de 2 a 3 gramos de vitamina C, o el equivalente en tabletas, a diario, durante siete días. Sin embargo, es importante notar que dosis elevadas de vitamina C (más de 4 gramos al día) no se deben tomar durante periodos largos por la posibilidad de que puedan originar cálculos en el riñón. Otros efectos secundarios podrían ser dolor de cabeza, trastornos en el sueño y trastornos

REMEDIO NATURAL
Añada una medida de ron a una bebida caliente con miel y jugo de limón.

estomacales. Es más, las mujeres embarazadas no deben tomar megadosis de vitamina C ni de ninguna otra vitamina, ya que podrían causar un daño potencial al feto.

CÓMO SE CONTRAE UN RESFRIADO

Las infecciones virales (más de 200 tipos) son las que producen un resfriado o influenza y son muy contagiosas. Toser o estornudar en un sitio cerrado puede propagar la infección, puesto que el moco en la nariz y la garganta de quien tiene un resfriado se halla lleno de virus. Estos virus pueden sobrevivir varias horas sobre objetos como perillas de las puertas y teléfonos, por lo que es recomendable lavarse las manos con frecuencia si quienes lo rodean tienen un resfriado. El estrés, el agotamiento, las enfermedades crónicas o la DEPRESIÓN —que disminuyen las defensas— aumentan la probabilidad de contraer la infección. Mojarse o sentarse en un sitio en donde haya corriente de aire le puede provocar escalofrío, no un resfriado.

AJO, HIERBAS Y ESPECIAS

El AJO y la CEBOLLA se usan como descongestionantes nasales para el CATARRO en la herbolaria, y pueden ayudar a aliviar los síntomas del resfriado. Se dice que el ajo también tiene propiedades antivirales y antibacterianas, útiles para combatir la enfermedad. Puede tratar de consumir abundante ajo y cebolla, ya sea crudos en ensaladas o cocinados con los alimentos. Otras hierbas y especias que pueden ayudar a aliviar los síntomas de un resfriado son el chile, que provoca sudoración; la albahaca, que se dice que alivia el dolor de cabeza producido por un resfriado; el clavo y el jengibre, que algunos naturistas dicen que actúan como expectorantes.

¿ALIMENTAR UN RESFRIADO?

Los médicos recomiendan que deje que su apetito sea la guía; no es necesario seguir el consejo de las abuelas, que dice que se debe comer mucho. Si siente apetito, consuma frutas cítricas y alimentos con alto contenido de cinc.

También vale la pena tomar una buena sopa de pollo, conseja judía tradicional. Es una buena fuente de proteínas, energía y minerales, y se digiere con facilidad.

CUÁNDO CONSULTAR AL MÉDICO

Las complicaciones son muy raras, pero el resfriado puede provocar que el organismo esté más susceptible a infecciones bacterianas secundarias, como la bronquitis, el dolor de oído o la sinusitis. Puede necesitar tratamiento si presenta cualquiera de los síntomas siguientes:

• Tos que provoca dolor.
• Dolor en el rostro.
• Dolor en uno o los dos oídos.
• Problemas al tragar.
• Dificultad para respirar.
• Estrías de sangre en la flema.
• Temperatura alta que dure más de 48 horas.

REUMATISMO

AUMENTE

• *Frutas y verduras frescas, para obtener vitamina C y beta carotenos*
• *Aguacate, frutos secos y aceite de oliva, por la vitamina E*
• *Pescado, cereales, huevo y levadura de cerveza, para obtener selenio*

EVITE

• *Humedad*
• *Frío*

El término "reumatismo" se usa para describir un gran número de padecimientos en los que se presenta dolor con inflamación de las articulaciones, músculos, tendones y tejidos conectivos, o sin ella. No es una enfermedad en sí, aunque con frecuencia se considera como tal. Las personas que se quejan de reumatismo pueden de hecho

¿Sabía usted que...?

Los siguientes padecimientos dolorosos caen bajo la clasificación de condiciones reumáticas de tejidos blandos:

• hombro congelado
• codo de tenista
• codo de golfista
• síndrome del túnel del carpo
• inflamación de la planta del pie
• talón de policía
• dolor en el tendón de Aquiles
• contracción del dedo

En todos estos casos se puede presentar dolor intenso, aunque ninguno es considerado como grave desde el punto de vista médico.

Por lo general, los pacientes toman analgésicos, antiinflamatorios, se les recomienda fisioterapia y, si todo falla, inyecciones de esteroides. En ocasiones se combina una inyección de corticosteroides con un anestésico local para aliviar un dolor agudo. Muchos pacientes pueden beneficiarse con terapias de manipulación como la osteopatía.

padecer de condiciones que van desde la ARTRITIS reumatoide hasta la fibrosis o el lumbago.

Muchas personas piensan que si sienten un dolor agudo después de mojarse con la lluvia, deben de tener reumatismo. De hecho, en este caso es más probable que tengan fibrosis. Ésta es una condición en que los tejidos conectivos de los músculos se inflaman y provocan un dolor considerable. Se sabe poco de este padecimiento común, aunque tiende a presentarse con la humedad y el frío.

Se siente más en la parte baja de la espalda, en los hombros y en el cuello. Se dice que el consumo bajo de antioxidantes como

Un caso real

*A*rturo, un diseñador de jardines, tenía problemas para utilizar las manos. Durante un juego de golf, un amigo notó que Arturo no podía sostener bien los palos y que se veía mal, por lo que le aconsejó que consultara a su médico. Pensando que sólo tenía un "reumatismo ligero", Arturo se sorprendió cuando el médico diagnosticó artritis reumatoide. Se alivió con medicamentos antiinflamatorios y una dieta (pescados ricos en ácidos grasos, y fruta y verdura fresca en abundancia). A las pocas semanas sentía menos rigidez en las manos y muy pronto empezó a mejorar su juego.

el selenio y las vitaminas A, C y E pueden incrementar el riesgo de enfermedades reumáticas. Por esta razón debe asegurarse de comer abundantes frutas y verduras frescas para proporcionarle al organismo la vitamina C y los beta carotenos (que el organismo transforma en vitamina A). Los aguacates, los frutos secos y el aceite de oliva proporcionarán vitamina E, y los pescados ricos en ácidos grasos esenciales, los cereales, los huevos y la levadura de cerveza proporcionarán selenio. El salmón y la sardina también contienen ácidos grasos omega-3 que tienen un efecto antiinflamatorio en el organismo.

Las condiciones en las que se siente dolor en los músculos pueden mejorar tomando complementos de selenio con vitamina E. Un estudio realizado en Estados Unidos mostró que estos complementos pueden ayudar a reducir el dolor muscular, la rigidez y el dolor que inhabilitan a las personas. Con otros estudios se descubrió que los complementos de aceite de pescado o de aceite de primavera pueden reducir la necesidad de tomar analgésicos.

Un tratamiento inmediato y efectivo consiste en colocar una botella de agua caliente o un lienzo caliente en la zona en la que se presenta el dolor. En caso de un dolor muscular muy intenso, lo sensato es reposar. Ya que los síntomas de "reumatismo" cubren una variedad de enfermedades, usted debe consultar a su médico en cuanto aparezcan.

REUMATISMO ARTICULAR AGUDO

Esta enfermedad, denominada también fiebre reumática, afecta principalmente a niños y jóvenes, y suele manifestarse con fiebre e inflamación de las articulaciones. Por lo general se trata de un trastorno leve, pero en casos raros puede provocar lesiones cardiacas. Está originado por las toxinas producidas en el organismo por los estreptococos del grupo A, gérmenes muy abundantes en las amígdalas, los CATARROS nasales, la faringitis, etc. Bajo tratamiento y con una dieta balanceada, esta enfermedad se cura en todos los casos.

RIÑÓN, ENFERMEDADES DEL

Vea pág. 328

RUIBARBO

VENTAJA
• *Buena fuente de potasio*

DESVENTAJAS
• *El contenido de ácido oxálico inhibe la absorción de calcio y hierro*
• *Puede agravar los problemas de las articulaciones en quienes padecen de artritis o gota*
• *Puede promover el desarrollo de cálculos en el riñón en algunas personas*
• *Las hojas son muy tóxicas*

Aunque se piensa que es una fruta, el ruibarbo en realidad es una verdura. Es agrio por naturaleza, por lo que normalmente se cocina con azúcar para que sea más sabroso. Si bien esto incrementa mucho la energía, no altera su contenido de vitaminas y minerales de manera significativa. El ruibarbo contiene vitamina C y manganeso, y también es una buena fuente de potasio.

Desafortunadamente, el ruibarbo también contiene ácido oxálico. Éste inhibe la absorción de calcio y hierro, y puede empeorar los problemas de dolor en las articulaciones de las personas que padecen de gota o artritis. Además, puede promover la formación de cálculos en el riñón en las personas susceptibles.

En la medicina tradicional china, con frecuencia se usaba el ruibarbo como purga. Según *A Modern Herbal* de la señora Grieve (1931), el ruibarbo inglés es un tratamiento leve para la diarrea.

PRECAUCIONES

Las hojas del ruibarbo son muy tóxicas y nunca deben comerse. Cuando cocine el ruibarbo, evite usar trastos de aluminio. El metal reacciona con los ácidos y otros componentes del jugo. Un trasto reluciente después del cocimiento significa que la capa exterior de aluminio se oxidó y penetró en la fruta. El consumo de cantidades excesivas del mineral puede ser dañina.

EL RUIBARBO CHINO

Los componentes medicinales del ruibarbo chino son de dos tipos: antraglucósidos y taninos. Los primeros son laxantes; los segundos, astringentes, es decir, causan el efecto opuesto. Por ello, los rizomas se empleaban para tratar tanto el estreñimiento como la diarrea. Aunque ya no se usan en Occidente para preparar medicamentos, el extracto obtenido de ellos aún se emplea como laxante.

ENFERMEDADES DEL RIÑÓN

Ciertos trastornos mayores y menores pueden afectar al riñón y requerir la intervención del médico y cambios en la dieta; consumir alimentos en las proporciones correctas es una parte del tratamiento.

La dieta desempeña un papel significativo en la prevención y tratamiento de los trastornos menores del riñón y, en los casos más graves de insuficiencia renal, el control cuidadoso del consumo de alimentos puede ayudar a reducir la necesidad de diálisis o de trasplante de riñón.

Si no se tratan, infecciones como la cistitis recurrente, enfermedades del tejido conjuntivo y otras condiciones, incluyendo la presión arterial alta, dañan los riñones y limitan su capacidad para filtrar y eliminar los productos de desecho del organismo. Las enfermedades de los riñones también son una complicación a largo plazo de la diabetes mellitus.

Beber tanta agua como sea posible es la mejor manera de evitar uno de los problemas renales que más prevalecen: litos, cálculos o piedras en el riñón (litiasis renal), que afectan a miles de personas y son más comunes en los hombres que en las mujeres.

Para mantener el riñón sano y libre de cálculos, se recomiendan de 2 a 3 litros de líquidos al día; quien tenga propensión al trastorno debe beber más para garantizar que su ingestión de líquidos sobrepase aquellos que se pierden por

ELECCIÓN SABROSA *Los pacientes con problemas renales pueden elegir pequeñas porciones de muchos alimentos, como vaina china de chícharos, galletas de harina integral, habas, pasta integral, zanahorias, papas, pan integral, pera, té negro, bebidas gaseosas, brócoli, huevos, leche, costilla de cordero magra y filete pequeño de salmón.*

sudoración, orina y evacuaciones. La deshidratación producida por el calor, el ejercicio, o como resultado del vómito o la diarrea crónicos, puede originar que se formen piedras en los riñones.

Los síntomas —que se inician con un dolor agudo de espalda, entre las costillas y la pelvis, y que gradualmente se transmite a la zona de la ingle— persisten hasta que el cálculo se expulsa con la orina. Los médicos recomiendan que cualquier piedra que se haya expulsado se guarde para análisis, puesto que las sustancias que contiene determinan la causa y el tratamiento más indicado.

Los cálculos, por lo general, son depósitos de calcio combinado con sales de oxalato o fosfato. Un trastorno menos común son los litos de fosfato amonicomagnésico, que pueden originarse por infecciones urinarias, y los cálculos de ácido úrico, los cuales se presentan en pacientes con GOTA y también en pacientes con leucemia. Los todavía más raros litos de

cistina son el resultado de una anormalidad congénita y exigen un copioso consumo de líquidos —6,8 litros durante el día y la noche— de por vida.

La reducción en la ingestión de calcio (presente en alimentos como los productos lácteos) no evitará la formación de piedras de oxalato de calcio, como antes se pensaba. El oxalato, que se produce en el organismo y que también se obtiene de algunos alimentos, es la materia prima que interviene en la formación de cálculos de oxalato de calcio, y se absorbe más cuando se restringe el calcio.

Es por esto que algunos expertos recomiendan reducir el consumo de alimentos ricos en oxalato como betabeles, chocolates, ruibarbo, cacahuates, espinacas y fresas, y posiblemente aumentar el consumo de calcio para desalentar la absorción de oxalato. Si una dieta modificada y el elevado consumo de líquidos no disuelve el cálculo renal con el tiempo, entonces se puede necesitar tratamiento quirúrgico.

Mientras los litos que se expulsan a través de las vías urinarias son muy dolorosos, los que permanecen en el riñón pueden ser asintomáticos o extremadamente peligrosos. Si llegan a tener un gran tamaño, se puede presentar una infección bacteriana por la obstrucción del flujo de orina, que se conoce como pielonefritis y es una causa común de insuficiencia renal.

DIETA PARA UNA INSUFICIENCIA RENAL

Cuando el riñón deja de funcionar, ya no filtra el agua ni los compuestos químicos de la sangre, y no los reabsorbe ni los elimina como se requiere. Como resultado, los productos de desecho se acumulan en la sangre y se provoca disminución del apetito, náusea, vómito, mareo y, si no se trata, hasta puede llegar a producirse la muerte.

La insuficiencia renal puede ser repentina, como resultado de una enfermedad previa del riñón, hipertensión arterial grave, infecciones renales graves, insuficiencia cardiaca o de una hemorragia intensa. El tratamiento adecuado puede evitar un daño permanente e irreversible. La insuficiencia renal también puede ser el resultado de un daño lento a los tejidos debido a diabetes mellitus.

Si no se puede controlar el progreso de la enfermedad, la diálisis peritoneal, la hemodiálisis o el trasplante de riñón pueden ser inevitables. Sin embargo, se cuenta con resultados alentadores que muestran que con una dieta especializada y controlada se puede ayudar a los pacientes a detener el deterioro del funcionamiento renal.

A los pacientes que han mantenido un peso corporal adecuado se les recomienda un consumo diario de 35 calorías por kilo, la mitad de las cuales deben ser de carbohidratos, en su mayoría almidones y no azúcares simples. No obstante, es vital que se obtenga consejo médico y nutriológico para decidir de qué manera se debe restringir y balancear la dieta.

RESTRICCIÓN DE PROTEÍNAS

Muchos pacientes con trastornos renales se benefician con las dietas que reducen la ingestión de proteínas. Esto alivia ciertos síntomas.

Para reducir la carga que normalmente se impone al riñón, los nutriólogos y los dietistas sugieren comer porciones reducidas bien medidas de alimentos como carne, pescado, huevos y leche, que cubren las necesidades de proteína del organismo. Éstas se pueden balancear e intercambiar para contar con diferentes menús ajustándose al gusto, incluso, de grupos de vegetarianos o de poblaciones étnicas.

Puede ser necesario que se restrinja el consumo de la sal y el sodio, presentes en diversos alimentos procesados, ya que el riñón en malas condiciones no puede controlar el nivel de sodio en la sangre. Cuando se elevan los niveles de sodio, la sed hace que se beba líquido para diluir el sodio a niveles normales. Un riñón enfermo no puede eliminar su exceso. El líquido se retiene y se puede presentar edema, esto es, la hinchazón de ciertos tejidos. Los síntomas de edema son párpados y tobillos hinchados, y todavía más peligrosa es la retención de líquido en el pulmón, lo que puede afectar no sólo la respiración sino la vida del enfermo.

POTASIO Y FÓSFORO

Con una enfermedad renal progresiva, es posible que también se deteriore la capacidad del riñón para eliminar el exceso de potasio y fósforo. Puede ser necesario restringir los alimentos ricos en potasio para evitar altos niveles anormales de este electrólito en la sangre, que son una posible causa de debilidad muscular y podrían afectar el corazón y otros tejidos. Los alimentos que proporcionan potasio son el aguacate, la pera, el plátano, las legumbres, las semillas, la fruta seca, el chocolate y los chiclosos. El café instantáneo y las bebidas de leche en polvo también contienen potasio. Aunque normalmente se recomienda una dieta con alto contenido de fibra para los pacientes con enfermedades renales a fin de mantener un sano funcionamiento del intestino, es preciso limitar la ingestión de cereales integrales, legumbres, frutas y verduras con alto contenido de potasio y fósforo. Muchas frutas y verduras frescas son fuentes de potasio; los pacientes que sigan una dieta con bajo contenido de este mineral pueden comer algunas de ellas asadas y molidas, puesto que el potasio se pierde cuando se cocina.

El equilibrio cuidadoso tanto del potasio como del calcio y del fósforo es esencial también para tener huesos sanos. Cuando el equilibrio de estos minerales se altera, se puede presentar una concentración alta de fósforo en la sangre, lo que reduce el nivel de calcio y lentamente puede llevar a una enfermedad de los huesos.

La reducción de fósforo puede ayudar a mantener un nivel normal de fosfatos y evitar el agotamiento del calcio. También se pueden recetar medicamentos que estimulan al organismo para que lo elimine.

Muchos de los alimentos que contienen proteínas de alto valor biológico, como la carne, el queso, los huevos y la leche, incluyen fósforo, que complica más el equilibrio en la dieta. Normalmente, se controla el consumo de líquidos y se adecua a la condición individual del paciente, puesto que su exceso puede provocar edema.

SAL Y SODIO

VENTAJAS

• *Mantiene el equilibrio de líquidos y de la presión arterial*
• *Mejora el sabor de muchos alimentos*
• *Útil como conservador de alimentos*

DESVENTAJAS

• *La ingestión excesiva puede provocar que la presión arterial se eleve, e incrementar el riesgo de enfermedades cardiacas e insuficiencia renal*
• *El consumo exagerado promueve un incremento en la eliminación de calcio y puede empeorar la osteoporosis*

La mayor parte de las personas ingieren más sal de la que necesitan. Los adultos en promedio consumen 9 gramos (aproximadamente dos cucharaditas rasas) de sal al día, en comparación con los 6 gramos que la Organización Mundial de la Salud (OMS) recomienda. Los médicos y los nutriólogos asocian el consumo excesivo de sal con un aumento en el riesgo de padecer PRESIÓN ARTERIAL alta, lo que con el tiempo puede provocar ataques, enfermedades cardiacas e insuficiencia renal.

Cada una de las células del organismo necesita sodio para funcionar bien. El sodio ayuda a regular el equilibrio de los líquidos del organismo y a mantener niveles de presión arterial sanos. También se necesita para que los nervios y los músculos, entre ellos los del corazón, funcionen bien, y para

ayudar a la absorción de ciertos nutrimentos en el intestino delgado y en los riñones.

El requerimiento de sodio varía de acuerdo con la edad y la cantidad que se pierde con la sudoración, ya sea por ejercicio físico o simplemente por vivir en un clima caliente y húmedo. Es

Sodio en alimentos de consumo diario

Una cucharada rasa de sal proporciona 2 gramos de sodio. El nivel en algunos alimentos es sorprendentemente alto. Por ejemplo, un tazón de hojuelas de maíz contiene tanto sodio como una bolsa de papas fritas.

Tocino magro a la parrilla: 2.240 mg por 100 g; 800 mg por lonja.

Pan, todo tipo: 550 mg por 100 g; 200 mg por rebanada de una hogaza grande.

Queso Roquefort: 1.095 mg por 100 g; 430 mg por ración.

Hojuelas de maíz: 1.110 mg por 100 g; 360 mg por tazón.

Hojuelas de papas fritas: 1.070 mg por 100 g; 270 mg por paquete.

Cacahuates, tostados y salados: 400 mg por 100 g; 100 mg por paquete pequeño.

Sopa de tomate enlatada: 450 mg por 100 g; 1.125 mg por tazón.

natural que algunas personas suden más que otras; esto no necesariamente significa que no se esté sano. A pesar de que cualquier sal que el organismo pierda a través de la sudoración tiene que sustituirse, el exceso de sal puede ser tan dañino como la carencia de ésta.

¿CUÁNTA SAL?

La sal (cloruro de sodio) que añadimos a la comida al cocinar, o en la mesa, es sólo una quinta parte de la ingestión total de sodio. Otra quinta parte proviene del sodio que se presenta de manera natural en los alimentos no procesados: todas las frutas, las verduras, la carne, el pescado, los cereales y las legumbres contienen niveles bajos de sodio. Pero más de la mitad del sodio de nuestra dieta, al menos el 60%, proviene de los alimentos procesados, que contienen sal o compuestos de sodio, como el nitrato de sodio usado como conservador, el glutamato monosódico aprovechado para realzar el sabor, o el bicarbonato de sodio que se usa como leudante para hornear.

La cantidad mínima de sodio que necesita el organismo de un adulto es de 1,6 gramos, que se encuentran en aproximadamente 4 gramos de sal. Una cucharadita rasa de sal pesa 5 gramos; una cucharadita copeteada pesa aproximadamente 8 gramos. El peso de la sal está constituido por 40% de sodio y 60% de cloruro. Esto significa que 1 gramo de sal contiene a 0,4 gramo de sodio; a la inversa, un gramo de sodio equivale a 2,5 gramos de sal.

REDUCCIÓN EN LA INGESTIÓN DE SAL

Muchos alimentos, como el pan, los cereales para el desayuno y las galletas, contienen sal oculta; sin embargo, no siempre es práctico eliminar estos alimentos de la dieta. La manera más obvia de reducir la sal es usar menos al cocinar y en la mesa. Por ejemplo, no es necesario añadir sal al agua en la que se cuecen las verduras ya que, de hecho, la sal disminuye el sabor dulce natural de muchas verduras.

Si tiene la costumbre de añadir sal antes de probar los alimentos, trate de omitirla al cocinar. Use hierbas frescas o secas y especias para añadir más sabor a los platillos y a los aderezos para ensaladas. Evite los alimentos que tengan un alto contenido de sal. Algunos de éstos incluyen: cubos de caldo (en promedio 60%) y mezclas para preparar salsas (15%), salmón ahumado (5%), tocino cocido (4%), jamón (4%), frituras de papa (1%), aceitunas (2%) y col picada en salmuera (2%).

NIÑOS Y ADULTOS

Los bebés y los niños tienen menos capacidad para eliminar el sodio que los adultos, por lo que son mucho más vulnerables a la ingestión excesiva de sodio; ello puede provocar una deshidratación grave. Ésta es la razón por la que no se debe añadir sal a sus alimentos. Los alimentos procesados para bebés deben cumplir con reglamentos de salud muy estrictos, y no se les añade sal ni compuestos de sodio.

Los adultos necesitan sal, pero sólo en cantidades reducidas. Nuestro organismo no puede tolerar la ingestión excesiva de sal. Las cantidades excesivas de sal pueden incrementar la eliminación de calcio y así elevar el riesgo de desarrollar osteoporosis.

ALTERNATIVA A LA SAL

El miso, el tamari y la soya, que se usan en los platillos orientales, son fuentes concentradas de sodio, pero sólo se usan en cantidades reducidas. El jugo de limón, el ajo y la pimienta son opciones más saludables.

La sal baja en sodio —mitad sodio y mitad potasio— se consigue ahora con facilidad. Sin embargo, evite el uso de sustitutos bajos en sal si es diabético o padece alguna enfermedad del riñón. Es frecuente que los diabéticos retengan el potasio, por lo que deben evitar acumular niveles altos, que pueden constituir un riesgo; las personas que padecen de alguna enfermedad del riñón podrían tener problemas para eliminar el potasio, por lo que también deben vigilar su ingestión.

SALCHICHAS, SALAMIS Y EMBUTIDOS

VENTAJA
- *Buenas fuentes de energía y de proteína*

DESVENTAJAS
- *Por lo general, más del 70% de la energía en las salchichas proviene de la grasa*
- *Alto contenido de sal*
- *Generalmente, alto contenido de aditivos: conservadores, colorantes, saborizantes y rellenos*
- *Contienen nitrosaminas*
- *Contienen colesterol*

SENCILLAMENTE SALCHICHAS *Esta temprana manera de conservar la carne se ha logrado abrir camino en las cocinas de muchos países.*

331

En todas sus presentaciones, las salchichas son un tipo de carnes procesadas. Generalmente tienen un contenido alto de grasa y sal, aunque sí proporcionan proteínas. Desde la época de los griegos y los romanos, la salchicha ha sido una manera de conservar la carne; el nombre se deriva del latín *salsus* (salado), y hay un límite hasta el que se puede reducir el contenido de sal y grasa si se desea mantener el sabor y la forma de la salchicha.

Por lo general, las salchichas tienen un valor nutritivo menor que el de la carne fresca, aunque contienen el mismo tipo de nutrimentos. Tres salchichas de cerdo a la parrilla que pesen 100 gramos contienen 24,6 gramos de grasa, 53 miligramos de colesterol, 13,3 gramos de proteína y 2,5 gramos de sal. Las salchichas también contienen muchos ADITIVOS. Aunque ahora existen reglamentos más estrictos que controlan el uso de colorantes, conservadores y saborizantes, un gru-

po de aditivos, los nitratos y los nitritos, han dado lugar a una preocupación especial.

Los nitritos (y los nitratos, que fácilmente se convierten en nitritos) pueden reaccionar con sustancias que se encuentran en la carne y en el estómago, y forman nitrosaminas. En grandes dosis, estos aditivos se han relacionado con el cáncer en estudios realizados con animales de laboratorio; no obstante, las investigaciones indican que las cantidades en las que se usan estos químicos en los alimentos procesados presentan un riesgo mínimo de cáncer en el ser humano. Se controlan con cuidado y sólo se permite su uso a niveles seguros reconocidos. Se considera que la capacidad que tienen los aditivos para inhibir la proliferación de bacterias que ponen la vida en riesgo, como la bacteria que provoca el botulismo, supera enormemente a la posibilidad de que produzcan efectos nocivos.

CONTENIDO DE CARNE

Además de los aditivos que conservan la carne, las salchichas pueden contener hierbas y especias para añadir sabor, y casi siempre contienen rellenos, como avena, migas de pan o un tipo especial de galleta, con el fin de que la carne rinda más. Los reglamentos europeos que controlan los productos de carne y de pescado en realidad no estipulan cuáles rellenos están permitidos en la producción de salchichas; sin embargo, éstas no deben presentar ningún riesgo para el consumidor.

En Europa, los reglamentos son más específicos; indican que si la salchicha se clasifica bajo el nombre cerdo, el contenido mínimo permitido es de 65%; si se clasifica con el nombre res, el contenido mínimo debe ser de 50%; y si se clasifica con el nombre hígado o lengua, entonces al menos un 30% de la carne debe ser hígado o lengua. Cuando se trata de carnes curadas u otros tipos de salchicha que mencionen

Nutrimentos en las salchichas (100 g)

SALCHICHA	ENERGÍA (g)	PROTEÍNA (g)	GRASA (g)	CARBOHIDRATOS (g)	FIBRA (g)	VITAMINAS	SODIO (mg)
Salchicha alemana	274	9,5	25,0	3,0	0,1	niacina 3,0 mg vit B_{12} 1,0 mcg	980
Salami	491	19,3	45,2	1,9	0,1	niacina 8,2 mg vit B_{12} 1 mcg	1.850
Salchicha de res (frita)	269	12,9	18,0	14,9	0,7	niacina 9,7 mg vit B_{12} 1 mcg	1.090
Salchicha de cerdo (frita)	317	13,8	24,5	11,0	0,7	niacina 7,3 mg vit B_{12} 1 mcg	1.050
Salchicha de cerdo, bajo contenido de grasa (frita)	211	14,9	13,0	9,1	1,4	niacina 5,0 mg vit B_{12} 1 mcg	950
Salchicha vegetariana	219	17,0	15,0	4,0	5,0	vit B_1 1,2 mg vit A 285 mcg	700
Salchicha de proteína vegetal texturizada, ya preparada	219	14,1	13,8	9,2	1,7	vit E 1,6 mg folato 90 mcg	700

el nombre de la carne, el contenido debe ser de al menos 80% de la carne nombrada. Si la salchicha no está relacionada con ningún tipo de carne en su nombre, entonces todo lo que conoce el consumidor es que cuando menos el 50% de la salchicha es carne, aunque podría ser una mezcla de carnes.

Los reglamentos no indican de qué parte del animal debe provenir la carne, por lo que aquella que se recupera mecánicamente se usa para la producción de salchichas. Esta carne puede ser de dos tipos: tejido muscular, que se obtiene de la superficie de los huesos (y que se permite en las salchichas que se han de cocinar), y la médula ósea, como pasta que se puede usar en salchichas que tienen rellenos semejantes al paté, como salchichas de hígado para untar.

¿Una salchicha saludable?
Hay algunos productores que se enorgullecen de producir salchichas tradicionales de calidad superior, que muchas personas consideran más nutritivas que los productos comunes. Estas compañías se adhieren a un código muy rígido. No se permite el uso de grasa ni de carne recuperada mecánicamente; la carne se obtiene de granjas orgánicas (esto significa que proviene de animales a los que no se les han suministrado hormonas de crecimiento) y el contenido de carne de la salchicha se mantiene en un mínimo de 80%. No se añaden colorantes artificiales, conservadores ni saborizantes.

La sal y el salami
El famoso salami italiano es una salchicha especialmente perjudicial para la salud debido a que contiene niveles muy altos tanto de sal como de grasa en comparación con otras salchichas. A pesar de que, por lo general, el salami no se consume en cantidades tan grandes como otras salchichas, tan sólo 50 gramos proporcionan casi la mitad de

los 6 gramos de ingestión diaria de sal que recomienda la Organización Mundial de la Salud (OMS).

Los salamis, al igual que las salchichas alemanas y otros ejemplos de salchichas ahumadas, por lo general contienen una sustancia llamada tiramina, que causa una reacción alérgica en personas susceptibles. Quien padezca un problema de salud que exija una dieta con bajo contenido de sal y grasa debe tratar de evitar el salami y comer los otros tipos de salchichas en forma esporádica.

Salchichas vegetarianas
Las salchichas vegetarianas por lo general tienen menos energía (calorías) que las salchichas de carne, pero normalmente contienen sólo un poco menos de grasa. Sin embargo, a diferencia de las salchichas de carne, la mayor parte del contenido de grasa no proviene de grasas saturadas, y en la mayoría de los casos también contienen mucho menos sodio.

Las salchichas vegetarianas contienen proteínas vegetales, aceite vegetal y cereales con especias y saborizantes. Además incluyen mucha más fibra que las de carne, pero generalmente no proporcionan las mismas cantidades de hierro, cinc y vitamina B_{12} que las salchichas de carne. Las proteínas vegetales que se utilizan en las salchichas vegetarianas pueden provenir del frijol de soya o del cacahuate, por eso es que las personas alérgicas a estos alimentos deben evitarlas.

Salsas

VENTAJAS
- *Realzan el sabor, la textura y la apariencia de muchos alimentos*
- *Las salsas picantes y condimentadas pueden ayudar a descongestionar los conductos nasales constipados*

DESVENTAJAS
- *Pueden tener un alto contenido de sal y azúcar*
- *Pueden tener un alto contenido de grasa*

Algunas salsas se ingieren en cantidades tan reducidas que los beneficios nutricios que brindan son también reducidos. Desgraciadamente, gran parte de las salsas que se consumen en cantidades mayores, como aquéllas preparadas a base de crema o huevo, contienen mucha grasa y energía (calorías).

Muchas salsas también tienen un alto contenido de azúcar y sal —la salsa catsup y las salsas de color café son ejemplos de esto. Las salsas comerciales preparadas para cocinar pueden contener una gran variedad de ADITIVOS, desde aquéllos para espesar hasta emulsificadores y estabilizadores, junto con conservadores y colorantes. Verifique las etiquetas con cuidado si sabe que padece alguna alergia a estos aditivos.

Salsas cremosas
Las salsas bearnesa y holandesa son salsas francesas clásicas que se hacen con yema de huevo y mantequilla, así como con jugo de limón o vinagre para realzar su sabor. Son fuente de vitamina A; sin embargo, tienen un alto contenido de energía (calorías) y grasas saturadas, por lo que, como ocurre con la mayor parte de las salsas que están hechas a base de cremas, si sufre un nivel de colesterol alto lo mejor será evitarlas.

La salsa bechamel o salsa blanca, que de manera tradicional se prepara con mantequilla, harina y leche, no tiene un contenido tan alto de energía ni de grasa. Si se prepara con leche semidescremada y no se utiliza demasiada mantequilla, casi cualquier persona la puede disfrutar de vez en cuando.

Continúa en la página 336

333

LA SALUD Y LOS VIAJES

La emoción de visitar lugares lejanos puede verse estropeada por riesgos para la salud. Sin embargo, si se toman unas cuantas precauciones, se puede viajar con mucha mayor tranquilidad.

Los viajeros que visitan algunas zonas del mundo en donde ciertas enfermedades son endémicas deberían inmunizarse contra ellas antes de viajar.

PROTECCIÓN CONTRA ENFERMEDADES EN EL EXTRANJERO

Cólera Aunque hay brotes en Europa, se encuentra con mayor frecuencia en las regiones tropicales, como África, América del Sur y el sureste de Asia, donde se debe tener especial cuidado con qué —y en dónde— se come y se bebe. Aunque ya se cuenta con una vacuna contra el cólera, no es particularmente efectiva, por lo que los médicos rara vez la recomiendan.

La enfermedad es muy infecciosa: se difunde mediante bacterias que se cultivan en los alimentos o en el agua potable contaminada por aguas fecales de víctimas de cólera. Se caracteriza por la aparición repentina de vómito y DIARREA frecuentes. En casos graves, provoca una rápida deshidratación acompañada de sed intensa y calambres musculares, y puede ser mortal en 24 horas si no se trata inmediatamente. El cólera se trata con antibióticos y sustituyendo el líquido perdido.

Disentería Se conocen dos tipos de disentería y los dos provocan diarrea hemorrágica grave. La disentería amibiana se presenta con mayor frecuencia en los países tropicales. La provoca un parásito que se difunde por condiciones inadecuadas de higiene, los alimentos infectados y el agua contaminada. Los síntomas pueden aparecer días —o, en casos raros, hasta años— después de la infección. Normalmente se trata con antiamibianos y otros medicamentos.

La disentería bacteriana también se difunde mediante alimentos o agua contaminada. Se asocia con falta de higiene y condiciones de hacinamiento. Los síntomas aparecen una semana después de la infección, e incluyen diarrea, vómito y dolor tipo cólico en el abdomen. Se recetan antibióticos y los pacientes deben reponer los líquidos y los minerales. Si lo ataca la disentería lejos de un médico, una mezcla útil para rehidratarse consiste en 8 cucharaditas de azúcar y 1 de sal disueltas en 1 litro de agua hervida y 1/2 litro de jugo de naranja o de limón.

No se cuenta con una vacuna para ninguno de los dos tipos de disentería.

Hepatitis A Quien pretenda visitar una zona en donde la hepatitis A sea endémica debe vacu-

narse contra el virus. Si viaja a cualquier país en desarrollo en donde las condiciones de higiene sean malas, evite el agua no tratada, los alimentos crudos, la carne y el pescado crudos, las verduras crudas, la leche y la totalidad de los mariscos.

Se recomienda que quien padece de hepatitis A consuma una dieta con alto contenido de carbohidratos y bajo contenido de grasa, que le brinde mucha energía y gran cantidad de micronutrimentos. Sin embargo, en las primeras etapas, cuando los pacientes se sienten demasiado mal para comer, se debe aumentar su dieta con sopas de verdura, caldos de carne, jugos de frutas y azúcar. Se deben evitar alimentos condimentados y asados, puesto que el hí-

gado enfermo no puede metabolizarlos. Se debe evitar el alcohol a toda costa cuando menos durante un año. El hígado dañado no lo puede metabolizar, y el alcohol puede destruir las células afectadas del hígado.

Fiebre amarilla y paludismo Tanto la fiebre amarilla como el paludismo se transmiten por picadura de mosquitos, así que en los países en donde estas enfermedades son endémicas, es importante tomar medidas contra las picaduras. Use manga larga y pantalón y abróchese la camisa hasta el cuello. Aplique repelente contra mosquitos a toda la piel expuesta, y duerma bajo un mosquitero y queme insecticida.

La fiebre amarilla es una enfermedad mortal provocada por un virus que prevalece en África tropical y en algunas zonas del norte de América del Sur. Si viaja a esas regiones debe vacunarse. Los síntomas incluyen escalofríos, dolor de cabeza y de extremidades, así como ICTERICIA; de ahí el nombre

NEGOCIO RIESGOSO
Cuando compre alimentos durante las vacaciones, tenga cuidado con la fruta rebanada y los platillos ya preparados que se adquieren en puestos al lado de la carretera.

fiebre "amarilla". El virus se combate reponiendo los líquidos perdidos.

Los viajeros pueden contraer paludismo en más de 100 países. El riesgo varía, pero es especialmente alto en África tropical, en donde los servicios médicos también pueden estar alejados. No se cuenta con una vacuna contra el paludismo; si pretende visitar una zona infestada, se le recetarán tabletas para combatirlo, que deberá tomar a diario o cada semana, desde siete días antes de iniciar el viaje y hasta cuatro semanas después de su regreso.

Si le pica un mosquito infectado, pueden pasar de 12 días a 10 meses antes de que aparezcan los síntomas. Esto significa que los dolores fuertes, el escalofrío, la fiebre alta y el delirio bien se pueden presentar después de que se haya olvidado de sus vacaciones. El paludismo puede ser fatal si no se trata de inmediato, por lo que, si piensa que puede tener la enfermedad, consulte a su médico sin demora.

Fiebre tifoidea Quien piense viajar a zonas en donde la higiene sea inadecuada, en especial Asia, el Oriente Medio, África o América Central o del Sur, deberá vacunarse contra la tifoidea. Sin embargo, una vacuna no ofrecerá una inmunidad total si ingiere grandes cantidades de *Salmonella typhy*, la bacteria responsable de la enfermedad. Esto quiere decir que debe tener cuidado con lo que come y bebe. Los alimentos que se deben evitar incluyen mariscos, alimentos recalentados, fruta y verdura cruda y sin lavar, y agua de la llave. Si contrae tifoidea, es vital acudir al médico. La enfermedad se inicia con síntomas semejantes a los del catarro, debilidad, y manchas rojas de urticaria en el pecho y el abdomen. En los casos graves, los pacientes pueden presentar inflamación de la vesícula y de los huesos, delirio y hemorragia intestinal. La recuperación se presenta de manera natural, pero se acelera si se atiende con antibióticos.

La salsa mornay, salsa blanca a la que se añade queso para darle sabor, contiene todavía más energía y grasas saturadas. Otra salsa a base de leche es la salsa de pan. Estas salsas proporcionan vitaminas B_2, B_{12} y niacina, al igual que calcio y fósforo.

La salsa que se prepara con jugo de carne (*gravy*) puede tener un alto contenido de grasa. Se puede preparar una versión más saludable desgrasando antes el jugo de carne. El *gravy* que se prepara con gránulos puede ser una alternativa con menos grasa, pero por lo general incluye mucha sal.

SALSAS PARA PASTAS

Una salsa comercial para pastas preparada a base de tomate es una rica fuente de potasio y una buena fuente de vitamina B_2. Generalmente tiene un contenido bajo de grasa y energía (calorías), pero hay que recordar que se debe verificar la etiqueta, pues algunas marcas pueden tener un alto contenido de SAL. Se puede preparar una alternativa más económica, más fácil y más nutritiva si se usa tomate fresco o de lata, cebolla, aceite de oliva y ajo. El pesto, que se prepara con albahaca fresca, queso parmesano, piñones y aceite de oliva, tiene un mayor contenido de grasa, pero se consume en cantidades más reducidas. Las salsas a base de crema y queso, como las que se usan con el espagueti carbonara y el fetuchini Alfredo, contienen cantidades sustanciales de grasa y energía.

COCINA DEL LEJANO ORIENTE

La pasta de frijol de soya, muy usada en la cocina del Lejano Oriente y preparada con frijol de soya fermentado, es una fuente de sodio muy concentrada; contiene casi seis veces la cantidad de sodio que tienen las salsas de color café. También contiene trigo, por lo que quien padezca intolerancia al gluten o al trigo debe evitarla. Las salsas japonesas y chinas a menudo contienen glutamato monosódico, que se pensaba que provocaba dolores de cabeza en las personas susceptibles (parte de lo que se conoce como el síndrome del restaurante chino). No obstante, investigaciones recientes indican que los culpables son otros alimentos que se emplean en los restaurantes chinos.

En el presente, los investigadores examinan el posible papel del frijol de soya y productos relacionados, como el tofu y la pasta de frijol de soya, como agentes que protegen contra el cáncer mamario, las enfermedades cardiovasculares, la osteoporosis y los síntomas de la menopausia.

La salsa de ostras es otro condimento salado que se usa mucho en la cocina china. Puede producir reacciones en las personas alérgicas a los mariscos. La versión Thai se prepara con pescado seco salado.

Las salsas preparadas con frijoles negro y amarillo también se usan frecuentemente en la cocina china. Las dos se preparan con frijol de soya, ya sea salado o fermentado, y tienen un alto contenido de sal. Las salsas de soya embotelladas pueden tener harina de trigo para espesarlas y, por lo tanto, las personas que padecen de intolerancia al gluten deben evitarlas.

La salsa hoisin es un condimento salado-dulce que se prepara con frijol de soya y arroz rojo (coloreado con frijol rojo). Se usa para dar sabor al pato pequinés, que tradicionalmente se acompaña con una salsa preparada con especias, ciruelas en salmuera y azúcar.

El satay, un platillo de Malasia e Indonesia que consiste en trocitos de carne sazonados y asados, normalmente se sirve con una salsa de cacahuate condimentada. Aunque su contenido de grasa es alto, también proporciona algunas vitaminas y minerales, en especial vitamina E, tiamina y manganeso.

Las personas que siguen una dieta con bajo contenido de sal deben evitar todas las salsas orientales que tienen un alto contenido de sodio.

SALSAS PICANTES Y CONDIMENTADAS

Las salsas picantes, como la Tabasco, un condimento picante y fuerte que se prepara con chiles mexicanos, vinagre y sal, y la salsa inglesa Worcestershire pueden ayudar a descongestionar los conductos nasales bloqueados. Aunque se usan con mucha mesura para proporcionar beneficios nutricios, cualquiera que padezca de gastritis, colitis o úlcera deberá evitarlas.

SALSAS EMBOTELLADAS

La mayor parte de los catsups de tomate y salsas de color café tienen un alto contenido de sal y azúcar. Sin embargo, a menos que se consuman en grandes cantidades, su contribución a la ingestión de azúcar no es significativa.

SALUD Y VIAJES

Vea pág. 334

SALVADO

VENTAJAS

- *Puede reducir el riesgo de cáncer de colon*
- *El salvado de avena ayuda a reducir el colesterol en la sangre*
- *Ayuda a evitar el estreñimiento*
- *Puede ayudar a evitar hemorroides y diverticulitis*

DESVENTAJAS

- *El consumo excesivo puede ocasionar el síndrome de colon irritable, inflamación abdominal, y también reducir la absorción de calcio y hierro*

Como una de las fuentes más ricas de FIBRA en la dieta, el salvado (cáscara exterior del trigo, el arroz y la avena) estuvo de moda en los años ochenta y noventa. Una cucharada grande de salvado (por peso, una tercera parte es fibra) proporciona una tercera parte del requerimiento diario de 18 gramos y puede ayudar a reducir el riesgo de cáncer del colon y a evitar el estreñimiento, la diverticulitis y las hemorroides.

El salvado de avena contiene fibra soluble que puede ayudar a reducir los niveles de COLESTEROL en la sangre. Cuando se digieren grasas, la fibra soluble se puede ligar al colesterol, provocando que se le elimine como residuo en lugar de que sea reabsorbida.

Sin embargo, los primeros entusiastas de las dietas con un alto contenido de fibra que usaron el salvado para combatir el estreñimiento, los problemas digestivos y la obesidad, no se percataron de los riesgos potenciales que el consumo excesivo de fibra insoluble presentaba, empeorando el padecimiento o provocando problemas nuevos, entre los que se incluyen el síndrome de colon irritable y las deficiencias en minerales.

En los años sesenta, el doctor Dennis Burkitt, inglés que trabajó muchos años en África, observó el papel que desempeña la fibra para lograr el funcionamiento adecuado del intestino grueso, y su contribución para reducir el riesgo de cáncer en el colon. Notó que en aquellos países en donde la población tenía una dieta rica en fibra, el cáncer de colon era prácticamente desconocido.

Durante los años setenta y ochenta escribió que era probable que las dietas con un alto contenido de fibra protegieran contra algunos de los tipos de cáncer más comunes en Occidente: del colon, mama, próstata y útero.

Aunque los expertos no aceptan todas estas aseveraciones, las investigaciones han demostrado que cuanta más fibra contenga la dieta normal de un pueblo, menor será la incidencia de cáncer de colon en él. El doctor Burkitt también fue el primero en decir que el estreñimiento y la diverticulitis (un tipo de inflamación del colon) eran el resultado directo de la insuficiencia de fibra de salvado en la dieta; años más tarde, se han confirmado las declaraciones del doctor Burkitt.

No obstante, durante los años ochenta e inicios de los noventa, cuando las ventajas que aporta el salvado habían recibido gran difusión, no se comprendían los riesgos potenciales que puede presentar la adición de 3, 4 o hasta más cucharadas de salvado a la dieta diaria. Ahora se sabe que el salvado crudo empeora ciertas condiciones y puede provocar nuevos problemas. El ácido fítico que contiene inhibe la absorción de minerales como calcio, hierro, cinc y magnesio. Sin embargo, durante el horneado, las enzimas de la levadura destruyen mucho del ácido fítico, por lo que el pan integral es una fuente más saludable de fibra que el salvado crudo. Cuatro rebanadas de pan integral proporcionan la fibra equivalente a 3 cucharadas de salvado.

El calor usado en el proceso de horneado destruye la mayor parte del ácido fítico de los cereales con alto contenido de fibra, logrando que éstos sean una fuente más segura de fibra no digerible; sin embargo, las grandes cantidades de sal y de azúcar que contienen estos alimentos, los cuales son típicos para tomarse en el desayuno, hacen que resulten una opción menos saludable que el muesli o que la avena sin endulzar.

SARAMPIÓN

AUMENTE
- *Líquidos, incluyendo jugos de fruta diluidos*
- *Comidas ligeras, incluyendo aquellas que proporcionen vitamina A*
- *Frutas y verduras ricas en vitamina C*

El sarampión no se curará con una dieta especial; sin embargo, los alimentos que proporcionan vitamina A, como el huevo y la mayor parte de los productos lácteos, pueden recuperar los niveles reducidos por la enfermedad.

El muy infeccioso virus, que con frecuencia comienza a manifestarse como tos o catarro, estornudos y ojos irritados y llorosos, daña las membranas mucosas y reduce la concentración de vitamina A en la sangre. El escozor característico aparece de 3 a 5 días después; normalmente sigue a la erupción de los grupos de pequeñas manchas blancas (llamadas manchas de Koplik) que aparecen en el interior de las mejillas; los otros síntomas son dolores de cabeza, sed y temperatura elevada.

La investigación en los países en desarrollo, donde prevalece el sarampión y con frecuencia es fatal, muestra que al evitar una deficiencia de vitamina A se reduce la gravedad de la enfermedad y el riesgo de complicaciones oculares.

El paciente necesita muchos líquidos, entre los que se pueden incluir jugos de fruta con un alto contenido de vitamina C.

SEMILLAS

VENTAJAS
- *Fuente excelente de proteína*
- *Normalmente una buena fuente de vitamina E y de las vitaminas del complejo B, con excepción de la B$_{12}$*
- *Buena fuente de fibra*

DESVENTAJA
• *Las semillas saladas tienen un alto contenido de sodio*

Junto con los frutos secos, los cereales y las legumbres, las semillas contienen proteínas. También son una buena fuente de vitamina E y de las vitaminas del complejo B, así como de fibra, que es esencial para regular el funcionamiento del intestino.

Las semillas tienen un alto contenido de energía (calorías): una cucharada puede contener aproximadamente 100 calorías. Pueden ayudar a reducir los niveles de colesterol debido a que la grasa que incluyen (58% en las semillas de ajonjolí y 48% en las de girasol) es en gran parte no saturada. Sin embargo, las semillas saladas se deben ingerir con moderación, debido a su alto contenido de sodio.

Las semillas se deben tostar o cocinar para destruir cualquier sustancia no deseada que pueda estar presente. La cocción destruye las toxinas de la proteína, como los inhibidores de la tripsina, que reduce la digestibilidad de la proteína, y las hematoglutininas que, si sobreviven al proceso digestivo, pueden provocar diarrea y vómito. La mayor parte de las semillas se compran ya cocidas y normalmente no se consumen suficientes cantidades de semillas crudas como para que produzcan efectos nocivos.

SEMILLAS COMO BOTANAS
Las semillas pueden ser una adición muy nutritiva a las sopas, las ensaladas, los guisados y los alimentos horneados. Las siguientes semillas son botanas saludables.

Semillas de calabaza Contienen hierro para mantener sana la hemoglobina de la sangre, magnesio para mantener células sanas y cinc para el crecimiento y desarrollo normales.

Semillas de ajonjolí Ingrediente esencial en el Medio Oriente, donde las

RICAS Y SALUDABLES *Las semillas ayudan a proteger contra ciertas enfermedades y son también sabrosas aportaciones para una gran variedad de platillos.*

semillas de ajonjolí se usan para preparar una carne dulce conocida como halva y el tahini, una pasta para untar que se mezcla con garbanzo para preparar la salsa hommus. El aceite de ajonjolí añade un sabor a nuez a muchos platillos exóticos. Las semillas de ajonjolí contienen vitamina E y calcio.

Semillas de girasol Estas semillas son una buena fuente de vitamina E y tienen un alto contenido de ácido linoleico (necesario para el mantenimiento de las membranas celulares). Las semillas de girasol se emplean para

producir aceite de girasol y margarinas poliinsaturadas.

SÉMOLA Y HARINA DE MAÍZ

VENTAJAS
• *Buenas fuentes de almidón*
• *La maicena está indicada en dietas sin gluten y es una buena fuente de potasio y una fuente apreciable de hierro.*

DESVENTAJA

• *Bajo contenido de fibra*

Los productos sémola y maicena se usan mucho en Europa, América y África como CEREALES. Los dos son una buena fuente de almidones y también proporcionan proteínas. Se pueden usar como alternativa a las papas, el arroz, las pastas y el pan para dar variedad a la dieta. Proporcionan proteínas completas a los vegetarianos cuando se combinan con legumbres, verduras o leche.

SÉMOLA

Producida al moler la harina de trigo, principalmente el trigo fanfarrón (durum) o duro, la sémola es un trigo duro usado para hornear y para hacer pastas. Se retira la capa exterior del cereal de trigo, y las partículas más grandes de la porción restante del cereal se ciernen y se separan. Los cereales que resultan producen una sémola gruesa, que es una fuente útil de manganeso y contiene fósforo, pero muy poca fibra.

En Inglaterra, esta sémola gruesa se usa principalmente para postres. En Estados Unidos, es popular como cereal caliente para el desayuno. En Italia se usa como entrada y como comida dulce. La sémola gruesa, mezclada con agua y harina, se usa en el platillo del norte de África que se conoce como *couscous*.

MAICENA

Cuando el maíz se seca y se muele recibe el nombre de maicena. Es baja

PLATILLO MARROQUÍ *El* couscous *se prepara con sémola semimolida, al vapor, sobre una cama de carne condimentada y caldo de verduras.*

en fibra, pero es una buena fuente de potasio y una fuente útil de fósforo, hierro y tiamina. No contiene gluten, por lo que es adecuada para las personas que padecen ENFERMEDAD CELIACA.

La maicena puede ser blanca o amarilla. La maicena gruesa se usa para hacer platillos parecidos al potaje, como la polenta en Italia, el potaje de maíz y un tipo de pan del sur de Estados Unidos, las tortillas y otros platillos de América Latina, y el meali de África. Mucha de la maicena que se produce se usa para elaborar jarabe de maíz y azúcar, los cuales se utilizan mucho en la industria alimentaria como edulcorantes. Ya que la maicena se elabora con cereal fino pulverizado, es útil para espesar salsas y como ingrediente para hornear.

SIDA

AUMENTE

• *Cereales integrales, frutas y verduras*
• *Frutos secos y pescados grasos*
• *Carne, hígado y huevo*
• *Productos lácteos pasteurizados*

REDUZCA

• *Té negro, café y bebidas de cola*
• *Alcohol*

EVITE

• *Alimentos que no estén bien cocidos y los que no se hayan lavado*
• *Huevo crudo o ligeramente cocido*
• *Patés de carne*
• *Productos lácteos no pasteurizados*

No se ha descubierto una cura ni una vacuna contra el sida (Síndrome de Inmunodeficiencia Adquirida), aunque la calidad de vida de quienes lo padecen se puede mejorar con una adecuada selección de alimentos. De igual manera, las personas con VIH (Virus de Inmunodeficiencia Humana) que con el tiempo, pero no de manera inevitable, pueden llegar a desarrollar sida, pueden hacer su vida más llevadera si prestan atención a lo que comen.

El sida es una enfermedad en la que el sistema inmunológico falla, por lo que el paciente ya no logra combatir las enfermedades. Las señales del inicio del sida son pérdida de peso y debilidad general. Pueden presentarse ganglios inflamados en la ingle, el cuello y las axilas; herpes labial y otros trastornos en la piel; y candidiasis. Cuando la enfermedad progresa, los pacientes pueden sufrir de neumonía, desnutrición y diferentes tipos de cáncer. También corren mayores riesgos de contraer enfermedades infecciosas de tipo bacteriano adquiridas a través de los alimentos, como listeriosis provocada por la ingestión de quesos con corteza suave o paté. Los mariscos también son fuentes potenciales de infección.

En las etapas posteriores, los pacientes con sida a menudo padecen de desnutrición grave y potencialmente irreversible. En la actualidad, los investigadores de Inglaterra y Estados Unidos se enfocan más en una nutrición saludable desde el inicio para incrementar el peso del paciente y mejorar la respuesta de su sistema inmunológico. Por lo tanto, los alimentos que se eligen son precisamente aquellos con los que se logra este aumento de peso y se evitan aquellos que podrían presionar más a un sistema inmunológico ya debilitado.

ALIMENTOS QUE ELEGIR

Debido a que el tratamiento incluye el uso de medicamentos que pueden afectar, o se pueden ver afectados por los nutrimentos, las personas que se han diagnosticado como VIH positivas tienen que buscar el consejo de un nutriólogo calificado quien, junto con los médicos expertos, evaluará todas sus necesidades.

Se sabe que la deficiencia de ciertos nutrimentos, en especial las vitaminas A, B_6, B_{12} y cinc, no únicamente afecta la función inmunológica, sino también, a menudo, aparece en un diagnóstico VIH positivo. Una dieta en la que normalmente se incluya el pescado, el hígado, la leche entera y otros productos lácteos mejorará la ingestión de todos estos nutrimentos. La vitamina B_{12} se encuentra en productos animales y alimentos fortificados; el pan integral y los frutos secos proporcionan tanto vitamina B_6 como cinc.

El desgaste progresivo no es una consecuencia inevitable del sida: algunos estudios muestran que la pérdida de peso en etapas avanzadas es resultado de la pérdida de masa muscular. Sin embargo, las pruebas muestran que el músculo, de hecho, puede ayudar a proteger contra el inicio de los síntomas del sida. Por lo tanto, una dieta que desarrolla el tejido magro, y no el tejido graso, combinada con ejercicio moderado, puede ser benéfica pa-

ra quienes tengan el VIH. Esto significa llevar una dieta tan nutritiva como sea posible y que también proporcione la energía (calorías) adecuada. Las grasas deberán provenir principalmente de aceites vegetales y productos lácteos con el fin de garantizar la ingestión adecuada de vitaminas A, D, E y K.

El pan integral, las pastas, el arroz, la cebada, las papas y el maíz ayudarán a suministrar los carbohidratos complejos esenciales para la energía. La carne magra es una fuente valiosa de proteína, pero los pacientes también deben obtener las cantidades adecuadas de los productos lácteos, los frutos secos y las combinaciones de cereales y legumbres.

LUCHA CONTRA EL VIRUS

Se piensa que las vitaminas y los minerales están entre los aliados más importantes en la lucha contra el VIH. Las vitaminas B_6, B_{12}, el ácido pantoténico y el folato son vitales para combatir las infecciones, así como la vitamina A (presente en abundancia en el hígado, la yema de huevo y muchos productos lácteos).

Los ANTIOXIDANTES beta carotenos (presentes en verduras de hoja verde, frutas de color naranja y otras verduras), la vitamina C (las guayabas y las frutas cítricas son fuentes excelentes) y la vitamina E (presente en los aceites prensados en frío, los frutos secos y los aguacates), son importantes para destruir los RADICALES LIBRES. También se piensa que los minerales cinc y hierro y las trazas de selenio son importantes en la lucha contra el VIH. Algunos investigadores consideran que el selenio puede desempeñar un papel clave para retrasar el progreso de la infección por VIH.

Hasta hace poco, la deficiencia de selenio que se notaba ampliamente entre los pacientes de sida, se atribuía al efecto del agotamiento y a la mayor inca-

Reavivar el apetito

Entre los efectos secundarios del sida se encuentran la falta de apetito y la náusea; sin embargo, tres buenas comidas al día, con suficientes refrigerios entre ellas, ayudarán a que el paciente recupere la fuerza. Pero si el paciente con sida no puede enfrentar tres comidas al día, deberá intentar:

• Comer seis comidas ligeras al día.
• Tomar una bebida con un alto contenido energético media hora después de las comidas.
• Tomar refrigerios consistentes en frutos secos o semillas —como pepita de calabaza— por su contenido de energía (calorías), vitaminas y minerales.

Cuando sientan náuseas, los pacientes deben evitar:

• Alimentos grasosos o que estén condimentados.
• Bebidas ácidas.
• Sus alimentos favoritos, para que no asocien su sabor con la enfermedad y pierdan el deseo de comerlos.

pacidad para digerir los alimentos. Sin embargo, ahora se especula con el hecho de que la reducción de selenio puede promover el desarrollo total del sida. Muchas personas con VIH positivo o que padecen sida recurren a una DIETA MACROBIÓTICA. No obstante, dichas dietas pueden hacer más mal que bien, puesto que tienden a ser voluminosas y promueven la pérdida de peso debido a que contienen muy poca energía (calorías). Dado que el apetito se reduce como parte de la naturaleza de la enfermedad, es posible que a los enfermos se les dificulte ingerir suficientes alimentos macrobióticos. Se ha indicado que quienes padecen sida durante mucho tiempo y que se mantienen bien con una dieta macrobiótica pueden lograr conservar la salud gracias al selenio que obtienen de los cereales integrales, el germen de trigo y el salvado. El selenio se puede tomar como complemento, pero es preferible obtenerlo mediante la dieta; la ingestión diaria de todas las fuentes no debe ser mayor de 450 microgramos.

Quien se encuentre en las etapas finales de la enfermedad deberá comer lo que desee. Las comidas nunca deben provocar tensión y cualquier alimento es mejor que no comer nada.

SÍNDROME DE COLON IRRITABLE

AUMENTE
- *Frutas y verduras frescas, que proporcionan fibra soluble*
- *Agua, por lo menos 1,7 litros al día*
- *Yogur natural no procesado, que contiene bacterias benéficas*

REDUZCA
- *Cereales para el desayuno con un alto contenido de fibra*

EVITE
- *Salvado*
- *Alimentos que se sabe que producen flatulencia, como el chícharo, la lenteja y el frijol*

Hasta hace poco, se recomendaba el salvado como parte del tratamiento contra el Síndrome de Colon Irritable (SCI). Ahora, algunos de los expertos piensan que, lejos de ser una cura, el salvado es de hecho un irritante que puede empeorar la enfermedad. Evite el salvado y reduzca los cereales para el desayuno con un alto contenido de fibra que pueden incluirlo. Los alimentos que producen gas, como las legumbres (el chícharo, el frijol y la lenteja), pueden también hacer que

empeore esta enfermedad y, por tanto, deberían evitarse.

El consumo excesivo de sorbitol, sustituto del azúcar, y la intolerancia a la lactosa (disacárido que sólo se encuentra en la leche), son también causas comunes de la enfermedad. En casos en los que se sospecha una intolerancia a los alimentos, una dieta de exclusión para detectarlos (vea pág. 32) podría ser útil.

En algunos casos, el SCI, que afecta a dos veces más mujeres que a hombres, no está relacionado con la dieta en lo absoluto y sólo lo provoca un periodo de estrés. Las personas que padecen de SCI se pueden quejar de inflamación abdominal y ataques de diarrea alternados con periodos de estreñimiento. También es posible experimentar dolores agudos intermitentes en el intestino y un malestar abdominal más continuo y generalizado. Sin embargo, debido a que los síntomas son vagos y no se cuenta con pruebas específicas, se puede diagnosticar el SCI sólo mediante la exclusión diagnóstica de otros padecimientos.

El mejor tratamiento es evitar las situaciones que producen estrés, combinando esto con una dieta adecuada. La dieta diaria debe incluir 18 gramos de fibra obtenida de alimentos comunes, no de salvado concentrado ni en tabletas. La mayor parte de esta fibra, que debe ser soluble, se encuentra en la manzana, la pera, los dátiles y en la mayoría de otras frutas y verduras, así como en la avena, la cebada y el centeno.

Ingiera comidas en cantidades moderadas de manera regular y beba al menos 1,7 litros de agua al día. Incluya mucho yogur natural no procesado, lo que mantendrá un equilibrio sano de bacterias en el intestino. Cuando se toman antibióticos para combatir otras enfermedades, como efecto secundario se destruyen las bacterias benéficas en el intestino, lo que a su vez puede

provocar el SCI. El YOGUR natural no procesado debe ayudar a combatir este problema.

SÍNDROME DE MUERTE INFANTIL SÚBITA

En años recientes, la muerte en la cuna, también conocida como Síndrome de Muerte Infantil Súbita, ha estado sujeta a investigaciones intensas. No se ha identificado una causa definitiva. La muerte en la cuna ocurre con mayor frecuencia en el invierno que en el verano y es la causa más común de muerte entre bebés de una semana a un año de nacidos.

La dieta es uno de los muchos factores que se examinan para tratar de descubrir la razón que hace a los bebés susceptibles, aunque parece ser que fumar es lo que constituye la principal amenaza. Los bebés amamantados parecen correr un menor riesgo, puesto que tienen menos problemas respiratorios (factor que se ha ligado al síndrome). Amamantar al bebé incrementa la resistencia a las infecciones, ya que éste recibe los anticuerpos de la madre.

LA VITAMINA C Y EL TABAQUISMO

Los infantes que presentan una deficiencia en vitamina C pueden ser más susceptibles a las infecciones respiratorias; dichas infecciones prevalecen más durante el invierno, cuando los niveles de vitamina C tienden a reducirse. Se sabe que las mujeres que fuman tienen niveles más bajos de vitamina C que aquellas que no fuman, y lo mismo puede ser cierto de los bebés que inhalan el humo producido por los padres que fuman.

Sin embargo, recientemente se ha establecido una relación directa con el tabaquismo. Varios estudios han demostrado que los bebés cuyas madres fuman durante el embarazo corren un mayor riesgo de sufrir este síndrome.

Algunos estudios han indicado que las deficiencias marginales de selenio y biotina también pueden estar relacionadas con la muerte en la cuna.

Los factores no relacionados con la dieta incluyen la posición del bebé al dormir. En la actualidad, se recomienda a los padres que acuesten al bebé boca arriba o sobre un costado, y no boca abajo. La incidencia de la muerte en la cuna se ha reducido mucho desde que se empezó a seguir este consejo. También se recomienda que la habitación del bebé se mantenga a una temperatura templada, no caliente: entre 16 y 20° C.

SÍNDROME DEL TÚNEL DEL CARPO

AUMENTE
• *Los extractos de levadura, el germen de trigo, la avena, la carne, las verduras de hoja verde y el plátano, por su contenido de vitamina B$_6$*

REDUZCA
• *El alcohol, la cafeína y el tabaco*

La presión del nervio que corre del antebrazo a la mano y a los dedos provoca el Síndrome del Túnel del Carpo. Causa dolor, adormecimiento y punzadas en los dedos pulgar, índice y cordial de una o de las dos manos. Las mujeres entre los 40 y los 60 años son quienes presentan más frecuentemente el mayor riesgo. Este padecimiento puede afectar a la mujer cuando empieza a tomar la píldora anticonceptiva y a la que padece del Síndrome Premenstrual. También es común que se presente durante el embarazo. Los hombres y las mujeres que sufren de artritis reumatoide también tienen la

tendencia a padecer el Síndrome del Túnel del Carpo.

Es común que los síntomas desaparezcan sin tratamiento, pero los cambios en la dieta pueden ayudar a acelerar su desaparición y a evitar la necesidad de recurrir a un tratamiento más drástico, como inyecciones de cortisona o cirugía.

Hay estudios que mencionan que al incrementar la ingestión de vitamina B$_6$, hasta el 85% de quienes lo padecen han mejorado. La ingestión de alcohol destruye la vitamina B$_6$, por lo que se recomienda eliminarlo. También es probable que se obtenga algún beneficio al ingerir alimentos que la proporcionan, como los extractos de levadura, el germen de trigo, la avena, la carne, las vísceras, las verduras de hoja verde o el plátano. Es saludable tomar de 50 a 100 miligramos diarios de vitamina B$_6$ como complemento; sin embargo, una cantidad superior sólo se deberá tomar por indicación del médico; dosis elevadas tomadas durante un periodo prolongado pueden perjudicar al sistema nervioso.

La cafeína y la nicotina pueden interferir con la circulación periférica. Reduzca paulatinamente la ingestión de café y trate de dejar de fumar.

SINUSITIS

AUMENTE
• *Las frutas y verduras frescas, por la vitamina C y los bioflavinoides*
• *Los mariscos y los frutos secos, por el cinc*
• *Los cereales integrales y las legumbres, por la vitamina B*
• *Las semillas de girasol, los aceites vegetales y el aguacate, por su contenido de vitamina E*
• *El ajo y la cebolla*
• *Las hierbas descongestionantes y las especias como el saúco, el tomillo y el jengibre*

Los senos nasales son cavidades óseas que se llenan de aire y rodean los ojos y la nariz. Generalmente, el moco que produce la membrana que cubre los senos nasales fluye hacia la cavidad nasal a través de pasajes angostos. Sin embargo, cuando se tiene catarro o un absceso en una pieza dental superior, la infección puede recorrer estos pasajes y difundirse a los senos. La membrana que recubre los senos se inflama y bloquea los pasajes, lo que evita que drene el moco. El moco se infecta, produce una sensación de congestionamiento y provoca dolor en la cara.

Ya que la sinusitis aguda es normalmente el resultado de una infección como amigdalitis, una dieta que proporcione suficientes vitaminas y minerales para reforzar el sistema de defensa del organismo puede ayudar a la recuperación y a evitar ataques posteriores. La sinusitis crónica puede ser el resultado de una infección o una alergia a ciertos alimentos, como los productos lácteos, los cereales o hasta los productos a base de soya; provoca la inflamación de las mucosas. La fiebre del heno, la exposición a los gases de la combustión, el tabaquismo o alguna lesión nasal también pueden causar problemas de sinusitis. Obtenga siempre un diagnóstico médico adecuado.

Consuma muchos cereales integrales, legumbres y frutos secos por las vitaminas del complejo B que contienen, las cuales lo ayudan a mantener sano el sistema inmunológico, y frutas y verduras frescas para garantizar un buen nivel de vitamina C. Las frutas cítricas (y no solamente su jugo), la uva y la zarzamora son especialmente útiles debido a que también contienen bioflavinoides, los cuales actúan con la vitamina C para mantener sanos los vasos capilares. Los bioflavinoides también ayudan a combatir la inflamación.

La vitamina E, que se encuentra en los frutos secos, la semilla de girasol, los aceites de semillas vegetales y el

Un caso real

Mara era una secretaria excelente; sin embargo, en la evaluación anual de su desempeño, su gerente le dijo que su hábito constante de sonarse la nariz y el hecho de que siempre sonaba como si tuviera catarro distraía al resto del personal. Durante años Mara había padecido de congestión nasal persistente y de descarga acuosa. Consultó a su médico, pero éste no encontró la causa de su sinusitis crónica. Entonces le sugirió que tal vez eran los productos lácteos. En un principio, Mara estaba segura de que no había relación; sin embargo, durante los días subsecuentes comenzó a excluir de su alimentación el queso, la mantequilla, el yogur y la leche. Para su sorpresa, los síntomas empezaron a desaparecer.

aguacate, pueden ser otro apoyo al sistema inmunológico.

El consumo de descongestionantes naturales también puede ser útil. Éstos incluyen cebolla y ajo crudo o cocido, y hierbas y especias como el jengibre, el tomillo, el saúco, el rábano, el clavo y la canela.

SISTEMA INMUNOLÓGICO

AUMENTE
- *Los alimentos ricos en proteína*
- *Las frutas cítricas, por la vitamina C*
- *Los aceites vegetales, por la vitamina E*
- *Las espinacas, el camote y la zanahoria, que proporcionan beta carotenos*

REDUZCA
- *Las grasas animales, el azúcar, el alcohol, la cafeína y los carbohidratos muy refinados*

Necesitamos una ingestión regular y balanceada de las vitaminas y minerales esenciales para que nuestro sistema inmunológico funcione bien y nos brinde protección contra las infecciones y las enfermedades. Sin embargo, un sistema inmunológico excesivamente activo puede empeorar la condición de las personas que padezcan trastornos como ARTRITIS y ESCLEROSIS MÚLTIPLE.

Hay muchos factores que pueden afectar el sistema inmunológico: la ingestión excesiva de alcohol y cafeína; la ingestión o inhalación de metales pesados, como el cadmio, el plomo y el mercurio; el humo del tabaco y otras formas de contaminación del aire. Cuando el organismo absorbe contaminantes o sustancias tóxicas, éstas amenazan la efectividad de los minerales y vitaminas en los alimentos y en ocasiones se describen como antinutrimentos.

UN ALIADO CONTRA EL CÁNCER

Se sabe que el sistema inmunológico desempeña un papel en la prevención del cáncer. Se piensa que un tipo especial de glóbulos blancos llamados células asesinas, que son parte del sistema inmunológico, puede identificar células tumorales por los cambios en la superficie de la membrana. Otras células ayudantes apoyan a las células asesinas para que se multipliquen y, cuando hay suficientes de éstas, se adhieren a la célula tumoral y la destruyen.

EL PAPEL DE LA DIETA

Para mejorar la resistencia natural del organismo, la dieta debe proporcionar cantidades amplias de vitaminas y minerales, incluyendo ANTIOXIDANTES, y químicos naturales protectores (bioflavinoides) que se encuentran en las plantas. Los antioxidantes también ayudan a neutralizar cualquier exceso de RADICALES LIBRES que se producen como parte del mecanismo de defensa natural del organismo.

El pescado, las aves, la carne magra, los productos lácteos con un bajo contenido de grasa, los cereales y las legumbres (como chícharo seco, lenteja y frijol) son buenas fuentes de minerales. También, a diario, se deben consumir alimentos como queso, huevo o hígado, que proporcionan vitamina A, y espinaca, camote o zanahoria, que son buenas fuentes de beta carotenos.

La deficiencia de vitamina B_{12} incrementa el riesgo de contraer enfermedades como la tuberculosis. Esta vitamina se encuentra en las carnes, el huevo, el pescado y los cereales enriquecidos.

La mayor parte de las frutas y de las verduras proporcionan vitamina C: cantidades moderadas de esta vitamina (hasta 200 miligramos al día) incrementan los niveles de inmunoglobulinas (proteínas de la sangre que actúan como anticuerpos para combatir enfermedades) producidas por el sistema inmunológico. La vitamina D (que se obtiene del pescado) y la vitamina E (que se encuentra en el aceite de oliva, los frutos secos, el aguacate y los cereales integrales) también son vitales para mantener la efectividad del sistema inmunológico, puesto que se trata de ácidos grasos esenciales que se encuentran en los aceites vegetales y los pescados.

Una de las deficiencias de nutrimentos más comu-nes que afectan al sistema inmunológico es la falta de cinc. Dos fuentes muy ricas de cinc son las pepitas de calabaza y la carne de res magra, en tanto que los ostiones son otra fuente excelente. Un estudio reciente realizado con ancianos mostró que un complemento multivitamínico y de minerales mejoró la respuesta de su sistema inmunológico.

SOPA

Es inevitable que las verduras pierdan muchas de sus vitaminas y minerales con los diversos métodos de cocción, pero la sopa es una comida nutritiva y llenadora. Además, tiene la ventaja adicional de retener la mayor parte de los nutrimentos de sus ingredientes.

SOPAS CASERAS

La sopa se puede preparar casi con cualquier ingrediente, por lo que es posible crear una variedad de platillos que llenen las necesidades nutricias específicas de la familia; en la página 348 aparece una lista de sopas saludables que le sugerimos. Se puede preparar una cantidad de alimentos de fácil digestión usando un caldo casero que se elabora con distintas combina-

IDEAS PARA SOPAS
Adecuadas para cualquier ocasión, las sopas pueden ser tan sencillas o tan extravagantes como desee prepararlas.

La pasta, la verdura y el frijol se combinan en la elaboración del minestrone.

La sopa preparada con zanahoria, manzana y tomate es económica y también muy nutritiva.

Esta sopa de camarón se prepara con chiles y hierbas.

¿Qué hay en un cubo de caldo?

Los cubos de caldo comerciales se preparan con extractos de res, pollo, champiñones o verduras mixtas. También pueden incluir muchos otros ingredientes, como glutamato monosódico (se encuentra en la proteína vegetal hidrolizada y se usa para realzar el sabor), sal, azúcar, extracto de levadura, hierbas, especias y agentes para espesar. A pesar de que el glutamato monosódico ya no se usa en muchas de las sopas enlatadas, y ya no se le culpa por el Síndrome del Restaurante Chino (SRC), todavía se usa mucho en los cubos de caldo.

Si se le ha indicado que siga una dieta baja en sodio, debe evitar el uso de los cubos de caldo, puesto que un cubo puede contener hasta 1 cucharadita rasa de sal.

El contenido de una sopa de tomate

El contenido nutricio de una sopa varía según el modo como se prepara. En esta tabla se puede notar que, en tanto que el contenido de proteína permanece más o menos igual, la crema de tomate casera contiene más grasa y energía (calorías); la condensada, más carbohidratos; la enlatada, más sal; en tanto que la casera tiene un contenido bajo de carbohidratos y sal. La sopa deshidratada es la que contiene menos energía y, también, menos nutrimentos.

VALOR NUTRITIVO (por 220 g)	TOMATE Y ALBAHACA (EN ENVASE DE CARTÓN)	CREMA DE TOMATE (CASERA)	CREMA DE TOMATE (ENLATADA)	CREMA DE TOMATE (CONDENSADA)	CREMA DE TOMATE (DESHIDRATADA)
ENERGÍA	88	179,1	121	136	68
PROTEÍNA	1,76 g	2,5 g	1,76 g	1,98 g	1,32 g
GRASA	4,2 g	14,9 g	7,26 g	7,48 g	1,1 g
CARBOHIDRATOS	7,5 g	4,9 g	5,72 g	12,32 g	7,7 g
SODIO	900 mg	213,5 mg	1.012 mg	902 mg	858 mg

ciones de legumbres, cereales, carne, pescado y verdura. Ahora, en la mayoría de los supermercados de buena calidad se pueden adquirir los elementos ya combinados para preparar caldo fresco, y ésta es una mejor opción que comprar los cubos de caldo, que tienen un alto contenido de sodio y de aditivos.

El caldo casero se hace hirviendo carne, huesos de pollo, cartílago o verdura con hierbas y especias. El proceso de cocción largo y lento concentra los sabores. Se puede hacer un buen caldo de pescado casi con cualquier recorte limpio, pero puede adquirir un olor fuerte y un sabor amargo si se cuece mucho tiempo (20 minutos son suficientes). Si el caldo se enfría bien antes de utilizarlo en la sopa, cuaja como una gelatina suave y se puede desprender la capa sólida de grasa que sube a la superficie. Hasta la grasa de pollo cuaja lo suficiente como para separarla del caldo.

Si tiene congelador, usted puede preparar grandes cantidades de caldo y mantenerlo congelado hasta seis meses.

Pero asegúrese de etiquetarlo incluyendo la fecha.

La leche que se añade a algunas sopas las enriquece incrementando el contenido de proteínas y de calcio. Sin embargo, si utiliza leche entera, también añadirá una cantidad significativa de grasa.

SOPAS ENVASADAS EN CARTÓN

Este tipo de sopa es la segunda mejor elección debido a que usan ingredientes frescos que retienen la mayor parte de sus nutrimentos. Esto se debe a la manera en que se preparan: están pasteurizadas y no son calentadas a tan altas temperaturas como sí sucede con las sopas enlatadas. Por esto es que la sopa envasada en cartón es una elección más saludable que la sopa enlatada; no obstante, puede tener un alto contenido de sal y demasiada energía (calorías) si se prepara con leche o crema.

SOPAS ENLATADAS

En el proceso de enlatado se esteriliza la sopa para no añadir conservadores.

La sopa de tomate enlatada contiene algo de beta carotenos, pero el contenido de vitamina C tiende a ser bajo puesto que se la somete a una cocción prolongada antes de enlatarla. La mayor parte de la sopa enlatada o envasada contiene sal, cuya cantidad debe aparecer en la etiqueta. En la tabla de esta página se compara el contenido de sodio.

PAQUETES DE SOPA DESHIDRATADA

Por lo general, la sopa en paquete contiene menos nutrimentos y más aditivos que sus equivalentes enlatados o caseros. Además, los alimentos que se han deshidratado contienen agentes para espesar, así como sal, colorantes y saborizantes.

La presión ejercida por los consumidores ha logrado que se reduzca el contenido de glutamato monosódico en este tipo de sopas, el cual es utilizado para realzar el sabor y que se pensaba que provocaba dolor de cabeza a algunas personas.

Continúa en la página 348

El sueño y la alimentación

La alimentación puede desempeñar un papel importante para lograr un sueño restaurador durante la noche, que proporcione a la mente la oportunidad de descansar y al cuerpo de recuperarse.

La mayor parte de las personas toleran de vez en cuando pasar una noche sin dormir bien; sin embargo, si esto continúa durante varias semanas, pueden comenzar a preocuparse de que esta situación les empiece a afectar la salud. La ansiedad que se presenta al no poder dormir empeora la propensión al insomnio, por lo que se queda atrapado en un círculo vicioso.

Los científicos todavía no comprenden totalmente qué es lo que provoca el sueño; sin embargo, han descubierto ciertos centros del sueño en el cerebro que se piensa que actúan como reloj biológico que controla el tiempo de descanso y de vigilia. Algunas sustancias químicas naturales del organismo promueven el sueño, y la alimentación también influye. El consumo de grandes cantidades de café, té negro, refrescos de cola, o una barra de chocolate después de cenar, proporciona CAFEÍNA al cerebro, lo que lo mantiene despierto. No obstante, algunas personas que beben mucho café desarrollan tolerancia a la CAFEÍNA y no tienen problemas para conciliar el sueño.

Causas del insomnio

El insomnio es uno de los muchos síntomas de ANSIEDAD, DEPRESIÓN y ESTRÉS. Es obvio que sobreponerse a la principal causa de ansiedad es esencial para mejorar los hábitos de sueño; sin embargo, una buena alimentación también puede ayudar. La OBESIDAD puede interferir con el sueño puesto que afecta la respiración, aumenta la posibilidad de ronquidos molestos y puede llevar a un padecimiento que se conoce como apnea (en ocasiones se deja de respirar hasta 90 segundos). A menudo, la reducción de peso puede acabar con la apnea (vea pág. 142).

Otra condición que puede interferir con el sueño es la pierna inquieta, cuando se presentan movimientos involuntarios en las piernas, en especial cuando se está acostado. Muchos naturistas consideran que la causa más común es la deficiencia de hierro y recomiendan la ingestión de legumbres, el damasco seco, las verduras de hoja verde y los frutos secos.

Alimentos y bebidas para dormir

Nunca se acueste con apetito, y nunca se vaya a la cama con el estómago demasiado lleno. Con muy poco alimento, más cierto dolor molesto en la boca del estómago, tendrá un sueño inquieto; con demasiado, pudiera ser que la INDIGESTIÓN, acedías o FLATULENCIA lo mantengan despierto toda la noche. Los alimentos grasosos o condimentados también pueden provocar estos síntomas.

Leche Una bebida a base de leche endulzada al momento de acostarse esti-

---

Sí y no del insomnio

Sí, mantenga sus preocupaciones y problemas fuera del dormitorio. Entrar en su dormitorio no debe hacerle pensar en las cuentas que no ha pagado, ni en el trabajo que tiene que hacer al día siguiente.

Sí, procure que las horas anteriores al sueño sean tan relajantes como sea posible para alejar de su mente los problemas del día.

Sí, tome un baño tibio, escuche música tranquilizadora o lea un libro.

Sí, elabore una lista de las preocupaciones que lo mantienen despierto, para considerarlas en otro momento.

Sí, relájese en la cama. Imagine que hace algo tranquilo, como tomar el sol en una playa desierta.

Sí, trate de relajar todos los músculos del cuerpo; inicie con la frente y el maxilar y prosiga hasta los pies.

Sí, levántese a su hora normal.

No tome siestas durante el día.

No fume ni beba cantidades excesivas de alcohol, ni estimulantes como el té negro o café, poco antes de irse a la cama.

No coma alimentos pesados o grasosos por lo menos tres horas antes de acostarse.

No estimule la mente demasiado antes de irse a la cama, por ejemplo, al resolver un crucigrama o al sostener una discusión intensa.

No haga ejercicio ya tarde por la noche. El ejercicio lo puede mantener despierto.

No insista en ver el reloj.

No permanezca despierto durante horas preocupándose; levántese y haga algo útil pero relajante durante unos 20 minutos, hasta volver a sentirse cansado. Un refrigerio, como una galleta de avena o una pieza de pan, le puede ayudar a conciliar el sueño.

mula el sueño debido a que el azúcar de la bebida permite que el cerebro absorba más triptofano (suministrado por la proteína de la leche) de la sangre. El cerebro transforma el triptofano en un químico tranquilizador llamado serotonina.

Alimentos con almidón Los alimentos que contienen almidón pueden mejorar la resistencia física y a la vez actuar como sedantes en el cerebro. Esto se podría deber al efecto del almidón sobre los niveles de glucosa en la sangre, o quizá porque existe la posibilidad de que estimulen la liberación de serotonina.

Miel Remedio tradicional que puede actuar como sedante ligero. Disuelva un poco de miel en leche caliente o té de manzanilla. Se dice que los tés a base de HIERBAS garantizan una buena noche de sueño; la manzanilla, la flor de azahar y la valeriana se consideran los más efectivos.

¿NECESITA OCHO HORAS DE SUEÑO?

Con frecuencia se dice que las personas deben dormir al menos 8 horas, pero las necesidades de sueño de cada persona cambian diariamente durante toda su vida. Al envejecer, es natural que necesite dormir menos, que tarde más en conciliar el sueño y que despierte más durante la noche. Si duerme 8 horas pero todavía se siente cansado, trate de dormirse más temprano durante diez días; note cómo se siente durante el día y cómo enfrenta las labores difíciles. Pudiera ser que todo lo que necesite sea un poco más de descanso.

DUERMA BIEN *Los alimentos con almidón, como el pan y la pasta, las bebidas malteadas, las bebidas de leche malteada edulcoradas, los tés de hierbas, como la manzanilla, y la miel ayudan a estimular el sueño.*

Las sopas en paquete pueden contener un nivel menor de vitaminas que otro tipo de sopas debido a la pérdida que se puede presentar durante la deshidratación de los ingredientes.

Los agentes para espesar que se encuentran en muchas sopas comerciales y cubos de caldo pueden ser derivados del trigo, por lo que las personas que padecen de intolerancia al gluten siempre deberán leer con atención todas las etiquetas.

LAS SOPAS Y EL DOLOR EN LAS ARTICULACIONES

De ser posible, las personas que padecen GOTA deberán elegir sopas preparadas con caldo de verdura. Esto se recomienda porque los caldos de carne pueden contener niveles altos de purinas que elevan el ácido úrico en el organismo; los cristales de ácido úrico provocan dolor en las articulaciones de las personas que padecen gota.

La sopa de espárragos, en especial si se usan las puntas, también contiene una cierta cantidad de purinas, por lo que se recomienda que se ingiera en cantidades limitadas.

SOPAS SALUDABLES, POPULARES

Bouillabaisse Sopa espesa de pescado según una famosa receta de Marsella, que se puede preparar con cualquier mezcla de pescado. Proporciona vitamina C por el tomate, calcio por la verdura, y hierro y proteína por el pescado.

Cebolla a la francesa Sopa que ayuda a elevar la temperatura corporal, considerada desde hace mucho tiempo en la medicina tradicional como antídoto contra la fatiga, el escalofrío, el catarro y la resaca.

Gazpacho Sopa fría que se prepara en verano; es originaria del sur de España y se elabora con migas de pan, tomates y verduras para ensalada, como pepino y cebolla. Proporciona vitamina C.

Lenteja La sopa de lenteja es buena para los vegetarianos por ser una fuente excelente de proteínas, así como de fibra y hierro.

Minestrone Esta nutritiva sopa italiana se prepara con verdura fresca, frijol seco y arroz o pastas. Proporciona proteínas, fibra y vitamina C.

Pollo En la medicina tradicional se dice que la sopa de pollo ayuda a descongestionar la nariz. Contiene proteínas y la mayor parte de las vitaminas del complejo B. Pruebe la sopa *mulligatawny,* de pollo y otras carnes, sazonada con pimienta roja.

Tomate Una sopa de tomate casera es mucho más nutritiva que las variedades enlatadas. Si desea un sabor dulce, prepárela en el verano y utilice tomates muy maduros. Proporciona fibra y vitamina C.

SUDORACIÓN EXCESIVA

AUMENTE

- *Líquidos, al menos 1,7 litros al día para reponer el líquido perdido*

La pérdida de humedad a través de la piel es una función vital normal que ayuda a regular la temperatura del organismo. Aunque puede ser molesta, en raras ocasiones es indicadora de un problema médico.

Se aconseja a los adultos moderadamente activos que repongan los líquidos perdidos tomando al menos 1,7 litros de agua al día.

Los atletas y las personas muy activas necesitan beber más, un litro extra por cada hora de actividad, en tanto que los pacientes que presentan fiebre deben beber tanto como les sea posible, dentro de lo razonable, aunque no tengan sed.

La sudoración muy exagerada puede llevar a una pérdida excesiva de sodio, que generalmente está acompañada de deshidratación. Debido a que el consumo de alimentos salados puede agravarla, es mejor rehidratarse ingiriendo agua acompañada de alimentos, o tomando una solución rehidratante preparada con 8 cucharadas de azúcar y 1 cucharadita de sal disueltas en 1 litro de agua.

Los médicos no saben por qué algunas personas sudan más que otras, pero piensan que esta condición se puede heredar. Hay ocasiones en las que la sudoración excesiva puede ser indicio de alguna enfermedad. Es uno de los síntomas de hiperactividad de la glándula tiroides, lo que aumenta la velocidad metabólica del organismo, velocidad a la que los alimentos y el oxígeno se queman para proporcionar energía. Otros de los síntomas son el pulso acelerado, la pérdida de peso, la irritabilidad y el incremento del apetito. El calor también agrava la sudoración, y la ANSIEDAD y la OBESIDAD pueden acentuar el problema.

Algunos herbolarios piensan que el olor desagradable que acompaña a la sudoración excesiva se puede deber a una deficiencia de cinc, lo que puede llevar a padecimientos del riñón y a que el exceso de urea se elimine a través de la piel. El mal olor puede desaparecer una vez que se ha corregido la deficiencia. La carne magra, los frutos secos y los mariscos son buenas fuentes de cinc. Quienes practican la medicina natural también piensan que la sudoración ayuda a eliminar las toxinas del organismo y consideran que, aunque se debe prestar atención a la higiene personal, ésta no debe incluir la supresión total de la sudoración con sustancias antitranspirantes.

SUEÑO Y ALIMENTACIÓN

Vea pág. 346

TABAQUISMO Y ALIMENTACIÓN

AUMENTE
- *Fruta fresca y verdura, por la vitamina C y los beta carotenos*
- *Frutos secos, semillas y aceites vegetales, por la vitamina E*
- *Cereales integrales, carne magra y vísceras, por las vitaminas del complejo B*
- *Alimentos con almidón, como el pan, las pastas y las papas*

REDUZCA
- *Grasas saturadas y sal*
- *Alcohol*

Quienes fuman cigarrillos corren un alto riesgo de padecer enfermedades cardiacas y respiratorias, cáncer de pulmón, boca, garganta, estómago, páncreas, vejiga y recto, así como un tipo de leucemia. Aproximadamente la mitad de los fumadores mueren como resultado directo del hábito de fumar, y a la vez pueden padecer síntomas menores como la simple indigestión. El mejor consejo es dejar de fumar por completo. No obstante, un cambio en la dieta puede ayudar a mitigar algunos de los efectos perjudiciales en quienes todavía fuman.

LIMITACIÓN DEL DAÑO

El estrés, una alimentación inadecuada, la ingestión excesiva de grasas saturadas, la sal y el alcohol aumentan el riesgo que corre el fumador de padecer una enfermedad grave. Aun con una alimentación saludable, lo más que puede hacer un fumador es limitar el daño.

Se cuenta con pruebas de que los fumadores tienen una mayor necesidad de vitamina C. Una de las teorías argumenta que el organismo utiliza esta vitamina en su lucha contra los radicales libres en el humo y para evitar la formación de nitrosaminas, agentes cancerígenos que provienen de los compuestos de nitrógeno en los alimentos. Las pruebas han demostrado que los fumadores pueden tener hasta un 30% menos de vitamina C en la sangre que quienes no fuman. Ya que los fumadores usan la vitamina C más rápidamente, deberían consumir muchas frutas y verduras frescas para garantizar la ingestión adecuada de la vitamina. Se les recomienda que ingieran a diario de 40 a 80 miligramos más de vitamina C que los 40 miligramos que se recomiendan a los que no son fumadores.

ANTÍDOTOS ANTIOXIDANTES

El organismo utiliza las vitaminas C y E y los beta carotenos como ANTIOXIDANTES para destruir los RADICALES LIBRES que están presentes en el humo del cigarro. La vitamina E se obtiene del germen de trigo, del aguacate, de los aceites vegetales, de los frutos secos y de las semillas. Los beta carotenos abundan en la mayor parte de las frutas y de las verduras frescas.

Algunos estudios indican que la sangre de los fumadores presenta niveles más reducidos de beta carotenos comparada con la de los no fumadores. Se ha descubierto además que los fumadores con los niveles más bajos de beta carotenos tienen un mayor riesgo de contraer cáncer de pulmón.

Los bioflavinoides, que se encuentran en las frutas y las verduras, incluyendo las uvas, frutas cítricas, pimientos, tomate y brócoli, también tienen propiedades antioxidantes y pueden ayudar a neutralizar los radicales libres.

REDUCCIÓN DE LAS VITAMINAS DEL COMPLEJO B

Fumar reduce las vitaminas del complejo B en el organismo debido a la carga mayor que impone a las funciones del hígado el filtrar los productos dañinos de la sangre. La vitamina B_{12} se usa para la desintoxicación de cianuro presente en el humo del cigarro. Las vitaminas del complejo B se encuentran en las vísceras, los cereales integrales, la carne magra y el pescado.

Investigaciones recientes también sugieren que una dieta con un alto contenido de ácidos grasos omega-3, presentes en ciertos pescados y en mariscos, puede reducir el riesgo de desarrollar enfermedades del pulmón en los fumadores.

DEJAR DE FUMAR

Nunca es demasiado tarde para dejar el tabaco, y siempre será saludable hacerlo. La irritación del pulmón y de los conductos aéreos superiores se reducirá casi de inmediato, y entre 10 y 15 años después de haber dejado de fumar se tendrá el mismo riesgo de padecer enfermedades cardiacas que quien no haya fumado en toda su vida. No obstante, persisten algunos daños tales como la propensión a los padecimientos cardiacos.

Muchos fumadores se preocupan porque podrían aumentar de peso si dejaran de fumar. La nicotina reduce el apetito y adormece las papilas gustativas. También aumenta la tasa del metabolismo, y cuando algunas personas dejan de fumar descubren que aumentan de peso como resultado de la reducción en el metabolismo. Trate de reducir la ingestión de alimentos grasosos cuando deje de fumar y sustitúyalos con alimentos con almidones, como pastas y papas. No sustituya el hábito de fumar con otra adicción. Si tiene an-

Continúa en la página 352

EL TÉ NEGRO: UN ESTIMULANTE LIGERO

El té se bebe desde hace más de 300 años en el mundo occidental.
Originado en Asia, forma ya parte de nuestra alimentación.

En ciertas ocasiones, no hay nada más reanimante que una taza de té negro; de hecho, tiene muy poco valor nutritivo, aunque la leche o el azúcar que se le añade puede suministrar aproximadamente 40 calorías. Pero los estimulantes que contiene el té negro, como la cafeína, pueden acelerar el ritmo cardiaco, ayudar a la respiración dilatando los conductos hacia los pulmones y mantenerlo despierto. Una sola taza de té negro contiene hasta 40 miligramos de cafeína, que es casi el doble de la que se encuentra en la mayor parte de las bebidas de cola, y aproximadamente dos tercios del nivel presente en una taza de café instantáneo.

Sin embargo, los taninos del té negro no son tan útiles. Le dan cuerpo al té, pero pueden interferir con la absorción del hierro, en especial si se bebe té negro con alimentos que tienen un alto contenido de hierro.

El té negro no se le debe ofrecer a niños y niñas entre 2 y 5 años de edad, puesto que su aparato digestivo tiene menos capacidad para enfrentarse a sus estimulantes químicos y existe la posibilidad de que puedan desarrollar anemia por deficiencia de hierro.

Los taninos presentes en el té pueden manchar los dientes, en especial las obturaciones dentales. Los enjuagues bucales que contienen clorhexidina no deben usarse inmediatamente antes de beber té negro, puesto que el químico puede acentuar el efecto de los taninos.

El té negro también tiene niveles considerables de quercetina, que es uno de los muchos compuestos químicos que se conocen como bioflavinoides y que se presentan de manera natural.

Aunque estudios preliminares mencionan que la quercetina podría ser una de las causas relacionadas con el cáncer, estudios más recientes sugieren que la ingestión alta de bioflavinoides, que son antioxidantes poderosos, se asocia con la reducción en el riesgo de padecer enfermedades cardiacas y cáncer.

VENTAJAS
- *Estimulante ligero*
- *Proporciona quercetina, un antioxidante que puede reducir el riesgo de enfermedades cardiacas y cáncer*

DESVENTAJAS
- *Reduce la absorción del hierro presente en los alimentos cuando se consume a la hora de comer*
- *Los taninos del té pueden manchar los dientes*
- *Puede provocar migraña en personas susceptibles*
- *Puede provocar irritación gástrica, por lo que no se recomienda que lo consuman personas con úlceras gástricas*

EVITE
- *Darlo a beber a niños, pues su aparato digestivo aún no se encuentra preparado para recibir los estimulantes químicos que contiene*

TÉ HELADO: EXCELENTE EN EL VERANO

En 1904, Richard Belchynden, un mercader inglés, viajó a Estados Unidos para promover un té de la India. Pocas personas aceptaban probarlo en la Feria Mundial de St. Louis pues era un día muy caluroso, por lo que decidió servir el té negro sobre cubos de hielo: así nació el té helado.

Los expertos recomiendan el método siguiente para su preparación: prepare una infusión con 60 gramos de té negro en 1,2 litros de agua fría y deje reposar al menos tres horas, o durante la noche. Cuele el té en una jarra y manténgalo en el refrigerador. Sirva en un vaso sobre cubos de hielo; puede agregarle una rebanada de limón.

Muchas personas endulzan su té helado con un poco de azúcar. Al añadir algunas hojas de menta fresca se logra una variedad refrescante para el verano.

En especial, se piensa que el té verde y el té Oolong tienen propiedades anticancerígenas específicas. Sin embargo, los resultados alenta-

---

COSTUMBRE INGLESA *Los ingleses en el extranjero siempre disfrutan una taza de té negro por la tarde, sin importar el clima. Los hoteles de lujo de la India y el Lejano Oriente todavía sirven el tradicional tá acompañado de sándwiches de pepino.*

dores obtenidos en los experimentos en laboratorio no se han repetido en estudios en población.

Entre otros componentes del té negro, además de los saborizantes que se añaden, como el bergamoto, se incluyen fluoruro (cercad de 0,25 miligramo por taza) y manganeso (cerca de 0,5 miligramo por cada taza).

Las personas que padecen de úlcera gástrica deben evitar consumir el té negro muy concentrado, puesto que, al igual que el café, estimula la secreción de jugos gástricos y puede provocar irritación; deben tomar té ligero con leche.

También se sabe que el té negro puede precipitar la MIGRAÑA en personas susceptibles; sin embargo, no se ha podido determinar si esto es debido al contenido de flavinoides o al de cafeína.

Aunque la mayoría del té negro es producido en Asia, los británicos son sus mayores consumidores (constituye el 43% de todo lo que beben), seguidos por los estadounidenses.

tojo de algo dulce, es mejor comer fruta que dulces.

El incremento de peso que se presenta en algunos ex fumadores puede deberse a la necesidad de mantener la boca y las manos ocupadas. Los dulces, las bebidas gaseosas y los bocadillos con frecuencia sustituyen al cigarrillo. Trate de resistir los alimentos que engordan; en lugar de ellos intente probar la goma de mascar sin azúcar.

ALIMENTACIÓN PARA DEJAR DE FUMAR

Se puede reducir el deseo de comer asociado con el retiro de la nicotina si ésta se elimina más lentamente a través de los riñones. Con ese propósito se incrementa la alcalinidad de la orina. Para lograrlo necesita aumentar los niveles de alimentos alcalinos en la dieta, a la vez que disminuye la cantidad de alimentos ácidos.

Reduzca durante unos cuantos días toda fuente de proteína en la dieta (en especial la que proviene de carne, pescado, huevo y la mayor parte de los cereales), aunque se puede consumir, con moderación, leche y productos lácteos por su alto contenido de calcio (el calcio tiene efectos alcalinos). Al mismo tiempo, aumente sustancialmente los alimentos con un alto contenido de potasio y magnesio, que son alcalinos (incluyendo frutas y verduras). No hay garantía de que esta dieta pueda funcionar para todos, aunque ha ayudado a muchos.

TÉ

Vea pág. 350

TERCERA EDAD Y ALIMENTACIÓN

Vea pág. 354

TERNERA

VENTAJAS
- *Buena fuente de proteína y de vitamina B_{12}*
- *Fuente apreciable de cinc y niacina*

Gramo por gramo, la ternera cruda contiene un poco menos de la mitad de grasa y menos energía (calorías) que la carne de res magra, cruda, y la misma cantidad de micronutrimentos. Contiene proteína y cinc para el crecimiento y reparación de los tejidos del organismo, y vitaminas del complejo B para mantener sano el sistema nervioso.

Por tradición, la ternera se obtenía de animales que se mantenían enjaulados para restringir su movimiento y que sólo se alimentaban con leche; esta alimentación les provocaba anemia, por lo que su carne era blanca. Dicha práctica es ahora ilegal; el trato y una dieta más humanitaria ocasionaron que en la actualidad la carne sea más oscura. En Europa, prevalece el método tradicional y tanto la crianza como los métodos de transporte utilizados han provocado preocupación pública.

TIROIDES, ENFERMEDADES DE LA

AUMENTE
- *Alimentos ricos en vitaminas del complejo B, como pescado, cereales integrales, legumbres y semillas, para combatir la pérdida de peso asociada con una glándula tiroides sobreactivada (hipertiroidismo)*

REDUZCA
- *Col cruda, nabo, cacahuates y mostaza*
- *Tabaco, alcohol y cafeína si el problema es una glándula tiroides sobreactiva*

La glándula tiroides, que se encuentra frente a la tráquea, justo abajo del cartílago cricoides (la manzana de Adán), produce hormonas que contienen yodo y controlan el metabolismo: la velocidad a la que se oxidan los alimentos y el oxígeno para producir la energía requerida para el crecimiento, el ejercicio y las situaciones de estrés. El yodo se necesita en la dieta para que la glándula tiroides funcione bien. La deficiencia de yodo es una de las enfermedades nutricias más comunes en el mundo y su resultado es una condición que se conoce como bocio endémico. Se usa el término bocio para describir el crecimiento de la glándula tiroides asociado con esta condición.

Sin embargo, la deficiencia de yodo es bastante rara en el mundo desarrollado; por lo general, se presenta en regiones en donde la ingestión de yodo en la alimentación es deficiente debido a los niveles bajos de este mineral presentes en los suelos y en el agua. En dichas zonas, es preciso aumentar la cantidad de yodo en la alimentación. Los alimentos más ricos en yodo son los pescados de agua salada y las algas. El huevo, el yogur, la leche, el queso añejo y la sal yodatada también son buenas fuentes.

ALIMENTOS QUE SE DEBEN VIGILAR

Algunos alimentos, como la col cruda, los nabos, los cacahuates y la mostaza pueden interferir con la capacidad del organismo para usar el yodo en la producción de hormonas tiroideas. Estos alimentos se conocen como "bociógenos"; sin embargo, no tienen ningún significado nutricio a menos que se consuman en exceso. Sólo precipitan el bocio cuando la ingestión de yodo es deficiente. Los grupos de población que se encuentran en mayor riesgo son los vegetarianos vegan que no consumen ningún alimento de origen animal.

En los países desarrollados es más probable que el bocio sea el resultado de una enfermedad autoinmune, que afecta el funcionamiento de la glándula tiroides reduciendo su actividad.

ACTIVIDAD REDUCIDA DE LA TIROIDES

El hipotiroidismo, término usado para describir la actividad reducida de la glándula tiroides, hace que el metabolismo se lleve a cabo más despacio. La enfermedad se desarrolla lentamente; además del bocio, entre los primeros síntomas se incluyen la fatiga, el olvido y el incremento en el peso corporal, la sensibilidad al frío, el estreñimiento y la resequedad en la piel y en el cabello. Si el padecimiento ha sido provocado por una enfermedad autoinmune, el hipotiroidismo se presenta debido a que el organismo desarrolla anticuerpos que actúan contra su propia glándula tiroides, lo que conduce a una reducción de la producción de hormonas tiroideas.

El hipotiroidismo prevalece en los ancianos, pero puede afectar a personas de cualquier edad. Si se presenta durante la infancia, puede retrasar el crecimiento, inhibir el desarrollo normal del cerebro y retrasar la madurez sexual. Como medida de precaución, el médico debe revisar a los bebés en el momento del nacimiento.

La reducción de la actividad de la glándula tiroides es una causa común de los niveles altos de colesterol en la mujer. Por lo general, el hipotiroidismo se trata administrando la hormona tiroxina. Los enfermos de la tiroides presentan en ocasiones una reducción en la capacidad para transformar en vitamina A los beta carotenos, que se encuentran en algunas frutas color naranja y verduras de hoja verde. Esto hace que los beta carotenos se acumulen en la sangre y en los tejidos, lo que propicia un color anaranjado (como de zanahoria) en la piel.

Bocio

El cuello aumentado de tamaño debido al crecimiento de la glándula tiroides se conoce como bocio. Normalmente, la hinchazón es blanda, aunque puede ser dura y presentar protuberancias. En algunos casos, el bocio puede ser bastante grande y provocar un aumento en la circunferencia del cuello, y hasta puede llegar a oprimir el esófago.

Cuando la glándula tiroides sobreactiva (hipertiroidismo) produce bocio, normalmente está acompañada por otros síntomas: sudoración profusa, pulso acelerado, taquicardia, nerviosismo, ojos saltones (exoftalmos) y pérdida de peso.

Cuando la tiroides con reducida actividad (hipotiroidismo) causa bocio, puede ir acompañada de síntomas, como piel seca, cabellos ásperos y resecos, sensibilidad al frío, aumento de peso, fatiga y somnolencia, entre otros.

También se puede presentar el bocio por falta de yodo en la dieta. En este caso, no está acompañado de ningún síntoma. Los alimentos con un alto contenido de yodo, como las algas, pueden ayudar, pero evite la col cruda y los nabos, que inhiben la capacidad del organismo para utilizar el yodo en la producción de hormonas tiroideas.

TIROIDES SOBREACTIVA

El hipertiroidismo (sobreactividad de la glándula tiroides) se presenta cuando la glándula produce cantidades excesivas de sus dos hormonas tiroideas principales (triyodotiromina y tetrayodotiromina), que estimulan muchas de las funciones del organismo, como el aumento del ritmo cardiaco. Otros síntomas de una tiroides sobreactiva incluyen la pérdida de peso, la fatiga, el incremento en el apetito, la irritabilidad y el nerviosismo, el bocio, la sudoración excesiva, la sensibilidad al calor y los ojos saltones (exoftalmos).

Debido al aumento en la velocidad del metabolismo, las personas que tienen una tiroides sobreactiva producen energía y utilizan los nutrimentos vitales más rápidamente que lo normal, por lo que éstos tendrán que formar parte importante de la dieta que deberá acompañar al tratamiento médico.

Si la pérdida de peso es un problema grave, puede ser necesario consumir proteínas adicionales, por ejemplo, del pescado o del huevo, para sustituir el tejido muscular que se ha perdido. La ingestión adecuada de las vitaminas del complejo B, que se encuentran en los cereales integrales, las papas y los productos lácteos, es esencial para el metabolismo de los carbohidratos y las proteínas extra.

Normalmente, el factor que provoca la actividad acelerada de la tiroides es la presencia de anticuerpos que estimulan las células de la glándula, pero todavía se desconoce cuál es la causa de que el organismo produzca estos anticuerpos.

Si padece hipertiroidismo y limita el uso de la nicotina, del alcohol y de la cafeína (que se encuentra en el té negro, el café, las bebidas de cola y el chocolate simple) podrá reducir los síntomas e incrementar la velocidad de la tasa metabólica.

TOFU

VENTAJAS
- *Contenido alto de proteínas*
- *Contenido bajo de grasas saturadas*
- *Buena fuente de calcio y muy apreciable de vitamina E*
- *Puede ayudar a proteger contra algunas formas de cáncer y enfermedades cardiacas*

Continúa en la página 356

LA TERCERA EDAD Y LA ALIMENTACIÓN

Aunque el consumo de energía se reduce al envejecer, se siguen necesitando alimentos saludables y nutritivos. Una dieta bien balanceada es una de las mejores defensas contra los efectos del tiempo.

Muchas de las señales exteriores del envejecimiento se pueden atrasar, y hasta se puede prolongar la vida, comiendo adecuadamente.

Prepare alimentos llenos de color y evite caer en la costumbre de preparar constantemente "comidas fáciles y rápidas". Ya que con la edad se reduce la actividad física —y en ocasiones conduce a la disminución de la movilidad—, los requerimientos de energía pueden disminuir hasta en un 5% por cada decenio después de los 40 años, pero la necesidad de nutrimentos para la reparación y regeneración de las células no se reduce: en realidad aumenta.

DEFICIENCIA DE NUTRIMENTOS

Con la edad, tanto el metabolismo como la capaci-dad del organismo para absorber los nutrimentos se vuelven más deficientes, debido a que se producen menos ácidos gástricos y otras secreciones digestivas y enzimas. También los efectos de los malos hábitos, como el tabaquismo, empiezan a materializarse. Se sabe que ese hábito y el de beber alcohol pueden terminar con las reservas de nutrimentos del organismo.

El consumo reducido de vitaminas B_6, B_{12}, D y folato, y de los minerales calcio, magnesio y cinc, es especialmente común entre los ancianos.

Cuando sus niveles descienden por debajo de los requerimientos diarios, es casi seguro que la salud se verá afectada.

Al aumentar el consumo de vi-tamina B_{12}, con frecuencia se logra invertir la pérdida de memoria o los problemas de coordinación y equilibrio. Esto puede lograrse incluyendo mucho pescado, vísceras y cerdo, huevos, queso y leche en la dieta. Existen datos que demuestran que 1 entre cada 200 ancianos, cuya dieta contiene un bajo nivel de vitamina B_{12}, no produce las secreciones gástricas que se requieren para su absorción y puede necesitar inyecciones para corregir la deficiencia.

A la dieta de los ancianos también le puede faltar el folato, por un consumo bajo de frutas y verduras. Y, puesto que los ancianos se exponen al sol de manera limitada, necesitan incluir una fuente de vitamina D en los alimentos. La vitamina D permite que el calcio se absorba adecuadamente; sin suficiente calcio, los huesos se adelgazan y se vuelven frágiles. Además de la margarina, la leche, el queso, el yogur y los pescados, hay pocas fuentes de vitamina D; por ende, puede ser recomendable tomar un complemento.

Después de la jubilación, los ancianos pueden sentir que se merecen unos cuantos gustos, como el cigarro o una bebida alcohólica de vez en cuando. ¿Cuál es el objeto, dicen, de abstenerse de esos placeres en esa etapa de su vida? Pero fumar y beber en exceso consumen los depósitos de nutrimentos vitales y estimulan la producción de los potencialmente dañinos RADICALES LIBRES. Los beneficios de un consumo moderado de alcohol, y de dejar de fumar, no se deben subestimar. Una buena dieta también puede ayudar a proporcionar los nutrimentos vitales que se conocen como ANTIOXIDANTES —se encuentran en las frutas, las verduras y la mayor parte de los frutos secos—, y que pueden combatir a los radicales libres.

Los ancianos, preocupados por el control de la vejiga, en general beben muy pocos líquidos, pero su necesidad de éstos es casi la misma que la de los jóvenes, y el riesgo de deshidratación es el mismo. Beber a sorbos de 6 a 8 vasos de agua al día puede ser suficiente.

Debido a que el exceso de peso puede aumentar como resultado de un metabolismo lento y la disminución en los requerimientos de energía, las personas mayores deben hacer ejercicio con regularidad. La obesidad presenta un riesgo mayor para la salud de los ancianos que para la de los jóvenes.

Durante la vejez, una dieta balanceada es tan importante como en cualquier otra etapa de la vida. Elija alimentos que contengan fibra: el pan integral, las frutas y las verduras, para evitar el ESTREÑIMIENTO y otros problemas digestivos, que provocan malestares durante las últimas etapas de la vida.

LA COMIDA SABE MEJOR CUANDO SE COMPARTE *Trate de llevar una dieta balanceada, sin importar su edad.*

Necesidades nutricias de los ancianos

Al envejecer necesita menos calorías, hecho que con frecuencia se refleja en un menor apetito y en falta de interés por la comida, pero los requerimientos de vitaminas y otros nutrimentos aumentan en lugar de disminuir.

CARBOHIDRATOS Y ALMIDONES

Cereales integrales, como la cebada, el arroz y el pan integral, proporcionan vitamina B_6, folato y otros nutrimentos, junto con fibra insoluble, esencial para evitar el estreñimiento. La avena preparada con leche, o los cereales enriquecidos para el desayuno, son una manera fácil y nutritiva de iniciar el día.

VERDURAS

Las verduras de hoja verde, como la col y la espinaca, no son caras, se cuecen con facilidad y proporcionan muchos nutrimentos importantes como beta carotenos, vitaminas B_6, E y folato, así como calcio, hierro y magnesio. Los tubérculos, como las papas, el nabo y el camote, lo dejarán satisfecho, son baratos y también le proporcionan carbohidratos, fibra y vitamina C.

FRUTAS

Los cítricos, las fresas y los tomates proporcionan la valiosa vitamina C. Las manzanas y las peras contienen fibra soluble valiosa, que ayuda a reducir los niveles de colesterol en la sangre. El plátano es una buena fuente de potasio y carbohidratos. Coma frutas en abundancia, por lo menos cinco raciones de 100 gramos al día.

FRIJOL, LENTEJA Y CHÍCHAROS SECOS

Las legumbres se aprovechan mejor cuando se combinan con cereales, como pan, arroz o pastas, que proporcionan los aminoácidos esenciales para completar la cadena de las proteínas en las legumbres. Éstas son una buena fuente de casi todas las vitaminas del complejo B y de fibra. El frijol cocido acompañado de una tortilla resulta un alimento caliente y nutritivo. Un plato de arroz con frijoles proporciona proteínas similares a las de la carne.

CARNE Y AVES

Las vísceras son una fuente concentrada de proteínas. Como las otras carnes, proporcionan vitaminas A, B_{12}, D, E, tiamina y folato, así como hierro y cinc. Las aves son muy útiles; la carne es una buena fuente de proteína que se digiere con facilidad, y se pueden preparar un buen caldo con los huesos.

PRODUCTOS LÁCTEOS

La leche, el queso y el yogur son fuentes baratas de proteínas completas. Contienen las vitaminas A, B_{12}, folato, riboflavina y niacina, y proporcionan calcio. Consuma aproximadamente 250 mililitros de leche al día. Puede comer cerca de 250 gramos de queso a la semana si no tiene la presión arterial alta o un nivel alto de colesterol en la sangre.

HUEVOS

Fáciles de cocinar, comer y digerir, los huevos son una fuente excelente y barata de proteínas completas. También proporcionan vitaminas A y D. Sin embargo, debido a que también contienen altos niveles de colesterol, es probable que lo mejor sea no comer más de 3 o 4 huevos a la semana.

PESCADO

Todo el pescado proporciona proteínas de alta calidad y vitaminas del complejo B. Los pescados del tipo de la macarela y el arenque no son caros y proporcionan ácidos grasos esenciales, vitamina A y vitamina D.

El pescado enlatado, como el salmón y la sardina, ofrece la mayor parte de los beneficios del pescado fresco, con la ventaja de incluir hueso comestible, que es una buena fuente de calcio.

DESVENTAJA

• *La soya es un alergeno común*

Se conoce como el "queso de Asia". El tofu, suave y de color crema, se prepara moliendo frijol de soya cocido para producir un tipo de leche que después se solidifica con un coagulante mineral (sulfato de calcio). El tofu tiene un alto contenido de proteínas, es bajo en grasas saturadas y libre de colesterol. Una ración de 100 gramos de tofu al vapor contiene aproximadamente 73 calorías.

El tofu es insípido por naturaleza, por lo que se puede usar tanto en platillos dulces como en salados. Hay dos tipos básicos: el tofu sedoso, suave y adecuado para preparar aderezos, salsas y productos libres de lácteos, como el helado y el pastel de queso, y el tofu firme, que es más sólido y se puede marinar para darle algo de sabor. El tofu firme se puede freír, preparar a la parrilla, servir revuelto, con salmuera y ahumado, horneado y al carbón.

El tofu al vapor es una buena fuente de calcio (por el sulfato de calcio que se usa en su preparación) y una fuente útil de manganeso y vitamina E. También contiene fósforo y hierro, y, por lo tanto, es especialmente útil para una dieta vegetariana balanceada. El tofu puede sustituir a la carne en muchas recetas, como en el teriyaki, platillo oriental.

Se ha analizado el frijol de soya y sus productos derivados, como el tofu y la pasta de frijol de soya, para estudiar el posible papel que puedan desempeñar en la protección contra el cáncer (en especial el mamario), la osteoporosis y los síntomas de la menopausia. Sus cualidades protectoras se atribuyen a la actividad hormonal de los fitoestrógenos presentes en estos alimentos.

El frijol de soya y sus derivados también pueden ayudar a reducir el nivel de colesterol en la sangre, protegiendo así contra las enfermedades cardiovasculares.

Debido a que la fibra del frijol de soya se retira durante el proceso de elaboración, el tofu se puede digerir con toda facilidad. Pero absorberá aproximadamente el 15% de la grasa que se use para freír. Se sabe también que la soya es uno de los alergenos más comunes que se encuentran en los alimentos.

Al comprar tofu fresco, primero huélalo para asegurarse de que no esté agrio. El tofu empacado tiene la fecha de caducidad impresa en la envoltura. Enjuague el tofu y guárdelo en el refrigerador en agua fría. Cambie el agua todos los días y consuma el tofu durante los tres o cuatro días posteriores.

ALIMENTOS DEL ORIENTE *En este platillo, el tofu se corta en triángulos, se fríe en mucho aceite y luego se sofríe con rebanadas delgadas de carne de cerdo y verduras en una salsa de soya amarilla.*

TOMATE

VENTAJAS

• *Buena fuente de beta carotenos y de potasio*
• *Fuente apreciable de vitaminas C y E*

DESVENTAJAS

• *Puede provocar alergias, especialmente eccema*
• *El tomate verde puede provocar migraña en personas susceptibles*

El tomate es delicioso si se consume en ensaladas y también es muy bueno para la salud. Por ejemplo, investigaciones recientes realizadas en Inglaterra reportaron que el licopeno, pigmento natural de la familia de los beta carotenos que proporciona el color rojo al tomate, puede ayudar a prevenir algunas formas de cáncer y reducir así el daño que provocan los RADICALES LIBRES.

El tomate es una buena fuente de potasio y beta carotenos, y también una fuente útil de vitaminas C y E, a la vez que contiene muy poca energía (calorías). Dos tomates de tamaño mediano sólo contienen 22 calorías, hecho que los hace un elemento útil en cualquier dieta para bajar de peso. Las variedades comunes incluyen los pequeños y dulces tomates *cherry*, los tomates mediterráneos y el tomate redondo para rebanar. Las variedades amarillas son más dulces y tienen un contenido más alto de azúcar.

Algunas personas presentan reacciones adversas si consumen tomate. La recurrencia de úlceras en la boca y el eccema pueden ser síntomas de que este alimento no les cae bien. Asimis-

¿MEJOR EN LA MATA? *El sabor del tomate depende más de su variedad y madurez que de dónde madura.*

El tomate, que desde el punto de vista de la botánica es una fruta más que una verdura, se conocía como la manzana del amor. Esto no tiene nada que ver con su apasionado color ni con su forma sugerente. De hecho, el nombre nació en Italia, en donde llamaban a los tomates *pomi di mori*, "manzanas de los moros". Al escucharlo, a los franceses les parecía escuchar *pomme d'amour* —en español, "manzana del amor".

mo, el alcaloide solanina presente en los tomates verdes puede desencadenar migraña.

TORONJA

VENTAJAS
• *Fuente excelente de vitamina C*
• *Contiene pectina, que puede ayudar a reducir los niveles de colesterol en la sangre*

La mitad de una toronja proporciona más de la mitad de los requerimientos diarios de vitamina C de un adulto. Es recomendable ingerir no sólo el jugo sino también algo de la membrana que separa los gajos de la fruta, y también un poco de la médula blanca. Estas dos porciones contienen una cantidad apreciable de pectina, una forma de fibra soluble que puede ayudar a reducir los niveles de colesterol en la sangre.

La toronja rosa o roja tiene un contenido ligeramente mayor de vitamina C que las variedades amarillas.

Algunos expertos piensan que todos los cítricos desempeñan un papel importante como protección contra el cáncer, debido a que la pulpa y la médula contienen compuestos conocidos como bioflavinoides, que se cree que neutralizan las sustancias que provocan el cáncer.

DIETAS A BASE DE TORONJA
Un mito popular indica que la toronja ayuda a bajar de peso debido a que tiene la capacidad de "quemar" grasa.

Algunas dietas de corta duración se basan en comer toronja y unos cuantos alimentos más; ésta es una práctica poco saludable, puesto que se necesita ingerir una variedad de alimentos para obtener toda la gama de nutrimentos que el organismo necesita para mantenerse sano.

La toronja tiene un bajo contenido de grasa y energía; consumirla como parte de una dieta con un bajo contenido de grasa es adecuado, pero ningún alimento tiene la capacidad de quemar grasa.

TROMBOSIS

AUMENTE
• *Pescados ricos en ácidos grasos (omega-3)*
• *Salvado de avena y legumbres, por la fibra*
• *Cebolla y ajo, que pueden ayudar a prevenir los coágulos*

REDUZCA
• *Productos de origen animal y lácteos, que contienen muchas grasas saturadas y colesterol*
• *Sal, que aumenta la presión arterial*
• *Tabaco*

Una dieta baja en grasas saturadas, alta en fibra y que incluya mucha fruta y verdura puede reducir el riesgo de aterosclerosis, una forma de alteración cardiaca en la que se acumulan depósitos de grasa en las arterias. Esto puede provocar una trombosis, que ocurre

Tipos de trombosis

Si un trombo bloquea una arteria, la parte del organismo que se encuentra más allá del bloqueo no recibe sangre y, por lo tanto, no recibe oxígeno ni nutrimentos. Si es un miembro el que se afecta, la zona que no recibe sangre palidece, se inflama y duele en poco tiempo. Si se bloquea una arteria coronaria, el músculo del corazón deja de recibir sangre, lo que puede desencadenar un ataque cardiaco. Un coágulo en los vasos sanguíneos que llevan sangre al cerebro pueden provocar un ataue de apoplejía.

Un trombo en las venas puede ser igual de grave. La trombosis en las venas profundas normalmente se presenta en las piernas. Puede producirse después de una cirugía, pero existe menor posibilidad de que así suceda si el paciente se levanta y empieza a caminar tan pronto como le sea posible. Otros factores que también contribuyen son la obesidad, el uso de ciertas píldoras anticonceptivas y la falta de actividad física (vida sedentaria).

Si se desprende un coágulo de un trombo de una vena profunda puede provocar una embolia. Si avanza hasta el pulmón (una embolia pulmonar), puede ser fatal. La tromboflebitis es una inflamación de las venas superficiales, más cercanas a la piel. Generalmente afecta a las piernas y puede estar asociada con las venas varicosas.

cuando una de las placas de grasa reduce la luz del vaso arterial y cuando se forma un coágulo de sangre o un trombo que bloquea el paso del flujo de sangre.

Reduzca los alimentos con un alto contenido de grasa saturada, como los productos lácteos, así como los alimentos que tienen un alto contenido de sal (que puede elevar la presión arterial), como el extracto de levadura, embutidos como el tocino y las salchichas, y los alimentos enlatados o industrializados.

ALIMENTOS QUE AYUDAN

Sin embargo, no todas las grasas son malas. Algunas grasas poliinsaturadas contienen ácidos grasos omega-3 que hacen que las plaquetas de la sangre sean menos "adherentes", ayudando así a evitar la formación de coágulos. Estos ácidos se encuentran en pescados como la macarela, el arenque y la trucha. Trate de ingerir una comida que contenga uno de estos pescados, de dos a tres veces por semana.

La gente piensa que la CEBOLLA cruda protege contra los efectos dañinos de muchos alimentos con alto contenido de grasa incrementando la velocidad a la que se disuelven los coágulos de sangre. También piensa que el AJO fresco reduce el riesgo de coágulos de sangre. Pero tendría que comer 10 o más dientes de ajo al día para lograr un efecto sig-

nificativo. En la literatura científica no existe nada concluyente en relación con estas creencias.

Se sabe que el riesgo de una trombosis aumenta con la edad, y que otros factores como la obesidad, el tabaquismo y la falta de actividad física pueden desencadenarla. Aunque no se

puede detener el paso de los años, sí es posible ayudar a reducir el riesgo de este padecimiento reduciendo el tabaco, manteniendo un peso adecuado y haciendo ejercicio de manera regular. El consumo moderado de ALCOHOL, dos copas de vino al día, es aceptable y puede reducir el riesgo de trombosis,

REDUCCIÓN DE RIESGOS *La clave para evitar una trombosis es una dieta con un bajo contenido de grasa saturada y un alto contenido de fibra y ácidos grasos omega-3, que se encuentran en algunos aceites y pescados.*

La macarela a la parrilla servida con verdura proporciona los ácidos grasos omega-3 esenciales y bastante fibra.

El brócoli y las pastas con salmón tienen un alto contenido de fibra y de vitamina C, así como un bajo contenido de grasa saturada.

La nieve de casis es un postre fresco y sin grasa.

Los pimientos rellenos de piñones y chabacano son un platillo con un alto contenido de fibra.

pues produce la dilatación de los vasos capilares pequeños.

TUBERCULOSIS

AUMENTE
- *Pescado, carne magra, cereales y legumbres*
- *Frutas y verduras frescas*
- *Huevo y productos lácteos*

EVITE
- *La leche sin pasteurizar*

La alimentación deficiente e inadecuada y la pobreza contribuyen al aumento en la incidencia de la tuberculosis (TB), que es responsable de más muertes en el mundo que cualquier otra enfermedad infecciosa. Aunque la tuberculosis prevalece sobre todo en los países en desarrollo, también es causa de preocupación en algunos países desarrollados.

Con cerca de 25.000 nuevos casos cada año, la tuberculosis es relativamente poco común en Estados Unidos. A lo largo de este siglo, el número de casos disminuyó considerablemente.

Sin embargo, en 1985, fue reportado un incremento debido sobre todo a la presencia de esta enfermedad entre pacientes del síndrome de inmunodeficiencia adquirida (SIDA) y entre personas de bajos recursos económicos. Esta información indica que una variedad nueva del bacilo de la tuberculosis, resistente a los antibióticos actuales, se está desarrollando en Estados Unidos, en donde la enfermedad se ha vuelto muy común entre las personas infectadas con el virus de inmunodeficiencia humana (VIH).

Además, un número de personas que habían sido tratadas (y presumiblemente curadas) de tuberculosis en los años cuarenta y cincuenta sufrieron recurrencias.

En Inglaterra, gracias a los programas de vacunación y a las mejores condiciones de vida, el número de casos que se reportaron se redujo también después del decenio de los cincuenta. No obstante, de 1987 a 1993 la incidencia aumentó 12%, llegando a 5.961 casos.

Una dieta saludable desempeña un papel importante en la prevención de la tuberculosis. En especial, la ingestión de carne y pescado puede ser significativa tanto para su prevención como en su tratamiento.

Recientemente, en un estudio realizado entre inmigrantes asiáticos radicados en el sur de Londres, Inglaterra, se encontró que los vegetarianos que no comen pescado ni carne, y tampoco leche ni productos lácteos, tienen por lo menos ocho veces más posibilidades de contraer la tuberculosis que los otros asiáticos que comen carne o productos lácteos todos los días.

No se entiende con precisión la razón de que esto sea así; sin embargo, la investigación sugiere que la deficiencia de vitamina B_{12} (que se obtiene principalmente de alimentos de origen animal o de alimentos enriquecidos) aumenta el riesgo de contraer tuberculosis.

Las personas que sufren de anemia perniciosa (provocada por la incapacidad de absorber la vitamina B_{12}) también son susceptibles a contraer la enfermedad. De igual manera, se sabe que la deficiencia de vitamina D afecta la inmunidad contra las enfermedades en general.

El huevo, los pescados ricos en ácidos grasos, como la macarela y la sardina, y los productos lácteos son una buena fuente de vitaminas B_{12} y D. Al ingerir una buena cantidad de estos alimentos combinados con carne magra, cereales integrales y legumbres, además de frutas y verduras frescas, se puede garantizar el complemento de los nutrimentos que se necesitan. Esto ayudará a la recuperación y lo protegerá contra la recurrencia de la enfermedad.

¿QUIÉN CORRE EL RIESGO?
Durante los decenios de los sesenta y los setenta, la tuberculosis se asociaba principalmente con las minorías étnicas. Sin embargo, estudios detallados de nuevos casos indican que la enfermedad afectaba a los pobres y mal alimentados, sin importar el origen étnico.

La bacteria que se conoce como *Mycobacterium tuberculosis* provoca la enfermedad. La variedad que causa la tuberculosis pulmonar se difunde mediante la tos y el estornudo. Los síntomas van desde fatiga, falta de apetito, fiebre y pérdida de peso, hasta disminución de fuerza.

Pero es importante saber que, en algunos casos, las personas infectadas pueden no mostrar ningún tipo de síntoma.

TRATAMIENTO DE LA TUBERCULOSIS
Los niños sin vacunar, los ancianos y quienes padecen de desnutrición o salud inadecuada son los más susceptibles a verse afectados por la tuberculosis. El tratamiento incluye descanso y medicación a base de antibióticos especiales, que se deben tomar cada día durante seis a nueve meses, sin interrupción alguna, para lograr la cura total.

Las personas que viajen a países que presenten una incidencia elevada de esta enfermedad deberán tener cuidado con la ingestión de leche y mantequilla no pasteurizadas, puesto que estos alimentos pueden provenir de vacas infectadas con una variedad bovina de la bacteria. Aunque los bacilos bovinos son un poco diferentes, en ocasiones la enfermedad se trasmite a las personas.

ÚLCERAS BUCALES

AUMENTE

- *Verduras de hoja verde y cereales integrales, por el folato*
- *Leche y papas, por las vitaminas del complejo B*
- *Alimentos ricos en cinc, como los mariscos y los frutos secos*

REDUZCA

- *Sal y alimentos salados, como papas fritas y botanas similares*
- *Alimentos ácidos, como los pepinillos*
- *Frutas en almíbar*
- *Alcohol*

En cualquier parte de la boca se pueden presentar manchas blancas dolorosas que se conocen como úlceras aftosas. Normalmente están rodeadas por un borde inflamado rojo brillante y pueden aparecer solas o en grupos. Las úlceras recurrentes pueden ser el resultado de deficiencias nutricias (como de hierro, en caso de anemia), sensibilidad a los alimentos, alergias o estrés emocional. Las úlceras bucales también pueden ser síntoma de otras enfermedades, como la enfermedad celiaca o la enfermedad de Crohn.

Las mujeres que padecen de úlceras bucales pueden notar que su aparición coincide con su ciclo menstrual. Los problemas dentales —un borde mellado, una obturación dañada que lesiona el interior de la boca o una infección— también pueden ser otra posible causa; en este caso se puede presentar fiebre.

De igual manera, las dietas con un contenido bajo de las vitaminas del complejo B se han considerado como una causa; la leche y los cereales integrales son buenas fuentes de vitaminas del complejo B. Otro factor es la deficiencia de cinc, del que son buenas fuentes el germen de trigo, los frutos secos, las semillas, los mariscos y el huevo. Para mantener sanas las células de la mucosa de la boca se necesita el folato, que puede encontrarse en las verduras de hoja verde y en los cereales integrales. Si padece úlceras, evite los alimentos salados y ácidos, como los pepinillos y el alcohol, pues empeoran el problema.

ÚLCERAS GÁSTRICAS

AUMENTE

- *Verduras ricas en beta carotenos y frutas que contengan vitamina C*
- *Alimentos ricos en cinc, como los cereales integrales y los mariscos*

REDUZCA

- *Sal y salsa de soya*
- *Alimentos condimentados*
- *Cafeína en el café, el té negro y las bebidas de cola*
- *Alcohol*

Comer más frutas y verduras, como zanahorias, col, pimientos, cítricos, chabacanos y kiwi, puede ayudar a curar las úlceras gástricas y proteger la pared intestinal contra un daño mayor. Los nutrimentos útiles son los beta carotenos, que el cuerpo convierte en vitamina A, y la vitamina C. Los alimentos ricos en cinc, como los cereales integrales y los mariscos, pueden también ayudar en el proceso de curación.

Las úlceras gástricas aparecen cuando se pierde el equilibrio entre los jugos gástricos y la membrana mucosa protectora: este recubrimiento del tracto digestivo se daña y se pueden formar úlceras. Algunos estudios sugieren la posibilidad de que los ácidos grasos esenciales ayuden a proteger contra las úlceras, al aumentar la producción de prostaglandinas.

Un estudio citado en el *American Journal of Epidemiology* en 1992 vinculó un gran consumo de sal y salsa de soya con un riesgo mayor de llegar a desarrollar úlcera duodenal.

La dieta con bajo contenido de fibra, a base de alimentos blandos (como el pescado blanco escalfado, la leche y los llamados ingredientes "aguados", tomados como comidas pequeñas frecuentes) que anteriormente eran recetados a las personas que padecían úlceras, se ha desacreditado mucho, después de que algunos estudios descubrieron que a menudo resultaba inefectiva. En la actualidad se permite que las personas que padecen úlceras coman normalmente. Sin embargo, aún deben evitarse las comidas excesivas, ya que pueden estimular una gran secreción de ácido. Es posible que los síntomas se agraven en las personas que consumen chile, pimienta negra, mostaza y otras especias fuertes. La cafeína y el alcohol también aumentan la acidez del estómago.

Las úlceras son relativamente comunes; los síntomas varían desde malestar hasta un dolor ardiente en la parte superior del abdomen y, en casos graves, vómito y pérdida de peso.

¿LA RAÍZ DE LA SALUD?

La raíz de regaliz parece ser un remedio efectivo contra las úlceras gástricas, pues ha demostrado su eficacia para eliminar un ácido que puede elevar la presión arterial. Se ha demostrado que la raíz, tomada en forma de tableta masticable, protege contra las úlceras causadas en el recubrimiento del estómago por los efectos dañinos de la aspirina y otros medicamentos, tales como el ibuprofén.

LA BACTERIA CULPABLE

Actualmente se investiga la relación de la bacteria *Helicobacter pylori* con la formación de úlceras, pero no hay nada concluyente.

UÑAS, PROBLEMAS DE LAS

AUMENTE

- *Carnes rojas y aves, por el hierro*
- *Mariscos, pescados, legumbres, frutos secos y vísceras, por el cinc y el selenio*
- *Frutas cítricas y su jugo, por la vitamina C*

EVITE

- *Bebidas que tengan taninos, en especial té negro muy concentrado (que inhibe la absorción del hierro) con los alimentos*

Las uñas sanas son fuertes, tienen una superficie pareja y su color es rosa. Están formadas por una proteína que se llama queratina y crecen, en promedio, 1 milímetro a la semana. La condición de sus uñas puede indicar el estado general de su salud. Las uñas, como cualquier otra parte del organismo, necesitan un suministro de nutrimentos. Sin embargo, el organismo da prioridades a la distribución de sus nutrimentos y, debido a que las uñas no son órganos vitales, son una de las primeras zonas que se ven afectadas por las deficiencias nutricias, ya sea por una mala alimentación o por enfermedad.

Las uñas delgadas, cóncavas, en especial en el dedo pulgar, denotan deficiencias de hierro y cinc en la alimentación. Las uñas también pueden perder color y volverse quebradizas. Aumentar la ingestión de hierro ayudará a evitar la anemia por falta de es-

te mineral y mejorará la salud general, así como la condición de las uñas.

La carne roja, el pescado, el pollo y las verduras de hoja verde son buenas fuentes de hierro. Como la vitamina C ayuda al organismo a absorber el hierro presente en los vegetales, trate de tomar jugos de frutas cítricas con los alimentos y evite tomar té negro muy concentrado con ellos, puesto que los taninos inhiben la absorción del hierro.

Las uñas quebradizas y las infecciones en la piel que las rodea pueden indicar falta de cinc en la alimentación. Ingiera muchos alimentos con un alto contenido de cinc, como los mariscos, el huevo, las vísceras, la carne, los frutos secos, las lentejas y el garbanzo.

La deficiencia de selenio puede ocasionar que se formen bandas anchas o rebordes en las uñas. Si se ingiere demasiado selenio, las uñas se pueden ennegrecer. Los mariscos y el pescado son buenas fuentes de selenio, como también lo son la levadura de cerveza, las vísceras y los cereales.

EL MITO DEL CALCIO

Muchas personas piensan que los alimentos ricos en calcio les darán fuerza a las uñas. De hecho, las uñas sólo contienen una mínima cantidad de calcio, y el mineral juega una parte muy pequeña o ninguna en su endurecimiento. Las pequeñas manchas blancas sobre las uñas, que antes se pensaba que las provocaba una deficiencia de calcio, se cree ahora que son el resultado de un golpe, demasiado manicure o, en casos raros, una deficiencia de cinc. Mejorar la ingestión de cinc, ya sea mediante complementos o con alimentos que lo contengan, puede ayudar a que las manchas blancas desaparezcan.

QUÉ DESENCADENA EL PANADIZO

El panadizo (paranicia) son infecciones en la matriz de la uña provocadas por

bacterias que normalmente entran en la piel por un padrastro o por cualquier otra lesión pequeña. Generalmente responden a la aplicación de un ungüento antimicótico. La ingestión balanceada de vitaminas y minerales ayudará a la recuperación.

Los diabéticos y quienes padecen alguna enfermedad por deficiencia de minerales están propensos a padecer panadizo crónico. Las personas que constantemente tienen las manos sumergidas en agua, como quienes trabajan en la cocina, en un bar o son enfermeras, también tienen esta propensión. Para ayudar a evitar este problema doloroso, siempre use guantes de hule al lavar.

El agua y el jabón también pueden provocar uñas quebradizas o que se levantan en capas. En este caso, el mejor tratamiento es aplicar crema para las manos con regularidad, en especial después de secárselas.

URTICARIA

AUMENTE

- *Verduras de hoja verde, frutas y verduras de color naranja o amarillo, por los beta carotenos*
- *Germen de trigo, vísceras, pescado y legumbres, por la niacina*

EVITE

- *Alimentos que contengan tartrazina (E102)*
- *Cualquier alimento al que sea alérgico o tenga intolerancia*

Las ALERGIAS provocadas por los alimentos a menudo producen urticaria, que se caracteriza por la aparición repentina de comezón intensa o una erupción de ronchas rojas o blancas. La liberación de histamina hacia la piel es la que provoca esta condición, conocida como urticaria. Se le trata con antihistamínicos.

La reacción se puede presentar en cualquier parte del organismo y a veces está acompañada por síntomas adicionales, como fatiga, fiebre o náusea. Si los síntomas persisten, se debe consultar al médico. Si la urticaria provoca inflamación del esófago y se dificulta la respiración, llame una ambulancia de inmediato, pues se podría tratar de una reacción anafiláctica, un tipo de alergia extrema y potencialmente fatal.

Generalmente, los ataques de urticaria son de corta duración y desaparecen en 72 horas, pero la condición puede volverse crónica si la víctima se expone frecuentemente a la sustancia que le produce la alergia. A menudo, la urticaria es el resultado de una picadura de insecto o de contacto con plantas, como las prímulas. Entre los alimentos comunes que producen urticaria se incluyen los mariscos, la leche, las fresas, la cebolla, el ajo, el perejil, el frijol, la papa, el apio, los frutos secos, las especias y algunos aditivos, en especial la tartrazina (E102), que se usa para dar un color amarillo o naranja a los alimentos. Otras sustancias comunes que la desencadenan son medicamentos como la aspirina y la penicilina, las bacterias, el pelo de los animales, el moho y las infecciones virales.

Las personas susceptibles, en especial aquéllas sensibles o alérgicas a la aspirina, pueden descubrir que reaccionan ante los alimentos que contienen salicilatos, compuestos naturales parecidos a la aspirina. Los alimentos que tienen un alto contenido de salicilatos son la mayoría de las frutas, en especial las bayas (zarzamoras, frambuesas) y las frutas secas, algunas hierbas y especias, y los dulces que se elaboran con regaliz o menta. Los frutos secos y las semillas también tienen niveles moderados; la carne, el pescado, las legumbres, los cereales, los productos lácteos y la mayor parte de las verduras los contienen en niveles bajos.

En ocasiones, la combinación de la exposición al sol y la ingestión de ciertos alimentos puede causar urticaria. Se sabe que el trigo sarraceno, por ejemplo, popular entre los naturistas, produce este efecto. Los beta carotenos, los pigmentos presentes en las verduras de hoja verde como las espinacas, y en las frutas y verduras de color naranja como las zanahorias y chabacanos, parecen ser de gran ayuda para aliviar la urticaria producida por la exposición al sol.

Si padece de urticaria con frecuencia, trate de excluir de su dieta cualquier alimento o bebida que sospeche que la provoca, pero primero consulte a un médico o a un nutriólogo calificado. También puede valer la pena incluir vísceras, germen de trigo, pescado y legumbres en la dieta; todos proporcionan niacina, una vitamina del complejo B que se piensa que ayuda a inhibir la liberación de histaminas.

Normalmente, el tratamiento contra la urticaria incluye antihistamínicos. En casos más graves, se recetarán corticosteroides, que se pueden aplicar en la piel o tomar de manera oral.

Uvas

VENTAJAS
- *Buena fuente de potasio*
- *Uvas negras, fuente de antioxidantes*

DESVENTAJAS
- *Las uvas sin lavar a menudo tienen polvo, levaduras, fungicidas y plaguicidas*
- *La uva negra puede provocar migraña*

Se calcula que en el mundo existen unas 200 variedades de uvas. En clima cálido y seco se producen uvas con una mayor concentración de azúcares. En Estados Unidos, el estado con clima más apropiado para su cultivo es California, donde una parte importante de la cosecha se destina a la elaboración de pasas (la uva seca), lo que hace a este estado el líder mundial en producción de pasas.

Ofrecer uvas a un convaleciente se ha vuelto una tradición en algunos países europeos. Las uvas para el postre son frutas ligeras y apetitosas. Son dulces y casi no provocan aumento de peso: un racimo que pese 100 gramos contiene aproximadamente 60 calorías. Las uvas son una buena fuente de potasio, pero proporcionan pocas vitaminas y minerales. Tienen sólo una vigésima parte de la vitamina C que aporta el kiwi.

Pero, a diferencia de las variedades verdes, las uvas negras y rojas tienen un alto contenido de bioflavinoides, por lo que pueden ayudar a proteger al organismo contra el cáncer y las enfermedades cardiacas.

INDUCTORAS DE MIGRAÑA
Los polifenoles y los taninos presentes en las uvas rojas pueden desencadenar migraña en algunas personas susceptibles. Sin embargo, el problema principal con las uvas son los contaminantes sobre el pellejito, incluyendo levaduras, moho y polvo en el aire, así como residuos de plaguicidas. Por esto se deben lavar con cuidado y desinfectarse antes de comerlas.

VARICELA

AUMENTE

- *Hígado, por la vitamina A*
- *Verduras de hoja verde y zanahoria, por los beta carotenos*
- *Jugos de cítricos*
- *Fruta y verdura fresca, para suministrar vitamina C*

Debido a que la vitamina A desempeña un papel importante para mantener sanas las membranas mucosas, así como para sanar la piel, se deberá alentar a las personas que padecen varicela a que consuman alimentos ricos en esta vitamina. El hígado es una fuente excelente (excepto para las mujeres embarazadas), en tanto que los beta carotenos, que el organismo convierte en vitamina A, se encuentran en la verdura de hoja verde y en la fruta y la verdura de color naranja. Como con cualquier tipo de fiebre, beba muchos líquidos. Los jugos de cítricos son especialmente buenos, pues suministran vitamina C, que también se necesita para una piel sana y para evitar infecciones. Para aumentar la energía coma frutas secas, semillas y frutos secos.

Aunque seguir la dieta anterior no curará la varicela, sí le dará al paciente la oportunidad de recuperarse rápidamente de la enfermedad.

ENFERMEDAD QUE PROVOCA COMEZÓN

La enfermedad, que por lo general ataca a los niños, se difunde a través de los estornudos, la tos y el líquido acuoso que aparece en las llagas, que se revientan formando costras. Los síntomas, que normalmente aparecen de 10 a 21 días después de iniciada la infección, incluyen fiebre, erupciones con comezón intensa, cansancio y dolor de cabeza. La varicela es más grave en los adultos, puesto que éstos tienen mayor posibilidad de desarrollar neumonía y otras complicaciones.

La varicela es infecciosa antes de que aparezcan las manchas y siete días después de que éstas han desaparecido totalmente. Evite rascarse las manchas, pues podrían quedarle cicatrices permanentes. Es por esto que las uñas de los niños deben estar muy cortas durante la enfermedad. El baño tibio regular y las lociones pueden ayudarlo a calmar la comezón.

Una vez que los niños han contraído la enfermedad, quedan inmunes para el resto de su vida. Pero el virus permanece latente en el sistema nervioso y provoca HERPES ZOSTER si se reactiva posteriormente. No se puede contraer herpes zoster por estar en contacto con alguien que padezca varicela, pero sí se puede contraer varicela por estar con alguien que padezca herpes zoster.

Los departamentos de gobierno encargados de lo relativo a la alimentación y la medicina de Estados Unidos estudian una vacuna contra la varicela que pronto podría estar disponible.

VÁRICES

AUMENTE

- *Alimentos con un alto contenido de fibra*
- *Agua, al menos 1,7 litros al día*
- *Alimentos ricos en vitamina E*

REDUZCA

- *Carbohidratos refinados, como pasteles y galletas*

La herencia puede ser un factor importante que determina quién desarrollará várices; adoptar ciertas medidas en la alimentación y hacer ejercicio con regularidad puede ayudar a evitarlas.

A pesar de que las várices se pueden presentar en cualquier parte del organismo, se encuentran con mayor frecuencia en las piernas. Las válvulas dañadas de las venas hacen que la sangre se acumule, por lo que las paredes de las venas se estiran hasta perder su elasticidad y no se pueden contraer a su forma normal.

Las mujeres son más propensas a desarrollar várices que los hombres. Éstas pueden presentarse durante el embarazo, cuando el flujo contracorriente en las extremidades se dificulta. Las várices asociadas con el embarazo pueden dejar de ser problema después del parto; si no es así, pueden persistir indefinidamente. Se sabe que el trabajo que exige permanecer de pie durante largas horas también aumenta el riesgo. La obesidad incrementa la susceptibilidad a desarrollar várices debido a que puede limitar el flujo contracorriente en los pies y las piernas. Las personas que consumen una dieta con un alto contenido de fibra para evitar el estreñimiento parecen tener un riesgo reducido de presentar várices. Pueden reducir la ingestión de carbohidratos refinados, como pasteles y galletas, y aumentar la fibra soluble e insoluble en la dieta consumiendo muchas peras, manzanas, verduras de hoja verde, pasta de trigo integral, pan integral y arroz integral. También puede usted añadir salvado a la dieta, pero no tome más de 1 cucharada al día, pues demasiado puede empeorar algunos problemas digestivos, como el Síndrome de Colon Irritable, e inhibir la absorción de ciertos minerales, incluyendo el calcio. Beber por lo menos 1,7 litros de agua al día también ayuda a evitar el estreñimiento.

Se dice que los bioflavinoides, que se encuentran en la pulpa de los cítricos, así como en el casis, las uvas y los chabacanos, ayudan a prevenir o tratar las várices. Sin embargo, esta teoría todavía causa polémica, pues no se ha demostrado con pruebas clínicas controladas. También se dice que la vitamina E en la dieta puede reducir la posibilidad de desarrollar várices. El germen de trigo, los aceites de semillas, el aguacate y los frutos secos son buenas fuentes de vitamina E.

El mejor consejo para prevenir las várices es evitar la obesidad y comer mucha fruta y verdura, y fibra ya sea soluble o insoluble. El ejercicio frecuente, especialmente caminar, también puede ayudar. Trate de no mantenerse de pie durante periodos largos sin tomar un descanso, nunca cruce las piernas y trate de elevarlas siempre que pueda.

ÚLCERAS VARICOSAS

Estas úlceras abiertas, normalmente indoloras, se pueden presentar cuando se daña una vena varicosa, tal vez por un golpe en la pierna o, con mayor frecuencia, cuando la sangre se filtra fuera de la vena distendida y dañada. Las úlceras varicosas pueden requerir de meses e, incluso, años de tratamiento continuo para sanar. Existen pruebas que sugieren que el cinc puede ayudar en la curación de las llagas; algunas buenas fuentes son los mariscos, la carne magra y los frutos secos.

VERDURAS

A los niños constantemente se les recuerda que las verduras son benéficas y que necesitan comerlas para crecer fuertes y sanos. Los nutriólogos y los médicos apoyan esta creencia, pues han reconocido durante mucho tiempo el valor de las verduras en términos de la FIBRA, las vitaminas y los minerales (vea págs. 272 y 372) vitales que proporcionan.

En años recientes, los científicos han comprobado todavía más la asociación que existe entre una alimentación que incluya muchas verduras y la buena salud. El American Institut for Cancer Research considera que hasta el 40% del cáncer en el hombre y el 60% en la mujer están relacionados con la alimentación, en tanto que otros expertos sugieren que la proporción total es del 35%. Además, varias investigaciones han confirmado que los pueblos con una alimentación rica en verduras y frutas tienen un riesgo menor de contraer cáncer. Hay muchas especulaciones en cuanto a cómo se logra esta protección, y muchos científicos mencionan varios compuestos no nutricios como candidatos potenciales. Los fitoquímicos —derivado de la palabra griega *phyto*, que significa planta— es el término popular que se usa para describir estos compuestos.

LAS PLANTAS PROTEGEN AL ORGANISMO

Los fitoquímicos se encuentran en todas las frutas y verduras, aunque las crucíferas —incluyendo las colecitas de Bruselas, la col, la coliflor, el brócoli y el nabo— parecen contener más de estos compuestos que la mayoría de las verduras.

En un principio, los científicos pensaban que algunos de los fitoquímicos podían provocar cáncer, y se sorprendieron al descubrir que en realidad tenían un efecto protector. Sin embargo, la mayor parte de estos estudios se realizaron en animales, y es posible que no sean tan pertinentes tratándose de cáncer en el ser humano. Ahora, los investigadores también estudian la importancia que los fitoquímicos tienen en la reducción del riesgo de otras enfermedades, tales como la diabetes, los problemas de circulación, las enfermedades cardiacas, la osteoporosis y la hipertensión.

LUCHADORES CONTRA LOS RADICALES LIBRES

Entre los diferentes grupos de fitoquímicos están los pigmentos vegetales que se conocen como carotenoides, muchos de los cuales tienen propiedades antioxidantes. La investigación ha demostrado que los ANTIOXIDANTES neutralizan los RADICALES LIBRES, moléculas potencialmente perjudiciales que pueden dañar la membrana de las células sanas al igual que al ADN. Aunque el organismo produce radicales libres, y éstos desempeñan un papel en la lucha contra las enfermedades, a veces se producen demasiados y el aumento puede estar asociado con las enfermedades cardiacas y el cáncer. El tabaquismo, la exposición a los rayos ultravioleta y a la contaminación ambiental, y el proceso de envejecimiento son algunos factores que pueden conducir a una sobreproducción de radicales libres.

¿CAROTENOIDES ANTICANCERÍGENOS?

Muchas verduras no son buenas fuentes de carotenoides. Los carotenoides son pigmentos que incluyen el licopeno (color rojo del tomate y pimiento rojo) y los beta carotenos (pigmentos color naranja presentes en la zanahoria y en el melón cantaloupe). Entre las mejores fuentes vegetales de carotenoides se encuentran los berros, el brócoli, la espinaca, la calabaza de pulpa amarilla, los pimientos rojos, las calabazas y las zanahorias. Ciertos estudios han demostrado que aquellos pueblos que consumen una dieta de fruta y verdura con un elevado contenido de carotenoides corren menor riesgo de padecer ciertos tipos de cáncer, en especial del pulmón. Sin embargo, una prueba realizada en Finlandia contradice este descubrimiento.

PROTECCIÓN DE LOS OJOS

Además de ayudar a proteger contra el cáncer, un aumento en la ingestión de los carotenoides beta carotenos, junto con vitamina C, puede ayudar a reducir el riesgo de padecer cataratas.

AYUDEMOS AL ORGANISMO A SANAR

Muchos fitoquímicos estimulan a las enzimas del hígado que vuelven inocuos a algunos cancerígenos y ayudan al organismo a eliminar otros, aumentando así la capacidad natural del organismo para combatir el cáncer. Entre los que se investigan están los indoles, los compuestos alicinos, los isotiocianatos y los bioflavinoides.

Se ha descubierto que los indoles, presentes en las crucíferas, reducen la potencia de las hormonas femeninas estrógenos, lo que puede ayudar a reducir el riesgo de cáncer mamario asociado con las hormonas. Otros fitoquímicos que combaten enfermedades y son anticancerígenos incluyen los compuestos alicinos, presentes en el ajo, la cebolla, el cebollino y el poro; los isotiocianatos, en las crucíferas como las colecitas de Bruselas, el brócoli y la col; y los bioflavinoides, presentes en prácticamente todas las frutas y las verduras.

El tomate, el pimiento verde y la zanahoria contienen ácido cumárico y sustancias relacionadas que parecen inhibir la formación en el intestino de nitrosaminas potencialmente cancerígenas. Los productos de tomate procesados, como la salsa catsup, también contienen estos compuestos protectores.

¿CRUDAS O COCIDAS?

Muchas personas piensan que las verduras crudas son mucho mejores que las cocidas, y es verdad que si hierve las verduras perderán mucha de su vitamina C, que es soluble en agua y sensible al calor. Es mejor optar por el cocimiento al vapor.

Cultivo de verduras más saludables

Los científicos del American Institute for Cancer Research estudian todo tipo de verduras para lograr una variedad más amplia de efectos benéficos posibles. Es un proyecto muy importante, puesto que una fruta o una verdura puede contener docenas de fitoquímicos diferentes. Al aplicar la ingeniería genética y el cultivo selectivo esperan crear verduras que contengan niveles más elevados de estas sustancias que combaten las enfermedades.

Hasta ahora han trabajado con el ajo, el frijol de soya, el perejil, la zanahoria y el apio. Sin embargo, deben tener mucho cuidado, pues algunos de los fitoquímicos que son muy benéficos cuando se consumen en cantidades reducidas, pueden ser dañinos en cantidades mayores.

Sin embargo, la cocción también puede incrementar la disponibilidad de otros nutrimentos; por ejemplo, cuando se cuece la zanahoria, se suaviza la membrana celular, lo que hace que existan más beta carotenos disponibles para que el organismo los absorba.

VINAGRE

VENTAJA
• *Los naturistas piensan que el vinagre de sidra puede ayudar a las personas que padecen artritis*

DESVENTAJA
• *Puede desencadenar una reacción alérgica en las personas sensibles a las levaduras o mohos*

Por su conocido sabor fuerte, el vinagre se puede usar a fin de preparar un sabroso aderezo para ensaladas sin aceite y le puede dar sabor a una dieta baja en energía (calorías) o baja en sodio. Se hace casi por completo con agua y ácido acético para que tenga sabor, aunque puede contener otros compuestos relacionados. Es el ácido acético, por lo general 5 gramos por 100 mililitros, el que le da al vinagre su sabor ácido característico y lo vuelve un conservador efectivo.

El vinagre se elabora en dos etapas, bajo condiciones controladas con el fin de garantizar que no haya contaminación. Primero, las levaduras convierten los azúcares naturales en alcohol y posteriormente las bacterias convierten el alcohol en ácido acético. Es muy raro el caso en el que las personas que tienen alergia a las levaduras, al moho o a los alimentos fermentados pueden desarrollar una reacción alérgica al vinagre y experimenten síntomas como dolor de cabeza o urticaria (una erupción que provoca comezón).

VARIEDADES DE VINAGRE

Los vinagres varían en color y sabor dependiendo de dónde provenga el alcohol; estas fuentes incluyen vino tinto, vino blanco, sidra, malta, jerez y vino de arroz (en China y Japón). Se elaboran vinagres especiales con vino blanco o tinto haciendo una infusión con una hierba, especia o fruta en especial, como estragón, eneldo, romero, toronjil, ajo, grano de pimienta verde, chile o frambuesa. No todos los vinagres son lo que parecen. Los vinagres de malta, por ejemplo, son sencillamente vinagre de malta café que se ha

Continúa en la página 370

SABORES FUERTES *Como líquido para conservar, el vinagre no tiene igual; una vez sellado, puede durar indefinidamente. Dé vida a sus ensaladas con vinagre de estragón, cítrico, de vino y de jerez.*

LOS VEGETARIANOS Y SU ALIMENTACIÓN

Cada vez más personas eliminan la carne de sus dietas y comen frutas, verduras y frutos secos como opciones más saludables, por lo que es conveniente que vigilen el equilibrio de la alimentación.

El vegetarianismo encuentra en la actualidad muchos simpatizantes, quienes ven apoyados sus hábitos alimenticios con estudios que señalan promedios excesivos de consumo de proteínas en la dieta típica estadounidense. Estos estudios también indican que los gastos que realizan los esta-dounidenses para curarse enfermedades relacionadas con el alto consumo de carne también se han incrementado. Debido a que los vegetarianos y los vegan (vegetarianos estrictos) tienden a ser más delgados que las personas que comen carne, y a ingerir menos grasas saturadas (que se encuentran principalmente en los productos ani-males), así como a consumir más fibra, sus niveles de colesterol en la sangre son más bajos y, por lo tanto, sufren menos padecimientos cardiacos.

Además de no comer carne, los ve-getarianos tampoco consumen aves ni pescado, pero sí huevos y productos

Nutrimentos importantes para los vegetarianos

Una dieta balanceada que incluya una amplia variedad de alimentos puede proporcionar a los vegetarianos (aunque no a los de dieta estricta o vegan) todos los nu-trimentos que necesitan. Sin embargo, debe tenerse cuidado de asegurar un consumo adecuado de hierro, vi-tamina B_{12}, calcio y folato.

NUTRIMENTO	FUENTES CUYO ORIGEN NO ES LA CARNE	POR QUÉ SON NECESARIOS	SÍNTOMAS DE DEFICIENCIA	CÓMO ASEGURAR UN CONSUMO SALUDABLE
Hierro	Frijoles, lentejas, harina inte-gral, avena, frutas secas, verdu-ras de hoja verde, frutos secos, perejil, cereales enri-quecidos para el desayuno y yemas de huevo.	Necesario para la produc-ción de hemoglobina en los glóbulos rojos; espe-cialmente importante para las jóvenes cuando empie-zan a menstruar.	Fatiga y anemia.	Debido a que el organismo ne-cesita vitamina C de fuentes cu-yo origen no sea la carne, deben incluirse en las comidas frutas, verduras o jugos de fruta que proporcionan hierro.
Vitamina B_{12}	Leche, productos lácteos, hue-vos. Alimentos enriquecidos con vitamina B_{12}; cereales para el desayuno y extracto de levadura; complementos vitamínicos.	Esencial para un sistema nervioso sano y para la formación de glóbulos rojos.	Fatiga, anemia e irritabilidad. Hor-migueo en las ma-nos y en los pies.	Muchos vegetarianos aumen-tan el consumo de productos lácteos en lugar de la carne. Los vegan necesitan comer alimentos enriquecidos o to-mar complementos.
Calcio	Leche y productos lácteos, productos de soya enriqueci-dos (leche, yogur, queso y to-fu), frutos secos (en especial las almendras), verduras de hoja verde, semillas de ajonjolí o de girasol.	Necesario para formar y mantener sanos huesos y dientes.	Raquitismo en los niños y osteoma-lacia (el equivalen-te al raquitismo) en los adultos. También osteoporosis.	La vitamina D es esencial para la absorción del calcio. La mayor parte de la gente obtiene el sufi-ciente de la exposición a la luz solar, pero también se encuentra en las margarinas y en los cerea-les para el desayuno.
Folato	Verduras de hoja verde, frijo-les, huevos, fruta, cacahuates, extracto de levadura y cerea-les integrales.	Necesario en la formación de los glóbulos rojos. Pro-tege contra la espina bífida antes del embarazo y du-rante sus primeras etapas.	Anemia, fatiga y defectos congénitos.	Tome complementos de ácido fólico antes de la concepción y hasta las 12 semanas del emba-razo. Coma cereales enriqueci-dos y verduras ricas en folato.

lácteos. Los vegan ingieren sólo alimentos de origen vegetal. Esta reducción o eliminación de alimentos animales puede producir deficiencias de minerales y vitaminas: mala absorción de hierro en las mujeres vegan o en las vegetarianas, y falta de calcio y vitaminas B_{12} y D en los vegan.

Los vegetarianos, los vegan y un tercer grupo formado por las personas que comen pescado, pero no carne, consumen por lo general más fibra y carbohidratos complejos que las personas que comen carne, en forma de cereales integrales, frutos secos y legumbres. Una dieta con un alto contenido de fibra puede proteger contra las enfermedades graves del intestino y ayuda a que la comida pase con mayor rapidez por el tracto digestivo de los vegetarianos, lo que ocasiona que disminuya aún más la posibilidad de padecer estreñimiento. Los vegetarianos tienen también menor riesgo de desarrollar cálculos biliares y diverticulitis.

Se ha sugerido que la menor incidencia de cáncer entre las personas de hábitos vegetarianos se debe a que comen más alimentos vegetales (como frutas y verduras frescas, cereales, legumbres y frutos secos) y no a que se abstienen de comer carne. Sin embargo, algunos estudios han vinculado el consumo elevado de carne roja con el cáncer de colon.

También se ha notado que los vegetarianos generalmente gozan de un estilo de vida más sano que las personas que no lo son. Es más probable que la gente que deja de comer carne también cambie otros hábitos: beba con moderación, no fume y haga ejercicio con regularidad.

Una dieta vegetariana bien balanceada debe basarse en alimentos básicos nutritivos, como el pan integral, las pastas, las papas y el arroz, que se comen acompañados de una amplia variedad de verduras, frutas, frutos secos y semillas.

¿LA PROTEÍNA REPRESENTA UN PROBLEMA?

Contrario a la creencia popular, para los vegetarianos no es un problema obtener las proteínas necesarias. Los alimentos básicos más comunes contienen suficientes proteínas, e incluso las personas que siguen una dieta vegan pueden comer suficientes cereales, papas, frutos secos y legumbres. La calidad de la proteína de los alimentos vegetales individuales es más baja que la de origen animal (con excepción de la soya). Sin embargo, cuando en una dieta se consumen proteínas vegetales de diferentes fuentes, la calidad general de éstas es tan buena como la de una dieta mixta. No es necesario preocuparse por la calidad de las proteínas excepto si se trata de niños pequeños, ya que en este caso es importante combinar los cereales y las legumbres en la misma comida.

Las frambuesas frescas con tofu suave son un delicioso y nutritivo postre vegan.

Los refrigerios de frutos secos, semillas y pasitas proporcionan energía y nutrimentos vitales.

El pan de frutos secos y el arroz, servidos con un pisto rico en vitaminas, son una cena nutritiva.

SALUD VEGAN *La granola con leche de soya, acompañada de una ensalada de frijoles y una pera para el almuerzo, y un pan de frutos secos y arroz para la cena, constituyen una dieta bien balanceada.*

El tofu (requesón de soya) es un alimento principal de las dietas vegan y puede utilizarse en pasteles.

filtrado a través de carbón para quitarle el color. Se producen con ácido acético sintético, color artificial, saborizantes, sal y azúcar.

VINAGRE DE SIDRA

Los naturistas piensan que el vinagre de sidra, elaborado con jugo de manzana fermentado, tiene propiedades terapéuticas a pesar de su bajo contenido de minerales como potasio y calcio, y que cuando se toma con miel puede ayudar a aliviar los síntomas de la artritis y a estimular la producción de bilis en el hígado.

El vinagre de sidra se usa en la preparación del champú para proporcionar mayor brillo al cabello, y en preparaciones que se considera que fortalecen su crecimiento.

También hay personas que piensan que el vinagre puede inhibir la diarrea, regular el metabolismo, ayudar a la digestión y curar las infecciones gastrointestinales y la fatiga crónica; sin embargo, no es posible fundamentar estas afirmaciones de manera científica.

La dosis que se recomienda en la mayor parte de las terapias consiste en ingerir 1 o 2 cucharadas de vinagre de sidra en un vaso de agua, dos o tres veces al día.

Otra suposición poco probable es que para combatir la obesidad se debe beber vinagre de sidra, diluido en agua caliente o fría, con el estómago vacío por la mañana.

EMPAPADO EN HISTORIA

El nombre vinagre proviene del latín *vinum acer*, que significa "vino agrio".

El más caro de todos los vinagres es el vinagre balsámico, oscuro y fuerte, producido con vino tinto en la población de Módena, Italia. Se embotella para su venta cuando tiene de 15 a 50 años, 10 de los cuales, como mínimo, ha pasado en añejamiento en barricas de madera.

UNA COPA O DOS *El vino en la comida ayuda a la digestión, aunque algunas de las sustancias que contiene pueden producir reacciones alérgicas en ciertas personas.*

VINO

VENTAJAS

- *El consumo moderado de vino puede permitir que disminuya el riesgo de enfermedades cardiacas, en especial en hombres maduros y en ancianos*
- *El consumo de vino acompañando a los alimentos permite que mejore la absorción de hierro del organismo*

DESVENTAJAS

- *El vino tinto puede provocar migraña*
- *El bióxido de azufre y la histamina presente en los vinos puede provocar ataques de asma y otras reacciones alérgicas*
- *Si se ingiere en exceso, el vino puede provocar resaca y cirrosis, y conducir al alcoholismo*

La opinión médica está dividida con respecto a si el vino es benéfico o dañino para la salud, aunque hay mayores bases para decir que la ingestión moderada, en especial de vino tinto, puede reducir el riesgo de enfermedades cardiacas posteriores. Por otra parte, se sospecha que algunas sustancias presentes en el vino provocan cáncer.

El vino tiene poco valor nutritivo, de no ser por su contenido de alcohol. Una copa de vino tinto (125 mililitros) proporciona aproximadamente 85 calorías, y una de vino blanco, alrededor de 90 calorías.

Por lo común, los vinos tintos contienen aproximadamente 12% de alcohol (etanol) por volumen, o 9,5% por peso, y cantidades mínimas de azúcar. Los vinos blancos contienen cantidades más variables de alcohol y azúcar. El vino también contiene algo de hierro, pero lo más importante es que cuando se bebe durante las comidas ayuda a que el organismo absorba el que está presente en los alimentos.

Hay elementos en el vino que pueden desencadenar un ataque de asma en las personas susceptibles. Uno de ellos es el bióxido de azufre, usado para inhibir la actividad de algunos tipos de levaduras y bacterias —que se liberan cuando se descorcha la botella por primera vez—. Otro es la histamina, que predomina en el vino tinto.

Con frecuencia se dice que, a pesar del nivel alto de grasas presentes en la cocina francesa, la tasa de enfermedades coronarias es baja en Francia debido al gran consumo de vino tinto en ese país. Sin embargo, en muchos otros países en los que se consumen grandes cantidades de vino, como Bulgaria y Hungría, la tasa de enfermedades cardiacas es elevada. Además, un estudio de la Organización Mundial de la Salud menciona que la tasa de enfermedades cardiacas en Francia es ligeramente mayor de lo que se había dicho antes. El cáncer en la boca y en la garganta es común en Francia y esto se ha asociado con el consumo alto de vino.

Quien beba mucho vino y también fume corre mayor riesgo de contraer esos tipos de cáncer oral. Varios estudios han confirmado que las cantidades moderadas de alcohol ofrecen algo de protección contra las enfermedades cardiacas, sin importar cuál sea el origen del alcohol. Algunos estudios recientes también indican que una sustancia presente en el vino tinto puede ofrecer beneficios adicionales para la salud, al reducir la tendencia de la sangre a formar coágulos y también al actuar como antioxidante.

No obstante, algunos individuos han descubierto que el vino tinto les desencadena migraña. Se piensa que tal vez esto se deba a los polifenoles que contiene. Los estudios también indican que el vino puede producir reacciones alérgicas, como náusea, erupciones y flatulencia, en algunas personas.

VÍSCERAS

VENTAJAS
- *Fuente de proteínas de buena calidad*
- *El hígado y los riñones son fuentes excelentes de hierro y niacina, así como fuentes apreciables de cinc*
- *El hígado es una fuente excelente de vitamina A y de vitamina B_{12}*
- *El corazón es una fuente excelente de riboflavina y de vitamina B_{12}*

DESVENTAJAS
- *Contenido alto de colesterol*
- *El hígado contiene niveles tan altos de vitamina A que puede causar defectos congénitos si se consume a principios del embarazo*

Debido a que las vísceras son ricas en vitaminas del complejo B (en especial vitamina B_{12}), hierro y cinc, son un alimento nutritivo que se consigue a buen precio. Sin embargo, las carnes de órganos, como el hígado, el corazón y los riñones, pueden tener un alto contenido de colesterol, así que las personas que llevan dietas con poco colesterol deben evitarlas.

Cualquier parte comestible de un animal (que no sea la carne) se clasifica como víscera. Éstas incluyen el hígado, los riñones, el corazón, los sesos, el estómago (tripas), la cola, la lengua y las patas. Desde el descubrimiento de la "enfermedad de las vacas locas" o encefalitis espongiforme bovina (EEB) (vea CARNE), el gobierno británico prohibió la venta de algunos tipos de vísceras para consumo humano: los sesos, la médula espinal, la glándula timo (mollejas), el bazo y los intestinos del ganado de más de seis meses d edad, y los intestinos y la glándula t mo de todas las terneras no puede incluirse en la comida.

HÍGADO
Todos los tipos de hígado son fuentes excelentes de vitamina A, necesaria para tener una piel sana y resistir las infecciones, y de vitamina B_{12}, necesaria para la formación de los glóbulos rojos, así como para tener un sistema nervioso sano. El hígado proporciona también muchos otros nutrimentos, entre ellos el hierro y el cinc. Sin embargo, no deben comerlo las mujeres que tratan de concebir o las que tienen pocos meses de embarazo, ya que las dosis altas de vitamina A pueden causar defectos congénitos.

El hígado es un alimento valioso para cualquier persona que padezca una deficiencia de hierro, como ANEMIA. Sin embargo, debido a que contiene mucho colesterol, no debe comerse más de una vez a la semana.

LOS BENEFICIOS DE LAS VÍSCERAS
El hígado es una fuente excelente de vitamina A, riboflavina y vitamina B_{12}; también lo es de hierro y niacina dependiendo del tipo; rico en folatos y fuente útil de vitamina B_6 y de cinc.

Continúa en la página 376

Las vitaminas: reforzadoras de la salud

El organismo por sí solo no puede producir la mayoría de las vitaminas, por lo que son parte esencial de la dieta. Cada vitamina desempeña varios papeles específicos.

Las vitaminas han sido uno de los principales descubrimientos del siglo XX en el campo de la nutrición. Los nutriólogos clasifican las vitaminas conforme a si son hidrosolubles o liposolubles. Las liposolubles son las A, D, E y K. Las ocho vitaminas del complejo B y la vitamina C son hidrosolubles. Encontrará información complementaria a la que en seguida se da en la tabla de las páginas 374 y 375.

Vitamina A (retinol)

El retinol es un sólido amarillo pálido que se disuelve fácilmente en aceites y grasas. Se puede producir sintéticamente y se usa en esta forma para enriquecer las margarinas. Debido a que la vitamina es liposoluble y el organismo no la metaboliza fácilmente, la ingestión excesiva de retinol es venenosa y se asocia con daño al feto durante las primeras etapas del embarazo, por lo que siempre se aconseja a las mujeres embarazadas o que están tratando de concebir que eviten el hígado.

Vitamina C

A diferencia de la mayoría de los animales, el ser humano no puede producir su propia vitamina C a partir de la glucosa y por lo tanto necesita una ingestión regular con los alimentos. La vitamina C es una de las vitaminas más inestables, pues se destruye fácilmente con la oxidación y la exposición a la luz o a temperaturas elevadas.

Las vitaminas del complejo B

En un principio se pensaba que eran una sola vitamina, debido a que los papeles que desempeñan en la nutrición son muy semejantes; pero el complejo B es en realidad una combinación de ocho vitaminas diferentes. Todas, menos la vitamina B_{12} y el folato, participan en la liberación de energía de los alimentos. Puesto que son solubles en agua en mayor o menor grado —con excepción de la vitamina B_{12}—, el organismo no puede almacenarlas, y cualquier excedente que se tome se elimina en la orina.

Tiamina (vitamina B_1)

Ya que la tiamina es hidrosoluble, hasta la mitad de la cantidad presente en muchas verduras se pierde cuando se cuecen. Por fortuna, la papa pierde menos de su tiamina que otras verduras; cocida con la cáscara, pierde aproximadamente una décima parte, y si se pela antes de cocerla, pierde una cuarta parte.

Riboflavina (vitamina B_2)

La capacidad del organismo para almacenar riboflavina es muy limitada, por lo que es importante garantizar la ingestión diaria adecuada. La leche es una fuente excelente de riboflavina; 750 mililitros de leche llenarán las necesidades diarias de un adulto. No obstante, si la leche se expone a la luz solar, la vitamina se pierde rápidamente: hasta tres cuartos de la riboflavina se pueden perder si se deja la botella o el frasco de leche bajo el sol durante tres horas y media.

Niacina

El triptofano, un aminoácido presente en muchas proteínas, que el organismo puede convertir en esta vitamina, llena algunas de las necesidades de niacina del organismo. Por lo tanto, aunque la leche, el queso y el huevo no contienen mucha niacina, pueden ayudar a evitar una deficiencia de la misma debido a su alto contenido de triptofano; además, la niacina que proporcionan está en una forma que el organismo puede usar rápidamente. En ocasiones se usan dosis elevadas de complementos de ácido nicotínico (de 1 a 2 gramos al día) para tratar los niveles altos de colesterol en la sangre. Sin embargo, éstos sólo se deben tomar bajo supervisión médica puesto que una ingestión excesiva, durante varias semanas, puede provocar efectos secundarios como enrojecimiento de la piel y, todavía más grave, daño al hígado.

Ácido pantoténico

Como su nombre lo implica (en griego significa difundido), el ácido pantoténico está presente en todos los alimentos de origen vegetal y animal. El ácido pantoténico es parte de una coenzima que capacita al organismo para obtener energía de los alimentos. Sólo se ha encontrado deficiencia en casos de desnutrición extrema, por ejemplo, entre los prisioneros de guerra. Se usa como complemento sólo en aquellos casos en que el consumo normal de alimentos sea imposible y se alimente a los pacientes de manera artificial. Se desconocen los problemas que la ingestión excesiva pudiera provocar.

Vitamina B_6 (piridoxina)

El amplio término vitamina B_6 en realidad describe un trío de compuestos intercambiables y relacionados (la piridoxina, el piridosal y la piridoxamina). Cuanta más proteína haya en su dieta, más vitamina B_6 necesitará, pero las necesidades varían de un individuo a otro. Debido a que esta vitamina también se sintetiza en el intestino —lo que capacita al organismo para complementar las fuentes alimentarias—, algunos expertos dicen que nuestra necesidad es más alta de lo que los requerimientos alimentarios mencionan. Con frecuencia, los médicos recetan complementos de vitamina B_6 para aliviar los síntomas del síndrome premenstrual o para contraatacar algunos de los efectos secundarios de la píldora anticonceptiva.

BIOTINA
El hígado y los riñones son buenas fuentes de biotina y se encuentran cantidades más pequeñas en alimentos como el queso, el pan integral, el yogur, la mantequilla de cacahuate y la yema de huevo. Sin embargo, se puede disponer de ella con tal facilidad, y se necesita una cantidad tan pequeña, que se toma muy poco en consideración al planear una dieta. La deficiencia de biotina es muy rara, pero en ocasiones se encuentra en pacientes que han sido alimentados por vía intravenosa durante varias semanas. Si se presenta una deficiencia, las consecuencias pueden ser la caída del cabello, escamas en la piel, pérdida del apetito, náusea y dolores musculares.

FOLATO
Los folatos son un grupo de compuestos que se derivan del ácido fólico. Cuando una mujer trata de concebir, debe ingerir niveles más altos de ácido fólico, en forma de complemento, desde tres meses antes de la concepción y hasta las primeras semanas del embarazo; se cuenta con pruebas de que esto puede reducir la posibilidad de tener un bebé con defectos en el tubo neural. Algunos expertos piensan que

el organismo sólo absorbe aproximadamente la mitad de los folatos presentes en muchos alimentos, aunque se sabe que la absorción de las formas de folato que se usan en los alimentos enriquecidos es mucho más alta.

VITAMINA B_{12}
Cualquier dieta que contenga proteína de una fuente animal deberá proporcionar una cantidad adecuada de vitamina B_{12}. Por lo general, los vegetarianos obtienen suficiente vitamina B_{12} del huevo y los productos lácteos, aunque los vegetarianos vegan, que no consumen productos animales (así como los bebés alimentados por madres vegan) pueden presentar deficiencia a menos que tomen complementos o alimentos enriquecidos con la vitamina.

VITAMINA D
Es llamada la vitamina de "los rayos solares", pues se puede producir mediante la exposición de la piel a los rayos ultravioleta del sol (y artificiales). Aunque la vitamina D es liposoluble, no se puede almacenar mucha en el organismo. Sin embargo, hasta en los países nórdicos, la formación de la vitamina D en la piel durante los meses de verano es suficiente para llenar las necesidades del organismo durante todo el año, por lo que la mayor parte de los adultos no tienen que depender de su presencia en la dieta. La vitamina D se convierte en una forma "activa" en el riñón. Entonces actúa como una hormona que controla el calcio que se absorbe en el intestino, y regula los niveles de calcio y fósforo en la sangre y los huesos.

VITAMINA E
Vitamina E es el nombre colectivo que se le da a un grupo de compuestos ANTIOXIDANTES biológicamente activos. Es interesante mencionar que algunos estudios sugieren una asociación entre ingestiones más elevadas de vitamina

E, hasta 75-100 miligramos, y un riesgo menor de trastornos asociados con los daños que ocasionan los RADICALES LIBRES, como ciertos tipos de cáncer, ataques al corazón, enfermedades cardiacas y aterosclerosis. Ya que no es posible obtener estos niveles en una dieta balanceada, esa cantidad sólo se puede obtener tomando complementos. Sin embargo, una prueba prolongada en la que se usaron complementos no logró comprobar que las dosis elevadas de vitamina E redujeran el riesgo de muerte por padecimientos cardiacos en los fumadores. Hay algo de aceptación respecto al papel protector que tiene en la prevención de la aterosclerosis, pero los estudios con la población todavía no lo confirman.

VITAMINA K
Debido a que la transferencia de la vitamina K a través de la placenta durante el embarazo es baja y el intestino estéril del infante no puede producir menaquinonos, a los bebés recién nacidos se les suele dar complementos de vitamina K, ya sea de manera oral o inyectados. Esto se hace no sólo para promover la coagulación normal de la sangre sino también para prevenir cualquier futura presencia de algún trastorno hemorrágico que pudiera amenazar la vida.

La deficiencia por la dieta es poco común, pero se puede presentar cuando el organismo no absorbe bien la grasa, como cuando se padece alguna enfermedad en la vesícula biliar o cuando se ingieren cantidades excesivas de vitamina E. En casos extremos, los niveles bajos de esta vitamina obstaculizarían la coagulación de la sangre.

Aunque se continúan investigando estos componentes, todavía no se ha logrado establecer con claridad el contenido de vitamina K de los alimentos; sin embargo, las fuentes principales en la alimentación son las verduras de hoja verde.

VITAMINA	ALGUNAS FUENTES IMPORTANTES	PAPEL EN LA SALUD
A (del retinol en los alimentos animales; o de los beta carotenos en los alimentos vegetales)	Retinol: hígado, pescado graso, yema de huevo, mantequilla, queso. Beta carotenos: zanahoria, calabaza, chabacanos, melón y verduras de hoja verde. (Se necesitan 6 microgramos de beta carotenos para producir 1 microgramo de vitamina A.)	Esencial para el crecimiento y el desarrollo de las células, la vista y la función inmunológica. Mantiene la salud de la piel y de las membranas mucosas, como los tejidos de las vías urinarias y respiratorias. Los carotenos pueden actuar como antioxidantes importantes en el organismo.
C (ácido ascórbico)	Frutas y verduras, en especial cítricos, fresas, kiwi, pimientos, casis y papas.	Necesaria para producir colágeno (una proteína esencial para mantener sanos las encías, los dientes, los huesos, los cartílagos y la piel) y neurotransmisores como la noradrenalina y la serotonina. Importante como antioxidante en el organismo; ayuda a la absorción del hierro proveniente de los alimentos vegetales.
Tiamina (B_1)	Cerdo, hígado, corazón, riñón, pan blanco enriquecido, cereales para el desayuno enriquecidos, papa, frutos secos y legumbres.	Necesaria para obtener energía a partir de los carbohidratos, grasas y alcohol; evita la acumulación de sustancias tóxicas en el organismo que pueden dañar el corazón y el sistema nervioso.
Riboflavina (B_2)	Leche, yogur, huevo, carne, pollo, pescado y cereales para el desayuno enriquecidos.	Necesaria para liberar energía de los alimentos y para el funcionamiento de la vitamina B_6 y la niacina.
B_6 (piridoxina)	Carne magra, pollo, pescado, huevo, pan y cereales integrales, frutos secos, plátano, extracto de levadura y frijol de soya.	Ayuda a liberar energía de las proteínas; importante para la función inmunológica, el sistema nervioso y la formación de glóbulos rojos.
Niacina (ácido nicotínico)	Carne magra, pescado, legumbres, papa, cereales para el desayuno enriquecidos y frutos secos.	Necesaria para producir energía en las células y para formar neurotransmisores. Ayuda a mantener la piel sana y un sistema digestivo eficiente.
Ácido pantoténico	Presente en todas las carnes y los vegetales, en especial en el hígado, las frutas secas y los frutos secos.	Ayuda a liberar energía de los alimentos. Esencial en la síntesis del colesterol, de la grasa y de los glóbulos rojos.
Biotina	Presente en casi todos los alimentos, especialmente en el hígado, la mantequilla de cacahuate, la yema de huevo y alimentos enriquecidos como los extractos de levadura.	Necesaria para liberar energía de los alimentos. Importante en la síntesis de la grasa y el colesterol.
Folato (ácido fólico)	Verduras de hoja verde, hígado, colecitas de Bruselas, brócoli, legumbres, germen de trigo, cereales para el desayuno y pan enriquecido.	Necesario para la división celular y la formación de ADN, ARN y proteínas en el organismo. Antes de la concepción y durante el embarazo es más necesario para proteger contra defectos del tubo neural.
B_{12} (cianocobalamina)	Alimentos de origen animal, como la carne, el pollo, el pescado, el huevo y los productos lácteos, así como ciertos cereales para el desayuno enriquecidos.	Vital para producir ADN, ARN y mielina, la capa blanca que rodea las fibras nerviosas. Necesaria también para la división celular y el transporte del folato hacia el interior de las células.
D (calciferoles)	Aceites de hígado de pescado, huevo, margarinas enriquecidas, atún, salmón y sardinas.	Necesaria para absorber calcio y fósforo para la formación normal de huesos y dientes.
E (tocoferoles)	Aceites vegetales, germen de trigo, frutos secos, semillas y margarina.	Ayuda a evitar la oxidación provocada por los radicales libres de los ácidos grasos poliinsaturados en las membranas celulares y en otros tejidos.
K (filoquinona, menaquinona)	Verduras de hoja verde, en especial col verde, brócoli y colecitas de Bruselas.	Esencial para formar ciertas proteínas y necesaria para la coagulación normal.

RECOMENDACIÓN DIARIA (PERSONAS ADULTAS)		SÍNTOMAS DE DEFICIENCIA	SÍNTOMAS DE EXCESO
HOMBRES	**MUJERES**		
1 mg	800 mcg	Ceguera nocturna, incremento en el riesgo de infección, trastornos respiratorios y daño a los ojos, que en casos extremos puede resultar en ceguera.	Mareos, pérdida del cabello, dolor de cabeza y vómito, daño al hígado y los huesos. Aumento en el riesgo de aborto y defectos en bebés recién nacidos. El exceso de carotenos puede hacer que la piel se vuelva amarillenta.
60 mg	60 mg	Fatiga, pérdida del apetito, articulaciones dolorosas, encías irritadas, piel escamosa. Lentitud en la cicatrización de heridas. Una deficiencia grave puede provocar trastornos mentales y hemorragias internas que quizá ocasionen anemia.	El exceso de vitamina C se elimina en la orina. Sin embargo, las megadosis pueden producir piedras en el riñón en personas susceptibles y dolores de cabeza y trastornos en el sueño; las mujeres embarazadas no las deben tomar.
1,5 mg	1,1 mg	Pérdida del apetito, confusión mental, hinchazón en las extremidades, pérdida de sensibilidad, trastornos nerviosos, debilidad muscular y crecimiento del corazón. Común entre los alcohólicos.	No se conocen los síntomas, puesto que el exceso de tiamina se elimina a través del riñón.
1,7 mg	1,7 mg	Labios resecos y agrietados, ojos inyectados e inflamados, dermatitis y anemia leve.	No se sabe que sea tóxica; el exceso generalmente se elimina como orina oscura.
2 mg	1,6 mg	Anemia, depresión y confusión. La deficiencia en adultos es rara pero puede estar inducida por medicamentos contra los hongos y contra la tuberculosis.	Daños en los nervios. Las dosis altas durante un periodo largo provocan pérdida de sensibilidad y de funciones de manos y pies.
19 mg	15 mg	Fatiga, depresión, erupción de la piel pigmentada (en especial cuando se expone a la luz solar), dermatitis, diarrea y, en casos avanzados, demencia.	Las dosis altas de complementos de ácido nicotínico pueden provocar el "enrojecimiento" de la piel y daño al hígado.
4-7 mg	4-7 mg	La deficiencia es extremadamente rara y puede causar adormecimiento y piquetes en los dedos de los pies.	No se han reportado síntomas.
30-100 mcg	30-100 mcg	La deficiencia no se presenta con una dieta normal, pero es posible inducirla si se come clara de huevo regularmente. Los síntomas incluyen dermatitis y pérdida del cabello.	No se han reportado síntomas.
200 mcg	180 mcg	Anemia megaloblástica, desgaste del intestino que provoca la mala absorción de los nutrimentos. Asociada con defectos en el tubo neural del feto.	El exceso de folato no es tóxico, pero puede enmascarar la deficiencia de vitamina B_{12} y desencadenar convulsiones en los epilépticos.
2 mcg	2 mcg	Fatiga, anemia megaloblástica, sensación de piquetes y pérdida de sensibilidad en las extremidades; degeneración del sistema nervioso.	No se han reportado síntomas.
5 mcg	5 mcg	Debilidad muscular y tensión; reblandecimiento de los huesos lo que provoca fracturas. En los niños provoca la deformación del esqueleto (raquitismo).	Los niveles elevados de calcio en la sangre ocasionan depósitos de calcio y daño irreversible en los tejidos blandos.
10 mg	8 mg	Se presenta sólo en personas que no pueden absorber la grasa y en los bebés prematuros. Los síntomas incluyen anemia hemolítica y daño a los nervios.	La vitamina E no es muy tóxica, pero dosis altas pueden ocasionar una deficiencia de vitamina K.
80 mcg	65 mcg	En casos extremos la deficiencia reduce la protrombina, obstaculizando la coagulación de la sangre. En los adultos esta deficiencia es normalmente el resultado de una enfermedad o terapia con medicamentos.	Puede haber una relación entre los bebés recién nacidos a quienes se les ha inyectado vitamina K y una mayor incidencia de leucemia durante la infancia.

Los sesos, una carne suave (por lo general de res), son una fuente excelente de vitamina B_{12} y una fuente útil de niacina. El corazón es una fuente excelente de proteínas, riboflavina, niacina y vitamina B_{12}. Es también una fuente rica de hierro y una fuente útil de cinc.

Los riñones son una fuente excelente de riboflavina y de vitamina B_{12}, una fuente excelente de hierro y de niacina, dependiendo del tipo, y una fuente útil de tiamina, cinc y folatos.

La cola de res es una fuente excelente de vitamina B_{12} y proporciona riboflavina y vitamina B_6, pero contiene mucha grasa.

La lengua, por lo general de res, puede tener un alto contenido de sodio. La lengua de cordero cocida a fuego lento es una fuente excelente de vitamina B_{12}.

VITAMINAS Y MINERALES
(COMPLEMENTOS)

Cada semana, casi una tercera parte de los adultos toman complementos en alguna presentación con la esperanza de sentirse más sanos. Algunos toman un complemento de vitaminas y minerales para prevenir alguna deficiencia posible; otros toman extractos o concentrados de ciertas plantas para combatir algún padecimiento específico. En tanto que algunos complementos ofrecen ventajas reales, los nutriólogos insisten en que la complementación al azar con grandes cantidades de vitaminas y minerales individuales puede ser dañina.

QUIÉN NECESITA COMPLEMENTOS
En aquellos casos en los que no se pueden cubrir los requerimientos de ciertos nutrimentos mediante la dieta, a menudo se recomiendan los complementos de vitaminas y minerales, especialmente en el caso de los menores, las mujeres embarazadas, los vegetarianos y los ancianos.

Se aconseja que los niños hasta los dos años de edad, de preferencia hasta los cinco, reciban un complemento de vitaminas A, C y D. Los niños que necesitan de manera especial este complemento son aquellos que provienen de comunidades asiáticas tradicionales; los que siguen una dieta, como la DIETA MACROBIÓTICA, en la que se excluyen ciertos alimentos; y los que, por contar con una fuente limitada de alimentos, comen de modo inadecuado.

Los complementos de folatos proporcionan una ingesta más elevada que la que ofrece una dieta normal; se recomiendan tanto antes como durante la etapa inicial del embarazo para reducir el riesgo de dar a luz a un bebé con algún defecto en el tubo neural, como la espina bífida.

Algunos expertos indican que los complementos de folatos, en combinación con la vitamina B_{12}, también pueden beneficiar a los hombres maduros y a los ancianos, puesto que la deficiencia de esas vitaminas puede elevar los niveles en la sangre de un aminoácido relacionado con un riesgo mayor de presentar enfermedades cardiacas.

Debido a que los vegetarianos vegan excluyen todo alimento de origen animal de su dieta, necesitan ingerir alimentos enriquecidos, como los cereales para el desayuno, o tomar complementos de vitamina B_{12}, y es posible que también de vitamina D y riboflavina, y los minerales cinc, calcio, yodo y hierro.

Los complementos de vitamina D son útiles para los ancianos, especialmente para los que no salen de casa, ya que su alimentación normal rara vez cubre el requerimiento de vitamina D de su organismo. Un complemento multivitamínico puede ser útil para quienes no tienen apetito o siguen una dieta restringida, pues les puede ayudar a evitar infecciones, a fortalecer el sistema inmunológico y a reducir el riesgo de enfermedades degenerativas como el cáncer.

El hierro y los complementos de vitamina C son los tratamientos más efectivos en el caso de ANEMIA (deficiencia avanzada de hierro).

PROCEDA CON PRECAUCIÓN
Cada vez se tienen más pruebas de que ingerir diariamente cantidades mayores que las recomendadas de algunos nutrimentos puede reducir ciertos riesgos para la salud; un consumo extra de vitamina E, por ejemplo, puede contrarrestar la amenaza de enfermedades cardiovasculares. Pero las cantidades excesivas de algunas vitaminas y minerales pueden ser muy peligrosas. Las vitaminas A y D, por ejemplo, son liposolubles y el organismo no las puede eliminar si se toman en cantidades excesivas. Un exceso de vitamina A puede dañar el hígado y los huesos, así como provocar defectos de nacimiento. Por lo tanto, las mujeres embarazadas siempre deben evitar la ingestión de hígado o aquellos complementos que contienen más que las cantidades recomendadas de vitamina A. El exceso de vitamina D puede provocar la acumulación de depósitos de calcio en tejidos blandos como el corazón y los riñones, y ocasionar daños irreversibles.

La decisión de tomar complementos en grandes cantidades debe estar basada en la recomendación de un médico o un nutriólogo calificado. Si tiene hijos, siempre compre los complementos en frascos con tapones a prueba de niños. Los complementos de hierro se encuentran entre las causas más comunes de envenenamiento fatal entre los niños.

YOGUR

VENTAJAS

- *Fuente apreciable de calcio y fósforo*
- *Contiene vitaminas B$_2$ y B$_{12}$*
- *Puede ayudar a restaurar la flora bacteriana del intestino que se haya eliminado por el uso de antibióticos, y así reforzar el sistema inmunológico*
- *Puede ayudar a evitar el mal aliento, el estreñimiento y la diarrea, y ayudar a la digestión*

Considerado antes sólo como un alimento saludable valioso, en la actualidad el yogur es base de postres helados tentadores y se usa como una alternativa más saludable de la crema. El yogur es una fuente apreciable de calcio y fósforo para mantener los huesos fuertes y los dientes sanos. También contiene vitamina B$_2$, que se necesita para liberar la energía de los alimentos, y B$_{12}$, para mantener sano el sistema nervioso. Los valores en energía (calorías) varían mucho, de 160 calorías en 150 gramos de yogur griego (elaborado normalmente con leche entera de cabra) a 61 en el tipo ligero, con bajo contenido de grasa. Las personas que necesitan calcio, pero que no pueden beber leche por intolerancia a la lactosa, pueden descubrir que sí toleran el yogur.

El yogur generalmente se elabora incubando leche pasteurizada, homogeneizada, a la que se le han añadido cultivos de bacterias. Ya que el cultivo del yogur se añade después del proceso de pasteurización, el yogur continúa natural. De hecho, la mayoría de los yogures son naturales, aunque esto no se especifique en la etiqueta.

CÓMO AYUDA EL YOGUR

El yogur natural desalienta la proliferación, en el intestino, de bacterias y levaduras dañinas que producen infección intestinal. Puede ayudar a aliviar los trastornos gastrointestinales, la diarrea y el estreñimiento. También puede contribuir a reducir el mal aliento que se asocia con algunos trastornos digestivos.

En la medicina alternativa se dice que después de tomar antibióticos, el yogur natural puede restaurar las bacterias intestinales necesarias que el medicamento destruyó. El yogur es de ayuda para quienes padecen diarreas por tratamientos de radioterapia, intoxicación por alimentos o Síndrome de Colon Irritable. A menudo se recomienda como tratamiento externo para la candidiasis.

También se dice que el yogur puede mejorar la condición de la piel y alterar el equilibrio de las bacterias en el intestino grueso, de tal manera que puede proteger contra el cáncer de colon.

Recientemente han salido al mercado muchos tipos de yogur que dicen brindar una variedad de beneficios adicionales para la salud. Los yogures naturales o caseros contienen cultivos que se dice que son especialmente benéficos para la digestión, y se cuenta con algunas pruebas experimentales que apoyan esta afirmación. Se promueven los yogures con un alto contenido de fibra, a los que se les añade fibra soluble, por su propiedad para reducir el colesterol.

DULCE Y AGRIO *La fruta y la miel complementan el sabor agrio del yogur.*

ZÁBILA

Conocida también como *Aloe vera*, su nombre en latín. Se parece al cacto, pero en realidad es una planta perenne de la familia de las liliáceas. Pertenece a la clase de plantas conocida como xeroides, que poseen la habilidad de cerrar su estoma para evitar la pérdida de agua. Existen más de 200 especies que crecen en las zonas tropicales. Está formada por una roseta de hojas basales estrechas, carnosas, de 30 a 60 centímetros de longitud, con punta roma y con manchas más claras; las hojas reciben comúnmente el nombre de pencas, como las del maguey.

La zábila produce un único pedúnculo floral, de unos 80 centímetros de largo, que termina en un racimo de flores tubulares, amarillas o anaranjadas, dirigidas hacia abajo. Florece entre junio y septiembre.

Aunque la zábila es originaria de Cabo Verde (África) y zonas aledañas, desde que se tiene registro de la historia ya se contaba con ella en Egipto, Arabia y la India. Es posible que el áloe con el que según San Juan se embalsamó el cuerpo de Cristo fuese *Aloe vera* o alguna especie relacionada con él.

En su *Historia natural*, Plinio el Viejo elogia la bondad del jugo fresco de la zábila aplicado externamente para curar contusiones, heridas e irritaciones de la piel, y cita el uso interno del extracto de hojas como tónico, purgante y remedio para la ictericia. En el siglo I d.C., Dioscrides incluyó a la zábila en su *Herbario Griego*, ponderando sus usos para tratar, entre otros padecimientos, QUEMADURAS, heridas, enfermedades de la piel, la boca y las ENCÍAS, ampollas, comezón, manchas, trastornos estomacales, HEMORROIDES y dolor de cabeza.

Sorprendentemente, hoy en día la zábila se sigue empleando con fines similares.

Fue introducida en América desde Europa. En algunos lugares se cultiva en escala doméstica y crece silvestre en diversas regiones. Es común tener en alguna ventana una maceta con una planta de zábila, para aplicar el jugo a quemaduras o heridas leves y para suavizar las manos. Es suficiente con cortar la punta de una hoja y untarse el acíbar en la piel.

En dermatología, el tratamiento más común es aplicar directamente el líquido mucilaginoso y transparente de las hojas frescas de la zábila. Si es necesario cubrir una zona amplia, se utiliza un rociador o se mezcla el jugo con vaselina o aceite de oliva o para bebés, que de paso servirá como lubricante en caso de empleo prolongado, ya que la zábila tiende a resecar la piel.

Es precisamente debido a este efecto astringente por lo que mucha gente la usa como loción, no perfumada para después de afeitarse.

La zábila se emplea como ingrediente en champús, lociones para QUEMADURAS DEL SOL y ungüentos para quemaduras y heridas de la piel, picaduras de insectos y alergias (vea pág. 32) causadas por plantas. Se usa como ingrediente en geles y jabones y se di-

Crema limpiadora de zábila

Usted puede preparar su propia crema limpiadora a base de zábila, siguiendo esta receta.

Esta crema limpiadora y humectante se basa en una fórmula del siglo XVIII que llevaba aceite de rosas; aquí, ese aceite se ha sustituido por agua de rosas y aceite de oliva, que resultan más económicos. La lanolina anhidra se consigue en droguerías, y la cera blanca de abeja, en cererías. Use la esencia que más le guste: de rosa o de jazmín si quiere dar un aroma floral a la crema; de eucalipto o menta si prefiere una fragancia más fresca. Los ingredientes son:

• 1 cucharada de gel de zábila
• 1/3 de taza de aceite de oliva
• 1 cucharada de cera blanca de abeja
• 2 cucharadas de lanolina anhidra
• 2 cucharadas de agua de rosas
• 2 o 3 gotas de esencia (de rosa, jazmín, eucalipto o menta)

Use la batidora para mezclar bien el gel de zábila con el aceite de oliva. Aparte, derrita la cera y la lanolina a baño María y añádales poco a poco la mezcla de zábila y aceite. Retire el recipiente del fuego, viértale el agua de rosas y la esencia, y revuelva la mezcla hasta que se enfríe y espese. Justo antes de que la crema empiece a solidificarse, viértala en un frasco con tapa de rosca.

ce que mejora el ACNÉ. Algunas personas se cepillan los dientes con gel de zábila, pues se afirma que reduce la placa dental. Se tienen informes sobre su uso para reducir algunas de las molestias producidas por la PSORIASIS, como la descamación y la comezón.

Muchas personas toman el jugo de zábila como tónico y regulador de las funciones del aparato digestivo. Se cree que alivia o cura numerosas enfermedades, como la ANEMIA, el ESTREÑIMIENTO, la ÚLCERA GÁSTRICA y hasta la ARTRITIS y la TUBERCULOSIS. Pero, si bien existen numerosos informes que respaldan la eficacia del *Aloe vera* en afecciones de la piel y de las mucosas, no existen pruebas contundentes de que consumir el jugo de zábila sea beneficioso.

ZANAHORIA

VENTAJAS
• *Fuente excelente de beta carotenos, la forma vegetal de la vitamina A*
• *Contiene fibra*

DESVENTAJA
• *Puede contener residuos de plaguicidas*

El mayor beneficio nutricio de la zanahoria consiste en que es una excelente fuente de beta carotenos. Las investigaciones médicas han vinculado los niveles bajos de beta carotenos en la sangre con un aumento en el riesgo de padecer algunos tipos de cáncer. También hay pruebas de que la ingestión alta de beta carotenos puede ayudar a proteger contra el daño provocado por la presencia de los RADICALES LIBRES. El organismo transforma los beta carotenos en vitamina A, que se necesita para una vista sana y para el mantenimiento de las membranas mucosas.

VER EN LA OSCURIDAD
Uno de los primeros síntomas de la deficiencia de vitamina A es la ceguera nocturna, la incapacidad de los ojos para ajustarse a la luz tenue o a la oscuridad. La vitamina A se combina con la proteína opsina en los bastoncitos de la retina para formar rodopsina, una sustancia que el ojo necesita para la buena visión nocturna. Si tiene deficiencia de vitamina A, una sola zanahoria es suficiente para mejorar su visión nocturna.

¿MEJOR CRUDA O COCIDA?
A diferencia de la mayor parte de las verduras, la zanahoria es más nutritiva cuando se come cocida. Debido a que la zanahoria cruda tiene paredes celulares firmes, el organismo sólo puede convertir menos del 25% del contenido de beta carotenos en vitamina A. Pero al cocerlas, las membranas celulares se rompen, y siempre que la zanahoria se sirva como parte de una comida que contenga un poco de grasa, el organismo puede absorber más de la mitad de los carotenos.

La zanahoria en puré es buena para los bebés que tienen diarrea, y a la vez les proporciona nutrimentos y azúcares naturales esenciales.

Se sabe que la zanahoria contiene químicos tóxicos: en pruebas de rutina realizadas recientemente se encontraron niveles altos no aceptables de plaguicidas organofosforilados (utilizados para eliminar la mosca de la zanahoria) en algunas de ellas. Al pelar y rebanar la parte superior de la zanahoria, prácticamente se eliminan todos estos residuos.

ZARZAMORA

VENTAJAS
• *Fuente apreciable de vitamina C*
• *Contiene fibra y folato*

DESVENTAJAS
• *Contiene salicilatos (aspirina natural); las personas que no toleran la aspirina pueden sufrir reacciones negativas con la zarzamora.*

La zarzamora es una fuente apreciable de vitamina C, que ayuda a combatir infecciones y fortalece el sistema inmunológico. El jugo de zarzamora fresca es un tónico excelente, pues proporciona carbohidratos para la energía; también es rico en bioflavinoides y contiene fibra y folato.

La mayoría de las zarzamoras se cultivan comercialmente y son más grandes que las silvestres. La silvestre tiene un sabor más concentrado, pero puede estar contaminada con plomo derivado de la combustión de los motores de los automóviles, o con plaguicidas si se recoge a lo largo de las carreteras o senderos en zonas de cultivo.

Las personas que no toleran la aspirina pueden descubrir que presentan las mismas reacciones después de comer zarzamora. Esto es debido a que la zarzamora contiene salicilato, un compuesto natural semejante a la aspirina que se sabe que desencadena HIPERACTIVIDAD en las personas sensibles.

Té de hojas de zarzamora

El té de hojas de zarzamora se usa en la medicina herbolaria como remedio para la diarrea, como descongestionante y como tónico para el estómago. La Sra. Grieve, en su libro *A Modern Herbal*, (1931) sugirió que se añadieran 25 gramos de hojas secas a 600 mililitros de agua hirviendo.

GLOSARIO

A CONTINUACIÓN SE EXPLICAN AQUELLAS PALABRAS Y FRASES POCO COMUNES, O COMPLICADAS, QUE NO TIENEN SUS PROPIAS ENTRADAS EN EL CUERPO DEL LIBRO.

ÁCIDO FÍTICO Las sales de ácido fítico (fitatos) se encuentran en los cereales y las legumbres. Se enlazan con ciertos minerales como el hierro y el cinc, provocando que su absorción sea más difícil en el organismo. La ingestión excesiva de salvado —fuente concentrada de ácido fítico— puede inhibir la absorción de estos minerales.

ÁCIDO FÓLICO Una de las vitaminas del complejo B que participa junto con la vitamina B_{12} en la síntesis del ADN y el ARN. Interviene en el desdoblamiento y la utilización de las proteínas, y ayuda a formar glóbulos rojos y blancos.

ÁCIDO LINOLEICO Uno de los miembros de la familia omega-6 de los ácidos grasos esenciales. Se encuentra de manera natural en los aceites vegetales, como los de maíz y de soya, así como en algunas grasas animales. Se añade siempre (junto con el ácido linolénico) en las fórmulas preparadas para bebé.

ÁCIDO LINOLÉNICO Otro ácido graso esencial —parte de la familia omega-3—, presente en las verduras de hojas verdes y el aceite de colza.

ÁCIDO OXÁLICO Sustancia química potencialmente letal si se ingiere en concentraciones altas, como las que se encuentran en las hojas del ruibarbo. También se halla —en cantidades mucho más reducidas— en los tallos del ruibarbo, la espinaca, la acedera, la almendra y el chocolate. Inhibe la absorción intestinal del calcio y del hierro.

ÁCIDO ÚRICO Sustancia de desecho que contiene nitrógeno, producida como resultado del desdoblamiento de ciertas proteínas. Normalmente se elimina en la orina, pero algunas personas que tienen una incapacidad hereditaria para hacerlo acumulan niveles altos en la sangre, que se depositan como sales cristalizadas (uratos) y pueden provocar gota.

ÁCIDOS GRASOS ESENCIALES El organismo no produce algunos tipos de ácidos grasos poliinsaturados, por lo que se deben obtener de las grasas poliinsaturadas de la dieta, para mantener la salud. Hay dos categorías principales: omega-6, presentes en alimentos como el aceite de maíz y de girasol, derivados del ácido linoleico; y omega-3, presentes en el aceite de colza, los frutos secos (semillas oleaginosas) y ciertos pescados, derivados del ácido linolénico. Estos ácidos grasos mantienen las membranas de las células, transportan grasas en el cuerpo y se necesitan para producir prostaglandinas (sustancias químicas importantes, parecidas a las hormonas).

ÁCIDOS GRASOS OMEGA-3 Y OMEGA-6 Vea Ácidos grasos esenciales.

ADN (ÁCIDO DESOXIRRIBONUCLEICO) Sustancia que se encuentra en el núcleo de toda célula viva y que porta la información genética que hace que las características pasen de padres a hijos. Es una huella del desarrollo total del organismo que se inicia a partir de una sola célula en el momento de la concepción.

ADRENALINA Hormona que prepara al organismo para la acción —respuesta de lucha o de escape— en emergencias o en momentos en que se enfrentan emociones fuertes. Aumenta los ritmos cardiaco y respiratorio, eleva el nivel de glucosa en la sangre y retrasa la presencia de fatiga muscular. Las glándulas suprarrenales, localizadas sobre los riñones, segregan la adrenalina, también llamada epinefrina.

AFLATOXINA Metabolito producido por el hongo *Aspergillus flavus,* que puede contaminar los cacahuates y los cereales cuando se almacenan en lugares húmedos y calientes.

AGROQUÍMICOS Compuestos químicos, como fertilizantes y plaguicidas usados en cultivos intensivos. En la mayoría de los casos, los agroquímicos están presentes en los alimentos en cantidades pequeñísimas que se pueden reducir todavía más lavando las frutas y las verduras. Se culpa al uso difundido de agroquímicos del incremento de ciertas enfermedades como asma, alergias y hasta esterilidad. Sin embargo, en la actualidad se cuenta con pocas pruebas científicas que apoyen esta afirmación.

AGUDO, –A Término que describe una enfermedad que se desarrolla rápidamente, que produce síntomas graves y que pronto llega a una crisis; por ejemplo, apendicitis aguda.

ALCALOIDES Compuestos que contienen nitrógeno, producidos principalmente por las plantas. Algunos, como la codeína, la morfina y la quinina, se usan con fines medicinales; otros pueden ser venenosos, como la solanina (presente en las papas que se han vuelto verdes por exposición a la luz) y la nicotina (en los cigarrillos). La nicotina en cantidades pequeñas tiene un efecto estimulante, pero en grandes dosis es tóxica.

ALERGENO Cualquier sustancia que provoque una alergia, como el polen, que desencadena la fiebre del heno, o el cacahuate, que puede ocasionar un ataque de asma grave o la inflamación de la lengua y la garganta.

ALIMENTOS REFINADOS El azúcar blanco, la harina blanca y el arroz blanco sin cáscara son ejemplos de productos refinados, en los que el ingrediente principal se ha procesado, por lo general con la pérdida de algunos de sus nutrimentos. Por ejemplo, la harina y el arroz refinados pierden la mayor parte de su fibra, y el arroz también pierde mucha de su vitamina B_1. Sin embargo, la refinación puede prolongar la vida media de un producto y mejorar su sabor.

ALMIDÓN Un carbohidrato complejo. Es la molécula de almacenamiento más importante de las plantas y una fuente importante de energía y carbohidratos en la dieta; está formado por subunidades de glucosa. El pan, las pastas, el arroz y las papas son fuentes características de almidones.

ALMIDÓN RESISTENTE Es un tipo de almidón que no puede desdoblarse en el intestino delgado por acción enzimática. Se encuentra en las papas crudas, la fruta que no ha madurado y en algunos alimentos procesados. Pasa sin digerir al intestino grueso, en donde puede actuar como fibra insoluble y ayudar a prevenir el estreñimiento. Pero también se puede fermentar, provocando gases y malestar.

AMINAS Compuestos de nitrógeno presentes en los alimentos. Se pueden combinar con los nitritos en los alimentos o en el estómago, formando nitrosaminas, que pueden relacionarse con el cáncer, aunque no se cuenta con pruebas concluyentes.

AMINOÁCIDO Elemento básico constitutivo de todas las proteínas. Hay 20 aminoácidos. El organismo tiene la capacidad de sintetizar la mayoría, pero 8 de ellos se consideran "esenciales" puesto que el organismo no los produce y es la alimentación la que los proporciona. Una vez que las proteínas se han desdoblado y fragmentado, los aminoácidos viajan por el torrente sanguíneo al hígado y a otros órganos que los necesitan. Después se vuelven a enlazar para formar las proteínas específicas que necesitan las células y los tejidos.

ANTICANCERÍGENOS Agentes que se encuentran en ciertos alimentos; se piensa que contraatacan a los cancerígenos y así ayudan a prevenir algunos tipos de cáncer. La familia de las coles (brócoli, coles de Bruselas, col y coliflor) es muy rica en estos compuestos que incluyen carotenoides, indoles e isotiocianatos.

ANTICUERPOS Sustancias del mecanismo de defensa del cuerpo humano, capaces de destruir bacterias y otros organismos potencialmente dañinos. Los anticuerpos desempeñan un papel importante en el sistema inmunológico. El tejido linfático, como el del bazo, produce anticuerpos como respuesta a la presencia de una sustancia extraña, como un alergeno o un virus. El torrente sanguíneo los transporta a todo el organismo.

ANTIVIRALES Medicamentos efectivos contra los virus. El aciclovir, por ejemplo, se usa contra algunas formas de herpes.

ARN (ÁCIDO RIBONUCLEICO) Sustancia presente en toda célula viva, que permite que el organismo se desarrolle conforme al código genético de su ADN. Existen varias formas: el ARN mensajero transporta información del ADN del núcleo de la célula a sus ribosomas, lugares en donde se elaboran las proteínas. Siguiendo el código, el ARN de transferencia garantiza que los aminoácidos se enlacen correctamente.

BACTERIAS Microorganismos simples unicelulares, de diversas formas, que tan sólo miden unas cuantas milésimas de milímetro. Se encuentran en todas partes: en el aire, los alimentos, el agua, la tierra y dentro de otros seres vivos, incluyendo el ser humano. No son necesariamente dañinas: las bacterias "benéficas", presentes de manera natural en el intestino humano, ayudan a combatir infecciones. Sin embargo, otras provocan una gran variedad de enfermedades, desde el cólera y varios tipos de neumonía hasta algunas formas de intoxicación alimentaria y tuberculosis. Pocas bacterias producen toxinas o venenos.

BETA CAROTENOS Pigmentos amarillo–naranja que les dan su color brillante a la zanahoria, al melón, al chabacano y al mango. Son uno de los antioxidantes que pueden contribuir a la buena salud y brindar protección contra los efectos de la edad y las enfermedades. Los beta carotenos también se pueden transformar en vitamina A en el organismo conforme se necesite.

BIODISPONIBLE Si el organismo puede usar los nutrimentos de un alimento con facilidad, se dice que éstos son biodisponibles.

BIOFLAVINOIDES Sustancias químicas que se encuentran en frutas como el limón, la ciruela, la toronja, las cerezas, las zarzamoras, el casis y el trigo sarraceno. Normalmente tienen propiedades antioxidantes poderosas y se piensa que ayudan a evitar ciertas formas de cáncer. Funcionan en el organismo en combinación con la vitamina C fortaleciendo los pequeños vasos sanguíneos o capilares.

CALORÍAS Unidades básicas con las que se mide el valor de la energía de los alimentos y las necesidades de energía del organismo. Es una medida minúscula, por lo que las cantidades casi siempre se expresan en unidades de 1.000 calorías que se llaman kilocalorías (kcal) o calorías (cal). Otra unidad de medida semejante es el kilojoule (kj), que equivale a aproximadamente 4,2 calorías. Las necesidades de energía varían conforme a la edad, la estatura y el sexo. Un joven de 16 años necesita cerca de 3.000 calorías al día, en tanto que una mujer adulta poco activa necesita algo menos de 2.000 calorías.

CANCERÍGENO Cualquier sustancia que pueda provocar cáncer en tejidos vivos. Muchos de los cancerígenos conocidos, o que se sospecha que pueden serlo, son sustancias químicas como las que se usan en procesos industriales, las que se emiten por la combustión o las que están presentes en el humo del tabaco. Otras incluyen la radiación del sol, las nitrosaminas que se forman en el estómago por los nitritos, las salchichas y las carnes curadas con sal, ciertas sustancias químicas que se encuentran en la carne quemada y virus asociados con algunas formas de leucemia.

CARBOHIDRATOS (HIDRATOS DE CARBONO) COMPLEJOS Término genérico para denominar a los almidones, la celulosa y las pectinas. Tienen una estructura química más larga y compleja que los otros dos grupos de carbohidratos: monosacáridos (formados por una sola molécula, como la glucosa) y disacáridos (compuestos por dos moléculas iguales o distintas de carbohidratos, como la lactosa).

CAROTENOIDES Pigmentos amarillos y rojos que están en muchas plantas. Incluyen a los beta carotenos, antioxidantes conocidos que pueden ayudar a conservar la salud neutralizando los radicales libres. Se piensa que otros carotenoides, ya sea de manera individual o combinada, tienen propiedades benéficas semejantes.

CELULOSA El ser humano no puede digerir este carbohidrato, elemento importante de la pared celular de las plantas. Sin embargo, es necesaria en nuestra dieta como fuente de fibra insoluble que añade volumen para garantizar el paso eficiente de los desechos a través del intestino.

CHOQUE ANAFILÁCTICO Reacción alérgica extrema en la que cantidades enormes de histamina se liberan en todo el organismo: produce una inflamación rápida y dificulta la respiración. Si no se trata, puede llevar a la pérdida de la conciencia, enfermedades del corazón y la muerte. En personas susceptibles, los cacahuates, las picaduras de insectos y algunos medicamentos pueden provocarlo.

COENZIMAS Compuestos orgánicos que funcionan con las enzimas para acelerar los procesos biológicos como la digestión. Puede ser una vitamina, o contener una, o el organismo la puede producir a partir de una. Por ejemplo, la coenzima A —usada en la metabolización de los carbohidratos y las grasas— contiene ácido pantoténico, una vitamina del complejo B.

COFACTOR Término general usado para denominar sustancias no proteicas que deben estar presentes en cantidades adecuadas antes de que ciertas enzimas puedan funcionar.

COLÁGENO Proteína que constituye el principal componente de los tendones, cintas o cordones fibrosos que unen músculos y huesos. Es el material intercelular que mantiene unidas las células. Se encuentra en la piel, los ligamentos, los huesos y los cartílagos.

CONGÉNITO Término usado para describir un trastorno que está presente desde el nacimiento; el defecto puede haber sido heredado o causado por factores externos.

CRÓNICO Término que se usa para describir cualquier enfermedad que se desarrolla con lentitud o que dura mucho tiempo.

CUERPOS CETÓNICOS Compuestos orgánicos que resultan del desdoblamiento de las grasas para producir energía, en casos en que el nivel de carbohidratos en el organismo es bajo. Un ayuno prolongado o la falta de alimento, dietas de reducción de peso con muy bajo aporte de carbohidratos y enfermedades como la *diabetes mellitus* pueden provocar que los niveles de los cuerpos cetónicos se eleven provocando una condición que se conoce como cetosis.

DIURÉTICO Cualquier medicamento que incrementa el volumen de orina que el organismo produce y elimina. Se usan para ayudar a combatir la retención de líquidos asociada, por ejemplo, con enfermedades cardiacas o renales. La cafeína, el perejil, el apio y los espárragos son diuréticos.

ELECTRÓLITOS Partículas con carga positiva o negativa que circulan en la sangre y ayudan a regular el equilibrio de los líquidos del organismo. Incluyen el sodio, el potasio, el cloruro y el bicarbonato.

ELEMENTOS TRAZA Minerales que necesita el organismo en cantidades extremadamente reducidas para mantener la salud. Incluyen minerales como el yodo, el selenio y el manganeso.

EMULSIFICANTES O EMULSIVOS Aditivos que permiten que los aceites se mezclen con el agua, superando su resistencia natural a mezclarse.

ENDORFINAS Analgésicos y tranquilizantes naturales que produce el cerebro. Sus efectos son semejantes a los de los medicamentos a base de opio; por ejemplo, la morfina. Se liberan en momentos de grave tensión mental y durante el ejercicio pesado. Se piensa que el chocolate eleva los niveles de endorfinas en el cerebro.

ENZIMAS Proteínas producidas en las células de las plantas y los animales, que actúan como catalizadores, ayudando a acelerar los procesos biológicos sin sufrir cambios. Funcionan en combinación con la sustancia que se tiene que procesar y ayudan a convertirla en otra.

Las enzimas de la saliva, el estómago, el páncreas y el intestino delgado desempeñan un papel vital en la digestión, pues ayudan a que el alimento tome la forma en la que el organismo lo puede aprovechar mejor, o lo elimina como desecho. Cada enzima tiene una función específica.

Las enzimas son vitales para el bienestar del organismo. Cualquier falla, aun de una sola enzima, puede provocar una enfermedad grave. Un ejemplo relativamente común es la fenilcetonuria, incapacidad de metabolizar un aminoácido vital, que si no se trata puede provocar deformidades físicas y trastornos mentales.

EQUILIBRIO DE LÍQUIDOS Para que el organismo funcione bien debe mantener un equilibrio sano de líquidos. Normalmente, el equilibrio se mantiene constante sin importar cuánto líquido se beba. Los electrólitos ayudan a regularlo, y los riñones también desempeñan un papel importante al ajustar el contenido de agua de la orina. Las enfermedades pueden alterar el equilibrio de líquidos del organismo; la diarrea puede provocar una pérdida excesiva de líquido y ocasionar deshidratación, en tanto que con el edema o hidropesía se retiene demasiado líquido en los tejidos, lo que provoca una inflamación local o generalizada.

ESTABILIZADORES Sustancias que ayudan a estabilizar las emulsiones de grasa y agua para evitar cualquier cambio químico no deseado. También tienden a espesar la emulsión para que cuaje. La gelatina y la pectina son ejemplos de los estabilizadores que se emplean con más frecuencia.

ESTEROIDES Un tipo de lípido. Están presentes de manera natural en las hormonas masculinas y femeninas, y también en las sales biliares. Se usa una gran variedad de esteroides sintéticos como agentes antiinflamatorios. Los esteroides anabólicos son semejantes a las hormonas masculinas y pueden lograr que los atletas incrementen la masa muscular rápidamente, a la vez que aumentan su vigor. En el mundo deportivo, el uso de los esteroides anabólicos se considera ilegal.

ESTIMULANTES Aunque cualquier medicamento, bebida o alimento que acelere un proceso del organismo se puede considerar un estimulante, el término se reserva para aquellos que emulan los efectos naturales de la adrenalina, y que preparan el organismo y la mente para la acción instantánea. Entre los estimulantes de consumo diario están el café, el té negro, las bebidas de cola, el chocolate y la nicotina del tabaco.

ESTRÓGENO Una de las hormonas que controlan el desarrollo sexual femenino. Se produce principalmente en los ovarios.

FIBRA INSOLUBLE Fibra, como la celulosa, que pasa por el intestino sin sufrir cambios, puesto que no se puede digerir con las enzimas del organismo y por lo tanto no se absorbe. Como retiene agua y atraviesa el intestino como una esponja, reduce el riesgo de estreñimiento.

FIBRA SOLUBLE Forma de fibra que se desdobla en componentes más simples por la acción de las bacterias del intestino grueso. La fibra soluble puede ayudar a reducir los niveles de colesterol en la sangre. Las buenas fuentes incluyen muchas frutas, en especial las frutas secas, verduras verdes, legumbres y ciertos cereales.

FITOESTRÓGENOS Compuestos químicos de origen vegetal que se parecen a la hormona femenina estrógeno. Se encuentran en el frijol de soya y en muchas otras legumbres.

FITOQUÍMICOS Grupo de compuestos que se encuentran de manera natural en las frutas y las verduras. Se piensa que ofrecen cierta protección contra el cáncer, las enfermedades cardiacas, la artritris, la hipertensión y otros padecimientos degenerativos. No se ha demostrado que detengan el cáncer, pero sí hay pruebas de que las personas que siguen una dieta rica en frutas y verduras tienen una incidencia menor de cáncer. Los beta carotenos, los indoles y los isotiocianatos son fitoquímicos.

FOLATO Término usado generalmente para describir cualquier compuesto o mezcla de compuestos derivados del ácido fólico. El hígado, el extracto de levadura y las verduras de hojas verdes, como la col, la espinaca y la lechuga, son buenas fuentes de folato.

GLUCAGÓN Hormona que segrega el páncreas. Eleva el nivel de glucosa en la sangre.

GLUCÓGENO Cuando el organismo absorbe más glucosa de la necesaria para satisfacer la demanda inmediata de energía, parte de aquélla se almacena en el hígado y los músculos en forma de glucógeno, que está formado por el enlace de unidades de glucosa. Éstas se pueden desdoblar y liberar rápidamente al torrente sanguíneo conforme se necesitan; por ejemplo, durante el ejercicio.

GLUCOSA Llamada también dextrosa. Una forma de carbohidrato simple que viaja en el torrente sanguíneo y que el organismo usa de manera directa como fuente de energía. Sólo unos cuantos alimentos, como las uvas, contienen glucosa pura. El organismo obtiene la mayor parte de su glucosa desdoblando los almidones y la sacarosa (azúcar de mesa) durante la digestión. Las hormonas glucagón e insulina regulan la concentración de glucosa en la sangre.

GRASA MONOINSATURADA (ÁCIDOS GRASOS MONOINSATURADOS) Forma de grasa que protege contra las enfermedades cardiacas y el estrechamiento de las arterias. El aceite de oliva, los cacahuates y el aguacate son ricos en ácidos grasos monoinsaturados.

GRASAS POLIINSATURADAS (ÁCIDOS GRASOS POLIINSATURADOS) Formas de grasa presentes en altas concentraciones en

el aceite de maíz y de girasol, los frutos secos, algunas margarinas y pescados grasos. Incluyen las dos familias de ácidos grasos esenciales necesarios para la salud, por lo que se deben consumir en cantidades pequeñas. Una dieta con un alto contenido de grasas poliinsaturadas y baja tanto en grasas trans o hidrogenadas como en grasas saturadas reduce los niveles de colesterol y, en consecuencia, el riesgo de sufrir enfermedades cardiacas.

GRASAS SATURADAS (ÁCIDOS GRASOS SATURADOS) Tipo de grasa que predomina en la carne, los productos lácteos, el aceite de palma y el aceite de coco. La ingestión alta de grasas saturadas se ha asociado con un riesgo mayor de enfermedades cardiacas.

GRASAS TRANS (ÁCIDOS GRASOS TRANS) Tipos de grasa que se hallan en forma natural en la carne y los productos lácteos, y artificialmente en alimentos como las margarinas, las galletas y los pasteles, en donde los aceites comestibles se han endurecido mediante procesos industriales para garantizar que no pierdan la solidez a temperatura ambiente. La investigación sugiere que existe una relación entre el consumo alto de grasas trans producidas artificialmente y las enfermedades cardiacas.

HEMOGLOBINA Pigmento con hierro que transporta el oxígeno a todo el organismo. Se combina con el oxígeno cuando la sangre pasa por los pulmones. Les da color a los glóbulos rojos; cuanto más oxígeno transporta la hemoglobina, más brillante es su color.

HIERRO HEMATO Hierro presente en la carne. Se absorbe con mayor eficiencia que el de los cereales, las legumbres y otras plantas.

HIERRO NO-HEMATO Forma de hierro que se encuentra en las verduras. Su absorción es menos eficiente que la del hierro hemato de la carne. Sin embargo, la vitamina C permite la absorción de hierro no-hemato.

HISTAMINA Sustancia química que se encuentra en casi todos los tejidos. Es parte del mecanismo de defensa del organismo y participa en la secreción de jugos gástricos y en la contracción de los músculos lisos. La histamina se libera en grandes cantidades durante una reacción alérgica, provocando comezón y erupciones, estornudos, ojos llorosos, respiración jadeante e hinchazón.

HORMONAS Mensajeros químicos que viajan por el torrente sanguíneo para controlar el funcionamiento de los órganos. La mayoría son producidas por las glándulas del sistema endocrino, controlado por la glándula pituitaria —del tamaño de un chícharo— localizada en la base del cráneo. Por ejemplo, la insulina es una hormona que ayuda a controlar el nivel de glucosa en la sangre.

INDOLES Compuestos de nitrógeno presentes en las colecitas de Bruselas y otros miembros de la familia de las crucíferas o coles. Se dice que los indoles vegetales aceleran la eliminación del estrógeno, hormona femenina, por lo que pueden ayudar a proteger contra los cánceres asociados con las hormonas, como el cáncer de útero y de mama.

INSULINA Hormona segregada por el páncreas que evita la acumulación excesiva de glucosa en la sangre y permite que las células la absorban. Con la diabetes mellitus, el organismo no produce suficiente insulina, por lo que los niveles de glucosa se pueden elevar y producir complicaciones fatales.

ISOTIOCIANATOS Sustancias químicas de las plantas que refuerzan las defensas del organismo contra algunas formas de cáncer. Existen de manera natural en algunas crucíferas como el brócoli, las colecitas de Bruselas y la col.

LACTASA Enzima segregada por el intestino delgado, que desdobla la lactosa de la leche en los monosacáridos que la componen. Algunas personas presentan una deficiencia hereditaria de lactasa, lo que provoca que presenten intolerancia a la leche.

LACTOSA Disacárido que sólo se encuentra en la leche; está formado por dos carbohidratos simples, la glucosa y la galactosa; es desdoblado en el intestino delgado por la lactasa.

LECITINA Parte de la membrana celular y de las lipoproteínas que ayuda a transportar las grasas en la sangre. Al parecer, puede ayudar a combatir trastornos que van desde enfermedades arteriales hasta infecciones virales y cálculos biliares. Se encuentra de manera natural en la yema de huevo, el hígado, el trigo integral y en los frutos secos. También se vende lecitina como complemento dietético en forma de cápsulas, gránulos y líquido. Se usa en la industria alimentaria como emulsificante en productos como la mayonesa.

LEGUMBRES
Cualquier semilla seca que procede de las vainas de las plantas leguminosas cultivadas, como chícharos, garbanzos y frijoles.

LÍPIDOS Término genérico que se usa para describir las grasas, los aceites y las ceras, junto con moléculas más complejas.

LIPOPROTEÍNAS Partículas formadas por proteínas y lípidos que permiten que las grasas insolubles se transporten en el torrente sanguíneo. Las lipoproteínas de baja densidad (LBD) llevan el colesterol a las células del organismo, en donde aquél forma un componente de la pared celular y desempeña un papel importante en otras funciones esenciales. Un nivel alto de LBD en la sangre puede reflejar un nivel elevado de colesterol, lo que aumenta el riesgo de una enfermedad cardiovascular. Las causas de un nivel alto de LBD en la sangre pueden ser hereditarias, estar relacionadas con la dieta, o ser una combinación de ambas. Las lipoproteínas de alta densidad (LAD) retiran el exceso de colesterol de los tejidos y lo transportan al hígado para su eliminación. Un nivel alto de LAD en la sangre indica un riesgo menor al promedio de padecer una enfermedad cardiovascular.

MACRONUTRIMENTOS Término general que denomina los nutrimentos que el organismo necesita en cantidades relativamente grandes para producir energía, como los carbohidratos, las proteínas y las grasas.

MEMBRANAS MUCOSAS Superficie interior húmeda que recubre la boca, los senos nasales, el estómago, el intestino y muchas otras partes del organismo. Segrega moco, que actúa como barrera protectora y lubricante, así como medio de transporte de enzimas.

METABOLISMO Todos los cambios químicos y físicos que ocurren en el organismo, y que mantienen a éste vivo y funcionando. Los procesos metabólicos se pueden dividir en dos: reacciones que desdoblan los compuestos químicos complejos para convertirlos en sustancias más simples con el fin de liberar energía (catabolismo), y aquellas que forman o sintetizan sustancias complejas en los órganos y tejidos, para almacenar energía o para apoyar el crecimiento y la reparación del organismo (anabolismo). Las personas delgadas por naturaleza generalmente tienen un metabolismo rápido.

METABOLITO Cualquier sustancia que forma parte del metabolismo, ya sea como producto de éste o como materia prima en forma de nutrimentos provenientes de la comida.

MICROGRAMO (MCG) Unidad de peso que equivale a un millonésimo de gramo o a un milésimo de miligramo.

MICRONUTRIMENTOS Las vitaminas y los minerales (nutrimentos inorgánicos) juntos se llaman micronutrimentos, puesto que, a pesar de ser esenciales para la salud, el organismo sólo los necesita en cantidades muy pequeñas.

MICROORGANISMO Organismo demasiado pequeño para percibirse a simple vista, como las bacterias y los virus.

NEUROTRANSMISORES Mensajeros químicos originados en las terminales nerviosas y que transmiten los impulsos nerviosos a todo el organismo.

NITRATOS Compuestos químicos que contienen nitrógeno y que se presentan de manera natural en ciertos alimentos; en ocasiones se añaden a la carne y a ciertos productos cárnicos como conservadores. Los nitratos se usan mucho en la agricultura como fertilizantes, y se extraen de la tierra por lixiviación pasando a los ríos y presas que suministran agua para uso doméstico. En México se marcan los niveles permitidos en el agua potable y la cantidad que se puede añadir a los alimentos.

NITRITOS Al igual que los nitratos, se añaden a ciertas carnes como conservadores. También se pueden producir en el organismo, mediante la acción de las bacterias del estómago sobre los nitratos presentes en el agua potable o en los alimentos.

NITROSAMINAS Sustancias que provocan cáncer en los animales de prueba de los laboratorios. Se pueden formar cuando los nitritos reaccionan con las aminas. Aunque no se ha establecido de manera definitiva una relación entre las nitrosaminas y el cáncer en el ser humano, en países como Japón, en donde se consumen alimentos curados con nitratos y ahumados (que pueden provocar la formación de nitrosaminas en el estómago), el cáncer de esófago y de estómago se presentan con mayor frecuencia.

NORADRENALINA Esta hormona está muy relacionada con la adrenalina y tiene una acción semejante. Es secretada por la glándula adrenal y por las terminales nerviosas, como neurotrasmisor.

OXIDACIÓN Proceso químico en el que una sustancia se combina con oxígeno y provoca una amplia variedad de reacciones; por ejemplo, cuando una manzana se pone de color café después de ser pelada o cortada.

PLAQUETAS Cuando se corta o se daña un vaso capilar, las plaquetas, que se producen en la médula ósea y que se transportan en grandes cantidades en el torrente sanguíneo, van al rescate. Se adhieren en grupos en los extremos de la herida, y pueden cerrarla si es pequeña; si no, desencadenan reacciones químicas que atraen a los glóbulos rojos al lugar y los ligan para formar un coágulo.

PLASMA Líquido amarillento que conforma aproximadamente el 55% de la sangre. Los glóbulos rojos y los blancos están suspendidos en el plasma, que también transporta miles de otras sustancias vitales al organismo, incluyendo proteínas, glucosa, vitaminas, hormonas y anticuerpos.

POLIFENOLES Grupo de compuestos orgánicos (en el que se incluyen los taninos) que se encuentran en muchos alimentos como el té negro, el café y el vino tinto. Se combinan con el hierro y pueden obstaculizar su absorción.

PÓLIPOS Pequeños crecimientos que se forman en una membrana mucosa, con mayor frecuencia en la nariz y los senos faciales. Pocas veces son malignos, pero puede ser necesario recurrir a la cirugía para extirparlos con el fin de evitar un malestar o una infección crónica. Los pólipos en el intestino grueso inferior o colon descendente, a veces, pueden convertirse en cancerosos.

PROSTAGLANDINAS Sustancias presentes en muchos tejidos y líquidos del organismo (incluyendo el cerebro, el útero, los riñones y el semen) que actúan de manera semejante a las hormonas. Por ejemplo, estimulan las contracciones de la matriz durante la menstruación y el parto, afectan el torrente sanguíneo a través de los riñones y participan en la producción de moco en el estómago.

PURINAS Compuestos orgánicos que incluyen la cafeína y el ácido úrico. Hasta hace poco tiempo, a las personas que tenían cálculos en el riñón y la vejiga se les prohibía la ingestión de alimentos ricos en purinas (riñones e hígado, y pescados como sardinas y anchoas). A las personas que padecen gota todavía se les recomienda que eviten los alimentos con alto contenido de purinas.

RECOMENDACIONES DE NUTRIMENTOS Cantidades que se publican en muchos países y que indican el promedio de nutrimentos clave que las personas necesitan obtener de los alimentos; la más conocida es la RDA (*Recommended Dietary Allowances*) o raciones dietéticas recomendadas. Con frecuencia aparecen en las etiquetas en donde, por ejemplo, la cantidad de hierro de una ración promedio se muestra como el promedio de RDA del hierro. Se dice que estas RDA se aplican sólo a los "adultos promedio", y son una guía muy burda para una alimentación saludable. Toman muy poco en cuenta las diferencias en las necesidades de nutrición individuales conforme a la edad, el sexo, la ocupación y otros factores.

SALICILATOS Compuestos relacionados con el ácido salicílico, que se usa en la producción de la aspirina y también como conservador. A algunas personas, los salicilatos de los alimentos (en especial de la fruta) o de los medicamentos pueden producirles reacciones alérgicas.

SÍNTESIS Proceso mediante el cual se forman sustancias complejas a partir de sus componentes. En la síntesis de la proteína, por ejemplo, los aminoácidos resultantes de la descomposición de las proteínas de alimentos se transportan por el torrente sanguíneo al hígado y a las células de otras partes del organismo, en donde se enlazan formando nuevas proteínas.

SISTÉMICA Una enfermedad sistémica es aquella que afecta todo el organismo y no sólo parte de éste.

SULFITOS Compuestos de azufre que se usan en la conservación de los alimentos y en la preparación de la cerveza. Cuando se mezclan con ácido, liberan el gas dióxido de azufre, que mata las levaduras y es un agente blanqueador. El dióxido de azufre puede desencadenar un ataque de asma en personas susceptibles.

TOXEMIA Forma de envenenamiento de la sangre originada por toxinas (o venenos) producidos por bacterias que invaden el lugar de la infección. Una vez que llegan a la sangre provocan síntomas generalizados.

TOXINAS Venenos producidos por organismos vivos, normalmente por bacterias. Sin embargo, las sustancias tóxicas pueden ser materia inorgánica como el plomo o el mercurio.

TRIGLICÉRIDOS Forma en que el organismo almacena grasa. Durante la digestión, los triglicéridos de los alimentos se desdoblan y después se reconstituyen en las células de las paredes intestinales, antes de pasar al torrente sanguíneo. Diferentes estudios señalan que hay relación entre los niveles altos de triglicéridos en la sangre y el riesgo de enfermedades cardiacas. Pero otros facto-

res también pueden influir. El ejercicio físico reduce la presencia de triglicéridos en la sangre, en tanto que el alto consumo de alcohol puede incrementar el nivel de éstos.

VALORES DE REFERENCIA EN LA DIETA Cantidades que los científicos han calculado para los requerimientos de nutrimentos promedio de diferentes grupos de la población, por ejemplo, las mujeres, los adolescentes y los niños. En este libro se usan raciones dietéticas recomendadas (RDA).

VIRUS Partículas infecciosas que provocan muchas enfermedades, desde catarro común, influenza y varicela hasta herpes, sida y poliomielitis. Se pueden reproducir con sólo invadir y posesionarse de una célula viva. En las personas sanas, la célula invadida produce una sustancia proteica llamada interferón, que evita que el virus se difunda. Pero en los bebés, los ancianos y quienes se han debilitado por enfermedad o mala alimentación, este mecanismo de defensa no funciona con efectividad.

VITAMINAS DEL COMPLEJO B Las vitaminas que constituyen lo que se llama el complejo B no están relacionadas químicamente unas con otras, aunque se pueden presentar en los mismos alimentos, como la leche, los cereales y las vísceras. A menudo se encuentran juntas en algunos complementos vitamínicos. Realizan labores muy relacionadas en el organismo, en especial al ayudar a liberar la energía de los alimentos.

Se conocen ya sea por número o por nombre, aunque en ocasiones se usan los dos. Incluyen la tiamina (B_1), la riboflavina (B_2), el ácido pantoténico (B_5), la piridoxina (B_6), la niacina (B_3), la biotina (B_8), el ácido fólico (B_{10}) y la cianocobalamina (B_{12}).

ÍNDICE ALFABÉTICO

Los números en **negritas** remiten a entradas, apartados o al glosario; en *itálicas,* a pies de ilustraciones o cuadros, y los demás, a otras menciones importantes.